Deutschland und China

Deutschland und China

Investorenbeziehungen unter komplexen
Rahmenbedingungen

Herausgegeben von
Daniel Graewe

DE GRUYTER
OLDENBOURG

ISBN 978-3-11-066400-3
e-ISBN (PDF) 978-3-11-066821-6
e-ISBN (EPUB) 978-3-11-066409-6

Library of Congress Control Number: 2021937612

Bibliografische Information der Deutschen Nationalbibliothek
Die Deutsche Nationalbibliothek verzeichnet diese Publikation in der Deutschen
Nationalbibliografie; detaillierte bibliografische Daten sind im Internet über
http://dnb.dnb.de abrufbar.

© 2021 Walter de Gruyter GmbH, Berlin/Boston
Umschlaggestaltung: Easyturn / E+ / Getty Images
Satz: le-tex publishing services GmbH, Leipzig
Druck und Bindung: CPI books GmbH, Leck

www.degruyter.com

Geleitwort

Schon vor Ausbruch der Corona-Pandemie waren deutsch-chinesische Mergers & Acquisition-Transaktionen kompliziert und zudem in der öffentlichen Wahrnehmung von Vorbehalten bis hin zu Befürchtungen eines zu großen Einflusses der zweitgrößten Volkswirtschaft auf hiesige Unternehmen geprägt.

Der Verlauf der in China ausgebrochenen und inzwischen weltweit verbreiteten Pandemie hat das Zustandekommen von Vereinbarungen intensiver Investorenbeziehungen zwischen deutschen und chinesischen Unternehmen nochmals erschwert. Offenbar kommen chinesische Unternehmen dank sinkender Infektionszahlen mit den Corona-Auswirkungen deutlich besser zurecht und stärken damit ihre Verhandlungsposition gegenüber deutschen Unternehmen, die sich angesichts rapide steigender Erkrankungen mit entsprechend negativen Auswirkungen auf Wachstum und Beschäftigung gegenüber sehen. Die Bundesregierung hat bereits kurzfristig auf die sich abzeichnenden Verschiebungen im Kräfteverhältnis reagiert und den Prüfmaßstab für ausländische Unternehmenskäufe seit Juli 2020 in Deutschland weiter angehoben. Ziel der verschärften Regularien ist es, eine „voraussichtliche Beeinträchtigung der öffentlichen Ordnung und Sicherheit" durch unerwünschte Übernahmen auszuschließen.

Das Forschungsprojekt „Deutschland und China: Investorenbeziehungen unter komplexen Rahmenbedingungen" wurde von der NORDAKADEMIE-Stiftung als besonders förderungswürdig eingestuft, da es in vorbildlicher Weise anspruchsvolle wissenschaftliche Fragestellungen mit Aktualität und Praxisnähe verbindet.

Das Projekt begann im Jahr 2018 und damit vor der „Corona-Zeit", berücksichtigt jedoch die aktuellen Entwicklungen wie die Ergebnisse des virtuellen China-Gipfels im September 2020, bei dem die Voraussetzungen eines Handelsvertrages festgelegt wurden, der einen fairen Wettbewerb, ein ausgewogenes Verhältnis und einen reziproken Marktzugang trotz der unterschiedlichen Gesellschaftssysteme sicherstellen soll. Dem Herausgeber Daniel Graewe und den weiteren Autoren gelingt es in hervorragender Weise, ein besseres Verständnis für die komplexen Zusammenhänge deutsch-chinesischer Wirtschaftsbeziehungen zu schaffen und dabei Lösungsansätze für zukünftige regelbasierte und zugleich transparente Wirtschaftsbeziehungen zu entwickeln. Abgerundet wird das Projekt durch einen wissenschaftlichen, aber auch kulturellen Austausch bei einem „China-Day" im Rahmen der 23. Euro Finance Week am 17. November 2020.

Den Beiträgen in dem Sammelband wünsche ich die Aufmerksamkeit und das Interesse, welches die sorgfältigen Analysen und zukunftsweisenden Vorschläge nach meiner festen Überzeugung verdienen.

Prof. Dr. Georg Plate
Vorstandsvorsitzender
NORDAKADEMIE-Stiftung

https://doi.org/10.1515/9783110668216-201

Vorwort

Die im Frühjahr 2020 beschlossene Novelle des Außenwirtschaftsgesetzes (AWG) manifestiert den Protektionsgedanken Deutschlands hinsichtlich seiner wirtschaftlichen Interessen gegenüber ausländischen Kapitalgebern. Zum Schutz von Schlüsseltechnologien werden Markteinschränkungen gerechtfertigt – und Erinnerungen an die verhinderten Übernahmen von 50Hertz oder Leifeld Metal Spinning wachgerufen. Obwohl laut Deutscher Bundesbank noch vor zwei Jahren gerade einmal 0,6 % der Direktinvestitionen in Deutschland aus der Volksrepublik China stammten, sind die deutsch-chinesischen Investorenbeziehungen von hohen Erwartungen, zugleich aber auch von Ressentiments geprägt.

Vor diesem Hintergrund bildet dieser Sammelband eine Momentaufnahme der dynamischen M&A-Investitionsbedingungen zwischen den beiden Ländern und den damit verbundenen politischen, wirtschaftlichen und nicht zuletzt kulturellen Auswirkungen. Von den an die chinesische Öffnungs- und Reformpolitik angepassten Fünf-Jahres-Plänen bis zum jüngst in Kraft getretenen „Gesetz über ausländische Investitionen" werden die Ursprünge der wirtschaftlichen Beziehungen hinsichtlich Unternehmensbeteiligungen sowie deren heutige Ausgestaltung diskutiert.

Im Rahmen eines zweijährigen Forschungsprojektes des Instituts für angewandtes Wirtschaftsrecht an der Nordakademie Hochschule der Wirtschaft in Hamburg werden zahlreiche Ergebnisse und die komplexen Zusammenhänge dank der Beiträge internationaler Autorinnen und Autoren in diesem Sammelband dargestellt.

Die gewonnenen Erkenntnisse und Analysen mögen zum Verständnis der strategischen Herangehensweisen der beiden Länder beitragen, die Auswirkungen der globalisierten Welt auf die Ausgestaltung der Beziehungen verdeutlichen und das kulturelle Verständnis fördern.

Im Zuge der wirtschaftlichen Reformen des ausgehenden 20. Jahrhunderts erfuhr die Volksrepublik China ein immenses Wachstum. Die strategische Flexibilität, welche momentan in der „Belt and Road"-Initiative ihren Ausdruck findet, macht einen weiteren Anstieg der Investitionstätigkeiten in Deutschland vorhersehbar. Es ist Gegenstand aktueller Diskussionen, inwieweit die Interessenlage in Zukunft reziprok ausgestaltet und mit den nationalen Belangen in Einklang gebracht wird. Die rasante Entwicklung und die großen Unterschiede machen die deutsch-chinesischen Investorenbeziehungen zu etwas Besonderem. Über einen weiteren Austausch oder Fragen und Anregungen zu diesem Buch freuen wir uns.

Zu besonderem Dank sind wir der NORDAKADEMIE Stiftung verpflichtet, die dieses Projekt großzügigerweise finanziell unterstützt und überhaupt erst ermöglicht hat. Besonders erwähnen möchte ich auch – last but not least – die unermüdliche Arbeit meiner Kolleginnen am Institut für angewandtes Wirtschaftsrecht, Johanna Tensi und Anke Gößmann, die maßgeblich zum Erfolg nicht nur dieses Buches, sondern des

https://doi.org/10.1515/9783110668216-202

gesamten Forschungsprojektes beigetragen haben. Ohne ihr Organisationstalent, ihr Einfühlungsvermögen und ihre große Geduld wäre dieses Projekt nicht möglich gewesen. Vielen Dank, Johanna und Anke!

Der Herausgeber
Hamburg, im Winter 2020

Inhalt

Teil VII: **Luftfahrtindustrie in China**

Teil I: **Einleitung**

In den letzten dreißig Jahren ist die chinesische Volkswirtschaft unter der Reform- und Öffnungspolitik der chinesischen Regierung zum Motor der Weltwirtschaft geworden. Mit „Made in China 2025", der „Belt and Road-Initiative" und den kontinuierlichen Fünfjahresprogrammen legt die chinesische Regierung eine klare industriepolitische Ausrichtung für die kommenden Jahre fest. Chinesische Unternehmensbeteiligungen im Ausland gehören in diesem Wirkungskreis explizit zur Entwicklungsstrategie der Volksrepublik.

Deutschland ist mit seinen „Hidden Champions" dabei ein attraktiver Standort für chinesische Investitionen, insbesondere in hochspezialisierte Branchen. Auch wenn die chinesischen Auslandsinvestitionen im letzten Jahr gesunken sind, besteht weiterhin ein gegenseitiges, großes Interesse an Übernahmen und Joint Ventures in Deutschland und weltweit. So verwundert es auch nicht, dass umgekehrt derzeit rund 5.500 deutsche Unternehmen in China über Tochtergesellschaften oder Niederlassungen geschäftlich aktiv sind. Dabei haben nicht nur internationale Konzerne aus der Automobilbranche den Weg nach China gefunden, sondern auch immer mehr mittelständische Unternehmen hoffen auf günstige Produktionsmöglichkeiten und neue Absatzmärkte.

Trotz beiderseitigen Investitionsinteresses kommen zahlreiche, erfolgsversprechende Transaktionen jedoch nicht zum Abschluss. Die vielfältigen Gründe für die schwierigen Investorenbeziehungen liegen in den verschiedenen Rechtssystemen, einem anderen Wirtschaftsverständnis, in deutlichen Kulturunterschieden, sowie in stetig wachsenden, politischen Einflussnahmen. In diesem Jahr verstärkte die deutsche Bundesregierung die Investitionsprüfungen ein weiteres Mal und macht somit chinesische M&A-Transaktionen in Deutschland zunehmend komplizierter. Aber auch die chinesischen Unternehmen unterliegen stärkeren Restriktionen, was die Kapitalausfuhr ins Ausland betrifft. Unter dem Druck der aktuellen Entwicklungen im US-chinesischen Handelskonflikt, sowie der aktuellen Covid-19-Pandemie verschieben sich die wirtschaftlichen Kräfteverhältnisse stetig und bringen weitere Unsicherheiten in den Markt.

Die komplexen Rahmenbedingungen werden in diesem Sammelband ausführlich betrachtet, um zu einem besseren Verständnis und zu einer starken Entscheidungsgrundlage für mittelständische Unternehmen (KMU) beizutragen.

Im Teil II werden die wirtschaftspolitischen Einflüsse auf die Investorenbeziehungen aus der chinesischen Perspektive betrachtet. Dr. Jia Yu gibt einen ausführlichen Einblick in die chinesischen Fünfjahrespläne seit deren Entstehung im Jahr 1953 und arbeitet die Bedeutung der Pläne für die wirtschaftliche Entwicklung Chinas heraus. Zudem wagt sie einen Ausblick auf das 14. Fünfjahresprogramm vor allem in Verbindung mit der Strategie „Made in China 2025". Im Anschluss berichtet Marianne Männlein über die Politik der chinesischen Sonderwirtschaftszonen. Sie geht intensiv auf die Unterschiede der verschiedenen Typen ein und bewertet deren Einfluss auf die wirtschaftliche Entwicklung Chinas.

Der Teil III behandelt die rechtlichen und finanziellen Rahmenbedingungen der deutsch-chinesischen Investorenbeziehungen. Dr. Benjamin Kroymann beschreibt

https://doi.org/10.1515/9783110668216-part01

ausführlich die chinesischen Rechtsvorschriften, die von ausländischen Unternehmen bei M&A-Transaktionen beachtet werden müssen. Dr. Jörg-Michael Scheil betrachtet im Anschluss insbesondere die Implementierung des neuen Foreign-Investment-Laws und die Auswirkungen auf bestehende und zukünftige deutsch-chinesische Transaktionen. Hui Zhao stellt anschließend die chinesischen Rechtsvorschriften dar, die chinesische Unternehmen bei Investitionen im Ausland zu beachten haben. Der intensive chinesische Genehmigungsprozess wird im Ausland häufig unterschätzt. Die deutschen Rechtsvorschriften, die chinesische Unternehmen bei M&A-Transaktionen in Deutschland zu berücksichtigen haben, erläutert Dr. Fabian Christoph. Anhand dieses Kapitels erhält der Leser einen sehr guten Überblick über die Hürden und Formalitäten, die bei deutsch-chinesischen Transaktionen zu erwarten sind.

Der Teil IV widmet sich ausgewählten Aspekten der kulturellen Herausforderungen bei deutsch-chinesischen Transaktionen. Prof. Dr. Juliane Fuchs geht auf die Bedeutung von Kultur im Allgemeinen und der chinesischen Kultur im Besonderen ein. Sie verdeutlicht kulturelle Unterschiede, die in der deutsch-chinesischen Zusammenarbeit sichtbar werden. Dr. Jens-Christian Posselt beschreibt typische Fallstricke in interkulturellen Verhandlungen, sowie Lösungsansätze zu erfolgreicher Verhandlungsführung im deutsch-chinesischen Kontext. Dr. Diana Kisro-Warnecke und Raymon Deblitz gehen auf die Chancen und Risiken ein, die der digitale Wandel und insbesondere Chinas wachsende Rolle als technologischer Führer mit sich bringen. Die chinesische Besonderheit von Parteiorganisationen in Unternehmen, sowie deren rechtliche Grundlagen, beschreibt Dr. Stephan Benz. Johanna Tensi betrachtet das Problem der Mitarbeiterbindung ausländischer Unternehmen in China und bietet Lösungsansätze für ein funktionierendes HR-System.

Im Teil V wird ein quantitativer Überblick über historische und aktuelle Entwicklungen in der deutsch-chinesischen Transaktionslandschaft gegeben. Johanna Tensi beschäftigt sich mit den deutschen Investitionen in China, sowie möglichen zukünftigen Entwicklungen. Dr. Cora Jungbluth betrachtet das neuere Phänomen der chinesischen Investitionen in Deutschland und analysiert die Auswirkungen auf die deutsche Unternehmenslandschaft.

Der Teil VI erweitert den Blick auf das Beziehungsdreieck Deutschland, USA und China. Sean Randolph schaut auf die sich wandelnden US-China-Beziehungen und den Einfluss der Änderungen auf das Investitionsklima. Prof. Dr. Daniel Graewe und Nita-Sophia Karkheck vergleichen daran anknüpfend jeweils die US-amerikanische sowie die deutsche Investitionsstrategie gegenüber China – im komplexen Kontext multilateraler Handelsbeziehungen, in welchen nationale Interessen zunehmend in den Fokus rücken.

Im abschließenden Sonderteil VII „Industriefokus" blicken Prof. Dr. Ekaterina Turkina und Dr. Yihan Wang auf die chinesische Luft- und Raumfahrtindustrie, deren Entwicklung und geben einen Ausblick auf die Zukunft.

Johanna Tensi

Teil II: **Wirtschaftspolitische Einflüsse**

Jia Yu
1 Fünfjahrespläne und die Industriepolitik in China

Im Dezember 1927 formulierte die Sowjetunion ihren ersten „Fünf-Jahres-Plan" (1928–
1933) für die Entwicklung ihrer nationalen Wirtschaft. In der Folge gelang es der Sowjetunion durch diese Fünfjahrespläne, ein unabhängiges und relativ vollständiges
nationales Industriesystem aufzubauen. Die Erfahrungen der Sowjetunion inspi-
rierten 1949 die neu gegründete Volksrepublik China, und nach fünf Jahren wirtschaftlicher Erholung verabschiedete der Nationale Volkskongress Chinas (NVK) den
1. Fünfjahresplan für die nationale Wirtschaftsentwicklung (1953–1957). Von den Gesamtinvestitionen in diesem Zeitraum entfielen 58,2 % auf den Industriesektor. Die
Sowjetunion unterstützte 156 große industrielle Entwicklungsprojekte in einer Reihe von Sektoren, darunter Energie, Maschinen und Rohstoffe. Im Anschluss an den
1. Fünfjahresplan (1953–1957) wurden der 2. Fünfjahresplan (1958–1962), der 3. Fünfjahresplan (1966–1970)[1], der 4. Fünfjahresplan (1971–1975) und der 5. Fünfjahresplan
(1976–1980) genehmigt und erfolgreich durchgeführt.

Als China in die Ära der Öffnung und der Reformen eintrat, markierte der 6. Fünfjahresplan (1981–1985) eine bedeutende Veränderung in der Geschichte der Fünfjahrespläne. Der „Nationale Wirtschaftsentwicklungsplan" wurde in „Nationaler Sozial-
und Wirtschaftsentwicklungsplan" umbenannt, da dem Fünfjahresplan die soziale
Entwicklungsdimension hinzugefügt wurde, die auf die Verbesserung der sozialen Infrastruktur einschließlich Bildung, Gesundheit und kultureller Entwicklung abzielt.

In der Folge wurden der 7. Fünfjahresplan (1986–1990), der 8. Fünfjahresplan
(1991–1995), der 9. Fünfjahresplan (1996–2000) und der 10. Fünfjahresplan (2001–
2005) genehmigt und umgesetzt. Für den Zeitraum 2006–2010 wurde eine weitere
wichtige Änderung vorgenommen, indem der „Plan" (*jihua*) in „Programm" (*guihua*)
umbenannt wurde, d. h. in das 11. Nationale Fünfjahresprogramm für soziale und
wirtschaftliche Entwicklung. Diese Änderung ist bedeutsam, da China von einem typischen zentralisierten Planwirtschaftssystem zu einem modernen Marktwirtschafts-
system übergegangen ist.

Im 11. Fünfjahresprogramm (2006–2010) wurde eine weitere wichtige Änderung
aufgenommen. Zum ersten Mal wurden die Ziele in den Fünfjahresprogrammen explizit als „verbindliche Ziele" oder „erwartete Ziele" (unverbindlich) kategorisiert. Im
11. Fünfjahresprogramm wurden 8 der 22 Zielindikatoren der nationalen wirtschaftlichen und sozialen Entwicklung als „bindend" definiert, was bedeutet, dass die Re-

---

1 Aufgrund der Nachwirkungen des Großen Sprungs nach vorn und der Naturkatastrophen war 1963–
1965 eine Zeit der wirtschaftlichen Erholung, die nicht durch einen Fünfjahresplan abgedeckt war.

Übersetzt aus dem Englischen.

https://doi.org/10.1515/9783110668216-001

Tab. 1.1: Kategorisierung der in Fünfjahresprogrammen/Plänen (FJP) vorgeschriebenen Zielindikatoren (Five Year Plans, verschiedene Jahre)

Indikatoren	6. FJP	7. FJP	8. FJP	9. FJP	10. FJP	11. FJP	12. FJP	13. FJP
Wirtschaftliches Wachstum	15,2 %	21,4 %	26,9 %	23,5 %	10,0 %	9,1 %	4,2 %	4,0 %
Wirtschaftliche Struktur	45,5 %	35,7 %	30,8 %	23,5 %	23,3 %	13,6 %	8,3 %	12,0 %
Wirtschaftliche Zwischen-summe	60,7 %	57,1 %	57,7 %	47,0 %	33,3 %	22,7 %	12,5 %	16,0 %
Bildung & Wissenschaft	15,2 %	7,1 %	3,8 %	11,8 %	23,3 %	9,1 %	16,7 %	16,0 %
Umgebung & Ressourcen	3,0 %	3,6 %	7,7 %	11,8 %	20,0 %	27,2 %	33,3 %	40,0 %
Menschen Leben	21,2 %	32,1 %	30,8 %	29,4 %	23,3 %	41,0 %	37,5 %	28,0 %
Soziale Zwischensumme	39,3 %	42,9 %	42,3 %	53,0 %	67,7 %	77,3 %	87,5 %	84,0 %

gierung ihre Erreichung durch eine vernünftige Zuteilung öffentlicher Ressourcen und den wirksamen Einsatz von Verwaltungsbefugnissen sicherstellen sollte. Die übrigen 14 „erwarteten Ziele" sollten hauptsächlich durch Marktkräfte erreicht werden. Darüber hinaus begannen die Fünfjahresprogramme, der menschlichen und nachhaltigen Entwicklung mehr Aufmerksamkeit zu schenken. Was die Zielindikatoren anbelangt, so enthielt das 11. Fünfjahresprogramm fünf Indikatoren für die wirtschaftliche Entwicklung und zehn für die menschliche Entwicklung. Tabelle 1.1 zeigt die Veränderungen im Anteil der Zielindikatoren, die auf verschiedene politische Ziele ausgerichtet waren, vom 6. bis zum 13. Plan. Die hauptsächlich auf das Wirtschaftswachstum ausgerichteten Indikatoren sanken von 60,7 % auf 16,0 %, während die Indikatoren für die soziale Entwicklung von 39,3 % auf 84,0 % stiegen.

1 Die Entstehung von Fünfjahresprogrammen: Fall des 13. Fünf-Jahres-Programms

Die Vorbereitung des Fünfjahresprogramms dauert in der Regel drei Jahre. Wir nehmen den Fall des 13. Fünf-Jahres-Programms als Beispiel, um den Prozess der Ausarbeitung von Fünf-Jahres-Programmen in China zu beschreiben. Tatsächlich begann die Vorbereitung des 13. Fünfjahresprogramms (2016–2020), die drei Jahre dauerte und in zehn Schritte unterteilt war, in der Mitte der Umsetzung des 12. Fünfjahresprogramms (2010–2015).

Schritt 1: Halbzeitbewertung
Der erste Schritt war die Halbzeitbewertung (März 2013 bis Dezember 2013) des laufenden 12. Fünfjahresprogramms. Dieser Prozess wurde erstmals bei der Vorbereitung des 11. Fünfjahresprogramms festgelegt. Die Evaluierung des 12. Fünfjahresprogramms wurde von der Nationalen Entwicklungs- und Reformkommission (NDRC) koordiniert.

Unter der Leitung der NDRC führten alle Regierungsministerien und Lokalregierungen ihre internen Evaluierungen durch. Das National Conditions Research Institute der Tsinghua-Universität und andere Think Tanks wurden eingeladen, eine unabhängige Beurteilung durch Dritte durchzuführen. Die Meinungen wurden durch Untersuchungen, Recherchen und Fragebögen umfassend eingeholt. Die Erreichung einzelner Indikatoren wurde gemeinsam mit dem National Bureau of Statistics (NBS) und den zuständigen Abteilungen bewertet. Auf dieser Grundlage verfasste die NDRC den Zwischenevaluierungsbericht über die Umsetzung des 12. Fünfjahresprogramms. Der Bericht wurde dann dem Staatsrat zur Prüfung vorgelegt und anschließend vom Ständigen Ausschuss des NVK zur Beratung angenommen.

Schritt 2: Vorläufige Forschung
Der zweite Schritt war die Voruntersuchung (von Ende 2013 bis Ende 2014). Auf der Grundlage der Halbzeitevaluierung Ende 2013 beauftragte die NDRC relevante akademische Institutionen und Think Tanks mit der Durchführung von Forschungsarbeiten zu wichtigen Themen und grundlegenden Ideen für das 13. Fünfjahresprogramm. Im April 2014 gab die NDRC 25 Hauptthemen für die Vorlaufforschung heraus, die die Bereiche Makroökonomie, Bildung, Landwirtschaft, Immobilien, Reform staatseigener Unternehmen, Umweltmanagement, Finanzen, Finanzierung, Öffnung und andere wirtschaftliche und soziale Fragen abdeckten. Für die Durchführung dieser Forschungsarbeiten wurden 27 Forschungseinrichtungen im Rahmen einer öffentlichen Ausschreibung ausgewählt.

Schritt 3: Formung der Grundideen
Der dritte Schritt bestand darin, die Grundgedanken des 13. Fünfjahresprogramms auf der Grundlage der Ergebnisse von Studien akademischer Institutionen und Think Tanks (von Ende 2014 bis März 2015) zu formulieren. Alle Regierungsstellen und Kommunalverwaltungen führten gleichzeitig eigene Untersuchungen zu den Grundideen durch und legten die Ergebnisse der NDRC zur Konsolidierung vor. Die NDRC veranstaltete ein Symposium über die Grundideen des 13. Fünfjahresprogramms, um die Meinungen der Provinzen und Regionen einzuholen. Ende 2014 wurden die Grundideen des 13. Fünfjahresprogramms zunächst formuliert und dem Zentralkomitee der Kommunistischen Partei Chinas und dem Staatsrat vorgelegt.

Schritt 4: Entwurf des Programmvorschlags
Der vierte Schritt bestand darin, den Vorschlag des Zentralausschusses der Kommunistischen Partei Chinas (KPCh) auszuarbeiten (von Anfang 2015 bis Oktober 2015). Der Vorschlag wurde von einer Redaktionsgruppe unter der Leitung der Zentralen Führungsgruppe für Finanzen und Wirtschaft und direkt unter der Leitung des Ständigen Ausschusses des Politischen Vorstandes ausgearbeitet. Zu den Mitgliedern der

Redaktionsgruppe gehörten der NVK, die Politische Konsultativkonferenz des chinesischen Volkes (CPPCC), die Leiter der einschlägigen Ministerien des Staatsrates sowie einige lokale Beamte und führende Wirtschaftswissenschaftler. Hochrangige chinesische Führungskräfte nahmen persönlich am Redaktionsprozess teil und führten 26 Feldbesuche und Umfragen in 19 Provinzen durch.

Schritt 5: Annahme des Programmvorschlags

Der fünfte Schritt war die Annahme des Vorschlags des Zentralausschusses. Insgesamt wurden vier Sitzungen des Ständigen Ausschusses des Politischen Vorstandes des Zentralausschusses der KPCh, zwei Sitzungen des Politischen Vorstandes des Zentralausschusses der KPCh und eine Plenarsitzung des Zentralausschusses der KPCh abgehalten, um die Vorbereitung des Vorschlags zu erörtern und zu überprüfen. Im Oktober 2015 wurde der Vorschlag formell von der Plenarsitzung des Zentralausschusses der KPCh angenommen.

Schritt 6: Entwurf des Programmschemas

Der sechste Schritt bestand darin, den Entwurf des 13. Fünfjahresplans der NDRC auf der Grundlage des vom Zentralausschuss der KPCh angenommenen Vorschlags auszuarbeiten. Die Vorbereitung des Entwurfs dauerte bis zum März 2016.

Schritt 7: Öffentliche Konsultation

Der siebte Schritt war die öffentliche Konsultation. Alle Bürgerinnen und Bürger können über verschiedene Kanäle Vorschläge zur Vorbereitung des 13. Fünfjahresprogramms einreichen, z. B. über Nachrichten im webbasierten Informationszentrum, E-Mails, SMS, Telefonanrufe, Briefe, persönliche Besuche usw. Gleichzeitig lud die NDRC den Allchinesischen Gewerkschaftsbund, die Kommunistische Jugendliga, den Frauenbund, die Vereinigung für Wissenschaft und Technologie, den Chinesischen Rat zur Förderung des internationalen Handels, den Behindertenverband, den Industrie- und Handelsverband und den Unternehmerverband zur Teilnahme an Konsultationssymposien ein.

Schritt 8: Kalibrierung

Der achte Schritt war ein Kalibrierungsprozess. Durch die Koordinierung mit verschiedenen Ministerien und Kommunalverwaltungen wurde die Kohärenz zwischen den verschiedenen im Entwurf des 13. Fünfjahresprogramms festgelegten Zielen sichergestellt. Es wurde ein Expertenausschuss mit 55 Experten aus verschiedenen Bereichen wie Wirtschaft, Wissenschaft und Technologie, öffentliche Verwaltung, Recht, Umweltschutz usw. gebildet. Während der Vorbereitung des 13. Fünfjahresprogramms wurden vier führende Unternehmer zum ersten Mal in den Expertenausschuss aufgenommen.

Schritt 9: Abschließende Überprüfung und Beratung
Der neunte Schritt war eine abschließende Konsultationsrunde mit Regierungsministerien, lokalen Regierungen und führenden Experten und Ökonomen, Mitgliedern des NVK, CPPCC, Vertretern großer Unternehmen und Institutionen.

Schritt 10: Genehmigung des Fünf-Jahres-Programms
Der zehnte Schritt war die formelle Genehmigung des NVK durch die Plenarsitzung des NVK im März 2016.

2 Durchführung von Fünfjahresprogrammen

Der Schlüssel für die erfolgreiche Umsetzung der Fünfjahresprogramme ist der richtige Umgang mit der Beziehung zwischen der Rolle der Regierung und der des Marktes. Der Markt spielt eine entscheidende Rolle bei der Allokation von Ressourcen und maximiert die Effizienz des wirtschaftlichen Betriebs, während zu den Aufgaben der Regierung die Bereitstellung öffentlicher Dienstleistungen, die Marktaufsicht und der Umweltschutz gehören.

Im Einzelnen handelt es sich dabei um die folgenden drei Mechanismen, die die Umsetzung der Fünfjahresprogramme in China sicherstellen sollen:

Erstens ist es notwendig, ein „Zielverantwortungssystem" einzurichten. Seit dem 11. Fünfjahresprogramm hat China verbindliche Ziele und erwartete Zielindikatoren eingeführt. Das Zielverantwortungssystem ist für die verbindlichen Ziele relevant. Das Zielverantwortungssystem umfasst im Wesentlichen vier Komponenten: i) Zielzerlegung, ii) Zielbewertung, iii) Zielaufsicht und iv) Zielbewertung. Alle verbindlichen Ziele werden in Teilziele zerlegt, die von verschiedenen Abteilungen und verschiedenen Provinzen erreicht werden müssen. Die Arbeit wird Ebene für Ebene und Jahr für Jahr zeitlich nach unten kaskadiert.

Zweitens sollte die Zielerreichung von einem umfassenden Anreizmechanismus begleitet werden, der aus politischen, rechtlichen, administrativen und wirtschaftlichen Mitteln besteht. Beispielsweise sind Unternehmen hauptsächlich mit wirtschaftlichen Anreizen konfrontiert. Wenn ein Unternehmen die nationalen Ziele und Standards nicht erfüllt, wird es schwierig, Bankkredite oder andere Formen der Unterstützung zu erhalten, einschließlich Steuervergünstigungen, finanzieller Subventionen, Preispolitik usw.

Drittens ist es notwendig, regierungsgetriebene Großprojekte umzusetzen. Jedes Jahr wird den Kommunalverwaltungen über das „Projektsystem" eine große Menge zentraler Mittel zugewiesen, um große Bauprojekte im Einklang mit den Fünfjahresprogrammen zu finanzieren. Diese Projekte sind auch eine Plattform zur Mobilisierung und Integration von Ressourcen des privaten Sektors durch Ausschreibung und Auswahl von Aufträgen. Zum Beispiel hat das 13. Fünfjahresprogramm 165 Großpro-

Tab. 1.2: Die Erreichung der BIP-Wachstumsziele vs. Erfolge

BIP-Ziel	Ziel (Z)	Leistung (L)	Z/L
6. Fünf-Jahres-Plan (1981–1985)	4 %	10 %	2,50
7. Fünf-Jahres-Plan (1986–1990)	7,5 %	7,8 %	1,04
8. Fünf-Jahres-Plan (1991–1995)	6 %	11,6 %	1,93
9. Fünf-Jahres-Plan (1996–2000)	8 %	8,4 %	1,05
10. Fünf-Jahres-Plan (2001–2005)	7 %	9,5 %	1,36
11. Fünf-Jahres-Programm (2006–2010)	7,5 %	11,2 %	1,18
12. Fünf-Jahres-Programm (2011–2015)	7 %	7,8 %	1,11
13. Fünf-Jahres-Programm (2016–2020)	6,5 %	6,6 %	
		(Durchschnitt 2016–2019)	

jekte identifiziert, darunter sowohl große Infrastrukturbauprojekte als auch Umweltschutzprojekte.

Tabelle 1.2 zeigt die Erreichung der BIP-Wachstumsziele seit dem 6. Fünfjahresplan. Aus der Tabelle ist ersichtlich, dass China die in den aufeinanderfolgenden Fünfjahresprogrammen (Plänen) festgelegten BIP-Wachstumsziele durchweg übertroffen hat, mit einem jährlichen Wachstum von 10 % während des 6. Fünfjahresplans (1981–1985) und einem Höchststand von 11,6 % während des 8. Fünfjahresplans und einem Rückgang auf etwa 6,6 % während der letzten vier Jahre des 13. Fünfjahresplans (2016–2020). Es ist anzumerken, dass das BIP-Wachstum Chinas aufgrund der negativen Auswirkungen von COVID-19 deutlich unter 6 % liegen wird.

3 Umsetzungsbewertung von Fünfjahresprogrammen (Plänen) seit 2001

3.1 Der 10. Fünf-Jahres-Plan (2001–2005)

Während der Laufzeit des 10. Fünfjahresplans waren die Hauptziele der nationalen wirtschaftlichen und sozialen Entwicklung folgende: i) die Volkswirtschaft sollte ein rasches Entwicklungstempo beibehalten; ii) die strategische Anpassung der Wirtschaftsstruktur wird fortgesetzt; iii) es wurde eine solide Grundlage für die Verdoppelung des BIP im Jahr 2010 im Vergleich zum Jahr 2000 geschaffen. Die Besonderheit des 10. Fünfjahresplans bestand darin, dass die Wirtschaftsplanung nicht mehr die Regel war, da der Markt bei der Zuteilung der Ressourcen eine größere Rolle zu spielen begann. Die Ziele und Erfolge des 10. Fünfjahresplans für soziale und wirtschaftliche Entwicklung sind in Tabelle 1.3 dargestellt.

Aus der Tabelle geht hervor, dass China alle wichtigen wirtschaftlichen Ziele des 10. Fünfjahresplans erreicht hat, wie z. B. BIP-Wachstum, BIP-Struktur, Schaffung von Arbeitsplätzen, Außenhandel und Haushaltseinkommen. China versäumte es jedoch,

Tab. 1.3: Ziele und Errungenschaften des 10. Fünfjahresplans für soziale und wirtschaftliche Entwicklung der Jahre 2001–2005 (Daten von data.stats.gov.cn)

Indikatoren	2000 Tatsächlich	10. Plan Ziel	2005 Tatsächlich	2001–2005
BIP-Wachstumsrate		+7 %/Jahr		+9,5 %/Jahr
BIP-Struktur				
– Primärsektor	13 %	11,6 %		
– Industrie	51 %	47,0 %		
– Service	36 %	41,3 %		
Geschaffene Arbeitsplätze		40 Mio.		42 Mio.
Arbeitslosenquote in städtischen Gebieten	3,1 %	5 %	4,2 %	
Inflation		Stabil		+1,4 %/Jahr
Außenhandel	474,3 Mrd. USD	680 Mrd. USD	1.422,1 Mrd.	+24,6 %/Jahr
F&E als Anteil des BIP	0,9 %	1,5 %	1,3 %	
College-Aufnahmequote	11,5 %	15 %	21 %	
High-School-Aufnahmerate	42,8 %	60 %	53 %	
Zulassungsquote für die Mittelstufe	88,6 %	90 %	95 %	
Bevölkerung	1.267,43 Mio.	1.330,00 Mio.	1.307,56 Mio.	+0,63 %
Reduzierung von Schadstoffen		−10 %		< −10 %
Wachstum des verfügbaren Einkommens der städtischen Haushalte		+5 %/Jahr		+9,6 %/Jahr
Wachstum des verfügbaren Einkommens ländlicher Haushalte		+5 %/Jahr		+5,3 %/Jahr
Städtisches Haushaltswohnviertel	20,3 m^2	22 m^2	26 m^2	+5,1 %/Jahr

eine Reihe anderer Indikatoren zu liefern, darunter die Ausgaben für Forschung und Entwicklung und die Verringerung der Umweltverschmutzung in diesem Zeitraum.

Tabelle 1.4 zeigt weitere Wirtschaftsindikatoren im Zeitraum 2001–2005. In diesem Zeitraum stieg die Stromerzeugung um 11,1 % pro Jahr, die Stahlproduktion um 18,6 % pro Jahr, die Zementproduktion um 10,1 % pro Jahr, die Automobilproduktion um 19,5 % pro Jahr und die Produktion von integrierten Schaltkreisen um 33,5 % pro Jahr. Der Handelsüberschuss wuchs von 22,55 Mrd. USD auf 102 Mrd. USD, was die wachsenden Exporte Chinas nach seinem Beitritt zur Welthandelsorganisation (WTO) im Jahr 2001 widerspiegelt. Die ausländischen Direktinvestitionen stiegen von 49,67 Mrd. USD im Jahr 2001 auf 63,80 Mrd. USD im Jahr 2005. Im gleichen Zeitraum blieb Chinas Währung gegenüber dem USD im Jahresvergleich im Wesentlichen stabil, und die Arbeitskosten (die sich im Jahresgehalt der städtischen Arbeitnehmer widerspiegeln) stiegen um 67,9 %. Interessant ist, dass Chinas NBS 2004 damit begann, Arbeitsplätze in Privatunternehmen zu melden. Im Jahr 2005 beschäftigten die Unternehmen des Privatsektors 107,25 Mio. Menschen, d. h. 37,8 % der gesamten nicht-landwirtschaftlichen Arbeitsplätze.

Tab. 1.4: Wirtschaftliche Schlüsselindikatoren, die während des 10. Fünfjahresplans erreicht wurden, 2001–2005 (Daten von data.stats.gov.cn)

	2001	2002	2003	2004	2005
Industrielle Produktion					
– Strom (TWh)	1.480,8	1.654,0	1.910,6	2.203,3	2.500,3
– Stahl (Mio. Tonnen)	160,68	192,52	241,08	319,76	3.77,71
– Zement (Mio. Tonnen)	661,04	725,00	862,08	966,82	1.068,85
– Automobile (Mio.)	2,34	3,25	4,44	5,09	5,70
– Integrierte Schaltkreise (Mrd.)	6,36	9,63	14,83	23,55	26,99
Außenhandel (Mrd. USD)					
– Importe	243,55	295,17	412,76	561,23	659,95
– Ausfuhren	266,10	325,60	438,23	593,33	761,95
– Handelsüberschuss	22,55	30,43	25,47	32,10	102,00
Ausländische Direktinvestitionen (Mrd. USD)					
– Eingehend	49,67	55,01	56,14	64,07	63,80
– Auswärts	k. A.	k. A.	k. A.	k. A.	k. A.
Nicht-Landwirtschaftliche Arbeitsplätze (Mio.)					
– Gesamt	231,52	251,59	262,30	272,93	283,89
– Privatwirtschaft	k. A.	k. A.	k. A.	96,04	107,25
Durchschnittliches Jahresgehalt in städtischen Gebieten (RMB)	10.834	12.373	13.969	15.920	18.200
RMB-Wechselkurs RMB/USD 100	827,70	827,70	827,70	827,68	819,17

3.2 Das 11. Fünf-Jahres-Programm (2006–2010)

In diesem Zeitraum änderte China zum ersten Mal den Fünfjahresplan in das Fünfjahresprogramm und zeigte damit den Wandel von einem regierungs- zu einem marktorientierten Ansatz der makroökonomischen Steuerung an. Die Hauptaufgaben der wirtschaftlichen Entwicklung während der 11. Periode des Fünfjahresprogramms waren die Förderung der wirtschaftlichen Transformation, mit besonderem Schwerpunkt auf der Entwicklung der Informationstechnologie, und die Förderung einer ressourcenschonenden und umweltfreundlichen Gesellschaft. Die Ziele und Erfolge des 11. Fünfjahresprogramms für soziale und wirtschaftliche Entwicklung sind in Tabelle 1.5 aufgeführt.

Aus Tabelle 1.5 geht hervor, dass sich das BIP-Wachstum im Zeitraum 2006–2010 mit 11,2 % pro Jahr beschleunigte und damit das Ziel von 7,5 % pro Jahr deutlich übertraf. Der Anteil des Dienstleistungssektors am BIP stieg weiter von 41,3 % im Jahr 2005 auf 44,2 % im Jahr 2010, während die Arbeitsplätze im Dienstleistungssektor von 31,3 % im Jahr 2005 auf 34,8 % im Jahr 2010 zunahmen. Das 11. Fünfjahresprogramm enthielt zum ersten Mal Ziele für die Energieintensität des BIP (definiert als Energieverbrauch pro BIP-Einheit) und die Wasserintensität in der Industrie (definiert als Wasserverbrauch pro industrielle Wertschöpfung). Die Verringerung der Energie-

Tab. 1.5: Ziele und Errungenschaften des 11. Fünfjahresprogramms für soziale und wirtschaftliche Entwicklung, 2006–2010 (Daten von data.stats.gov.cn)

Indikatoren	2005 Tatsächlich	11. Programmziel	2010 Tatsächlich	2006–2010
BIP-Wachstumsrate		7,5 %/Jahr		+11,2 %/Jahr
Anteil des Dienstes am BIP	41,3 %	+3 Prozentpunkte	44,2 %	+3 Prozentpunkte
Anteil der Arbeitsplätze im Dienst	31,3 %	+4 Prozentpunkte	34,8 %	+3,5 Prozentpunkte
Geschaffene Arbeitsplätze		45 Mio.		57,71 Mio.
Arbeitslosenquote in städtischen Gebieten	4,2 %	5 %	4,1 %	
Wachstum des verfügbaren Einkommens der städtischen Haushalte		+5 %/Jahr		+9,7 %/Jahr
Wachstum des verfügbaren Einkommens ländlicher Haushalte		+5 %/Jahr		+8,9 %/Jahr
Soziale Sicherheit in städtischen Gebieten	174 Mio.	223 Mio.	257 Mio.	+8,1 %/Jahr
Ländliche kooperative medizinische Versorgung	23,5 %	>80 %	96,3 %	
F&E-Anteil am BIP	1,3 %	2 %	1,75 %	
Obligatorische nationale Bildung	8,5 Jahre	9 Jahre	9 Jahre	
Bevölkerung	1.307,56 Mio.	1.360,00 Mio.	1.341,00 Mio.	< 0,51 %
Urbanisierung	43 %	47 %	47,5 %	
Waldbedeckung	18,2 %	20 %	20,36 %	
Kultivierbares Land	122 Mio. Hektar	120 Mio. Hektar	121,2 Mio. Hektar	
Schadstoffreduzierung (SO2)		−10 %		−14,29 %
Energieintensität des BIP		−20 %		−19,1 %
Wasserintensität in der Industrie		−30 %		−36,7 %

intensität betrug 19,1 % und lag damit leicht unter dem Ziel von 20 %, während die Verringerung der Wasserintensität in der Industrie 36,7 % betrug und damit deutlich über dem Ziel von 30 % lag.

Tabelle 1.6 zeigt mehr Wirtschaftsindikatoren während des 11. Fünfjahrespro-gramms. In diesem Zeitraum stieg die Elektrizitätsproduktion um 7,9 % pro Jahr, die Stahlproduktion um 11,3 % pro Jahr, die Zementproduktion um 8,7 % pro Jahr, die Automobilproduktion um 14,2 % pro Jahr und die Produktion von integrierten Schalt-kreisen um 33,5 % pro Jahr. Die Exporte stiegen weiterhin von 791,46 Mrd. USD auf 1.396,24 Mrd. USD, d. h. eine jährliche Wachstumsrate von 12,0 % von 2006 bis 2010. Die ausländischen Direktinvestitionen stiegen von 69,88 Mrd. USD im Jahr 2006 auf 108,82 Mrd. USD im Jahr 2010. Interessanterweise begann das NSB 2007 mit der Be-

Tab. 1.6: Wirtschaftliche Schlüsselindikatoren während des 11. Fünfjahresplans, 2006–2010 (Daten von data.stats.gov.cn)

	2006	2007	2008	2009	2010
Industrielle Produktion					
– Strom (TWh)	2865,7	3281,5	3466,9	3714,6	4207,2
– Stahl (Mio. Tonnen)	468,93	565,61	604,60	694,05	802,76
– Zement (Mio. Tonnen)	1.236,76	1.361,17	1.423,55	1.643,97	1.881,91
– Automobile (Mio.)	7,28	8,89	9,31	13,79	18,26
– Integrierte Schaltkreise (Mrd.)	33,57	41,16	43,88	41,44	65,25
Außenhandel (Mrd. USD)					
– Importe	968,98	1.220,06	1.430,69	1.201,61	1.577,75
– Ausfuhren	791,46	1.005,92	1.132,56	1.005,92	1.396,24
– Handelsüberschuss	177,52	263,94	298,13	195,69	181,51
Ausländische Direktinvestitionen (Mrd. USD)					
– Eingehend	69,88	78,34	95,25	91,80	108,82
– Auswärts		26,51	55,91	56,53	68,81
Nicht-Landwirtschaftliche Arbeitsplätze (Mio.)					
– Gesamt	296,30	309,53	321,03	333,22	346,87
– Privatwirtschaft	117,46	127,49	136,80	151,92	164,25
Durchschnittliches Jahresgehalt (RMB)	20.856	24.721	28.898	32.244	36.539
RMB-Wechselkurs RMB/USD 100	797,18	760,40	694,51	683,10	676,95

richterstattung über Chinas ausländische Direktinvestitionen in anderen Ländern. Im Jahr 2007 betrugen die ausländischen Investitionen im Ausland 26,51 Mrd. USD, und sie stiegen auf 68,81 Mrd. USD im Jahr 2010. In diesem Zeitraum setzte Chinas Währung ihre Aufwertung um 15 % fort, und die Arbeitskosten (die sich im Jahresgehalt der städtischen Arbeitskräfte widerspiegeln) stiegen weiter um 75 %. Die Unternehmen des Privatsektors beschäftigten 164,25 Mio. Menschen, d. h. 47,3 % der gesamten nicht-landwirtschaftlichen Arbeitsplätze.

3.3 Das 12. Fünf-Jahres-Programm (2011–2015)

Das 12. Fünfjahresprogramm (2011–2015) ist ein kritischer Zeitraum für die Vertiefung des Reform- und Öffnungsprozesses in China und die Beschleunigung der Transformation der Wirtschaft durch die koordinierte Entwicklung moderner Industrie- und Dienstleistungssektoren. Zu Beginn des 12. Fünfjahresprogramms wurden die Konzepte der „verbindlichen Ziele" und der „erwarteten Ziele" eingeführt.

Die verbindlichen Ziele betreffen die Grundversorgung der Bevölkerung (Wohnraum, medizinische Versorgung, Bildung, Anbauflächen) und die ökologische Nachhaltigkeit (Energie- und Wasserintensität, Verringerung der Umweltverschmutzung). Es sei darauf hingewiesen, dass im 12. Fünfjahresprogramm zum ersten Mal ein Ziel zur CO2-Intensität eingeführt und als verbindliches Ziel eingestuft wurde, was Chinas Entschlossenheit und sein Engagement bei der Eindämmung des Klimawandels widerspiegelt. Die erwarteten Ziele beziehen sich meist auf wirtschaftliche Indikatoren, wie z. B. BIP-Wachstum, Haushaltseinkommen, Urbanisierung usw. Der Markt als solcher ist die treibende Kraft für die Erreichung dieser Ziele und nicht staatliche Interventionen. Die Ziele und Erfolge des 12. Fünfjahresprogramms für soziale und wirtschaftliche Entwicklung sind in Tabelle 1.7 dargestellt.

Wie aus Tabelle 1.7 hervorgeht, verlangsamte sich Chinas Wirtschaftswachstum während des 12. Fünfjahresprogramms (2011–2015) auf 7,8 % pro Jahr, übertraf aber immer noch das erwartete Ziel von durchschnittlich 7 % pro Jahr. Es ist festzustellen, dass China in diesem Zeitraum alle verbindlichen Ziele erreicht hat, insbesondere bei den Indikatoren, die sich auf die Nachhaltigkeit beziehen. Die Energieintensität wurde um 18,2 %, die CO2-Intensität um 20 % und das NOx (eine der Hauptquellen, die zu PM 2,5 beitragen) um 18,6 % reduziert.

Tabelle 1.8 zeigt weitere Wirtschaftsindikatoren während des 12. Fünfjahresprogramms. In diesem Zeitraum stieg die Elektrizitätsproduktion um 4,3 % pro Jahr, die Stahlproduktion um 3,1 % pro Jahr, die Zementproduktion um 2,4 % pro Jahr, die Automobilproduktion um 5,9 % pro Jahr und die Produktion von integrierten Schaltkreisen um 8,6 % pro Jahr. Im Vergleich zu zweistelligen Wachstumsraten in den vergangenen Perioden der Fünfjahresprogramme verlangsamte sich die Industrieproduktion erheblich, was die wirtschaftliche Transformation widerspiegelt, die immer stärker dienstleistungsorientiert wurde. Tatsächlich erreichte der Anteil der Dienstleistungen am BIP im Jahr 2015 50,5 %, verglichen mit 44,2 % im Jahr 2010.

Die Exporte stiegen weiter von 1.898,38 Mrd. USD auf 2.273,47 Mrd. USD, mit einer jährlichen Wachstumsrate von 3,7 % von 2011 bis 2015. Die ausländischen Direktinvestitionen im Ausland stiegen von 117,69 Mrd. USD im Jahr 2011 auf 126,27 Mrd. USD im Jahr 2015. Sehr wichtig ist, dass die ausländischen Direktinvestitionen im Jahr 2014 die ausländischen Investitionen im Ausland überstiegen und 2015 145,67 Mrd. USD erreichten. Damit spielte China eine zunehmend wichtige Rolle als Gläubiger und Investor in der Welt. In diesem Zeitraum wertete Chinas Währung leicht um 3,6 % auf, und die Arbeitskosten stiegen um 48,5 %. Die Unternehmen des Privatsektors beschäftigten 280,77 Mio. Menschen, d. h. 69,4 % der gesamten nicht-landwirtschaftlichen Arbeitsplätze, was die dominierende Rolle des Privatsektors bei der Schaffung von Arbeitsplätzen widerspiegelt.

3.4 Das 13. Fünf-Jahres-Programm (2016–2020)

Das 13. Fünfjahresprogramm ist darauf ausgerichtet, das Wirtschaftswachstum aufrechtzuerhalten und den Binnenkonsum zur Hauptantriebskraft des Wachstums zu

Tab. 1.7: Ziele und Errungenschaften des 12. Fünfjahresprogramms für soziale und wirtschaftliche Entwicklung, 2011–2015 (Daten von data.stats.gov.cn)

Indikatoren	2010 Tatsächlich	12. Programmziel	2015 Tatsächlich	2011–2015
Verbindliche Ziele				
Soziale Sicherheit in städtischen Gebieten	257 Mio.	357 Mio.	377 Mio.	
Zunahme der kooperativen ärztlichen Teilnahme		+3 Prozentpunkte		> 3 Prozentpunkte
Bau von kostengünstigen Wohnungen		+36 Mio.		+40,13 Mio.
Bevölkerung	1.341 Mio.	< 1.390 Mio.	1.375 Mio.	
Neun Jahre Nationale Schulpflicht	9 Jahre	9 Jahre	9 Jahre	
Waldbedeckung	20,36 %	21,66 %	21,66 %	
Kultivierbares Land	121,2 Mio. Hektar	120 Mio. Hektar	124,3 Mio. Hektar	
Reduzierung von Schadstoffen				
SO2		−8 %		−18,0 %
NOx		−10 %		−18,6 %
Anteil der nicht-fossilen Energie am Primärenergieverbrauch	8,3 %	11,4 %	12 %	
Energieintensität des BIP		−16 %		−18,2 %
CO2-Intensität des BIP		−17 %		−20 %
Wasserintensität in der Industrie		−30 %		−35 %
Erwartete Ziele				
BIP-Wachstumsrate		+7,0 %/Jahr		+7,8 %/Jahr
Anteil des Dienstes am BIP	44,2 %	47 %	50,5 %	
Geschaffene Arbeitsplätze		+45 Mio.		+64,31 Mio.
Arbeitslosenquote in städtischen Gebieten	4,2 %	< 5 %	4,05 %	
Wachstum des verfügbaren Einkommens der städtischen Haushalte		> +7 %/Jahr		+7,7 %/Jahr
Wachstum des verfügbaren Einkommens ländlicher Haushalte		> +7 %/Jahr		+9,6 %/Jahr
F&E-Anteil am BIP	1,75 %	2,2 %	2,1 %	
Innovationspatente		3,3 pro 10.000 Personen	6,3 pro 10.000 Personen	
Lebenserwartung	73,5 Jahre	74,5 Jahre	76,34 Jahre	
Urbanisierung	47,5 %	51,5 %	56,1 %	

Tab. 1.8: Wirtschaftliche Schlüsselindikatoren während des 12. Fünfjahresprogramms, 2011–2015 (Daten von data.stats.gov.cn)

	2011	2012	2013	2014	2015
Industrielle Produktion					
– Strom (TWh)	4713,0	4787,6	5431,6	5794,4	5814,6
– Stahl (Mio. Tonnen)	886,19	995,78	1.082,00	1.125,13	1.034,68
– Zement (Mio. Tonnen)	2.099,26	2.209,84	2.419,24	2.492,07	2.359,19
– Automobile (Mio.)	18,42	19,27	22,12	23,73	24,50
– Integrierte Schaltkreise (Mrd.)	71,95	77,96	90,35	101,55	108,72
Außenhandel (Mrd. USD)					
– Importe	1.743,48	1.818,40	2.209,00	2.342,29	1.679,56
– Ausfuhren	1.898,38	2.048,71	1.949,90	1.959,23	2.273,47
– Handelsüberschuss	154,90	230,31	259,01	383,06	593,90
Ausländische Direktinvestitionen (Mrd. USD)					
– Eingehend	117,69	113,29	118,72	119,70	126,27
– Auswärts	74,65	87,80	107,84	123,11	145,67
Nicht-Landwirtschaftliche Arbeitsplätze (Mio.)					
– Gesamt	359,14	371,02	382,40	393,10	404,10
– Privatwirtschaft	182,99	199,24	218,57	249,75	280,77
Durchschnittliches Jahresgehalt (RMB)	41.799	46.769	51.483	56.360	62.029
RMB-Wechselkurs RMB/USD 100	645,88	631,25	619,32	614,28	622,84

machen. Dem Programm zufolge sollen sich bis 2020 das BIP und das Pro-Kopf-Einkommen der städtischen und ländlichen Bevölkerung im Vergleich zu 2010 verdoppelt haben. Nach den derzeitigen Standards, die im 13. Fünfjahresplan festgelegt sind, sollten alle Armen auf dem Land bis 2020 aus der Armut herausgeholt worden sein. Der Industriesektor sollte auf das mittlere und obere Niveau angehoben werden. Das Programm zielt auch auf eine kontinuierliche ökologische Qualität ab. Im Vergleich zu früheren Fünfjahresprogrammen wurde das Ziel der Bevölkerungskontrolle im 13. Fünfjahresprogramm gestrichen, da China mit Alterungsproblemen zu kämpfen hatte und die Ein-Kind-Politik 2015 fallen gelassen wurde. Darüber hinaus wurde die CO_2-Intensität im Einklang mit Chinas Verpflichtung im Rahmen des Pariser Abkommens über den Klimawandel zu einem verbindlichen Ziel gemacht (Tabelle 1.9).

Tabelle 1.10 zeigt mehr wirtschaftliche Indikatoren während des 13. Fünfjahresprogramms bis 2019. Im Zeitraum 2016–2019 stieg die Stromerzeugung um 5,2 % pro Jahr, die Stahlproduktion um 3,5 % pro Jahr und die Produktion von integrierten Schaltkreisen um 11,2 % pro Jahr. Die Zementproduktion ging jedoch zum ersten Mal während des Vierjahreszeitraums um 2,5 % zurück, die Automobilproduktion ging im gleichen Zeitraum ebenfalls um 10 % pro Jahr zurück.

Die Exporte stiegen weiter von 297,63 Mrd. USD auf 2.468,68 Mrd. USD, d. h. eine jährliche Wachstumsrate von 5,6 % von 2016 bis 2018. Im Zeitraum 2016–2018 über-

Tab. 1.9: Ziele und Errungenschaften des 13. Fünfjahresprogramms für soziale und wirtschaftliche Entwicklung, 2016–2020 (Daten von data.stats.gov.cn)

Indikatoren	2015 Tatsächlich	13. Programmziel
Verbindliche Ziele		
Neu zugewiesenes Bauland (Mio. Hektar)		2,17 Mio. Hektar
Zunahme der kooperativen ärztlichen Teilnahme		+3 Prozentpunkte
Wiederaufbau von Slumgebieten (Anzahl der Haushalte)		20 Mio.
Verringerung der ländlichen Armut		55,75 Mio.
Ausbildungsdauer der Arbeitskräfte (Durchschnitt in Jahren)	10,23 Jahre	10,8 Jahre
Waldbedeckung	21,66 %	23,44 %
Kultivierbares Land	124,3 Mio. Hektar	124,3 Mio. Hektar
Reduzierung von Schadstoffen		
PM2,5		−18 %
NOx		−15 %
Anteil der nicht-fossilen Energie am Primärenergieverbrauch	12 %	15 %
Energieintensität des BIP		−15 %
CO2-Intensität des BIP		−18 %
Wasser-BIP-Intensität		−23 %
Erwartete Ziele		
BIP-Wachstumsrate		+6,0 %/Jahr
Anteil des Dienstes am BIP	50,5 %	56 %
Geschaffene Arbeitsplätze		> 50 Mio.
Soziale Sicherheit im Ruhestand	82 %	92 %
Internet-Verbreitung		
Festnetz	40 %	70 %
Mobil	57 %	85 %
Wachstum des verfügbaren Haushalts-einkommens		> +6,5 %/Jahr
F&E-Anteil am BIP	2,1 %	2,5 %
Innovationspatente	6,3 pro 10.000 Personen	12 pro 10.000 Personen
Lebenserwartung	76,34 Jahre	+1 Jahr
Urbanisierung	56,1 %	60,0 %

stiegen die Direktinvestitionen in anderen Ländern im Ausland durchweg die ausländischen Investitionen im Ausland. Im Zeitraum 2016–2019 wertete Chinas Währung um 10,7 % ab. Die Arbeitskosten stiegen im Zeitraum 2016–2019 um 21,9 %. Die Unternehmen des Privatsektors beschäftigten 374,13 Mio. Menschen, d. h. 86,2 % der gesamten nicht-landwirtschaftlichen Arbeitsplätze.

Tab. 1.10: Wirtschaftliche Schlüsselindikatoren während des 13. Fünfjahresjahresprogramms (Daten von data.stats.gov.cn)

	2016	2017	2018	2019
Industrielle Produktion				
– Strom (TWh)	6.133,2	6.604,4	7.111,8	7503,4
– Stahl (Mio. Tonnen)	1.048,13	1.046,42	1.105,52	1.204,77
– Zement (Mio. Tonnen)	2.410,30	2.330,84	2.207,71	2.350,00
– Automobile (Mio.)	28,12	29,02	28,82	25,53
– Integrierte Schaltkreise (Mrd.)	131,79	156,46	173,95	201,82
Außenhandel (Mrd. USD)				
– Importe	1.587,93	1.843,79	2.135,73	
– Ausfuhren	2.097,63	2.263,34	2.468,68	
– Handelsüberschuss	509,70	419,55	350,95	
Ausländische Direktinvestitionen (USD Mrd.)				
– Eingehend	126,00	131,03	134,97	
– Auswärts	196,15	158,29	143,04	
Nicht-Landwirtschaftliche Arbeitsplätze (Mio.)				
– Gesamt	414,28	424,62	434,19	442,47
– Privatwirtschaft	308,59	341,07	374,13	
Durchschnittliches Jahresgehalt (RMB)	67.569	74.318	82.413	
RMB-Wechselkurs RMB/USD100	622,84	675,18	661,74	689,85

4 Die Rolle der Industriepolitik bei der wirtschaftlichen Entwicklung

4.1 Neue strukturelle Ökonomie: Ermöglichung von Regierung und effektivem Markt

Prof. Justin Yifu Lin schlug das Konzept der Neuen Strukturökonomie (NSE) formell vor, als er 2009 als Chefökonom der Weltbank tätig war (Lin, 2012). Diese gilt als die dritte Generation der Entwicklungsökonomie nach dem Strukturalismus der 1940er Jahre und dem Neoliberalismus der 1980er Jahre.

Im Allgemeinen verwendeten die ersten beiden Generationen der Entwicklungsökonomie die entwickelten Länder als Bezugsrahmen, um die Wirtschaftsreformen in den Entwicklungsländern zu leiten. Der Strukturalismus betonte, was in den Entwicklungsländern fehlt (wie modernes Kapital und technologieintensive Industrien), während der Neoliberalismus berücksichtigte, was die Entwicklungsländer noch nicht getan haben (wie die Schaffung eines wettbewerbsfähigen Marktsystems, die Privatisierung staatlicher Unternehmen, die Verbesserung des Geschäftsumfelds und die Bekämpfung der Transparenz der Korruption). Laut NSE unterschätzt der Strukturalismus die Macht des Marktes und überschätzt die Rolle der Regierung bei strukturellen Veränderungen, während der Neoliberalismus die Rolle der Regierung unterschätzt und die Rolle des Marktes bei strukturellen Veränderungen überschätzt. Weder das eine noch das andere Entwicklungsparadigma hat die überwiegende Mehrheit der Entwicklungsländer wirksam dazu geführt, wirtschaftliche Transformation und Industrialisierung erfolgreich zu erreichen.

Um den Entwicklungsprozess in Gang zu bringen und aufrechtzuerhalten, muss es nach Ansicht des NSE einen fördernden Staat geben, der in der Lage ist, eine grundlegende öffentliche Infrastruktur bereitzustellen und Industrien mit latenten komparativen Vorteilen dabei zu helfen, durch die Verbesserung von Infrastruktur und Institutionen wettbewerbsfähig zu werden. Selbst in einem Staat mit begrenzten Kapazitäten und Ressourcen, einem Erbe armer Institutionen und einer Politik der Interessengruppen ist es für den politischen Führer, wenn er die richtigen Ideen hat, immer noch möglich, seinen Ermessensspielraum und seine Ressourcen zu nutzen, um Enklaven wie Sonderwirtschaftszonen und Industrieparks mit guter Infrastruktur und Dienstleistungen aus einer Hand zu schaffen und ein dynamisches Wachstum in Gang zu setzen.

Es ist hervorzuheben, dass die NSE effektive Märkte und eine befähigende Regierung als voneinander abhängig betrachtet. Die befähigende Regierung ist die Grundlage für einen effektiven Markt, und ein effektiver Markt ist das Ziel der Regierungspolitik. Wenn es keine fördernde Regierung gibt, können verschiedene Marktversagensfälle nicht wirksam überwunden werden, und die Versorgung mit öffentlichen Gütern und Dienstleistungen mit positiven externen Effekten wird unzureichend sein.

Aufgrund der Notwendigkeit, Externalitäten anzugehen und Koordinationsprobleme bei der Verbesserung der Infrastruktur und Institutionen zu lösen, argumentiert NSE, dass der Staat eine wesentliche Rolle bei der Erleichterung schneller technologischer Innovation, industrieller Modernisierung und Diversifizierung spielt. Die erforderliche Koordination für Verbesserungen der Infrastruktur und der Institutionen kann je nach Branche und Standort unterschiedlich sein, und die Ressourcen und Kapazitäten der Regierung sind begrenzt, so dass es für die Regierungen von entscheidender Bedeutung ist, diese Ressourcen strategisch zu nutzen. In diesem Zusammenhang ist die Industriepolitik für einen Staat ein nützliches Instrument zur Erleichterung des Strukturwandels.

Konkret stuft die NSE verschiedene Industrien in Entwicklungsländern in fünf Kategorien ein und empfiehlt die Regierung für ihren jeweiligen Wachstumsbedarf (Lin, 2017):

(1) Für Branchen, die unter den internationalen Standards liegen, sollte die Regierung die verbindlichen Beschränkungen in den Bereichen Infrastruktur, Finanzierung, Humankapital usw. ermitteln und beseitigen, damit diese Branchen aufholen können;

(2) Für Industrien, die weltweit führend sind, sollte die Regierung Unternehmen bei der Durchführung von F&E unterstützen, um ihre technologische Führungsposition weltweit zu erhalten;

(3) Bei Industrien, die ihren komparativen Vorteil bereits verloren haben, wie arbeitsintensive Industrien, sollte die Regierung Unternehmen bei der Verlagerung in Länder mit niedrigeren Löhnen unterstützen;

(4) Für innovative aufstrebende Industrien kann die Regierung Inkubationsparks einrichten, um Risikokapital zu fördern und geistiges Eigentum zu schützen, um Innovationen zu erleichtern;

(5) Für Industrien, die für die Landesverteidigung strategisch wichtig sind, sollte das Land, selbst wenn es keinen komparativen Vorteil hat, diese Industrien direkt mit Steuerausgaben subventionieren, anstatt Preisverzerrungen und andere Marktinterventionen einzuführen.

4.2 Überprüfung der Industriepolitik in China während der vergangenen Fünfjahresprogramme (Pläne)

Die politischen Maßnahmen der chinesischen Regierung entsprechen im Großen und Ganzen den verschiedenen von der NSE vorgeschriebenen Industriekategorien. Die Regierung hat die Industriepolitik eingesetzt, um die industrielle Modernisierung in China und insbesondere die Entwicklung von Hoch- und neuen Technologien zu unterstützen. Im 7. Fünfjahresplan (1986–1990) wurde der Begriff „Industriepolitik" formell eingeführt. Darüber hinaus wurde 1988 unter der damaligen Nationalen Planungskommission eine Abteilung für Industriepolitik eingerichtet[2]. Die Abteilung für Industriepolitik heißt jetzt Abteilung für industrielle Entwicklung im Rahmen der NDRC. Die Hauptaufgaben der Abteilung Industrielle Entwicklung sind

- eine umfassende Industriepolitik zu organisieren und zu formulieren und die nationale industrielle Entwicklungsplanung zu koordinieren;
- Formulierung von Politiken und Maßnahmen zur Unterstützung der Entwicklung der Realwirtschaft und zur Beschleunigung der Entwicklung der fortgeschrittenen verarbeitenden Industrie, Unterbreitung von Vorschlägen zur Gestaltung von industriellen Großprojekten;
- Koordinierung und Förderung des Einsatzes großer technischer Ausrüstungen und des Aufbaus von Industriebasen;
- die Umsetzung von Entwicklungsstrategien, -plänen und -politiken der Dienstleistungsindustrie zu formulieren und zu koordinieren.

Darüber hinaus verfügt das Ministerium für Industrie und Informationstechnologie auch über eine Abteilung für Industriepolitik. Zu seinen Hauptaufgaben gehören die Formulierung und Überwachung der Industriepolitik für die IKT-Industrie, die Formulierung eines Katalogs zur Anpassung der Industriestruktur und die Beteiligung an der Überprüfung von Investitionsprojekten.

---

2 Die Nationale Planungskommission wurde 1998 in Nationale Entwicklungs- und Planungskommission umbenannt und 2003 in Nationale Entwicklungs- und Reformkommission (NDRC) umbenannt.

Tab. 1.11: Industriepolitik und Initiativen im Rahmen verschiedener Fünfjahresprogramme/-pläne (Informationen von der Autorin zusammengestellt)

Zeiträume	Industriepolitik und Initiativen
7. Fünf-Jahres-Plan (1986–1990)	1986 wurde das „High-Tech Research Development Program Outline" („863 Program") ins Leben gerufen, das darauf abzielte, Chinas Hochtechnologie zu entwickeln und die Kluft zu Weltklassetechnologien in strategischen Bereichen zu verringern. Zur Ergänzung des „863-Programms" wurde 1988 ein „Fackelplan" formuliert, dessen wichtiger Inhalt der Aufbau von Entwicklungszonen für die High-Tech-Industrie ist. Bevorzugte Steuervergünstigungen wurden der Industrie in den Bereichen integrierte Schaltkreise, elektronische Computer, Software, programmgesteuerte Schalter usw. gewährt. High-Tech-Unternehmen wie Lenovo, ZTE und Huawei wurden in dieser Zeit entwickelt.
8. Fünf-Jahres-Plan (1991–1995)	Verschiedene sektorale Abteilungen und Kommunalverwaltungen begannen mit der Ausarbeitung ihrer eigenen Industriepolitik und detaillierten Pläne auf der Grundlage der nationalen Wissenschafts- und Technologiepläne. 1991 erließ die Regierung Verordnungen über nationale High-Tech-Industrieentwicklungszonen und genehmigte die Schaffung von 26 High-Tech-Industrieentwicklungszonen. Im Jahr 1994 wurde die Nationale Industriepolitik der 1990er Jahre verkündet, um die High-Tech-Industrien zu beschleunigen und schrittweise zu Säulen der nationalen Wirtschaftsentwicklung zu machen.
9. Fünf-Jahres-Plan (1996–2000)	Die Regierung erließ den „Beschluss über die Stärkung der technischen Innovation, die Entwicklung von Hochtechnologie, die Verwirklichung der Industrialisierung", um die technologische Innovation und die Entwicklung von Hochtechnologieunternehmen zu fördern. In der Folge erließ die Regierung eine Reihe spezieller Unterstützungsmaßnahmen für High-Tech-Unternehmen, einschließlich steuerlicher Vorzugsbehandlungen, und schuf ein neues Dienstleistungssystem, um den Export von High-Tech-Produkten zu erleichtern.
10. Fünf-Jahres-Programm (2001–2005)	China trat 2001 der WTO bei und verabschiedete eine „offene und angemessene Schutzhandelspolitik" gemäß dem vereinbarten Zeitplan zur schrittweisen Senkung der Zölle und zur Abschaffung nichttarifärer Handelsschutzmaßnahmen. Im Jahr 2002 gab die Regierung „Richtlinien für die Pilotarbeit staatseigener High-Tech-Unternehmen mit Eigenkapitalanreizen" heraus, die die Vergabe von Unternehmensanteilen an die Innovatoren ermöglichen, um Forschung und Entwicklung, Inkubation und Vermarktung innovativer Produkte zu fördern.
11. Fünf-Jahres-Programm (2006–2010)	Im Jahr 2007 gab das Ministerium für Wissenschaft und Technologie den Nationalen Plan für eine High-Tech-Industrieentwicklungszone heraus. Im November 2009 führte Premierminister Wen Jiabao zum ersten Mal das Konzept der „strategischen aufstrebenden Industrie" ein. Im Oktober 2010 gab die Regierung den „Beschluss zur Revitalisierung und Förderung der strategischen aufstrebenden Industrien" heraus.

Tab. 1.11: (Fortsetzung)

Zeiträume	Industriepolitik und Initiativen
12. Fünf-Jahres-Programm (2011–2015)	Grundsatzpapier zur nationalen strategischen Entwicklung aufstrebender Industrien, herausgegeben 2012, zur Verbesserung der zentralen Wettbewerbsfähigkeit von Unternehmen. Drei nationale Initiativen wurden gestartet: i) Aktionsplan „Internet +" ii) „Massenunternehmertum, Masseninnovation" iii) „Made in China 2025"
13. Fünf-Jahres-Programm (2016–2020)	Das 13. Fünfjahresprogramm hat ein eigenes Kapitel „Unterstützung der Entwicklung strategischer aufstrebender Industrien", das auf Durchbrüche bei Schlüsselmaterialien, Kernkomponenten und fortgeschrittenen Prozessen, künstlicher Intelligenz abzielt, um so die integrierte Entwicklung von „Made in China + Internet" zu beschleunigen. Im Jahr 2016 gab das Ministerium für Industrie und Informationstechnologie das „Weißbuch über Chinas Blockchain-Technologie und Anwendungsentwicklung" und den „Smart Manufacturing Development Plan (2016–2020)" heraus.

4.3 Fallstudie: Entwicklung der Solar-Photovoltaik (PV) in China

Die Entwicklung der Photovoltaik-Industrie in China ist ein typisches Beispiel, das die Stärken und Grenzen der Industriepolitik aufzeigt. In den letzten 20 Jahren wurde die chinesische PV-Industrie sowohl von den Marktkräften als auch von staatlicher Unterstützung angetrieben. Anfang 2000 gewährten europäische Länder, angeführt von Deutschland, großzügige Subventionen für die solare PV-Stromerzeugung, was zu einem raschen Wachstum der PV-Solarmärkte führte. Die Nachfrage nach Solarzellen und Modulprodukten allein in Deutschland überstieg damals die doppelte Weltproduktionskapazität. In diesem Zusammenhang reagierten chinesische Privatunternehmen schnell mit der Installation und Erweiterung ihrer Produktionskapazität. Bis 2010 wurden bis zu 95 % der PV-Solarprodukte nach Europa und in andere Länder exportiert.

In der Zwischenzeit wurden diese privaten Unternehmen von den lokalen Regierungen durch eine lokalisierte Industriepolitik energisch gefördert. Für die Lokalregierungen können diese Unternehmen einen beträchtlichen Beitrag zu BIP-Wachstum, Arbeitsplätzen und Steuereinnahmen leisten. Durch die Unterstützung bei der Beschaffung von Finanzmitteln, die Bereitstellung von Land und Stromversorgung sowie Steuervergünstigungen haben die Lokalregierungen in China starke Anreize und Unterstützung geboten, um Investoren in die Photovoltaik zu ziehen.

Anfang 2010 war die PV-Solarindustrie in 31 von 32 Provinzen des Landes als eine prioritäre aufstrebende Industrie aufgeführt. Etwa 300 der 600 Städte in China waren in der PV-Solarindustrie tätig. Die globale Finanzkrise im Jahr 2008 führte jedoch zu einem Nachfragerückgang auf den internationalen Märkten, verbunden mit der schritt-

Tab. 1.12: Chinas Anteil an der solaren Wertschöpfungskette, 2017 (Daten von der China Solar Industry Association)

Wertschöpfungskette	Polysilizium (1000 Tonnen)	Wafer (GW)	Zellen (GW)	Module (GW)	Applikation (GW)
China	242	91,7	72	75	53
Welt	442	105	104,3	105,5	102
Chinas Anteil	54,8 %	87,2 %	69,0 %	71,1 %	51,9 %

weisen Reduzierung der Subventionen in Europa und Antidumping-Maßnahmen vieler Länder. In diesem Zusammenhang standen viele Solar-PV-Unternehmen am Rande des Bankrotts. Im Jahr 2011 gab es 262 Solar-PV-Unternehmen in China, und diese Zahl ging bis 2012 auf 112 zurück.

Im Nachhinein haben viele Kommunalverwaltungen in China die Solar-PV-Industrie blind gefördert, und es mangelte an Koordination zwischen den Kommunalverwaltungen der verschiedenen Provinzen. Daher griff die Zentralregierung ein, indem sie Leitlinien zur Beschleunigung der industriellen Umstrukturierung und technologischen Modernisierung der Photovoltaikindustrie herausgab. Noch wichtiger ist, dass die chinesische Regierung den „Richtpreis für PV-Solarstrom" von 1,15 RMB/kWh einführte, mehr als dreimal so hoch wie der Preis für thermische Energie, was ihn für Investoren sehr attraktiv macht und eine starke Inlandsnachfrage nach PV-Solaranwendungen schafft. Die Entwicklung der inländischen PV-Solarmärkte war entscheidend für die Konsolidierung der PV-Solarindustrie in China.

Bis 2017 machte Chinas Produktionsumfang in allen PV-Wertschöpfungsketten mehr als 50 % der weltweiten Gesamtproduktion aus (Tabelle 1.12). Die PV-Solarindustrie sorgt nicht nur für eine saubere Energieversorgung, sondern schafft auch erheblichen wirtschaftlichen Wert und Arbeitsplätze. Im Jahr 2017 betrug die Zahl der Beschäftigten in der globalen PV-Industriekette 3.365 Mio., von denen 2.216 Mio. in der chinesischen PV-Industrie beschäftigt waren, was 65,9 % entspricht (IRENA International Renewable Energy Agency, 2018).

5 Ausblick: 14. Fünf-Jahres-Programm und „China Manufacturing 2025"

Seit der Verabschiedung der Öffnungs- und Reformpolitik hat China acht Fünfjahresprogramme/-pläne umgesetzt. Wir haben die fünf wichtigsten Schlüsselwörter in jedem der Fünfjahresprogramme/-pläne seit dem 6. Fünfjahresplan (1981–1985) bis zum 13. Fünfjahresprogramm (2016–2020) identifiziert (Tabelle 1.13). In den 1980er Jahren waren die Worte „Wirtschaft", „Wachstum" und „Produktion" in den Fünfjahresplänen am häufigsten anzutreffen. In den 1990er Jahren hat das Wort „Reform" an Bedeu-

Tab. 1.13: Die 5 wichtigsten Schlüsselwörter der Fünfjahresprogramme/-pläne, 1981–2020 (Informationen von der Autorin zusammengestellt)

	Top 1	Top 2	Top 3	Top 4	Top 5
6. Fünf-Jahres-Plan (1981–1985)	Wirtschaft	Konstruktion	Technologie	Produktion	Wachstum
7. Fünf-Jahres-Plan (1986–1990)	Wirtschaft	Konstruktion	Technologie	Reform	Produktion
8. Fünf-Jahres-Plan (1991–1995)	Konstruktion	Wirtschaft	Technologie	Reform	Industrie
9. Fünf-Jahres-Plan (1996–2000)	Konstruktion	Wirtschaft	Technologie	Markt	Entwicklung
10. Fünf-Jahres-Plan (2001–2005)	Konstruktion	Wirtschaft	Reform	Struktur	Einrichtung
11. Fünf-Jahres-Programm (2006–2010)	Konstruktion	Ressourcen	Industrie	Reform	Wirtschaft
12. Fünf-Jahres-Programm (2011–2015)	Konstruktion	Verbesserung/ Erweiterung	Industrie	Einrichtung	Reform
13. Fünf-Jahres-Programm (2016–2020)	Konstruktion	Innovation	Verbesserung/ Erweiterung	Einrichtung	Sicherheit

tung gewonnen, während die Wörter „Bauwesen" und „Technologie" in den meisten Fünfjahresprogrammen (Plänen) stets zu den fünf wichtigsten Schlüsselwörtern gehörten. Im 13. Fünfjahresprogramm wurden die Wörter „Innovation" und „Sicherheit" zu der Liste der Schlüsselwörter hinzugefügt. Die Entwicklung dieser Schlüsselwörter spiegelt Chinas Entwicklungspfad von einem durch staatliche Investitionen getriebenen Wachstum hin zu einem stärker marktorientierten und durch technologische Innovation getriebenen Wachstum wider.

Chinas 14. Fünfjahresprogramm für soziale und wirtschaftliche Entwicklung wird im März 2021 verabschiedet. Angesichts der vorherrschenden Grundsatzerklärungen wird erwartet, dass das 14. Fünfjahresprogramm weiterhin die Rolle der Innovation hervorheben wird, und andere Schlüsselwörter können „Markt", „Grün", „Qualität" und „Aufwertung" sein. In Anbetracht der COVID-19-Pandemie ist es auch wahrscheinlich, dass das 14. Fünfjahresprogramm einen starken Schwerpunkt auf Wirtschaftsanreize, Schaffung von Arbeitsplätzen, Armutsbekämpfung und Gesundheitsfürsorge legen wird. Insbesondere wird das 14. Fünfjahresprogramm einen neuen Rahmen für das „China Manufacturing 2025"[3] bieten.

„China Manufacturing 2025" (CM2025) ist ein nationaler Strategieplan, der im Mai 2015 von der chinesischen Regierung herausgegeben wurde und zehn Schlüsselindustrien umfasst: Informationstechnologie (AI, IoT, intelligente Geräte), Robotik, grüne Energie und umweltfreundliche Fahrzeuge, Luft- und Raumfahrtausrüstung, Meeres-

---

3 „China Manufacturing 2025" ist auch unter dem Namen „Made in China 2025" bekannt.

technik und High-Tech-Schiffe, Eisenbahnausrüstung, Energieausrüstung, neue Materialien, Medizin und medizinische Geräte, sowie landwirtschaftliche Maschinen.

Das Ziel von CM2025 ist es, China zu einer Produktionsmacht zu machen und eine führende Position in der globalen Industriekette für die nachhaltige Entwicklung und den Wohlstand der nationalen Wirtschaft zu erreichen. Der Plan sieht drei große Schritte mit drei Jahrzehnten Anstrengungen zur Erreichung dieses Ziels vor. In der ersten Phase, bis 2025, wird Chinas Produktionskapazität in der Nähe des Niveaus von Deutschland und Japan liegen, als diese ihre Industrialisierung erreicht hatten. Damit wird Chinas Fertigungskraft in die zweite Reihe der Fertigungsmächte der Welt aufrücken und multinationale Unternehmen und Industriecluster mit starker internationaler Wettbewerbsfähigkeit in Bezug auf Innovationsfähigkeit, Gesamtarbeitsproduktivität und umweltfreundliche Entwicklung bilden. Auf diese Weise wird Chinas Position in der globalen Industrieabteilung und Wertschöpfungskette erheblich verbessert. In der zweiten Phase, bis 2035, wird China zu einem führenden Land in der zweiten Reihe der Industriemächte der Welt werden. Bis dahin wird die chinesische Wirtschaft von industriellen Innovationen angetrieben werden, und die allgemeine Wettbewerbsfähigkeit der verarbeitenden Industrie wird deutlich verbessert werden. In der dritten Phase, bis 2045 – etwa zum 100. Jahrestag der Gründung der Volksrepublik China – wird China mit einer umfassenden, starken, innovativen und wettbewerbsfähigen Fertigungsindustrie in die erste Reihe der Länder der Welt aufrücken.

Im März 2017 veröffentlichte die Handelskammer der Europäischen Union in China einen Bericht mit dem Titel *China Manufacturing 2025: Putting Industrial Policy Ahead of Market Forces* (The European Chamber, 2017). Der Bericht erkennt an, dass der Schwerpunkt der CM2025 auf der Modernisierung der industriellen Basis Chinas ein notwendiges Unterfangen im Interesse der langfristigen Nachhaltigkeit der chinesischen Wirtschaft ist, warnt jedoch davor, durch die Umsetzung einer sorgfältig abgestimmten Industriestrategie Spannungen mit internationalen Handelspartnern zu schüren. Dazu gehören politische Instrumente wie Subventionen, die fortgesetzte Unterstützung ineffizienter staatlicher Unternehmen, die Beschränkung des Marktzugangs für ausländische Unternehmen und staatlich unterstützte Übernahmen von Unternehmen aus der EU und anderen Ländern. Der Bericht strebt die Gleichbehandlung ausländischer Unternehmen im Rahmen von CM2025 an und gibt Empfehlungen, wie die chinesischen Behörden Innovationen besser vorantreiben können, indem sie den Markt als die entscheidende Kraft in Chinas Wirtschaft etablieren.

In Reaktion auf den Bericht der EU-Handelskammer, wies der Minister für Industrie und Informationstechnologie Herr Miao Wei darauf hin, dass einige Ansichten in dem Bericht CM2025 falsch verstanden wurden, da China inländische und ausländische Unternehmen gleich behandelt und es keinen erforderlichen Marktanteil für inländische Marken gibt. Der Minister versicherte der EU-Handelskammer, dass China auch in Zukunft an der marktorientierten Reformrichtung festhalten werde, während die Regierung eine unterstützende Rolle bei der Verbesserung des Investitionsumfelds spiele (Central People's Government of the People's Republic of China, 2017).

Es wird erwartet, dass das 14. Fünfjahresprogramm die Rolle des Marktes bei der industriellen Aufrüstung in China bestätigt und priorisiert und die Bedenken bezüglich CM2025 zerstreuen wird. Das 14. Fünfjahresprogramm wird auch die Grundlage für die Erreichung des zweiten „Jahrhundertziels" legen. Auf ihrem 18. Nationalkongress im Jahr 2012 verabschiedete die KPCh die „Zwei Hundertjahrfeier-Ziele". Das erste Jubiläumsziel zielt darauf ab, den Prozess des Aufbaus einer „Gesellschaft mit mäßigem Wohlstand" erfolgreich abzuschließen und die Modernisierung der Industrie zu beschleunigen. Konkret bedeutet dies eine Verdoppelung des BIP und des Pro-Kopf-Einkommens Chinas im Jahr 2010 und eine Verdoppelung des Pro-Kopf-Einkommens sowohl für die städtische als auch für die ländliche Bevölkerung bis zur Feier des hundertjährigen Bestehens der KPCh im Jahr 2021 und den Aufbau Chinas zu einem modernen Land, das wohlhabend, stark, demokratisch, kulturell fortgeschritten und harmonisch ist. Das zweite Jubiläumsziel besteht darin, das Niveau von Ländern mit mittlerem Einkommen zu erreichen, wenn die Volksrepublik China im Jahr 2049 ihr hundertjähriges Bestehen feiert. Die beiden Hundertjahrfeier-Ziele verkörpern die große Vision und die ehrgeizigen Ideale, die der chinesische Traum verkörpert, und die Erreichung dieser Ziele wird die Grundlage dafür bilden, den chinesischen Traum Wirklichkeit werden zu lassen.

Literaturverzeichnis

Central People's Government of the People's Republic of China (2017). *(*中华人民共和国中央人民政府, *Hrsg.)* 工信部部长苗圩: 《中国制造*2025*》对内外资企业一视同仁. Verfügbar unter http://www.gov.cn/xinwen/2017-03/11/content_5176350.htm.

IRENA International Renewable Energy Agency (2018). *Renewable Energy and Jobs - Annual Review 2018*. Zugriff am 30.09.2020. Verfügbar unter https://www.irena.org/publications/2018/May/Renewable-Energy-and-Jobs-Annual-Review-2018.

Lin, J. Y. (2012). *New Structural Economics: A Framework for Rethinking Development and Policy*. Washington, DC: The World Bank. https://doi.org/10.1596/978-0-8213-8955-3.

Lin, J. Y. (2017). Industrial policies for avoiding the middle-income trap: a new structural economics perspective. *Journal of Chinese Economic and Business Studies*, 15(1):5–18. https://doi.org/10.1080/14765284.2017.1287539.

The European Chamber (2017). *China Manufacturing 2025: Putting Industrial Policy Ahead of Market Forces*. Verfügbar unter https://www.europeanchamber.com.cn/en/china-manufacturing-202.

Marianne Männlein

2 Von Shenzhen nach Kashgar: Chinas wirtschaftliche Entwicklung durch seine Sonderwirtschaftszonen-Politik verstehen

Zu Beginn seiner Reform- und Öffnungsära im Jahr 1978 begann China seinen Weg der wirtschaftlichen Transformation, indem es sich von erfolgreichen Vorläufern wie dem benachbarten Hongkong, Taiwan und Südkorea inspirieren ließ. Diese „asiatischen Tiger" hatten sich ihren Weg aus der Armut in einem erstaunlichen Tempo erkämpft, indem sie die westlichen Volkswirtschaften mit preiswerteren Konsumgütern versorgten. Um seine massive Erwerbsbevölkerung zu mobilisieren und eine eigene exportorientierte Fertigungsindustrie zu entwickeln, bestand das erste Ziel für China darin, ausländische Investitionen anzuziehen, die das dringend benötigte Kapital, Know-how und internationale Aufträge brachten (Tang, 1980). Chinas gewählte Strategie dazu war die Einrichtung von Sonderwirtschaftszonen (SWZ), hier im weitesten Sinne als geographisch begrenzte, veränderte politische Rahmenbedingungen definiert. In den 1970er Jahren begannen sich die SWZ unter den Entwicklungsländern als beliebtes Wirtschaftsinstrument zu etablieren, da sie es den Regierungen mit beschränktem Budget ermöglichen, Ressourcen auf bestimmte Gebiete zu konzentrieren, um Wettbewerbsbedingungen zu schaffen und internationale Investoren anzuziehen, die nach billigeren Produktionsgrundlagen suchen. Dieser Prozess impliziert in der Regel die Wahl eines strategischen Standorts, den Aufbau einer verbindenden Infrastruktur, die Straffung der Verwaltungsverfahren für Investoren und das Angebot von Steuervergünstigungen für diese.[1]

Aber neben den erwarteten Gewinnen in Bezug auf Investitionen, Schaffung von Arbeitsplätzen und Exporteinnahmen stellte dieser Ansatz für China 1978 einen besonderen und entscheidenden Vorteil dar. In Chinas damals geplanter und geschlossener postmaoistischer Wirtschaft boten die Sonderwirtschaftszonen der Regierung eine Möglichkeit, mit der Einführung einer liberaleren, marktorientierten Politik zu beginnen, ohne plötzliche und weitreichende Störungen des gesamten Systems zu verursachen. Die ersten SWZ-Experimente waren erfolgreich, insbesondere in der südlichen Stadt Shenzhen, die sich innerhalb weniger Jahrzehnte von einem Fischerdorf in eine pulsierende Metropole verwandelte. Die Regierung nutzte das Konzept dann weiter aus und führte schließlich eine ganze Reihe von Sonderzonen ein, deren De-

---

1 Weitere Informationen über SWZ, ihre Ziele und Funktionsweise finden Sie beispielsweise unter: Asian Development Bank (2015); Lin und Xu (2016); Tang (1980); Zeng (2015).

Übersetzt aus dem Englischen.

https://doi.org/10.1515/9783110668216-002

sign und Funktionen sich mit der veränderten wirtschaftlichen Lage und den Herausforderungen des Landes weiterentwickelten. Mehr als komplementäre Wirtschaftsinstrumente wurden die Sonderwirtschaftszonen so zum Entwicklungsmodus Chinas.

Wie haben die ursprünglichen SWZ in den 1980er Jahren ihre Rolle als politisches Versuchsfeld erfüllt, und welche Rolle sollen sie in Chinas neuer Wirtschaftsära spielen? Welchen Zwecken dienen die verschiedenen Arten von chinesischen Zonen, die im Laufe der Jahre geschaffen wurden, und in welchem Verhältnis stehen die beiden kürzlich an Chinas westlichster Grenze eingerichteten SWZ zu den dreißig Jahre zuvor an der Südostküste Chinas eingerichteten? Dieses Kapitel erzählt die Geschichte von Chinas SWZ-Politik und zeichnet damit den Weg der wirtschaftlichen Entwicklung des Landes nach.

Im ersten Abschnitt wird zunächst die Ersetzung früherer chinesischer SWZ im Kontext erläutert, wobei als erstes darauf eingegangen wird, wie sie entstanden sind und wie sie den Übergang Chinas zur Marktwirtschaft vorangetrieben haben. Ihr Erfolg löste eine Vielzahl von Zonen mit unterschiedlichen Einrichtungen und Zwecken aus, die im zweiten Abschnitt durch eine Überprüfung der wichtigsten Arten bestehender Zonen in China zu entflechten versucht werden sollen. Um ihre inhärente Beziehung zu Chinas Entwicklungspfad besser einschätzen zu können, wird auch der Gesamtbeitrag der Sonderwirtschaftszonen zur chinesischen Wirtschaft bewertet. Schließlich werden im dritten Abschnitt neu entstehende Arten von Zonen zusammen mit den zugrundeliegenden Trends in Chinas gegenwärtiger Wirtschaftsstrategie vorgestellt, die sie prägen.

1 Das Anfangsrational für SWZ: Chinas Übergang zur Marktwirtschaft

Seit Beginn der Reformen und der Öffnung Chinas haben sowohl die Zentralregierung als auch die lokalen Regierungen eine entscheidende Rolle bei der Stimulierung der Entwicklung gespielt – eine Dynamik des Zusammenspiels, die es bei der Betrachtung der chinesischen Wirtschaftspolitik und ihrer Umsetzung zu erfassen gilt. Durch die Übernahme von Praktiken aus erfolgreichen Nachbarregionen folgte China dem so genannten „Drei-Plus-Eins"-Handelsmodell, um globale Produktionsketten zu integrieren, wobei aus dem Ausland finanzierte Fabriken Ausrüstung, Managementfähigkeiten und internationale Aufträge mitgebracht werden, während die Regierung eine Reihe von unterstützenden Maßnahmen anbietet. Sonderwirtschaftszonen (SWZ) wurden zu den Eckpfeilern dieser unterstützenden Einrichtung für Investoren. Wie bereits erwähnt, ermöglichten sie es der Regierung, mit einer liberalen Wirtschaftspolitik in geographisch begrenzten Gebieten zu experimentieren. Letztere wurden aufgrund ihrer strategischen Lage in der Nähe der entwickelteren Nachbarn Chinas und weit entfernt von Peking, dem Sitz der Zentralregierung, gewählt, um politische Interferenzen von und zu der Hauptstadt zu vermeiden. Dies bedeutet, dass erfolgreiche politische Experimente in den SWZ ausgewählt und schrittweise ausgeweitet werden konnten, während erfolglose schnell korrigiert oder fallen gelassen werden konnten, ohne die nationale Wirtschaft zu stören.[2]

Dieser Abschnitt bietet Einblicke in diesen Prozess, wobei ein besonderes Augenmerk auf die Rolle gelegt wird, die die verschiedenen Regierungsebenen bei der Umsetzung von Chinas gradualistischem Modell des wirtschaftlichen Übergangs spielen. Da ihre Einrichtung und ihr späterer Erfolg durch einige grundlegende Änderungen der chinesischen Vorschriften und Produktionsstrukturen ermöglicht wurden, geht der Untersuchung der frühen SWZ eine Darstellung einiger wichtiger Entwicklungen voraus, die den Beginn der Reform- und Öffnungsära markierten.

1.1 Den Boden bereiten: Die wichtigsten institutionellen Reformen der späten 1970er Jahre

In der frühen Reformära begann die chinesische Regierung mit der Formulierung relevanter Richtlinien für das „Drei-Plus-Eins"-Handelsmodell, einschließlich Vorschriften für ausländisches Kapital, das in Unternehmen auf dem Festland investiert, und für Fabrikmanagementsysteme. In einem Land, das damals von Wirtschaftsplänen und Verwaltungsanordnungen dominiert wurde und über ein praktisch inexistentes Rechtssystem verfügte, veränderten diese neuen Gesetze das Geschäftsumfeld auf Makroebene grundlegend. Sie signalisierten Chinas neue Politik der offenen Tür, indem sie eine Reihe von Kategorien für ausländische Investitionen schufen, wie das chinesisch-ausländische Kapital-Joint-Venture (JV), das chinesisch-ausländische Vertrags-JV und das vollständig in ausländischem Besitz befindliche Unternehmen (Martinek, 2014). Im Jahr 1979 erließ die Zentralregierung auch eine Direktive, die zwei Küstenprovinzen, Guangdong im Süden und Fujian im Südosten (über die Taiwanstraße hinweg), als Pilotgebiete auswählte, die dem Land bei der Förderung von Außenhandel und Investitionen „einen Schritt voraus" waren (Fenwick, 1984, S. 376). Zu diesem Zweck wurde ihren jeweiligen Provinzregierungen ein beträchtlicher politischer Spielraum eingeräumt, um alle potenziellen Methoden zur Entwicklung ihrer Volkswirtschaften durch einen Prozess von Versuch und Irrtum zu erkunden. Infolgedessen begann die industrielle Entwicklung Chinas im Süden und war durch ein Zusammenspiel der Politik der Zentralregierung und der lokalen Regierungen gekennzeichnet.

---

[2] Diese gradualistische Herangehensweise an marktwirtschaftliche Reformen und Öffnung in China lässt sich mit der so genannten „Schocktherapie" kontrastieren, die den postsowjetischen Volkswirtschaften verabreicht wurde, wobei die Planwirtschaften mit restriktiven Finanzsystemen von Ländern wie Russland nach dem Zerfall der Sowjetunion plötzlich liberalisiert wurden und einer groß angelegten Plünderung ehemals staatlicher Vermögenswerte und Kapitalabflüssen für private Gewinne Platz gemacht haben. (Stiglitz, 2002)

Für die Zentralregierung war ein kritisches Merkmal von Guangdong und Fujian, dass sie beide Hongkong und Macao nahe standen und viele chinesische Familien aus Übersee beherbergten (Fenwick, 1984, S. 376). Diese Bindung verlieh diesen Küstengebieten einen natürlichen Vorteil bei der Anziehung von Investitionen aus entwickelteren Regionen, den sowohl die Zentralregierung als auch die lokalen Regierungen aktiv ausnutzten. Beispielsweise richtete die Zentralregierung 1978 das Büro für Übersee-Chinesische Angelegenheiten des Staatsrates ein und schuf eine Richtlinie für die Verwendung ausländischen Kapitals zur Entwicklung der chinesischen Wirtschaft. Zu dieser Zeit beschloss die Zentralregierung angesichts ernsthafter Haushaltsengpässe, auf kurzfristige Gewinne für die langfristige Entwicklung zu verzichten und die Steuereinnahmen zu nutzen, um den Handel mit verarbeiteten Waren zu fördern und ausländische Investitionen anzuziehen. Neben der Kontrolle der Reform- und Öffnungspolitik auf Makroebene war die Zentralregierung auch direkt an den Investitionsförderungsaktivitäten beteiligt, die den Besuch der ersten Gruppe von Investoren aus Hongkong und Macao anzogen. Diese beiden Gebiete, die damals unter ausländischer Kontrolle standen, wurden 1997 bzw. 1999 zu Sonderverwaltungsregionen (SAR) Chinas, in denen andere Systeme als auf dem Festland erhalten blieben. Im gleichen Sinne wurde im benachbarten Hongkong ein Büro der Provinz Guangdong eingerichtet, um die Beziehungen zu Hongkong und Macao zu stärken: Chinas Tore zum Kapitalismus. Investitionen von Chinesen aus Übersee würden weiterhin eine zentrale Rolle in den Sonderwirtschaftszonen und in der wirtschaftlichen Entwicklung Chinas im Allgemeinen spielen.

Währenddessen wurden in Chinas ländlichen Gebieten durch die Einführung neuer Anreize in die ländlichen Produktionsstrukturen, die aus der Mao-Ära übernommen worden waren, die Grundlagen für die Entfesselung des Unternehmergeistes und der Produktionsmittel gelegt, die zum Wachstumswunder Chinas beitragen sollten. 1978 verabschiedete die Zentralregierung das System der „Hausvertragsverantwortung", das das Land unter den Bauernfamilien aufteilte und jedem erlaubte, seine Überschussproduktion zu Marktpreisen zu verkaufen. Die Zuteilung der Grundstücke löste nicht nur einen Anstieg der landwirtschaftlichen Produktivität und des Einkommens aus, sondern schuf auch ein Sicherheitsnetz für die Landbevölkerung, wodurch billige und im Überfluss vorhandene Arbeitskräfte für das verarbeitende Gewerbe freigesetzt wurden. Die Grundlagen für die Grundbildung und die Beteiligung von Frauen an dieser Erwerbsbevölkerung waren bereits durch die Sozialpolitik der maoistischen Kommunen gelegt worden (Saith, 2008). Gleichzeitig wurden die Lokalregierungen ermutigt, „Township and Village Enterprises" (TVE) zu entwickeln, und durch eine Steuerreform, die die Provinzen finanziell unabhängig machte, starke Anreize geschaffen, um sie rentabel zu machen. Durch ein „Vertragsverantwortungssystem" konnten lokale Beamte Manager für ihre gewinnorientierten TVE einstellen und gleichzeitig ihr politisches Kapital zur Unterstützung ihrer Entwicklung mobilisieren. Dieses eigentümliche Muster der Verflechtung zwischen politischen und industriellen Führern, die die Kommunalverwaltungen zu Unternehmern machten, wurde von Oi (1995, S. 1133) als „local state corporatism" bezeichnet und fand sich in den Managementstrukturen der SWZ wieder. In den 1980er und 1990er Jahren entwickelten sich die TVE zum dynamischsten Teil der chinesischen Wirtschaft, nahmen Millionen von Arbeitnehmern im Industriesektor auf und bildeten die Grundlage für industrielle Cluster (Naughton, 2007; Fu und Gao, 2007). Im Fall von Guangdong ermöglichte es die fiskalische Unabhängigkeit der Provinzregierung auch, die akute Infrastrukturlücke zu schließen, die durch die jahrelange zentral beschlossene Infrastrukturentwicklung entstanden war. Angesichts einer harten Haushaltsrestriktion entwickelte die Regierung von Guangdong innovative Wege zur Finanzierung von Infrastrukturprojekten, beispielsweise durch die Ausgabe von Anleihen und Aktien. Mit dem Aufkommen von Sonderwirtschaftszonen würde sich Guangdong dann auf dem Höhepunkt der Reform- und Öffnungsära weiterhin als Chinas innovatives Kraftzentrum profilieren.

1.2 Die besondere Rolle der frühen Sonderwirtschaftszonen Chinas: Vorreiterrolle bei Reform und Öffnung

Im Anschluss an die zentrale Richtlinie von 1979, die Guangdong und Fujian das Recht auf eine Sonderpolitik und flexible Maßnahmen einräumte, wurden 1980 die ersten vier SWZ (经济特区 *jingji tequ*) in Shenzhen, Zhuhai und Shantou (Guangdong) sowie in Xiamen (Fujian) eingerichtet. Das regionale Umfeld dieser Zonen ist in Abbildung 2.5 dargestellt. Die Provinzregierung von Guangdong, angeführt von einer Gruppe von Beamten mit einer „eisbrechenden" Mentalität, übernahm die Führung bei der Ausarbeitung von Gesetzen für die SWZ. Im Jahr 1980 verabschiedete die Zentralregierung ihre „Verordnungen über Sonderwirtschaftszonen in der Provinz Guangdong", Chinas erstes größeres Gesetz über Sonderwirtschaftszonen. Sie gewährte der Sonderwirtschaftszone Shenzhen Vorteile wie eine 15-prozentige Körperschaftsgewinnsteuer, verglichen mit 33 % im übrigen China und, was signifikant ist, mit 17 % im benachbarten Hongkong (Martinek, 2014). Auch Guangdong und Fujian wurde Zollautonomie gewährt.

Dennoch enthielten die Verordnungen viele Grauzonen, die im Ermessen der Behörden der Zonen lagen, u. a. in Bezug auf Lohnniveau, Grundstückspachten, Pachtdauer und Konfliktlösung. Diese Undurchsichtigkeit kann für ausländische Investoren besonders abschreckend sein, vor allem für solche, die keinen lokalen kulturellen Hintergrund und kein lokales Netzwerk haben (Fenwick, 1984). Die anfänglichen Leistungen der SWZ erwiesen sich als enttäuschend (Naughton, 2007). Shenzhen verfehlte das Ziel, globale Investitionen in industrielle Aktivitäten anzuziehen, da das Kapital überwiegend aus Hongkong kam und sich auf den Immobiliensektor konzentrierte. Rund vierzig Firmen zogen im ersten Jahr ihrer Tätigkeit ihre Investitionen zurück. Die Zentralregierung verfolgte bei der SWZ-Verwaltung einen schrittweisen und reaktiven Ansatz und reagierte darauf mit einem wichtigen Treffen zur Fehlerbehebung Mitte

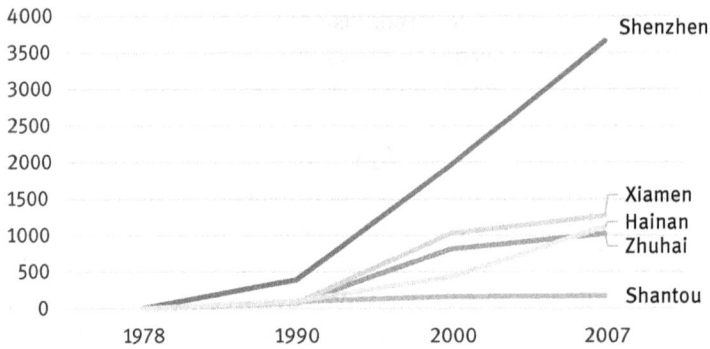

Abb. 2.1: Verbrauchte FDI in den ersten fünf SWZ, in Mio. USD (eigene Darstellung, Daten zu ausgewählten Jahren aus: Yeung et al. 2009)

1981 in Peking. Dies führte zu einem neuen Regelwerk, das einen klareren legislativen und Anreizrahmen für Investoren bot (Fenwick, 1984).

Die Investitionen in den SWZ begannen dann rasch zu steigen: Ende 1981 machten die vier Zonen fast 60 % der gesamten ausländischen Direktinvestitionen in China aus. Einheimische Firmen wurden ermutigt, ebenfalls einzutreten und mit ausländischen Investoren JVs zu gründen, um den Technologietransfer sicherzustellen. Während sie schließlich Investitionen aus den Vereinigten Staaten und Europa anzogen, kam die große Mehrheit in den ersten Jahren aus Taiwan, Hongkong und Macao. Es sei darauf hingewiesen, dass der Großteil der ausländischen Direktinvestitionen auf Shenzhen entfiel, insgesamt 50,6 % der nationalen FDI, während die anderen Zonen jeweils nur etwa 3 % ausmachten (Yeung et al., 2009). Es ist zu beachten, dass diese Trends anhielten, da Shenzhen auch heute noch das wichtigste Ziel für FDI unter den fünf ursprünglichen SWZ ist, wie aus Abbildung 2.1 hervorgeht. Darüber hinaus dominieren Investitionen aus Hongkong und andere überseeische chinesische Interessen weiterhin weitgehend unter den FDI-Quellen nach Shenzhen. Es wurde auch argumentiert, dass ein beträchtlicher Teil der ausländischen Direktinvestitionen nach Shenzhen tatsächlich von Unternehmen auf dem chinesischen Festland über „roundtrip capital"[3] (Chou und Ding, 2015, S. 126) kommen.

Ein wichtiges, charakteristisches Merkmal der ersten SWZ Chinas ist, dass sie als Laboratorien dienten, um mit Wirtschaftsreformen zu experimentieren. In der von

---

3 Dies bezieht sich darauf, dass Gelder in Offshore-Holdings und dann zurück nach China transferiert werden, um in den Genuss der vorteilhafteren Steuer- und Bodenvergünstigungen für ausländische Investoren zu kommen. Laut Chou und Ding (2015, S. 126–128) kamen von den 1,98 Mrd. USD an ausländischen Direktinvestitionen, die Shenzhen im Jahr 2000 erhielt, die meisten aus Hongkong (0,921 Mrd.), gefolgt von den Britischen Jungferninseln (0,432 Mrd.), wo die meisten registrierten Firmen, die in Shenzhen investierten, eigentlich auch im Besitz von Investoren aus Hongkong und dem chinesischen Festland waren.

Mao geerbten Kommandowirtschaft waren die SWZ ein begrenztes Versuchsfeld für eine neue, liberale Politik für Chinas allmählichen Übergang zur Marktwirtschaft. So wurden beispielsweise Vertragsarbeit und flexible Lohnsysteme zunächst in der Sonderwirtschaftszone von Shenzhen eingeführt und später auf die übrige Wirtschaft ausgeweitet (Naughton, 2007). Die Übertragung von Landnutzungsrechten war damals zwar verfassungsrechtlich verboten, wurde aber erstmals 1987 von der Provinzregierung von Guangdong für Investoren in Shenzhen legalisiert (Martinek, 2014).

Entscheidend für die Rolle der SWZ als Orte des Experimentierens und der Innovation ist ein bemerkenswert hoher Grad an Dezentralisierung. Abgesehen von der größeren Autorität der Provinzregierung, die die Sonderwirtschaftszonen beherbergt, genossen die Zonen selbst ein außergewöhnlich hohes Maß an Autonomie. 1988 wurde Shenzhen, das bereits den gleichen politischen Status wie die Provinzhauptstadt Guangzhou genoss, zu Zwecken der Wirtschaftsplanung zur Verwaltungsebene einer Provinz aufgewertet (Yeung et al., 2009). Im selben Jahr wurde die gesamte Provinz Hainan, eine Insel vor der Südküste, zur fünften SWZ Chinas auf Staatsebene. Im Jahr 1992 ging der Ständige Ausschuss des Nationalen Volkskongresses noch weiter, indem er der SWZ Shenzhen direkt die Gesetzgebungsbefugnis übertrug und dem Städtischen Volkskongress von Shenzhen und seinem Ständigen Ausschuss die Befugnis übertrug, Regeln entsprechend den lokalen Bedürfnissen zu erlassen (Martinek, 2014). Laut Zhou (2018) war eine der Hauptmotivationen für die Entscheidung der Zentralregierung von 1992 die Hoffnung, dass die Sonderwirtschaftszone Shenzhen ihre gesetzgeberische Erkundung vorantreiben und weitere Erfahrungen für die nationale Gesetzgebung einbringen würde. Vierzig Jahre nach dem Beginn der Reformen und der Öffnung werden die Provinz Guangdong und ihre Sonderwirtschaftszone Shenzhen zu Hause dafür gelobt, dass sie bei mehr als tausend „national firsts" Pionierarbeit geleistet haben (Zhou, 2018, S. 179).

2 Überblick und Bewertung der bestehenden Zonen in China: SWZ als nationale Entwicklungsstrategie

Welche verschiedenen Arten von Sonderzonen gibt es in China, und wie viele Zonen gibt es insgesamt? Trotz des anhaltenden Interesses an chinesischen Zonen, die oft als eines der charakteristischsten wirtschaftlichen Merkmale des Landes bezeichnet werden, ist es überraschend schwierig, in der Fachliteratur eine klare, definitive Antwort auf diese Frage zu finden. Neben einem unterschiedlichen Harmonisierungsgrad bei der Kennzeichnung dieser Zonen in chinesischen und ausländischen Studien ist ein zentraler Grund dafür die erstaunliche Entwicklung und Proliferationsrate von SWZ in China seit der Einführung des Konzepts im Jahr 1980. Die chinesische Regierung erkannte das Potenzial von Sonderwirtschaftszonen als Katalysator für die wirtschaftliche Entwicklung des Landes und seine Integration in die Weltwirtschaft an und erlaubte rasch die Einrichtung neuer Arten von Zonen mit unterschiedlichen wirtschaftlichen Schwerpunkten, Verwaltungsstrukturen und Anreizstrukturen.

Der folgende Abschnitt soll eine Orientierungshilfe für die chinesische SWZ-Landschaft bieten, indem die Funktionen und Merkmale der wichtigsten Arten von Zonen, die es gibt, untersucht werden, bevor ihr Gesamtbeitrag zur chinesischen Wirtschaft bewertet wird. Dieser chronologische Überblick, der in Tabelle 2.1 zusammengefasst ist, beleuchtet, wie eng die Gestaltung neuer Zonen mit der sich verändernden wirtschaftlichen Situation und den Herausforderungen des Landes verbunden ist: von der Anwerbung ausländischer Direktinvestitionen und der Entwicklung exportorientierter Produktion in den ersten Jahren bis hin zum Beitritt zur Welthandelsorganisation (WTO) und der Schaffung von Innovationszentren zu einem späteren Zeitpunkt. Aus diesem Rückblick geht hervor, dass die chinesischen Sonderwirtschaftszonen in all ihrer Vielfalt einen wesentlichen Bestandteil der nationalen Entwicklungsstrategie und ein zentrales Bindeglied im Wachstumswunder des Landes bilden.

2.1 Die Entwicklung und Ausbreitung chinesischer Zonen

In den späten 1980er Jahren wurden chinesische Provinzen ermächtigt, selbst SWZ einzurichten (Lin et al., 2020). Dadurch entstand ein zweistufiges hierarchisches System, in dem SWZ entweder vom Staatsrat (d. h. der Zentralregierung), der den Status von SWZ auf Staatsebene verleiht, oder von Provinzregierungen genehmigt werden können, wobei die Zonen dann als SWZ auf Provinzebene bezeichnet werden. Im Allgemeinen bedeutet der Status einer SWZ auf Staatsebene einen höheren Grad an strategischer Bedeutung, eine größere öffentliche Finanzierung und höhere wirtschaftliche Standards für die Zone.

In den ersten beiden Jahrzehnten der Reform und Öffnung war die chinesische Begeisterung für Sonderzonen so groß, dass das Land bis 2004 mehr als 7.000 Industrieparks zählte und der Staatsrat eingreifen musste, um deren Ausbreitung einzudämmen. Laut Zeng (2015) verringerte diese Säuberung das Land auf 1.568 offiziell anerkannte Sonderzonen, davon 222 auf Staatsebene. Bis 2017 war diese Zahl nach Angaben des chinesischen SWZ-Verbandes auf 1.172 SWZ auf Provinzebene und 569 SWZ auf Staatsebene mit insgesamt 1.741 Zonen angestiegen (Lin et al., 2020, S. 562).[4]

Der Übersichtlichkeit halber werden hier nur die SWZ auf Staatsebene betrachtet. Die Zusammensetzung dieser 569 SWZ auf Staatsebene nach Haupttypen ist in Abbildung 2.2 dargestellt. Die jüngsten Typen von Zonen, über die im Nachhinein nur wenig bekannt ist, sowie Zonen, die außerhalb Chinas eingerichtet wurden, sind von diesem

---

4 Nach Lin et al. (2020) schließt die Zählung des chinesischen SWZ-Verbandes die erste in Abschnitt 1 beschriebene Art von SWZ aus. Sieben dieser Zonen existierten im Jahr 2020. Wenn sie einbezogen würden, würde die Gesamtzahl dann 1.748 Zonen betragen.

Abschnitt ausgenommen. Diese beiden Typen werden unter den aktuellen Trends in Abschnitt 3 vorgestellt.

2.1.1 Offene Küstenstädte (OCC)

1984 besuchte Deng Xiaoping die SWZ von Shenzhen und erklärte, dass die SWZ offiziell ein erfolgreiches Experiment sei (Naughton, 2007). Nach seinem Besuch wurden vierzehn Offene Küstenstädte (沿海开发城市 *yanhai kaifa chengshi*) eingerichtet. Die OCC befanden sich in bereits bestehenden Küstenstädten, die für ausländische Investitionen geöffnet wurden, wie Tianjin, Qingdao, Shanghai und Guangzhou. OCC sind SWZ in dem Sinne, dass sie für ausländische Investoren flexiblere Steuerregelungen und Arrangements bieten als der inländische Zollbereich. Sie verfügen jedoch nicht über eine separate Zollunion und sind weniger unabhängig als die ersten SWZ (Tseng und Zebregs, 2002). Einige OCC expandierten, um die umliegenden Bezirke aufzunehmen. Dies führte zur Entstehung großer nach außen gerichteter Entwicklungsgebiete, insbesondere des weltberühmten Perlflussdeltas (Pearl River Delta, PRD) bei Guangzhou und Shenzhen und des Jangtse-Deltas (Yangtze River Delta, YRD) bei Shanghai. Während die Einrichtung der ersten Sonderwirtschaftszonen den Beginn von Chinas Experimenten mit der Marktwirtschaft markierte, markierte die Schaffung der OCC den Beginn von Chinas Experimenten mit dem Konzept der Sonderwirtschaftszonen selbst. Wie Fu und Gao (2007) bemerkten: „apart from the earliest four, China's SWZ (particularly the open cities) are more jurisdictions than physical zones – a Chinese innovation".

2.1.2 Zonen für wirtschaftliche und technologische Entwicklung (ETDZ)

Ein weiteres Merkmal der chinesischen SWZ ist die Verschachtelung von Zonen innerhalb der Zonen. Innerhalb der OCCs wurden bestimmte Gebiete als Zonen für wirtschaftliche und technologische Entwicklung ausgewiesen (经济技术开发区 *jingji jishu kaifaqu*). Zwischen 1984 und 1988 wurden in Küstengebieten vierzehn ETDZ eingerichtet. Sie bieten Steuervergünstigungen, die auf exportorientierte Fertigungsindustrien ausgerichtet sind, ähnlich denen in den SWZ, unterscheiden sich jedoch stark in ihrer Größe. Während SWZ ganze Städte oder Provinzen sein können, sind ETDZ „typically located in the suburban regions of a major city. Within the ETDZ, an administrative committee, commonly selected by the local government, oversees the economic and social management of the zone on behalf of the local administration" (Zeng, 2015, S. 8).

Obwohl viel kleiner als die SWZ, verleihen die ETDZ aufgrund ihres administrativen Aufbaus auch ein hohes Maß an Unabhängigkeit, so dass den Entwicklern ein großer Spielraum für politische Initiativen und Management-Innovationen bleibt. TEDA, ein staatliches Unternehmen (SOE), das für die Entwicklung der Tianjin Economic-Technological Development Area (TEDA) verantwortlich ist, gilt als einer der erfolgreichsten Zonenentwickler in China[5]. Laut Zeng (2015, S. 14): „one of the innovations of TEDA was to invite renowned universities to establish campuses in the zone to conduct vocational education and industry-related research". TEDA ist auch der Entwickler einer der ersten offiziell genehmigten chinesischen SWZ in Übersee in Afrika, die in Abschnitt 3 vorgestellt wird.

Eine neue Serie von achtzehn ETDZ in den Jahren 1992–1993, gefolgt von einer weiteren Runde in den Jahren 2000–2002, markierte einen Politikwechsel, da sich die ETDZ zunehmend auf die Entwicklung von Hochtechnologie konzentrierten und in Städten im Norden und in den inneren Provinzen des Landes anstelle von Küstengebieten eingerichtet wurden (Naughton, 2007, S. 409). Dies führte dazu, dass nun jede Provinzhauptstadt ihre eigene ETDZ hatte. Bis Ende der 2000er Jahre waren rund fünfzig ETDZ auf gesamtstaatlicher Ebene genehmigt worden. Ihre Zahl stieg in den folgenden Jahren stark an: 2017 waren die ETDZ mit 219 von 569 SWZ auf Staatsebene der häufigste Typ chinesischer SWZ (Lin et al., 2020).

2.1.3 High-Tech-Industrieentwicklungszonen (HIDZ)

In den späten 1980er Jahren wurden im Rahmen eines Programms des Ministeriums für Wissenschaft und Technologie neue High-Tech-Industrieentwicklungszonen (高新技术产业开发区 *gaoxinjishu chanye kaifaqu*) geschaffen, während andere Zonen vom Handelsministerium verwaltet wurden (Fu und Gao, 2007, S. 9). HIDZ, die sich auf Hightech-Entwicklung und Innovation konzentrieren, unterscheiden sich von ETDZ dadurch, dass sie sich innerhalb der Städte und nicht an deren Rand befinden. Sie sind bestrebt, wissensintensive städtische Gebiete zu nutzen, indem sie Forschungsinstitute, Universitäten sowie große und mittlere Unternehmen miteinander verbinden. Während die ETDZ eher auf Produktionskapazitäten für den Export ausgerichtet sind, spezialisieren sich die HIDZ auf Forschung und Entwicklung (F&E) und deren Kommerzialisierung. Zu diesem Zweck bieten viele HIDZ ausländischen Technologieunternehmen Anreize für den Aufbau einer Zusammenarbeit zwischen Institutionen (Zhang und Percy, 2020).

Die erste HIDZ wurde 1988 in Zhongguancun, im östlichen Distrikt von Haidian in Peking, eingerichtet. Die Umgebung von Zhongguancun zeichnet sich durch eine starke Konzentration von Universitätscampussen aus, darunter die beiden führenden chinesischen Institutionen Peking-Universität und Tsinghua-Universität, sowie renommierte Forschungsinstitute und viele IT-Unternehmen. Im Jahr 2006 waren die fünf HIDZ mit der höchsten Wertschöpfung Beijing Zhongguancun, Shanghai Zhangjiang, Nanjing, Wuxi und Shenzhen (Zeng, 2015). Die Zahl der HIDZ im ganzen Land stieg nach ihrer Einführung rasch an und erreichte 1992 fünfzig. Sie stagnierte bis in die

---

[5] Ein weiterer bemerkenswerter Entwickler ist die China Merchants Group, die den Shekou-Industriepark in der SWZ Shenzhen entwickelt hat.

späten 2000er Jahre, als sie von den ETDZ überholt wurde. Bis 2017 waren HIDZ mit 156 Zonen der zweithäufigste Typ von SWZ in China (Lin et al., 2020, S. 562).

2.1.4 Freihandelszonen (FTZ)

Erstmals 1990 eingeführt, um das Land durch Experimente mit dem Freihandel auf den WTO-Beitritt vorzubereiten, könnten die Freihandelszonen die Kategorie der chinesischen SWZ mit den meisten Derivaten sein. Was in der ausländischen Literatur gemeinhin als FTZ bezeichnet wird, umfasst tendenziell mehrere Arten von Bereichen mit ähnlichen Funktionen und Anreizen, aber unterschiedlichen Bezeichnungen in der chinesischen Nomenklatur.

Chinas erste Freihandelszonen werden eigentlich „Bonded Zones" (BZ, 保税区 *baoshuiqu*) genannt, da sie als Zollenklaven innerhalb der inländischen Steuerverwaltung fungieren. Das bedeutet, dass Waren innerhalb dieser Zonen frei ein- und ausgehen können, wobei die Unternehmen Anspruch auf Steuerrückerstattungen bei Exporten und Einfuhrzollbefreiung haben. Diese Art von zollfreien Zonen ist keine chinesische Innovation und wird andernorts oft als „Freihandelszone" bezeichnet, weil sie darauf abzielen, den internationalen Handel zu fördern, indem sie Aktivitäten wie Exportabwicklung, Handelslogistik und Zolllagerhaltung erleichtern. Insgesamt wurde „FTZ" oft als Oberbegriff für verschiedene Arten chinesischer Zonen mit besonderen Zollregelungen verwendet, wie z. B. BZ, „Zollfreie Logistikparks" (保税物流区 *baoshui wuliu qu*), „Grenzüberschreitende Industriezonen" (跨境工业区 *kua jing gongyequ*) und „Zollfreihäfen" (保税港区 *baoshui gangqu*). Dies kann zu Verwirrung führen, zumal China 2013 in Shanghai eine neue Art von Zonen eingeführt hat, die auf Chinesisch eigentlich FTZ genannt wird: die „Pilot-Freihandelszone" (自由贸易试验区 *ziyoumaoyi shiyan qu*). Offiziell ist die Pilot-Freihandelszone in Schanghai daher Chinas „erste" FTZ (Martinek, 2014, S. 49).

Die nach 2007 eingeführten neuen Arten von Freihandelszonen neigen dazu, mehrere kleine zusammenhängende Gebiete zu größeren zusammenzufassen und bieten eine einheitliche Regelung. Diese werden als „umfassende Zollverschlusszonen" (Comprehensive Bonded Zones, CBZ) oder als „Integrierte Freihandelszonen" (综合保税区 *zonghe baoshuiqu*) bezeichnet. Ebenso nahm die 2013 geschaffene Pilot-Freihandelszone von Shanghai die erste BZ auf, die 1990 im Distrikt Shanghai Waigaoqiao eingerichtet wurde, sowie den Logistikpark Shanghai Waigaoqiao Bonded Logistic Park, das Hafengebiet Yangshan Bonded Port Area und die Shanghai Pudong International Airport BZ mit einer Gesamtfläche von 28,78 km^2 (Martinek, 2014).

Diese Entwicklung spiegelt den aktuellen Trend des Landes zur Integration gut entwickelter Gebiete wider, um die Vorteile der Agglomeration voll auszuschöpfen, neue Vorteile in modernen Industrien zu entwickeln und als globaler Wirtschaftsakteur wettbewerbsfähig zu bleiben. Darüber hinaus zeigt sie, dass die chinesischen Sonderwirtschaftszonen trotz der erheblichen Veränderungen sowohl im internationalen als auch im nationalen Kontext seit Beginn der Öffnung Chinas ihre Bedeutung als Katalysatoren der wirtschaftlichen Entwicklung und als Versuchsfeld für neue Politiken behalten haben (Murshid et al., 2019). Die Pilot-Freihandelszone in Shanghai beispielsweise fördert die Entwicklung der Dienstleistungsindustrie und konzentriert sich auf neue wirtschaftliche Herausforderungen für China wie die Liberalisierung der Finanzmärkte und die Konvertierbarkeit von RMB (Martinek, 2014).

2.1.5 Wirtschaftszonen der Grenzkooperation (BCEZ)

Wirtschaftszonen der Grenzkooperation (边境经济合作区 *bianjing jingji hezuo qu*) gehören in die chinesische Klassifikation staatlicher SWZ, auch wenn sie in westlichen Studien über chinesische Zonen selten untersucht werden. Dies könnte darauf zurückzuführen sein, dass diese Zonen als „Nische" betrachtet werden, da sie jeweils dazu bestimmt sind, die wirtschaftliche Zusammenarbeit mit einem bestimmten Nachbarland Chinas, wie Myanmar, Vietnam, Russland, Nordkorea und der Mongolei, zu fördern. Die Regierung genehmigte seit 1992 siebzehn solcher Zonen, von denen einige auch dazu dienen, das Wachstum in den sie beherbergenden autonomen chinesischen Regionen zu fördern (Lin et al., 2020).

2.1.6 New Areas

New Areas (新区 *xinqu*) umfassen andere Arten von Zonen und wurden 1992 eingeführt, um den lokalen Regierungen, die diese Zonen verwalten, autonome Regulierungsbefugnisse zu gewähren (Zhang und Percy, 2020). Dieser Sonderstatus wurde zuerst dem zentralen Bezirk Pudong in Shanghai gewährt, der von einer idealen Lage an der Mündung des Jangtse-Flusses und einer starken Exposition gegenüber ausländischen Interessen profitiert. Das Gebiet umfasste eine ETDZ, eine BZ (Waigaoqiao), eine Export-Verarbeitungszone (Jinqiao) und eine Finanz- und Handelszone (Lujiazui) (Fu und Gao, 2007, S. 7). Mehrere von ihnen wurden in die Pilot-Freihandelszone aufgenommen, die kürzlich in Pudong New Area eingerichtet wurde. Heute ist Pudong als ein weitläufiges Finanzzentrum mit emblematischen Wolkenkratzern bekannt: Shanghais charakteristische Skyline.

Lange Zeit war der Status „New Area" eine Exklusivität von Pudong, bis er 2006 auf den Binhai-Distrikt Tianjin in der Nähe von Peking ausgedehnt wurde. Tianjin Binhai, an der Westküste des Bohai-Meeres gelegen, ist die Heimat von TEDA und florierte nach dem Modell der integrierten Zone Hafen-Park-Stadt des Entwicklers. Fu und Gao (2007, S. 7) zufolge war Binhai als ein neues Finanzzentrum gedacht, das eine gewisse Verlagerung des Schwergewichts in den Norden bewirken sollte: „Binhai was planned to be a successor of Pudong but 5 times bigger than that. Several financial deregulations are being introduced there exclusively and Binhai could be a potential financial rebalancing act against the existing centres of Shanghai, Hong Kong and Singapore".

In einigen Studien, wie z. B. Zeng (2015), werden Pudong und Binhai New Areas der gleiche Status zuerkannt wie den ursprünglichen fünf SWZ. Dies könnte darauf hindeuten, dass die ursprüngliche Absicht hinter dem Status der neuen Gebiete darin bestand, vielversprechenden Standorten mit unterschiedlichen sektoralen Schwerpunkten ein ähnliches Maß an Autonomie zu verleihen, wie es die fünf SWZ in Südchina genießen. Tatsächlich entspricht das Verwaltungssystem von TEDA dieser innovativen chinesischen Verwaltungsstruktur und verwischt die Grenze zwischen Zone und Regierungsverwaltung:

> The SEZ managers of TEDA have the status of a government body and report directly to the Tianjin provincial government. As a result, the zone's management committee functions as its own [One-Stop-Shop], able to react to the needs of investors as a developer and as a regulator. It can thereby establish its own incentives regime for the zone's units. Furthermore, some of the laws enacted by the zone are not limited to the SEZ but apply to the entire provincial area. This illustrates the remarkable degree of autonomy still enjoyed by zones, as well as the fine line between zone and government administration in China. (Murshid et al., 2019, S. 45)

Der Status der New Areas hat sich vor allem in den letzten zehn Jahren verselbständigt. 17 der 19 bestehenden New Areas auf Staatsebene wurden nach 2010 genehmigt. Im Vergleich zu den ersten beiden, die in belebten städtischen Gebieten eingerichtet wurden, ähneln die kürzlich geschaffenen New Areas Demonstrationszonen in weniger zentralen Lagen, in denen die Regierung durch die Förderung einer bestimmten Art von Entwicklung neue Anziehungspunkte schaffen will. Wie eine chinesische Zeitung es ausdrückte: Diese Generation von New Areas „plays a leading role in exemplifying a new urbanization with Chinese characteristics and improving the mechanisms of urban and rural integrated development" (China Daily, 2017).

2.1.7 Export-Verarbeitungszonen (EPZ)

Im Jahr 2000 wurden Export-Verarbeitungszonen (出口加工区 *chukou jiagong qu*) geschaffen, um exportorientierte Industrien zu entwickeln und die Deviseneinnahmen zu steigern. Sie wurden im Zuge des WTO-Beitritts Chinas eingerichtet und sind eine Variante der Freihandelszonen und werden manchmal als solche bezeichnet. Die Praxis zeigte, dass sich BZ für den Rohstoffhandel, aber weniger für den Verarbeitungshandel eignen, weshalb Zonen eingerichtet wurden, die auf die Exportverarbeitung spezialisiert sind. Die neuen EPZ boten den tiefsten Grad an Offenheit in China. Laut Fu und Gao (2007, S. 10): „In addition to the incentives offered by BZs, the production inputs entering EPZs are treated as exports and can take the drawback. The processing production and related work is free of value added tax and excise. Besides, Customs also provide 24-hour service within these zones". Die meisten EPZ befinden sich in den Küstenregionen, einige wurden jedoch auch im Inland eingerichtet. Ein Beispiel ist die im Jahr 2000 in der Hinterlandprovinz Sichuan eingerichtete EPZ Chengdu, die vor kurzem mit dem Chengdu Bonded Logistics Centre zu einer neuen integrierten Freihandelszone verschmolzen wurde.

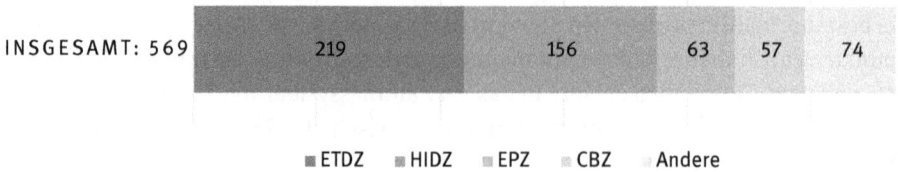

INSGESAMT: 569 | 219 | 156 | 63 | 57 | 74

■ ETDZ ■ HIDZ ■ EPZ ■ CBZ ░ Andere

Abb. 2.2: Anzahl und Zusammensetzung der SWZ auf Staatsebene (eigene Darstellung, Daten übernommen aus: Lin et al. 2020)

2.1.8 Umfassende Pilotzonen

Die oben erwähnten CBZ sind nicht die einzige Art von „umfassenden" Zonen in China, sondern Teil einer umfassenderen Bewegung, die 2007 von der Regierung in Richtung neuer Zonen eingeleitet wurde, die als dem gegenwärtigen Entwicklungsstand Chinas besser angepasst gelten. Die neue Kategorie von SWZ wird als „entstehende Pilotzonen" oder „umfassende Pilotzonen" bezeichnet (新兴开发区 *xinxing kaifaqu*)[6] und hat mehrere Varianten, darunter auch die CBZ. Nach Lin et al. (2020, S. 562): „in addition to the common policies and regulations of traditional SEZs, these emerging SEZs also involve political, cultural, and social components". Dies gilt insbesondere für eine dieser neuen SWZ, die Übersee-Chinesische Pilotzone, die in Shantou, Guangdong, eingerichtet wurde. Wie in Abschnitt 1 erläutert, beherbergte Shantou 1980 eine der ersten vier SWZ und wurde dann weitgehend deshalb ausgewählt, weil es die Heimatstadt vieler Übersee-Chinesen ist: schätzungsweise 10 Mio. in über vierzig Ländern (Lin et al., 2020). Die Schaffung eines neuen Zonentyps, der den Übersee-Chinesen gewidmet ist, scheint darauf hinzudeuten, dass China die SWZ weiterhin als Kanäle zur Mobilisierung seiner Diaspora für die nationale Entwicklung betrachtet.

---

6 Im Gegensatz zu 传统开发区 *chuantong kaifaqu*, „traditionelle Entwicklungszonen", eine Kategorie, die ältere Zonen wie ETDZ, HIDZ, BECZ, EPZ und andere frühe Arten von FTZ umfasst.

Tab. 2.1: Überblick über die Haupttypen von Zonen in China (eigene Darstellung)

Art der Zone	Hauptmerkmale und Zweck	Datum der Einführung
Sonderwirt-schaftszone (SWZ)	– Erste Einrichtung zur Entwicklung und Erprobung neuer Wirt-schaftspolitiken, Verwaltungs- und Gesetzesreformen. – Administrativ unabhängige Einheiten mit einem hohen Maß an Autonomie. – Ziel ist es, ausländische Direktinvestitionen anzuziehen, ex-portorientierte inländische Produktionskapazitäten, technolo-gische Innovation und Tourismus zu entwickeln. – Fünf davon wurden in den 1980er Jahren im Süden gegründet, zwei im Jahr 2010 im Westen.	1980
Offene Küstenstädte (OCC)	– Niederlassung in Küstenstädten, die für ausländische Direkt-investitionen geöffnet sind, um eine größere Flexibilität bei Investitionen und Steuersystemen zu bieten. – Einige dehnten sich in größere offene Gebiete aus, wie das Jangtse-Delta um Shanghai und das Perlfluss-Delta um Shen-zhen, Hotspots der chinesischen globalisierten Wirtschaft.	1984
Zonen für wirtschaftliche und technologische Entwicklung (ETDZ)	– Ähnliche Anreize wie SWZ, aber geografisch kleiner, in der Regel in Vorstadtgebieten eingerichtet. – Ziel ist es, ausländische Direktinvestitionen anzuziehen, in-ländische Produktionskapazitäten zu entwickeln und die Ex-porte zu steigern. – Schwerpunkt auf Hochtechnologieentwicklung und Innovati-on. – Häufigste Art von Zonen auf Staatsebene.	1984
High-Tech-Indus-trieentwicklungs-zonen (HIDZ)	– Nutzen Sie Wissenscluster innerhalb der Städte, indem Sie Forschungsinstitute, Universitäten, große und mittlere Unter-nehmen miteinander verbinden. – Ziel ist es, neue und hochtechnologische Produkte zu entwi-ckeln und die Kommerzialisierung von F&E zu beschleunigen.	1988
Freihandelszonen (FTZ)	– Häufig als Oberbegriff für andere Sonderzollgebiete (u. a. Bonded Zones, Zollfreihäfen, Zollfreie Logistikparks, Export-Verarbeitungszonen und Grenzüberschreitende Industriezo-nen) mit Schwerpunkt auf Exportabwicklung, Außenhandelslo-gistik und Zolllagerhaltung verwendet. – Erste Einrichtung als Zonen unter Zollverschluss, um vor Chi-nas Beitritt zur WTO mit dem Freihandel zu experimentieren. – Funktion als Zoll-Enklaven: Steuerrückerstattungen bei Expor-ten, Befreiung von Einfuhrzöllen, vergünstigte Mehrwertsteu-er.	1990

Tab. 2.1: (Fortsetzung)

Art der Zone	Hauptmerkmale und Zweck	Datum der Einführung
Wirtschaftszonen der Grenzko- operation (BCEZ)	– Verbesserung der wirtschaftlichen Zusammenarbeit mit Nach- barländern. – Förderung des Wachstums in den autonomen Regionen Chi- nas.	1992
New Areas	– Unterstützung durch die Zentralregierung und höhere Autono- mie erhalten, um Investitionen und Talente anzuziehen und so die wirtschaftliche Entwicklung der Städte anzukurbeln. – Oft mit Demonstrationsflächen vergleichbar. – Meist nach 2010 gegründet.	1992
Export- Verarbeitungs- zonen (EPZ)	– Variante der FTZ (spezieller Zollüberwachungsbereich), spe- zialisiert auf die Verarbeitung von Waren für den Export. – Ziel ist die Entwicklung exportorientierter Industrien und die Steigerung der Deviseneinnahmen.	2000
Integrierte FTZ Oder Comprehensive Bonded Zones (CBZ)	– Neuer Typ von FTZs: Integration verschiedener Arten von spe- ziellen Zollüberwachungsgebieten in einheitliche Zonen. – Ziel ist es, einheitliche Anforderungen, umfassende Anreiz- pakete, Dienstleistungen und Logistik für die Zwecke der Frei- handelszonen anzubieten.	2007
Pilot-Freihandels- zone	– Neuer Typ von Freihandelszonen: über größere Gebiete, die ältere Freihandelszonen absorbieren. – Ziel ist die Ausweitung des Schwerpunkts vom freien Wa- renhandel auf die Entwicklung der Dienstleistungsindustrie: Finanz-, Schifffahrts-, Handels-, Rechts-, Kultur- und Sozial- sektor.	2013
Bay-Gebiete	– Groß angelegte Integrationsprojekte der am weitesten entwi- ckelten Küstenstädte und -provinzen in eine Megalopolis von Weltklasse. – Nächste Entwicklungsstufe für das Perlflussdelta, das Jangtse- Delta und das Bohai-Delta.	2017

2.2 Der wirtschaftliche Beitrag der chinesischen Zonen

Wie im ersten Abschnitt erörtert, machten die ursprünglichen SWZ den Großteil aller ausländischen Direktinvestitionen nach China aus und wuchsen rasch an, insbeson- dere in Shenzhen. Wie bei den FDI-Zuflüssen übertraf Shenzhen die anderen anfäng- lichen SWZ hinsichtlich der Exportwerte und des Pro-Kopf-BIP, wie aus Abbildung 2.3 und Abbildung 2.4 hervorgeht. Beachten Sie, dass Abbildung 2.3 auch einen Unter-

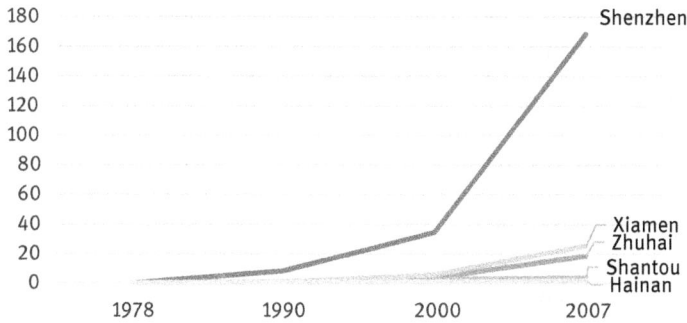

Abb. 2.3: Exporte der ersten fünf SWZ, in Mrd. USD derzeit (eigene Darstellung, Daten zu ausgewählten Jahren aus: Yeung et al., 2009)

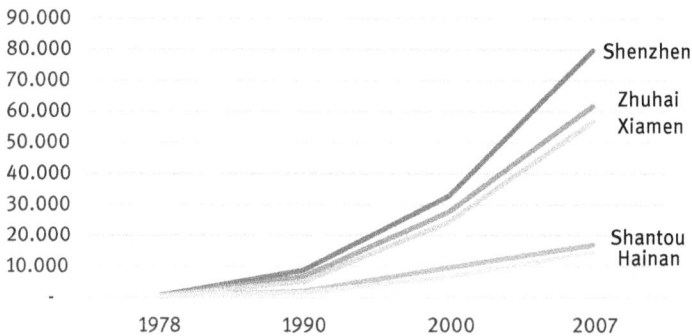

Abb. 2.4: Pro-Kopf-BIP der ersten fünf SWZ, derzeit RMB[7] (eigene Darstellung, Daten zu ausgewählten Jahren aus: Yeung et al., 2009)

schied im sektoralen Schwerpunkt zwischen den Zonen zeigt. Die Insel Hainan zum Beispiel ist nicht auf die Exportproduktion, sondern auf Immobilien und Tourismus spezialisiert.

Am wichtigsten ist, dass die institutionellen und politischen Veränderungen, die für den Übergang Chinas von der Plan- zur Marktwirtschaft und die Öffnung für ausländische Investitionen erforderlich sind, erstmals in den 1980er und 1990er Jahren von den Sonderwirtschaftszonen getestet und eingeführt wurden. Die danach rasch initiierten OCC öffneten ganze Städte, wenn nicht gar Regionen, die seither zum Sym-

---

7 Anmerkung von Yeung et al. (2009, S. 228) zur Berechnung des BIP/Kappe: „Entsprechend der Verfügbarkeit statistischer Daten und den Bedingungen der Zuwanderung wird das Pro-Kopf-BIP entweder auf der Grundlage der hukou (de jure) oder der ständigen/gewöhnlichen (de facto) Bevölkerung angegeben. Die Pro-Kopf-Zahlen für Shenzhen und Zhuhai werden auf der Grundlage der De-facto-Bevölkerung angegeben, während die Zahlen für Shantou und Hainan auf der Grundlage der De-jure-Bevölkerung angegeben werden". Für Xiamen verwenden die Zahlen für 1978 und 1990 die De-jure-Bevölkerung, die Zahlen für 2000 und 2007 die De-facto-Bevölkerung.

bol für Chinas modernes städtisches Gesicht in der Welt geworden sind. In diesem Sinne kann man sagen, dass die chinesischen Sonderwirtschaftszonen bei der Transformation und Internationalisierung der chinesischen Wirtschaft eine Vorreiterrolle gespielt haben – ein ohnehin schon unvergleichlicher Beitrag.

Obwohl man hätte erwarten können, dass die Sonderwirtschaftszonen mit der Verbreitung marktorientierter Politik im Rest des Landes ihre Bedeutung als Chinas Wachstumsmotor und Tor zur Welt verlieren würden, deuten jüngste Zahlen auf etwas Anderes hin. Die Abbildungen 2.4 und 2.5 zeigen, dass die Städte und Provinzen, die zuerst zu SWZ erklärt wurden, auch in den 2000er Jahren weiterhin zum Export beigetragen haben und wachsen. Auf der Grundlage verschiedener statistischer Quellen schätzte Zeng (2011, S. 14), dass die großen Sonderzonen auf Staatsebene zusammengenommen 2007 etwa 21,8 % des chinesischen BIP beitrugen, während sie 46 % der gesamten ausländischen Direktinvestitionen, 4 % der nationalen Beschäftigung und mindestens 10 % der gesamten städtischen Beschäftigung ausmachten[8]. Da sie die Sonderwirtschaftszonen auf subnationaler Ebene nicht einschließen, geben diese Zahlen noch immer kein vollständiges Bild vom Beitrag der SWZ. Zehn Jahre später, im Jahr 2018, beliefen sich die ausländischen Investitionen allein in den ETDZ auf 51,3 Mrd. USD, was etwa einem Fünftel der gesamten ausländischen Investitionen auf dem chinesischen Festland entspricht. Im selben Jahr machten die ETDZ 20,3 % des nationalen Handels aus, indem sie einen Gesamthandelswert von 6.193,7 Mrd. USD realisierten (3.410,8 Mrd. USD an Exporten und 2.782,9 Mrd. USD an Importen) (Lin et al., 2020, S. 568–569). Dies zeigt, dass die SWZ nach wie vor bedeutende Teile der chinesischen Wirtschaft und wichtige Katalysatoren für Chinas Engagement in der Weltwirtschaft sind. Dies gilt umso mehr, als die Einrichtung chinesischer SWZ im Ausland zu einem der Kanäle für die Umsetzung der Belt and Road Initiative (BRI) geworden ist, auf die wir im Abschnitt 3 zurückkommen.

Wie in einer neueren Studie von Lin et al. (2020) argumentiert wird, haben SWZ nicht nur die statischen Vorteile der Anziehung von Investitionen, der Förderung des Handels und der Schaffung von Arbeitsplätzen mit sich gebracht, sondern auch *dynamische* wirtschaftliche Gewinne, indem sie zum wirtschaftlichen Strukturwandel des Landes beitrugen.[9] Vor der Einrichtung der ETDZ im Jahr 1984 lag der Anteil der verarbeitenden Industrie am chinesischen BIP unter 30 %. Danach stieg er kontinu-

---

8 Im Gegensatz zu den anderen Indikatoren schließt Zeng in seiner Schätzung der genutzten FDIs die HIDZs aus, nach Zeng (2011, S. 14).

9 Strukturelle wirtschaftliche Transformation wird definiert als der Prozess der internen Verlagerung von Ressourcen von Sektoren mit niedriger zu Sektoren mit hoher Produktivität. In seinem Anfangsstadium ist er oft gleichbedeutend mit Industrialisierung (siehe z. B. Lin und Chang, 2009; Ocampo, 2007). Wenn die 1980er Jahre zweifellos ein Wendepunkt im strukturellen wirtschaftlichen Transformationsprozess Chinas sind, so wurde argumentiert, dass das Land mit der Reform und Öffnung nicht bei Null angefangen hat, da einige industrielle Grundlagen unter Mao gelegt worden waren, nach Saith (2008).

ierlich an: 2016 hatte er den Dienstleistungssektor überholt und lag bei 52 %. In der Zwischenzeit war der Beitrag des Agrarsektors von 30 % auf 8 % des BIP zurückgegangen. Die nationalen statistischen Daten Chinas zeigen, dass die Wachstumsraten des verarbeitenden Gewerbes eng mit den Schwankungen der BIP-Wachstumsraten zwischen 1984 und 2016 zusammenhängen, was darauf hindeutet, dass Chinas Wachstumswunder (mit Raten von durchschnittlich 10 % in diesem Zeitraum) von der verarbeitenden Industrie angetrieben wurde. Die verschiedenen SWZ, die in den 1980er Jahren eingerichtet wurden, um der exportorientierten Industrialisierungsstrategie zu dienen, die von der künftigen „Fabrik der Welt" gewählt wurde, standen im Mittelpunkt dieses Prozesses: „the fourteen early ETDZs set up in the late 1980s were remarkably successful. From 1992 to 1998, the annual growth rates of GDP, tax revenue, and foreign direct investment in these fourteen ETDZs were 32.5 per cent, 38.8 per cent, and 36.9 per cent, respectively" (Lin et al., 2020, S. 568). Fu und Gao (2007) argumentierten auch, dass die SWZ zusammen mit den TVE eine wichtige Rolle beim Transfer der reichlich vorhandenen Arbeitskräfte Chinas in den Industriesektor spielten. Sie schätzten, dass im Jahr 2005 die Zahl der Beschäftigten in den Zonen auf Staatsebene ohne die ursprünglichen SWZ und die OCCs 18,8 Mio. betrug, gegenüber 3,3 Mio. im Jahr 1995. Damit stieg ihr Anteil an der Beschäftigung von Industrieunternehmen in China innerhalb von zehn Jahren von 3 % auf 17,8 %. Einschließlich der frühen SWZ und OCC, die ganze Städte abdecken, beläuft sich die Gesamtzahl auf etwa 30 Mio., was etwa 30 % der Beschäftigung in Industrieunternehmen entspricht.

Dieser dynamische, strukturelle Beitrag zur nationalen Wirtschaft ist ein entscheidendes Merkmal der chinesischen SWZ. Ein Merkmal, das ihre Langlebigkeit rechtfertigt und sie von anderen, weniger erfolgreichen Sonderzonenprogrammen unterscheidet, die anderswo durchgeführt werden. Ein wesentlicher Vorbehalt der Sonderwirtschaftszonen als Instrumente der wirtschaftlichen Entwicklung besteht darin, dass sie zwar das Potenzial haben, den Entwicklungsländern zu helfen, die Industrialisierung in Gang zu bringen, dass sie aber auch das Risiko bergen, sich als wirtschaftliche Enklaven mit Fabriken zu entwickeln, die sich zumeist im Besitz ausländischer Investoren befinden, in Niedriglohnbranchen gefangen sind und wenig Verbindungen zur übrigen Wirtschaft haben. In einer vergleichenden SWZ-Studie von Murshid et al. (2019) wird argumentiert, dass dies beispielsweise auf das erste SWZ-Programm Bangladeschs zutrifft, das in den 1980er Jahren erfolgreich Investitionen anzog und zum Produktionsboom des Landes beitrug, aber seither nicht über die billige, Arbeitskräfte ausbeutende Konfektionsindustrie hinausgewachsen ist. Im Gegensatz dazu haben sich die chinesischen SWZ ständig um die Modernisierung ihrer Produktion bemüht und sich effektiv mit den industriellen Kapazitäten der Wirtschaft weiterentwickelt. Daraus folgt: „SEZs are also the hotbed of China's new and high-technology firms" (Zeng, 2011, S. 14). Mitte der 2000er Jahre machten die HIDZ und die ETDZ jeweils ein Drittel der chinesischen Hightech-Exporte aus. Im Jahr 2007 war etwa die Hälfte der nationalen Hightech-Firmen und Gründerzentren für Wissenschaft und Technologie bei HIDZ angesiedelt, die insgesamt 50.000 Patente angemeldet hatten, 70 % davon von inländischen Firmen (Zeng, 2011, S. 14). Im Jahr 2018 entfielen 35,2 % aller Exporte aus den ETDZ auf Hightech-Produkte (Lin et al., 2020, S. 569). Anstatt sich als Enklaven zu entwickeln, hat sich herausgestellt, dass die chinesischen SWZ durch positive Spillover-Effekte auf die Produktivität der Unternehmen, die Löhne und das Beschäftigungswachstum in der lokalen verarbeitenden Industrie auch auf die lokale Wirtschaft ausstrahlen (Zheng et al., 2017).

Zusammengefasst von Lin et al. (2020, S. 570): „Most empirical evidence has shown that the SEZ programme in China not only effectively promotes the targeted sectors and areas, but also generates positive externalities to the domestic economy and facilitates structural transformation in China". In der Zukunft und angesichts der Herausforderungen, vor denen China heute ein Land mit mittlerem Einkommen steht, stellt sich für die Sonderwirtschaftszonen die Frage, wie sie weiterhin die Modernisierung des Landes anführen und der „Fabrik der Welt" helfen können, ihren Abschluss definitiv über das hinaus zu erreichen, was sie für sie geschaffen haben.

3 Der Blick nach vorn: Entwicklungstrends der SWZ in der neuen Ära

Vierzig Jahre nach Beginn der Reform- und Öffnungsära kann China stolz darauf sein, 850 Mio. Menschen aus der Armut befreit zu haben und zur zweitgrößten Volkswirtschaft der Welt geworden zu sein. Dennoch beträgt das Pro-Kopf-BIP immer noch etwa ein Viertel des BIP von Ländern mit hohem Einkommen, und rund 373 Mio. Chinesen leben unterhalb der Armutsgrenze[10] (World Bank, o.J.). Trotz enormer Fortschritte in der technologischen Entwicklung befinden sich viele Industriezweige in China immer noch am unteren Ende der globalen Wertschöpfungskette, und die entwickelten Länder, mit denen China konkurrieren will, haben nach wie vor einen klaren Vorsprung in den Grenzbereichen von Wissenschaft und Hochtechnologie (Zhou, 2018). In den letzten Jahren hat sich das Wachstum verlangsamt, die Investitions- und Produktivitätsrenditen sind zurückgegangen und die Löhne sind gestiegen, wodurch Chinas arbeitsbezogener komparativer Vorteil, auf dem der Erfolg seiner ursprünglichen SWZ beruhte, ins Wanken geriet. Gleichzeitig führte diese standortbasierte Entwicklungsstrategie zu eklatanten Ungleichheiten im Lebensstandard zwischen Chinas Küstenstädten und dem Hinterland, zusätzlich zu der durch den Industrialisierungsprozess in die Höhe geschossenen Umweltverschmutzung. In dieser „neuen Ära" steht China somit vor der Herausforderung, seine Wirtschaft weiter über den Status des mittleren Einkommens hinaus zu entwickeln, indem es neue Wachstumsmotoren findet und

---

10 Dies bezieht sich auf die Armutsgrenze für Länder des oberen Mittelklasseeinkommens von 5,50 USD pro Tag, was dem aktuellen Einkommensstand Chinas entspricht.

gleichzeitig die sozialen und ökologischen Folgen seines stupenden Aufstiegs bewältigt (Zhou, 2018).

Im folgenden Abschnitt werden die drei Haupttrends bei der Entwicklung von SWZ vorgestellt, die durch Chinas Wirtschaftsstrategien in der neuen Ära ausgelöst wurden: die Internationalisierung des chinesischen Kapitals und Know-hows durch SWZ in Übersee; die Verlagerung reifer Industrien in Gebiete, die mit der Einrichtung von SWZ alten Stils im westlichen Hinterland Chinas zurückgelassen wurden; und die Integration der fortschrittlichsten östlichen Küstengebiete in Bay Areas von Weltklasse, die sich für Innovation und grüne Urbanisierung einsetzen.

3.1 Going Out: Das Entstehen chinesischer SWZ in Übersee

In der globalen Arena ist eine der auffälligsten und am meisten kommentierten Politiken des Jahrzehnts zugegebenermaßen chinesischer Herkunft. Die „Belt and Road"-Initiative, die erstmals 2013 von Präsident Xi Jinping angekündigt wurde, erregte die Aufmerksamkeit der Welt, indem sie Investitionsprojekte mit einem geschätzten Wert von 1 Billion USD an Auslandsfinanzierungen in die Höhe trieb (OECD, 2018, S. 3). „China's major global effort", wie die Organisation für wirtschaftliche Zusammenarbeit und Entwicklung (OECD) es ausdrückt, zielt darauf ab, die alte Seidenstraße auf dem eurasischen Kontinent wiederzubeleben und neue Seewege zu schaffen, um China besser mit der Welt zu verbinden. Dazu gehören massive Infrastrukturprojekte entlang der sechs wichtigsten Wirtschaftskorridore, aber auch eine Reihe anderer Projekte der wirtschaftlichen, politischen und kulturellen Zusammenarbeit. Die BRI ist die Strategie von Präsident Xi „to create new drivers of shared development" (Xi, 18.10.2017). Weit entfernt von einem plötzlichen Politikumschwung, ist die BRI die Apotheose eines Trends, der mehr als ein Jahrzehnt zuvor begann, als Chinas „Going Out" begann.

Für die SWZ bedeutete dies die Schaffung von Zonen durch chinesische Entwickler außerhalb der Landesgrenzen. Auch wenn es in den letzten Jahren unter dem Rampenlicht der BRI an Fahrt gewonnen hat und auf wachsendes Interesse stößt, ist dieses Phänomen noch wenig verstanden. Ausgehend von einer Erläuterung der Hauptwurzeln der chinesischen Überseezonen beleuchtet dieser Abschnitt das Wesen und die Funktionsweise dessen, was heute offiziell als „chinesische Überseezonen für wirtschaftliche und handelspolitische Zusammenarbeit" (COCZ) bezeichnet wird (中国境外经贸合作区 *zhongguo jingwai jingmao hezuo qu*).

3.1.1 Hintergrund der COCZ

Während die 1980er Jahre das Aufkommen von Chinas Offenheit für ausländische Investitionen mit sich brachten, markierte die Wende zum einundzwanzigsten Jahrhundert Chinas Bereitschaft, „to go out" und sein eigenes Kapital zu internationalisieren.

Nachdem die chinesische Regierung in den vorangegangenen Jahren eine standardisierte regulatorische Grundlage für Auslandsinvestitionen geschaffen und die Internationalisierung durch ausgewählte staatliche Unternehmen in strategischen Sektoren (Bergbau, Energie, Automobil, Elektronik, Chemie, Bau und Transport) erprobt hatte, begann sie 1999 mit einer neuen Politik, die als „Going Out" oder „Going Global"-Strategie bekannt ist, offiziell Auslandsprojekte zu fördern (Bellabona und Spigarelli, 2007). Die ersten Ziele dieses staatlichen Vorstoßes nach außen waren Leichtindustrien wie die Textil-, Maschinen- und Elektronikindustrie. Dieselben Industriezweige, die Chinas Fertigungsboom durch die Nutzung der komparativen Vorteile des Landes im Inland angeheizt hatten, wurden nun ermutigt, Verarbeitungsanlagen im Ausland zu errichten. Zu den Anreizen des Staatsrates gehörten zunächst „grant reductions on customs duties, assistance in the purchase of currency as well as financial aid to enterprises that used raw materials or Chinese components, thus increasing Chinese exports" (Bellabona und Spigarelli, 2007, S. 98).

Anfang der 2000er Jahre übernahm die Regierung eine zunehmend unterstützende Rolle, indem sie Informations- und Hilfsdienste, Verwaltungsvereinfachungen, die Verringerung von Investitionsrisiken und spezifische Investitionsrichtlinien für verschiedene Länder und Branchen zur Verfügung stellte. Die chinesischen Auslandsdirektinvestitionen haben sich zwischen 2000 und 2006 fast verdreifacht und stiegen von 25,80 Mrd. USD auf 73,33 Mrd. USD (Bellabona und Spigarelli, 2007, S. 96). Die Expansion ins Ausland wurde zu einem der zentralen Themen des 11. Fünfjahresplans (2006–2010), dem eine Reihe von Maßnahmen zur Konkretisierung der Going-Out-Strategie folgte. Weit davon entfernt, degradiert zu werden, fanden die SWZ erneut eine besondere Rolle auf Chinas neuem Wirtschaftsweg, als die chinesische Regierung ankündigte, dass sie bis zu fünfzig Zonen der Wirtschafts- und Handelskooperation in Übersee weltweit einrichten werde (Bräutigam und Tang, 2011). Einige Jahre später begann sich die BRI im offiziellen chinesischen Diskurs als die übergreifende Strategie des Landes nach außen zu etablieren. Bis Ende 2018 waren 113 Zonen der wirtschaftlichen und handelspolitischen Zusammenarbeit in sechsundvierzig Ländern in Übersee entstanden (MOFCOM, 2018).

Die Ursprünge der chinesischen SWZ in Übersee lassen sich bis in die späten 1990er Jahre zurückverfolgen, als sie meist als verstreute Initiativen begannen, die von zwei Hauptdynamiken angetrieben wurden. Einerseits drängte die Expansion einiger chinesischer Firmen nach außen sie dazu, Land im Ausland zu erwerben, um ihren eigenen Entwicklungsbedarf zu decken und lokale Märkte zu erschließen. Diese Firmen beschafften sich selbst Mittel für die Entwicklung der Infrastruktur, wobei sie manchmal andere Investoren anzogen, die sich dort niederließen und ihnen Parzellen vermieteten, um aus ihren Investitionen Gewinn zu ziehen. So wurde zum Beispiel die Niederlassung der Haier Group in South Carolina im Jahr 1999 für F&E-, Design- und Produktionszwecke für den amerikanischen Markt später als Haier America Industrial Park (UNDP-CAITEC, 2019) bekannt. Auf der anderen Seite zog die dramatische Transformation der chinesischen Wirtschaft nach der Einrichtung der SWZ das Interesse anderer Entwicklungsländer auf sich, die solche Industrialisierungserfolge selbst erzielen wollten. Ägypten, dessen damaliger Präsident die TEDA-Zone in Tianjin besuchte, bat bereits 1994 um die Hilfe des chinesischen Entwicklers bei der Replizierung dieses Modells (Bräutigam und Tang, 2011). Dies führte schließlich zur Gründung der chinesisch-ägyptischen TEDA Suez Economic and Trade Cooperation Zone (SETCZ). Die Hintergrundgeschichte dieser COCZ, die am Ende dieses Abschnitts näher erläutert wird, ist ein interessanter Fall, um zu verstehen, wie solche Zonen entstehen, wie die Herausforderungen, mit denen sie konfrontiert sind, sie formen und wie die verschiedenen beteiligten Akteure zusammenkommen.

3.1.2 Anforderungen und Anreize für COCZ

Nach Angaben des chinesischen Handelsministeriums (MOFCOM) beziehen sich die COCZs auf Industrieparks, die im Ausland von chinesischen Unternehmen errichtet werden und Investitionen von Unternehmen in chinesischem Besitz erhalten, die auf dem Gebiet der Volksrepublik China (mit Ausnahme von Hongkong, Macao und Taiwan) registriert sind und einen unabhängigen rechtlichen Status haben. Um den COCZ-Status zu erhalten, sollten die Überseezonen mit einer vollständigen Infrastruktur ausgestattet sein, eine klare industrielle Entwicklungsstrategie verfolgen, solide öffentliche Dienstleistungen anbieten, die industrielle Konzentration fördern und eine Katalysatorrolle für die lokale Entwicklung spielen (MOFCOM, 2010).

Während chinesische Bauträger dafür verantwortlich sind, in ihr Auslandsengagement zu investieren und es erfolgreich zu entwickeln, haben mehrere staatliche Institutionen eine Reihe von Richtlinien zur Regulierung und Unterstützung offiziell registrierter COCZ eingeführt. Das MOFCOM hat Länderleitfäden herausgegeben, die die Entscheidungen von Unternehmen bei Investitionen im Ausland erleichtern können, und gewährt ausgewählten COCZ zusätzliche Vorteile durch ein leistungsbezogenes Akkreditierungssystem, das im Folgenden erläutert wird. Die China Development Bank (CDB) hat ein Dutzend wichtiger COCZ-Projekte finanziell unterstützt, wobei sie den vom MOFCOM genehmigten Zonen hohe Priorität einräumt. Neben der Bereitstellung von Finanzierungsdiensten für Auslandsinvestitionen chinesischer Firmen hat ihre Tochtergesellschaft, der China-Afrika-Entwicklungsfonds (CAFD), auch in bestimmte COCZ auf dem Kontinent investiert, und zwar auf der Grundlage ihres Ertragspotenzials für den Fonds (Bräutigam und Tang, 2011, S. 50); die SETCZ der TEDA beispielsweise kumuliert die Unterstützung des MOFCOM, der CDB und der CADF.

Viele der COCZ erhalten auch Steuersenkungen oder andere Unterstützung von den Regierungen der Länder, in denen sie sich befinden, je nach lokaler SWZ-Politik oder Sonderabkommen. Einige der Sonderwirtschaftszonen wurden sowohl von der chinesischen Regierung als auch von der Regierung des Gastlandes offiziell anerkannt, wie in Pakistan, einem Land, das kritisch an einem der neuen Wirtschaftskorridore Chinas liegt. Dies steht im Einklang mit dem wachsenden Trend, die SWZ als

Kanäle zur Förderung von Investitionen und Handelskooperation über Chinas „Belt and Road" hinweg zu nutzen (UNDP-CAITEC, 2019).

3.1.3 Vom MOFCOM genehmigte COCZ

In gleicher Weise wie die staatlichen SWZ im Inland können die SWZ im Ausland einen höheren Status als die regulären COCZ erhalten, wenn sie vom MOFCOM ausgewählt werden, was besondere Vorteile mit sich bringt. Dieses System begann 2006 im Rahmen der Umsetzung des 11. Fünfjahresplans mit dem Start eines Pilotprojekts durch das MOFCOM zur Förderung einiger der vielversprechendsten SWZ-Projekte chinesischer Firmen im Ausland. Nach einer seltenen Darstellung dieses Prozesses durch Bräutigam und Tang (2011, S. 31) wurden 2006 und 2007 vom MOFCOM zwei Ausschreibungsrunden organisiert, in denen 120 chinesische Unternehmen Projekte vorschlugen: „judged by a panel of experts who considered their market potential and overall feasibility, host country investment environment and degree of support, and the capacity of the developer". Neunzehn Zonen wurden ausgewählt.

Laut Bräutigam und Tang (2011, S. 34) hatten die Gewinner der MOFCOM-Ausschreibung Anspruch auf Zuschüsse in Höhe von 200–300 Mio. RMB (29,4–44,1 Mio. USD) sowie auf langfristige Darlehen von bis zu 2 Mrd. RMB (294 Mio. USD). Darüber hinaus haben vom MOFCOM genehmigte Zonen und ihre Investoren Anspruch auf eine Reihe von Zuschüssen, darunter bis zu 30 % der Kosten für die Zonenentwicklung und bis zur Hälfte der Umzugskosten von Firmen. Diese Subventionen sind jedoch leistungsabhängig und werden erst dann als Rückerstattung gewährt, wenn das Unternehmen die Kosten selbst getragen und die tatsächlichen Entwicklungen vor Ort nachgewiesen hat. Zum Zeitpunkt der Abfassung dieses Kapitels hatten mindestens zwanzig Zonen das Genehmigungsverfahren des MOFCOM erfolgreich durchlaufen.[11] Darunter ist auch eine Zone, die mit Westeuropa verbunden ist: die China European Trade & Logistics Cooperation Zone, mit Standorten in Budapest und Ghibli, Ungarn, und in Bremen, Deutschland. Diese Liste ist in Tabelle 2.2 im Anhang wiedergegeben.

3.1.4 Wirtschaftlicher Beitrag der COCZ

Wie die Sonderwirtschaftszonen in China haben die COCZ das Potenzial, sowohl statische als auch dynamische wirtschaftliche Vorteile zu bringen. Nach offiziellen chinesischen Zahlen stellten die 113 COCZ bis Ende 2018 eine Gesamtinvestition von 42,14 Mrd. USD und 4.742 Unternehmen dar, die 3,24 Mrd. USD an Steuern an die Gast-

---

[11] Eine offizielle Website der China Technology Investment & Trade (H.K.) Ltd. des China Council for the Promotion of International Trade (Chinesischer Rat zur Förderung des internationalen Handels) enthält eine Liste von zwanzig Zonen. Eine weitere offizielle Website der Abteilung für die Verwaltung ausländischer Investitionen des Handelsministeriums der Volksrepublik China enthält eine längere Liste von dreißig Zonen. In Ermangelung einer endgültigen Klärung sind in Tabelle 2.2 nur die zwanzig Zonen aufgeführt, die von beiden Quellen aufgelistet werden.

länder zahlen und 302.000 Menschen beschäftigen (MOFCOM, 2018). Auch wenn es noch wenig Forschung zu diesem Thema gibt, haben jüngste Analysen hervorgehoben, dass die COCZ zu wirksamen Kanälen für den Erfahrungsaustausch zwischen China und anderen Entwicklungsländern werden und für die Verfolgung umfassenderer Entwicklungsziele auf beiden Seiten genutzt werden könnten.

In einem gemeinsamen Bericht des Entwicklungsprogramms der Vereinten Nationen (UNDP) und der Chinesischen Akademie für internationalen Handel und wirtschaftliche Zusammenarbeit (CAITEC) des MOFCOM für 2019 wird geschätzt, dass diese Art der Zusammenarbeit „not only helps drive the industrialization in host countries but the development and upgrading of some of their key industries, such as textiles and other light industries, home appliances, steel, building materials, chemical, automobile, machinery, and minerals industries" (UNDP-CAITEC, 2019, S. 3). Diese Sektoren gelten gemeinhin als entscheidende Schritte im Industrialisierungsprozess und haben den anfänglichen Erfolg von Chinas SWZ bewirkt, die nun Platz für höherwertige Aktivitäten schaffen wollen. Dies deutet darauf hin, dass „COCZ bring the concept of SEZ-based industrialisation to Belt and Road Initiative" (UNDP-CAITEC, 2019, S. 6) und dadurch als Vektoren des Industrietransfers von China in andere Länder fungieren könnten. Dieser Gedanke wird von Murshid et al. (2019) aufgegriffen, die argumentieren, dass SWZ als Kanäle für Süd-Süd-Investitionen im Allgemeinen eine Chance für Industrie- und Technologietransfers bieten, die dem Entwicklungsstand des Empfängers entsprechen, und so den Knotenpunkt zwischen den Volkswirtschaften des Südens während des Strukturwandels und der Verlagerung komparativer Vorteile bilden.

Wichtig ist, dass die COCZ in der BRI den sektoralen Prioritäten ihrer Gastgeberländer zu folgen scheinen und nicht auf die chinesischen Sunset-Industrien beschränkt sind. Einige Zonen, wie z. B. der Great Stone Industrial Park in der Region Minsk in Weißrussland, konzentrieren sich auf die High-Tech-Entwicklung wie Biotechnologie, neue Materialien, Feinchemie und andere moderne Industrien, in denen chinesische Unternehmen einen Vorteil erlangt haben, insbesondere E-Commerce. Zu den chinesischen Firmen in diesem Park, der 2011 erstmals formell von Belarus und China diskutiert wurde, gehören die multinationalen Telekommunikationsausrüstungsunternehmen Huawei und ZTE sowie der Logistikriese China Merchants Group. Wie die SWZ im eigenen Land: „COCZs are making the gradual transition from labour-intensive processing trade sectors to high-tech zones, science parks and business incubators that are capital-intensive and technology-driven" (UNDP-CAITEC, 2019, S. 1).

Man darf nicht vergessen, dass der wirtschaftliche Beitrag der chinesischen SWZ zu ihren Gastgeberländern letztlich von den lokalen Bedingungen und der politischen Koordinierung außerhalb der Zone abhängen wird (Bräutigam und Tang, 2014, S. 85). Ein politischer Umschwung im Gastgeberland kann eine ganze COCZ hemmen, wie das chinesische SWZ-Projekt für Automobilmontage und Baumaterialien in Algerien, das die Ausschreibung des MOFCOM gewann, aber wegen unerwarteter Änderungen in der algerischen Gesetzgebung über ausländische Investitionen ins Stocken geriet (Bräutigam und Tang, 2011). Wie der Fall Chinas veranschaulicht, hängt der Erfolg der SWZ grundsätzlich davon ab, wie gut ein Sonderwirtschaftszonenprogramm in die allgemeine wirtschaftliche Entwicklungsstrategie eines Landes eingebettet ist und wie viel politisches Engagement in die Schaffung und Erhaltung eines günstigen Umfelds für die Zonen investiert wird (Murshid et al., 2019). Man kann daher von den verschiedenen COCZ unterschiedliche Ergebnisse erwarten, umso mehr, wie Bräutigam und Tang (2011, S. 31) betonen: „the sectors, developers, and even the size, of these zones vary considerably. There is no single ‚Chinese model' of overseas cooperation zone".

3.1.5 Fallstudie: TEDA Suez Economic and Trade Cooperation Zone in Ägypten
Nachdem die ägyptische Regierung China um Unterstützung gebeten hatte, wurde 1998 ein Memorandum of Understanding (MOU) zur Errichtung einer gemeinsamen Sonderwirtschaftszone unterzeichnet. Im Jahr 2008 wurde das Joint Venture Egypt-TEDA Investment Company gegründet, um die chinesisch-ägyptische TEDA SETCZ zu entwickeln und zu betreiben. Bis 2017 zählte die SETCZ 68 Betriebsgesellschaften, die der Regierung jährlich rund 11,3 Mio. USD an Steuern einnahmen. Verzinkt durch Chinas BRI trat die SETCZ in eine neue Entwicklungsphase ein, die die Größe der Zone vervierfachen und sie in eine „moderne neue Stadt" verwandeln sollte, die aus der Wüste gewachsen ist und dem Binhai-Distrikt von Tianjin nacheifert (Bräutigam und Tang 2014, S. 88; TEDA Suez o.J.). Die chinesische Regierung kündigte eine Investition von 2,5 Mrd. USD in 100 Unternehmen an (Oxford Business Group, o.J.).

Was zwischen der Unterzeichnung des MOU im Jahr 1998 und dem Beginn der SETCZ im Jahr 2008 geschah, ist die verworrene Vorgeschichte eines mühsamen Kooperationsprojekts zwischen ägyptischen und chinesischen Partnern. Im Jahr 1998 wurde TEDA beauftragt, das MOU durch ein JV mit vier ägyptischen Partnern umzusetzen. Da TEDA nur 10 % der Anteile an dem JV hielt, war es ihm unmöglich, seine Ideen umzusetzen, während ägyptische Partner einen Teil der Baugelder veruntreut haben sollen (Bräutigam und Tang, 2011). Zudem verlangsamten schlechte Infrastruktur, Sicherheitsrisiken und geringe Effizienz den Bauprozess erheblich. Damals stand die Fertigstellung des neuen ägyptischen Tiefwasserhafens Sokhna Port, der nun direkt außerhalb des SWZ-Gebiets liegt, noch aus (TEDA Suez, o.J.).

Im Jahr 2000 beschloss TEDA daher, ein 1 km² großes Gebiet von der gemeinsamen Zone zu kaufen und eine eigene Zone zu entwickeln. Dieser bescheidene Park, der sich auf chinesische Klein- und Mittelunternehmen (KMU) konzentriert, nahm 2004 seinen Dienstleistungsbetrieb auf und erwies sich als erfolgreicher als der gemeinsame Park. Im Jahr 2007 beschloss das Unternehmen, an der zweiten Ausschreibungsrunde des MOFCOM für COCZ teilzunehmen. TEDA gewann die Unterstützung der chinesischen Regierung für ihren Vorschlag, ihren chinesischen KMU-Park zu einer Ägyptischen Suez-Kooperationszone zu erweitern, und schloss sich 2008 erneut mit ägyptischen Partnern zusammen und gründete die bereits erwähnte Ägypten-TEDA-Investmentgesellschaft (Bräutigam und Tang, 2011, S. 39). Sie verfügt über ein eingetragenes Kapital von 80 Mio. USD, das von der China-Afrika TEDA Investment Company (75 %), dem ägyptisch-chinesischen Joint Venture für Investitionen (20 %) und der Suez International Cooperation Company (5 %) gehalten wird (Biltagy, 2017). Die chinesisch-afrikanische TEDA-Investitionsgesellschaft wird ihrerseits gemeinsam von TEDA und der CADF (China-Africa Development Fund) gegründet. Dieses neue JV befindet sich somit größtenteils im Besitz von TEDA, und ägyptische Interessen sind nicht mehr an der Verwaltung beteiligt, was den Start des Projekts ermöglichte, aber sein Potenzial für den Aufbau lokaler Kapazitäten beeinträchtigt.

3.2 Verlagerung nach innen: Das zweite Leben in Chinas altmodischen SWZ

Wie erwähnt, hat sich die geographische Streuung der chinesischen Zonen nicht nur nach außen, sondern auch nach innen vollzogen, wobei nach 2000 immer mehr SWZ in den inneren Regionen Chinas eingerichtet wurden. Dieser Trend kann als Teil einer umfassenderen Politik gelesen werden, die versucht, das Ungleichgewicht im Investitions- und Entwicklungsniveau zwischen den Küsten- und Binnenregionen des Landes auszugleichen. Bis 2013 hatte sich dieses Ungleichgewicht in einem Lohngefälle von 30 % zwischen den Küstenregionen und dem Rest des Landes niedergeschlagen (Chandra et al., 2012, S. 75). Obwohl sich die neue Welle der Anfang der 2000er Jahre eingerichteten Zonen stärker auf Zentral- und Westchina konzentrierte, konzentrierte sich die östliche Region, die die Küstenlinie des Landes bildet, Ende 2005 noch immer auf etwa zwei Drittel der staatlichen und die Hälfte der provinziellen Sonderwirtschaftszonen Chinas. Wie Fu und Gao (2007, S. 6) betonen, hatten westliche Teile des Landes nur aufgrund der „Western China Development"-Strategie überhaupt zehn HIDZ und sechs BECZ.

Im Jahr 2010 ging die Regierung einen großen Schritt weiter und kündigte die Einrichtung von zwei SWZ an, die einen ähnlichen Status wie die ersten fünf haben, und zwar in Kashgar und Khorgos, zwei Städten in der westlichsten autonomen uigurischen Region Chinas, Xinjiang. In Bezug auf die Lage ist dies eine radikale Veränderung gegenüber den ersten SWZ Chinas, wie aus Abbildung 2.5 hervorgeht. Khorgos im Norden Xinjiangs, an der Grenze zu Kasachstan, liegt im „Eurasian Pole of Inaccessibility", d. h. nirgendwo auf der Landmasse Europas und Asiens ist das Meer weiter entfernt (Higgins, 01.01.2018). Als Tor zu Zentralasien und schließlich zu Europas größerem Markt gedacht, betreibt Khorgos bereits einen Trockenhafen, in dem Schiffscontainer für die Eisenbahn umgeschlagen werden. In unmittelbarer Nachbarschaft wurde die SWZ „Eastern Gate" in Khorgos eingerichtet, um die Lagerlogistik und die Herstellung von Lebensmitteln, Textilien, Chemikalien und mechanischer Ausrüstung abzuwickeln (China Daily, 2019b). Kashgar im Süden Xinjiangs, eine Kreuzungsstadt von historischer Bedeutung an der alten Seidenstraße, hat eine

Grenze von 888,5 km und vier Grenzübergänge zu den Nachbarländern Tadschiki-
stan, Afghanistan, Pakistan, Kirgisistan und Indien. Im Jahr 2013 wurde Kashgar zum
Ausgangspunkt eines weiteren massiven Entwicklungsprojekts, als der chinesische
Premierminister den Wirtschaftskorridor China-Pakistan vorschlug, einen Korridor,
der Kashgar mit dem Hafen Gwadar im Südwesten Pakistans verbindet und als Chinas
neuer Zugang zum Meer vorgesehen ist. Laut einer Regierungsquelle soll die SWZ von
Kashgar die „Öffnung Chinas entlang des Meeres" mit einem Muster der „Öffnung
auf dem Land" ausgleichen und der gesamten Region neue wirtschaftliche Wachs-
tumsimpulse geben. Bis 2017 waren die Infrastrukturarbeiten abgeschlossen und
28,1 Mrd. RMB (4,16 Mrd. USD) wurden in die Zone investiert, die als „experimental
area for border opening-up as well as a regional financial and trade centre, economic
centre, commercial and logistics centre and economic and technological centre with
international influence" (China Daily, 2019a) vorgesehen ist.

Während die „Öffnung Westchinas" und die regionale Integration entlang der BRI
nun in offiziellen Präsentationen der neuen SWZ betont werden, muss die anfängliche
Rationalität für wirtschaftliche Entwicklungsprojekte in Xinjiang auch im besonderen
politisch-ökonomischen und sicherheitspolitischen Kontext der Region verstanden
werden. In den vierzig Jahren der Reform und Öffnung, in denen sich die Küstengebiete zu Megastädten mit rasch steigendem Lebensstandard entwickelt haben, ist die
ressourcenreiche Region Xinjiang, in der China in den 1950er Jahren mit der Ausbeu-
tung seiner ersten Ölfelder begann, in Bezug auf die Entwicklung zurückgeblieben. In
der Region, in der die uighurisch-muslimische Ethnie beheimatet ist und in der nur
8 % der Bevölkerung Han-Chinesen sind, gibt es manche, „who have long resented
China's Xinjiang policies of coercion, natural resources exploitation and marginaliz-
ation of their linguistic and religious tradition" (Chou und Ding, 2015, S. 120). Die sozialen Spannungen haben sich seit den 1990er Jahren immer wieder zu gewalttätigen
Angriffen der uigurischen Aufständischen ausgeweitet. Der gewalttätigste davon er-
eignete sich im Juli 2009, bei dem 184 Menschen getötet und 1680 verletzt wurden.
Dies löste 2010 einen großen wirtschaftlichen Schub aus, um die verlassene Region
wiederzubeleben, in der Hoffnung, die zivilen Aufstände durch lokale Entwicklung
zu lindern:

> In 2010, 10 billion yuan were transferred to Xinjiang. Soon, more than 170 projects were set up
> with a total investment of almost 6 billion yuan. The projects covered housing construction, trade
> and industry parks, agriculture, education and health and water conservancy. It was estimated
> that during the 12th 5-year plan, Xinjiang would be injected in *65 billion yuan from different coastal
> provinces and cities* to finance 1847 projects. In addition, [...] Xinjiang was allowed to charge 5 %
> of natural resource tax on oil and natural gas, and 2–5 % on coal so that Xinjiang could benefit
> more from the industry of oil and natural gas exploration which was controlled by inland-based
> enterprises. (Chou und Ding, 2015, S. 121–122)

Die Tatsache, dass Kashgar und Xinjiang einen SWZ-Titel erhalten haben, der seit den
1980er Jahren für Chinas erste Zonen im Süden reserviert ist, zeigt, welche Bedeu-

tung die Zentralregierung diesen Projekten beimisst. Die Strategie besteht darin, das Kapital und die Erfahrung der am weitesten entwickelten Küstenregionen durch deren Verlagerung ins Landesinnere zu nutzen. Die Provinz Guangdong, die reichste Provinz Chinas, wurde mit Kashgar gepaart und beauftragt, an ihren Entwicklungsplänen zu arbeiten, während sie gleichzeitig 9,6 Mrd. RMB in der Region investieren musste. Innerhalb der SWZ Kashgar soll neben einem „Kashgar-Shenzhen Industrial Park" eine „Kashgar-Shenzhen City" Hand in Hand mit der geschäftigen Stadt im Süden und ihren Unternehmen entwickelt werden. Bis 2012 hatten neun Unternehmen 3,4 Mrd. RMB zugesagt, und sieben hatten ihre Produktionslinien in Hochtechnologiegebieten bereits dorthin verlagert (Chou und Ding, 2015, S. 123–124). In der Zwischenzeit unterzeichnete die Regierung der zweitreichsten Provinz Chinas, Jiangsu, einen Vertrag mit der nationalen Eisenbahngesellschaft Kasachstans zur gemeinsamen Entwicklung der SWZ von Khorgos (China Daily, 2019b). Medienberichten zufolge verpflichtete sich Jiangsu, 600 Mio. USD in die Zone zu investieren (Shepard, 2017), das sind rund 4,2 Mrd. RMB.

Dennoch bleiben Zweifel an der Eignung dieses Wirtschaftsmodells für die Region bestehen. In ihrem Vergleich von Shenzhen und Kashgar argumentieren Chou und Ding (2015), dass dem letzteren die besonderen Vorteile fehlen, die den Erfolg seiner Vorgänger ausmachten. Im Gegensatz zu den frühen Sonderwirtschaftszonen grenzt das Binnenland Kashgar an Entwicklungsländer und nicht an eine industriell fortgeschrittenere Region, die bereit ist, Investitionen und Technologie in die Region zu schicken. Während die SWZ Kashgar von niedrigeren Löhnen und starken Steueranreizen profitiert, um Kapital anzuziehen, sind viele andere Regionen in China inzwischen bereits offen für ausländische Investitionen und bieten interessante Bedingungen wie eine gute Infrastruktur und solide Lieferanten- und Dienstleistungsnetze. In gleicher Weise bezweifeln Chandra et al. (2012, S. 75), dass das chinesische Binnenland im Vergleich zu den Niedriglohngebieten in Südostasien mit besserem Zugang zum Meer, wie Vietnam, Indonesien und Bangladesch, attraktiv genug ist, um auswandernde multinationale Unternehmen und ihre chinesischen Lieferanten zu gewinnen. Ein Medienbericht über die rückständige Entwicklung der SWZ Kasghar weist auch auf die immer strengeren Sicherheitsmaßnahmen in Xinjiang hin, wo Polizeikontrollen allgegenwärtig sind, was zu einer zusätzlichen Belastung für das Geschäftsumfeld der Region geführt hat (The Straits Times, 2017).

Im Vergleich zu ihren Vorgängern, die durch lokale politische Eigenverantwortung und ausländische Investitionen gefördert wurden, scheinen sich die SWZ in Xinjiang somit in erster Linie auf den politischen Willen der Zentralregierung und auf die interne Umverteilung von Kapital und industriellen Kapazitäten zu stützen. Diese werden zwangsläufig durch ihren Status als SWZ auf staatlicher Ebene, der mit einem hohen Maß an Unterstützung einhergeht, und die Koppelung mit südlichen Regionen gewährleistet. Darüber hinaus bringt ihre zentrale Lage in den neuen Wirtschaftskorridoren der BRI eine zusätzliche Schicht von strategischer Bedeutung für den Erfolg dieser westlichen SWZ für China mit sich. Es ist noch zu früh, um zu sagen, ob diese Vorteile ausreichen werden, damit die Zonen abheben und wirtschaftlich tragfähig werden, und inwieweit die neuen SWZ den Ambitionen der Regierung gerecht werden können. Zumindest ist zu erwarten, dass sich die Entwicklung und sozioökonomische Dynamik dieser aufstrebenden Zonenstädte deutlich von ihren Vorgängerstädten am Meer unterscheiden wird.

3.3 Integration der wirtschaftlichen Brennpunkte Chinas: Bay Areas als nächste Entwicklungsstufe

Während Chinas SWZ alten Stils im Westen versuchen, einen Neuanfang zu machen, treten die wirtschaftlichen Kraftzentren, die sie im Osten mit aufgebaut haben, in eine neue Entwicklungsphase ein. Inmitten der zunehmenden Konkurrenz durch billigere Destinationen für arbeitsintensive Produktion in Südostasien und unter dem Druck steigender Löhne und eines verlangsamten Wachstums im eigenen Land streben Chinas führende Küstenstädte danach, ihren Wettbewerbsvorteil aufrechtzuerhalten, indem sie zu einer Megalopolis von Weltklasse aufsteigen. Durch die Integration seiner drei am weitesten entwickelten Regionen, der PRD im Südosten, der YRD im Osten und des Bohai-Rands im Nordosten, will China große und lebendige Ballungsgebiete schaffen: die Greater Bay Area Guangdong – Hongkong – Macau (GBA), die Greater Bay Area Hangzhou und die Bohai Bay Area, die meist als Beijing-Tianjin-Hebei-Integrationsplan oder „Jing-Jin-Ji" bekannt ist. Im Jahr 2018 entfielen auf diese drei Gebiete über 40 % des chinesischen BIP (Taylor, 2019). Abbildung 2.5 veranschaulicht die geographische Lage dieser wirtschaftlichen Brennpunkte an Chinas Küste sowie die Lage der ersten fünf SWZ im Südosten und der beiden neuen SWZ im Westen.

Die Gesamtstrategie besteht hier in der Nachahmung der Metropolitan Bay Areas von San Francisco, Tokio und New York, um die Synergie von Megacity-Clustern zu nutzen und anregende Umgebungen mit internationalem Einfluss in den Bereichen technologische Innovation, nachhaltige Urbanisierung und soziokulturelle Entwicklung zu schaffen. Eine aktuelle Studie des Shanghai Pudong New Area District Committee mit dem Ziel, sich von diesen ausländischen Modellen inspirieren zu lassen, definiert die Wirtschaft der Bay Area wie folgt: „Bay Area economy is not only a special economic form that is generated from the combination and fusion of the metropolitan area in port city and the particular topography of the bay area, but also a special economic form that is formed from the high integration of port economy, agglomeration economy and network economy, which is mainly featured with opening, innovation, habitability and internalization" (Li, 2007, S. 168).

Bay Areas (湾区 *wanqu*) sind also viel weiter gefasste Einheiten als SWZ und können kaum als solche definiert werden. Sie stellen jedoch eine zentrale Achse in der wirtschaftlichen Entwicklungsstrategie Chinas für die kommenden Jahrzehnte dar, eine Achse, die für die künftige Entwicklung der bekanntesten SWZ des Landes bestimmend sein wird. Nicht nur werden bestehende Zonen Teil und Parzellen der Bay Areas werden, sondern es werden auch neue Arten von Zonen geschaffen, um die Integration verschiedener Gemeinden und Provinzen zu erleichtern und die Art von Urbanismus zu demonstrieren, die sich die Regierung wünscht. Zwei interessante Beispiele, die im Folgenden vorgestellt werden, sind die Shenzhen-Hong Kong Science and Technology Innovation Cooperation Zone (STICZ) der GBA und die Xiongan New Area im Herzen des Jing-Jin-Ji.

Der 2019 veröffentlichte GBA-Entwicklungsplan nennt sieben Entwicklungsbereiche: Entwicklung eines internationalen Innovations- und Technologiezentrums; Beschleunigung der infrastrukturellen Anbindung; Aufbau eines weltweit wettbewerbsfähigen modernen Industriesystems; Vorantreiben des ökologischen Schutzes; Entwicklung eines hochwertigen Lebenskreises zum Leben, Arbeiten und Reisen; Stärkung der Zusammenarbeit und gemeinsame Teilnahme an der Belt and Road Initiative; und gemeinsame Entwicklung von Kooperationsplattformen Guangdong-Hong Kong-Macao (Deloitte, 2019). Für das Festland wird erwartet, dass Guangdong und insbesondere Shenzhen durch dieses Projekt weiterhin eine Vorreiterrolle bei institutionellen Veränderungen und hausgemachten technologischen Innovationen spielen werden. Eine aktuelle Studie des SWZ-Forschungszentrums der Universität Shenzhen spricht sich dafür aus, dass diese neue Reformära durch eine stärker marktorientierte Ressourcenallokation und einen stärkeren Schutz der geistigen Rechte gekennzeichnet sein sollte (Zhou, 2018). Nach Angaben des Büros für Hongkong und Macao-Angelegenheiten des Staatsrats sollen die neuen SWZ als zentrale Plattformen in diesem Prozess fungieren: „the guideline also clearly stipulates that the country will continue to deepen the reform and opening up with institutional innovation-centred moves implemented in the Qianhai Shenzhen-Hong Kong Modern

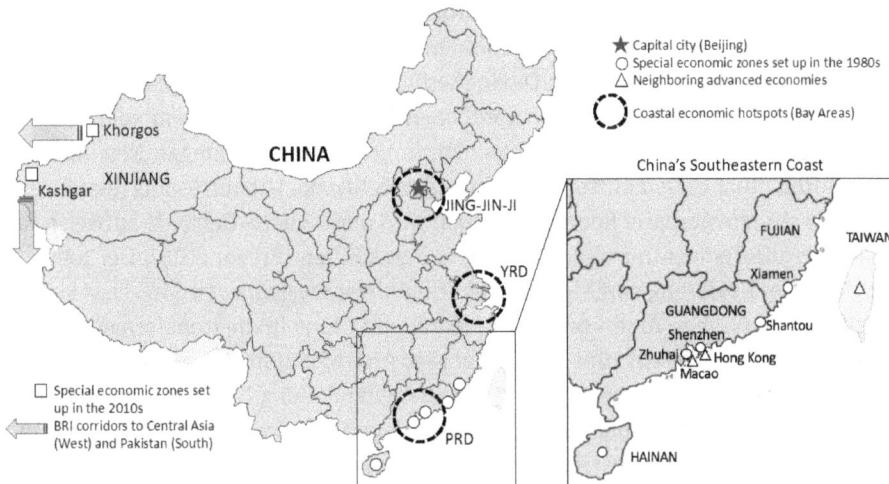

Abb. 2.5: Geografische Lage der Sonderwirtschaftszonen Chinas (特区 *tequ)* und der wirtschaftlichen Brennpunkte an der Küste (eigene Darstellung)

Service Industry Cooperation Zone (...) and in the Shenzhen-Hong Kong Science and Technology Innovation Cooperation Zone" (Yang, 2019). Wie eine Hommage an das führende Duo der chinesischen SWZ-Entwicklungsgeschichte wird die STICZ jenseits der Grenze zwischen Hongkong und Shenzhen eingerichtet. Weit entfernt von den bescheidenen Anfängen im Jahr 1978 gilt es als ein nationales Zentrum für angewandte wissenschaftliche Forschung auf hohem Niveau mit Schwerpunkt auf sechs Hightech-Industrien: Biomedizin, Großdaten und künstliche Intelligenz, Robotik, neue Materialtechnologie, Mikroelektronik und Fintech (Mo, 2019).

Der 2014 von Xi Jinping angekündigte Jing-Jin-Ji ist Teil des „National New-Type Urbanisation Plan", der von der Zentralregierung verkündet wurde, um eine Reihe von Urbanisierungsproblemen anzugehen, wie Bevölkerungswachstum und Landnutzung, Überlastung der Straßen, Abwasser- und Abfallbehandlungskapazitäten, Umweltverschmutzung und das Haushaltsregistrierungssystem von Hukou, das internen Migranten bestimmte öffentliche Dienstleistungen verweigert (Taylor, 2019). Dieses Projekt wird von den höchsten Regierungsebenen stark unterstützt und zielt darauf ab, Peking, Tianjin und die umliegende Provinz Hebei mit der Vision zu integrieren, dass Peking sich auf seine „Hauptstadtfunktionen" konzentriert, d. h. das Zentrum der nationalen Politik, Kultur, des internationalen Austauschs und der wissenschaftlichen Innovation ist, während alle anderen Aktivitäten an einen anderen Ort verlagert werden sollen. Weniger als 150 km südlich von Peking wurde 2017 in Xiongan, Hebei, ein neues Gebiet geschaffen, um die administrativen und wirtschaftlichen Funktionen der Hauptstadt zu übernehmen, die als nicht wesentlich erachtet werden, und um Pionierarbeit für industrielle Innovation in der Region zu leisten, unter anderem in den Bereichen IT, Biowissenschaften und Materialindustrien (Taylor, 2019). Es wird erwartet, dass der größte Teil der IT-Industrie aus Zhongguancun und einige universitäre Forschungsinstitute nach Xiongan umziehen werden, zusätzlich zu bestimmten Regierungsbehörden. Auf halbem Weg nach Xiongan wurde 2019 der weltgrößte Flughafen in Daxing fertiggestellt, um den Hauptstadtflughafen von Peking zu entlasten. In einer nördlichen Region, die mit einem sehr schwerwiegenden Luftverschmutzungsproblem konfrontiert ist, soll Xiongan New Area als umweltfreundliches Demonstrationsgebiet für intelligente Urbanisierung dienen, das zu 100 % mit erneuerbarer Energie betrieben wird und isolierte Gebäude aufweist, die im Winter die Temperatur ohne Heizung halten können (Preen, 2018). Der lobende Vergleich der Regierung von Xiongan mit Chinas leistungsstärksten SWZ lässt keinen Zweifel an den hohen Ambitionen, die Peking und China in die transformative Kraft dieser neuen Zone setzen: „this is a further New Area of national significance after the Shenzhen Special Economic Zone and the Shanghai Pudong New Area, according to a circular issued by the Communist Party of China (CPC) Central Committee and the State Council (...) which described the decision as 'a strategy crucial for a millennium to come'". (Xinhua, 2017).

Sowohl der GBA als auch der Jing-Jin-Ji stehen vor der Herausforderung, Städte und Regionen zu integrieren, die trotz ihrer geographischen Nähe auf unterschiedlichen Wegen gewachsen sind. Das südliche GBA zielt insbesondere darauf ab, zwei SAR und eine Festlandprovinz zu integrieren, wobei jede Region auch ihre eigenen SWZ umfasst, wodurch eine Situation „ein Land, zwei Systeme, drei Zollzonen" geschaffen wird (Deloitte, 2019). Die durch diese institutionelle Vielfalt hinzukommende Schwierigkeitsschicht hat sich bereits bei einem der Vorzeigeprojekte des GBA manifestiert: eine fünfundfünfzig Kilometer lange Überseebrücke, die Hongkong, Macao und Zhuhai innerhalb einer Autostunde verbindet. Die 2018 fertiggestellte größte Seebrücke der Welt ist ein „showpiece of China's power, ambition and innovation" (Yau et al., 24.10.2018), aber für einige auch ein Kopfzerbrechen, da Linkslenker aus Macao und Hongkong eine Sondergenehmigung für die Überquerung der Bucht auf Rädern benötigen (South China Morning Post, 25.10.2018). Ein weiteres Problem ist, dass die SAR ein starkes Identitätsgefühl haben, und es kann zu Konkurrenz oder Spannungen zwischen den Städten kommen, die sich durch gegenseitige Ergänzung integrieren sollen. Bisher gibt es deutliche wirtschaftliche Unterschiede zwischen den beiden SAR, in denen die tertiäre Industrie mehr als 92 % des BIP ausmacht und das Pro-Kopf-BIP in Hongkong 48.673 USD und in Macao 82.609 USD erreicht, und den 9 Städten auf dem chinesischen Festland mit einem durchschnittlichen Pro-Kopf-BIP von 17.492 USD und einem Anteil der tertiären Industrie an der Wirtschaftsleistung von 49,8 % (HKTDC Research, 2020).

Ebenso wird das Jing-Jin-Ji-Projekt die akuten Disparitäten zwischen den reichen und auf den tertiären Sektor ausgerichteten Stadtprovinzen Peking und Tianjin einerseits und der Provinz Hebei, die für ihre Schwer- und weniger wertschöpfungsintensiven Industrien bekannt ist, andererseits ausgleichen müssen. Im Jahr 2017 betrug das Pro-Kopf-BIP von Hebei nur etwa 40 % des Pro-Kopf-BIP von Peking und Tianjin (CGTN, 2019). Es besteht die Sorge, dass dieser Unterschied in den Phasen des Strukturwandels, der durch das Fehlen starker Satellitenstädte in Hebei als Gegengewicht zum überschattenden Peking noch verstärkt wird, die wirtschaftliche Integration und eine ausgewogene Urbanisierung in dieser Region behindern könnte (Taylor, 2019). Für Kritiker läuft die Verlagerung nicht essentieller Aktivitäten aus Peking darauf hinaus, dass die Hauptstadt ihre unerwünschten Industrien auf ihre Nachbarn ablädt. Bisher haben lokale Beamte behauptet, dass Pekings umweltverschmutzende Fabriken eher stillgelegt als verlagert wurden, während die Hauptstadt Technologien im Wert von etwa 15,4 Mrd. RMB (2,24 Mrd. USD) nach Hebei und Tianjin transferiert und damit zur industriellen Aufrüstung ihrer Nachbarn beigetragen hat (Xie und Ma, 2017). Es ist vorerst ungewiss, inwieweit es mit dem Projekt gelingen wird, Hebei zu integrieren oder vor allem zur weiteren Aufwertung Pekings, Tianjins und der 130 km zwischen ihnen in einem riesigen städtischen Kontinuum beizutragen. Darüber hinaus ist Jing-Jin-Ji bei weitem nicht so internationalisiert wie die beiden anderen Städtecluster Chinas, denn im Jahr 2012 entfielen nur 15 % des BIP der Region auf Exporte, gegenüber 60 % in der YRD und 63 % in der PRD (Preen, 2018). In der neuen Ära sollten Beobachter ein Auge darauf werfen, wie sich diese unterschiedlichen Dynamiken des Intra- und Interwettbewerbs auf die Entwicklung von Chinas aufstrebender Megalopolis auswirken.

4 Schlussfolgerung

Die erfolgreiche Entwicklung der ersten chinesischen Sonderwirtschaftszonen beruhte vor allem auf der Übertragung eines außergewöhnlichen Maßes an Autonomie auf zwei südliche Provinzen, insbesondere Guangdong, die ihre vorteilhafte Lage in der Nähe weiter entwickelter Nachbarn nutzen sollten, um mit einer marktorientierten Politik zu experimentieren und die wirtschaftliche Modernisierung des Landes voranzutreiben. Durch diese einzigartige Rolle im Reform- und Öffnungsprozess sowie durch ihre späteren Entwicklungen sind die SWZ untrennbar mit der wirtschaftlichen Entwicklungsgeschichte Chinas in der Zeit nach Mao verbunden. Seit ihrer Einrichtung im Jahr 1980 hat die chinesische Regierung diesen Modus der allmählichen und kontrollierten wirtschaftlichen Transformation voll ausgeschöpft, indem sie die Idee der SWZ auf eine Vielzahl von Zonen entwickelt hat. Als Vorreiter einer liberalen Politik in einem Land, das noch immer weitgehend von zentraler Planung und Staatseigentum beherrscht wird, konzentrierten sich die in den 1980er Jahren geschaffenen Zonen auf die Integration Chinas in globale Produktionsketten, indem sie gezielte Anreize boten, um ausländische Direktinvestitionen anzuziehen und exportorientierte Produktionskapazitäten auf der Grundlage eines Arbeitskräfteüberschusses zu entwickeln. Mit der Entwicklung dieser frühen Zonen, dem Zufluss ausländischer Direktinvestitionen und der Ausweitung des inländischen Fertigungssektors tauchten weitere Varianten von SWZ auf, um den sich rasch entwickelnden wirtschaftlichen Herausforderungen Chinas gerecht zu werden. In den 1990er Jahren konzentrierte man sich zunehmend auf die technologische Entwicklung und die Erfahrungen mit der Freihandelspolitik, um das Land auf den WTO-Beitritt vorzubereiten, der 2001 vollzogen wurde. In den 2000er Jahren begann die Regierung mit der Rekalibrierung der Zonen und der Rationalisierung ihrer Entwicklung. Die Ausbreitung von Zonen wurde eingedämmt, und einige Gebiete, die ähnlichen Zwecken dienten, wurden zu größeren SWZ zusammengefasst. Neue Wellen von Zonen wurden in den inneren Regionen des Landes eingerichtet, um ihre geographische Ausbreitung, die stark auf die östlichen Regionen Chinas ausgerichtet war, wieder auszugleichen.

Während die meisten der einst exklusiven Politiken, die von den frühen Sonderwirtschaftszonen eingeführt wurden, auf den Rest des Landes ausgedehnt wurden, wodurch die Zonen weniger „speziell" wurden, haben die SWZ ihre Bedeutung behalten, indem sie sich zusammen mit der chinesischen Wirtschaft weiterentwickelten, da sie weiterhin die Speerspitze auf dem Transformationsweg des Landes bilden. Einst ausschließliche Empfänger ausländischer Investitionen im Inland, sind die SWZ selbst in Übersee tätig geworden und wurden zu Kanälen für die Internationalisierung chinesischer Unternehmen, zu Vektoren der internationalen Zusammenarbeit und zu

Demonstrationsflächen für Chinas wirtschaftliches Entwicklungsmodell im Ausland. Innerhalb der wirtschaftlichen Kraftzentren, die sie an Chinas Küstenlinie geschaffen haben, haben die Sonderwirtschaftszonen auch eine neue Schlüsselrolle übernommen, indem sie die Integration der am weitesten entwickelten Provinzen des Landes in moderne Stadtcluster erleichtern, die mit der führenden Megalopolis der Welt konkurrieren wollen. In der Zwischenzeit wird das eher altmodische Zonenmodell, das hauptsächlich auf exportorientierter und arbeitsintensiver Fertigung basiert, in weniger entwickelte Teile des Landes verlagert, um sowohl die akuten Ungleichheiten zwischen den Provinzen zu beseitigen als auch das Land nach Westen zu öffnen, dem Tor zur alten Seidenstraße, die die chinesische Regierung wiederzubeleben gedenkt. Sei es durch die Ausbreitung über den Gürtel und die Straße Chinas oder durch die Wiedergeburt in neuen Formen im eigenen Land, die Sonderwirtschaftszonen scheinen auch heute noch in den wichtigsten wirtschaftlichen Entwicklungsstrategien des Landes „einen Schritt voraus" zu sein.

5 Anhang

Tab. 2.2: Liste der zwanzig vom MOFCOM genehmigten COCZs (eigene Darstellung nach China Technology Investment & Trade (H.K.) Ltd.)

	Chinese Name	English Name	Location
1	赞比亚中国经济贸易合作区	Zambia-China Economic & Trade Cooperation Zone	Chambishi and Lusaka, Zambia
2	埃及苏伊士经贸合作区	China-Egypt TEDA Suez Economic and Trade Cooperation Zone	Suez Canal Corridor, Egypt
3	尼日利亚莱基自由贸易区(中尼经贸合作区)	China-Nigeria Economic &Trade Cooperation Zone (also called Lekki Free Zone)	Lekki, Nigeria
4	埃塞俄比亚东方工业园	Eastern Industry Zone	Addis Ababa, Ethiopia
5	乌兹别克斯坦"鹏盛"工业园	Uzbekistan Pengsheng Industrial Park	Sirdaryo, Uzbekistan
6	中国·印尼经贸合作区	Kawasan Industrial Terpadu Indonesia China	Kota Deltamas, Indonesia
7	中匈宝思德经贸合作区	Sino-Hungarian Borsod Industrial Park	Kazincbarcika, Borsod-Abauj-Zenpen, northeastern Hungary
8	老挝万象赛色塔综合开发区	Vientiane Saysettha Development Zone	New City of Vientiane, Laos
9	吉尔吉斯斯坦亚洲之星农业产业合作区	Kyrgyzstan Asia Star Agricultural Cooperation Zone	Chu region, Kyrgyzstan
10	匈牙利中欧商贸物流园	China European Trade & Logistics Cooperation Zone	Budapest, Hungary, Ghibli Port in Hungary, Bremen Port in Germany
11	中俄 (滨海边疆区) 农业产业合作区	China-Russian Modern Agriculture Industrial Cooperation Zone	Primorskiy Kray, Russia
12	俄罗斯龙跃林业经贸合作区	Russia Longyue Forestry Economic & Trade Coooporation Zone	Amurskaya Oblast, Pascovo, Irkutsk and Chuguyevka, Russia
13	俄罗斯中俄托木斯克木材工贸合作区	Sino-Russia Tomsk Forestry Economic and Trade Zone	Tomsk, Russia
14	俄罗斯乌苏里斯克经贸合作区	The Ussuriysk Economic and Trade Cooperation Zone	Ussuriysk, Russia
15	巴基斯坦海尔-鲁巴经济区	Haier-Ruba Economic Zone	Lahore, Punjab, Pakistan
16	越南龙江工业园	Long Jiang Industrial Park (LJIP)	Tan Phuoc District, Tien Giang province, Vietnam
17	泰国泰中罗勇工业园	Thai-Chinese Rayong Industrial Zone	Rayong, Thailand
18	柬埔寨西哈努克港经济特区	Cambodia Sihanoukville Special Economic Zone	Sihanoukville, Cambodia
19	中国印尼综合产业园区青山园区	Indonesian Morowali Industrial Park	Central Sulawesi, Indonesia
20	中国·印度尼西亚聚龙农业产业合作区	China-Indonesia JuLong Agricultural Industry Cooperation Zone	Kalimantan and Lampung, Indonesia

Literaturverzeichnis

Asian Development Bank (2015). *Asian Economic Integration Report 2015. How Can Special Economic Zones Catalyze Economic Development?* Manila: Asian Development Bank.

Bellabona, P. und Spigarelli, F. (2007). Moving from Open Door to Go Global: China goes on the world stage. *International Journal of Chinese Culture and Management*, 1(1):93–107. https://doi.org/10.1504/IJCCM.2007.016170.

Biltagy, M. (2017). *China–Egypt: Suez Economic& Trade Cooperation Zone (SETC-ZONE)*. Cairo University. Zugriff am 30.09.2020. Verfügbar unter https://www.sis.gov.eg/UP/%D8%A7%D8%B5%D8%AF%D8%A7%D8%B1%D8%A7%D8%AA/6.pdf.

Bräutigam, D. und Tang, X. (2011). African Shenzhen: China's special economic zones in Africa. *The Journal of Modern African Studies*, 49(1):27–54. https://doi.org/10.1017/S0022278X10000649.

Bräutigam, D. und Tang, X. (2014). "Going Global in Groups": Structural Transformation and China's Special Economic Zones Overseas. *World Development*, 63:78–91. https://doi.org/10.1016/j.worlddev.2013.10.010.

CGTN (2019). *Xiongan New Area: Urban Vision, Coordinated Development*. Verfügbar unter https://www.youtube.com/watch?v=6xBF7HTGS2Q.

Chandra, V., Lin, J. Y. und Wang, Y. (2012). Leading Dragons Phenomenon: New Opportunities for Catch-Up in Low-Income Countries. *Asian Development Review*, 30(1):52–84.

China Daily (2017). *'New areas' established in China over the years*. Zugriff am 30.09.2020. Verfügbar unter https://www.chinadaily.com.cn/china/2017-04/11/content_28870080_8.htm.

China Daily (2019a). *Kashgar Economic Development Zone (Kashi Special Economic Zone)*. Verfügbar unter http://govt.chinadaily.com.cn/s/201902/20/WS5d2bedd7498e054923eaff3e/kashgar-economic-development-zone-kashi-special-economic-zone.html.

China Daily (2019b). *Special Economic Zone Khorgos – Eastern Gate*. Verfügbar unter http://govt.chinadaily.com.cn/s/201902/13/WS5c63c6a8498e27e33803839d/special-economic-zone-khorgos-eastern-gate.html.

China Technology Investment & Trade (H.K.) Ltd. (2020). *Directory of Overseas Economic and Trade Cooperation Zones - List of Overseas Economic and Trade Zones*. Zugriff am 30.09.2020. Verfügbar unter http://www.ctithk.com/c43983/c43997.htm.

Chou, B. und Ding, X. (2015). A Comparative Analysis of Shenzhen and Kashgar in Development as Special Economic Zones. *East Asia*, 32(2):117–136. https://doi.org/10.1007/s12140-015-9235-5

Deloitte (2019). *Decoding the Outline Development Plan for Guangdong-Hong Kong-Macao Greater Bay Area (GBA)*. Zugriff am 30.09.2020. Verfügbar unter https://www2.deloitte.com/cn/en/pages/about-deloitte/articles/decoding-the-outline-development-plan-for-gba.html.

Fenwick, A. (1984). Evaluating China's Special Economic Zones. *Berkeley Journal of International Law*, 2(2):376–397. https://doi.org/10.15779/Z38S64W.

Fu, X. und Gao, Y. (2007). *Export Processing Zones in China: A Survey*. International Labour Organization. Zugriff am 30.09.2020. Verfügbar unter http://www.ilo.org/public/french/dialogue/download/epzchineenglish.pdf.

Higgins, A. (01.01.2018). China's Ambitious New 'Port': Landlocked Kazakhstan. *The New York Times*. Zugriff am 30.09.2020. Verfügbar unter https://www.nytimes.com/2018/01/01/world/asia/china-kazakhstan-silk-road.html.

HKTDC Research (2020). *Statistics of the Guangdong-Hong Kong-Macao Greater Bay Area*. Hong Kong Trade Development Council. Zugriff am 30.09.2020. Verfügbar unter https://research.hktdc.com/en/article/MzYzMDE5NzQ5.

Li, Y. (2007). Enlightenment for Shanghai to Build "Bay Area Economy (in Chinese). *Research on China's Special Economic Zones*, 1(10).

Lin, J. Y. und Chang, H. J. (2009). Should Industrial Policy in Developing Countries Conform to Comparative Advantage or Defy it? A Debate Between Justin Lin and Ha-Joon Chang. *Development Policy Review*, 27(5):483–502. https://doi.org/10.1111/j.1467-7679.2009.00456.x.

Lin, J. Y. und Xu, J. (2016). *Applying the Growth Identification and Facilitation Framework to the Least Developed Countries: The Case of Uganda.* (Department of Economic & Social Affairs. Hrsg.) (CDP Background Paper 36).

Lin, J. Y., Xu, J. und Xia, J. (2020). Explaining Reform and Special Economic Zones in China. In Arkebe Oqubay and Justin Yifu Lin (Hrsg.), *The Oxford handbook of industrial hubs and economic development*, S. 558–573. Oxford University Press. https://doi.org/10.1093/oxfordhb/9780198850434.013.28.

Martinek, M. (2014). Special Economic Zones in China and WTO: Bleak or Bright Future? *Zeitschrift für Chinesisches Recht*, 21(1):41–51.

Mo, M. (2019). *Call for Entries: Announcement on the Tender for the Architectural Scheme Design of the First Projects in Shenzhen Park of Shenzhen-Hong Kong Science and Technology Innovation Cooperation Zone.* Arch Daily. Zugriff am 30.09.2020. Verfügbar unter https://www.archdaily.com/918361/call-for-entries-announcement-on-the-tender-for-the-architectural-scheme-design-of-the-first-projects-in-shenzhen-park-of-shenzhen-hong-kong-science-and-technology-innovation-cooperation-zone?ad_medium=gallery.

MOFCOM (2010). *International Trade Cooperation Zone.* Zugriff am 30.09.2020. Verfügbar unter http://fec.mofcom.gov.cn/article/jwjmhzq/article02.shtml.

MOFCOM (2018). *MOFCOM Department of Outward Investment and Economic Cooperation Comments on China's Outward Investment and Cooperation in January-November 2018.* Zugriff am 30.09.2020. Verfügbar unter http://english.mofcom.gov.cn/article/newsrelease/policyreleasing/201812/20181202819395.shtml.

Murshid, K., Männlein, M. und Hager, S. (2019). *South-South Ideas – Report on the Potential for Monitoring and Evaluation of Special Economic Zones in Bangladesh (2019).* UNOSSC. Zugriff am 30.09.2020. Verfügbar unter https://www.unsouthsouth.org/2019/03/18/south-south-ideas-report-on-the-potential-for-monitoring-and-evaluation-of-special-economic-zones-in-bangladesh-2019/.

Naughton, B. (2007). *The Chinese economy.* Cambridge, Mass.: MIT Press.

Ocampo, J. A. (2007). Introduction. In United Nations (Hrsg.), *Industrial Developmentfor the 21stCentury: Sustainable Development Perspectives*, S. 1–4, New York.

OECD (2018). *The Belt and Road Initiative in the global trade, investment and finance landscape.* Paris: OECD Business and Finance Outlook. https://doi.org/10.1787/bus_fin_out-2018-6-en.

Oi, J. C. (1995). The Role of the Local State in China's Transitional Economy. *The China Quarterly*, (144):1132–1149. Verfügbar unter http://www.jstor.org/stable/655295.

Oxford Business Group (o.J.). *Egypt looks to special economic zones to attract investment, shore up industry.* Zugriff am 30.09.2020. Verfügbar unter https://www.oxfordbusinessgroup.com/analysis/one-stop-shop-egypt-looks-special-economic-zones-attract-investment-and-shore-industry.

Preen, M. (2018). *The Beijing-Tianjin-Hebei Integration Plan.* China Briefing. Zugriff am 30.09.2020. Verfügbar unter https://www.china-briefing.com/news/the-beijing-tianjin-hebei-integration-plan/.

Saith, A. (2008). China and India: The Institutional Roots of Differential Performance. *Development and Change*, 39(5):723–757. https://doi.org/10.1111/j.1467-7660.2008.00503.x.

Shepard, W. (2017). *Khorgos: The New Silk Road's Central Station Comes To Life.* Forbes. Zugriff am 30.09.2020. Verfügbar unter https://www.forbes.com/sites/wadeshepard/2017/02/20/khorgos-the-new-silk-roads-central-station-comes-to-life/#4fec3bb6c22e.

South China Morning Post (25.10.2018). *Why driving across the Hong Kong-Zhuhai-Macau bridge isn't as convenient as it seems*. Verfügbar unter https://www.youtube.com/watch?v=x9VOhEH4te0.

Stiglitz, J. E. (2002). *Globalization and its discontents. (Penguin Politics)*. London: Penguin Books.

Tang, H. (1980). Looking at the problems of China's special economic zones from the perspective of export processing zones in developing countries and regions (in Chinese). *China National Knowledge Infrastructure*.

Taylor, J. (2019). *Five years on: The Beijing-Tianjin-Hebei urban agglomeration*. University of Nottingham Asia Research Institute. Zugriff am 30.09.2020. Verfügbar unter https://theasiadialogue.com/2019/03/15/five-years-on-the-beijing-tianjin-hebei-urban-agglomeration/.

TEDA Suez (o.J.). *Eight Years of China-Egypt TEDA Suez Economic and Trade Cooperation Zone: Development Across Civilization*. Zugriff am 30.09.2020. Verfügbar unter http://www.setc-zone.com/system/2017/04/27/011260703.shtml.

The Straits Times (2017). *Ghost cities haunt stability dream in far west China*. Zugriff am 30.09.2020. Verfügbar unter https://www.straitstimes.com/asia/east-asia/ghost-cities-haunt-stability-dream-in-far-west-china.

Tseng, W. und Zebregs, H. (2002). *Foreign direct investment in China: Some lessons for other countries*. International Monetary Fund. (IMF Policy Discussion Paper 3).

UNDP-CAITEC (2019). *Report on Fostering Sustainable Development through Chinese Overseas Economic and Trade Cooperation Zones along the Belt and Road*. Zugriff am 30.09.2020. Verfügbar unter https://www.cn.undp.org/content/china/en/home/library/south-south-cooperation/report-on-fostering-sustainable-development-through-chinese-over.html.

World Bank (o.J.). *The World Bank in China - Overview*. Zugriff am 30.09.2020. Verfügbar unter https://www.worldbank.org/en/country/china/overview.

Xi, J. (18.10.2017). *Secure a Decisive Victory in Building a Moderately Prosperous Society in all Respects and Strive for the Great Success of Socialism with Chinese Characteristics for a New Era*.

Xie, J. und Ma, J. (2017). *Beijing-Tianjin-Hebei integration plan taking effect*. Global Times. Zugriff am 30.09.2020. Verfügbar unter https://www.globaltimes.cn/content/1032733.shtml.

Xinhua (2017). *China to create Xiongan New Area in Hebei*. Zugriff am 30.09.2020. Verfügbar unter http://www.xinhuanet.com//english/2017-04/01/c_136177270_4.htm.

Yang, G. (2019). *SCIO briefing on the current situation in Hong Kong*. Zugriff am 30.09.2020. Verfügbar unter http://www.china.org.cn/china/2019-09/04/content_75172599_7.htm.

Yau, C., Leung, K. und Cheung, T. (24.10.2018). Hong Kong-Zhuhai-Macau Bridge passes first real test as it opens to Pearl River Delta traffic. *South China Morning Post*. Zugriff am 30.09.2020. Verfügbar unter https://www.scmp.com/news/hong-kong/politics/article/2169893/first-cars-and-buses-begin-crossing-pearl-river-delta-hong.

Yeung, Y., Lee, J. und Kee, G. (2009). China's Special Economic Zones at 30. *Eurasian Geography and Economics*, 50(2):222–240. https://doi.org/10.2747/1539-7216.50.2.222.

Zeng, D. Z. (2011). *China's Special Economic Zones and Industrial Clusters: Success and Challenges*. World Bank Blogs. Zugriff am 30.09.2020. Verfügbar unter https://blogs.worldbank.org/developmenttalk/china-s-special-economic-zones-and-industrial-clusters-success-and-challenges.

Zeng, D. Z. (2015). *Global Experiences with Special Economic Zones: Focus on China and Africa*. The World Bank. https://doi.org/10.1596/1813-9450-7240.

Zhang, Z. und Percy, J. (2020). *Where to Invest in China: A Primer on its Economic Development Zones*. China Briefing. Zugriff am 30.09.2020. Verfügbar unter https://www.china-briefing.com/news/chinas-economic-development-zones-types-incentives/.

Zheng, S., Sun, W., Wu, J. und Kahn, M. E. (2017). The birth of edge cities in China: Measuring the effects of industrial parks policy. *Journal of Urban Economics*, 100:80–103. https://doi.org/10.1016/j.jue.2017.05.002.

Zhou, Y. (2018). The Innovation Advantage and Development of Guangdong Special Economic Zone in the New Era (in Chinese). *Research on China's Special Economic Zones*, 1(11).

Teil III: **Rechtliche und finanzielle Rahmenbedingungen**

Benjamin Kroymann

3 Rechtsrahmen für ausländische M&A-Projekte in China

1 Einleitung

1.1 Historische Entwicklung

Im Vergleich zu anderen Ländern entwickelte sich der M&A[1]-Markt für ausländische Investoren in der Volksrepublik China[2] (China) erst relativ spät. Trotz der wirtschaftlichen Öffnung Chinas Ende der 1970er-Jahre bestand für ausländische Investoren zunächst keine Möglichkeit, chinesische Unternehmen zu übernehmen, und auch in den darauffolgenden Jahrzehnten entwickelten sich M&A-Transaktionen im Vergleich zu sogenannten Greenfield-Investitionen[3] nur äußerst zögerlich.

Ein Grund für diese schleppende Entwicklung war der Umstand, dass auch chinesische Unternehmen selbst erst Mitte der 1980er-Jahre begannen, die Handlungsform des Unternehmenskaufs zu entdecken. Die M&A-Transaktionen fanden dabei zunächst ausschließlich zwischen chinesischen Staatsunternehmen statt und folgten dem politisch vorgegebenen Ziel, den maroden chinesischen Staatssektor zu konsolidieren (Chen und Shi, 2008, S. 40). Zum Erwerb chinesischer Unternehmen durch ausländische Investoren kam es erst in den 1990er-Jahren, wobei M&A-Transaktionen mit ausländischer Beteiligung auch danach noch für längere Zeit die Ausnahme blieben (Chen und Shi, 2008, S. 41).

Hintergrund der nur sehr zögerlichen Zulassung ausländischer Investoren zum chinesischen M&A-Markt war das Misstrauen und die Unerfahrenheit der chinesischen Seite in Bezug auf Unternehmenskäufe ausländischer Investoren. Da die Zielunternehmen seinerzeit in der Regel chinesische Staatsunternehmen waren, wollte man einen Verkauf von Staatseigentum unter Wert, das Eindringen ausländischer

---

1 Abkürzung für den englischen Begriff Mergers and Acquisitions.

2 Chinesisch: 中华人民共和国.

3 In Abgrenzung zum Erwerb einer bereits existierenden Drittgesellschaft (M&A) ist damit die Neugründung einer eigenen Tochtergesellschaft (als Gemeinschaftsunternehmen oder hundertprozentige Tochtergesellschaft) auf der „grünen Wiese" gemeint.

Die Aussagen in diesem Kapitel beziehen sich auf den geltenden Rechtsrahmen zum Zeitpunkt der Einreichung des Manuskripts im Juli 2020. Eine ausführliche Darstellung des früheren Rechtsrahmens für M&A-Transaktionen (mit und ohne ausländische Beteiligung) findet sich bei Kroymann und Zhang (2016, S. 219 ff.)

https://doi.org/10.1515/9783110668216-003

Unternehmen in strategisch wichtige Industrien sowie Nachteile für die heimischen Unternehmen verhindern (Zhang, 2007, S. 31).

Lange Zeit sprach auch aus der Sicht ausländischer Investoren vieles gegen den Erwerb eines chinesischen Unternehmens: Neben der weitreichenden Einflussnahme der chinesischen Behörden minderten vor allem das problematische Rechtsumfeld und das geringe Maß an Rechtstreue (Compliance) die Attraktivität des chinesischen M&A-Markts (OECD, 2006, S. 45).

Dies änderte sich erst mit dem WTO-Beitritt Chinas im Jahre 2001 und der Einführung eines neuen verlässlichen Rechtsrahmens für M&A-Transaktionen im Jahre 2006. Als Folge dieser Ereignisse nahm sowohl der Anteil der M&A-Transaktionen an den ausländischen Direktinvestitionen als auch der Umfang der einzelnen Transaktionen stetig zu (Sprick, 2008, S. 123 f.). Ihren vorläufigen Abschluss fand diese Entwicklung im Jahre 2016, als China Großbritannien überholte und zum zweitgrößten M&A-Markt weltweit hinter den USA aufstieg (White & Case & Rhodium Group, 2017, S. 4).

1.2 Rechtliche Entwicklung

Die Entwicklung des chinesischen Rechtsrahmens für Unternehmenskäufe mit ausländischer Beteiligung lässt sich im Wesentlichen in vier Phasen einteilen.

Die erste Phase begann Mitte der 1990er-Jahre, als es vermehrt zu M&A-Transaktionen mit ausländischer Beteiligung kam. Ab dem Jahre 1995 wurden erste Vorschriften für den Erwerb chinesischer Unternehmen durch ausländische Investoren erlassen. Eine zweite Welle an Rechtsbestimmungen folgte sodann in Vorbereitung auf den WTO-Beitritt Chinas im Jahre 2001 (Zhang, 2007, S. 133 f.). Die nächste Phase des chinesischen M&A-Marktes wurde 2006 mit dem Inkrafttreten der Bestimmungen zum Erwerb chinesischer Unternehmen durch ausländische Investoren[4] (M&A-Bestimmungen) eingeläutet und dauerte bis Ende 2019 an. In dieser Phase wurde der Rechtsrahmen durch eine Vielzahl von Bestimmungen weiter ausgebaut.

Mit dem zum 1. Januar 2020 in Kraft getretenen Gesetz über ausländische Investitionen[5] (GAI) wurde schließlich die vierte und aktuelle Phase des M&A-Markts eingeläutet. Erklärtes Ziel des Gesetzes ist es, die bisherige Ungleichbehandlung zwischen rein chinesischen Unternehmen und Unternehmen mit ausländischer Beteiligung (FIEs[6]) zu beenden. Insofern wäre die gleichzeitige Aufhebung aller Sondervorschriften für M&A-Transaktionen mit ausländischer Beteiligung folgerichtig gewesen

---

4 于外国投资者并购境内企业的规定, erlassen von MOFCOM, SASAC, SAT, SAIC, CSRC und SAFE am 08.08.2006, in Kraft getreten am 08.09.2006.
5 中华人民共和国外商投资法, erlassen vom NVK am 15.03.2019, in Kraft getreten am 01.01.2020.
6 Abkürzung für den englischen Begriff Foreign-Invested Enterprises.

wäre. Doch während die FIE-Einzelgesetze[7] (gem. Art. 42 Abs. 1 GAI) sowie deren jeweilige Ausführungsbestimmungen (gem. Art. 49 Abs. 1 der GAI-Ausführungsbestimmungen[8]) aufgehoben wurden, blieben die meisten M&A-Vorschriften für ausländische Investoren nach allgemeiner Ansicht auch nach dem Inkrafttreten des GAI mangels ausdrücklicher Aufhebung zunächst weiter in Kraft (China Business Law Journal 2020; He 2019, S. 2; Hogan Lovells 2020, S. 10).

Aufgrund des durch die Corona-Pandemie erzeugten Rückstaus bei den laufenden M&A-Transaktionen in China fehlt es bislang noch an belastbaren Erfahrungswerten in Bezug auf die Frage, wie die chinesischen Behörden das Zusammenspiel zwischen dem GAI und den bislang nicht aufgehobenen FIE-Vorschriften zu Unternehmenskäufen in der Praxis handhaben.

Vor diesem Hintergrund ist derzeit noch unklar, welche Gestalt der Rechtsrahmen für Unternehmenskäufe mit ausländischer Beteiligung in der vierten Phase der Rechtsentwicklung im Ergebnis annehmen wird.

2 Vorbereitung der Transaktion

2.1 Beteiligte Akteure

Die Frage, wer bei einem Unternehmenskauf als Käufer, Verkäufer und Zielunternehmen auftritt, hat in China traditionell einen großen Einfluss auf die Struktur der Transaktion und den anwendbaren Rechtsrahmen.

Bis zum Inkrafttreten des Gesetzes über ausländische Investitionen (GAI) Anfang 2020 unterlagen M&A-Transaktionen mit ausländischer Beteiligung in China einem Flickenteppich aus unterschiedlichen Gesetzen und Regelungen. Je nachdem, ob ein ausländischer Investor auf Erwerber- oder Verkäuferseite auftrat und welche Gesellschaftsform dabei gewählt wurde, kamen die FIE-Einzelgesetze nebst Ergänzungsbestimmungen sowie zahlreiche Sondervorschriften für M&A-Transaktionen mit ausländischer Beteiligung zur Anwendung (siehe Kroymann und Zhang 2016, S. 225 ff.).

Grundsätzlich gilt nun mit dem GAI ein einheitliches Regelwerk, das zusammen mit der staatlichen Negativliste[9] den Zufluss ausländischer Investitionen zentral steuert. Die landesweit geltende Negativliste für ausländische Investitionen trat im Jahre

---

[7] Das Gesetz der Volksrepublik China über chinesisch-ausländische Joint-Ventures (中外合资企业法) aus dem Jahre 1979, das Gesetz der Volksrepublik China über Unternehmen mit ausschließlich ausländischem Kapital (外资企业法) aus dem Jahre 1986 und das Gesetz der Volksrepublik China über chinesisch-ausländische Kooperationsunternehmen (中外合作经营企业法) aus dem Jahre 1988.
[8] 中华人民共和国外商投资法实施条例, erlassen vom Staatsrat am 26.12.2019, in Kraft getreten am 01.01.2020.
[9] 外商投资准入特别管理措施(负面清单)(2020年版), erlassen von NDRC und MOFCOM am 23.06.2020, in Kraft getreten am 23.07.2020.

2018 an die Stelle des bis dahin geltenden Investitionslenkungskatalogs. Aus dem Investitionslenkungskatalog wurde die sektorspezifische Einteilung in eingeschränkte und verbotene Investitionsvorhaben übernommen. Seit Einführung der Negativliste ist für ein ausländisches Investitionsvorhaben nur noch dann eine Genehmigung des Handelsministeriums oder der lokalen Handelsstelle erforderlich, wenn die betroffene Branche in der Negativliste als eingeschränkt eingestuft wird; in den übrigen Fällen reicht eine Registrierung.

In Bezug auf M&A-Transaktionen stellt sich die Situation allerdings vorerst noch anders dar. Denn die meisten M&A-bezogenen Sonderregelungen für ausländische Investoren sind, wie bereits erwähnt, mangels formaler Aufhebung bei Unternehmenskäufen in China weiter zu beachten. Im Einklang mit den M&A-Bestimmungen sind Unternehmenskäufe ausländischer Investoren daher weiterhin stets genehmigungspflichtig[10], d. h. die bisherige Ungleichbehandlung ausländischer und chinesischer Erwerber bleibt bei M&A-Transaktionen vorerst bestehen.

Dass ein ausländischer Investor (direkt oder indirekt) an einer M&A-Transaktion teilnimmt, ist aber nicht der einzige Faktor, der die Transaktionsstruktur und den Rechtsrahmen beeinflusst. Auch die konkrete Gesellschaftsform der beteiligten Parteien auf Erwerber- und Verkäuferseite ist von entscheidender Bedeutung. Je nach konkreter Gesellschaftsform können neben dem Gesellschaftsgesetz[11] (GesG) und dem Vertragsgesetz[12] auch die Sonderregeln für börsennotierte Aktiengesellschaften, Staatsunternehmen, Einzelpersonengesellschaften[13] (EPUG) und Partnerschaftsgesellschaften[14] im Einzelfall Anwendung finden.

Zum besseren Verständnis werden nachfolgend die möglichen Beteiligten eines Unternehmenskaufs und die jeweils anwendbaren Spezialvorschriften kurz vorgestellt:

a) Unternehmen ohne ausländische Beteiligung

Bei Unternehmen ohne ausländische Beteiligung, also rein chinesischen Unternehmen, ist danach zu unterscheiden, ob ein Privat- oder Staatsunternehmen vorliegt.

Als Privatunternehmen gelten Wirtschaftsorganisationen nach der Legaldefinition des Art. 9 der Bestimmungen zur Einteilung der Registrierungsarten für Unternehmen[15] dann, wenn sie auf Gewinnerzielung sowie die Anstellung von Arbeitnehmern

---

10 Siehe Art. 21 M&A-Bestimmungen.
11 中华人民共和国公司法, verabschiedet vom NVK am 29.12.1993, in Kraft getreten am 01.07.1994.
12 中华人民共和国合同法, verabschiedet vom NVK am 15.03.1999, in Kraft getreten am 01.10.1999.
13 Siehe Einzelpersonenunternehmensgesetz (中华人民共和国个人独资企业法), erlassen vom Ständigen Ausschuss des NVK am 30.08.1999, in Kraft getreten am 01.01.2000.
14 Siehe Partnerschaftsunternehmensgesetz (中华人民共和国合伙企业法), erlassen vom Ständigen Ausschuss des NVK am 23.02.1997, in Kraft getreten am 01.08.1997, revidiert am 27.08.2006.
15 关于划分企业登记注册类型的规定, erlassen vom Staatlichen Statistikamt, in Kraft getreten am 28.08.1998.

ausgerichtet sind und von natürlichen Personen gegründet oder beherrscht werden. Damit fallen vor allem nicht-staatliche GmbHs und Aktiengesellschaften[16] unter den Begriff des Privatunternehmens, aber auch Partnerschafts- und Einzelpersonengesellschaften[17].

Da das Gesellschaftsgesetz eine grundsätzliche Gleichbehandlung privater und staatlicher Gesellschafter/Aktionäre vorschreibt, hält sich die Einflussnahme der chinesischen Behörden auf den Erwerb eines chinesischen Privatunternehmens durch ausländische Investoren normalerweise in Grenzen.

Anders sieht es dagegen aus, wenn es sich bei dem Zielunternehmen um eine börsennotierte Aktiengesellschaft handelt. Neben den herkömmlichen Aufsichtsbehörden kommt bei einer solchen Transaktion der chinesischen Wertpapieraufsichtskommission, der China Securities Regulatory Commission[18] (CSRC), eine zentrale Rolle zu. Bei der Übernahme einer börsennotierten chinesischen Aktiengesellschaft kommen verschiedene Sondervorschriften für ausländische Investitionen in börsennotierte Aktiengesellschaften zur Anwendung, die auch nach dem Inkrafttreten des GAI teilweise noch in Kraft sind. Daneben sind auch die allgemeinen Vorgaben des chinesischen Übernahmerechts im Gesellschaftsgesetz, dem Wertpapiergesetz[19] und der Methode zur Verwaltung der Übernahme börsennotierter Gesellschaften (Übernahmemethode)[20] zu beachten. Der konkret anwendbare Rechtsrahmen hängt dabei zusätzlich davon ab, welcher Aktiengattung die zu erwerbenden Aktien im Einzelfall zuzuordnen sind.[21] Die Übernahme einer börsennotierten Aktiengesellschaft durch einen ausländischen Erwerber ist in der Praxis jedoch äußerst selten.

Sofern es sich bei der Zielgesellschaft des Unternehmenskaufs um ein Staatsunternehmen handelt, gestalten sich Ablauf und Struktur der Transaktion ebenfalls komplizierter als im Regelfall. Unter den Begriff des Staatsunternehmens fallen nach der Definition des Art. 44 Abs. 2 GesG volkseigene Unternehmen[22] sowie staatseigene Alleinkapitalgesellschaften, sei es in Form einer GmbH oder einer von staatlichen Investoren errichteten Aktiengesellschaft; als staatliche Investoren gelten dabei nach der vorherrschenden Behördenpraxis nicht nur die Pekinger Zentralregierung, sondern auch die Lokalregierungen auf Provinz- und Städteebene. Zu beachten sind in

---

16 Art. 9 Abs. 4 und 5 der Bestimmungen zur Einteilung der Registrierungsarten für Unternehmen.

17 Siehe Art. 9 Abs. 2 und 3 der Bestimmungen zur Einteilung der Registrierungsarten für Unternehmen. Partnerschafts- und Einzelpersonengesellschaften spielen bislang bei chinesischen M&A-Transaktionen keine Rolle und werden daher vorliegend nicht näher behandelt.

18 Chinesisch: 中国证监会.

19 中华人民共和国证券法, erlassen vom Ständigen Ausschuss des NVK am 29.12.1998, in Kraft getreten am 01.07.1999, zuletzt geändert am 01.03.2020.

20 上市公司收购管理办法, erlassen von der CSRC am 28.09.2002, in Kraft getreten am 01.12.2002, zuletzt geändert am 20.04.2020.

21 Ein Überblick über die verschiedenen Aktiengattungen findet sich bei Huang und Chen (2018, S. 214 f.).

22 Chinesisch: 全民所有制企业.

dieser Konstellation die verschiedenen Sondervorschriften für die Akquisition chinesischer Staatsunternehmen und das generelle Verbot von Unternehmenskäufen, die zu einer Wertverminderung des Staatsvermögens führen würden.[23]

b) Unternehmen mit ausländischer Beteiligung

Besonderheiten ergeben sich des Weiteren, wenn es sich bei einem der beteiligten Akteure um ein Unternehmen mit ausländischer Beteiligung (FIE) handelt.

Zu den bekannten Erscheinungsformen eines Unternehmens mit ausländischer Beteiligung zählen das chinesisch-ausländische Equity Joint Venture (EJV), das chinesisch-ausländische Cooperative (Contractual) Joint Venture (CJV) und die hundertprozentige Tochtergesellschaft eines ausländischen Investors (Wholly Foreign-Owned Enterprise, WFOE). Weniger verbreitet sind das Partnerschaftsunternehmen mit ausländischer Beteiligung und die Aktiengesellschaft mit ausländischer Beteiligung (Foreign-Invested Company Limited by Shares, FICLS).

Da das GAI seit seinem Inkrafttreten zum 1. Januar 2020 auch auf FIEs Anwendung findet[24], sind die oben genannten FIE-Formen allerdings zu Auslaufmodellen geworden. Denn gem. Art. 46 Abs. 1 GAI sind existierende FIEs verpflichtet, die Rechtsform einer chinesischen GmbH, AG oder einer anderen Gesellschaftsform anzunehmen, die nach dem chinesischen Gesellschaftsgesetz für Unternehmen vorgesehen sind. Dabei ist jedoch zu berücksichtigen, dass es solange bei der bisherigen Sonderbehandlung für Unternehmenskäufe mit ausländischer Beteiligung bleiben wird, wie die entsprechenden FIE-Sondervorschriften in Kraft sind und ein Wechsel der Gesellschaftsform bei dem an der M&A-Transaktion beteiligten FIE noch nicht stattgefunden hat.

Theoretisch kann ein ausländischer Investor beim Unternehmenskauf auch auf die FIE-Sonderform der Holdinggesellschaft mit ausländischer Beteiligung als Akquisitionsvehikel zurückgreifen,[25] für die entsprechende Sondervorschriften gelten.[26] Wegen der hohen Gründungsvoraussetzungen spielt diese Variante in der Praxis bisher allerdings keine nennenswerte Rolle.

Sofern es sich bei der Zielgesellschaft um ein FIE handelt, fanden bislang die Verschiedenen Bestimmungen zur Veränderung der Beteiligung ausländischer Investoren an ausländisch investierten Unternehmen[27] (FIE-Beteiligungsbestimmungen) Anwendung. Die FIE-Beteiligungsbestimmungen wurden allerdings mit dem Inkrafttreten des GAI vom chinesischen Handelsministerium aufgehoben, so dass auf diese Fallkonstellation momentan nur noch die M&A-Bestimmungen Anwendung finden.

---

23 Siehe Art. 5 Übernahmemethode.
24 Siehe Art. 47 der GAI-Ausführungsbestimmungen.
25 Vgl. Art. 52 M&A-Bestimmungen.
26 Ausführlich zu dieser Investitionsform: Kroymann (2005, S. 167 ff.).
27 外商投资企业投资者股权变更的若干规定, erlassen von MOFTEC und SAIC am 28.05.1997, in Kraft getreten am selben Tag.

Weiterhin in Kraft sind dagegen die Vorläufigen Bestimmungen zu Investitionen ausländisch investierter Unternehmen innerhalb Chinas[28] (FIE-Investitionsbestimmungen). Die FIE-Investitionsbestimmungen finden Anwendung, wenn ein FIE als Käufer einer rein chinesischen Zielgesellschaft auftritt. Die M&A-Bestimmungen kommen hier ergänzend zur Anwendung, sofern die FIE-Investitionsbestimmungen keine Regelung für einen bestimmten Sachverhalt enthalten.[29]

Unklar bleibt die Rechtslage in Bezug auf Reinvestitionen existierender FIEs. Eine solche Reinvestition liegt z. B. dann vor, wenn ein FIE eine Tochtergesellschaft in China gründet und diese danach wiederum eine Tochtergesellschaft vor Ort errichtet. Je nach zuständiger Genehmigungsbehörde wurden in der Vergangenheit entweder beide Tochtergesellschaften als FIE behandelt oder nur die erste Tochtergesellschaft. Nach dem GAI und den GAI-Ausführungsbestimmungen scheinen FIE-Reinvestitionen nun zwar mit direkten ausländischen Investitionen gleichgestellt zu werden; die entsprechenden Passagen sind jedoch nicht eindeutig, so dass es weiterhin an einer abschließenden Regelung zu diesem Thema fehlt. Daher empfiehlt es sich, die Anwendbarkeit der FIE-Sondervorschriften frühzeitig mit der zuständigen Behörde zu klären, sofern ein FIE an der Transaktion beteiligt ist. Denn bis zur Aufhebung der entsprechenden FIE-Vorschriften hängt der konkret anwendbare Rechtsrahmen bei einem Unternehmenskauf mit FIE-Beteiligung weiterhin von der Frage ab, ob die Genehmigungsbehörde die jeweilige Tochtergesellschaft als FIE einstuft oder nicht.

2.2 Übertragungsgegenstand

Beim Unternehmenskauf kann der Käufer entweder die Geschäftsanteile an der Zielgesellschaft oder deren Vermögenswerte übernehmen, es besteht also die Wahl zwischen einem sogenannten Share Deal und einem sogenannten Asset Deal.

Grundsätzlich stellt der Share Deal die einfachere Variante dar, da hier nur ein einzelnes Übertragungsobjekt (die Geschäftsanteile) existiert. Im Gegensatz dazu müssen beim Asset Deal meist alle zu erwerbenden Vermögenswerte einzeln übertragen werden, was die vertragliche Dokumentation verkompliziert. Der Share Deal ist daher in der Regel die vorzugswürdige Variante für den Erwerb eines Unternehmens – zumindest dann, wenn der Unternehmenskauf in einem Land mit einem ausreichenden Maß an Rechtssicherheit und Compliance stattfindet.

In vielen Schwellen- und Entwicklungsländern stellt sich die Situation allerdings anders dar. Ein geringeres Maß an Rechtssicherheit und Compliance mindert dort oft die Attraktivität eines Share Deal, da sich in der Zielgesellschaft unbekannte Risiken und versteckte Verbindlichkeiten verbergen können. Diese Risiken und Verbindlich-

---

28 关于外商投资企业境内投资的暂行规定, erlassen von MOFTEC und SAIC am 25.07.2000, in Kraft getreten am 01.09.2000.

29 Siehe Art. 52 Abs. 2 M&A-Bestimmungen.

keiten gehen bei einem Anteilskauf auf den Käufer als Rechtsnachfolger des Verkäufers über. Sofern dagegen die Vermögenswerte der Zielgesellschaft im Wege eines Asset Deal einzeln auf den Käufer übertragen werden, verbleiben die Risiken und Verbindlichkeiten in der Zielgesellschaft, die als leere Hülle zurückbleibt. Der Asset Deal kann sich in Entwicklungs- und Schwellenländern mithin als weniger risikoreiche Variante für den Unternehmenskauf anbieten.

In China wählten ausländische Investoren lange Zeit mehrheitlich die Variante des Asset Deal, was vor allem damit zusammenhing, dass der Blick in die Bücher einer chinesischen Zielgesellschaft oft nur sehr begrenzte Rückschlüsse auf die tatsächlichen Risiken und Verbindlichkeiten ermöglichte (Davies und Wei 2004, S. 34; Tetz 2006, S. 392; Wang und Sun 2005, S. 29 f.). Eine Ausnahme bildeten lediglich Zielgesellschaften, die eine Börsennotierung oder eine ausländische Beteiligung aufweisen konnten, da die chinesischen Behörden die gesetzlichen Vorschriften gegenüber solchen Gesellschaften erfahrungsgemäß deutlich strenger durchsetzen. Spätestens seit dem WTO-Beitritt Chinas hat sich die Qualität der Unternehmensdokumentation jedoch auch bei rein chinesischen Unternehmen verbessert, so dass ausländische Investoren seither beim Unternehmenskauf immer häufiger auf die Option des Share Deal zurückgreifen (Chen, 2009, S. 150).

2.2.1 Share Deal

Beim Anteilskauf in China ist danach zu differenzieren, ob es sich um einen grenzüberschreitenden Erwerb, einen Erwerb im Inland oder einen Erwerb im Ausland handelt. In der Praxis wählen ausländische Käufer in China am häufigsten die Variante des grenzüberschreitenden Erwerbs für den Unternehmenskauf (Germany Trade and Invest, 2015, S. 58). Nachfolgend werden zunächst der grenzüberschreitende Erwerb und der Erwerb im Inland gemeinsam vorgestellt; in einem zweiten Schritt folgt dann eine Betrachtung des Erwerbs im Ausland.

Sowohl beim grenzüberschreitenden Erwerb als auch beim Erwerb im Inland zielt die Transaktion auf eine nach chinesischem Recht gegründete Zielgesellschaft (mit oder ohne ausländische Beteiligung) ab. Die beiden Varianten unterscheiden sich jedoch auf der Käuferseite: Beim grenzüberschreitenden Erwerb tritt ein ausländisches Unternehmen als Käufer auf, beim Erwerb im Inland hingegen ein nach chinesischem Recht gegründetes Unternehmen (mit oder ohne ausländische Beteiligung). Was die Erwerbsstruktur anbelangt, ist neben dem direkten Erwerb der Anteile an der Zielgesellschaft theoretisch auch ein Aktientausch oder die Teilnahme des Käufers an einer Kapitalerhöhung der Zielgesellschaft möglich, allerdings sind diese beiden Varianten in der Praxis sehr selten.

Beim grenzüberschreitenden Erwerb mit einer rein chinesischen Zielgesellschaft weist die Zielgesellschaft nach Vollendung des Anteilserwerbs eine ausländische Beteiligung auf. Somit gelten für die Zielgesellschaft ab diesem Zeitpunkt die allgemeinen Beschränkungen für ausländische Investitionen. Im Vorfeld der Transaktion sollte daher insbesondere die Vereinbarkeit der Geschäftätigkeit mit den sektorspezifischen Beschränkungen der staatlichen Negativliste geprüft werden.

Etwas anderes gilt grundsätzlich beim Erwerb im Inland. Da in diesem Fall ein FIE als Käufer agiert und ein FIE rechtlich gesehen als chinesisches Unternehmen gilt, stufen die meisten Behörden die Zielgesellschaft hier auch nach dem Anteilserwerb nicht als Unternehmen mit ausländischer Beteiligung ein. Allerdings gab es in diesem Punkt bereits in der Vergangenheit je nach Sektor und geografischer Lage Unterschiede in der jeweiligen Behördenpraxis. Wie bereits ausgeführt, scheinen das GAI und die GAI-Ausführungsbestimmungen nun eine Neubewertung dahingehend zu rechtfertigen, dass sich die Zielgesellschaft auch nach einer Investition durch ein FIE in ein Unternehmen mit ausländischer Beteiligung umwandelt, wobei die Regelungen in diesem Punkt nicht eindeutig sind. Dementsprechend müssten die Beschränkungen nach der staatlichen Negativliste auch dann berücksichtigt werden, wenn ein FIE die Anteile an einer rein chinesischen Zielgesellschaft erwirbt.

Kaum noch relevant ist seit dem Inkrafttreten des GAI die Frage, welche konkrete FIE-Form die Zielgesellschaft infolge des Anteilserwerbs annimmt. Je nach Fallgestaltung entstanden bisher als Folge der Transaktion EJVs, CJVs, WFOEs oder FICLS. Erwarb ein ausländischer Käufer die Anteile des chinesischen Joint-Venture-Partners an einem EJV oder CJV, so wandelte sich das Gemeinschaftsunternehmen infolge der Transaktion in ein WFOE um. Hingegen wandelte sich ein WFOE in ein Gemeinschaftsunternehmen um, sofern ein chinesischer Käufer einen Teil der Geschäftsanteile an einem WFOE erwarb. Sofern es sich bei dem Zielunternehmen schließlich um eine rein chinesische Aktiengesellschaft handelt, wandelte sich diese bei einem grenzüberschreitenden Erwerb in eine Aktiengesellschaft mit ausländischer Beteiligung (FICLS) um.[30]

Mit Inkrafttreten des GAI wurden jedoch die bisher geltenden Einzelgesetze für EJVs, CJVs, WFOEs und FICLS nebst Ausführungsbestimmungen aufgehoben und alle existierenden FIEs verpflichtet, innerhalb von fünf Jahren ihre FIE-Sonderform zugunsten einer regulären Rechtsform nach dem chinesischen Gesellschaftsgesetz aufzugeben. Dementsprechend ist davon auszugehen, dass die Genehmigungsbehörden bei einem Unternehmenskauf fortan darauf bestehen werden, dass die Zielgesellschaft nach Durchführung des Unternehmenskaufs keine FIE-Sonderform (mehr) aufweist.

Als Alternative zu den oben genannten Varianten steht schließlich noch der Erwerb im Ausland als Strukturierungsoption zur Verfügung. In diesem Fall erwirbt ein ausländischer Käufer die Anteile an einer ausländischen Zielgesellschaft, der Unternehmenskauf wird also außerhalb Chinas durchgeführt. Vertragsobjekt sind in die-

---

30 Ausführlich zur historischen Entwicklung des Rechtsrahmens für FICLS: Kroymann (2009, S. 248 ff.).

sem Fall nicht die Anteile an der chinesischen Zielgesellschaft, sondern die Anteile an deren Muttergesellschaft (bzw. einer noch höher angesiedelten Gruppengesellschaft).

Diese sogenannte Offshore-Transaktion hat den Vorteil, dass die Parteien statt des oftmals unflexiblen chinesischen Rechts ein transaktionsfreundlicheres Recht für die Abwicklung des Unternehmenskaufs vereinbaren können. Eine Offshore-Transaktion kann auch steuerlich günstiger sein, falls die Muttergesellschaft z. B. in einem Niedrigsteuerland angesiedelt ist. Die Wahl einer Offshore-Transaktion schützt die Parteien allerdings nicht in allen Fällen vor der Anwendung chinesischen Rechts. Eine Anwendbarkeit ist in diesem Zusammenhang vor allem über die Nationale Sicherheitsprüfung, kartell- und steuerrechtliche Vorschriften (Tang und Jun, 2014, S. 57) sowie die rechtlichen Bestimmungen zu sogenannten Rundreise-Investitionen[31] chinesischer Investoren möglich. Es sollte daher bei einer Offshore-Transaktion stets geprüft werden, ob es ausnahmsweise zu einer Anwendung des chinesischen Rechts gemäß einer dieser Fallgruppen kommen könnte.

2.2.2 Asset Deal

Bei der Variante des Asset Deal erwirbt der ausländische Investor die Vermögenswerte des Zielunternehmens einzeln. Die Vermögenswerte werden dabei allerdings nicht direkt auf den ausländischen Investor übertragen, sondern auf ein von diesem gehaltenes FIE. Nach gängiger Behördenpraxis muss der ausländische Investor das FIE zu diesem Zweck neu gründen, was mittlerweile in der Regel über die Gründung einer hundertprozentigen Tochtergesellschaft (WFOE) geschieht.

Da die M&A-Bestimmungen weiter in Kraft sind, besteht ein Spannungsverhältnis zwischen den oben genannten Regelungen zur Gründung eines FIE und den Regelungen des GAI, die ein Auslaufen der FIE-Sonderformen vorsehen. Es ist davon auszugehen, dass die Genehmigungsbehörden die M&A-Bestimmungen in diesem Punkt im Einklang mit dem neueren Regelwerk des GAI auslegen und für das neu zu gründende Unternehmen daher ausschließlich eine im Gesellschaftsgesetz vorgesehene Gesellschaftsform und keine FIE-Sonderform akzeptieren werden.

Da eine Neugründung in den M&A-Bestimmungen nicht ausdrücklich vorgesehen ist, könnte ein ausländischer Investor theoretisch auch ein bereits bestehendes FIE für den Erwerb einsetzen (Chen 2009, S. 407; OECD 2006, S. 25). Ein solches Vorgehen sollte aber vorab mit der Genehmigungsbehörde abgestimmt werden, um die Risiken für die Transaktionsplanung gering zu halten.

Auch bei einem Asset Deal sind die speziellen Vorschriften für Staatsunternehmen und börsennotierte Aktiengesellschaften bei der Transaktionsplanung zu berücksichtigen. Praktische Relevanz haben in diesem Zusammenhang vor allem die Vorschriften zur Wertfestsetzung der zu übertragenden Vermögenswerte durch eine

---

31 Bei diesen sogenannten Roundtrip Investments steht hinter der mehrstufigen ausländischen Struktur eine Person mit chinesischer Staatsangehörigkeit als ultimativ Begünstigte.

zugelassene Bewertungsinstitution. Der Verkauf wesentlicher Vermögenswerte führt bei börsennotierten Aktiengesellschaften zu Publizitätspflichten und ist unter gewissen Voraussetzungen von der CSRC zu genehmigen.

2.3 Due Diligence

Bei der Durchführung einer rechtlichen Due Diligence in China sind einige Besonderheiten zu beachten. Obgleich sich die Situation in den letzten Jahrzehnten deutlich verbessert hat, ist es nicht ungewöhnlich, beim Durchleuchten einer chinesischen Zielgesellschaft auf ein im Vergleich zum Heimatmarkt geringeres Maß an Rechtskonformität zu treffen. Eine Ausnahme bilden insoweit lediglich die börsennotierten chinesischen Aktiengesellschaften, da rechtliche Unzulänglichkeiten hier in der Regel vor dem Börsengang behoben werden.

Häufig verfügt die Zielgesellschaft nicht über alle erforderlichen Genehmigungen und Lizenzen, Steuern und Sozialversicherungsbeiträge für die Arbeitnehmer wurden in der Vergangenheit nicht oder in nicht ausreichender Höhe entrichtet (Kroymann und Zhang, 2016, 235 Fn. 62), und es bestehen Zweifel am wirksamen Erwerb der Landnutzungsrechte für die genutzten Grundstücke und der Vermögenswerte, sofern letztere sich ursprünglich in staatlicher Hand befanden. Zwar haben diese rechtlichen Probleme in der Regel kaum einen nachteiligen Einfluss auf den tatsächlichen Geschäftsbetrieb der Zielgesellschaft; dies kann sich aber ändern, sobald ein ausländisches Unternehmen der neue mittelbare oder unmittelbare Anteilseigner der Zielgesellschaft wird. Da die chinesischen Behörden Unternehmen mit ausländischer Beteiligung in der Praxis strenger kontrollieren als rein chinesische Unternehmen, können die genannten Themen nach dem Unternehmenskauf zu erheblichen Schwierigkeiten für einen ausländischen Erwerber führen.

Allgemein empfiehlt es sich, nicht nur die Dokumente im Datenraum und im Unternehmensregister zu prüfen, sondern auch die Standorte der Zielgesellschaft zu besuchen und deren Führungspersonal und Mitarbeiter zu befragen; dadurch lassen sich die Angaben über den Geschäftsbetrieb und das Anlagevermögen der Zielgesellschaft verlässlicher verifizieren (Kroymann und Zhang, 2016, S. 234).

3 Durchführung der Transaktion

3.1 Unternehmenskaufvertrag

Die Bedingungen und der Ablauf des Unternehmenskaufs werden, je nach gewählter Struktur, in einem sogenannten Share Purchase Agreement (SPA) oder einem sogenannten Asset Purchase Agreement (APA) festgelegt und vereinbart. Dieser Unternehmenskaufvertrag bildet das Kernstück der vertraglichen Dokumentation einer M&A-

Transaktion. Vor dem Unternehmenskaufvertrag unterzeichnen die Parteien häufig eine Absichtserklärung[32], die aber nach chinesischem Recht inhaltlich größtenteils nicht bindend ist.[33]

Daneben konnte nach der alten Rechtslage auch ein Joint-Venture-Vertrag zwischen den Parteien erforderlich werden, sofern der ausländische Erwerber nur einen Teil der Anteile am Zielunternehmen erwirbt und somit durch die Transaktion ein chinesisch-ausländisches Gemeinschaftsunternehmen entsteht. Seit der Einführung des GAI werden chinesisch-ausländische Joint-Ventures nun grundsätzlich mit rein chinesischen Unternehmen gleichgestellt, so dass fortan statt eines Joint-Venture-Vertrages nur noch eine Gesellschaftervereinbarung zwischen den bisherigen Joint-Venture-Partnern erforderlich ist. Es ist allerdings zu beachten, dass nach dem GAI für die Anpassung der FIE-Strukturen eine Übergangsfrist bis Ende 2024 gilt, so dass vorerst noch viele Joint-Venture-Verträge in ihrer bisherigen Form fortgelten.

Der Anteilskaufvertrag (SPA) und der Vertrag über den Kauf von Vermögensgütern (APA) entsprechen bei einer M&A-Transaktion in China inhaltlich im Wesentlichen internationalen Standard. Aufgrund spezieller Regelungen im chinesischen Recht unterscheidet sich eine M&A-Transaktion in China allerdings in einigen Punkten von Transaktionen in anderen Ländern. Diese Abweichungen müssen inhaltlich auch im Unternehmenskaufvertrag abgebildet werden (zu den einzelnen Punkten siehe das nachfolgende Unterkapitel).

Beim Asset Deal ist zu beachten, dass die Übertragung der einzelnen Vermögenswerte in der Regel von verschiedenen sektorspezifischen Behörden genehmigt werden muss. Es empfiehlt sich daher, mit separaten Vereinbarungen zu arbeiten und diese als Annexe in den Hauptvertrag einzubeziehen (Shen, 2011, S. 239).

3.2 Verfahren und Vorgaben

Der konkrete Ablauf des Unternehmenskaufs variiert aufgrund der unterschiedlichen regulatorischen Voraussetzungen je nachdem, welche der angesprochenen Varianten für die Strukturierung der Transaktion gewählt wird. Da zudem weitere Sondergenehmigungen durch einzelne Fachministerien und sektorspezifische Behörden erforderlich sein können, kann es bei der Dauer des Behördenverfahrens in der Praxis zu deutlichen Abweichungen kommen; als grober Richtwert kann eine Verfahrensdauer von einer Woche bis drei Monaten dienen (Lan und Tang, 2018, S. 53).

Seit Inkrafttreten des GAI Anfang 2020 gilt eine grundsätzliche Gleichbehandlung chinesischer Unternehmen ohne und mit ausländischer Beteiligung. Auch wenn, wie beschrieben, derzeit noch einzelne FIE-Sondervorschriften zu M&A-Transaktio-

---

32 Auf Englisch, je nach Ausgestaltung, als Memorandum of Understanding (MoU) oder Letter of Intent (LoI) bezeichnet.
33 Eine Ausnahme bilden insoweit Vertraulichkeits- und Exklusivitätsklauseln.

nen weiter in Kraft sind, ist davon auszugehen, dass diese mittelfristig aufgehoben werden und dadurch auch der Rechtsrahmen für Unternehmenskäufe vereinheitlicht werden wird. Dementsprechend werden im Folgenden sowohl die allgemeinen Bestimmungen des Gesellschaftsgesetzes als auch die FIE-Sondervorschriften zu M&A-Transaktionen vorgestellt.

3.2.1 Share Deal

Nach dem Gesellschaftsgesetz ist für den Anteilskauf grundsätzlich keine behördliche Genehmigung erforderlich, d. h. bei einem Share Deal zwischen rein chinesischen Unternehmen ist kein behördliches Genehmigungsverfahren durchzuführen. Etwas anderes gilt grundsätzlich nur, wenn es sich bei der Zielgesellschaft um eine börsennotierte Aktiengesellschaft oder ein Staatsunternehmen handelt (hierzu weiter unten mehr).

Da die M&A-Bestimmungen bisher noch nicht aufgehoben wurden, gilt bei einem Share Deal mit ausländischer Beteiligung jedoch vorerst weiterhin eine Genehmigungspflicht. Die Genehmigungszuständigkeit liegt beim Handelsministerium bzw. der lokalen Handelsstelle. Die Genehmigungsbehörde prüft das Vorliegen der gesetzlichen Vorgaben und den Inhalt des Anteilskaufvertrags sowie anderer vertraglicher Vereinbarungen.

Zu den gesetzlichen Vorgaben auf Gesellschaftsebene zählt der Zustimmungsbeschluss des zuständigen Gesellschaftsorgans der Zielgesellschaft. Während für den Erwerb einer chinesischen GmbH nach dem Gesellschaftsgesetz eine Zustimmung der Gesellschafter mit einfacher Mehrheit ausreicht[34], bedarf der Beschluss bei einer chinesischen Aktiengesellschaft einer 2/3-Mehrheit[35].

Auch hier bleibt es allerdings vorerst bei der bisherigen Ungleichbehandlung. Denn nach den M&A-Bestimmungen muss der Beschluss einstimmig erfolgen, sofern es sich bei der Zielgesellschaft um eine chinesische GmbH handelt.[36] Da in der Praxis die meisten Zielgesellschaften die Rechtsform einer GmbH aufweisen, bedeutet dies eine erhebliche Schlechterstellung ausländischer Investoren im Vergleich zu rein chinesischen Unternehmen. Sofern die chinesische Zielgesellschaft mehr als einen Gesellschafter aufweist, wird dem Minderheitsgesellschafter dadurch ein faktisches Vetorecht gegen den Unternehmenskauf eingeräumt.

Beim Erwerb eines FIE stellte sich die Situation bislang anders dar, da nach den FIE-Einzelgesetzen ein einstimmiger Beschluss des Verwaltungsrats (Board of Directors) des FIE erforderlich war. Sofern es sich bei der Zielgesellschaft um ein EJV oder CJV handelte, konnte der chinesische Joint-Venture-Partner den Verkauf somit blockieren. Nun wurden zwar die Spezialvorschriften für EJVs und CJVs mit Inkrafttreten

---

34 Art. 71 Abs. 2 S. 1 GesG.
35 Art. 106 Abs. 2 S. 2 GesG.
36 Siehe Art. 21 Abs. 1 (1) M&A-Bestimmungen.

des GAI aufgehoben, allerdings gelten die auf diese Fallgestaltung anwendbaren FIE-Investitionsbestimmungen derzeit noch fort. Laut den FIE-Investitionsbestimmungen ist im Falle der Anteilsübertragung, wie bisher, ein Beschluss des Verwaltungsrats erforderlich. Es ist jedoch fraglich, welche Mehrheitserfordernisse an diesen Beschluss zu stellen sind. Das Gesellschaftsgesetz sieht für die Anteilsübertragung gem. Art. 71 GesG eine Zustimmung der Gesellschafter mit einfacher Mehrheit voraus. Da es sich aber bei dem Verwaltungsrat um ein anderes Gesellschaftsorgan handelt, ist unklar, ob sich das Mehrheitserfordernis auf den vorliegenden Fall übertragen lässt. Vor diesem Hintergrund sollte diese Frage bis zu einer regulatorischen Klärung frühzeitig mit der zuständigen Genehmigungsbehörde abgestimmt werden.

Weggefallen sind darüber hinaus die bisher zwingenden Vorschriften zum Vorkaufsrecht bzw. zur Zustimmung der übrigen Gesellschafter, sofern es sich bei der Zielgesellschaft um ein chinesisch-ausländisches Gemeinschaftsunternehmen handelt. Durch die Aufhebung der EJV- und CJV-Vorschriften findet insoweit mittlerweile das Gesellschaftsgesetz Anwendung. Sofern ein Gesellschafter seine Anteile verkaufen will, haben die übrigen Gesellschafter daher gem. Art. 71 Abs. 3 GesG ein Vorkaufsrecht, das unter denselben Bedingungen auszuüben ist, die auch beim Verkauf an den designierten Erwerber gegolten hätten. Allerdings lässt sich diese Vorgabe umschiffen, da in der Satzung der GmbH abweichende Regelungen getroffen werden können.[37] Sofern an der Zielgesellschaft mehrere Gesellschafter beteiligt sind, sollte daher stets die Satzung der Zielgesellschaft dahingehend überprüft werden, ob das Vorkaufsrecht dort abbedungen wurde.

Auch wenn der Unternehmenskauf dementsprechend nicht am Veto eines Minderheitsgesellschafters scheitern sollte, stellt sich für den Erwerber in diesem Fall die Frage, ob ein nicht kooperierender Minderheitsgesellschafter aus der Zielgesellschaft gedrängt werden kann. Hierfür dient in anderen Rechtsordnungen regelmäßig das Instrument des sogenannten Squeeze-Out. Im chinesischen Recht ist die Möglichkeit eines solchen Squeeze-Out jedoch nicht ausdrücklich vorgesehen. Zwar kann ein Squeeze-Out-Mechanismus grundsätzlich in die Satzung oder die Gesellschaftervereinbarung aufgenommen werden; ob eine solche Regelung allerdings vor Gericht Bestand hat, ist zweifelhaft (Lan und Tang, 2018, S. 53).

In Bezug auf den Kaufpreis für die Geschäftsanteile gilt bei einem Share Deal mit ausländischer Beteiligung eine Reihe von Besonderheiten: Als Grundlage für die Berechnung des Kaufpreises muss zwingend die Bewertung der Geschäftsanteile durch eine unabhängige Bewertungsinstitution herangezogen werden, und die Kaufpreissumme darf nicht zu weit unter dem Schätzwert liegen.[38] Auch wenn als Kaufpreiszahlung theoretisch auch die Übertragung von Geschäftsanteilen oder Aktien vereinbart werden kann, ist eine Zahlung in Geld die Regel. Die Zahlung des Kaufpreises muss

---

37 Siehe Art. 71 Abs. 4 GesG.
38 Art. 14 Abs. 1 M&A-Bestimmungen.

grundsätzlich innerhalb von drei Monaten nach Ausstellung der Geschäftslizenz erfolgen. Die Verlängerung dieser Frist bedarf einer besonderen Genehmigung,[39] die in der Praxis aber selten erteilt wird. Dies schließt die Vereinbarung gestreckter Kaufpreis- oder Earn-Out-Zahlungen grundsätzlich aus (die in China geltenden Devisenbeschränkungen stellen hierfür eine zusätzliche Hürde dar) (He 2019, S. 2; Lan und Tang 2018, S. 55). In der Praxis wird üblicherweise die Zahlung des Kaufpreises auf ein Treuhandkonto vereinbart.

Auch der Zeitpunkt für das Wirksamwerden des Erwerbs kann in China, anders als in anderen Ländern, grundsätzlich nicht frei gewählt werden, da die Wirksamkeit des Anteilskaufvertrages (und damit auch der Abtretung bzw. der Übereignung) hier vom Zeitpunkt der behördlichen Genehmigung abhängt.[40] Daher sollte bei der Vertragsgestaltung darauf geachtet werden, dass die Vollendung des Erwerbs vertraglich mit dem Genehmigungsdatum des Vertrages verknüpft wird.

Bei einem Erwerb im Inland sind die Sonderregelungen für die Beteiligung von FIEs an Unternehmenskäufen zu beachten. Wie bereits erwähnt, sind insoweit nur noch die FIE-Investitionsbestimmungen zu beachten, da die FIE-Beteiligungsbestimmungen mit Inkrafttreten des GAI aufgehoben wurden. Allerdings finden auch die Vorgaben der FIE-Investitionsbestimmungen in der Praxis nur dann Anwendung, wenn die Zielgesellschaft in einer Branche tätig ist, die nach der staatlichen Negativliste als eingeschränkt eingestuft ist.[41] Anwendungsfall der FIE-Investitionsbedingungen ist die Fallkonstellation, in der das FIE als Käufer einer rein chinesischen Zielgesellschaft auftritt. In diesem Zusammenhang prüft die Genehmigungsbehörde unter anderem, ob das FIE ein voll eingezahltes Stammkapital aufweist, profitabel ist und sich bisher keine Gesetzesverstöße zuschulden hat kommen lassen.[42]

Sofern es sich bei der Zielgesellschaft um eine börsennotierte Aktiengesellschaft handelt, muss der Erwerber die Vorgaben des chinesischen Übernahmerechts erfüllen. Die Regeln für die öffentliche Übernahme börsennotierter chinesischer Aktiengesellschaften weisen dabei zahlreiche Parallelen zum deutschen Übernahmerecht auf.

Falls ein Erwerber plant, mindestens 5 % der Aktien einer börsennotierten chinesischen Aktiengesellschaft zu erwerben oder zu kontrollieren, treffen ihn Mitteilungspflichten gegenüber der CSRC, der Zielgesellschaft und der Öffentlichkeit.[43] Auch ist in der Regel ein öffentliches Übernahmeangebot an alle Aktionäre der Zielgesellschaft abzugeben, sofern ein Erwerber plant, mehr als 30 % der Aktien der Zielgesellschaft zu erwerben oder zu kontrollieren.[44] Unter bestimmten Voraussetzungen können Erwerber allerdings von der Pflicht zur Abgabe eines öffentlichen Übernahmeangebots

---

39 Art. 16 Abs. 1 M&A-Bestimmungen.
40 Ausführlich zu dieser Thematik: Chong (2007, S. 56 ff.).
41 Zu den Hintergründen siehe Kroymann und Zhang (2016, S. 245).
42 Art. 5 f. FIE-Investitionsbestimmungen.
43 Siehe Art. 14 und 21 Übernahmemethode.
44 Art. 47 Abs. 2 Übernahmemethode.

befreit werden; die entsprechenden Befreiungstatbestände wurden in der Vergangenheit graduell ausgeweitet, um die Übernahme börsennotierter Aktiengesellschaften zu erleichtern. Das Verfahren für ein öffentliches Übernahmeangebot läuft innerhalb strenger inhaltlicher und zeitlicher Vorgaben ab und wird von der CSRC koordiniert, die auch das Angebotsdokument überprüft.[45] Über einen Generaltatbestand kann die Übernahme einer börsennotierten Aktiengesellschaft zudem untersagt werden, sofern sie die nationale Sicherheit und das öffentliche Interesse beeinträchtigen könnte.[46]

Handelt es sich bei der Zielgesellschaft um ein Staatsunternehmen, so ist zunächst die ergänzende Genehmigungszuständigkeit der Kommission zur Kontrolle und Verwaltung von Staatsvermögen[47] (SASAC) bzw. ihrer lokalen Zweigstelle für die Übertragung staatlicher Vermögenswerte zu beachten. Zusätzlich kann eine Genehmigung der lokalen Volksregierung erforderlich werden, sofern die Transaktion dazu führt, dass der Staat seine beherrschende Gesellschafterstellung verliert.

Ein Hauptanliegen des chinesischen Gesetzgebers war es von jeher, den Verkauf von Staatseigentum unter Wert zu verhindern. So werden strenge Voraussetzungen für die Bewertung der Erwerbsgegenstände aufgestellt, und die Durchführung eines öffentlichen Bieterverfahrens an einer offiziellen chinesischen Vermögensrechtsbörse verlangt. Zur Vermeidung von Arbeitsplatzverlusten beim Erwerb von Staatsunternehmen ist zudem eine weitreichende Einbindung der jeweiligen Arbeitnehmervertretung vorgesehen.

3.2.2 Asset Deal

Entscheidet sich ein ausländischer Investor, die Vermögenswerte einer chinesischen Zielgesellschaft zu erwerben, sind neben dem Gesellschaftsgesetz auch die Vorschriften des Sachenrechts zu beachten.

Die Frage, welches Gesellschaftsorgan der Übertragung von Vermögensgütern zustimmen muss, fällt nach chinesischem Recht in die Gestaltungsfreiheit der Gesellschafter einer chinesischen GmbH. Sofern die Satzung der Zielgesellschaft dies vorsieht, kann beim Erwerb einer GmbH somit entweder die Zustimmung des Vorstands oder der Gesellschafterversammlung erforderlich sein; auch eine ergänzende Zustimmung des Aufsichtsrats kann theoretisch in der Satzung vorgesehen werden.

Bei der chinesischen Aktiengesellschaft ist danach zu differenzieren, ob eine Börsennotierung vorliegt oder nicht. Grundsätzlich sind die Anforderungen an den Mindestinhalt der Satzung bei einer Aktiengesellschaft höher als bei der GmbH. Das Zustimmungserfordernis zur Übertragung von Vermögensgütern gehört jedoch nicht zu dem gesetzlich vorgeschriebenen Satzungsinhalt einer nicht börsennotierten chine-

---

45 Eine ausführliche Darstellung des Verfahrens findet sich bei Huang und Chen (2018, S. 219–225).
46 Art. 4 Abs. 1 Übernahmemethode.
47 Chinesisch: 国务院国有资产监督管理委员 会.

sischen Aktiengesellschaft[48], so dass, wie bei der GmbH, auch hier Gestaltungsfreiheit in Bezug auf das Zustimmungserfordernis besteht. Etwas anderes gilt nur für die börsennotierte Aktiengesellschaft: Hier ist zwingend ein zustimmender Beschluss der Hauptversammlung mit 2/3-Mehrheit einzuholen, sofern innerhalb eines Jahres mehr als 30 % der Vermögenswerte verkauft werden sollen.[49]

Sofern die Gesellschafterversammlung bzw. die Hauptversammlung nach den oben genannten Grundsätzen ein Zustimmungsrecht haben, muss der Vorstand eine Versammlung derselben einberufen, um eine Beschlussfassung über die Übertragung der Vermögenswerte zu ermöglichen.[50]

Bei der Übertragung von Vermögenswerten ist nach dem Sachenrechtsgesetz[51] zwischen beweglichen und unbeweglichen Sachen zu unterscheiden. Das Eigentum an unbeweglichen Sachen geht nach Art. 9 Abs. 1 Sachenrechtsgesetz zum Zeitpunkt der behördlichen Registrierung über. Da in China kein Privateigentum an Grund und Boden existiert und die Nutzung von Grundstücken über das spezielle System der Landnutzungsrechte geregelt wird, spielt die Übertragung unbeweglicher Sachen in der Praxis nur bei der Übertragung von Gebäuden eine Rolle; zuständig für die entsprechende Eintragung waren bislang die lokalen Gebäuderegisterbehörden, seit 2015 ging die Zuständigkeit sodann schrittweise auf die Grundbuchämter der Kreisebene über.[52]

Die Übereignung beweglicher Sachen wird dagegen grundsätzlich mit Übergabe wirksam.[53] Sofern es sich allerdings um Schiffe, Luft- oder Motorfahrzeuge handelt, kann der Käufer einem gutgläubigen Dritten den Erwerb nur dann entgegenhalten, wenn das Fahrzeug rechtmäßig registriert wurde.[54]

Falls ein ausländisches Unternehmen als Käufer der Vermögenswerte agiert, kommen wie im Falle des Share Deal die M&A-Bestimmungen zur Anwendung; zuständige Genehmigungsbehörde ist auch hier das Handelsministerium.[55] In Bezug auf den Kaufpreis gelten die bereits für den Share Deal ausgeführten Vorgaben auch im Falle des Asset Deal.

Bei einem Erwerb der Vermögenswerte ist der Erwerber darüber hinaus verpflichtet, die Gläubiger des Zielunternehmens im Vorfeld über die geplante Transaktion zu benachrichtigen und diese in einer nationalen Zeitung bekannt zu geben.[56]

---

48 Siehe Art. 81 GesG.
49 Art. 121 GesG.
50 Art. 104 GesG.
51 中华人民共和国物权法, erlassen vom NVK am 16.03.2007, in Kraft getreten am 01.10.2007.
52 Siehe hierzu ausführlich Lohsse und Jin (2016, S. 228–230).
53 Art. 23 Sachenrechtsgesetz.
54 Art. 24 Sachenrechtsgesetz.
55 Art. 6 Abs. 1 M&A-Bestimmungen.
56 Art. 13 Abs. 4 M&A-Bestimmungen.

Sofern es sich bei der Zielgesellschaft um ein Staatsunternehmen handelt, sind auch bei einem Asset Deal die ergänzende Genehmigungszuständigkeit der SASAC und die besonderen Anforderungen für Investitionen in Staatsunternehmen zu beachten.

3.2.3 Weitere Genehmigungen

Parallel zum allgemeinen Genehmigungsverfahren muss bei einem Unternehmenskauf mit ausländischer Beteiligung auch die Nationale Sicherheitsprüfung durchlaufen werden. Bei diesem Verfahren handelt es sich um das Gegenstück zur deutschen Investitionskontrolle nach der Außenwirtschaftsverordnung, die erst kürzlich verschärft wurde, um insbesondere chinesische M&A-Projekte in Deutschland engmaschiger kontrollieren zu können.[57]

Die Nationale Sicherheitsprüfung für ausländische M&A-Transaktionen wurde als eigenständiges Verfahren bereits im Jahre 2011 eingeführt.[58] Gem. Art. 35 GAI findet das Verfahren fortan auf alle Formen ausländischer Investitionen Anwendung – damit ist die Nationale Sicherheitsprüfung sowohl auf Share Deals als auch auf Asset Deals anwendbar.

Ähnlich wie in anderen Ländern zielt das chinesische Verfahren auf ausländische Investitionen in Sektoren ab, die für die nationale Sicherheit von hervorgehobener Bedeutung sind, wie z. B. die Bereiche Militär, Infrastruktur, Energie und Bodenschätze. In Bezug auf die konkrete Anwendung des Prüfverfahrens sind jedoch viele Einzelfragen unklar, so dass die Behörden im Rahmen des Prüfverfahrens über einen erheblichen Ermessensspielraum verfügen. Zuständig für die Prüfung und Zustimmung ist ein gemischtes Komitee aus der Staatlichen Entwicklungs- und Reformkommission[59] (NDRC), dem Handelsministerium und gegebenenfalls weiteren staatlichen Stellen. Die Verfahrensdauer liegt in der Regel zwischen 1–3 Monaten.

Neben der Nationalen Sicherheitsprüfung kann auch die Durchführung eines Fusionskontrollverfahrens notwendig sein.[60] Anmeldepflichtig sind Transaktionen, sofern die am Unternehmenskauf beteiligten Unternehmen bestimmte Umsatzschwellen erreichen und der Erwerber durch die Transaktion eine kontrollierende Stellung erhält. Zuständige Genehmigungsbehörde ist die staatliche Verwaltungsbehörde für Marktregulierung (State Administration for Market Regulation, SAMR). Die Verfahrensdauer liegt bei ca. 2–10 Monaten.

---

[57] Siehe hierzu ausführlich Kroymann (2019, S. 22–23).

[58] Ausführlich zu den verschiedenen Entwicklungsstufen des Prüfverfahrens: Otten (2019, S. 126–129).

[59] Chinesisch: 中华人民共和国国家发展和改革委员会.

[60] Eine detaillierte Darstellung dieses Verfahrens findet sich bei Dong und Mesenbrink (2016, S. 381–400).

Literaturverzeichnis

Chen, C. H. und Shi, H. T. (2008). *Mergers and acquisitions in China. Impacts of WTO accession*, (Advances in Chinese economic studies). Cheltenham: Elgar.

Chen, W. (2009). *Cross-Border M&A in China – Law and Practice*. Peking: Lexis Nexis.

China Business Law Journal (2020). *Dollars in the Details?* Zugriff am 30.09.2020. Verfügbar unter https://www.vantageasia.com/new-foreign-investment-law.

Chong, S. (2007). *The law and practice of mergers and acquisitions in the People's Republic of China*. Oxford: Oxford Univ. Press.

Davies, E. und Wei, S. (2004). Human Asset Management – Employment Issues in M&A Deals. *China Law and Practise*, November:34–36.

Dong, Y. und Mesenbrink, L. (2016). Kartellrecht. In Binding, J. und Pißler, K. B. (Hrsg.), *Chinesisches Zivil- und Wirtschaftsrecht, Band 2. Schwerpunkt Wirtschaftsrecht. Wirtschaftsrecht international*, S. 341–400, 1. Auflage. Frankfurt am Main: Fachmedien Recht und Wirtschaft.

Germany Trade and Invest (2015). *Guide to Mergers & Acquisitions in China and Germany – Volume I – M&A in China*. Zugriff am 30.09.2020. Verfügbar unter https://www.gtai.de/resource/blob/64270/7286252c10c68e2e851fb9b2a232f0ac/mergers-and-aqcisitions-china-data.pdf.

He, D. (2019). *Cross-Border M&A and Protectionism – A Review of Laws and Practice in China*. Zugriff am 30.09.2020. Verfügbar unter https://xbma.org/chinese-update-cross-border-ma-and-protectionism-a-review-of-laws-and-practice-in-china/.

Hogan Lovells (2020). *The Foreign Investment Law Implementation Regulations come into force: but why all the last minute changes?* Zugriff am 30.09.2020. Verfügbar unter https://www.hoganlovells.com/~/media/hogan-lovells/pdf/2020-pdfs/2020_01_23_foreign_investment_law_implementation_regulation.pdf?la=en.

Huang, R. H. und Chen, J. (2018). Takeover Regulation in China: Striking a Balance between Takeover Contestability and Shareholder Protection. In Varottil, U. und Wan, W. Y. (Hrsg.), *Comparative Takeover Regulation: Global and Asian Perspectives*, S. 211–240. Cambridge/New York: Cambridge University Press.

Kroymann, B. (2005). Establishing a Regional Headquarters in China: A Comparative Analysis of Legal Frameworks at National Level and in Shanghai Municipality. *Asia Pacific Law Review*, 13(2):167–189.

Kroymann, B. (2009). *Das Kapitalgesellschaftsrecht der VR China. Analyse der Rahmenbedingungen für ausländische Investoren*. Tübingen: Mohr Siebeck.

Kroymann, B. (2019). Neue Hürden für chinesische Investoren. *China Contact*, 23(03/04):22–23.

Kroymann, B. und Zhang, H. (2016). Unternehmenskauf. In Binding, J. und Pißler, K. B. (Hrsg.), *Chinesisches Zivil- und Wirtschaftsrecht, Band 2, Schwerpunkt Wirtschaftsrecht (Wirtschaftsrecht international*, S. 219–262, Frankfurt am Main. Fachmedien Recht und Wirtschaft.

Lan, J. und Tang, J. (2018). China. In Pearce, W. und Bick, J. (Hrsg.), *Private M&A 2019*, S. 53–58, London. Law and Business Research Ltd.

Lohsse, S. und Jin, J. (2016). Sachenrecht – Begrifflichkeiten, Prinzipien, Eigentum. In Binding, J., Pißler, K. B. und Xu, L. (Hrsg.), *Chinesisches Zivil- und Wirtschaftsrecht. Wirtschaftsrecht international*, S. 205–250, 1st Auflage. Frankfurt am Main: Fachmedien Recht und Wirtschaft.

OECD (2006). *OECD Investment Policy Reviews – China 2006 – Open Policies towards Mergers and Acquisitions*.

Otten, M. (2019). Windrichtung Marktöffnung, Segel nicht gesetzt – Das neue Auslandsinvestitionsgesetz der Volksrepublik China. *Zeitschrift für Chinesisches Recht*, 26(2):119–132.

Shen, W. (2011). National Reports: China. In Campbell, D. (Hrsg.), *Mergers and Acquisitions in North America, Latin America, Asia and the Pacific – Selected Issues and Jurisdictions*, S. 181–272, Alphen aan den Rijn. Kluwer Law International.

Sprick, S. (2008). Zusammenschlusskontrolle nach dem Recht der Volksrepublik China. Eine Analyse der jüngsten Rechtssetzung unter besonderer Berücksichtigung von Zusammenschlüssen mit Auslandsbezug. *Zeitschrift für Chinesisches Recht*, 15(2):122–138.

Tang, D. und Jun, L. (2014). *Compliance issues with domestic acquisitions by foreign investors*. Zugriff am 30.09.2020. Verfügbar unter https://www.vantageasia.com/compliance-issues-with-domestic-acquisitions-by-foreign-investors/.

Tetz, S. (2006). Die neuen Vorschriften für Unternehmenskäufe in China - Was ändert sich, was bleibt gleich? *Zeitschrift für Chinesisches Recht*, 13(4):392–398.

Wang, D. und Sun, R. (2005). The Successful Structuring of Foreign Direct Investment Deals in China – Assets or Equity? *China Law and Practise*, September:29–32.

White & Case & Rhodium Group (2017). *China's rise in global M&A – Here to stay*. Zugriff am 30.09.2020. Verfügbar unter https://events.whitecase.com/pdfs/mergers-acquisitions/chinas-rise-in-global-ma-here-to-stay.pdf.

Zhang, L. (2007). *Regulation of foreign mergers and acquisitions involving listed companies in the People's Republic of China*. Alphen aan den Rijn: Kluwer Law International.

Jörg-Michael Scheil

4 Fokus: Foreign-Investment Law (Recht der ausländischen Investitionen in China)

Am 15. März 2019 verabschiedete der Nationale Volkskongress das neue Gesetz über ausländische Investitionen (im Folgenden: „GAI")[1], das am 1. Januar 2020 in Kraft trat. Das neue Gesetz war mit Spannung erwartet worden. Ihm waren seit 2015 langwierige Entwurfsarbeiten und Diskussionen vorausgegangen. Ein Gesetzentwurf des GAI war bereits im Jahre 2015 vom chinesischen Handelsministerium MOFCOM veröffentlicht und seitdem lebhaft diskutiert worden (Atzler et al., 2015). Die am 15. März 2019 vom Nationalen Volkskongress verabschiedete Version ist wesentlich kürzer als der Vorentwurf (170 Artikel wurden auf lediglich 42 Artikel reduziert). Diese Verkürzung und das beschleunigte Gesetzgebungsverfahren des GAI kann als Resultat des schwelenden Handelskonflikts zwischen China und den USA angesehen werden.

Am 12. Dezember 2019 wurden dann vom chinesischen Staatsrat Ausführungsbestimmungen zum GAI erlassen (im Folgenden auch: „GAI-AB").[2]

Vor dem 1. Januar 2020 gab es für Gesellschaftsgründungen einheimischer und ausländischer Investoren in China getrennte Rechtsregime. Ausländern war es nicht möglich, eine GmbH oder Aktiengesellschaft nach dem Gesellschaftsgesetz[3] zu gründen. Die Gründung einer Gesellschaft mit beschränkter Haftung war für ausländische Investoren nur nach den Sonderbestimmungen über sogenannte *Equity Joint Venture*[4] (EJV), *Contractual oder Cooperative Joint Venture*[5] (CJV), *Wholly Foreign-Owned Enterprises*[6] (WFOE) oder *Foreign-Invested Companies Limited by Shares* möglich (die „FIE-Gesetze"). Diese Gesellschaften wurden in Abgrenzung zu den Gesellschaftsformen, die ausschließlich chinesischen Gesellschaftern vorbehalten waren, als „ausländisch investierte Unternehmen" bezeichnet („Foreign-invested enterprises" oder

---

1 中华人民共和国外商投资法. Foreign Investment Law of the People's Republic of China (Order No. 26 of the President of the People's Republic of China, 15.03.2019).
2 中华人民共和国外商投资法实施条例. Regulation for Implementing the Foreign Investment Law of the People's Republic of China (Order No. 723 of the State Council of the People's Republic of China, 26.12.2019).
3 中华人民共和国公司法(2018修正). Company Law of the People's Republic of China (2018 Amendment) (Order No.15 of the President of the People's Republic of China, 26.10.2018).
4 中华人民共和国中外合资经营企业法(2016修正). Law of the People's Republic of China on Chinese-Foreign Equity Joint Ventures (2016 Amendment) (Order No.51 of the President of the People's Republic of China, 10.01.2016).
5 中华人民共和国中外合作经营企业法(2017修正). Law of the People's Republic of China on Chinese-Foreign Contractual Joint Ventures (2017 Amendment) (04.11.2017).
6 中华人民共和国外资企业法. Law of the People's Republic of China on Foreign-Capital Enterprises (Order No. 39 of the President of the People's Republic of China, 03.09.2016).

https://doi.org/10.1515/9783110668216-004

„FIEs"). Die FIE-Gesetze enthielten sowohl investitionsrechtliche als auch rein gesellschaftsrechtliche Regelungen. Als *leges speciales* gingen die FIE-Gesetze dem Gesellschaftsgesetz vor, dessen Bestimmungen aber subsidiär herangezogen wurden (Art. 217 Gesellschaftsgesetz).

Das vorliegende Kapitel stellt das neue Gesetz in seinem Kontext dar. Hierzu ist es wichtig, die Änderungen gegenüber dem bisherigen Rechtsregime für ausländische Investitionen zu verstehen. Abschnitt 1 bringt einen Überblick über den Regelungsinhalt des neuen Gesetzes. In Abschnitt 2 betrachten wir die wichtigsten Grundprinzipien, die das neue Gesetz durchziehen. Abschnitt 3 behandelt strukturelle Unterschiede bei künftigen ausländisch-investierten Unternehmen nach neuem Recht gegenüber der bisherigen Rechtslage und lenkt den Blick auf die Frage, wie die notwendigen strukturellen Anpassungen für bestehende ausländisch-investierte Unternehmen in China in der Praxis umgesetzt werden können.

1 Überblick über den Regelungsinhalt des GAI

1.1 Zielsetzung und Grundkonzepte (Kapitel 1 des GAI)

Nach Art. 1 dient das neue Gesetz der weiteren Öffnung des Landes, der Förderung ausländischer Investitionen, dem Schutz der Rechte und Interessen ausländischer Investoren und der Regulierung ausländischer Investitionen, sowie der Entwicklung der sozialistischen Marktwirtschaft. Aus der Hinzufügung des letzten Begriffs wird deutlich, dass sich ausländische Investitionen nach Vorstellung des Gesetzgebers in ein vorbestehendes Wirtschaftssystem einzuordnen haben, in dem gerade auch staatseigene Unternehmen eine Schlüsselrolle einnehmen.[7] Zu dieser Einordnung passt es, dass ausländische Investoren an einen Generalvorbehalt der Einhaltung chinesischer Gesetze und Vorschriften gebunden werden und weder die nationale Sicherheit noch das öffentliche Interesse beeinträchtigen dürfen (Art. 6 GAI).

Erstmals bringt das Gesetz eine systematische Definition des Begriffs der ausländischen Investition. Nach Art. 2 fallen darunter folgende Investitionsaktivitäten ausländischer natürlicher Personen, Unternehmen und anderer Organisationen:
- Gründung eines ausländisch-investierten Unternehmens durch einen ausländischen Investor allein oder gemeinsam mit anderen. Diese Konstellation umfasst alle sog. Greenfield-Projekte.
- Erwerb der Anteile oder Vermögensgüter eines chinesischen Unternehmens durch einen ausländischen Investor. Diese Variante umfasst M&A Projekte ausländi-

---

[7] Dies belegt auch der im Juli 2020 beschlossene 3-Jahres Aktionsplan für staatseigene Unternehmen, die für die Wiederbelebung der Wirtschaft nach der Corona-Krise weiterhin eine Schlüsselrolle spielen sollen, abgerufen am 09.07.2020, von https://www.scmp.com/economy/china-economy/article/3092339/china-approves-plan-boost-prominence-state-firms-despite.

scher Investoren in Form des *share deal* oder des *asset deal*, wenn das Zielunternehmen ein bereits in China bestehendes Unternehmen einschließlich bestehender ausländisch-investierter Unternehmen ist.
- Investition eines ausländischen Investors allein oder gemeinsam mit anderen in ein laufendes oder neu errichtetes Investitionsprojekt. Unter diese Konstellation kann es in Abgrenzung zu Art. 2 Unterpunkt 2 fallen, wenn ein ausländischer Investor in der Phase vor Gründung in ein Projekt investiert.
- Investition in anderer Form nach Maßgabe einschlägiger Gesetze oder Verwaltungsvorschriften des Staatsrates.

Ausländische Investoren hatten in der Vergangenheit die Möglichkeit, durch andere rechtliche Strukturen, also durch Verträge und andere Instrumente mittelbar die Kontrolle über ein inländisches Unternehmen zu erwerben. Gerade chinesische Investoren, die über ein im Ausland gegründetes Investitionsvehikel in China reinvestieren wollten, nutzten häufig diese Struktur. Da nach Art. 2 direkte und indirekte Investitionen dem Anwendungsbereich des neuen Gesetzes unterfallen, können möglicherweise solche Aktivitäten und die Nutzung von VIEs (Variable Interest Entities) künftig als ausländische Investition angesehen werden und damit stärkerer Kontrolle unterliegen.

Als ausländisch-investierte Unternehmen gelten Unternehmen, die nach chinesischem Recht in China errichtet und investiert wurden, sofern ein Teil oder die Gesamtheit der Investition von ausländischen Investoren stammen. Eine früher geltende Mindestquote von 25 % wurde damit aufgegeben.

In Art. 3 wird die Öffnungspolitik gegenüber ausländischen Investitionen noch einmal als grundlegende Staatspolitik bekräftigt. In diesem Zusammenhang werden eine Liberalisierung des Investitionsregimes und Erleichterungen angestrebt, sowie die Schaffung eines stabilen, transparenten und vorhersehbaren Investitionsumfelds mit einem sog. *level playing field* für alle Investoren.

Art. 4 schreibt das Konzept der „Inländerbehandlung vor der Zulassung"[8] fest (Otten, 2019, S. 121). Damit ist gemeint, dass ausländische Investoren hinsichtlich des Marktzugangs nicht schlechter gestellt werden dürfen als einheimische Investoren, sofern nicht die besonderen Beschränkungen nach der Negativliste eingreifen. Diese Negativlisten (in der allgemeinen Version[9] sowie in einer besonderen Fassung für

---

8 准入前国民待遇, besser bekannt als „pre-establishment national treatment" aus dem Bereich internationaler Investitionsabkommen.
9 外商投资准入特别管理措施(负面清单)(2019年版). Special Administrative Measures (Negative List) for the Access of Foreign Investment (2019) (Order No. 25 of the National Development and Reform Commission of the People's Republic of China and the Ministry of Commerce of the People's Republic of China, 30.06.2019).

Tab. 4.1: Ziff. VI, 13, Negativliste 2020

VI. Transportation, warehousing, and postal service
13   – The Chinese party shall have a controlling stake in a public air transportation company, in which the investment of a foreign investor and its affiliate(s) shall not exceed 25 % and whose legal representative shall be a Chinese citizen.   – The legal representative of a general aviation company shall be a Chinese citizen, general aviation companies for agriculture, forestry, or fishing shall be restricted to equity joint ventures, and the Chinese party shall have a controlling stake in a general aviation company for any other field.

die Freihandelszonen[10]) führen bestimmte Industriebranchen auf, in denen Markzugangsbeschränkungen oder -voraussetzungen bestehen. Ähnlich den früher geltenden Lenkungskatalogen für ausländische Investitionen[11] kann es sich dabei um eine Höchstgrenze der Beteiligungsquote ausländischer Investoren handeln, aber auch um besondere Qualifikationsanforderungen für den Investor selbst oder sein in China tätiges Personal. Am 24. Juni 2020 wurde erneut eine aktualisierte Fassung der Negativliste veröffentlicht (European Chamber, 2020b). Die Zahl der verbotenen oder beschränkten Branchen wurde von zuletzt 40 auf 33 reduziert (European Chamber, 2020a).

Als Beispiel für die aktuelle Regelung einer bestimmten Industrie sollen die Beschränkungen für die Luftverkehrsbranche dienen, die unter Ziff. VI, 13 der Negativliste 2020 definiert sind (Tabelle 4.1)

Wie man sehen kann, sind ausländische Investoren in jedem Gemeinschaftsunternehmen des öffentlichen Luftverkehrs auf einen Gesellschaftsanteil von höchstens 25 % beschränkt, wobei der gesetzliche Vertreter des Gemeinschaftsunternehmens in jedem Fall ein chinesischer Staatsbürger sein muss.

Da diese besonderen Anforderungen und Beschränkungen für inländische Investoren nicht gelten, fasst Art. 4 Abs. 1 letzter Satz die Rechtslage zutreffend dahingehend zusammen, dass ein Grundsatz der Inländerbehandlung (nur) außerhalb der Negativliste gilt. Art. 4 enthält am Ende eine Öffnungsklausel für internationale oder bilaterale Abkommen. Sofern diese weitergehende Marktzutrittsbedingungen enthalten, gehen diese den gesetzlichen Bedingungen vor. Dies könnte relevant werden, wenn es

---

10 自由贸易试验区外商投资准入特别管理措施(负面清单)(2019年版). Special Administrative Measures (Negative List) for the Access of Foreign Investment in Pilot Free Trade Zones (2019) (Order No. 26 of the National Development and Reform Commission of the People's Republic of China and the Ministry of Commerce of the People's Republic of China, 30.06.2019).

11 鼓励外商投资产业目录(2019年版). Catalogue of Industries for Encouraging Foreign Investment (2019 Version) (Order No. 27 of the National Development and Reform Commission and the Ministry of Commerce of the People's Republic of China, 30.07.2019).

zum Abschluss eines geplanten Investitionsabkommens zwischen der EU und China kommt.[12]

1.2 Investitionsförderung (Kapitel 2)

Richtlinien und Maßnahmen zur Förderung der Entwicklung von Unternehmen sollen nach Art. 9 auch ausländisch investierten Unternehmen zu Gute kommen. Art. 12 der Ausführungsbestimmungen spricht in diesem Zusammenhang fiskalische und steuerliche Vorteilsbehandlung sowie Vorteile bei der Vergabe von Landnutzungsrechten an. Tatsächlich lässt sich bei der Ansiedlung von Investoren in vielen Industriezonen beobachten, dass sowohl Anreize als auch Leistungsanforderungen inzwischen meist gleichförmig für alle Investoren angewandt werden. Allerdings ist die Gesamttendenz hierbei von zunehmenden Restriktionen gekennzeichnet, vor allem, was die Landnutzung angeht. Häufig wird eine bestimmte Mindestinvestition für jeden Quadratmeter des überlassenen industriellen Landes verlangt, zusätzlich auch nicht selten die Garantie oder zumindest das Versprechen eines bestimmten Steueraufkommens. Die baulichen Investitionen werden an verbindliche Zeitpläne gebunden. In vielen Fällen greift bei Nichterfüllung dieser Vorgaben eine Vertragsstrafe ein. Es kann außerdem zur vorzeitigen Rücknahme des Landnutzungsrechts kommen.

Nach Art. 16 sollen ausländisch investierte Unternehmen ein Recht auf Beteiligung an Vorhaben der öffentlichen Beschaffung haben sollen. Ihre inländischen Produkte und Dienstleistungen sollen dabei Gleichbehandlung genießen. Die Zusage erstreckt sich nicht auf importierte Produkte und Dienstleistungen des ausländischen Investors oder seiner Unternehmensgruppe, wodurch ein Lokalisierungsdruck geschaffen wird.

Die Ausführungsbestimmungen konkretisieren diese Zusagen in Art. 15 Abs. 2. Käufer und Beschaffungsstellen der öffentlichen Vergabe sollen keine diskriminierenden Auswahlkriterien festsetzen oder Informationen über anstehende Vergabeprojekte selektiv veröffentlichen. In der Praxis wird es schwierig sein, dieses Diskriminierungsverbot durchzusetzen, da die Vergabestellen vielfältige Möglichkeiten der verdeckten Benachteiligung ausländisch-investierter Bieter nutzen können. Ein Beispiel hierfür ist das Verlangen nach Vorlage lokaler Fachlizenzen, die in der Regel wiederum nur lokalen Unternehmen zugänglich sind.

Aufschlussreich ist in Art. 17 GAI angesprochene Öffnung neuer Finanzierungskanäle für ausländisch investierte Unternehmen, zu denen zukünftig auch die Ausgabe von Aktien, Schuldverschreibungen und anderen Wertpapieren gehören sollen. Entsprechende Ansätze wurden schon früher vorgestellt, konnten sich aber bisher in der Unternehmenspraxis nicht durchsetzen. Tatsächlich ist es so, dass chinesische Unter-

---

12 vgl. zum Inhalt und Verhandlungsstand abgerufen am 05.07.2020, von https://trade.ec.europa.eu/doclib/press/index.cfm?id=2115.

nehmen sich im Zuge ihrer Internationalisierung am einheimischen und an internationalen Kapitalmärkten finanzieren können und von dieser Möglichkeit in erheblichem Umfang Gebrauch machen, während ausländischen Investoren diese zweifache Möglichkeit in China nicht zur Verfügung steht. Art. 18 der Ausführungsbestimmungen wiederholt im Wesentlichen die Gesetzesregelung und verweist lediglich zusätzlich auf die Aufnahme von Auslandskrediten. Auf diese Frage gehen wir unten noch in Abschnitt 3.2 ein.

1.3 Investitionsschutz (Kapitel 3)

Gem. Art. 20 bis 27 soll ausländischen Unternehmern nach Marktzugang in China rechtlicher Schutz ihrer Investitionen sowie eine faire Behandlung durch Behörden gewährleistet werden. Art. 20 Abs. 1 stellt den Grundsatz auf, dass keine Enteignungen ausländischer Investoren stattfinden sollen. Art. 20 Abs. 2 verweist auf gesetzlich geregelte Ausnahmefälle, in denen eine Enteignung gegen Entschädigung durchgeführt werden kann, stets allerdings nur „aufgrund der Bedürfnisse der gesellschaftlichen öffentlichen Interessen Chinas". Das von der Norm zitierte „öffentliche Interesse" wird aber vom Gesetz nicht genauer definiert, weshalb die genaue Bedeutung und Handhabung der neuen Vorschrift unscharf bleibt.

Aufgrund von Änderungen der örtlichen Flächennutzungsplanung kam es in den letzten 20 Jahren verstärkt zur Umwandlung von Industrieland in Wohn- und Gewerbeland. Hiervon waren auch zahlreiche FIEs betroffen, deren Landnutzungsrechte vor Ablauf der vertraglich vereinbarten Laufzeit eingezogen wurden. Die Unternehmen mussten an einen anderen Standort umziehen. Rechtsgrundlage für die Enteignung und die damit verbundene Entschädigung[13] sind Vorschriften aus dem Jahre 2011 (Lackner und Lackner, 2011). Im Jahr 2019 wurde zudem eine Neufassung des Landverwaltungsgesetzes[14] verabschiedet. Art. 45 der Neufassung zählt enumerativ sechs Tatbestandsgruppen auf, in denen eine Enteignung wegen öffentlichen Interesses statthaft ist. Obwohl Verwaltungsmaßnahmen im Zuge von Enteignungsund Entschädigungsverfahren durch Verwaltungswiderspruch und Klage angegriffen werden können, ist es in der gerichtlichen Praxis unrealistisch, dass eine Enteignungsmaßnahme wegen fehlenden öffentlichen Interesses für rechtswidrig erklärt wird.

Gewinne, Lizenzgebühren für geistiges Eigentum, Erlöse der Liquidation und andere Einkünfte können nach dem Grundsatz des Art. 21 GAI frei aus China ins Ausland transferiert werden (Art. 21 GAI). Das Gesetz ändert nichts daran, dass bestimmte Ver

---

13 国有土地上房屋征收与补偿条例. Regulation on the Expropriation of Buildings on State-owned Land and Compensation (Order No.590 of the State Council, 21.01.2011).
14 中华人民共和国土地管理法(2019修正). Land Administration Law of the People's Republic of China (2019 Amendment) (Order No. 32 of the President of the People's Republic of China, 26.08.2019).

fahren bei den Devisen- und Steuerbehörden für solche Transfers zu durchlaufen sind, die sich im Einzelfall als kompliziert und aufwändig darstellen können.

Das Kapitel verankert überdies den strikten Schutz des geistigen Eigentums ausländischer Investoren und das Verbot erzwungenen Technologietransfers. Im Zuge ausländischer Investitionen soll Technologietransfer auf freiwilliger Basis und nach üblichen geschäftlichen Grundsätzen stattfinden (Art. 22 Abs. 2 GAI). Dieses Thema wird näher unter Abschnitt 2.2 behandelt. In Ergänzung zu diesen Regelungen verpflichtet Art. 25 der Ausführungsbestimmungen die zuständigen Behörden zum sachgemäßen und vertraulichen Umgang mit Geschäftsgeheimnissen, die von ausländischen Investoren und ausländisch investierten Unternehmen im Zuge von Verwaltungsverfahren offenbart werden. Nach Art. 39 GAI können gegen einzelne Amtsträger disziplinarische oder strafrechtliche Sanktionen verhängt werden, wenn sie unbefugt Geschäftsgeheimnisse an Dritte weiterleiten. Die Mitteilung an andere Verwaltungsbehörden ist allerdings ausdrücklich zugelassen.

Art. 24–26 GAI umreißen ein System des Rechtsschutzes für ausländisch-investierte Unternehmen. Dieses besteht aus mehreren Ebenen. Zunächst steht ein Beschwerdesystem zur Verfügung. Neben lokalen Beschwerdestellen soll auch eine interministerielle Koordinationsstelle unter Führung des Handelsministeriums für die Behandlung von Beschwerden ausländisch investierter Unternehmen eingerichtet werden (Art. 29 Abs. 2 und 3 GAI-AB). Die Einlegung einer Beschwerde schließt nicht den förmlichen Rechtsweg aus. Der Investor oder das Unternehmen kann parallel oder nachfolgend gegen einzelne Verwaltungsakte der zuständigen Behörden Verwaltungswiderspruch und Klage einreichen. Art. 31 der Ausführungsbestimmungen verbietet die Unterdrückung von Rechtsmitteln oder Vergeltungsmaßnahmen. Tatsächlich zögern einige ausländische Investoren gerade aus Angst vor späteren Repressalien, von den ihnen in China nach dem Gesetz zustehenden Rechtsmitteln gegen Verwaltungsentscheidungen Gebrauch zu machen. Es ist zu hoffen, dass die neue gesetzliche Regelung und die zukünftige Beschwerdepraxis zum Abbau dieser Besorgnisse beitragen.

Art. 25 adressiert das Problem der Änderung sog. *policy commitments*. Hierunter sind nach Art. 27 der Ausführungsbestimmungen schriftliche Zusagen lokaler Behörden im Rahmen ihrer Kompetenzen gemeint, in denen ausländischen Investoren bestimmte Investitionsanreize oder Vergünstigungen versprochen werden. Häufig werden diese Zusagen im Rahmen eines Investitionsvertrages abgegeben, die ein lokaler Industriepark mit neuen Investoren abschließt. Insofern schließt die Regelung sich an die Vorschriften zur Investitionsförderung im 2. Kapitel des GAI an. Sehr zu begrüßen ist die klarstellende Regelung in Art. 28 der Ausführungsbestimmungen, wonach Zuständigkeitsänderungen oder andere verwaltungsinterne Veränderungen nicht als Vorwand genommen werden soll, zuvor abgegebene Zusagen zu widerrufen oder die entsprechenden Investitionsverträge zu beenden. Notwendige Änderungen sollen stattdessen aufgrund des nationalen oder öffentlichen Interesses sowie im Rahmen der einschlägigen Verfahren und Zuständigkeiten gemacht werden. Betroffenen Unternehmen soll nach Art. 25 GAI eine Entschädigung für den Verlust gewährt werden, der sich aus der beschlossenen Änderung ergibt. Diese Entschädigung soll fair, angemessen und zeitnah sein (Art. 28 GAI-AB).

1.4 Investitionsverwaltung (Kapitel 4)

Kapitel 4 des GAI stellt die Anwendung der Marktzugangsgrundsätze in der Registrierungspraxis für ausländisch investierte Unternehmen dar. Ergänzend ist hier eine Ausführungsvorschrift der Marktregulierungsbehörde (SAMR Notice)[15] zu beachten.

Ein Investor darf nicht in einer Branche investieren, die nach der Negativliste als verboten eingestuft ist (Art. 28 Abs. 1 GAI). Um Marktzugang in einer beschränkten Branche zu genießen, muss der Investor die in der Negativliste genannten Investitionsbedingungen erfüllen (Art. 28 Abs. 2 GAI). Bei Projekten außerhalb der Negativliste genießen ausländische Investoren nach dem Grundsatz der Inländerbehandlung dieselbe Investitionsfreiheit wie chinesische Investoren (Art. 28 Abs. 3 GAI) und können nach Maßgabe des allgemeinen Gesellschaftsrechts direkt zur Gesellschaftsgründung voranschreiten. Sofern für die Betätigung in bestimmten Branchen neben der *business license* noch eine besondere Lizenz erforderlich ist, soll diese diskriminierungsfrei auf Antrag und Prüfung erteilt werden, sofern die Voraussetzungen vorliegen (Art. 30 GAI).

Für die eigentliche Unternehmensregistrierung ist die Marktregulierungsbehörde SAMR zuständig, die insofern die Kompetenzen des früheren Industrie- und Handelsverwaltungsamtes SAIC übernommen hat (Art. 37 GAI-AB). Diese führt das Unternehmensregister, stellt die *business licenses* aus und übernimmt die Registrierung aller registerpflichtigen Änderungen bei den Unternehmen.

Art. 31 regelt die Beziehung und das Zusammenspiel zwischen GAI und Gesellschaftsgesetz. Form, Struktur und Prozesse der Organe aller Unternehmen – gleich ob sie im Eigentum chinesischer oder ausländischer Gesellschafter stehen – werden fortan einheitlich durch das Gesellschaftsgesetz geregelt. Ausländisch investierte Unternehmen werden nun ausdrücklich entsprechend ihrer Rechtsform als Gesellschaft mit beschränkter Haftung, Partnerschaft oder Aktiengesellschaft registriert (Ziff. IV, 9 SAMR Notice).

Dem Abbau von vorgelagerten Genehmigungsanforderungen steht für ausländisch investierte Unternehmen nach dem GAI eine Zunahme der nachgelagerten Berichtspflichten gegenüber. Bestimmte Grunddaten und regelmäßige sowie anlassbedingte Aktualisierungen sind an das Online-System der Handelsbehörden und das

15 市场监管总局关于贯彻落实《外商投资法》做好外商投资企业登记注册工作的通知. Notice by the State Administration for Market Regulation of Effectively Completing the Registration of Foreign-Funded Enterprises for the Implementation of the Foreign Investment Law (No. 247 [2019] of the State Administration for Market Regulation, 28.12.2019).

sog. *Enterprise Credit Information Publicity System*[16] zu melden.[17] Im Rahmen dieses Systems sind Gründungsberichte sowie laufende Berichte über gesellschaftsrechtliche Änderungen, Löschungen und Jahresberichte einzureichen (Ziff. II, 3 SAMR Notice).

Das Berichtssystem für ausländisch investierte Unternehmen ordnet sich in den Gesamtkontext des Publikationssystems für unternehmensbezogene Kreditinformationen ein. Dieses ist ein seit 2014 eingeführtes Online-System[18], in dem verschiedene Verwaltungsbehörden Basisdaten zu allen Unternehmen in China miteinander und der Öffentlichkeit teilen. Neben den Basisdaten werden hier auch Compliance-relevante Sachverhalte wie z. B. Untersuchungen und Verwaltungssanktionen verzeichnet. Unternehmen sind verpflichtet, hierfür wahre, akkurate und vollständige Angaben zu machen (Art. 39 Abs 2. GAI-AB).

In Ergänzung zu den vorgenannten Vorschriften enthält das GAI Verweisungen auf die kartellrechtliche Prüfung von Verschmelzungen und Akquisitionen (Art. 33 GAI) sowie auf die nationale Sicherheitsprüfung für ausländische Investitionen (Art. 35 GAI), die in bereits bestehenden Gesetzen geregelt sind.

1.5 Rechtliche Haftung (Kapitel 5)

Kapitel 5 des Gesetzes regelt die rechtliche Haftung von ausländischen Investoren, ausländisch-investierten Unternehmen und chinesischen Amtsträgern, die mit deren Verwaltung betraut sind.

Nach Art. 36 S. 1 GAI kann eine Investition in eine verbotene Branche in der Weise geahndet werden, dass eine Beendigung der Investitionsaktivitäten sowie eine Veräußerung von Anteilen oder Vermögensgütern angeordnet wird und so die Investition rückabgewickelt bzw. der vorherige Zustand wiederhergestellt wird. Illegal erzielte Einkünfte können eingezogen werden. Wurde gegen eine Investitionsbedingung für eine beschränkte Branche verstoßen, so kann dem Investor nach Art. 36 S. 2 die Möglichkeit gegeben werden, bei Fortführung des Investitionsprojekts Abhilfemaßnahmen zu ergreifen. Gelingt dies innerhalb der gesetzten Frist nicht, kann wiederum zur Rückabwicklung nach S. 1 übergegangen werden.

Ein Beispiel für Abhilfemaßnahmen i. S. d. Art. 36 S. 2 könnte ein ausländischer Investor sein, der 49 % der Anteile an einer chinesischen Fluglinie erworben hat. Infolge des Erwerbs kommt ein Joint Venture mit dem chinesischen Mitgesellschafter zu-

---

16 Abgerufen am 20.07.2020, von http://www.gsxt.gov.cn/index.html.
17 外商投资信息报告办法. Measures for the Reporting of Foreign Investment Information (Order No. 2 [2019] of the Ministry of Commerce of the People's Republic of China and the State Administration for Market Regulation, 30.12.2019).
18 企业信息公示暂行条例.Interim Regulation on Enterprise Information Disclosure (Order No. 654 of the State Council, 07.08.2014).

stande. In den Verhandlungen haben die Parteien vereinbart, dass ein Vertreter des ausländischen Investors zum gesetzlichen Vertreter des Joint Venture ernannt wird. Diese Gestaltung verstößt gegen die Beschränkung in Ziff. VI, 13 der Negativliste und damit gegen Art. 4 GAI. Abhilfe könnte geschaffen werden, indem durch Anteilsabtretung die Anteile des ausländischen Investors auf die zulässige 25 % reduziert werden und außerdem ein chinesischer Staatsbürger als gesetzlicher Vertreter bestellt wird. Dieser kann durchaus ein Manager des ausländischen Investors sein.

In der Praxis ist es eher unwahrscheinlich, dass es überhaupt zum Vollzug einer Investition kommt, sei es in Form einer Neugründung oder einer Akquisition, die gegen Investitionsbeschränkungen in der Negativliste verstößt, da diese Branchenbeschränkungen von den Behörden im Vorfeld geprüft werden. Investoren sind verpflichtet, korrekte Angaben zur betroffenen Branche in einer Liste anzukreuzen (Ziff. I, 1 der SAMR Notice).

Nach Art. 38 können Verstöße ausländisch investierter Unternehmen und ausländischer Investoren im landesweiten Kreditinformationssystem publiziert werden. Dies gilt nicht nur für Verstöße gegen das GAI, sondern auch gegen andere Gesetze und Verwaltungsvorschriften.

Ein wichtiger Anwendungsfall der Ausführungsbestimmungen liegt in den konkretisierten Haftungsvorschriften für chinesische Amtsträger. Diese erfassen die Tatbestände der Verhinderung einer gleichberechtigten Teilnahme ausländischer Investoren und ausländisch-investierter Unternehmen an Verfahren der Standardsetzung (Art. 41 Nr. 2 GAI-AB), die rechtswidrige Verhinderung des Transfers von Geldern (Art. 41 Nr. 3 GAI-AB) sowie der Nichteinhaltung von *policy commitments* bzw. deren Abgabe ohne Befugnisgrundlage (Art. 41 Nr. 4 GAI-AB). Hinsichtlich der Sanktionen für die rechtswidrige Benachteiligung ausländischer Bieter bei Vergabeprojekten wird auf das einschlägige Gesetz über die öffentliche Beschaffung verwiesen (Art. 42 Abs. 1 GAI-AB).[19]

1.6 Ergänzungs- und Überleitungsvorschriften (Kapitel 6)

Verbote, Beschränkungen oder andere ähnliche Diskriminierungsmaßnahmen, die gegenüber chinesischen Investitionen im Ausland angewendet werden, sollen mit entsprechenden Gegenmaßnahmen bekämpft werden (Art. 40 GAI). Dies dürfte derzeit ausländische Investoren eher weniger beunruhigen, da die Beschränkungen und Eingriffsrechte in ausländische Investitionen in China noch immer über das Maß in vielen anderen Ländern hinausgehen. Insofern erscheint diese „Bestrafungsregel" unangebracht.

---

19 mit Verweis auf 中华人民共和国政府采购法(2014修正). Government Procurement Law of the People's Republic of China (2014 Amendment) (Order No.68 of the President of the People's Republic of China, 31.08.2014).

Nach Art. 42 GAI sind mit Inkrafttreten des neuen Gesetzes am 1. Januar 2020 gleichzeitig die bisherigen Sondergesetze für ausländische Investitionen außer Kraft getreten, wobei bestehenden Unternehmen eine Auslaufzeit von fünf Jahren gewährt wird, in der sie ihre abweichenden Organstrukturen beibehalten können. Auf die praktischen Fragen der Umstellung gehen wir in Abschnitt 3.3 ein.

2 Wichtige Grundprinzipien des GAI

Nachdem wir uns einen Überblick über den Inhalt des neuen Gesetzes verschafft haben, wollen wir im folgenden Abschnitt einige seiner Grundprinzipien beleuchten. Wir konzentrieren uns hier auf Aspekte, die im Vorfeld der Verabschiedung für Diskussionen gesorgt haben.

2.1 Wegfall des vorgelagerten Genehmigungsverfahrens

Der Gleichbehandlungs- bzw. Inländerbehandlungsgrundsatz des GAI wirkt sich nicht nur in materieller Hinsicht aus, sondern auch auf der Verfahrensebene. Nach den FIE-Gesetzen unterlagen bis 2016 alle Gesellschaftsverträge der Unternehmen mit ausländischer Beteiligung einer amtlichen Genehmigung, für die es bei inländischen Investitionen keine Entsprechung gab. Nach dem GAI ist eine solche Genehmigung bei ausländischen Investitionen nun grundsätzlich nicht mehr erforderlich, sofern das Projekt nicht unter die Negativliste fällt.

Änderungen ergeben sich auch bei dem Inhalt und Umfang der Antragsunterlagen für die Gründung. Wird ein Equity Joint Venture zwischen einem ausländischen Investor und einem chinesischen Partner gegründet, so muss der Joint Venture-Vertrag den Behörden nicht mehr zur Prüfung und Genehmigung eingereicht werden, sofern das Projekt nicht auf der Negativliste auftaucht. Anders verhält es sich bei dem Erwerb von Anteilen an inländischen Unternehmen. Hier muss der Anteilskaufvertrag nach wie vor bei den Registerbehörden eingereicht werden.

Das Oberste Volksgericht hat sich in einer Interpretation vom 26. Dezember 2019 mit einigen Auslegungsfragen zum GAI beschäftigt, darunter auch mit der Frage der Vertragswirksamkeit bestimmter Investitionsverträge. Macht eine Partei gerichtlich die Unwirksamkeit eines solchen Vertrages wegen fehlender Genehmigung oder Registrierung geltend, so soll die Klage abgewiesen werden, wenn es sich um ein nicht in der Negativliste aufgeführtes Geschäftsfeld handelt.[20]

---

20 Art 2 of the Interpretation of the PRC Supreme People's Court on Several Issues concerning the Application of the Foreign Investment Law dated 26 Dec 2019: "Where a party to an investment contract formed in a field outside of the foreign investment access negative list as prescribed in Article 4 of the

2.2 Verbot des obligatorischen Technologietransfers

Hinter dem Stichwort des erzwungenen Technologietransfers verbergen sich verschiedene Streitfragen. Es erscheint zutreffender, von einem strukturell geförderten ungesicherten Technologietransfer zu sprechen.

Zunächst war der Transfer ausländischer Technologie im Gefolge ausländischer Investitionen ein wesentlicher Programmpunkt der Reform- und Öffnungsperiode. Der chinesische Gesetzgeber war dabei stets besorgt, Sacheinlagen ausländischer Investoren in Form von Know-How oder Schutzrechten könnten nicht das halten, was sie versprechen. Das EJV sah daher eine besondere Schadensersatzpflicht für betrügerische Technologieeinlagen vor (Art. 5 Abs. 2 S. 2 EJV-Gesetz). Eingebrachte Technologie musste fortschrittlich sein und den tatsächlichen Bedürfnissen Chinas dienen (Art. 5 Abs. 2 S. 1 EJV-Gesetz). Als erstmals WFOEs zugelassen wurden, sollten diese zwingend der Entwicklung der chinesischen Volkswirtschaft dienen, was als eine Art Ausgleich dafür anmutete, dass ein ausländischer Investor allein operieren durfte, ohne das betriebsnotwendige Know-How mit einem lokalen Partner zu teilen (Art. 3 S. 1 WFOE-Gesetz).

Weiter geht es darum, dass China den vertraglich vereinbarten Technologietransfer (z. B. Patent- und Know-how-Lizenzen) lange Zeit bestimmten Genehmigungs- und Registrierungsvorbehalten unterworfen und durch besondere Vorschriften geregelt hat, die in der Vergangenheit auch eine verstärkte Inhaltskontrolle der Verträge zum Schutz der chinesischen Lizenznehmer mit sich brachten (Bu, 2009, S. 816). Die EJV-Ausführungsbestimmungen sahen bis zum Schluss vor, dass mangels abweichender Vereinbarung im Zusammenhang mit einem Technologietransfer an ein JV nicht die Exportkanäle für Produkte des JV beschränkt werden dürfen. Es kann nicht übersehen werden, dass insgesamt Rahmenbedingungen geschaffen wurden, die es ausländischen Lizenzgebern schwer machten, notwendige vertragliche Sicherungsklauseln zum Schutz ihrer Technologie zu vereinbaren.

Zum anderen war bei ausländischen Handelspartnern ein Verdacht verbreitet, dass chinesische Behörden im Zuge von Genehmigungs- und Zulassungsverfahren für ausländische Produkte die Offenlegung technischer Spezifikationen, Herstellungsverfahren und anderer technisch wertvoller Angaben in einem Umfang verlangten, der über den Zweck des Zulassungsverfahrens hinauszugehen schien oder als exzessiv wahrgenommen wurde. Zudem bestanden Besorgnisse, dass diese technischen Details an chinesische Unternehmen (vor allem Staatsunternehmen) weitergegeben werden könnten. Die EU hat gegen diese Anforderungen im Dezember 2018 eine Beschwerde bei der Welthandelsorganisation eingelegt (Schmitt, 2019).

Foreign Investment Law claims that the contract is void or has not become effective on the ground that the contract has not been approved by or registered with the relevant administrative department, the people's court shall not sustain such claim."

Die Regelung im GAI wendet sich vor allem gegen die zuletzt genannte Konstellation. Wie oben erwähnt, normiert Art. 22 Abs. 2 GAI den Grundsatz der freiwilligen technologischen Zusammenarbeit nach allgemeinen geschäftlichen Grundsätzen im Zuge ausländischer Investitionsprojekte. Keine Behörde soll Ihre administrativen Befugnisse ausnutzen, um den Transfer von Technologie zu erzwingen. Art. 24 der Ausführungsbestimmungen stellt ergänzend klar, dass ein solcher Zwang auch nicht in verdeckter Form ausgeübt werden darf. Diese Regelungen bedingen zwar keine materiellrechtliche Änderung der bisherigen Rechtslage. Es besteht aber die Hoffnung, dass sie dem Problem des indirekt erzwungenen Technologietransfers dennoch wirksam begegnen.

2.3 Verstärkung des IP-Schutzes

Das GAI verankert im dritten Kapitel den Schutz des geistigen Eigentums. Das GAI sieht jedoch keine operativen Regelungen zu diesem Bereich vor. Der Schutz des Geistigen Eigentums wird weiterhin durch die Einzelgesetze des IP-Rechts ausgestaltet. Die hier zitierte allgemeine Diktion des GAI kann also nur als programmatische Absichtserklärung betrachtet werden, die nur durch die Praxis der ausführenden Gerichte und Behörden entsprechend implementiert werden muss.

Es ist jedoch nicht zu übersehen, dass in den letzten Jahren eine Vielzahl gesetzgeberischer Aktivitäten auf dem Gebiet des Gewerblichen Rechtschutzes stattgefunden hat. Seit Beginn des Handelsstreits mit den USA haben diese Aktivitäten zugenommen. Ein neuer Entwurf des Patentgesetzes wurde zuletzt mit Entwurf vom 4. Januar 2019 vorgelegt (Scheil, 2015). Der Rahmen für die gerichtliche Festsetzung von Schadensersatz durch die Gerichte im Falle von Patentverletzungen wird im Entwurf deutlich erhöht.

Ein neues Markengesetz in der Fassung vom 23. April 2019 ist am 1. November 2019 in Kraft getreten. Es bringt für Markeninhaber verbesserten Schutz gegen bösgläubige Anmeldungen Dritter (Scheil, 2014).

Auf dem Gebiet des Urheberrechts wurde am 26. April 2020 ein neuer Entwurf dem Ständigen Ausschusses des Nationalen Volkskongresses vorgelegt und anschließend zur öffentlichen Diskussion freigegeben.

Zunächst in Beijing, Shanghai und Guangzhou, danach auch in anderen Städten wurden besondere Gerichte für den Gewerblichen Rechtsschutz eingerichtet (Scheil, 2015). Obwohl das System des Gewerblichen Rechtsschutzes in China sich insgesamt entwickelt und verbessert, bleiben strukturelle Nachteile für ausländische Rechtsinhaber bestehen.

3 Strukturelle Unterschiede zur alten Rechtslage und Anpassung

3.1 Verlagerung von Kompetenzen der Gesellschaftsorgane

Das GAI führt zu Veränderungen der Entscheidungsorgane und einer damit verbundenen Verlagerung von Entscheidungskompetenzen bei ausländisch investierten Unternehmen. Die Tabelle 4.2 stellt die Organstruktur nach alter und neuer Rechtslage gegenüber.

In Ergänzung der Tabelle sollen die Hauptmerkmale der verschiedenen Strukturen noch einmal im Zusammenhang dargestellt werden. Wir nehmen ein Equity-JV als Beispiel.

3.1.1 Frühere Rechtslage

In den vor 2020 gegründeten EJVs war der Verwaltungsrat das oberste Satzungsorgan (Art. 30 EJV-AB). Die Partner des JV benannten Direktoren für den Verwaltungsrat durch Konsultation mit Rücksicht auf die Anteilsverhältnisse (Art. 31 S. 2 EJV-AB). Bei einem JV mit zwei Gesellschaftern, die jeweils 50 % am registrierten Kapital hielten, wurde typischerweise ein paritätisch besetzter Verwaltungsrat mit insgesamt vier Direktoren eingesetzt, jeweils zwei für die ausländische und zwei für die chinesische Seite. Ein Direktor wurde als Vorsitzender des Verwaltungsgrates bestimmt. Die Satzung sah meist vor, dass dieser Vorsitzender auch gesetzlicher Vertreter des JV war (Art. 34 S. 1 EJV-AB).

In der Satzung wurde ein Katalog von Angelegenheiten definiert, die der Entscheidung des Verwaltungsrates vorbehalten sind. Nach zwingender gesetzlicher Bestimmung konnten folgende Angelegenheiten nur durch einstimmigen Beschluss des Verwaltungsrates entschieden werden:
- Satzungsänderungen
- Kapitalerhöhungen
- Verschmelzungen mit anderen Rechtsträgern
- Auflösung der Gesellschaft (Art. 33 Abs. 1 Nr. 1–4 EJV-AB)

Andere Angelegenheiten konnten mit einfacher Mehrheit entschieden werden, sofern die Satzung im Einzelfall nicht weitere Angelegenheiten dem Erfordernis der einstimmigen Beschlussfassung unterworfen hatte. In der Erweiterung dieses Katalogs der einstimmig zu beschließenden Fragen hatten die Gesellschafter Gestaltungsfreiheit.

Die paritätische Besetzung des Verwaltungsrates konnte zu Pattsituationen führen, wenn sich bei einer mit einfacher Mehrheit zu entscheidenden Frage die Stimmen der ausländischen und der chinesischen Seite gegenüberstanden (Bath, 2007). Teilweise wurde dieses Problem gelöst, indem dem Vorsitzenden ein Stichentscheid zugebilligt wurde. War ein Board nicht paritätisch besetzt, ergaben sich häufig Schwierigkeiten, wenn einstimmige Beschlüsse erforderlich wurden. Ein Mehrheitsgesellschaf-

Tab. 4.2: Organstruktur nach alter und neuer Rechtslage (eigene Darstellung)

Organ	Nach dem EJV Gesetz	Nach dem CJV Gesetz	Nach dem Gesellschaftsgesetz
Höchstes willensbildendes Organ	Verwaltungsrat (Board of Directors)	Verwaltungsrat oder Joint Management Committee	Gesellschafterversammlung
Rechte und Pflichten des höchsten Organs	Entscheidet über alle grundlegenden Fragen, wie Satzungsänderung, Erhöhung und Herabsetzung des Stammkapitals, Verschmelzung, Auflösung usw.	Entscheidet über alle grundlegenden Fragen, wie Satzungsänderung, Erhöhung und Herabsetzung des Stammkapitals, Fusion, Auflösung usw.	Die Rechten und Pflichten mehr spezifisch geregelt als in dem EJV/CJV Gesetz
Abstimmungsregeln	Einstimmige Zustimmung der anwesenden Mitglieder für die grundlegenden Fragen und satzungsmäßig bestimmten Angelegenheiten.	Einstimmige Zustimmung der anwesenden Mitglieder oder der Mitglieder des Joint Management Committee	Präferenzstimme der Anteilsinhaber, die mehr als 2/3 der Stimmen haben
Anzahl der Direktoren	≥ 3 Mitglieder	≥ 3 Mitglieder oder Mitglieder des Joint Management Committee	3–13 Verwaltungsratsmitglieder (bei kleinen Gesellschaften ein geschäftsführender Direktor oder kein Verwaltungsrat)
Beschlussfähigkeit	≥ 2/3 der Mitglieder	≥ 2/3 der Mitglieder oder Mitglieder des Joint Management Committee	Kann von den Gesellschaftern im Gesellschaftsvertrag vereinbart werden
Amtszeit der Direktors	4 Jahre	Nicht länger als 3 Jahre	Nicht länger als 3 Jahre
Gesetzlicher Vertreter	Vorsitzender des Verwaltungsrats	Vorsitzender des Verwaltungsrats oder Direktor des Management- Komitees	Vorsitzender des Verwaltungsrats, Exekutivdirektor oder der Geschäftsführer

ter, der 80 % der Anteile am registrierten Kapital hielt und vier Direktoren in einem fünfköpfigen Verwaltungsrat stellte, konnte am Widerstand des alleinigen Direktors der anderen Partei scheitern, der insofern eine Vetoposition aufbauen konnte.

Unterhalb des Verwaltungsrats war eine Geschäftsführung eingesetzt, die aus einem alleinigen Geschäftsführer oder einem Geschäftsführer und einem oder mehreren stellvertretenden Geschäftsführern (Deputy General Manager) bestand (Art. 35 EJV-

AB). Lange Zeit war es üblich, in den Verhandlungen auf eine ausgewogene Besetzung der Positionen zu dringen. Stellte die chinesische Seite den Vorsitzenden des Verwaltungsrats, dann beanspruchte die ausländische Seite die Geschäftsführerposition, wobei die chinesische Seite wiederum gern einen eigenen stellvertretenden Geschäftsführer bestellen wollte.

Der Geschäftsführung oblag die Führung des Tagesgeschäfts (Art. 36 S. 1 EJV-AB). Zuständigkeiten des Verwaltungsrates musste sie allerdings satzungsgemäß beachten und daher bestimmte Vorlagen durch den Verwaltungsrat genehmigen lassen. Außerdem war die Geschäftsführungsbefugnis von der gesetzlichen Vertretung getrennt. Es kam daher häufig vor, dass der Firmenstempel im Büro des Verwaltungsratsvorsitzenden verwahrt wurde und der Geschäftsführer dort seine Verwendung beantragen musste.

3.1.2 Neue Rechtslage

Bei den ab dem 1. Januar 2020 gegründeten neuen EJVs nimmt die Gesellschafterversammlung die Stellung als höchstes Organ ein (Art. 36 S. 2 Gesellschaftsgesetz). Die bisher vom Verwaltungsrat zu entscheidenden Grundsatzangelegenheiten sind nunmehr auf der Ebene der Gesellschafterversammlung zu entscheiden (Art. 37 Abs. 1 Nr. 7, 9 und 11 Gesellschaftsgesetz). Diese besteht aus allen Gesellschaftern (Art. 36 S. 1 Gesellschaftsgesetz). Für diese Grundsatzangelegenheiten ist nun ein Beschluss mit einer 2/3-Mehrheit der in der Gesellschafterversammlung vertretenen Gesellschafterstimmrechte erforderlich (Art. 43 Abs. 2 Gesellschaftsgesetz). Zu den von der Gesellschafterversammlung zu entscheidenden Grundsatzangelegenheiten obliegt es dem Verwaltungsrat, Vorlagen auszuarbeiten (Art. 46 Nr. 1, 6 und 7 Gesellschaftsgesetz). Der Vorsitzende des Verwaltungsrats beruft Gesellschafterversammlungen ein (Art. 40 Abs. 1 S. 2 Gesellschaftsgesetz).

Es ist offensichtlich, dass die gesetzlich vorgesehenen 2/3-Mehrheit einem Mehrheitsgesellschafter mit mindestens 67 % der Stimmen ein Kontrollrecht verschafft, das in einem EJV nach altem Recht nicht erreichbar war. Ein Minderheitsgesellschafter wird daher bestrebt sein, besondere Schutzmechanismen zu verankern, wie z. B. die Vereinbarung einer höheren qualifizierten Mehrheit für bestimmte Angelegenheiten. Zwar enthält Art. 43 Satz 1 Gesellschaftsgesetz eine Öffnungsklausel, wonach das Beratungs- und Abstimmungsverfahren der Gesellschafterversammlung in der Satzung oder anderen internen Regelung festgelegt werden können. Es gibt einzelne Gerichtsurteile, in denen die Zulässigkeit der Vereinbarung qualifizierter Mehrheiten über der 2/3-Schwelle bestätigt wird[21], aber die Rechtslage in diesem Punkt ist nicht abschließend geklärt.

---

21 Vgl. etwa ein Urteil des Shanghaier Gerichts der Mittelstufe Nr. 2 vom 18. Oktober 2012: (2012) 沪二中民四 (商) 终字第896号.

Der Verwaltungsrat als Organ existiert unterhalb der Gesellschafterversammlung (Art. 44 Gesellschaftsgesetz) als Organ mit eingeschränkten Kompetenzen (Art. 46 Nr. 1–11 Gesellschaftsgesetz) fort. Unterhalb des Verwaltungsrates agiert auch hier eine Managementorganisation (Art. 49 Gesellschaftsgesetz), deren genauere Ausgestaltung das Gesetz den Gesellschaftern freistellt.[22] Die Manager werden nach dem Wortlaut des Gesetzes vom Verwaltungsrat eingestellt und entlassen (Art. 49 S. 1 Gesellschaftsgesetz) und sind diesem verantwortlich (Art. 49 S. 2 Gesellschaftsgesetz). Hauptaufgaben sind die Leitung der Produktion und Operation der Gesellschaft sowie die Ausführung von Beschlüssen des Verwaltungsrats (Art. 49 Nr. 1 Gesellschaftsgesetz). Außerdem obliegt dem Management die Personalverantwortung für diejenigen Mitarbeiter, die nicht vom Verwaltungsrat eingestellt und entlassen werden (Art. 49 Nr. 7 Gesellschaftsgesetz).

Statt eines Verwaltungsrats, der mindestens drei Mitglieder haben muss, kann auch ein Exekutivdirektor eingesetzt werden, sofern die Gesellschaft klein ist oder eine relativ kleine Zahl von Gesellschaftern hat (Art. 50 S. 1 Gesellschaftsgesetz). In der Praxis wird diese Gestaltungsform häufig bei WFOEs mit nur einem ausländischen Gesellschafter gewählt. Dem Exekutivdirektor kommen in diesem Fall die Befugnisse des Verwaltungsrats zu. Er kann außerdem gleichzeitig zum Geschäftsführer ernannt werden (Art. 50 S. 2 Gesellschaftsgesetz), womit eine erhebliche Verschlankung der gesamten Managementstruktur erreicht wird.

Jede Gesellschaft mit beschränkter Haftung muss außerdem einen Aufsichtsrat haben, der bei kleinerem Geschäftsumfang oder einer geringen Zahl von Gesellschaftern auf einen einzelnen Aufsichtsführer reduziert werden kann (Art. 51 Abs. 1 S. 2 Gesellschaftsgesetz). Der Aufsichtsrat bzw. Aufsichtsführer wird von der Gesellschafterversammlung ernannt, sofern er nicht Arbeitnehmervertreter ist (Art. 51 Abs. 2 Gesellschaftsgesetz). Ihm obliegt die Überwachung der Rechtmäßigkeit der Tätigkeit der Gesellschaft (Art. 53 Nr. 2 Gesellschaftsgesetz) und ihrer anderen Organe und finanziellen Angelegenheiten (Art. 53 Nr. 1 Gesellschaftsgesetz). Ihm kommt ein eigenes Klagerecht zu (Art. 53 Abs. 6 i. V. m. Art. 151 Gesellschaftsgesetz). Direktoren oder Manager der Gesellschaft dürfen nicht gleichzeitig Aufsichtsführer sein (Art. 51 Abs. 4 Gesellschaftsgesetz).

3.2 Kapital- und Finanzausstattung

3.2.1 Kapitaleinlagen

Hinsichtlich der Struktur und Einbringungsfrist der Kapitaleinlagen besteht nach dem GAI in Verbindung mit dem Gesellschaftsgesetz größere Flexibilität als nach der alten Rechtslage. Im Grundsatz können nun neben Bareinlagen alle Sacheinlagen mit

---

[22] Der chinesische Wortlaut des Art. 49 S. 1 lässt grammatikalisch offen, ob es sich um einen oder mehrere Manager handelt.

gewerblichen Schutzrechten, Landnutzungsrechten oder anderen Vermögenswerten vereinbart werden, deren Wert in Währung festgestellt werden kann und die nach dem Recht übertragbar sind (Art. 27 Abs. 1 Gesellschaftsgesetz). Der früher bestehende *numerus clausus* der tauglichen Einlageklassen sowie bestimmte Obergrenzen für den Anteil immaterieller Einlagen wurde aufgegeben. Obwohl Art. 27 Abs. 2 S. 1 Gesellschaftsgesetz von einer Bewertung der Einlagen spricht, ist die Einreichung von Bewertungsberichten (*asset appraisal*) bei der Registrierung nicht mehr zwingend.

Das Gesellschaftsgesetz regelt keine bestimmten Fristen für die Kapitaleinbringung mehr, so dass inzwischen die Festsetzung sehr langer Einbringungsfristen von bis zu 30 Jahren vorkommen. Nach alter Rechtslage galt eine Höchstfrist von 2 Jahren, wobei im Falle der Einzahlung in Raten die erste Rate mindestens 20 % betragen musste.[23]

3.2.2 Fremdfinanzierung

Bei der Finanzierung eines FIE durch Kredite gibt es ebenfalls tendenziell eine größere Flexibilität, die sich aber nicht aus dem GAI, sondern durch andere neue Vorschriften ergibt.

Für ausländisch-investierte Unternehmen gelten seit vielen Jahren besondere Eigenkapitalquoten und Beschränkungen der Fremdfinanzierung in Form von kommerziellen Auslandskrediten oder Gesellschafterdarlehen. Bei einer Gesamtinvestition bis zu 3 Mio. USD war grundsätzlich eine Eigenkapitalquote von 70 % vorgeschrieben,[24] d. h. eine Gesamtinvestition von 3 Mio. USD musste durch registriertes Kapital (haftendes Eigenkapital) von mindestens 2.100.000 USD unterlegt sein, die Differenz von 900.000 USD konnte als Darlehen aufgenommen werden. Innerchinesische Unternehmen konnten zwar keine direkten Auslandskredite aufnehmen, unterlagen andererseits jedoch nicht den besonderen Eigenkapitalquoten der FIEs.

Im Jahre 2017 hat die chinesische Volksbank eine grundlegende Regelung für eine neue Berechnungsmethode erlassen.[25] Das neue Modell der „gesamten Investition" („*Macro-Prudential-Management-Model*") bedient sich einer komplexeren Berechnungsmethode, die der aktuellen Finanzlage der Gesellschaft Rechnung trägt.[26] Der

---

[23] Art. 26 Gesellschaftsgesetz i. d. F. vom 27. Oktober 2005, aufgehoben bereits durch Entscheidung des Ständigen Ausschusses des Nationalen Volkskongresses vom 28. Dezember 2013.
[24] 国家工商行政管理局关于中外合资经营企业注册资本与投资总额比例的暂行规定. Tentative Regulations of the State Administration for Industry and Commerce on the Proportion of the Registered Capital to the Total Amount of Investment of Sino-foreign Equity Joint Ventures (Gong Shang Qi Zi [1987] No. 38, 17.02.1987).
[25] 中国人民银行关于全口径跨境融资宏观审慎管理有关事宜的通知. Notice of the People's Bank of China on Matters concerning the Macro-Prudential Management of Full-Covered Cross-Border Financing (No. 9 [2017] of the People's Bank of China, 11.01.2017).
[26] Die zulässige Auslandsverbindlichkeitsquote errechnet sich dabei wie folgt: Net assets × the leverage rate of cross-border financing (i.e. 2) × the macro-prudential adjustment parameters (i.e. 1,25).

Tab. 4.3: Zulässige Fremdfinanzierung nach dem alten und dem neuen Modell (eigene Darstellung)

Gesamtinvestition/ Registriertes Kapital	Mögliche Fremdfinanzierung bisher	Nach neuem System
USD 3,0 Mio./USD 2,1 Mio.	USD 0,9 Mio.	USD 5,25 Mio.
USD 10,0 Mio./USD 5,0 Mio.	USD 5,0 Mio.	USD 12,5 Mio.

Unterschied zwischen der zulässigen Fremdfinanzierung nach dem alten und dem neuen Modell wird in Tabelle 4.3 veranschaulicht.

Statt eines Fremdfinanzierungsvolumens von nur maximal 900.000 USD kann ein FIE nach dem neuen Modell und vorbehaltlich der Gesamtberechnung der Risikofaktoren Kredite in Devisen von bis zu 5,25 Mio. USD aufnehmen, sofern das aktuelle Nettovermögen (*net assets*) genau dem registrierten Kapital entspricht.

3.2.3 Gewinnverteilung

Für die Gewinnverteilung ergeben sich aus dem GAI in Verbindung mit dem Gesellschaftsgesetz weitergehende Gestaltungsmöglichkeiten. Zwar sind Dividenden an die Gesellschafter nach dem Gesellschaftsgesetz grundsätzlich nach dem Anteil am tatsächlich eingebrachten registrierten Kapital zu verteilen (Art. 34 S. 1 Gesellschaftsgesetz). Bei einer Kapitalerhöhung haben die vorhandenen Gesellschafter ein bevorzugtes Zeichnungsrecht, das sich ebenfalls nach dem Anteil am eingebrachten Kapital richtet (Art. 34 S. 2 Gesellschaftsgesetz). Aus Art. 34 S. 3 Gesellschaftsgesetz ergibt sich aber, dass die Gesamtheit der Gesellschafter abweichende Regeln beschließen kann. Mit dieser Öffnungsklausel ist für Gemeinschaftsunternehmen die Gestaltungsfreiheit gegenüber der früheren Rechtslage erhöht, denn dort war die Gewinnverteilung streng nach Anteilsverhältnissen unabdingbar (Art.76 Nr. 3 EJV-AB).

3.3 Prozess der Anpassung und Umstrukturierung

Die Anpassung der Satzungsregelungen eines vor 2020 gegründeten JV auf die neuen Regelungen des GAI und des Gesellschaftsgesetzes stellt einen markanten Einschnitt für die ausländischen und chinesischen Gesellschafter eines JV dar. Mit der Umstellung sind für ausländisch investierte Unternehmen Kosten verbunden, die ihre innerchinesischen Wettbewerber nicht aufwenden müssen (Otten, 2019). Die Anpassung der Unternehmensverwaltung beeinflusst unmittelbar die Macht- und Kontrollverhält-

---

Die mögliche Fremdfinanzierung folgt daher nicht mehr statisch den registrierten Kapitalwerten, sondern ändert sich nach den aktuellen Bilanzkennzahlen und entspricht im Ergebnis jeweils dem 2,5 fachen Wert des Nettovermögens. Derzeit haben FIEs noch ein Wahlrecht, welche Berechnungsmethode sie anwenden.

nisse im Unternehmen. In typisierender Vereinfachung können wir sagen, dass ausländischen Mehrheitsgesellschaftern empfohlen wird, die Regelung der einstimmigen Zustimmung abzuschaffen und das Modell der einfachen Mehrheit mit einer qualifizierten 2/3-Mehrheit nur für besonders wichtige Angelegenheiten offensiv zu nutzen. Auf diese Weise kann der Vorteil der Stimmenmehrheit ausgenutzt werden. Minderheitsgesellschaftern ist hingegen zu raten, das System der einstimmigen Beschlussfassung möglichst weitgehend beizubehalten, da in dieser Position ihre Interessen besser geschützt sind.

Es ist davon auszugehen, dass die Voraussetzungen für eine wirksame Vereinbarung der neuen Satzungsstruktur sich nach den Mehrheitserfordernissen der jeweils bestehenden Satzung richten, d. h. es wird ein in EJVs ein einstimmiger Beschluss des Verwaltungsrats erforderlich sein. Pattsituationen sind hierbei nicht auszuschließen, wenn ein Minderheitsgesellschafter versucht, die für ihn ungünstige Einführung der 2/3-Mehrheit zu blockieren.

4 Fazit

Das neue Gesetz der Volksrepublik China für ausländische Investitionen trägt für ausländische Investoren in China zu einem noch immer industriepolitisch gelenkten, aber insgesamt offeneren Investitionsumfeld mit größerer Gestaltungsfreiheit bei. Gründungsverfahren werden für die Mehrzahl der Projekte vereinfacht, die inhaltliche Prüfung gesellschaftsrechtlicher Dokumente und Verträge wird reduziert. Die Abschaffung des Sondergesellschaftsrechts für ausländische Investitionen entspricht den Forderungen nicht nur internationaler Investoren, sondern auch chinesischer Juristen. Damit erhöht das GAI die Konsistenz und Klarheit des Rechtssystems. Andererseits ist mit der neuen Gesetzgebung aufgrund der weithin allgemein gehaltenen Formulierungen und der (noch) mangelnden Erfahrung mit der behördlichen Umsetzung der neuen Gesetze noch erhebliche Rechtsunsicherheit verbunden.

Bei neuen Investitionsprojekten sollten Investoren sich der erweiterten Gestaltungsmöglichkeiten des neuen Rechtsregimes bewusst sein und diese bei der Konzeption und Verhandlung von Joint Venture-Verträgen von Anfang an berücksichtigen. Bei Altgesellschaften sollen ausländische Investoren sich mit dem Anpassungsbedarf vertraut machen und hierfür rechtzeitig einen Plan zur Umsetzung der notwendigen Änderungen aufstellen, vor allem, wenn hierfür Verhandlungen mit einem chinesischen Mitgesellschafter zu durchlaufen sind.

Literaturverzeichnis

Atzler, C., Schlender, K. und Zinser, R. (2015). Der Entwurf für ein „Gesetz der Volksrepublik China für ausländische Investitionen". *Zeitschrift für Chinesisches Recht*, 22(3):252–258. Zugriff am 16.07.2020. Verfügbar unter https://www.zchinr.org/index.php/zchinr/article/view/1544/1690.

Bath, V. (2007). The Company Law and Foreign Investment Enterprises in the People's Republic of China: Parallel Systems of Chinese-Foreign Regulation. *University of New South Wales Law Journal*, 30(3):774–785.

Bu, Y. (2009). Das Chinesische Patent- Und Know-How-Lizenzvertragsrecht. *GRUR Int.*, S. 807–8017.

European Chamber (2020a). *Comparison of Changes to Special Administrative Measures on Access to Foreign Investment (Negative List) (2019/2020 Version Comparison)*. Zugriff am 16.07.2020. Verfügbar unter https://static.europeanchamber.com.cn/upload/medianews/attachments/Comparison_of_Special_Administrative_Measures_for_the_Access_of_Foreign_Investment_Negative_List_2019_2020_Version_Comparison_[87].pdf.

European Chamber (2020b). *Stance on the updated negative list for foreign investment*. Zugriff am 16.07.2020. Verfügbar unter https://www.europeanchamber.com.cn/en/press-releases/3253/stance_on_the_updated_negative_list_for_foreign_investment.

Lackner, H. und Lackner, Y. (2011). Die neuen chinesischen Enteignungsvorschriften für Gebäude. *Recht der Internationalen Wirtschaft*, (7):437–445.

Otten, M. (2019). Windrichtung Marktöffnung, Segel nicht gesetzt – Das neue Auslandsinvestitionsgesetz der Volksrepublik China. *Zeitschrift für Chinesisches Recht*, 26(2):119–132.

Scheil, J. M. (2014). Auswirkungen des neuen chinesischen Markenrechts auf ausländische Markeninhaber. *Mitteilungen der deutschen Patentanwälte*, S. 218ff.

Scheil, J. M. (2015). Neuer Patentrechtsentwurf und IP-Gerichte – Neueste Entwicklungen im chinesischen Patentrecht. *Mitteilungen der deutschen Patentanwälte*, S. 263ff.

Schmitt, S. (2019). *China zieht beim Aufbau eigener Weltmarktführer alle Register*. Zugriff am 26.06.2020. Verfügbar unter https://www.gtai.de/gtai-de/meta/ueber-uns/was-wir-tun/schwerpunkte/offene/china-zieht-beim-aufbau-eigener-weltmarktfuehrer-alle-register-22284.

Hui Zhao

5 Chinesische Rechtsvorschriften bzgl. M&A Transaktionen im Ausland

Während vor 20 Jahren chinesische Investitionen in Europa kaum wahrnehmbar waren, sind sie heute nicht mehr wegzudenken. In Deutschland kann sowohl die Anzahl der chinesischen Investitionen, vor allem durch Beteiligungen und Unternehmenskäufe (sog. M&A) als auch das Investitionsvolumen der chinesischen Unternehmen bis 2017 als kontinuierlich steigend festgestellt werden. Nach einer Studie der Wirtschaftsprüfungsgesellschaft Ernst & Young ist zwischen 2013 und 2017 die Anzahl der chinesischen Unternehmensbeteiligungen von 28 auf 54 pro Jahr gestiegen (EY, 2019). Im Jahr 2016 hat sie eine Höchstzahl von 68 Transaktionen erreicht. In der gleichen Zeit ist das Transaktionsvolumen von in Deutschland getätigten chinesischen Investitionen von 621 Mio. USD im Jahr 2013 auf 13,7 Mrd. USD im Jahr 2017 gestiegen.

Wurden im Jahr 2018 nur noch 35 Transaktionen aus China in Deutschland verzeichnet, betrug das Transaktionsvolumen immer noch 10,7 Mrd. USD. In Deutschland nahm die Zahl der Firmenübernahmen und -beteiligungen durch Chinesen 2019 leicht von 35 auf 39 zu (Hoefer und Hoenig, 07.02.2020). Sieht man von der Daimler-Beteiligung ab, handelt es sich aber zum Großteil um relativ kleine Transaktionen, folglich sank das Transaktionsvolumen von 10,6 auf 4,6 Mrd. Euro. Auf Europaebene kann festgestellt werden, dass insgesamt nur 13,4 Mrd. USD aus China investiert wurden (Investment Plattform China/Deutschland, 2020). Laut der Studie von EY (2019) beläuft sich das Investitionsvolumen auf 17 Mrd. USD. Im Vergleich hierzu betrug es im Jahr 2018 ca. 31 Mrd. USD. In der zweiten Hälfte von 2019 zeichnet sich wieder ein starker Zuwachs ab (Hoefer und Hoenig, 07.02.2020).

Wie es sich im Jahr 2020 entwickeln wird, lässt sich momentan nur schwer erahnen. Neben dem negativen Einfluss durch den Handelskrieg zwischen China und den USA und einer zunehmenden Regulierung in Deutschland, beginnt Anfang 2020 die Coronavirus-Krise in China, welche sich rasch über die Welt erstreckte und auch vor Europa und Deutschland keinen Halt machte. Obwohl sich zu dem jetzigen Zeitpunkt kaum treffsichere Prognosen für die Zukunft erstellen lassen, ist festzustellen, dass die chinesische Wirtschaft ein fester Bestandteil der Weltwirtschaft geworden ist und auf lange Sicht Investitionen aus China zunehmen werden.

In der Praxis berichten deutsche Berater, vor allem Investmentbanker aber auch Verkäufer, von einem herausfordernden Umgang mit chinesischen Investoren. Kulturunterschiede, sowie mangelnde Sprachkenntnisse der Parteien spielen dabei eine wesentliche Rolle, da chinesische Investoren selten Englisch und deutsche Verkäufer erfahrungsgemäß selten Chinesisch sprechen. Ebenso sind das chinesische Rechtssystem und das Rechtsverständnis des Öfteren eine große Schwelle für deutsche Ver-

https://doi.org/10.1515/9783110668216-005

käufer und Berater, um Transaktionen mit chinesischen Investoren reibungslos durchführen zu können. Hierbei spielt das chinesische Genehmigungsverfahren für Auslandsinvestition eine entscheidende Rolle. Nicht selten haben deutsche Verkäufer wegen der intransparenten Genehmigungsverfahren in China auf den Verkauf an Investoren aus der Volksrepublik verzichtet und einen Investor aus Europa, den USA oder sogar einem anderen asiatischen Land bevorzugt. In einer meiner ersten Transaktionen aus den Jahren 2010 und 2011 hat der deutsche Verkäufer nur mit sehr schweren Vertragsstrafen den Verkauf an einen chinesischen Investor akzeptiert, welcher das gesamte Risiko eines Scheiterns resultierend aus dem chinesischen Genehmigungsverfahrens auf sich genommen hatte.

Historisch ist China schon immer ein Land mit strengen Devisenkontrollen gewesen. Im Rahmen einer Handelsbeziehung kann ein chinesisches Unternehmen ohne komplizierte Formalitäten die Rechnungen von ausländischen Lieferanten zahlen, sei es beim Warenhandel (Maschinen, Anlagen, Technologien), oder beim Kauf von Dienstleitungen (z. B. Rechtsberatung). Jedoch ist bei einem Kapitalfluss aus China, egal bei welcher Summe, immer eine Genehmigung bzw. Anmeldung notwendig. Erschwerend kommt hinzu, dass es hierfür mehrere Behörden gibt, die für solche Genehmigungen und Anmeldungen zuständig sein können. Dies macht den Ausgang des Genehmigungsverfahren kompliziert und unvorhersehbar. In Frage kommen sowohl die National Development and Reform Commission („NDRC"), das Ministry of Commerce („MOFCOM"), die State Administration of Foreign Exchange („SAFE") bzw. ihre örtlichen Büros auf der Provinz- oder Stadtebene, die für alle privaten oder staatlichen Unternehmen zuständig sind. Für Staatsunternehmen ist die State-owned Assets Supervision and Administration Commission of the State Council („SASAC") und die China Securities Regulatory Commission („CSRC") für börsennotierten Unternehmen zuständig. Darüber hinaus gibt es einen Katalog, wonach gewisse Industrien von Investitionen durch chinesische Unternehmen beschränkt bzw. verboten werden sollten.

In der Praxis investieren einige chinesische Unternehmen über ihre Tochtergesellschaften in Hong Kong. Zwar ist Hong Kong (ebenso Macau) politisch betrachtet chinesisches Territorium, nach dem Grundsatz „Ein Land, zwei Systeme" ist es aber rechtlich gesehen eher als Ausland zu betrachten. In diesem Fall gelten die chinesischen Vorschriften über die Genehmigungsverfahren für Investitionen im Ausland nicht, solange man ausreichend Kapital in Hong Kong hat und nicht speziell die Finanzierung erst über China nach Hong Kong einbringen müsste. In diesem Fall wäre die Investition von China in Hong Kong als Auslandsinvestition anzusehen. Durch die neuen politischen Entwicklungen im Jahr 2020 bleibt es jedoch abzuwarten, wie das System in Zukunft funktioniert.

Nachfolgend bekommen Sie einen Überblick über die verschiedenen Genehmigungsverfahren bei den unterschiedlichen Behörden.

1 NDRC

Die jetzt geltenden Vorschriften über die Verwaltung von Auslandsinvestitionen durch das NDRC sind in der „Verwaltungsmethode der Auslandsinvestitionen durch Unternehmen"[1] vom 26.12.2017 sowie der „Mitteilung über den Katalog der sensiblen Industrien der Auslandsinvestition"[2] vom 31.01.2018 zu finden. Am 9.02.2018 hat das NDRC noch die „Mitteilung über die Musterdokumente (Version 2018) für die Verwaltungsmethode der Auslandsinvestitionen durch Unternehmen"[3] veröffentlicht. Diese Vorschriften sind seit dem 1. März 2018 wirksam.

1.1 Anwendungsbereich

– Definition: „Auslandsinvestition"
Unter „Auslandsinvestition" versteht man den unmittelbaren oder mittelbaren Erwerb von Anteilen, Kontrollrechten, Verwaltungsrechten, sowie sonstigen Rechten durch Investition, beispielsweise eine Beteiligung, Darlehensgewährung oder Bürgschaften. Es gilt insbesondere bei dem Erwerb von Eigentums- oder Nutzungsrechten an Grundstücken im Ausland, Erkundungs- und Erschließungsrechten an Naturressourcen im Ausland, Eigentums- und Verwaltungsrechten an Infrastrukturen im Ausland, Eigentums- und Verwaltungsrechten an Unternehmen oder Vermögen im Ausland, Neuerrichtung oder Erweiterung von Anlagevermögen, Gründung von Unternehmen oder Kapitalerhöhungen bei Unternehmen im Ausland, Neuerrichtung oder Beteiligungen von Investmentfonds im Ausland und Erlangung der Kontrolle vom Unternehmen oder Vermögen durch Vereinbarung oder Treuhand im Ausland.

– Anwendbarkeit
Die Vorschriften des NDRC gelten für alle Unternehmen nichtfinanzieller Art sowie Finanzinstitutionen.

---

1 企业境外投资管理办法. Administrative Measures for the Outbound Investment of Enterprises (Order of the National Development and Reform Commission of the People's Republic of China No.11, 26.12.2017).
2 国家发展改革委关于发布境外投资敏感行业目录(2018年版)的通知. Circular of the National Development and Reform Commission on Issuing the Catalog of Sensitive Sectors for Outbound Investment (2018 Edition) (Fa Gai Wai Zi [2018] No.251, 31.01.2018).
3 国家发展改革委关于发布企业境外投资管理办法配套格式文本(2018年版)的通知. Circular of the National Development and Reform Commission on Issuing Accompanying Templates for the Administrative Measures for the Outbound Investment of Enterprises (2018 Edition) (Fa Gai Wai Zi [2018] No.252, 09.02.2018).

- Definition: „Kontrolle"
Unter „Kontrolle" versteht man den Besitz der Mehrheit der Stimmrechte, oder Bestimmungsrechte über die wesentlichen Bereiche im Unternehmen beispielsweise Geschäftsführung, Finanzierung, Personal und Technologie.

1.2 Genehmigungs- und Registrierungsverfahren

1.2.1 Genehmigungsverfahren

- Definition „Sensitive Projekte"
Das NDRC ist zuständig für Genehmigungsverfahren bei sogenannten „sensitiven Projekten" von chinesischen Unternehmen bzw. durch die von ihnen beaufsichtigten Unternehmen im Ausland. Unter „sensitiven Projekten" versteht man Projekte in „sensitiven Ländern und Regionen" bzw. Projekte in „sensitive Industrien".
Unter sensitive Länder und Regionen fallen meist solche Länder, mit denen China keine diplomatischen Beziehungen unterhält, in denen Kriege oder Unruhen herrschen oder in denen nach internationalen Verträgen und Abkommen Einschränkungen für Investitionen durch chinesische Unternehmen bestehen.
Unter sensitive Industrien fallen unter anderem:
  - Entwicklung, Herstellung und Wartung von Militärequipment;
  - Erschließung und Nutzung von „cross-boarder" Wasserressourcen;
  - Nachrichtenmedien;
  - Industrien die nach chinesischen Rechtsvorschriften für Auslandsinvestition unter Einschränkung stehen.
Im Jahr 2018 hat das NDRC diesbezüglich einen Katalog veröffentlicht. Demnach fallen ebenso Investitionen in Immobilien, Hotel, Filmstudios, Unterhaltungsindustrie, Sportclubs sowie Investmentfonds oder -Plattformen ohne konkrete Projekte im Ausland unter sensitive Industrien und wurden somit unter die Aufsicht des NDRC gestellt.

1.2.2 Verfahren

- Zuständigkeit
Für das Genehmigungsverfahren ist das NDRC in Beijing zuständig. Bei Staatsunternehmen unter der Verwaltung der Zentralregierung ist der Antragsteller die Konzerngesellschaft. Andere Unternehmen dürfen den Antrag direkt bei dem NDRC stellen. Es gilt grundsätzlich das Onlineantragsverfahren.

- Inhalt des Antrags
Der Antrag muss alle wesentlichen Informationen des Antragstellers, des Projektes wie Zielland, Investitionsumfang, Investitionssumme des chinesischen Antragstellers und weitere dem Einzelfall anzupassende Informationen beinhalten.

Darüber hinaus sollte der Einfluss des Projektes auf das Nationalinteresse und die Staatssicherheit von China analysiert werden. Ebenfalls muss der Antragsteller eine Erklärung über die Echtheit des Projektes abgeben.

– Verfahren
Innerhalb von 5 Arbeitstagen nach Eingang des Antrages muss das NDRC bestätigen, ob der Antrag vollständig ist und ob weitere Unterlagen nachzureichen sind. Falls das NDRC die Bestätigung innerhalb der vorgegebenen Frist nicht abgegeben hat, gilt der Antrag als angenommen. Innerhalb von 20 Arbeitstagen nach der Annahme des Antrages muss eine Entscheidung erteilt werden. In bestimmten Ausnahmefällen darf die Prüffrist um 10 Arbeitstage verlängert werden.
Falls die Prüfung eine Evaluierung durch eine Beratungsgesellschaft benötigt, kann eine solche beauftragt werden. Hierzu können bis zu 30 Arbeitstage, in besonders schwierigen Fällen bis zu 60 Arbeitstage in Anspruch genommen werden. Das Verfahren wird dementsprechend verlängert.

– Voraussetzung der Genehmigung
Nur solche Projekte werden genehmigt, welche nicht gegen geltendes chinesisches Recht verstoßen, der chinesischen Industrie- bzw. Öffnungspolitik entsprechen und der Entwicklungs- und Makrowirtschaftspolitik Chinas nicht zuwiderlaufen. Ebenso darf das Projekt auch den internationalen Abkommen und Vereinbarungen nicht widersprechen, denen China beigetreten ist und das nationale Interesse sowie die Staatssicherheit Chinas nicht gefährden. Sind diese Voraussetzungen erfüllt, ist eine schriftliche Genehmigung zu erteilen.

1.2.3 Registrierungsverfahren

– Registrierung statt Genehmigung
Bei nicht sensitiven Projekten ist eine Genehmigung nicht erforderlich, sondern das Online-Registrierungsverfahren ausreichend. Ist der Antragsteller ein durch die Zentralregierung überwachtes Staatsunternehmen, ist das NDRC für die Registrierung zuständig. Bei sonstigen Unternehmen ist für Projekte mit einem Investitionsvolumen von mehr als 300 Mio. USD durch den chinesischen Investor ebenfalls das NDRC zuständig. Bei Projekten mit einem Investitionsvolumen von weniger als 300 Mio. USD durch den chinesischen Investor sind die örtlichen Büros des NDRC auf der jeweiligen Provinzebene zuständig.
Das Investitionsvolumen umfasst sowohl Cash als auch Sacheinlage, Technologie, Know-how, Anteile oder Aktien, Forderungen und weitere dem Einzelfall anzupassende Posten.

– Verfahren
Das NDRC stellt das Antragsformular und eine Liste der einzureichenden Dokumente zur Verfügung. Ab Eingang des Antrages muss das NDRC bzw. die örtlichen Büros auf Provinzebene innerhalb von 5 Arbeitstagen dem Antragsteller Bescheid

geben, ob weitere Dokumente benötigt werden, oder ob die Behörde für den Antrag zuständig ist. Unterlässt die Behörde innerhalb von 5 Arbeitstagen die Mitteilung, so gilt der Antrag als angenommen. Innerhalb von weiteren 7 Arbeitstagen teilt die Behörde dem Antragsteller sodann mit, ob das Projekt registriert wird oder ob die Registrierung aufgrund Verstoßes gegen internationale Verträge oder Gefährdung der staatlichen Sicherheit abgelehnt wird.

1.3 Rechtswirkung der Genehmigung und des Registrierungsbescheides

1.3.1 Voraussetzung für weitere Vorgänge

Bevor der chinesische Investor die Investition getätigt oder beispielsweise die Finanzierung oder Bürgschaft abgegeben hat, muss er für das Projekt entweder die Genehmigung erhalten oder sich bei der Behörde registriert haben. Ohne Genehmigung bzw. Registrierung darf die Devisenbehörde keine Devisen zur Verfügung stellen und Banken dürfen auch keinen Abrechnungsservice oder Finanzierung anbieten.

In der Praxis kommt es vor, dass chinesische Investoren zunächst über die ausländische Tochtergesellschaft (z. B. in Hong Kong) die Investition im Ausland getätigt haben. Da es aber an der Rechtmäßigkeit der ausländischen Investition gefehlt hat, muss man letztendlich die Genehmigung noch einmal nachholen, welche die ausländische Investition wieder in die dann genehmigte Gesellschaft einstellt. Bei einer kleinen Investition wäre das machbar. Bei einer größeren Transaktion, mit wesentlichen Umsätzen, Investitionsvolumen, Mitarbeiterzahl sowie Geschäftsoperationen wird dies aber schwer umsetzbar sein.

1.3.2 Nachträgliche Änderung

- Voraussetzung
  Nachdem die Genehmigung erteilt bzw. die Registrierung erfolgt ist, muss in folgenden Fällen ein Änderungsantrag gestellt werden:
    - Ein neuer Investor kommt hinzu bzw. ein bestehender Investor nimmt von dem Projekt Abstand;
    - Der Zielort der Investition hat sich wesentlich verändert;
    - Der Hauptinhalt sowie Umfang der Investition haben sich wesentlich verändert;
    - Das Investitionsvolumen des chinesischen Investors hat sich um 20 % der geplanten Summe oder mehr geändert, oder wenn der Differenzbetrag mehr als 100 Mio. USD beträgt;
    - Es besteht der Bedarf, den Inhalt der Genehmigung bzw. des Registrierungsbescheides wesentlich zu verändern.

- Prüfungsdauer
Die Genehmigungsbehörde hat 20 Arbeitstage, um über den Änderungsantrag zu entscheiden. Für die Registrierungsbehörde besteht eine Frist von 7 Arbeitstagen.

1.3.3 Gültigkeitsdauer

Eine Genehmigung bzw. ein Registrierungsbescheid sind jeweils für 2 Jahre gültig. Wenn es notwendig ist, kann der ursprüngliche Antragsteller spätestens 30 Tage vor dem Ablauf der Gültigkeit einen Verlängerungsantrag stellen. Die Genehmigungsbehörde hat innerhalb von 20 Arbeitstagen über den Änderungsantrag zu entscheiden. Für die Registrierungsbehörde besteht die Frist aus 7 Arbeitstagen.

1.4 Aufsicht über Auslandsinvestition

1.4.1 Ausübung von Aufsicht

Grundsätzlich steht eine genehmigte bzw. registrierte Auslandsinvestition weiterhin unter der Aufsicht der chinesischen Behörde. Das NDRC oder das örtliche Büro auf der Provinzebene übt gemeinsam mit anderen Regierungsbehörden Aufsichtskompetenzen aus, indem es durch Onlineüberwachung, Führen von Interviews, schriftlicher Befragung und Stichproben eine Überprüfung durchführt. Bei Zuwiderhandlung wird die Tat geahndet. Allerdings ist es nicht eindeutig, um welche Zuwiderhandlungen es sich hier handeln kann. Es ist nicht ersichtlich, ob es um Falschangaben bei dem Stellen des Antrags auf die Genehmigung oder die Registrierung geht, oder um eine Gesetzesverletzung nach der getätigten Investition.

1.4.2 Weitere Investition durch eine Off-Shore Company

Wenn der chinesische Investor über sein ausländisches Investitionsvehikel weitere Großinvestition von mehr als 300 Mio. USD in nicht-sensitiven Bereichen tätigen möchte, muss er über das Onlinesystem das NDRC informieren. Innerhalb von 5 Arbeitstagen teilt das NDRC mit, ob zusätzliche Informationen nachzureichen sind. Bleibt eine Mitteilung nach 5 Arbeitstage aus, ist der Report als vollständig anzusehen.

Nach dem Wortlaut erweckt diese Regelung den Eindruck, dass Investitionen durch ausländisches Investitionsvehikel eines chinesischen Investors grundsätzlich nicht eine Genehmigung des NDRC voraussetzen, da hier lediglich eine Reportingpflicht des chinesischen Investors bei Großprojekten von mehr als 300 Mio. USD besteht. Das NDRC wird nur informiert und es bestehen keinerlei Prüfungsrechte. Bei Projekten mit einem Investitionsvolumen von weniger als 300 Mio. USD besteht diese Pflicht nicht und sie müssen dem NDRC nicht mitgeteilt werden.

1.4.3 Meldepflicht bei Personen- bzw. Vermögensschaden

Treten im Rahmen der Investition ins Ausland schwerwiegende Personenschäden, Vermögensschäden oder Beeinträchtigungen von diplomatischen Beziehungen zwischen China und anderen Ländern auf, muss der chinesische Investor über den Vorfall innerhalb von 5 Arbeitstagen online berichten. Das NDRC stellt dafür ein Meldeformular zur Verfügung.

1.4.4 Meldepflicht nach Closing

Innerhalb von 20 Arbeitstagen ist das Closing des Auslandsinvestitionsprojektes dem NDRC zu melden. Hierzu stellt NDRC ebenfalls ein Meldeformular zur Verfügung.

– Informationspflicht
  Der chinesische Investor ist verpflichtet, auf Anforderung des NDRC bzw. der örtlichen Büros auf Provinzebene, innerhalb der von ihr vorgegebenen Frist, über wesentliche Ereignisse zu informieren. Bei Bedarf ist das NDRC bzw. die örtlichen Büros autorisiert, den Inhalt der Anforderung, sowie des Berichtes des chinesischen Investors zu veröffentlichen.

1.5 Haftung bei Zuwiderhandlungen

1.5.1 Umgehung durch Manipulierung

Wenn der Investor die Projekte widerrechtlich zerkleinert, gewisse Informationen oder Tatsache vorenthält, oder falsche Informationen für die Genehmigung oder Registrierung einreicht, ist der Antrag von der zuständigen Behörde abzulehnen. Der Investor sowie die Hauptverantwortlichen werden verwarnt.

1.5.2 Erlangung durch Straftat

Erlangt der Investor durch beispielsweise Betrug oder Bestechung die Genehmigung bzw. Registrierung für das Investitionsprojekt, wird die erteilte Genehmigung oder Registrierung widerrufen. Der Investor sowie die Hauptverantwortlichen werden verwarnt bzw. gegebenenfalls strafrechtlich verfolgt.

1.5.3 Fehlende Genehmigung bzw. Registrierung

Wenn der Investor das Investitionsprojekt ohne Genehmigung bzw. Registrierung durchführt, oder beim Vorliegen der Vorrausetzung für nachträgliche Änderung ohne Genehmigung bzw. Registrierung durchführt, wird das Projekt ganz ausgesetzt. Der Investor sowie die Hauptverantwortlichen werden verwarnt und gegebenenfalls strafrechtlich verfolgt.

1.5.4 Fehlerkorrektur

Beim Verstoß gegen die oben genannten Meldepflichten wird der Investor aufgefordert, den Fehler zeitgemäß zu korrigieren. Wenn dies nicht innerhalb der vom NDRC gesetzten Frist geschieht, werden der Investor und die Hauptverantwortlichen verwarnt.

1.5.5 Wettbewerbsbeeinträchtigung

Führt der chinesische Investor unlauteren Wettbewerb durch oder stört die Ordnung des Marktes im Ausland, wird das NDRC oder das zuständige örtliche Büro anordnen, dass der chinesische Investor das Investitionsprojekt aussetzt und innerhalb der von der Behörde gesetzten Frist den Mangel behebt. Der Investor sowie die Hauptverantwortlichen werden verwarnt.

1.5.6 Drohung des chinesischen Nationalinteresses und der Staatssicherheit

Bedroht die Auslandsinvestition das chinesische Nationalinteresse und die Staatssicherheit, wird der Investor aufgefordert, das Projekt auszusetzen und den betreffenden Mangel innerhalb einer bestimmten Frist zu beheben. Wird das chinesische Nationalinteresse und die Staatssicherheit beeinträchtigt, werden neben den vorgenannten Anordnungen, auch Hilfsmaßnahmen angeordnet. Der chinesische Investor sowie die Verantwortlichen werden verwarnt bzw. strafrechtlich verfolgt.

1.6 Investitionen in Hong Kong, Macau und Taiwan

Für Investitionen in Hong Kong, Macau und Taiwan sowie Investitionen durch kontrollierte Unternehmen in Hong Kong, Macau und Taiwan gelten die Vorschriften analog. Allerdings gelten die Vorschriften nicht für Investitionen von chinesischen natürlichen Personen.

2 MOFCOM

Das MOFCOM hat am 6. September 2014 die „Verwaltungsmethode über Auslandsinvestition"[4] verabschiedet, welche seit dem 6. Oktober 2014 wirksam ist.

Nach dieser Vorschrift des MOFCOM ist eine „Auslandsinvestition", eine Handlung, wenn ein in China rechtlich errichtetes Unternehmen, durch Neugründung, Unternehmenskauf oder sonstige Maßnahmen das Eigentum, Kontrollrecht, Verwaltungsrecht oder sonstige Rechte an einem nicht finanziellen Unternehmen oder ei-

---

4 境外投资管理办法. Administrative Measures for Outbound Investment (Order of the Ministry of Commerce [2014] No.3, 06.09.2014).

nem bestehenden nicht finanziellen Unternehmen erlangt. Aus dieser Definition geht hervor, dass der Erwerb oder die Beteiligung an Finanzinstituten nicht durch diese Vorschriften gedeckt ist.

2.1 Genehmigungsverfahren

2.1.1 Anwendungsbereich

Investitionen in sensitive Länder und Regionen sowie in sensitive Industrien bedürfen einer Genehmigung des MOFCOM. Nach einer Vorschrift der Zentralregierung vom 4. August 2017 sind sowohl die sensitiven Länder und Regionen als auch sensitive Industrien näher definiert worden.[5] Demnach gehören Länder, mit denen China keine diplomatische Beziehung hat, welche durch die UNO sanktioniert werden, in denen Kriegszustände herrschen, sowie nach bilateralen oder multilateralen Abkommen als solche einzuordnen sind, zu den sensitiven Ländern und Regionen. Die sensitiven Industrien umfassen Industrien von Produkten oder Technologien, die nach chinesischem Recht zum Export verboten werden oder mehr als ein/e Land/Region beeinflussen. Darüber hinaus gehören Immobilien, Hotels, Kinos, Unterhaltung und Sport sowie Investmentfonds oder Investmentvehikel ohne konkrete Projekte im Ausland ebenfalls zu sensitiven Industrien, die eine Genehmigung des MOFCOM benötigen.

2.1.2 Zuständigkeit

Das MOFCOM in Beijing ist zuständig für die von der Zentralregierung kontrollierten Unternehmen gestellten Anträge. Ansonsten ist das örtliche Büro des MOFCOM auf Provinzebene zuständig.

2.1.3 Antragsunterlagen

Für die Genehmigung durch das MOFCOM werden folgende Unterlagen benötigt:
- Antrag auf Genehmigung: dieser muss Informationen zum Antragsteller, Name des Zielunternehmens, Anteilsverhältnisse, Investitionssumme, Unternehmensgegenstand, Geschäftsdauer, Herkunft des Kapitals, Inhalt der Investitionen und andere dem Einzelfall anzupassende Informationen beinhalten.
- Das vom MOFCOM bereitgestellte Antragsformular für Auslandsinvestition muss ausgefüllt und mit dem Stempel des Antragstellers versehen werden.

---

5 国务院办公厅转发国家发展改革委、商务部、人民银行、外交部关于进一步引导和规范境外投资方向指导意见的通知. Circular of the General Office of the State Council on Forwarding the Guiding Opinions of the National Development and Reform Commission, the Ministry of Commerce, the People's Bank of China and the Ministry of Foreign Affairs on Further Guiding and Regulating the Outbound Investment Direction (Guo Ban Fa [2017] No.74, 04.08.2017).

- Ein Investitionsvertrag oder relevante Vereinbarungen: diese müssen verhandelt und unterschrieben sein. In der Praxis wird daher in dem Vertrag eine Closing Condition eingebaut, wonach die Transaktion erst dann abgeschlossen werden kann, wenn die Genehmigungen der chinesischen Behörden einschließlich des MOFCOM erteilt worden sind.
- Unterlagen hinsichtlich der Zulassung der für den Export eingeschränkten Produkte und Technologien der VR China in Verbindung mit der Investition.
- Eine Kopie der Geschäftslizenz (als Business License bekannt).

2.1.4 Dauer der Prüfung

- Vorprüfung durch chinesische Auslandsvertretung
  Die Information über den Antrag wird zunächst an die chinesische Auslandsvertretung im Lande des Zielunternehmens zur Stellungnahme geschickt. Zuständig ist jeweils die Wirtschaftsabteilung der chinesischen Botschaft bzw. des Generalkonsulates. Die Wirtschaftsabteilung der chinesischen Auslandsvertretung hat 7 Arbeitstage, um eine Stellungnahme gegenüber dem MOFCOM bzw. des örtlichen Büros auf Provinzebene abzugeben. Es handelt sich hierbei um einen internen Prozess, der keinen Einfluss nach Außen hat. Da die Beamten bei der Wirtschaftsabteilung der chinesischen Auslandsvertretungen grundsätzlich vom MOFCOM bzw. den örtlichen Büros des MOFCOM in den Provinzen stammen, ist das Verfahren grundsätzlich immer noch als innerhalb des MOFCOM anzusehen.

- Frist des MOFCOM
  Innerhalb von 20 Arbeitstagen nach der Annahme des Antrags muss das MOFCOM eine Entscheidung treffen. Bei fehlenden Unterlagen hat das MOFCOM innerhalb von 3 Arbeitstagen die Nachreichung der fehlenden Unterlagen zu verlangen. Geschieht dies nicht, ist der Antrag nach 3 Arbeitstagen als angenommen anzusehen. Die 7 Arbeitstage für Stellungnahme durch die Wirtschaftsabteilung der chinesischen Auslandsvertretung werden nicht dazu gezählt.

- Frist auf der Provinzebene
  Bei einem Antrag an ein örtliches Büro auf der Provinzebene hat diese 15 Arbeitstage Zeit, eine Entscheidung zu treffen. Der Antrag gilt auch als angenommen, wenn die zuständige Behörde nicht innerhalb von 3 Arbeitstagen auf fehlende Unterlagen hinweist.

2.1.5 Entscheidung

Bei einer positiven Entscheidung des MOFCOM bzw. des örtlichen Büros ist eine Genehmigungsurkunde auszustellen. Wenn der Antrag abgelehnt wird, muss der Ablehnungsgrund entsprechend erläutert werden. Bei Vorlage von gefälschten Unterlagen, wird der Antrag grundsätzlich abgelehnt.

2.2 Registrierungsverfahren

– Anwendbarkeit
Wenn ein Projekt die Voraussetzung für die Genehmigung vor dem MOFCOM erfüllt, ist dieses zu registrieren. Für die Registrierung gilt die gleiche Zuständigkeit wie bei dem Genehmigungsverfahren, das heißt das MOFCOM ist zuständig für die von der Zentralregierung kontrollierten Unternehmen. Andere Unternehmen haben die Registrierung bei den örtlichen Büros des MOFCOM auf Provinzebene durchzuführen.

– Antragstellung
Für die Registrierung ist das Registrierungsformular auszufüllen, welches online erhältlich ist. Das ausgefüllte Formular ist mit dem Firmenstempel zu versehen und zusammen mit einer Kopie der Geschäftslizenz einzureichen. Innerhalb von 3 Arbeitstagen ab Einreichung des Formulars hat das MOFCOM bzw. das örtliche Büro die Registrierungsurkunde zu erteilen. Bei unvollständigen Unterlagen oder falschen Angaben ist die Registrierung abzulehnen.

2.3 Nachträgliche Änderung des Projektes sowie Gültigkeitsdauer der Urkunde

– Änderungsantrag
Wenn nach der Erteilung der Urkunde neue Umstände eintreten, muss der Investor bei der ursprünglichen Behörde einen Änderungsantrag stellen und die Änderungen registrieren lassen.

– Gültigkeitsdauer
Die Genehmigungs- bzw. Registrierungsurkunde hat ab dem Tag der Erteilung eine Gültigkeit von 2 Jahren. Wenn die Auslandsinvestition nicht innerhalb der 2 Jahresfrist getätigt wird, verliert die Urkunde ihre Gültigkeit. Das Projekt muss dann erneut das gesamte Verfahren durchlaufen.

2.4 Reporting

Nach den Vorschriften des MOFCOM muss der Investor nach Tätigung der Auslandsinvestition noch weiteren „Soll-Vorschriften" nachgehen, wie zum Beispiel die Anmeldung bei der zuständigen chinesischen Auslandsvertretung des Ziellandes und dem Bereitstellen von Information über die Investition bei den ursprünglich zuständigen Behörden. Um das Reportingsystem durchzusetzen haben 7 Behörden, inklusive dem NDRC, im Jahr 2018 gemeinsam eine Regulierung verabschiedet.[6]

---

6 商务部、人民银行、国资委、银监会、证监会、保监会、外汇局关于印发《对外投资备案 (核准) 报告暂行办法》的通知. Circular of the Ministry of Commerce, the People's Bank of China, the

Die Regulierung aus dem Jahre 2018 spricht sowohl von monatlichen als auch jährlichem Reporting. Die Berichterstattung sollte die Hauptprobleme in der Auslandsinvestition, die Einhaltung von lokalen Rechtsvorschriften, Umweltschutz, Arbeitnehmerschutz, Sozialverantwortung und Sicherheiten umfassen. Insbesondere sollten die Behörden jenen Projekten, in denen chinesische Investoren mehr als 300 Mio. USD investiert haben, sowie bei denen Investitionen in sensitive Länder oder Regionen bzw. Industrien getätigt wurden und wesentliche Verluste erlitten haben, mehr Aufmerksamkeit schenken.

In der Praxis geschieht dies allerdings sehr selten, da es weder zeitliche Anforderung an dieser Handhabung, noch Sanktionen für das Unterlassen gibt. Sollte jedoch zufällig ein Reporting angefordert werden, kann man diesem ad hoc nachgehen.

2.5 Haftung bei Zuwiderhandlungen

– Falsche Angaben bei Registrierung
  Erlangt ein Investor beim Registrierungsverfahren die Urkunde mit falschen oder gefälschten Unterlagen, wird die Registrierung aufgehoben und das Unternehmen wird verwarnt.

– Falsche Angaben bei der Genehmigung
  Reicht der Investor falsche oder gefälschte Unterlagen für die Genehmigung ein, so wird dieses Vorgehen verwarnt und geahndet, selbst wenn die Genehmigung noch nicht erteilt worden ist. Der Investor darf innerhalb eines Jahres keinen neuen Antrag stellen. Erlangt der Investor die Genehmigung durch Betrug oder Bestechung, wird die Genehmigung vom MOFCOM aufgehoben. Der Investor darf innerhalb von 3 Jahren keinen neuen Antrag stellen. Die Strafrechtsvorschriften sind hiervon nicht berührt.

– Missbrauch
  Bei Fälschung, eigenhändiger Korrektur, Leihgaben oder sonstiger Überlassung der Urkunde erteilt das MOFCOM oder das örtliche Büro eine Verwarnung. Die strafrechtlichen Vorschriften bleiben unberührt. In der Praxis sind wir solchen Straftaten noch nicht begegnet. Bei dem sonst so florierenden Fälschungsgeschäft in China ist dies eher eine Seltenheit. Ein Grund dafür kann sein, dass bisher nur die auf dem Markt gut positionierten Unternehmen Auslandinvestitionen tätigen und daher weniger Interesse daran haben, aus diesem Grund strafrechtlich verfolgt zu werden. Darüber hinaus sind doch einige Behörden für ein Projekt zustän-

State-owned Assets Supervision and Administration Commission, the China Banking Regulatory Commission, the China Securities Regulatory Commission, the China Insurance Regulatory Commission and the State Administration of Foreign Exchange on Issuing the Interim Measures for the Reporting of Outbound Investments Subject to Record-filing or Approval (Shang He Fa [2018] No.24, 18.01.2018).

dig und die Fälschung von mehreren behördlichen Dokumenten erfordert eine relativ hohe Fälschungskunst.

2.6 Zweigniederlassung

Für die Errichtung von Zweigniederlassung gelten die Vorschriften des MOFCOM entsprechend.

2.7 Investitionen in Hong Kong, Macau und Taiwan

Für Investitionen in Hong Kong, Macau und Taiwan gelten dieselben Vorschriften.

3 SAFE

Ursprünglich lag bei der SAFE ein weiteres Genehmigungsverfahren vor. Im Jahr 2015 wurde dieses Genehmigungsverfahren jedoch endgültig aufgehoben.[7] An dessen Stelle tritt das Registrierungsverfahren und das SAFE Verfahren wird nun von den aktiven Banken abgewickelt. Der Investor muss sich folglich nicht mehr direkt an das SAFE wenden, sondern nur noch an die das Geschäft abwickelnde Bank, die dann im internen System mit der SAFE verbunden ist.

Hat der Investor durch frühere Investitionen bereits eine Tochtergesellschaft im Ausland errichtet, so bedarf es einer Registrierung bei der SAFE auch nicht, wenn die ausländische Tochtergesellschaft die Investition tätigt.

3.1 Benötigte Unterlagen

Der Investor muss folgende Unterlagen bei der abwickelnden Bank vorlegen[8]:
– Antragsformular zur Devisenregistrierung für Auslandsdirektinvestition
– Geschäftslizenz oder Nachweis der Registrierung sowie Sozialorganisationscode;
– Erläuterung zur Herkunft des Kapitals;

---

7 国家外汇管理局关于进一步简化和改进直接投资外汇管理政策的通知. Circular of the State Administration of Foreign Exchange on Further Simplifying and Improving the Direct Investment-related Foreign Exchange Administration Policies (Hui Fa [2015] No.13, 13.02.2015).
8 国家外汇管理局关于发布《境内机构境外直接投资外汇管理规定》的通知. Circular of the State Administration of Foreign Exchange on Promulgating the Administrative Provisions on Foreign Exchange of the Outbound Direct Investments of Domestic Institutions (Hui Fa [2009] No. 30, 13.07.2009). & 国家外汇管理局关于进一步推进外汇管理改革完善真实合规性审核的通知. Circular of the State Administration of Foreign Exchange on Further Advancing the Reform of Foreign Exchange Administration and Improving Examination of Authenticity and Compliance (Hui Fa [2017] No.3, 26.01.2017).

- Auslandsinvestitionsurkunde von MOFCOM;
- Registrierungsurkunde der NDRC;
- Gesellschafterbeschluss oder Beschluss des Board of Directors;
- Vertragswerk und sonstige Nachweise.

Die Prüfung der Kapitalherkunft ist eines der wichtigsten Elemente bei diesem Verfahren. Grundsätzlich muss der Cash-Flow des Investors den Teil seiner Investition im Ausland decken, um überhaupt Devisen für das Investitionsprojekt zu bekommen.

Je nach Standorten oder vermeintlicher Willkür der zuständigen Sachbearbeiter kann die Anforderung von „sonstigen Nachweisen" dazu führen, dass der Prozess in die Länge gezogen und unberechenbar wird. Dies gilt auch für die Prozesse vor dem MOFCOM und der NDRC, so dass die in den Vorschriften genannten Fristen immer mit Vorsicht zu genießen sind.

3.2 Devisen zur Deckung von Projektkosten

Im Rahmen der Auslandsinvestition können Kosten entstehen, die unabhängig vom Erfolg der Transaktion sind. Hierzu zählen beispielsweise Kosten für eine Bürgschaft, Beratungskosten, Kosten für Marktforschung und Miete für Büros. Grundsätzlich dürfen diese Kosten insgesamt nicht mehr als 15 % des Transaktionsvolumens des chinesischen Investors ausmachen bzw. 3 Mio. USD nicht überschreiten. Die Kosten sind als Teil der Gesamtinvestition des Projektes anzusehen.

Innerhalb von 6 Monaten ab dem Zeitpunkt der Überweisung der Investitionssumme in das Ausland sollte das Auslandsprojekt stehen. Wenn dies nicht der Fall ist, muss der Investor die Bank über die Verwendung der Devisen für die Investition informieren und den nicht genutzten Betrag zurückzahlen. Bei Vorliegen von berechtigten Gründen kann diese Frist verlängert werden, aber insgesamt 12 Monate nicht überschreiten.

4 SASAC

Das SASAC ist für Genehmigung bzw. Registrierung von Auslandsinvestitionsprojekten der von der Zentralregierung direkt kontrollierten Staatsunternehmen (SOE) zuständig. Die Staatsunternehmen auf der Provinzebene richten sich für ihre Auslandsinvestitionen nach den Vorschriften der jeweiligen SASAC Büro auf Provinzebene. Hierfür hat das SASAC am 7. Januar 2017 die „Verwaltungsmethode zur Aufsicht von Auslandsinvestitionen der Zentralunternehmen"[9] verabschiedet.

4.1 Definitionen

– Zentralunternehmen
Nach dieser Vorschrift ist ein „Zentralunternehmen" („Yang Qi") ein solches, das von der SASAC im Namen der Zentralregierung für den Staat investiert und beaufsichtigt wird. Die Unternehmen sind grundsätzlich in für den Staat essenziellen Industrien tätig und genießen nicht selten eine Monopolstellung in dem jeweiligen Gebiet. Darunter findet man beispielsweise AVIC (Luftfahrt), Sinopec Group (Erdöl), State Grid (Stromnetz), Air China (Fluggesellschaft) und Petrochem (Chemieindustrie).[10]

– Auslandsinvestition
„Auslandsinvestition" wird nach der Vorschrift als Investition in Anlagevermögen und Anteile im Ausland definiert.

– Wichtige Auslandsinvestitionsprojekte
„Wichtige Auslandsinvestitionsprojekte" sind demnach solche, die das Zentralunternehmen nach der Satzung und den Investitionsvorschriften des eigenen Unternehmens und durch das Board of Directors beschlossene Investitionsprojekte im Ausland.

– Hauptgeschäft
„Hauptgeschäft" wird definiert als das Operationsgeschäft eines Zentralunternehmens, das durch Entwicklungsstrategie und Planung festgelegte und von SASAC bestätigte Geschäftsfeld eines Zentralunternehmens.
In der Vergangenheit haben die Zentralunternehmen allerdings viel in Bereiche im Ausland investiert, welche nicht zu ihren Hauptgeschäftsfeldern gehörten. In den letzten Jahren hat das SASAC angefangen, diese Abweichungen Schritt für Schritt zu korrigieren, indem die Staatsunternehmen solche Investitionen wieder abgeben oder verkaufen mussten.

---

9 中央企业境外投资监督管理办法. Measures for the Supervision and Administration of Outbound Investments Made by Central Enterprises (Order of the State-owned Asset Supervision and Administration Commission of the State Council No.35, 07.01.2017).

10 Zurzeit sind insgesamt 97 solche Unternehmen auf der Website von SASAC aufgelistet: http://www.sasac.gov.cn/n2588035/n2641579/n2641645/index.html [15.06.2020], allerdings gibt es zum Zeitpunkt des Aufsatzes auf der englischen Website 96 solche Unternehmen: http://en.sasac.gov.cn/directorynames.html [15.06.2020].

4.2 Investitionsverwaltung

Es gelten grundsätzlich folgende Prinzipien für Auslandsinvestitionen durch Zentral-unternehmen:

– Investitionsverbot
  Ein Zentralunternehmen darf nicht bei den sogenannten Projekten auf der nega-tiven Liste investieren.[11] Die negative Liste umfasst insgesamt 9 Fälle eines Inves-titionsverbots. Dazu gehören:
  – die keinen der notwendigen Genehmigungsprozesse durchlaufen haben;
  – die der durch das SASAC festgelegten und geprüften Entwicklungsstrategien und Planungen des Betriebes nicht entsprechen;
  – die dem Entscheidungsprozess und Verwaltungssystem des Betriebs nicht entsprechen;
  – bei denen die absehbaren Gewinnmargen des Projektes niedriger als das 10 Jahre-Staatsbond in dem jeweiligen Zielland sind;
  – die ein niedrigeres Stammkapital als das vom Staat vorgeschriebene haben;
  – deren Investitionssumme höher als 50 % des Nettovermögens nach der Bilanz des Investors im Vorjahr liegt;
  – bei denen die Finanzierung, Investition, Verwaltung, geplanter Exit sowie Zu-ständige nicht deutlich geregelt sind;
  – bei der die Schuldenquote eines bereits von SASAC als risikoreich klassifizier-tes Unternehmen durch die Investition weiter in die Höhe getrieben wird; und
  – bei denen das Unternehmen von der SASAC wegen eines Schuldenrisikos als „speziell überwachtes Unternehmen" angesehen wird.

– Sonderüberwachung
  Neben dem Investitionsverbot gibt es noch eine Kategorie, die sogenannten Be-reiche der Sonderüberwachung. Damit sind besonders große Projekte gemeint, welche ein Investitionsvolumen von mehr als 2 Mrd. USD vorweisen. Bei solchen Projekten muss der Antrag vor dem NDRC, dem MOFCOM und der SAFE erst bei dem SASAC gestellt werden. Um den Antrag zu bearbeiten und eine Entscheidung zu treffen, besteht eine Frist von 20 Arbeitstagen.

4.3 Post-Investitionsverwaltung

Grundsätzlich muss ein Zentralunternehmen nach der Vollendung der Auslandsin-vestition einen Bericht verfassen und bis Ende Januar des Folgejahres vor dem SASAC

---

11 中央企业境外投资监督管理办法. Measures for the Supervision and Administration of Outbound Investments Made by Central Enterprises (Order of the State-owned Asset Supervision and Adminis-tration Commission of the State Council No.35, 07.01.2017).

vorlegen. Der Bericht muss die allgemeine Situation des Projektes beschreiben, das Ergebnis analysieren, die Entwicklung des Projektes darstellen, sowie bestehenden Probleme mit Lösungsvorschlägen präsentieren. Die Hauptzuständigen des Managements im Zentralunternehmen übernehmen dafür persönliche Haftung, insbesondere wenn das Investitionsprojekt zu Verlusten im Staatsvermögen führen könnte.

5 CSRC

Die chinesischen börsennotierten Unternehmen haben in den letzten Jahren eine immer größere Rolle bei Auslandsinvestitionsprojekten gespielt. Aufgrund ihrer besonderen Finanzierungsmöglichkeiten haben diese im Vergleich zu privaten Unternehmen den Vorteil, dass sie einen Zugang zu Börsen haben und dadurch wesentlich mehr Finanzierungsmittel für Auslandsinvestitionsprojekte beschaffen können. Natürlich müssen dabei einige börsenrechtliche Vorschriften zusätzlich zu den oben dargestellten Genehmigungs- bzw. Registrierungsverfahrens beachtet werden.

5.1 Kein Fall der wesentlichen Umstrukturierung von Vermögenswerten

Wenn bei Auslandsinvestitionsprojekten keine wesentliche Umstrukturierung von Vermögenswerten vorliegt, braucht das börsennotierte Unternehmen keine Genehmigung zu beantragen. Es muss lediglich die Transaktion offenlegen, wenn das Investitionsvolumen des Auslandsprojektes mehr als 10 % des Vermögenswertes, des Jahresumsatzes oder des Gewinns des Unternehmens im letzten Geschäftsjahr überschreitet. Das Unternehmen muss gemäß der Satzung die Transaktion von dem Vorstand oder der Vollversammlung überprüfen lassen und im Anschluss offenlegen. Die Ankündigung muss ein Konzept, die Gegenpartei, die Grundinformation der Transaktion, Hauptinhalt des Vertragswerkes sowie Einfluss auf das börsennotierte Unternehmen beinhalten. Transaktionen ohne wesentliche Umstrukturierung von Vermögenswerten hatten zwischen den Jahren 2015 und 2017 einen Anteil von über 85 % (Wei und Song, 2018).

5.2 Ein Fall der wesentlichen Umstrukturierung von Vermögenswerten

Die „Verwaltungsmethoden zur Umstrukturierung von Vermögenswerten der börsennotierten Unternehmen"[12] sehen vor, dass ein Fall der wesentlichen Umstrukturierung von Vermögenswerten vorliegt, wenn:

---

12 中国证券监督管理委员会关于修改《上市公司重大资产重组管理办法》的决定. Decision of the China Securities Regulatory Commission to Amend the Measures for the Administration of the

- der zu kaufende Vermögenswert mehr als 50 % des Gesamtvermögens des börsennotierten Unternehmens nach dem konsolidierten Jahresabschluss im letzten geprüften Geschäftsjahr beträgt;
- die Einnahmen des zu kaufenden Vermögenswertes im letzten Geschäftsjahr mehr als 50 % der des börsennotierten Unternehmens in derselben Periode nach dem geprüften Jahresabschluss beträgt;
- dass zu kaufende Nettovermögen mehr als 50 % des Nettovermögens des börsennotierten Unternehmens nach dem geprüften konsolidierten Jahresabschluss im letzten Geschäftsjahr beträgt und zugleich höher als 50 Mio. RMB ist.

- Aussetzung des Handels
  Wenn das börsennotierte Unternehmen die wesentliche Umstrukturierung von Vermögenswerten plant, muss es die Aussetzung der Handelsaktivitäten beantragen. Grundsätzlich sollte die Aussetzung nicht länger als 3 Monate dauern. Bei einer Zustimmung der Vollversammlung des börsennotierten Unternehmens kann diese Frist verlängert werden.

- Offenlegung
  Innerhalb von einem Monat nach der Aussetzung muss der Vorstand den Plan der wesentlichen Umstrukturierung des Vermögenswertes offenlegen.

- Prüfung der Börse
  Innerhalb von 10 Arbeitstagen prüft die Börse den Plan und stellt entsprechend Fragen, die vom börsennotierten Unternehmen ausführlich zu beantworten sind. Mit Genehmigung der Börse dürfen folgend die Handelsaktivitäten wieder aufgenommen werden.

- Offenlegung weiterer Dokumente
  Nach weiteren 1 bis 2 Monaten muss der Vorstand weitere Dokumente offenlegen. Zu diesen gehört ein Bericht über die wesentliche Umstrukturierung der Vermögenswerte, ein Bericht eines unabhängigen Financial Advisors, eine Legal Opinion, ein Bericht einer Wirtschaftsprüfung und ein Bewertungsgutachten.

- Entscheidung der Hauptversammlung
  Innerhalb von weiteren 2 bis 3 Wochen muss die Hauptversammlung über die Transaktion entscheiden. Eine Genehmigung bedarf einer zwei-Drittel Mehrheit der abgegebenen Stimmen. Erst im Anschluss darf die Transaktion vollzogen werden (Closing).

Material Asset Restructurings of Listed Companies (Order No. 159 of the China Securities Regulatory Commission. 18.10.2019).

5.3 Offenlegung bei wesentlicher Umstrukturierung von Vermögenswerten

Die Anforderung an den Inhalt der Offenlegung ist in den „Prinzipien von Inhalt und Form der Offenlegung bei börsennotierten Unternehmen Nr. 26 – Antragsdokumente bei wesentlicher Umstrukturierung von Vermögenswerten"[13] („Nr. 26 Anforderung"), zuletzt aktualisiert am 15.11.2018, geregelt. Die Vorschrift stellt umfangreiche inhaltliche und formelle Anforderungen an die Offenlegung von Auslandsinvestitionsprojekten, die als wesentliche Umstrukturierung von Vermögenswerten qualifiziert sind. Die Offenlegung muss vor allem folgende Inhalte beinhalten: die Grundinformation der Zielgesellschaft, Hauptvermögen und Verschuldungssituation, die Geschäftsentwicklung der letzten 3 Jahre, Hauptprodukte, Geschäftsmodell und finanzielle Daten. Die Nr. 26 Anforderung an die rechtliche Darstellung des Zielunternehmens weicht von der regulären Legal Due Diligence ab, so dass in der Praxis für die ausländischen Rechtsanwälte ein Problem aufkommt, welches man im Rahmen einer Legal Due Diligence prüfen muss, damit den Nr. 26 Anforderungen entsprochen werden kann. Hierzu ist das Verständnis der Nr. 26 Anforderung, sowie Kommunikation zwischen ausländischen Anwälten und chinesischen IPO-Anwälten von wesentlicher Bedeutung. Auf Basis des Legal Due Diligence Reports sollte der ausländische Anwalt eine Legal Opinion abgeben, die der chinesische Anwalt zusammen mit weiteren Dokumenten der CSRC vorlegt.

5.4 Finanzierung

Als börsennotiertes Unternehmen kann man neben den gängigen Finanzierungsmethoden wie einer Eigenkapital und Bankfinanzierung auch auf beispielsweise Privatplatzierung, Ausgabe von Vorzugsaktien, Bezugsrechtsangebot an bestehenden Aktionären und Wandelanleihen zurückgreifen. Hierzu sind allerdings die Fristen- und Quotenvorschriften zu beachten.

5.5 Aktientausch

Eine weitere Möglichkeit ist der Tausch von Aktien zwischen den bisherigen Aktionären des Zielunternehmens und denen des börsennotierten Unternehmens. Da der Aktientausch dazu führt, dass der Aktionär des ausländischen Zielunternehmens nach der Transaktion Aktionär des chinesischen börsennotierten Unternehmens werden

---

13 公开发行证券的公司信息披露内容与格式准则第26号–上市公司重大资产重组(2018年修订). Standards for the Contents and Formats of Information Disclosure by Companies Offering Securities to the Public No. 26 – Significant Asset Restructurings of Listed Companies (2018 Revision) (Announcement No. 36 [2018] of the China Securities Regulatory Commission, 15.11.2018).

wird, unterliegt diese Art der Transaktion wieder den Genehmigungsvorschriften des MOFCOM für Unternehmenskäufe von ausländischen Investoren in China. Dieser Umstand erschwert den Transaktionsprozess wesentlich.

5.6 Bridging

Da die Vorschriften für Auslandsinvestitionen bei börsennotierten Unternehmen doch sehr umfangreich, zweitaufwendig und streng sind, vereinbart man in der Praxis nicht selten eine Art Überbrückung (Bridging). Zunächst führt der Großaktionär des börsennotierten Unternehmens oder ein anderer Investor (meistens PE, Financial Investor oder auch strategischer Investor) die M&A Transaktion durch. Im zweiten Schritt kauft das börsennotierte Unternehmen diesem die erworbenen Anteile oder Aktien des ausländischen Zielunternehmens ab. Dieser zwei-Etappen-Prozess hat den Vorteil, dass man im ersten Schritt noch nicht die Offenlegung und Genehmigung der Transaktion nach den Vorschriften des SCRC durchführen muss und schafft daher eine höhere Transaktionssicherheit und hält die Transaktion soweit möglich geheim. Im zweiten Schritt gelten zwar die börsenrelevanten Vorschriften, aber die Transaktion findet praktisch zwischen dem Großaktionär bzw. einem Drittinvestor statt, so dass das langwierige Verfahren nach den Börsenvorschriften nur noch eine technische Relevanz besitzt.

6 Sonstige Verfahren

Neben den vorgenannten Prozessen für Auslandsinvestitionen eines chinesischen Unternehmens kommt auch eine Kartellanmeldung in China in Frage, wenn die Umsätze der beteiligten Unternehmen gewisse Schwellen übertreffen und die Voraussetzungen für eine Kartellanmeldung erfüllt sind.

Grundsätzlich handelt es sich bei dem oben Dargestellten um Investitionen von nicht-finanziellen Institutionen in nicht-finanziellen Zielgesellschaften. Wenn eine nicht-finanzielle Gesellschaft oder eine chinesische finanzielle Institution (Banken oder Versicherung) in eine ausländische finanzielle Institution investiert, unterliegt die Transaktion der Aufsicht der Zentralbank, Bankaufsichtsbehörde oder Versicherungsaufsichtsbehörde sowie dem SAFE.

7 Fazit

Das chinesische Genehmigungs- bzw. Registrierungsverfahren für Auslandsinvestition ist vielfältig und kompliziert. Es gibt eine Vielzahl von Besonderheiten, die der chinesische Investor beachten muss. Jeder kleinste Fehler kann dazu führen, dass die

Transaktion als Ganzes gefährdet wird. Zum Beispiel darf der chinesische Investor für die Transaktion grundsätzlich nur die dafür neu errichtete Off-Shore Gesellschaft benutzen. Wenn der chinesische Investor eine bestehende Off-Shore Gesellschaft für die Transaktion benutzt, die vor der Transaktion für andere Zwecke errichtet wurde, kann es dazu führen, dass die Genehmigung der Transaktion zwar erteilt wird, das Finanzierungsmittel aber nicht in das Ausland transferiert werden darf, da der Empfänger des Kapitals für die Transaktion als fremd anzusehen ist.

Wegen der vielfältigen Zuständigkeit der unterschiedlichen Behörden dauert das Genehmigungs- bzw. Registrierungsverfahren in China meistens sehr lang und ist damit unberechenbar. Für jede Transaktion ist es ein Rätselspiel, vorherzusagen, wie viele Monate für das Closing anfallen. Setzt man eine zu lange Closing-Frist, bedeutet es für den Verkäufer weniger Transaktionssicherheit. Ist man zu optimistisch und setzt eine sehr kurze Closing-Frist, kann die Frist unzureichend sein und damit den Investor unter Druck setzen.

Für einen deutschen Verkäufer wirken die chinesischen Verfahren oft intransparent und unverständlich. Es besteht nicht selten die Unsicherheit, ob es an der Genehmigungsbehörde liegt oder an dem Investor, wenn eine Genehmigung nicht erteilt wird. Auf lange Sicht muss man aber mit diesen Gegebenheiten leben. Denn es ist nicht in Sicht, dass die chinesische Regierung diese Einschränkungen ganz abschaffen wird, auch wenn diese nie eine Garantie für den Erfolg der Auslandsinvestition eines chinesischen Unternehmens waren und sind.

Literaturverzeichnis

EY (2019). *Chinesische Unternehmenskäufe in Europa. Eine Analyse von M&A-Deals 2006–2018.* Zugriff am 16.07.2020. Verfügbar unter https://www.europeanchamber.com.cn/en/press-releases/3253/stance_on_the_updated_negative_list_for_foreign_investment.

Hoefer, C. und Hoenig, A. (07.02.2020). *Chinesen bremsen Investitionen in Europa.* Zugriff am 09.07.2020. Verfügbar unter https://www.welt.de/print/die_welt/finanzen/article205668125/Chinesen-bremsen-Investitionen-in-Europa.html.

Investment Plattform China/Deutschland (2020). *Ein „annus horribilis" der Auslandsinvestitionen.* Zugriff am 15.06.2020. Verfügbar unter https://www.investmentplattformchina.de/ein-annus-horribilis-der-auslandsinvestitionen/.

Wei, H. und Song, Y. (2018). 聚焦上市公司跨境并购的监管现状及展望. *Focus on Supervision and View regarding Cross Border M&A of listing companies.* Zugriff am 09.07.2020. Verfügbar unter https://www.kwm.com/zh/cn/knowledge/insights/focus-on-the-status-quo-and-prospects-of-supervision-of-cross-border-m-a-of-listed-companies-20180411.

Fabian L. Christoph

6 Deutsche Rechtsvorschriften bzgl. chinesischer M&A-Aktivitäten in Deutschland

China bzw. chinesische Investoren sind schon seit einigen Jahren ein wichtiger internationaler Investor. Während über frühe Übernahmen wie die von Putzmeister durch die chinesische Sany oder von Kiekert durch Hebei Lingyun Industrial im Jahre 2012 zwar in der Fachpresse berichtet wurde, diese aber zumindest auch positiv bewertet wurden (Fehr, 2013; Spiegel Online, 2012), hat sich seit 2016 der Wind in der öffentlichen Wahrnehmung gedreht: Spätestens seit der chinesische Hausgerätehersteller Midea den Augsburger Roboterhersteller Kuka übernahm, reagieren Massenmedien und Politik außerordentlich emotional und empfindlich. Häufig wird nun der „Ausverkauf deutscher Spitzentechnologie" nach China befürchtet und es wird (auch) in der Wirtschaft eine „Angst vor China" geschürt (Cicero Magazin für politische Kultur, 2018), obwohl bislang kaum untersucht wurde, wie sich die chinesischen Investitionen in Deutschland entwickeln und ob sich deren Investitionsstrategie, -methoden und -erfolg von den Strategien, Methoden und Ergebnissen deutscher oder ausländischer, nicht chinesischer Investoren unterscheiden.

Es ist nicht die Aufgabe dieses Beitrages, diese (ökonomische bzw. volkswirtschaftliche) Untersuchung zu versuchen (eine solche findet sich u. a. bei Felbermayr, Goldbeck und Sandkamp (2019); Hanemann, Huotari und Kratz (2019)). Aber in Anbetracht dieser emotional und/oder politisch aufgeladenen Situation erscheint eine sachliche, juristische Aufbereitung der Rahmenbedingungen umso dringender.

1 Rechtliche Rahmenbedingungen von M&A-Aktivitäten in Deutschland

Die englische Umschreibung Mergers & Acquisitions (M&A) wird heutzutage weltweit verwendet und umfasst alle Vorgänge und Transaktionen, die auf die Fusion von Unternehmen oder auf den Kauf oder Verkauf von Unternehmen bzw. Unternehmensanteilen abzielen (Grädler und Wehlage, 2019, S. 109 f.). Jährlich werden in Deutschland zahlreiche, zum Teil rein inländische als auch grenzüberschreitende M&A Transaktionen getätigt. Zu den ausländischen Investoren zählen vor allem amerikanische, englische, schweizerische, französische und niederländische Investoren, aber nach den

Der Autor bedankt sich bei Dipl.-Jur. Christoph Beckmann und Lingxi Zhong, LL.M. (UCLA) für die tatkräftige und wertvolle Unterstützung. Ohne deren Unterstützung wäre dieser Beitrag in dieser Form nicht möglich gewesen. Diese Ausarbeitung gibt den Rechts- und Tatsachenstand per 1. August 2020 wieder.

https://doi.org/10.1515/9783110668216-006

jüngsten Entwicklungen zunehmend auch asiatische Investoren (Institute for Mergers, Acquisitions and Alliances, 2020). Insbesondere vor dem Hintergrund des staatlich unterstützten chinesischen Investitionsprogramms „Made in China 2025" konnte eine zunehmende Aktivität chinesischer Investoren beobachtet werden.

1.1 Allgemeine rechtliche Rahmenbedingungen für M&A-Aktivitäten in Deutschland

Obgleich die hier untersuchten M&A-Aktivitäten deutsche Zielgesellschaften betreffen und diese damit in Deutschland abgewickelt werden und zumeist vollständig, in jedem Fall aber zumindest teilweise (d. h. sachenrechtlich) dem deutschen Recht unterliegen, ist die deutsche M&A-Praxis weitgehend von englischen und US-amerikanischen Begriffen, Strukturen und Instituten geprägt (zu den Anglizismen in der Unternehmenstransaktion Grädler und Wehlage, 2019). Zugleich werden die Unternehmenskaufverträge unter Berücksichtigung der hohen Anzahl der ausländischen Akteure häufig zumindest auch in englischer Sprache verfasst.

Der vorliegende Beitrag beabsichtigt, einen praxisorientierten Überblick über den Verlauf der M&A-Transaktionen in Deutschland vor allem für ausländische Investoren zu verschaffen. In Bezug auf die Transaktionsstruktur sind hauptsächlich Share Deals und, seltener, Asset Deals anzutreffen; anderweitige Transaktionsstrukturen, wie etwa öffentliche Übernahmeangebote oder Merger, finden sich eher wenige. Aufgrund des im deutschen Recht geltenden, sachenrechtlichen Bestimmtheitsgrundsatzes, wonach die Übertragung von Vermögenswerten voraussetzt, dass diese konkret bestimmt oder zumindest bestimmbar sind, müssen bei einem Asset Deal alle Verkaufsobjekte im Vertrag oder in dessen Anlage grundsätzlich einzeln aufgelistet werden (Tamcke und Adolph, 2019, S. 932 f.), was den Asset Deal im Vergleich zum Share Deal komplexer und zeitaufwendiger macht, sodass daher in der Praxis dem Share Deal häufig der Vorzug gegeben wird.

Auch der Ablauf einer typischen M&A-Transaktion im deutschen Markt entspricht internationalen Gepflogenheiten: Zunächst wird der Verkäufer mithilfe externer Berater einen Teaser und/oder ein Information Memorandum entwerfen, welche jeweils die wesentlichen Informationen über das Zielunternehmen (in unterschiedlicher Detailtiefe) zusammenfassen. Das Information Memorandum wird jedoch dem Käufer bzw. den Kaufinteressenten erst dann zur Verfügung gestellt, wenn eine Vertraulichkeitsvereinbarung (Non-Disclosure Agreement (NDA) oder Confidentiality Agreement (CA)) unterschrieben wurde. In der Folge gibt der Kaufinteressent eine (bindende oder nicht bindende) Absichtserklärung (Letter of Intent (LoI)), ab. Alternativ kann von den Parteien der geplanten Transaktion ein Memorandum of Understanding (MoU), Heads of Agreement oder Term Sheet unterzeichnet werden (zur Dokumentation dieser vorvertraglichen Phase Liese und Theusinger 2016, § 27 Rn. 18–21, Schönhaar 2014, S. 274). Zum Teil wird allerdings auch auf diese vorvertraglichen Dokumente verzichtet und die Parteien beginnen direkt mit den Verhandlungen der eigentlichen Vertragsdokumentation. Parallel hierzu hat der Kaufinteressent in der Regel die Möglichkeit, eine Due Diligence durchzuführen, d. h. also eine Prüfung des Zielunternehmens in kommerzieller, finanzieller, rechtlicher, steuerrechtlicher und/oder technischer Hinsicht. Das Ergebnis der Due Diligence-Prüfung dient nicht nur dazu, den Kaufinteressenten bzw. dessen Gremien bei der Kaufentscheidung zu unterstützen und die mit dem Kauf des Zielunternehmens verbundenen Risiken aufzudecken, sondern ist insbesondere auch dann zwingend erforderlich, wenn für die Transaktion eine Versicherung für Schäden aus den Garantien bzw. den Freistellungen (Warranty & Indemnity Insurance) angedacht ist. Darüber hinaus ist für chinesische Investoren ein Due Diligence Report unter Umständen auch im Rahmen des Genehmigungsprozesses durch chinesische Behörden erforderlich.

In der Folge wird das sog. Share Purchase Agreement (SPA) oder Asset Purchase Agreement (APA) entworfen und verhandelt. Dabei betreffen die typischen Klauseln der Unternehmenskaufverträge die Kaufpreisbestimmung, die Vorbereitung und die Durchführung des Vollzugs des Vertrags (das sog. Closing), die Gewährleistungen sowie die Rechtsfolgen von Gewährleistungsverstößen. Da bzgl. der Gewährleistungen die in §§ 434 ff. BGB vorgesehenen gesetzlichen Vorgaben für den Fall des Unternehmenskaufs als nicht geeignet betrachtet werden, werden diese regelmäßig durch selbstständige Garantieversprechen (Representations & Warranties) des Verkäufers ersetzt (Grädler und Wehlage, 2019, S. 112). Nach dem Abschluss des Vertrags (Signing) folgt die Closing-Phase, in der die Transaktion vollzogen wird.

Im Rahmen der folgenden ausführlichen Darstellung wird das Hauptaugenmerk auf die spezifischen rechtlichen Besonderheiten bei Transaktionen mit Beteiligung eines Investors aus China gelegt.

1.2 Besonderheiten speziell bei ausländischen bzw. speziell bei chinesischen Investoren?

1.2.1 Das deutsche Investitionskontrollrecht

Deutschland ist ein attraktiver Investitionsstandort für ausländische Unternehmen. 2018 wurden in Deutschland über 4.900 ausländische Investitionen verzeichnet. 2.062 davon entfielen auf Ansiedlungsprojekte, Erweiterungen und Relokalisierungen. 2.852 Investitionen waren auf M&A-Transaktionen zurückzuführen. In 497 dieser Transaktionen erwarb ein ausländischer Investor mehr als 50 % der Anteile an der Zielgesellschaft (Germany Trade and Invest, 2019, S. 3 f.).

In Deutschland herrscht grundsätzlich ein offenes Investitionsklima. An prominenter Stelle in § 1 des Außenwirtschaftsgesetzes heißt es: „Der Güter-, Dienstleistungs-, Kapital-, Zahlungs- und sonstige Wirtschaftsverkehr mit dem Ausland sowie der Verkehr mit Auslandswerten und Gold zwischen Inländern (Außenwirtschaftsverkehr) ist grundsätzlich frei."

Der freie Kapitalverkehr kann allerdings im Außenwirtschaftsgesetz oder den auf Grundlage dieses Gesetzes erlassenen Verordnungen beschränkt werden. Hieraus wird deutlich, dass der freie Erwerb von Unternehmensanteilen ungeachtet der Nationalität des Erwerbers den Regelfall darstellt. Die Beschränkung des freien Kapitalverkehrs stellt somit den begründungsbedürftigen Ausnahmefall dar, der durch die Investitionskontrollverfahren spezifiziert wird.

Seit 2004 erlaubt das Außenwirtschaftsrecht die Kontrolle von Investitionen aus dem Bereich der Militärtechnologie (sog. sektorspezifische Prüfung); diese sektorspezifische Kontrolle ist vor allem Ausfluss einer aktiven Sicherheits- und Verteidigungspolitik.

Eine weitergehende, über den Bereich der Militärtechnologie hinausgehende Kontrollkompetenz des Bundesministeriums für Wirtschaft und Energie wurde erst 2009 im Sinne einer sog. sektorübergreifenden Prüfungskompetenz begründet. Danach können Investitionen von unionsfremden Investoren mit Beteiligungen von strategischer Bedeutung geprüft werden (sog. sektorübergreifende Prüfung). Aufgekommen ist die zugrundeliegende Diskussion um eine derartige zusätzliche Prüfungskompetenz und die Kontrolle ausländischer Direktinvestitionen mit dem verstärkten Agieren ausländischer Staatsfonds auf dem deutschen Kapitalmarkt. Bei solchen „Sovereign Wealth Funds" handelt es sich um finanzstarke Anlagevehikel unter staatlicher Kontrolle. Sie waren zwar auch 2009 nicht neu, erste Staatsfonds agieren bereits seit den 1950er Jahren weltweit, ihre erhöhte Investitionstätigkeit in Deutschland löste dennoch Unsicherheit aus (Schalast, 2009, S. 109). Mit ihrem Aufkommen und einigen teils intransparenten Transaktionen wuchs die Befürchtung, dass diese Investitionsvehikel genutzt würden, um politischen Einfluss an der Politik vorbei anzustreben und auszuüben. Insoweit sollten Unternehmen von strategischer Bedeutung für das Inland und aus kritischen Infrastrukturbereichen wie Telekommunikation und Elektrizität von politischem Druck abgeschirmt werden können (Bayer und Ohler 2008, S. 13; Mausch-Liotta und Sattler 2020, § 55 AWV Rn. 2). Diese Sorge betraf insbesondere Staatsfonds aus Ländern, deren politischen Ziele in Europa (auf den ersten Blick) fremd, nicht verständlich oder umstritten waren (Bayer und Ohler 2008, S. 13; Schalast 2009, S. 109). Bedenken betrafen insoweit den russischen, chinesischen und auch den saudischen Staatsfond (Krolop 2008, S. 40; Schalast 2009, S. 107 ff.). Ihr Anlagevolumen bewegte sich zwischen Mrd. USD 144 (Russland), Mrd. USD 200 (China) und Mrd. USD 875 (Saudi-Arabien) (eine Liste der wichtigsten Staatsfonds zu Beginn der Regulierungsdiskussion findet sich bei Schalast, 2009, S. 108).

Die diesbezügliche Regulierungsdiskussion beschränkt sich mittlerweile nicht mehr nur auf Staatsfonds, sondern hat sich auf solche Investoren, die von drittstaatlichen Regierungen beeinflusst oder kontrolliert werden, erweitert (Herrmann, 2020, S. 2). Diese Stoßrichtung hat mit Inkrafttreten der letzten Novelle des Außenwirtschaftsgesetzes vom 17. Juli 2020 (nachfolgend „AWG") und der Außenwirtschaftsverordnung am 3. Juni 2020 (nachfolgend „AWV") Einzug in die deutsche Investitionskontrollpraxis gefunden. Die Zielsetzung ist somit klar: Unternehmen aus Schlüsselindustrien sollen vor politischem Druck abgeschirmt werden können. Von den entsprechenden Kontrollverfahren sind jedoch ausländische Investoren ungeachtet ihres Herkunftsstaats betroffen.

Aufgrund der Eingriffsintensität der Untersagung und der nachweislich positiven Wirkung von ausländischen Investitionen sollte das Investitionskontrollregime nicht zu restriktiv ausgestaltet werden, um das investitionsfreundliche und offene Investitionsklima in Deutschland beizubehalten (Mausch-Liotta und Sattler, 2020, § 55 AWV Rn. 2). Die Bundesregierung ist demgemäß mit der Schaffung der gesetzlichen Grundlagen der übergreifenden Investitionskontrollverfahren davon ausgegangen, dass das Verfahren nur in einigen wenigen Ausnahmefällen einschlägig sein werde und der Ausnahmefall bleiben solle (vgl. BT-Drcks., 16/10730 S. 11). Nichtsdestotrotz ist der Anwendungsbereich der Investitionskontrolle seit ihrer Einführung stetig verschärft und erweitert worden.

Der Neutralität der Investitionskontrolle hinsichtlich der Nationalität der Erwerber zum Trotz, liest man in der deutschen Wirtschaftspresse von einer vermeintlich drohenden Gefahr für die heimischen Märkte durch chinesische Investitionen. Teilweise wird eine politische Gegenstrategie gefordert (Wirtschaftswoche, 2018). Diese populistischen Forderungen sind vermutlich auf zweierlei Gründe zurückzuführen. Zunächst waren an den öffentlich breit diskutierten Investitionen in Deutschland seit 2016 ausschließlich chinesische Investoren beteiligt. Teilweise sind diese Investitionen erfolgreich durchgeführt worden, wurden von der breiten Öffentlichkeit jedoch nicht begrüßt, so z. B. der erfolgreiche Erwerb von Kuka durch Midea. Teilweise wurde eine Investitionskontrolle durchgeführt. Dies betraf z. B. den geplanten Erwerb von Leifeld Metal Spinning, der im letzten Moment gestoppt wurde. Andere Erwerbsvorgänge fanden schließlich außerhalb der Grenzen der Investitionskontrolle statt, haben im Nachhinein jedoch dazu geführt, dass die Regelungen der Investitionskontrolle verschärft wurden, so z. B. der durch das Einschreiten der Kreditanstalt für Wiederaufbau verhinderte Erwerb von 50Hertz. Gleichzeitig hat China mit „Made in China 2025" eine Strategie zur Erlangung globaler Technologieführerschaft verabschiedet, die notfalls auch durch externes Wachstum realisiert werden soll und die den Blickwinkel auf China vom Partner zum systemischen Wettbewerber verschoben hat (Zenglein und Holzmann, 2019, S. 14).

1.2.2 Die Outbound-Investitionskontrolle in China

Mit dem rasanten Anstieg der chinesischen Auslandsinvestitionen in den letzten Jahren hat sich auch das chinesische Überwachungssystem für Auslandsinvestitionen angepasst. Seit 2017 erließen die zuständigen Behörden eine Reihe von diesbezüglichen aufsichtsrechtlichen Richtlinien. Insbesondere durch die 2017 von der Nationalen Kommission für Entwicklung und Reform herausgegebene Anordnung 11, „Maßnahmen für die Verwaltung der Investitionen in Unternehmen im Ausland" (nachfolgend „Anordnung Nr. 11") wurde die Überwachung von Investitionen im Ausland verwirklicht und verstärkt. Nachfolgend soll ein kurzer Überblick über die Kontrolle chinesischer Auslandsinvestitionen gegeben werden.

(a) Einleitung und Prozessübersicht

Im Allgemeinen müssen Auslandsinvestitionen chinesischer Unternehmen zunächst von zwei großen Regierungsabteilungen genehmigt werden: Zuständig sind zunächst die Nationale Kommission für Entwicklung und Reform (oder die lokale Kommission für Entwicklung und Reform, im Folgenden zusammenfassend als „Entwicklungs- und Reformkommission" bezeichnet) und das nationale (oder das lokale) Handelsministerium (im Folgenden als „MOFCOM" oder „Ministry of Commerce" bezeichnet).

Wenn es sich um ein staatliches Unternehmen (nachfolgend „SOE" oder „State-owned Enterprise") handelt, ist vor der Meldung an die zuständigen Ministerien und Kommissionen auch eine Genehmigung der staatlichen Aufsichts- und Verwaltungskommission für Vermögen (nachfolgend „SASAC" oder „State-owned Assets Supervision and Administration Commission of the State Council") einzuholen.

Eine Bank wickelt nach den erforderlichen Genehmigungen die Devisenüberweisung ab.

(b) Genehmigung von Investitionen durch SOEs durch die SASAC

Am 7. Januar 2017 erließ die SASAC die Anordnung Nr. 35, „Maßnahmen zur Überwachung und Verwaltung von Auslandsinvestitionen staatlicher Unternehmen" (nachfolgend „Anordnung Nr. 35"), die zur Einführung von sog. schwarzen Listen und eines jährlichen Investitionsplanungsmanagements für Auslandsinvestitionen der verschiedenen staatlichen Unternehmen führte (vgl. Art. 4 Anordnung Nr. 35). Für Investitionsprojekte im Ausland, die in den jährlichen Investitionsplan einbezogen sind, soll bzw. muss eine entsprechende Investition implementiert werden (vgl. Art. 5 Anordnung Nr. 35). Nicht wesentliche Investitionsprojekte für Unternehmen und Sonderaufsichtsprojekte von der Schwarzen Liste werden dagegen bei der SASAC zur Überprüfung gemeldet (Tabelle 6.1).

Für die von der SASAC zu prüfenden Projekte sind folgende Unterlagen einzureichen:

(1) Bericht über das zu investierende Projekt; (2) Unterlagen über die Beschlüsse des Unternehmens; (3) Projektdurchführbarkeitsbericht und Due Diligence Berichte; (4) Projektfinanzierungsplan; (5) Risiko- und Kontrollbericht; (6) andere notwendige Materialien (vgl. Art. 12 Anordnung Nr. 35).

Im Übrigen ist bei diesem Prozess Folgendes zu beachten:

(aa) SOE müssen (neben der schwarzen Liste der SASAC) jeweils ihre eigene schwarze Liste erstellen. Gemäß Art. 9 der Anordnung Nr. 35, müssen alle SOE eine strengere und spezifischere schwarze Liste ausländischer Investitionsprojekte erstellen. Diese spezifischeren Listen basieren auf der schwarzen Liste der SASAC für ausländische Investitionsprojekte der SOE und sind in

Tab. 6.1: Übersicht zur Genehmigung von Investitionsprojekten durch die SASAC (eigene Darstellung)

Investitionstypus		Genehmigungs- bzw. Aufsichtsmethode
Investment steht auf einer schwarzen Liste	Verboten	Investition ist verboten
	Nur unter besonderer Aufsicht erlaubt	Investition ist zu überprüfen und wird nach etwaiger Genehmigung besonders beaufsichtigt
Negative Einträge bzgl. des Investments außerhalb der Liste(n) existieren und Projekt ist nicht im jährlichen Investitionsplan und nicht in wesentlichen Geschäftsprojekten enthalten	Nur unter besonderer Aufsicht erlaubt	
In einem (genehmigten) jährlichen Investitionsplan enthalten	Zulässig	Investition ist zulässig und wird (nur) eingetragen
Investment steht nicht auf einer schwarzen Liste und es existieren auch keine negativen Einträge		

Anbetracht der tatsächlichen Umstände des Unternehmens zu erstellen (vgl. Art. 9 der Anordnung Nr. 35).

(bb) Soll das geplante Auslandsinvestitionsprojekt als Listenprojekt genehmigt werden, so muss es in dem der SASAC für das entsprechende Jahr gemeldeten Investitionsplan enthalten sein. Gemäß Art. 11 der Anordnung Nr. 35 müssen SOE jährliche Auslandsinvestitionspläne stets angepasst an ihre internationalen Betriebspläne erstellen und in ihre jährlichen Investitionspläne einbeziehen. Wenn die Neuentscheidung des SOE bei größeren ausländischen Investitionsprojekten zu einer Anpassung des jährlichen Investitionsplans führt, muss es der SASAC den angepassten jährlichen Investitionsplan zur Genehmigung melden (vgl. Art. 11 der Anordnung Nr. 35).

(cc) Investitionen in Bereichen, die nicht das Hauptgeschäft des jeweiligen SOE darstellen, sollen streng kontrolliert werden und setzen eine Zusammenarbeit mit anderen SOE voraus. Gemäß Art. 14 Anordnung Nr. 35 dürfen SOE grundsätzlich nicht in nebengeschäftliche Auslandsprojekte investieren. Nur wenn ein besonderer Anlass für eine Investition außerhalb des Hauptgeschäftsbereichs besteht, kann das Unternehmen das Investitionsvorhaben der SASAC zur Überprüfung und Genehmigung vorlegen. Außerdem muss das Vorhaben in Zusammenarbeit mit einem anderen SOE, dessen Haupttätigkeit im Bereich des Investitionsprojekts liegt, durchgeführt werden. Welcher Geschäftsbereich den Hauptgeschäftsbereich des SOE darstellt, wird durch dessen Entwicklungsstrategie sowie -plan festgelegt und durch die

SASAC bestätigt. Das Nebengeschäft bezieht sich auf von diesem abweichende Geschäftsbereiche (vgl. Art. 14 Anordnung Nr. 35).

(dd) Bevor eine Investitionsentscheidung getroffen wird, muss stets eine Risikobewertung durch einen Dritten durchgeführt werden (vgl. Art. 12 Abs. 2 Anordnung Nr. 35). Gemäß Art. 25 der Anordnung Nr. 35 muss von dem SOE
vor der Investitionsentscheidung besonders bedeutender Investitionsprojekte im Ausland ein Risikobewertungssystem eingerichtet und durch unabhängige qualifizierte Beratung eine umfassende Bewertung der politischen, wirtschaftlichen, sozialen, kulturellen, marktwirtschaftlichen, rechtlichen und
sonstigen Risiken durchgeführt werden (vgl. Art. 25 Anordnung Nr. 35).

(c) Genehmigung durch die Entwicklungs- und Reformkommission

2017 erließ die Nationale Kommission für Entwicklung und Reform die Anordnung Nr. 11, die darauf abzielt, die Verwaltung und das Management von Auslandsinvestitionen gezielt(er) zu gestalten. Ihre Vorschriften differenzieren zwischen sensiblen und nicht sensiblen Projekten sowie der Beteiligung in in- und
ausländischen Unternehmen. Diese Anordnung erfasst damit auch Genehmigungsverfahren für Auslandsinvestitionen von Unternehmen unter Beteiligung
chinesischer Finanzierung.

Wie aus Tabelle 6.2 hervorgeht, konzentriert sich die Nationale Entwicklungs- und
Reformkommission auf die Überprüfung sensibler Projekte, die von chinesischen
Unternehmen finanziert werden.

Tab. 6.2: Genehmigung durch die Entwicklungs- und Reformkommission (eigene Darstellung)

			Projekt wird durch eine von einem chinesischen Unternehmen gegründete (Auslands-) Gesellschaft realisiert	Projekt wird durch ein ausländisches Unternehmen realisiert, das unter der Kontrolle chinesischer Unternehmen steht
Sensible Projekte			Genehmigung erforderlich	
Nicht sensible Projekte	SOE	Großer Betrag[1]	Eintragung (Nationale Entwicklungs- und Reformkommission)	Bericht erforderlich
		Kein großer Betrag		Kein Bericht erforderlich
	Nicht-SOE	Großer Betrag	Eintragung (Nationale Entwicklungs- und Reformkommission)	Bericht erforderlich
		Kein großer Betrag	Eintragung (Entwicklungs- und Reformkommission der Provinz)	Kein Bericht erforderlich

Zu den sog. „sensiblen Projekten" gehören zunächst alle Investitionen in sensiblen Ländern und Regionen, u. a.:

- Länder und Regionen, die keine diplomatischen Beziehungen zu China haben;
- Länder und Regionen, in denen Krieg und Bürgerkrieg herrschen;
- Länder und Regionen, in denen Unternehmen verpflichtet sind, ihre Investitionen im Einklang mit internationalen Verträgen und Vereinbarungen zu beschränken (vgl. Art. 13 Abs. 2 Anordnung Nr. 11).

Zu sensiblen Projekten gehören ferner Investitionen in sog. sensible Industrien. Ein Katalog sensibler Industrien wurde von der Nationalen Entwicklungs- und Reformkommission am 31. Januar 2018 herausgegeben: Dieser umfasst (1) die Entwicklung, Produktion und Wartung von Waffen und militärischer Ausrüstung; (2) Entwicklung und Nutzung grenzüberschreitender Wasserressourcen und (3) Nachrichtenmedien.

Der Staatsrat gab 2017 zudem Katalog Nr. 74 „Katalog sensibler Industrien für Auslandsinvestitionen" (nachfolgend „Katalog Nr. 74") heraus, der weitere sensible Industrien umfasst. Dieser umfasst Branchen, die ihre Auslandsinvestitionen einschränken müssen. Betroffen hiervon sind bestimmte Branchen, namentlich: (1) Immobilien; (2) Hotels; (3) (Film-)Studios; (4) Unterhaltungsindustrie; (5) Sportvereine; (6) Etablierung von Beteiligungsfonds oder Investmentplattformen ohne spezifische Industrieprojekte in Übersee.

Um Projekte von der Entwicklungs- und Reformkommission genehmigen zu lassen, sind folgende Unterlagen einzureichen: (1) Bericht über den Zustand der Investmentgesellschaften; (2) Projektstatus, einschließlich Projektname, Investitionsziel, primärer Inhalt und Umfang der Investition, chinesischer Investitionsbetrag; (3) Analyse der Auswirkungen des Projekts auf die nationalen Interessen Chinas und die nationale Sicherheit; (4) Stellungnahme zur Investmentgesellschaft und Seriosität des Projekts.

Zu beachten sind vor allem folgende Punkte:

(aa) Die Zuständigkeit der Entwicklungs- und Reformkommission wurde zuletzt erweitert. Gemäß Art. 40 der Anordnung Nr. 11 ist die Entwicklungs- und Reformkommission für die Genehmigung und Beaufsichtigung von Investitionen in Auslandsunternehmen und die Kontrolle dieser Vorgänge zuständig. Sie überwacht Assets, Eigenkapital, Fremdkapital, Garantien, Corporate Governance, die Verwaltung und andere damit verbundene Aspekte (vgl. Art. 32 Anordnung Nr. 11). Die Ausweitung der Zuständigkeit wurde durchge-

---

1 Der Betrag bezieht sich auf die jeweilige chinesische Investition, die Grenze liegt bei ≥ 300 Mio. USD. Dieser Betrag beinhaltet die Summe von Geld, Wertpapieren, Anlagegütern, Technologie, Rechten an geistigem Eigentum, Eigenkapital, Schulden und anderen Vermögenswerten, Fremdkapital sowie Garantien, die von der Investmentgesellschaft direkt und über die von ihr kontrollierten ausländischen Unternehmen bereitgestellt werden.

führt, um Gründung von Unternehmen, Direktinvestitionen, Reinvestitionen und Finanzierungen ausländischer Unternehmen, Unternehmen, die von inländischen Unternehmen kontrolliert werden, Garantien, Eigentumserwerb an ausländischen Unternehmen und den Erwerb von Kontrollrechten an solchen Unternehmen vollständig abzudecken.

(bb) Die Genehmigung durch die Entwicklungs- und Reformkommission ist Grundlage und Voraussetzung für die Verfahrensdurchführung bei anderen Behörden. In der Anordnung Nr. 11 ist damit festgelegt, dass selbst für genehmigte/aufgezeichnete Projekte vor anderen Behörden keine entsprechenden Verfahren ohne Zustimmung der Nationalen Entwicklungs- und Reformkommission durchgeführt werden dürfen (vgl. Art. 33 Anordnung Nr. 11).

(cc) Zu beachten ist ferner die Berichtspflicht nach Abschluss der Investition. In der Anordnung Nr. 11 ist festgelegt, dass für Projekte, die in den Geltungsbereich der Genehmigungs- und Datensatzverwaltung fallen, die Investmentgesellschaft innerhalb von 20 Arbeitstagen ab dem Tag des Projektabschlusses ein Projektabschlussformular über das System der Behörde einreichen muss (vgl. Art. 35 Anordnung Nr. 11).

(d) Genehmigung durch das Handelsministerium

Eine am 18. Januar 2018 vom Handelsministerium, der chinesischen Volksbank (i. e. der chinesischen Zentralbank), der SASAC, der China Banking Regulatory Commission, der China Security Regulatory Commission, der China Insurance Regulatory Commission und der State Administration of Foreign Exchange gemeinsam veröffentlichte Mitteilung über die „Vorläufigen Maßnahmen für das Einreichen (und die Prüfung) von Berichten über Auslandsinvestitionen" verbesserte zwar den Informationsaustausch und die Zusammenarbeit zwischen den vorgenannten Ministerien und Kommissionen, aber an der grundsätzlichen Aufteilung der Zuständigkeiten zur Prüfung und Genehmigung von Auslandsinvestitionen änderte sich hierdurch nichts. Daher gelten derzeit weiterhin die vom Handelsministerium im Jahr 2014 herausgegebenen „Maßnahmen zur Verwaltung von Auslandsinvestitionen" (MOFCOM, 2014), wonach sich die Genehmigung von Investitionen außerhalb des Finanzsektors im Ausland durch die jeweils zuständige Behörde an der Tabelle 6.3 des Handelsministeriums zu orientieren hat.

Es ist zu beachten, dass die vom Handelsministerium festgelegten sensiblen Länder und Industrien von denen, die durch die Entwicklungs- und Reformkommission festgelegt wurden (vgl. oben), abweichen. Darüber hinaus wird gemäß der Mitteilung des Generalsekretariats des Staatsrates über die Weiterleitung der Richtlinie des Handels- und Außenministeriums, der Volksbank von China (Generalsekretariat des Staatsrates, 2017) die weitere Richtung der Entwicklung, Steuerung und Regulierung der Auslandsinvestitionen vorgegeben. Diese sieht vor, dass die Genehmigung von Auslandsinvestitionen, die (i) die nationale Souveränität und Sicherheit, oder die öffentlichen Interessen der Volksrepublik Chi-

Tab. 6.3: Genehmigung von Investitionen außerhalb des Finanzsektors im Ausland durch das Handelsministerium (eigene Darstellung)

	Ausländischer Geschäftsbetrieb durch ein von einem chinesischen Unternehmen gegründetes ausländisches Unternehmen	Ausländischer Geschäftsbetrieb durch (ausländisches) Unternehmen, das unter chinesischer Kontrolle steht
Sensible Industrie	Genehmigung[2]	Bericht[3]
Nicht sensible Industrie	Dokumentation[4]	

na gefährden oder gegen die Rechtsordnung der Volksrepublik China verstoßen, (ii) die Beziehungen zwischen der Volksrepublik China und anderen Ländern schädigen können oder (iii) von einem Ausfuhrverbot der Volksrepublik China betroffene Produkte und Technologien betreffen, verweigert werden darf. Umfassende Analysen, sensible Länder und Branchen des Handelsministeriums beziehen sich gemäß Art. 4 der Anordnung des Handelsministeriums Nr. 3 betreffend „Administrative Maßnahmen für Investitionen im Ausland (nachfolgend „Anordnung Nr. 3") auf:

- Länder, die keine diplomatischen Beziehungen zur Volksrepublik China aufgenommen haben;
- Länder, die den Sanktionen der Vereinten Nationen unterliegen;
- Sensible Länder und Regionen, die Beschränkungen gemäß den Bestimmungen geschlossener bi- oder multilateraler Verträge oder Abkommen verlangen;
- Branchen, in denen Produkte und Technologien exportiert werden, die von der Volksrepublik China eingeschränkt werden;
- Branchen, die die Interessen der Länder (Regionen) berühren;
- Auslandsinvestitionen in Immobilien, Hotels, Kinos, Unterhaltung, Sportvereine etc.;
- Auflegen von Aktienfonds oder Investmentplattformen ohne spezielle Industrieprojekte im Ausland.

Um die Projekte vom Handelsministerium genehmigen zu lassen, müssen folgende Unterlagen eingereicht werden (vgl. Art. 10 der Anordnung Nr. 3):

---

2 Für genehmigte Auslandsinvestitionen wenden sich zentrale Unternehmen an das Handelsministerium und lokale Unternehmen über die lokale Handelsabteilung an das Handelsministerium.

3 Für in das Protokoll aufgenommene Auslandsinvestitionen erstatten die Zentralunternehmen dem Handelsministerium Bericht, während die lokalen Unternehmen der zuständigen Handelsabteilung der Provinz Bericht erstatten.

4 Nach Abschluss der ausländischen rechtlichen Verfahren erstattet das Unternehmen der zuständigen Handelsabteilung Bericht.

- Das Antragsformular, das die Angaben zum Anlagegegenstand, den Namen der ausländischen Gesellschaft, die Beteiligungsstruktur, den Investitionsbetrag, den Geschäftsumfang, die Betriebsdauer, die Herkunft der Investitionsmittel und den spezifischen Inhalt der Investition beinhalten;
- Verträge oder Vereinbarungen in Bezug auf die Auslandsinvestition;
- Informationen hinsichtlich der Werkstoffe, Rohstoffe und/oder Technologien, wenn deren Export aus China einer Genehmigung erfordern würde;
- Eine Kopie der Geschäftslizenz des chinesischen Investors.

Der Generaldirektion des Handelsministeriums zufolge, soll der Schwerpunkt der Testphase für die Regelungen zur Zusammenarbeit der Überwachung von Auslandsinvestitionen auf folgenden Fragen liegen:

- Ob Unternehmen in Übersee Sicherheitsvorkehrungen für Personal, Sachwerte, Notfallwarnmechanismen und Notfallpläne getroffen haben;
- Ob das ausländische Unternehmen sich bei Bedarf rechtzeitig beim ausländischen (Botschafts-) Konsulat (Geschäftsstelle) registrieren muss;
- Ob die inländischen Investmentgesellschaften eines ausländischen Unternehmens die Geschäftsbedingungen und statistische Daten in Übereinstimmung mit den Vorschriften berichten;

Die folgenden Auslandsinvestitionen werden sodann dauerhaft überwacht:

- Chinesische Investition mit einem Gegenwert von ≥ Mio. USD 300;
- Auslandsinvestitionen in sensiblen Ländern, Regionen und Branchen;
- Auslandsinvestitionen mit erheblichen Betriebsverlusten;
- Auslandsinvestitionen mit massiven Sicherheitsvorfällen;
- Auslandsinvestitionen, die gegen aus- oder inländische Regularien verstoßen;
- Große Auslandsinvestitionen in anderen, sonstigen Situationen (Auffangtatbestand).

(e) Die chinesische Devisenkontrolle

(aa) Genehmigungsprozess

Nach Erteilung der Genehmigung durch die zuständige Investitionsaufsichtsbehörde kann ein Unternehmen die Überweisung der Devisen direkt bei der Bank beantragen. Gemäß dem „Hinweis zur staatlichen Devisenverwaltung und weiteren Vereinfachungen und Verbesserungen der Devisenmanagementrichtlinien für Direktinvestitionen" (SAFE, 2015) wurden die administrativen Genehmigungsposten für die Registrierung und Genehmigung von Devisen für Auslandsdirektinvestitionen aufgehoben. Die Banken prüfen die Überweisungen und das Vorliegen der erforderlichen Genehmigungen (s. o.) selbst und führen sie aus. Zusätzlich bedürfen alle Unternehmen und Personen, die Auslandsüberweisungen in Devisen tätigen möchten, einer

Devisenregistrierung durch eine Bank, wobei die staatliche Devisenverwaltung indirekt den Registrierungsprozess durch die Banken überwacht.

Die Zahlung von Kaufpreisen und/oder sonstigen Geldbeträgen (z. B. Einlagen) aus China heraus kann damit nicht ohne Devisengenehmigung erfolgen. Die Stornierung von Reinvestitionsanträgen von Auslandsinvestitionen und die Löschung von Unternehmen, die von inländischen Investmentgesellschaften gegründet oder kontrolliert werden, müssen das Verfahren der Einreichung von Devisen nicht durchlaufen.

(bb) Prüfungs- und Genehmigungsunterlagen

Die von der Bank benötigten Prüfungsunterlagen sind hauptsächlich:

- Das Antragsformular für das Devisenregistrierungsgeschäft für Auslandsdirektinvestitionen;
- Der Gewerbeschein oder die Zulassungsbescheinigung und der Gesellschaftsvertrag des investierenden Unternehmens; wenn mehrere inländische Institute gemeinsam eine Auslandsdirektinvestition vornehmen, sind der Gewerbeschein oder Zulassungsbescheinigung und die Bescheinigung des Gesellschaftsvertrags von allen beteiligten inländischen Unternehmen vorzulegen.
- Das „Investmentzertifikat für ausländische Unternehmen", ausgestellt von der Abteilung für die Rückstellung von Auslandsinvestitionen von Nichtfinanzunternehmen; die Auslandsinvestition von Finanzinstitutionen bedarf den Genehmigungsunterlagen der zuständigen Finanzbehörden oder zumindest ihren Verzicht auf den Widerspruch.

(cc) Sonderfall: Vorabkosten

Wenn das Projekt mit Vorabkosten verbunden ist (einschließlich Leistungsgarantien, Bearbeitungsgebühren für Garantien, Vermittlungsgebühren, Gebühren für Ressourcenexploration usw.), die im Vorwege gezahlt werden müssen, muss ein Antrag auf Genehmigung bei der Entwicklungs- und Reformkommission eingereicht werden. Die Vorabkosten eines bereits genehmigten oder eingetragenen Projekts (siehe oben) sind im chinesischen Investitionsbetrag des jeweiligen Projekts enthalten. Die Bank beantragt dann die Überweisung von entsprechenden Devisen.

2 Das deutsche Investitionskontrollrecht

Die deutsche Investitionskontrolle unterscheidet – wie bereits ausgeführt – strukturell zwischen der sektorübergreifenden und der sektorspezifischen Investitionskontrolle.

2.1 Die sektorübergreifende Investitionskontrolle

Die sektorübergreifende Investitionskontrolle ist in den §§ 55 bis 59 AWV geregelt. Sie stellt den Regelfall der deutschen Investitionskontrolle durch das Bundesministerium für Wirtschaft und Energie (nachfolgend „BMWi") dar. Ihr weiter Anwendungsbereich erlaubt es grundsätzlich, dass eine branchenunabhängige Transaktionskontrolle stattfinden kann. Durch prominente, von der Presse begleitete Fälle im Jahr 2018 ist die sektorübergreifende Kontrolle einem breiten Publikum außerhalb der Fachöffentlichkeit bekannt geworden.

In Erinnerung bleibt vor allem der geplante Erwerb der Leifeld Metal Spinning AG durch das französische Unternehmen Manoir Industries, das wiederum von der chinesischen Investorengruppe Yantai Taihai kontrolliert wurde. Offiziell wurden in dem Verfahren weder ein Erwerbsverbot noch Auflagen ausgesprochen. Dies ist allerdings nur darauf zurückzuführen, dass der Erwerber sein Erwerbsvorhaben und den Antrag auf Erteilung einer Unbedenklichkeitsbescheinigung zurückgezogen hat, nachdem Gerüchte laut wurden, das BMWi plane den Erwerb zu untersagen (Schwenn et al., 2018).

Statistisch hat es nach Durchführung eines sektorübergreifenden Prüfungsverfahrens in Deutschland damit bisher keine offiziell ausgesprochene Untersagung einer Transaktion gegeben (Bundesministerium für Wirtschaft und Energie, 2018, S. 6). Man kommt jedoch nicht umhin festzustellen, dass der Fall Leifeld ein rechtspolitisches Novum in der Entwicklung des Investitionskontrollrechts darstellt, der stellvertretend für eine Verschärfung des Investitionsklimas in Deutschland gilt (Dammann de Chapto und Brüggemann 2018, S. 413; Mohamed 2019, S. 766; Slobodenjuk 2019, S. 202). Aufgrund solcher tatsächlichen Entwicklungen und der stetigen rechtspolitisch motivierten Verschärfung der Regelungen der Investitionskontrolle, wird die sektorübergreifende Prüfung in der Zukunft immer weiter an Gewicht gewinnen. Dies belegt auch ein Blick auf die Fallzahlen: Zwischen 2018 und 2019 ist die Gesamtzahl der Prüffälle von 78 auf 106 gestiegen. Angesichts der stetigen Verschärfung der Regelungen rechnet die Bundesregierung mittlerweile damit, dass jährlich 20 zusätzliche Kontrollverfahren durchzuführen sein werden (Bundesregierung, 2020, S. 3).

2.1.1 Anwendungsbereich der sektorübergreifenden Kontrolle

(a) Sachlicher Anwendungsbereich

Die sektorübergreifende Prüfung findet gem. § 55 Abs. 1 AWV grundsätzlich bei jedem Erwerb von unmittelbaren oder mittelbaren Beteiligungen an einem inländischen Unternehmen Anwendung. Es kommt somit zunächst nur auf den Erwerb einer Beteiligung an einem inländischen Unternehmen an, sodass dem Kontrollverfahren ein branchenübergreifender Ansatz zugrunde liegt. Inländisch ist das Zielunternehmen, wenn es sich um eine juristische Person oder Personengesellschaft handelt, die ihren Sitz oder Ort der Leitung in der Bundesrepublik

Deutschland hat. Während sich der Sitz aus der Satzung der zu erwerbenden Gesellschaft ergibt, bestimmt sich ihr Ort der Leitung anhand praktischer Kriterien. Es hilft insoweit auf den Ort der tatsächlichen Fassung maßgeblicher Unternehmensentscheidungen abzustellen, z. B. Besetzung der Führungspositionen, Unternehmensplanung und -kontrolle (Hilf 2018, I. 7). aa) Rn. 3; Mausch-Liotta und Sattler 2020, § 55 AWV Rn. 69). Ebenso als inländisch erfasst sind Zweigniederlassungen ausländischer juristischer Personen oder Personengesellschaften, wenn ihre Leitung im Inland ist und eine gesonderte Buchführung für sie besteht. Betriebsstätten sind erfasst, wenn ihre Verwaltung im Inland liegt (§ 2 Abs. 15 AWG). Nicht einheitlich beurteilt wurde bislang die Frage, ob auch ein Asset Deal von der Kontrollbefugnis des BMWi umfasst wird (dies ablehnend: Becker und Sachs 2017, S. 1339; Hensel und Pohl 2013, S. 855; Voland 2009, S. 521; dies befürwortend: Böhm 2019, S. 116; Marquardt und Pluskat 2009, S. 1316; Seibt und Wollenschläger 2009, S. 836; Söhner 2011, S. 460). Der Streit ist darauf zurückzuführen, dass die Regelung des § 56 AWV ausschließlich auf den Erwerb von Stimmrechtsanteilen abstellt. Stimmrechtsanteile an einem Unternehmen werden jedoch bei einem Asset Deal nicht erworben, sondern nur einzelne Vermögensgegenstände des Unternehmens. Zugleich ist es eindeutig, dass eine Beeinträchtigung der durch die AWV zu schützenden Interessen auch bei einem Asset Deal möglich ist.

Diese Ungewissheit wurde vielfach als Anlass zur Kritik am BMWi und dem Gesetzgeber genutzt. Es wurde gefordert und bemängelt, dass trotz zahlreicher, zwischenzeitlicher Änderungen von AWG und AWV keine Stellung von der Bundesregierung zur Stellung des Asset Deals im Regelungsgefüge der Investitionskontrolle bezogen wurde und die Praxis damit im Dunkeln tappen gelassen wurde (Mohamed 2019, S. 1339; Becker und Sachs 2017, S. 770). Die Bundesregierung hat die 15. Außenwirtschaftsverordnung vom 3. Juni 2020 jedoch nunmehr zum Anlass genommen, ihre Sicht der Rechtslage klarzustellen: In § 55 Abs. 1a AWV wird nunmehr bestimmt, dass der Erwerb eines abgrenzbaren Betriebsteils oder aller wesentlicher Betriebsteile dem Anwendungsbereich der Investitionskontrolle unterfällt. Der Asset Deal ist somit ausdrücklich in die Kontrolle einbezogen (Bundesministerium für Wirtschaft und Energie, 2020a, S. 13). Der Streit über die Einbeziehung des Asset Deals gehört somit der Vergangenheit an.

Der Erwerber muss beim Share Deal des Weiteren die in § 56 AWV genannten Stimmrechtsschwellen durch den Erwerb überschreiten, um die Prüfkompetenz des BMWi zu eröffnen. Reine Portfolioinvestitionen werden von der Investitionskontrolle grundsätzlich nicht erfasst. § 56 AWV stellt in Abhängigkeit von der Branche, in der die Zielgesellschaft tätig ist, auf zwei verschiedene Stimmrechtsanteile ab. In einigen Transaktionen genügt bereits das Überschreiten einer Stimmrechtsanteilsschwelle von 10 % (nachfolgend „niedrige Kontrollschwelle"), während in anderen Fällen erst das Überschreiten einer Stimmrechtsanteilsschwelle von 25 % (nachfolgend „höhere Kontrollschwelle") maßgeblich ist.

Für das Eingreifen der Kontrollschwelle von 10 % muss eine Transaktion vorliegen, die einem der in gem. §§ 56 Abs. 1 Nr. 1, 55 Abs. 1 S. 2 AWV aufgezählten Erwerbsvorgänge entspricht. Bei den dort aufgezählten Zielgesellschaften handelt es sich um Unternehmen aus kritischen Wirtschaftsbereichen, deren Erwerb das Vorliegen einer Gefahr für die öffentliche Sicherheit oder Ordnung naheliegend erscheinen lässt (Walter, 2017, S. 651). Die AWV nennt hierbei folgende Erwerbstatbestände:

- Die 10 % Schwelle ist einschlägig, wenn die Zielgesellschaft Betreiber einer kritischen Infrastruktur ist. Was unter einer kritischen Infrastruktur zu verstehen ist regelt insoweit das Gesetz für Sicherheit in der Informationstechnik („BSIG") in dessen § 2 Abs. 10. Demnach sind kritische Infrastrukturen Einrichtungen, Anlagen und Teile, die den Sektoren Energie, Informationstechnik, Telekommunikation, Transport und Verkehr, Gesundheit, Wasser, Ernährung, sowie Finanzen- und Versicherungswesen angehören und von hoher Bedeutung für das Funktionieren des Allgemeinwesens sind, weil durch ihren Ausfall oder ihre Beeinträchtigung erhebliche Versorgungsengpässe oder Gefährdungen für die öffentliche Sicherheit eintreten würden. Daneben sind auch Übernahmen solcher Zielgesellschaft erfasst, die branchenspezifische Software für kritische Sicherheitsinfrastrukturen entwickeln oder ändern, die zu ihrem Betrieb dienen.
- Ebenfalls von der 10 % Eingriffsschwelle umfasst sind Transaktionen bei Zielgesellschaften, die mit der Durchführung von Maßnahmen zur Telekommunikationsüberwachung gem. § 110 TKG („Telekommunikationsgesetz") betraut sind, oder technischen Einrichtungen zur Telekommunikationsüberwachung herstellen oder hergestellt haben und über Kenntnisse der Technologie verfügen.
- Ferner sind Zielgesellschaften erfasst, die Cloud-Computing Dienste erbringen, wenn ihre Infrastrukturen dabei gewisse Schwellenwerte überschreiten. Eine Liste der Schwellenwerte findet sich in Anhang 4 Teil 3 Nr. 2 des BSIG.
- Weiterhin unterliegt der Erwerb einer Zielgesellschaft auch dann der niedrigen Kontrollschwelle von 10 %, wenn diese eine Zulassung für Komponenten und Dienste der Telematikinfrastruktur hat.
- Die niedrige Kontrollschwelle gilt ferner auch für Erwerbsvorgänge inländischer Unternehmen, die der Medienwirtschaft angehören und mittels Rundfunk, Telemedien oder Druckerzeugnissen zur öffentlichen Meinungsbildung beitragen und sich durch besondere Aktualität und Breitenwirkung auszeichnen.

Im Zuge der andauernden COVID-19 Pandemie hat der Gesetzgeber in einer 15. Novelle der Außenwirtschaftsverordnung vom 3. Juni 2020 weitere Unternehmensbereiche als kritische Erwerbsziele identifiziert und die niedrigere Stimmrechtsanteilsschwelle auf Erwerbe dieser Unternehmen ausgeweitet. § 55 Abs. 1 S. 2 AWV wurde daher um die Nummern sieben bis elf ergänzt. Die neu aufgenommenen

Fallgruppen sollen nach Ansicht der Bundesregierung dazu beitragen, dass die Grundinteressen der deutschen Bevölkerung und des Staates an der Aufrechterhaltung des deutschen Gesundheitssystems gewährleistet werden kann (Bundesministerium für Wirtschaft und Energie, 2020a, S. 7). Hinzugekommen sind:

- Unternehmen, die Schutzausrüstung im Sinne des Art. 3 Nr. 1 der Verordnung EU 2016/425 des Europäischen Parlaments und Rates über persönliche Schutzausrüstung entwickeln oder herstellen,
- Unternehmen, die für die Gewährleistung der gesundheitlichen Versorgung der Bevölkerung wesentliche Arzneimittel, einschließlich deren Ausgangs- und Wirkstoffe entwickeln, herstellen oder vertreiben oder Inhaber einer entsprechenden arzneimittelrechtlichen Zulassung sind,
- Unternehmen, die Medizinprodukte im Sinne des Medizinprodukterechts zur Diagnose, Verhütung, Überwachung, Vorhersage, Prognose, Behandlung oder Linderung lebensbedrohlicher oder hochansteckender Infektionskrankheiten entwickeln oder herstellen, sowie
- Unternehmen, die In-vitro-Diagnostika zur Lieferung von Informationen über physiologische oder pathologische Prozesse und Zustände oder zur Festlegung oder Überwachung therapeutischer Maßnahmen im Zusammenhang mit lebensbedrohlichen und hochansteckenden Infektionskrankheiten entwickeln oder herstellen.

In regelungstechnischer Hinsicht ist die zuvor genannte Aufzählung des § 55 Abs. 1 S. 2 AWV nicht unproblematisch. Dies hängt mit dem gewählten Wortlaut zusammen: „Eine Gefährdung der öffentlichen Ordnung und Sicherheit kann insbesondere vorliegen, wenn…". Diese Formulierung deutet für den Juristen normalerweise einen nicht abschließenden, weiter auslegungsbedürftigen Katalog von Regelbeispielen an. Ein solch offenes Verständnis der Norm zugrunde gelegt, würden sich nicht unerhebliche Probleme für die Transaktionspraxis stellen, denn dies hätte zur Folge, dass dem BMWi ein Ermessen betreffend die Frage eingeräumt wäre, ob die niedrigere oder die höhere Kontrollschwelle im Falle einer Transaktion einschlägig ist, wenn die Transaktion nicht dem vorgenannten Katalog unterfällt. Die niedrigere Kontrollschwelle könnte damit praktisch auf nicht ausdrücklich genannte Transaktionen ausgeweitet werden. Dieser Zustand wäre mit einer vorausschauenden Transaktionsplanung nur schwer vereinbar und würde erhebliche Rechtsunsicherheit schaffen. Es müsste dann aus Gründen der Transaktionssicherheit stets davon ausgegangen werden, dass die niedrigere Kontrollschwelle einschlägig ist (Slobodenjuk, 2019, S. 204). Das BMWi scheint dieses Problem ebenfalls erkannt zu haben. Es hat in einem behördlichen FAQ-Katalog zu verstehen gegeben, dass im Bereich der sektorübergreifenden Prüfung die niedrige Kontrollschwelle nur dann eingreift, wenn eines der ausdrücklich genannten Regelbeispiele einschlägig ist. Es teilt die offene Lesart somit ausdrücklich nicht, sondern geht von einem abschließenden Katalog aus (Bundesministerium für Wirtschaft und Energie, 2019, S. 1 f.). Rein dogmatisch ist diese Auslegung zwar überraschend, für die Praxis allerdings ausdrücklich zu begrüßen, da sie die notwendige Rechtssicherheit bringt. Der aufgezählte Katalog kann somit für den Moment als abschließend betrachtet werden. Allerdings sollte bei einer zukünftigen Novelle der AWV unbedingt darauf hingewirkt werden, dass sich diese Auslegung auch im Wortlaut widerspiegelt, um in dieser wichtigen Frage nicht auf einen FAQ-Katalog der Behörde zurückgreifen zu müssen.

Die Höhe der Kontrollschwelle von nunmehr nur noch 10 % ist aus der sektorspezifischen Investitionskontrolle bekannt und wurde gewählt, weil der Gesetz- bzw. Verordnungsgeber davon ausgeht, dass in Einzelfällen bereits ein Stimmrechtsanteil von 10 % faktisch ausreicht, um Einfluss auf eine Gesellschaft auszuüben (vgl. dazu im Zusammenhang mit der sektorspezifischen Investitionskontrolle: Runderlass Außenwirtschaft 3/2018, Zwölfte Verordnung zur Änderung der Außenwirtschaftsverordnung, BAnZ AT I v. 28.12.2018 B1; Annweiler 2019, S. 530; Slobodenjuk 2019, S. 203). Die deutsche Prüfeintrittsschwelle entspricht insoweit nunmehr der entsprechenden Benchmark Definition der OECD. Es hat insoweit also eine Angleichung an das internationale Investitionsrecht stattgefunden. Im Recht der internationalen Investitionen wird eine Stimmrechtsbeteiligung von 10 % als Indiz für einen Kontrollanspruch des Investors und ein besonderes Interesse an einer langfristigen Beteiligung gesehen. Der Stimmrechtsanteil über 10 % wird gleichermaßen zur Abgrenzung von Portfolio- zu Direktinvestitionen herangezogen (OECD 2008, S. 17; Runderlass Außenwirtschaft 3/2018, Zwölfte Verordnung zur Änderung der Außenwirtschaftsverordnung, BAnZ AT I v. 28.12.2018 B1; Annweiler 2019, S. 530; Slobodenjuk 2019, S. 203).

Die höhere Kontrollschwelle von 25 % gilt im Übrigen für alle anderen Transaktionen, die nicht im Katalog genannt sind.

Es kommt dabei nicht darauf an, dass der Erwerber die maßgeblichen Stimmrechte unmittelbar selbst hält. Hält er diese nicht unmittelbar, kann die Stimmrechtsschwelle dennoch überschritten sein, wenn dem Erwerber auch weitere, mittelbar gehaltene Stimmrechte zuzurechnen sind. Dies lässt sich damit erklären, dass es zur Ausübung gesellschaftsrechtlichen Einflusses nicht darauf ankommt, dass die Stimmrechte unmittelbar gehalten werden; auch ein mittelbares Halten reicht zur Ausübung von Einfluss aus. Zuzurechnen sind daher alle Stimmrechte Dritter, wenn der Erwerber an diesen Unternehmen Stimmrechtsbeteiligungen in Höhe der jeweils einschlägigen niedrigeren oder höheren Kontrollschwelle hält. Es reicht für das Überschreiten der Kontrollschwelle aus, wenn der unmittelbar erworbene Stimmrechtsanteil und der mittelbar gehaltene Stimmrechtsanteil zusammen 10 % bzw. 25 % der Stimmrechte an der Zielgesellschaft überschreiten (§ 56 Abs. 2 Nr. 1 AWV) (Mausch-Liotta und Sattler, 2020, § 56 AWV Rn. 3).

Somit ist die niedrige Stimmrechtsanteilsschwelle auch dann überschritten, wenn der Erwerber z. B. nur 6 % der Stimmrechte an einer Zielgesellschaft im Zuge eines Share Deals direkt erwirbt, gleichzeitig jedoch bereits 10 % der Stimmrechte an einem Drittunternehmen hält, das wiederum 4 % der Stimmrechte an der Zielgesellschaft hält. Damit würde die Transaktion die niedrige Kontrollschwelle überschreiten, da die Stimmrechte des Drittunternehmens dem Erwerber zugerechnet werden. Maßgeblich für die Stimmrechtszurechnung ist, dass der Erwerber an dem Drittunternehmen selbst Stimmrechtsanteile in Höhe der jeweils einschlägigen niedrigen oder höheren Kontrollschwelle hält. Das bedeutet, dass der Erwerber im Fall der niedrigen Kontrollschwelle 10 % oder mehr der Stimmrechte an dem Dritten halten muss und im Fall der höheren Kontrollschwelle 25 % oder mehr der Stimmrechte an dem Dritten halten muss, um die entsprechende Stimmrechtszurechnung auszulösen.

Ebenfalls zuzurechnen sind Stimmrechte Dritter, wenn zwischen Erwerber und Drittem ein wirksamer Stimmbindungsvertrag geschlossen wurde (§ 56 Abs. 2 Nr. 2 AWV). Wesentlich für die Zurechnung ist hierbei, dass der Stimmbindungsvertrag entweder bereits vor Abschluss des schuldrechtlichen Erwerbsvertrags bestanden hat oder innerhalb der zweimonatigen Vorabprüfungsfrist des BMWi geschlossen wird. Die Zurechnung erfolgt auch dann, wenn der Erwerber schuldrechtlich auf die Ausübung seines Stimmrechts verzichtet, denn bei einem solchen Verzicht hätte das BMWi keine Handhabe, wenn der Erwerber entgegen der Vereinbarung sein Stimmrecht ausübt (Mausch-Liotta und Sattler, 2020, § 56 AWV Rn. 30 f.).

Die zuvor genannten Grundsätze der Stimmrechtszurechnung gelten auch im Falle eines mittelbaren Erwerbs. Damit fällt sogar ein außerhalb der deutschen Grenzen vollzogenes Erwerbsgeschäft in die Kontrollkompetenz des BMWi, wenn der Erwerb dazu führt, dass die Kontrollschwelle an einer inländischen, der sektorübergreifenden Kontrolle unterliegenden Gesellschaft überschritten wird. Maßgeblich ist nur, dass der Erwerber der mittelbaren Beteiligung unter Zugrundelegung der Zurechnungsgesichtspunkte die Kontrollschwellen an der inländischen Zielgesellschaft überschreitet (Mausch-Liotta und Sattler, 2020, § 56 AWV Rn. 32).

(b) Persönlicher Anwendungsbereich

In persönlicher Hinsicht wird der Erwerb einer inländischen Gesellschaft durch einen sog. Unionsfremden erfasst. Von der sektorübergreifenden Kontrolle sind daher Erwerber aus der Europäischen Union ausgenommen. Dies betrifft gleichermaßen die Mitglieder der Europäischen Freihandelsassoziation (nachfolgend „EFTA" oder „European Free Trade Association"), die privilegiert gleich einem unionsansässigen behandelt werden (§ 55 Abs. 2 S. 4 AWV). Mitglieder der EFTA sind derzeit Island, Liechtenstein, Norwegen und die Schweiz. Unionsfremd ist damit derjenige Investor, der als natürlich Person seinen Wohnsitz oder gewöhnlichen Aufenthalt nicht innerhalb der Grenzen der Europäischen Union oder der EFTA hat. Ist eine juristische Person oder Personengesellschaft beteiligt, ist auf ihren Sitz oder Ort der Leitung in der Europäischen Union bzw. EFTA abzustellen (§ 2 Abs. 18 AWG). Zweigniederlassung und Betriebsstätten von juristischen Personen aus Drittländern, werden zum Zwecke der Umgehungsprävention nicht als Unionsansässige behandelt (§ 55 Abs. 2 S. 2 AWV).

Ausnahmsweise unterliegt auch der Erwerb durch einen Unionsansässigen der sektorübergreifenden Kontrolle, wenn Transaktionsstrukturen gewählt werden, die eine Umgehung des Kontrollregimes befürchten lassen. Eine Umgehung wird dabei dann unwiderleglich vermutet, wenn ein unionsansässiger Erwerber Anteile an einer Gesellschaft erwirbt und dabei neben dem Erwerb selbst keine nennenswerte wirtschaftliche Tätigkeit ausübt oder keine eigene Präsenz in Gestalt von Geschäftsräumen, Personal und Ausrüstungsgegenständen innerhalb der Europäischen Union unterhält (Bundesministerium für Wirtschaft und Energie, 2019, S. 6). Betroffen sind damit vor allem reine Holdinggesellschaften.

2.1.2 Das Prüfungsverfahren

(a) Phase I: Vorprüfung

In der ersten Phase der sektorübergreifenden Prüfung prüft das BMWi, ob es überhaupt beabsichtigt, in eine vertiefte Prüfung der Vereinbarkeit des Erwerbs mit der öffentlichen Sicherheit und Ordnung einzutreten. Hierzu hat das BMWi dem Erwerber und dem betroffenen inländischen Unternehmen innerhalb von zwei Monaten nach dessen Erlangung der Kenntnis des Abschlusses des Unternehmenskaufvertrags schriftlich mitzuteilen, ob es in ein vertieftes Prüfungsverfahren einzutreten beabsichtigt (§ 55 Abs. 3 S. 1 AWV). Maßgeblicher Anknüpfungspunkt für den Beginn der Mitteilungsfrist ist die Kenntniserlangung über den Abschluss des schuldrechtlichen Erwerbsvertrags durch das BMWi. Eine Meldepflicht des Erwerbers besteht im sektorübergreifenden Verfahren dabei nur in bestimmten Fällen (dazu sogleich).

Das BMWi kann dennoch auf verschiedenen Wegen Kenntnis über den Erwerb erlangen: Handelt es sich um einen Erwerb, der den Regelungen des Wertpapiererwerbs- und Übernahmegesetztes (nachfolgend „WpÜG") unterfällt, besteht bereits eine gesetzlich angeordnete Publizität über die hiernach abgegebenen Erwerbs- und Übernahmeangebote. Daneben besteht eine Informationspflicht der Bundesanstalt für Finanzdienstleistungsaufsicht („BaFin") gegenüber dem BMWi (§ 7 Abs. 1 S. 2 WpÜG). Die Frist zum Eintritt in das Prüfungsverfahren beginnt in beiden Fällen zu laufen, sobald das BMWi von der Veröffentlichung der Abgabe eines Angebots oder von der Veröffentlichung der Kontrollerlangung Kenntnis erhalten hat (§ 55 Abs. 3 S. 3 AWV). Ist die Transaktion darüber hinaus auch unter dem Gesichtspunkt der kartellrechtlichen Fusionskontrolle zu prüfen, wird das BMWi regelmäßig vom Bundeskartellamt über den Erwerb informiert (§ 50f Abs. 3 S. 1 GWB).

Neben dieser gesetzlich geregelten Weitergabe von Informationen zwischen den Behörden, ist es genauso denkbar, dass das BMWi Kenntnis über den Erwerb durch öffentliche Quellen, wie z. B. Zeitungen und dem Internet erlangt (Bonhage, 2017, § 81 Rn. 25). Da nur in den Bereichen des Übernahmerechts und Fusionskontrollrechts eine gesetzlich angeordnete Mitteilungspflicht der Behörden untereinander besteht, unterliegen meist fusions- und übernahmerechtliche Fälle in der Regel auch einer zusätzlichen Investitionskontrolle (Marquardt und Pluskat, 2009, S. 1318).

Das sektorübergreifende Kontrollverfahren kennt jedoch auch Fälle, in denen der Abschluss einer schuldrechtlichen Vereinbarung über den Erwerb eines inländischen Unternehmens mitteilungspflichtig ist. Dies betrifft alle Erwerbsfälle, die der niedrigen Kontrollschwelle unterliegen. Die Frist zum Prüfungseintritt beginnt in diesen Fällen mit der Mitteilung. Grundsätzlich ist der unmittelbare Erwerber zur Mitteilung des Abschlusses des schuldrechtlichen Erwerbsvertrags verpflichtet. Eine Mitteilung durch den mittelbaren Erwerber befreit den unmittelbaren Erwerber jedoch von seiner Mitteilungspflicht (§ 55 Abs. 4 S. 3 AWV). Da jedoch der Erwerb der Beteiligung einer spezifischen Prüfung unterzogen wird, wofür die Person des Erwerbers nicht unerheblich ist, empfiehlt sich für die Praxis eine Mitteilung durch den Erwerber. Vertraglich sollten daher entsprechende Regelungen getroffen werden, die Mitwirkungspflichten der Beteiligten beinhalten, um alle notwendigen Unterlagen beibringen zu können (Mohamed, 2019, S. 772).

Obwohl nicht für alle Fälle des Erwerbs eine Mitteilungspflicht besteht, ist die Kenntnis des BMWi über den Erwerb einer Beteiligung durch einen unionsfremden Investor für alle Beteiligten von nicht zu unterschätzender Relevanz. Dies hängt mit der rechtlichen Wirkung des Prüfverfahrens zusammen. Bis zum Abschluss des Prüfungsverfahrens oder dessen Präklusion ist der zwischen Erwerber und Veräußerer geschlossene schuldrechtliche Vertrag über den Erwerb auflösend bedingt (§ 15 Abs. 2 AWV iVm § 158 Abs. 2 BGB). Damit kann die Unwirksamkeit des Kaufvertrags bis zur Genehmigung bzw. Präklusion des Prüfungsverfahrens jederzeit durch eine Entscheidung des BMWi herbeigeführt werden. Allein um dies zu verhindern und Rechtssicherheit für die Beteiligten herbeizuführen, sollte der Erwerb gemeldet und eine Entscheidung des BMWi herbeigeführt werden (Mohamed, 2019, S. 772). Erlangt das BMWi nicht innerhalb von fünf Jahren Kenntnis über den Abschluss des Kaufvertrags kann es das Prüfverfahren nach Ablauf dieser Frist nicht mehr eröffnen (§ 55 Abs. 3 S. 1 AWV iVm § 14a Abs. 3 S. 2 AWG). Um frühzeitig Rechtssicherheit über die Vollziehbarkeit der Transaktion zu erhalten, wird die Meldung des Abschlusses des Erwerbs in diesen Fällen unbedingt durchzuführen sein, selbst wenn keine unmittelbare Meldepflicht besteht.

Besteht eine Meldepflicht des Erwerbs, ist ein etwaiger Vollzug seit der Verschärfung des AWG vom Juli 2020 bis zur Freigabe (bzw. bis zum Eingreifen einer Freigabefiktion) schwebend unwirksam (§ 15 Abs. 3 AWG). Diese Rechtsfolge war vorher nur von der sektorspezifischen Investitionskontrolle bekannt. Mit der Verschärfung des Außenwirtschaftsgesetzes im Juli 2020 ist dazu noch ein strafbewehrtes

Vollzugsverbot für meldepflichtige Erwerbsvorgänge in Kraft getreten (§ 15 Abs. 4 AWG). Verstöße gegen das Vollzugsverbot können nunmehr mit bis zu fünf Jahren Gefängnis oder Geldstrafe bestraft werden (§ 18 Abs. 1b AWG). Damit darf dem Erwerber die Ausübung von Stimmrechten in der Zielgesellschaft, der Bezug von Gewinnauszahlungen und die Weitergabe unternehmensbezogener Informationen nicht vor Freigabe des Erwerbs durch das BMWi ermöglicht werden. Im Ergebnis wird damit die Durchsetzung der Kontrollbefugnisse des BMWi weiter effektiviert und das Verfahren der Investitionskontrolle weiter an die Verfahren der Fusionskontrolle angeglichen (Dammann de Chapto und Brüggemann, 2020, S. 377).

(b) Phase II: Formelles Prüfungsverfahren

Hat das BMWi innerhalb der zweimonatigen Frist nach Mitteilung oder sonstiger Kenntniserlangung das formelle Prüfungsverfahren eröffnet, schließt sich eine umfassende Prüfung der Beeinträchtigung der öffentlichen Sicherheit und Ordnung an, die entweder mit einer Untersagung des Erwerbs oder anderen Anordnungen zur Beseitigung der Beeinträchtigung der öffentlichen Sicherheit und Ordnung durch den Erwerb oder mit der Freigabe des Erwerbs endet (§ 59 Abs. 1 AWV). Der Erwerber ist verpflichtet detaillierte Unterlagen über den Erwerb einzureichen (§ 14a Abs. 2 AWG). Für die sektorübergreifende Kontrolle wurde zur Spezifizierung der einzureichenden Unterlagen eine Allgemeinverfügung erlassen, die im Bundesanzeiger veröffentlicht wird. Nach dem derzeitigen Stand der Verfügung vom 22. März 2019 sind Unterlagen betreffend Firma und Sitz des Erwerbers, des zu erwerbenden Unternehmens und etwaiger Beteiligungsunternehmen, Anteilshöhe, Geschäftsbetrieb, Betrieb kritischer Strukturen, Verschlusssachen, Kontakte mit staatlichen und kommunalen Stellen, sowie mit Unternehmen des Rüstungssektors, Gesellschafterstruktur, Beteiligungen des Erwerbers und des zu erwerbenden Unternehmens, Erwerbsvertrag und Finanzierung, Konsortialvertrag, Geschäftsstrategie und Vertretungsbefugnis einzureichen (vgl. BAnZ AT 11.04.2019 B2). Reichen dem BMWi nach Prüfung der Unterlagen die eingereichten Unterlagen nicht aus, kann es im Einzelfall weitere Unterlagen von allen unmittelbar und mittelbar am Erwerb Beteiligten anfordern (§ 14a Abs. 2 S. 3 AWG). Da die Unterlagen auf Deutsch einzureichen sind, ist ein erheblicher Mehraufwand für die Übersetzung der Unterlagen einzuplanen.

Mit Eingang der vollständigen Unterlagen beginnt die Frist für das formelle Prüfverfahren zu laufen (Hensel und Pohl, 2013, S. 859). Ab diesem Zeitpunkt hat das BMWi vier Monate Zeit um zu entscheiden, ob eine Beeinträchtigung der öffentlichen Sicherheit oder Ordnung durch den Erwerb vorliegt. Das BMWi steht auf dem Standpunkt, dass mit jedem Nachfordern von Unterlagen, der Fristbeginn nach hinten verschoben wird (Slobodenjuk, 2019, S. 204). Diese Auslegung hat erhebliche (negative) Auswirkungen auf Rechtssicherheit und Prüfungsdauer. Daher wird dieser Auslegung entgegengehalten, dass es nur auf die erstmalige Einreichung der vollständigen Unterlagen gem. § 14a Abs. 2 AWG für den Fristbeginn ankommen könne und nicht auf den Zeitpunkt der Nachforderung seitens des BMWi. Ziel des Verordnungsgebers war es ein rechtssicheres Verfahren, das nach klaren Regeln abläuft zu schaffen (Becker und Sachs, 2017, S. 1337). Es besteht insoweit eine nicht unerhebliche Unsicherheit hinsichtlich der Länge des Prüfungsverfahrens, da nach derzeitiger Auslegung des BMWi in der Lage ist, das Prüfungsverfahren in die Länge zu ziehen. Vor diesem Hintergrund bildet es auch nur einen schwachen Trost, dass die Bundesregierung zusichert, das Prüfverfahren innerhalb der gebotenen Geschwindigkeit, d. h. so zügig wie möglich durchzuführen (vgl. BT-Drcks. 16/10730 S. 18). Aller Kritik zum Trotz ist das BMWi die Herrin des Investitionskontrollverfahrens, sodass ihre Auslegung die praktisch vorherrschende ist. Im Ergebnis dürfte damit das Verfahren somit eine Maximallänge von sechs Monaten haben, wenn das BMWi sowohl die Frist für die Phase I und Phase II ausreizt und keine Fristverschiebung durch Nachfordern von Unterlagen erfolgt. Werden dann noch Unterlagen nachgefordert, verlängert sich der Zeitrahmen weiter.

Kommt das BMWi nach einer Gesamtwürdigung aller Umstände zu dem Ergebnis, dass eine Gefährdung der öffentlichen Sicherheit oder Ordnung vorliegt, kann es entweder den Erwerb untersagen oder Anordnungen treffen, die gewährleisten sollen, dass den Sicherheitsbedenken des BMWi Rechnung getragen wird. Solche Anordnungen können in der Praxis z. B. der zwingende Verkauf von als kritisch erachteten Unternehmensteilen, zwingend abzuschließende Geheimhaltungsvereinbarungen oder andere Sicherheitsmaßnahmen sein (Becker und Sachs, 2017, S. 1337). Sobald das BMWi mit dem Erwerber in Verhandlungen über Vertragsgestaltungen eintritt, die die Sicherheitsbedenken ausräumen sollen, ist die Verfahrensfrist für die Dauer der Verhandlungen gehemmt (§ 62 Abs. 2 AWV). Maßgeblicher Zeitpunkt für den Beginn der Hemmung des Fristablaufs ist damit, dass das BMWi einen Vorschlag einer vertraglichen Anpassung unterbreitet und der Erwerber diesen prüft. Die Hemmung der Frist endet, sobald die Verhandlungen aus egal welchen Gründen beendet werden (Becker und Sachs, 2017, S. 1337).

(c) Prüfungsmaßstab: Voraussichtliche Beeinträchtigung der öffentlichen Sicherheit oder Ordnung

Anordnungen oder eine Untersagung des Erwerbs durch das Bundesministerium für Wirtschaft und Energie erfolgen, wenn das formelle Prüfverfahren ergibt, dass durch den Erwerb die öffentliche Ordnung oder Sicherheit der Bundesrepublik Deutschland oder eines anderen Mitgliedstaats der Europäischen Union voraussichtlich beeinträchtigt wird (§ 5 Abs. 2 AWG). Dieser Prüfungsmaßstab wurde im Juli 2020 neu in das AWG eingeführt. Der Erwerb wird somit künftig anhand einer voraussichtlichen Beeinträchtigung überprüft anstatt wie zuvor anhand einer tatsächlichen Gefährdung. Damit wurde sowohl der Maßstab an die anzustellende Gefahrenprognose, als auch der Maßstab für die mit dem Erwerb einhergehende Gefahr selbst herabgesetzt. Eine tatsächliche Beeinträchtigung der Schutzgüter durch den Erwerb ist damit nicht mehr erforderlich, sondern eine überwiegende Wahrscheinlichkeit, dass sie sich realisieren wird (Jungkind und Bormann, 2020, S. 620). Wie sich die Herabsetzung des Prüfungsmaßstabs auf die Investitionskontrolle auswirken wird, bleibt abzuwarten. Für eine Prognose sind die Regelungen zum jetzigen Zeitpunkt noch zu neu. Allerdings kann mit Sicherheit gesagt werden, dass sie zu einem Ansteigen der Kontrollverfahren führen wird.

Künftig ist auch der Einfluss der Transaktion auf die öffentliche Sicherheit oder Ordnung eines anderen europäischen Mitgliedstaats bei der Entscheidung zu berücksichtigen. Dieses Merkmal wurde mit der aktuellen Änderung des AWG im Juli 2020 in das Gesetz überführt und dient der Angleichung der Investitionskontrolle an die EU Screening Verordnung (Leuering und Gröntgen 2020, S. 335; dazu auch sogleich).

Der Begriff der öffentlichen Sicherheit und Ordnung ist im Außenwirtschaftsrecht vor dem Hintergrund der europäischen Grundfreiheiten auszulegen. Dies ergibt schon die Lektüre der Verordnungsermächtigung zum Erlass der investitionskontrollrechtlichen Regelungen in § 4 Abs. 1 Nr. 4 AWG, die Erwerbsbeschränkungen nur zulässt, um die öffentliche Sicherheit oder Ordnung der Bundesrepublik Deutschland im Sinne der Art. 36, 52 Abs. 1 und 65 Abs. 1 AEUV zu gewährleisten (so zumindest noch ausdrücklich in der bis zum Juli 2020 geltenden Fassung). Somit müssen bei der Auslegung die europäischen Grundfreiheiten, insbesondere die Einflüsse der Niederlassungsfreiheit gem. Art. 49 ff AEUV und der Kapitalverkehrsfreiheit gem. Art. 63 ff. AEUV berücksichtigt werden. Somit sind die Rechtfertigungsmaßstäbe des EuGH für grundfreiheitliche Diskriminierungen anzuwenden (Mohamed, 2019, S. 771). Diese haben allerdings bisher wenig Konkretisierung erfahren, wie auch der Bundesrat in einer jüngeren Stellungnahme zum Erlass einer europäischen Verordnung zur Überprüfung von Direktinvestitionen kritisiert, was für die Praxis mit großer Rechtsunsicherheit verbunden ist (Bundesrat 2017, S. 2; Dammann de Chapto und Brüggemann 2018, S. 414).

Eine erste Annäherung an den Begriff der Beeinträchtigung der öffentlichen Sicherheit und Ordnung kann über die nichtabschließende Aufzählung der vom sachlichen Anwendungsbereich der sektorübergreifenden Prüfung umfassten Unternehmen in § 55 Abs. 1 S. 2 Nr. 1 bis 11 AWV erfolgen. Diese Aufzählung umfasst Wirtschaftszweige, die nach Auffassung des Gesetzgebers gefahrengeneigt sind und in denen eine voraussichtliche Beeinträchtigung der öffentlichen Sicherheit und Ordnung auftreten kann (Hindelang und Hagemeyer, 2017, S. 883). Eine Transaktion unter Beteiligung einer Kataloggesellschaft beeinträchtigt jedoch nicht zwingend die öffentliche Sicherheit oder Ordnung. § 55 Abs. 1 AWV stellt nur fest, dass eine Beeinträchtigung in diesen Fällen vorliegen kann. Die Beeinträchtigung muss, auch wenn ein Unternehmen aus dem Katalog kritischer Erwerbsvorgänge einschlägig ist, zwingend positiv festgestellt werden. Der Aufzählung kommt somit nicht mehr als Indizwirkung zu (Hindelang und Hagemeyer, 2017, S. 884). Die Norm vermittelt eine Vorstellung von Fällen der Gefährdung der öffentlichen Ordnung oder Sicherheit, jedoch keine objektivierbaren Auslegungskriterien. Diese sind allerdings wichtig, da praktische Fälle wie der Fall Leifeld, deren Geschäftstätigkeit nicht unter einen der Fälle des § 55 Abs. 1 S. 2 Nr. 1 bis 6 AWV aF subsumierbar gewesen ist, zeigen, dass – nach Auffassung des BMWi – die Gefährdung der öffentlichen Sicherheit oder Ordnung über die dort genannten Anwendungsfälle hinausgeht (Dammann de Chapto und Brüggemann, 2018, S. 415). Der EuGH hat in seiner Judikatur bisher eine Gefährdung der öffentlichen Ordnung (dies war vor der Aufnahme der „voraussichtlichen Beeinträchtigung" der maßgebliche Entscheidungsmaßstab) und Sicherheit anerkannt, wenn die Versorgung in den Bereichen Telekommunikation, Elektrizität und Gewährleistung von Dienstleistungen von strategischer Bedeutung im Krisenfall gefährdet gewesen wäre. Dienstleistungen von strategischer Bedeutung sind z. B. die Handelsschifffahrt, der Hafenbetrieb und der Bahnbetrieb (Mausch-Liotta und Sattler, 2020, § 55 AWV Rn. 88).

Im Europarecht stellt die „öffentliche Ordnung" den die „öffentliche Sicherheit" einschließenden Oberbegriff dar (Hensel und Pohl 2013, S. 850; Mohamed 2019, S. 771). Trotz dessen kommt der öffentlichen Sicherheit ein eigener Bedeutungsgehalt zu (Leible und Streinz, 2019, Art. 36 Rn. 21). Die öffentliche Ordnung wird vom EuGH als „Sicherheitsventil für nationale Interessen" behandelt. Um die Anwendung dieses Rechtfertigungstatbestands für grundfreiheitliche Diskriminierungen nicht ausarten zu lassen, wird der Begriff vom EuGH richtigerweise sehr restriktiv gehandhabt. Insoweit werden von der öffentlichen Ordnung nur staatliche Interessen von fundamentaler Bedeutung erfasst. Zudem muss eine tatsächliche und hinreichend schwere Gefährdung eines Grundinteresses der Gesellschaft des jeweilig betrachteten Mitgliedstaats hinzutreten (Leible und Streinz 2019, Art. 36 Rn. 198; Kingreen 2016, Art. 36 Rn. 20). Umfasst sind die innere und äußere Sicherheit eines Mitgliedstaats. Allerdings soll die Sicherheit und Ordnung nur dann betroffen sein, wenn die wesentlichen existenziellen Fragen eines Staates in ihren Grundlagen bedroht werden. Die existenziellen Grundlagen umfassen insoweit nach der Rechtsprechung des EuGH insbesondere die Funktionsfähigkeit der innerstaatlichen Wirtschaft, der staatlichen Einrichtungen und öffentlichen Dienste (Kingreen, 2016, Art. 36 Rn. 197).

Um den individuellen Interessen der einzelnen Mitgliedstaaten Rechnung tragen zu können, räumt der EuGH den Mitgliedstaaten allerdings einen Beurteilungsspielraum ein, um unterschiedliche Schutzregelungen treffen zu können (Leible und Streinz, 2019, Art. 36 Rn. 20). Der Rückgriff auf die europarechtlichen Regelungsgrundlagen hilft daher nur sehr begrenzt und macht deutlich, dass auch hieraus keine verallgemeinerungsfähigen Rückschlüsse gezogen werden können. Es findet sich daher häufig der Hinweis, dass der Investitionskontrolle immer dann verstärkte Aufmerksamkeit zu widmen ist, wenn Investitionen in sicherheitsrelevante Unternehmen durch Investoren mit Staatsbezug erfolgen sollen (Mohamed, 2019, S. 772). Als besonders gefährdet werden somit Transaktionen eingestuft, deren Zielgesellschaften im Bereich deutscher sicherheitsrelevanter Technologien und Infrastrukturen unter Beteiligung von EU-Ausländern erfolgen (Dammann de Chapto und Brüggemann, 2018, S. 414). Diese Sicht manifestiert sich in der aktuellsten Änderung der Außenwirtschaftsverordnung durch die 15. Außenwirtschaftsverordnung, die seit Juni 2020 in Kraft ist. Seitdem sind in der Person des Erwerbers liegende Faktoren mit in die Beurteilung der voraussichtlichen Beeinträchtigung der öffentlichen Sicherheit oder Ordnung einzubeziehen. Das BMWi soll insoweit in seine Entscheidung mit einbeziehen, ob der Erwerber unmittelbar oder mittelbar von der Regierung eines Drittstaates kontrolliert wird, oder bereits an Aktivitäten beteiligt war, die nachteilige Auswirkungen auf die öffentliche Sicherheit oder Ordnung der Bundesrepublik Deutschland oder einen anderen Mitgliedstaat der Europäischen Union hatten. Ebenfalls berücksichtigt werden sollen Zweifel an der zukünftigen Rechtstreue des Erwerbers. Dann müssen objektive Anhaltspunkte dafür bestehen, dass der Erwerber oder die für ihn handelnden Personen an Aktivitäten beteiligt sein werden, die in Deutschland eine der in § 123 GWB („Gesetz gegen Wettbewerbsbeschränkungen") bezeichneten Straftaten oder eine nach dem Außenwirtschaftsgesetz oder Kriegswaffenkontrollgesetz strafbare Handlung erfüllt.

Die sektorübergreifende Investitionskontrolle ist als Maßnahme der besonderen Gefahrenabwehr keine politische Entscheidung. Dass es sich um eine Entscheidung der Exekutive handelt, ergibt sich aus den geringen Befugnissen der Bundesregierung im Verfahren. Die Bundesregierung übt lediglich eine Kontrollfunktion aus, indem sie dem Erlass von Anordnungen oder einer Untersagung zustimmen muss (§ 13 Abs. 2 Nr. 2 lit c) iVm Abs. 3 S. 1 AWG) (Böhm, 2019, S. 120). Mit Blick hierauf sind Untersagungen aus rein wirtschaftspolitischen Gründen, etwa um einen Wirtschaftszweig zu schützen, dessen Wettbewerbsfähigkeit zu stärken oder Stärkung des nationalen Unternehmertums im Allgemeinen zu bezwecken, nicht statthaft (Marquardt und Pluskat 2009, S. 1338; Mausch-Liotta und Sattler 2020, § 55 AWV Rn. 91).

2.1.3 Erteilung einer Unbedenklichkeitsbescheinigung

Im sektorübergreifenden Prüfungsverfahren steht mit der sogenannten Unbedenklichkeitsbescheinigung gem. § 58 AWV allerdings ein Mittel zur Schaffung von Rechts- und Transaktionssicherheit zur Verfügung. Gerade weil der Erwerb dem BMWi nicht in allen Fällen zu melden ist und ansonsten eine Prüfungsmöglichkeit des BMWi bis zum Ablauf von fünf Jahren nach Abschluss des schuldrechtlichen Vertrags besteht und vor dem Hintergrund der vielfältigen Unsicherheiten bei der Auslegung der maßgeblichen Begriffe, handelt es sich um eine probate und in vielen Fällen unbedingt sinnvolle Alternative.

Die Unbedenklichkeitsbescheinigung ist ein mitwirkungsbedürftiger, begünstigender Verwaltungsakt. Sie ergeht auf schriftlichen Antrag des Erwerbers, wenn das

BMWi keine voraussichtliche Beeinträchtigung der öffentlichen Sicherheit oder Ordnung durch den Erwerb feststellen kann. Nach Antragstellung hat das BMWi zwei Monate Zeit zu prüfen, ob es eine Unbedenklichkeitsbescheinigung erteilt. Der Erwerb gilt als freigegeben, wenn innerhalb dieser zwei Monate keine ausdrückliche Unbedenklichkeitsbescheinigung erteilt wurde oder ein formelles Prüfverfahren eröffnet wird (§ 58 Abs. 2 S. 1 AWV) (nachfolgend „Freigabefiktion").

Die Verordnung sieht keine Fristen für die Antragstellung vor und bestimmt lediglich, dass im Antrag der Erwerb, der Erwerber, das zu erwerbende inländische Unternehmen und die Geschäftsfelder von Erwerber und Erworbenen anzugeben sind (§ 58 Abs. 1 S. 2 AWV). Gleichwohl ist für die Praxis der rechtlich unverbindliche Leitfaden des BMWi zur Stellung eines Antrags auf eine Unbedenklichkeitsbescheinigung zu beachten. Dem Leitfaden nach sollte der Antrag mindestens folgende Informationen enthalten (Bundesministerium für Wirtschaft und Energie, o.J.):

– Firma, Sitz, vollständige Geschäftsanschrift, Handels-/Gewerberegisternummer, Steuernummer, EORI-Nummer, sowie Angaben über Mitglieder der Geschäftsführung und sonstige vertretungsberechtigte Personen mit vollständigem Namen, Meldeanschrift, Geburtsdatum und Geburtsort des unmittelbaren und mittelbaren Erwerbers, des zu erwerbenden Unternehmens und der inländischen Unternehmen an denen das zu erwerbende Unternehmen wesentliche Beteiligungen hält;
– Die Höhe der Stimmrechtsanteile an dem zu erwerbenden Unternehmen vor und nach dem Erwerb;
– Die Art des Geschäftsbetriebs des unmittelbaren und mittelbaren Erwerbs, des zu erwerbenden Unternehmens und der inländischen Unternehmen an denen das zu erwerbende Unternehmen wesentlich beteiligt ist;
– Informationen, ob das zu erwerbende Unternehmen zum Schutz staatlicher Verschlusssachen verpflichtet ist;
– Geschäftliche Kontakte des zu erwerbenden Unternehmens der letzten fünf Jahre mit staatlichen und kommunalen Stellen und Unternehmen der Rüstungsindustrie;
– Unmittelbare und mittelbare Gesellschafter, die eine wesentliche Stimmrechtsbeteiligung im Sinne des § 56 AWV am unmittelbaren oder mittelbaren Erwerber und am zu erwerbenden Unternehmen halten. Die Gesellschafterstruktur sollte zusätzlich mittels eines Schaubilds unter Angabe der Beteiligungsquoten dargestellt werden;
– Die unmittelbaren und mittelbaren wesentlichen Stimmrechtsbeteiligungen im Sinne des § 56 AWV des unmittelbaren Erwerbs und des zu erwerbenden Unternehmens an dritten Unternehmen. Die Beteiligungsstruktur sollte zusätzlich als Schaubild unter Angabe der Beteiligungsquoten dargestellt werden;
– Auskunft über den Umfang der Tätigkeiten des zu erwerbenden Unternehmens und der inländischen Unternehmen an denen das zu erwerbende Unternehmen

wesentliche Beteiligungen hält, die in den sachlichen Anwendungsbereich der sektorübergreifenden Kontrolle gem. § 55 Abs. 1 S. 2 AWV fallen;
–   Vollmacht des Einreichenden zur Vertretung des unmittelbaren Erwerbers. Bei einem ausländischen Erwerber sollte zusätzliche eine zustellungsbevollmächtigte Person im Inland benannt werden.

Der Antrag kann zu jedem Zeitpunkt gestellt werden. Es ist daher nicht wichtig, ob bereits ein schuldrechtlicher Erwerbsvertrag geschlossen wurde oder nicht. Aus Sicht des BMWi ist lediglich von Relevanz, ob die oben genannten Unterlagen beigebracht werden können. Das ist in der Praxis regelmäßig jedoch erst in einem weit vorangeschrittenen Verhandlungsstadium der Fall (Bundesministerium für Wirtschaft und Energie, 2019, S. 5). Da es zur Erteilung einer Unbedenklichkeitsbescheinigung keine Verfahrensvorschriften gibt, ist das BMWi regelmäßig auch zu informellen Gesprächen bereit, die das Verfahren weiter beschleunigen können. In diesen ist es möglich umfangreiche Unterlagen und komplexe Transaktionsabläufe weiter zu erläutern. Sie können ein wichtiges Mittel darstellen, um Sicherheitsbedenken des BMWi auszuräumen (Bonhage 2017, § 81 Rn. 34; Dammann de Chapto und Brüggemann 2018, S. 416). Außerdem können sie zur Zeitplanung des gesamten Verfahrens beitragen, denn Rückfragen und Informationsersuche des BMWi wirken fristhemmend und können so unter Umständen verhindert werden (Dammann de Chapto und Brüggemann, 2018, S. 416).

2.2 Die sektorspezifische Investitionskontrolle

Neben der sektorübergreifenden Kontrolle sieht das Außenwirtschaftsrecht für Transaktionen in besonders sicherheitsrelevanten Bereichen ein eigenes Kontrollverfahren vor. Die Regelungen der sektorspezifischen Prüfung der §§ 60–62 AWV enthalten spezifische Regelungen für Transaktionen bezüglich einer Zielgesellschaft, die in der Waffen- und Rüstungs- oder der IT-Sicherheitsbranche im Bereich der Kryptotechnologie tätig ist. Bei der sektorspezifischen Prüfung geht es um die Frage, ob der geplante Erwerb wesentliche Sicherheitsinteressen der Bundesrepublik Deutschland berührt (Mohamed, 2019, S. 769). Sie hat damit einen enger gefassten Anwendungsbereich als die sektorübergreifende Prüfung, da sie spezifisch auf den Schutz der außenpolitischen und militärischen Belange der Bundesrepublik Deutschland abzielt. Ziel der strengeren Überprüfung dieser Transaktionen ist die Sicherstellung der Sicherheitsvorsorge der Bundesrepublik Deutschland. Als Mitglied der Europäischen Union soll die Bundesrepublik Deutschland ihren Beitrag zur gemeinsamen Sicherheits- und Verteidigungspolitik jederzeit leisten können. Dies betrifft ebenfalls ihre Verpflichtungen als NATO Mitglied.

Im Folgenden soll die sektorspezifische Prüfung betrachtet werden, deren industriespezifischen Regelungen Vorrang gegenüber der sektorübergreifenden Prüfung als speziellere Regelungen genießen (zum Vorrang aufgrund des lex specialis Grundsatzes vgl. Bundesregierung 2012, S. 25; Hensel und Pohl 2013, S. 850; Mohamed 2019, S. 769; Niestedt und Trennt 2013, S. 2116). Dabei gelten im Grundsatz dieselben Prinzipien wie bei der sektorübergreifenden Prüfung, sofern nicht gesondert auf Abweichungen der beiden Verfahren hingewiesen wird. Die wesentlichsten zwei Abweichungen seien vorab genannt: Einerseits hat stets und zwingend eine Erwerbsmeldung zu erfolgen und andererseits fehlt die Möglichkeit der Beantragung einer Unbedenklichkeitsbescheinigung.

2.2.1 Anwendungsbereich der sektorspezifischen Kontrolle

(a) Sachlicher Anwendungsbereich

Der Eintritt in die sektorspezifische Investitionskontrolle wird davon abhängig gemacht, ob die inländische (zum Inlandsbegriff siehe Abschnitt 2.1.1) Zielgesellschaft in den in § 60 Abs. 1 AWV enumerativ gelisteten besonders sicherheitsrelevanten Wirtschaftsbereichen tätig ist (Jäckle et al., 2017, § 50 Rn. 22):

Nach § 60 Abs. 1 Nr. 1 AWV ist eine sektorspezifische Prüfung durchzuführen, wenn die Zielgesellschaft „Güter im Sinne des Teils B der Kriegswaffenliste herstellt oder entwickelt". Die AWV nimmt hierbei Bezug auf die Kriegswaffenliste der Anlage 1 zu § 1 Abs. 1 KrWaffKontrG („Gesetz über die Kontrolle von Kriegswaffen"). Die Gesellschaft muss somit dort ausdrücklich gelistete Güter herstellen oder entwickeln. Es handelt sich dabei um Unternehmen, die Kriegswaffen, die unter den Oberbegriffen Flugkörper, Kampfflugzeuge und -hubschrauber, Kriegsschiffe und schwimmende Unterstützungsfahrzeuge, Kampffahrzeuge, Rohrwaffen, leichte Panzerabwehrwaffen, Flammenwerfer, Minenleg- und Minenwurfsysteme, Torpedos, Minen, Bomben, eigenständige Munition, sonstige Munition, sonstige wesentliche Bestandteile und Dispenser zusammengefasst werden, herstellen oder entwickeln.

Nach § 60 Abs. 1 Nr. 2 AWV ist die sektorspezifische Prüfung ebenfalls eröffnet, wenn die Zielgesellschaft „besondere konstruierte Motoren oder Getriebe zum Antrieb von Kampfpanzern oder anderen gepanzerten militärischen Kettenfahrzeugen herstellt oder entwickelt."

§ 60 Abs. 1 Nr. 3 AWV bezieht Unternehmen in die sektorspezifische Kontrolle ein, die „Produkte mit IT-Sicherheitsfunktionen zur Verarbeitung von staatlichen Verschlusssachen oder für die IT-Sicherheitsfunktion wesentliche Komponenten solcher Produkte herstellen oder hergestellt haben und noch über die Technologie verfügen." Dies gilt allerdings nur, solange das Gesamtprodukt mit Wissen der Zielgesellschaft vom Bundesamt für Sicherheit in der Informationstechnik zugelassen wurde.

Stellt die Gesellschaft gem. § 60 Abs. 1 Nr. 4 AWV einige in der als Anlage 1 zur AWV beigeführten Ausfuhrliste gelisteten Güter her oder entwickelt diese, ist ebenfalls der sachliche Anwendungsbereich der sektorspezifischen Prüfung eröffnet. Umfasst ist die Herstellung und Entwicklung der Güter der Listenposition 0005, 0011, 0014, 0015 oder 0017 aus Teil I Abschnitt A der Ausfuhrliste. Dies sind namentlich: Feuerleiteinrichtungen, zugehörige Alarmierungs- und Überwachungsausrüstung sowie verwandte Systeme, Prüf- oder Justierausrüstung und Ausrüstung für Gegenmaßnahmen, besonders konstruiert für militärische Zwecke, sowie besonders konstruierte Bestandteile und besonders konstruiertes Zubehör (0005). Ferner elektronische Ausrüstung, „Raumfahrzeuge", und deren Bestandteile (0011) und spezialisierte Ausrüstung für die militärische Ausbildung oder für die Simulation militärische Szenare besonders konstruiert für die Ausbildung an bestimmten Waffen, sowie besonders konstruierte Bestandteile und besonders konstruiertes Zubehör hierfür (0014). Außerdem sind besonders für militärische Zwecke konstruierte Bildausrüstung oder Ausrüstung für Gegenmaßnahmen sowie besonders konstruierte Bestandteile und besonders konstruiertes Zubehör (0015) und die verschiedenen Ausrüstungsgegenstände, Materialien und „Bibliotheken" sowie besonders konstruierten Bestandteile (0017) für militärische Zwecke umfasst.

Zu guter Letzt erstreckt sich die sektorspezifische Prüfung auch auf Transaktionen inländischer Unternehmen, die Güter herstellen, die auf der Listenposition 0018 – Herstellungsausrüstung und Bestandteile – der oben genannten Ausfuhrliste gelistet sind und zur Herstellung der vorher genannten Güter der Ausfuhrliste bestimmt sind.

Für die Einleitung eines sektorspezifischen Kontrollverfahrens reicht es allerdings nicht aus, dass die Zielgesellschaft die zuvor genannten militärischen Güter herstellt oder entwickelt. Auch hier muss der Erwerber durch den Erwerb die in § 60a AWV genannte Prüfeintrittsschwelle überschreiten. Für die sektorspezifische Prüfung liegt diese stets bei 10 % der unmittelbaren und mittelbaren Stimmrechte an der Zielgesellschaft. Zur Ermittlung der Prüfeintrittsschwelle sind zunächst die unmittelbar durch den Erwerber gehaltenen Stimmrechtsanteile in den Blick zu nehmen. Überschreiten diese noch nicht die 10 % Schwelle, können dem Erwerber Stimmrechte Dritter zugerechnet werden, wenn der Erwerber an dem Dritten mindestens 10 % der Stimmrechte hält, oder mit dem Dritten eine Vereinbarung über die gemeinsame Ausübung von Stimmrechten (Stimmbindungsvertrag) geschlossen hat. Es gelten auch hier die Ausführungen zur sektorübergreifenden Kontrolle, da die Regelungen beider Investitionskontrollverfahren parallel ausgestaltet sind.

Der enge sachliche Anwendungsbereich der sektorspezifischen Investitionskontrolle führt dazu, dass die sektorübergreifende Kontrolle den überwiegenden Teil der Investitionskontrollverfahren in Deutschland ausmacht und zukünftig auch ausmachen wird. In der deutschen M&A Praxis werden trotz stetiger Verschärfung ihres sachlichen Anwendungsbereichs sektorspezifische Prüfverfahren die Ausnahme bleiben (ähnlich bei Mohamed 2019, S. 769; Slobodenjuk 2019, S. 2308; Weitnauer 2019, S. 82). Diese Prognose wird auch durch einen Rückblick auf die

Anzahl sektorspezifischer Prüfverfahren der letzten Jahre gestützt. 2016 hat es in der Bundesrepublik Deutschland insgesamt drei und 2017 insgesamt neun sektorspezifische Prüfungsverfahren gegeben.

(b) Persönlicher Anwendungsbereich

Der persönliche Anwendungsbereich der sektorspezifischen Kontrolle gem. § 60 AWV ist eröffnet, wenn es sich bei dem Erwerber um einen Ausländer handelt. Insoweit ist zur Begriffsbestimmung auf die Regelungen des AWG zurückzugreifen. § 2 Abs. 5 AWG bestimmt, dass Ausländer alle Personen sind, die keine Inländer sind. Zweigniederlassungen und Betriebsstätten eines ausländischen Erwerbers gelten anders als im sektorübergreifenden Verfahren niemals als inländisch (§ 60 Abs. 2 AWV). Damit ist der persönliche Anwendungsbereich der sektorspezifischen Prüfung sehr weit ausgestaltet. Umfasst sind somit alle nicht inländischen Erwerber, und somit auch Erwerbsvorgänge unter Beteiligung von Unionsbürgern und Erwerbern aus EFTA Staaten (Hensel und Pohl 2013, S. 856 f.; Walter 2017, S. 652). Begründet wird dieser weitfassende Adressatenkreis damit, dass die sektorspezifische Prüfung ausschließlich Unternehmen trifft, deren Produkte von hoher Sicherheitsrelevanz für die Bundesrepublik Deutschland sind (Hensel und Pohl, 2013, S. 856 f.). Dementsprechend waren in 2017 Investoren aus den USA, Deutschland, den Niederlanden, Frankreich und Großbritannien betroffen (vgl. Antwort auf kleine Anfrage durch die Bundesregierung 2018, S. 7).

Darüber hinaus kennt die AWV Regelungen, die vor einer Umgehung der sektorspezifischen Prüfung schützen sollen, indem ein inländischer Erwerber vorgeschickt wird. Nach § 60 Abs. 1 S. 2 AWV unterfallen inländische Erwerber auch dann der sektorspezifischen Prüfung, wenn es Anzeichen dafür gibt, dass eine missbräuchliche Gestaltung oder Umgehung zumindest auch mit dem Zweck vorgenommen wurde, um eine sektorspezifische Prüfung zu unterlaufen. Der Verordnungsgeber konkretisiert die Anforderungen an eine solche missbräuchliche oder umgehende Vertragsgestaltung in S. 3 dahingehend, dass von einer derartigen Gestaltung auszugehen ist, wenn der Erwerber des Targets mit Ausnahme des Erwerbs keine wirtschaftliche Tätigkeit ausübt oder im Inland keine eigene dauerhafte Präsenz in Form von Geschäftsräumen, Personal oder Ausrüstungsgegenständen unterhält. Somit können im Einzelfall auch Erwerbsvorgänge unter Beteiligung eines inländischen Erwerbers der sektorspezifischen Prüfung unterfallen.

Beim Vorliegen der Voraussetzungen wird ein Umgehungsgeschäft unwiderleglich vermutet. Obwohl der Umgehungstatbestand der sektorspezifischen Prüfung parallel zum unwiderlegbaren Umgehungstatbestand der sektorübergreifenden Prüfung ausgestaltet ist, wird für die sektorspezifische Prüfung vereinzelt vertreten, dass der Umgehungstatbestand der sektorspezifischen Prüfung widerlegbar sei. Träfe dies zu, hätte dies zur Folge, dass der Erwerber durch den Nachweis objektiver Gründe die plausibilisieren, weshalb der Erwerber keiner dauerhaften

Tätigkeit im Inland nachgeht und keine auf Dauer angelegte eigene Präsenz in Gestalt von Geschäftsräumen, Personal oder Ausrüstungsgegenständen unterhält, die Annahme eines Umgehungstatbestands durch das BMWi entkräften könnte (so offenbar nur Walter (2017, S. 654)). Begründet wird dies insbesondere mit der Verordnungsbegründung, die formuliert, „dass alleine das Vorliegen anderer objektiver Gründe für eine bestimmte gesellschaftsrechtliche Gestaltung nicht ausreicht, um eine Gestaltung zum Zwecke des Unterlaufens der Investitionsprüfung zu widerlegen (Bundesregierung, 2017, S. 16). Dies solle demnach ausreichen, um eine Widerlegbarkeit zu begründen. Allerdings muss dabei auch die weitere Formulierung der Verordnungsbegründung berücksichtigt werden. Es wird nämlich weiter ausgeführt, dass die Aufzählung der Anzeichen für eine Gestaltung zum Zwecke des Unterlaufens der Investitionsprüfung in Bezug genommen wird. Insoweit wird innerhalb der Begründung auf die Voraussetzungen des Umgehungstatbestands der sektorübergreifenden Kontrolle Bezug genommen. Dort wird die Umgehung allerdings ausdrücklich unwiderlegbar vermutet, wenn die Voraussetzungen eines Umgehungsgeschäfts vorliegen (Bundesregierung, 2017, S. 15). Vor diesem Hintergrund ist zwar zuzugestehen, dass allein der Wortlaut der Begründung auch eine widerlegbare Vermutung nicht ausschließt. Allerdings wird dieser seitens des Verordnungsgebers durch einen ausdrücklichen Verweis auf die unwiderlegbar ausgestalteten Umgehungstatbestände der sektorübergreifenden Kontrolle eine Absage erteilt. Alles andere würde auch vor der ansonsten parallelen Ausgestaltung beider Normen im Hinblick auf ihre Zielsetzungen verwundern.

2.2.2 Das Prüfungsverfahren
Das Prüfungsverfahren der sektorspezifischen Prüfung verläuft in zwei Phasen.
(a) Phase I: Meldepflicht
Der Erwerb einer Beteiligung, die in den Anwendungsbereich der sektorspezifischen Prüfung fällt, ist dem BMWi zwingend gem. § 60 Abs. 3 AWV schriftlich zu melden. Zwingend mitzuteilen sind in der Mitteilung der Erwerb, der Erwerber und das zu erwerbende inländische Unternehmen, sowie die Geschäftsfelder in denen der Erwerber und das zu erwerbende Unternehmen tätig sind. Eine Darstellung in Grundzügen reicht zunächst aus. Zwingend abzugeben ist diese Mitteilung durch den unmittelbaren Erwerber des inländischen Unternehmens.
Die Meldung des Erwerbs gem. § 60 Abs. 3 AWV setzt ein zweistufiges Verfahren in Gang. Zunächst findet ein vorgelagertes Verfahren zur Freigabe statt, in dem das BMWi abwägt, ob es Anhaltspunkte dafür gibt, dass der Erwerb wesentliche Sicherheitsinteressen der Bundesrepublik Deutschland derart berührt, dass eine vertiefte Prüfung des Erwerbs notwendig ist. Kommt es zu diesem Schluss, leitet es ein formelles Prüfungsverfahren ein. Die Freigabeentscheidung bzw. der Eintritt in ein formelles Prüfungsverfahren muss innerhalb einer Frist von zwei Monaten erfolgen (§ 61 AWV). Innerhalb dieser zwei Monate hat das BMWi den Er-

werb gegenüber dem Erwerber schriftlich freizugeben, wenn es keine Bedenken im Hinblick auf die Sicherheitsinteressen der Bundesrepublik Deutschland hat. Bleibt das BMWi innerhalb der 2-Monats-Frist nach Meldung des Erwerbs untätig, gilt der Erwerb als freigegeben (nachfolgend „Freigabefiktion"). Damit wäre das Kontrollverfahren bereits in der ersten Phase beendet.

Die Außenwirtschaftsverordnung knüpft den Fristbeginn für die Prüfung der Phase I an die Erwerbsmeldung. Ohne Meldung beginnt das sektorspezifische Verfahren somit nicht zu laufen. Dies hat zur Konsequenz, dass die Transaktion nicht vollzogen werden darf. Zuwiderhandlungen werden strafrechtlich geahndet (es gilt derselbe Strafrahmen wie in der sektorübergreifenden Prüfung). Solange die Meldung nicht erfolgt und die Fristen nicht abgelaufen sind, kann ferner jederzeit eine Untersagung der Transaktion oder Anordnungen zur Beseitigung der Sicherheitsbedenken der Bundesrepublik Deutschland ergehen (Mausch-Liotta und Sattler, 2020, § 60 AWV Rn. 61). Eine Meldung wird daher – ähnlich der fusionskontrollrechtlichen Meldung – regelmäßig unmittelbar nach Unterzeichnung/ Beurkundung erfolgen und ist daher bestenfalls im Vorwege vorbereitet und abgabebereit.

(b) Phase II: Formelles Prüfungsverfahren

Statt den Erwerb freizugeben, leitet das BMWi ein formelles Prüfungsverfahren und damit die zweite Phase ein, wenn die Prüfung in Phase I ergeben hat, dass der Erwerb wesentliche Sicherheitsinteressen der Bundesrepublik Deutschland gefährden könnte. Dies hat zur Folge, dass der Erwerber verpflichtet ist, weitere Unterlagen in das Verfahren einzubringen. Die zuvor bei der Erwerbsmitteilung eingebrachten Unterlagen reichen nicht mehr aus. Den Umfang der einzubringenden Unterlagen konkretisiert das BMWi in einer im Bundesanzeiger bekannt zu machenden Allgemeinverfügung. Aktuell ist die Allgemeinverfügung auf dem Stand vom 11. April 2019 (BAnz AT 11.04.2019 B1). Beizubringen sind nach aktuellem Stand Unterlagen betreffend Firma und Sitz des unmittelbaren Erwerbers, des zu erwerbenden Unternehmens und inländischer Unternehmen, an denen das zu erwerbende Unternehmen wesentlich beteiligt ist. Ferner betreffend die Höhe der Stimmrechtsanteile am zu erwerbenden Unternehmen vor und nach dem Erwerb, der Art des Geschäftsbetriebs des unmittelbaren Erwerbers, des zu erwerbenden Unternehmens und wesentlicher inländischer Beteiligungen des zu erwerbenden Unternehmens. Außerdem sind Angaben dazu zu machen, ob das zu erwerbende Unternehmen zum Schutz staatlicher Verschlusssachen verpflichtet ist. Des Weiteren sind Unterlagen zu Kontakten mit staatlichen und kommunalen Unternehmen und Unternehmen des Rüstungssektors des zu erwerbenden Unternehmens, der Gesellschafterstruktur und wesentliche unmittelbare und mittelbare Beteiligungen der Transaktionsbeteiligten vorzulegen. Außerdem ist der schuldrechtliche Erwerbsvertrag und Unterlagen zur Finanzierung, falls bestehend dazu noch Konsortialverträge, beizubringen. Ferner sind Angaben zur mittel- und langfristigen Geschäftsstrategie des Erwerbers zu machen, sowie dazu, welche sektor-spezifischen Güter das Target herstellt oder entwickelt. Zuletzt sind Angaben zu Hauptzulieferern und -abnehmern des Targets zu machen und die Vertretungsbe-fugnis der auf Erwerberseite die Unterlagen einreichenden Person(en) nachzuwei-sen. Sollten die aufgrund der Allgemeinverfügung eingereichten Unterlagen nicht ausreichend sein, kann das BMWi zur formellen Prüfung die Einreichung wei-terer Unterlagen vom unmittelbaren Erwerber verlangen. Da die Unterlagen auf Deutsch eingereicht werden müssen, ist insbesondere der Übersetzungsaufwand und der damit einhergehende erhebliche Zeitaufwand durch Einleitung des for-mellen Prüfverfahrens nicht zu unterschätzen (Becker und Sachs, 2017, S. 1337).

Mit Eingang der vollständigen Unterlagen beginnt die Frist für das formelle Prüf-verfahren zu laufen (Hensel und Pohl, 2013, S. 859). Ab diesem Zeitpunkt hat das BMWi vier Monate Zeit, um zu entscheiden, ob Sicherheitsinteressen der Bundes-republik Deutschland durch den Erwerb berührt werden. Hinsichtlich der Frage, wann die Unterlagen vollständig eingereicht sind, und der Hemmung von Ver-fahrensfristen gilt dasselbe wie in sektorübergreifenden Kontrollverfahren (vgl. oben).

Kommt das BMWi nach einer Gesamtwürdigung zu dem Ergebnis, dass der ge-prüfte Erwerbsvorgang wesentliche Sicherheitsinteressen der Bundesrepublik Deutschland gefährdet, kann das BMWi entweder den Erwerb untersagen, oder Anordnungen treffen, die gewährleisten, dass den Sicherheitsbedenken des BM-Wi Rechnung getragen wird. Solche Anordnungen können in der Praxis z. B. als zwingender Verkauf von als kritisch erachteten Unternehmensteilen, Ge-heimhaltungsvereinbarungen oder anderen Sicherheitsmaßnahmen ausgestaltet sein (Becker und Sachs, 2017, S. 1337).

(c) Prüfungsmaßstab des BMWi

Im gesamten sektorspezifischen Prüfungsverfahren, d. h. sowohl im Freigabever-fahren (Phase I) als auch im formellen Prüfverfahren (Phase II), prüft das BMWi, ob der Beteiligungserwerb am Target wesentliche Sicherheitsinteressen der Bun-desrepublik Deutschland gefährdet. Hierbei handelt es sich um einen unbestimm-ten Terminus, der in beiden Aspekten „Sicherheitsinteressen" und „Gefährdung" der Konkretisierung bedarf. Diese Auslegung muss, wie bei der sektorübergreifen-den Kontrolle, ebenfalls vor dem Hintergrund der europäischen Grundfreiheiten erfolgen (Hensel und Pohl, 2013, S. 851), wobei wiederum die Kapitalverkehrs- und Niederlassungsfreiheit eine wesentliche Rolle spielen.

Nun hilft allein die Feststellung der europarechtlichen Prägung der unbestimm-ten Rechtsbegriffe noch nicht weiter, um den Umfang der besonderen Sicherheits-interessen der Bundesrepublik Deutschland zu konturieren, da jedem europäi-schen Mitgliedstaat gem. Art. 346 Abs. 1 lit. b) des Vertrages über die Arbeits-weise der Europäischen Union (nachfolgend „AEUV") ein Beurteilungsspielraum hinsichtlich des Umfangs der umfassten Sicherheitsinteressen zusteht, wenn die

Erzeugung oder der Handel von Waffen, Munition und Kriegsmaterial betroffen ist (Mausch-Liotta und Sattler, 2020, § 60 AWV Rn. 37). Daher hilft auch hier wiederum ein Rückgriff auf die Verordnungsermächtigungen des AWG. § 5 Abs. 3 konkretisiert die Verordnungsermächtigung in § 4 Abs. 1 zum Erlass der sektorspezifischen Kontrolle. Dort wird in Form eines Regelbeispiels genannt, welche Fälle als den Sicherheitsinteressen der Bundesrepublik zuwiderlaufend behandelt werden könnten. Genannt sind „sicherheitspolitische Interessen" und die „militärische Sicherheitsvorsorge". § 5 Abs. 3 Nr. 1 AWG sieht diese Sicherheitsinteressen der Bundesrepublik Deutschland dann als potenziell gefährdet an, wenn das zu erwerbende inländische Unternehmen Kriegswaffen oder andere Rüstungsgüter herstellt, entwickelt, modifiziert, oder dies in der Vergangenheit getan hat, oder die tatsächliche Gewalt über solche Güter innehat oder innehatte. Außerdem können die Sicherheitsinteressen der Bundesrepublik dann betroffen sein, wenn das Zielunternehmen Kenntnisse über die Herstellung, Entwicklung oder Modifikation dieser Technologien hat oder anderweitigen Zugang hierzu hat. Ausweislich der Gesetzesbegründung tangiert eine Transaktion in diesen Unternehmenszweigen jedoch nicht per se die Sicherheitsinteressen der Bundesrepublik. Durch eine Transaktion unter Beteiligung dieser Zielunternehmen muss die eigenständige politische und militärische Handlungsfähigkeit der Bundesrepublik Deutschland gefährdet werden und die Bundesrepublik Deutschland ihrer Pflicht zur Sicherheitsvorsorge nicht mehr nachkommen können (Bundesrat, 2004, S. 8). Es geht somit im Ergebnis um die Aufrechterhaltung eines wesentlichen Kernbereichs der deutschen Rüstungsindustrie (Mausch-Liotta und Sattler, 2020, § 60 AWV Rn. 38). Im Bereich der Produkte mit IT-Sicherheitsfunktion sind die Sicherheitsinteressen der Bundesrepublik dann betroffen, wenn die Vertrauenswürdigkeit des Fertigungsprozesses dieser Technologien im Allgemeinen gefährdet ist. Die der Kontrolle unterfallenden Unternehmen müssen in hohem Maße sicherheitsrelevante Tätigkeiten, deren Arbeit Grundlage für die vertrauliche Kommunikation im militärischen und staatlichen Bereich ist, erbringen. Da diese Systeme nicht kurzfristig ausgetauscht werden können, sollen sie im Inland unter der Kontrolle des BMWi verbleiben. Es soll so eine politische Einflussnahme verhindert werden (Bundesrat, 2004, S. 9).
Obwohl der Gesetzgeber zum Ausdruck gebracht hat, dass durch die sektorspezifische Kontrolle der Kernbereich der deutschen Rüstungsindustrie geschützt werden soll, bleibt auch dies ein weitgehend vager und ausfüllungsbedürftiger Begriff. Was sich hierunter im Einzelnen vorzustellen ist, hängt natürlich von der Einzelfallentscheidung der Kontrollbehörde innerhalb der Grenzen ihres Ermessens ab. Eine praktische Konkretisierung hat der Begriff in Ermangelung behördlicher Entscheidungen zur sektorspezifischen Kontrolle bisher nicht erhalten. Aufgrund der starken Eingrenzung ihres Anwendungsbereichs liegt es nahe, dass das BMWi regelmäßig bereits bei Eröffnung des sachlichen Anwendungsbereichs der sektorspezifischen Kontrolle zu dem Ergebnis kommt, dass die Sicherheitsinter-

essen der Bundesrepublik gefährdet werden. Es bedarf daher von Anbeginn der Transaktion an einer engen Absprache mit den im Kontrollverfahren involvierten Behörden, um etwaige Sicherheitsbedenken frühzeitig ausräumen zu können.

2.2.3 Praktische Bedeutung

Die sektorspezifische Kontrolle stellt aufgrund ihres engen sachlichen Anwendungsbereichs einen in der Transaktionspraxis selten auftretenden Kontrollmechanismus dar. Gleichwohl können dessen Implikationen erheblichen Einfluss auf die Transaktion und insbesondere ihren Vollzug haben. Sobald die Tätigkeit der Zielgesellschaft in der Rüstungsindustrie, der IT-Sicherheit oder der Kryptotechnologie angesiedelt ist, ist damit der sektorspezifischen Investitionskontrolle besondere Aufmerksamkeit zu widmen. Während die Frage, ob die Zielgesellschaft im Bereich der Rüstungsindustrie tätig ist, in der Regel vergleichsweise einfach beantwortet werden kann, ist die Bewertung im Bereich der IT-Sicherheit häufig schwierig. In diesem Bereich sollte daher frühzeitig intensiv geprüft werden, ob Produkte mit IT-Sicherheitsfunktionen zur Verarbeitung von staatlichen Verschlusssachen in irgendeiner Weise berührt sein können, so dass rechtzeitig entsprechende Vorkehrungen im Rahmen des Akquisitionsprozesses und bei der Dokumentation erfolgen können.

2.3 Rechtsschutz gegen Entscheidungen in Investitionskontrollverfahren

Anordnungen und Erwerbsuntersagungen im sektorübergreifenden und sektorspezifischen Verfahren stellen belastende Verwaltungsakte dar. Somit kann gegen die Entscheidungen Rechtsschutz vor den deutschen Verwaltungsgerichten gesucht werden (Voland, 2010, S. 133). Die gem. § 13 Abs. 2 Nr. 2 lit c) iVm Abs. 3 S. 1 AWG zu erteilende (behördeninterne) Zustimmung der Bundesregierung für Untersagung oder Anordnungen des BMWi ist hingegen nicht einzeln justiziabel, da diese mangels Außenwirkung keinen Verwaltungsakt darstellt. Sie kann insoweit nur gemeinsam mit der Untersagungs- oder Anordnungsentscheidung des BMWi angefochten werden (Mausch-Liotta und Sattler, 2020, § 59 AWV Rn. 35). Im Übrigen wäre ein einzelnes Vorgehen gegen die Zustimmungsentscheidung der Bundesregierung auch nicht zielführend, da dies keine Auswirkungen auf die Entscheidung des BMWi hätte und diese selbst im Erfolgsfall der Klage bestehen bleiben würde. Verfahrensgegenstand ist somit stets die Entscheidung des BMWi.

Gegen die Entscheidungen des BMWi kann das im ersten Rechtszug gem. §§ 45, 52 VwGO sachlich und örtlich zuständige Verwaltungsgericht Berlin angerufen werden. Statthafte Klageart gegen Untersagungen, Anordnungen und auch gegen die Entscheidung, überhaupt ein Prüfverfahren einzuleiten, ist die Anfechtungsklage gem. § 42 Abs. 1 Alt. 1 VwGO. Die Klage selbst richtet sich dann entweder gegen die Entscheidung des BMWi ein umfassendes Prüfverfahren einzuleiten oder gegen die in dem Verfahren getroffene Entscheidung der Behörde. Welche behördliche Maßnahme letztlich zum Klagegegenstand gemacht wird, obliegt dann der Entscheidung des Klägers (Voland, 2010, S. 134).

Klagebefugt sind nur der Erwerber sowie der Veräußerer der streitgegenständlichen Beteiligung. Eine Klageerhebung durch die Zielgesellschaft selbst scheidet aus. Genauso wenig können Dritte, z. B. Konkurrenten, die mit einer Freigabeentscheidung unzufrieden sind, die Entscheidung des BMWi anfechten. Die Entscheidung ergeht ausschließlich zu dem Zweck, die öffentliche Sicherheit und Ordnung bzw. die Sicherheitsinteressen der Bundesrepublik Deutschland zu wahren. Bei diesen Schutzgütern handelt es sich um Schutzgüter der Allgemeinheit, deren Schutz sich lediglich reflexartig auf Dritte erstreckt (Voland, 2010, S. 133). Weitgehend unproblematisch ist die Herleitung der Klagebefugnis inländischer Erwerber oder solcher aus dem EU-Ausland oder Mitglieder der EFTA-Staaten. Die Herleitung der Klagebefugnis für Kläger aus dem EU-Ausland ist wesentlich begründungsaufwendiger. Häufig lässt sich diese über zwischen den Staaten geschlossene bilaterale Investitionsschutzabkommen (BIT) erreichen, wenn diese eine sogenannte Meistbegünstigungsklausel enthalten. Meistbegünstigungsklauseln sollen die Gleichbehandlung von Investoren aus unterschiedlichen Herkunftsländern sicherstellen. Alternativ lässt sich die Klagebefugnis für EU-Ausländer auch aus der auch für nicht EU-Ausländer geltenden Kapitalverkehrsfreiheit gem. Art. 63 AEUV herleiten, wenn der Erwerber durch den Erwerb beherrschenden Einfluss über die Zielgesellschaft erlangen würde. Dennoch ist die Herleitung der Klagebefugnis für nicht EU-Ausländer mit gewissen Unsicherheiten verbunden, sodass es für einen EU-ausländischen Erwerber ratsam sein könnte, sich für den Unternehmenserwerb eines Erwerbsvehikels aus dem EU-Inland zu bedienen (vgl. zur Herleitung und zu Problemen zur Klagebefugnis Voland 2010, S. 133 f.). Bei einem solchen Vorgehen sollte jedoch besonderes Augenmerk daraufgelegt werden, dass die Umgehungstatbestände des § 55 Abs. 2 AWV und § 60 Abs. 1 S. 2 AWV nicht ausgelöst werden. Die Klagebefugnis des Veräußerers richtet sich nach denselben Grundsätzen.

Da es sich beim BMWi um eine oberste Bundesbehörde nach § 68 Abs. 1 S.2 Nr. 1 VwGO handelt, ist vor der Durchführung eines gerichtlichen Verfahrens kein behördliches Widerspruchsverfahren durchzuführen. Insoweit kann direkt Klage gegen die behördliche Maßnahme erhoben werden. Die Anfechtungsklage gegen die Untersagung oder Anordnung ist binnen eines Monats nach Bekanntgabe des Verwaltungsaktes zu erheben (§ 74 Abs. 1 S. 2 VwGO). Klagegegner ist die Bundesrepublik Deutschland als Rechtsträgerin des BMWi (§ 78 Nr. 1 VwGO) (Müller und Hempel, 2009, S. 1641).

Darüber hinaus sind auch Verfahren des einstweiligen Rechtsschutzes gegen Untersagungen und Anordnungen denkbar. Gem. § 14 Abs. 2 AWG haben Widerspruch und Anfechtungsklage gegen Verwaltungsakte, die aufgrund des Außenwirtschaftsgesetzes oder einer aufgrund des Außenwirtschaftsgesetzes erlassenen Rechtsverordnung erlassen wurden, keine aufschiebende Wirkung (Mausch-Liotta und Sattler, 2020, § 59 AWV Rn. 36). Das hat zur Folge, dass es sich bei den Verwaltungsakten zur Anordnung und Untersagung des Unternehmenserwerbs um im Wege der Verwaltungsvollstreckung vollstreckbare Titel handelt. Die verfügten Maßnahmen könnten daher bereits vor Erwirkung eines rechtskräftigen Urteils vollstreckt werden. Dagegen steht dem Erwerber bzw. Veräußerer das Verfahren zur Anordnung der aufschiebenden Wirkung im einstweiligen Rechtsschutz gem. § 80 Abs. 5 Alt. 1 VwGO zur Verfügung. In diesem Verfahren prüft das in der Hauptsache zuständige Verwaltungsgericht Berlin, ob das öffentliche Vollziehungsinteresse des Verwaltungsaktes das individuelle Aussetzungsinteresse des Antragstellers überwiegt. Im Rahmen dieser Prüfung würde auch eine summarische Prüfung der Rechtmäßigkeit der Entscheidung des BMWi nach Aktenlage vom Gericht vorgenommen, da dessen (einstweilig festgestellte) Rechtmäßigkeit ganz wesentlich das Vollziehungs- und Aussetzungsinteresse beeinflusst. Im Falle des Erfolgs des Antrags würde das Verwaltungsgericht die aufschiebende Wirkung einer vorher zu erhebenden Anfechtungsklage anordnen, sodass die Anordnungen und die Untersagung nicht vollstreckt werden könnten. Ein sich hieran anschließendes Hauptsacheverfahren wäre unbedingt durchzuführen.

Das Gericht prüft sodann in dem anschließenden Hauptsacheverfahren, ob die Entscheidung des BMWi tatsächlich rechtswidrig ist und der Kläger dadurch in seinen Rechten verletzt wird. Der Prüfungsumfang des Gerichts ist jedoch insoweit beschränkt, da dem BMWi ein sogenannter Beurteilungsspielraum auf der Tatsachenebene eingeräumt wird. Dieser betrifft die Frage, ob die öffentliche Sicherheit oder Ordnung bzw. wesentliche Sicherheitsinteressen der Bundesrepublik Deutschland durch den Erwerb beeinträchtigt werden. Von der entsprechenden Entscheidung ist nämlich die Pflege der auswärtigen Beziehungen als politische Komponente der Entscheidung betroffen, die als ureigene Kompetenz der Exekutive nicht vollständig gerichtlich überprüfbar sein soll, um eine gewisse Eigenständigkeit der Exekutive zu wahren. Das bedeutet freilich nicht, dass die Frage überhaupt keiner gerichtlichen Kontrolle unterfällt, lediglich die Komponente der politischen Wertentscheidung soll hiervon ausgenommen sein (Voland, 2010, S. 136). In jedem Fall kann das Gericht die Entscheidung jedoch darauf prüfen, ob die relevanten Verfahrensregeln eingehalten wurden, das anzuwendende Rechtsregime richtig erkannt wurde, sachfremde Erwägungen in die Entscheidung eingeflossen sind und ein Verstoß gegen allgemeine Bewertungsgrundsätze vorliegt (vgl. allgemein zum politischen Beurteilungsspielraum und zum gerichtlichen Prüfungsumfang Beaucamp 2012, S. 195). Darüber hinaus ist dem BMWi vom Gesetzgeber ein Ermessen hinsichtlich der Frage, ob es überhaupt tätig wird und, wenn ja, wie es tätig wird, eingeräumt (sogenanntes Auswahl- und Entschließungsermessen). Dies betrifft vor allem die Frage, ob das BMWi ein Prüfungsverfahren einleitet und welche Maßnahmen es konkret ergreift (§§ 55 Abs. 3, 59 Abs. 1 und 62 Abs. 1 AWV). Anders als der Beurteilungsspielraum, der auf Tatsachenebene vorliegt, betrifft der Ermessensspielraum die Rechtsfolgenseite der Entscheidung. Daraus folgt, dass die Entscheidung auch insoweit lediglich eingeschränkt gerichtlich überprüfbar ist.

Hauptaugenmerk bei der gerichtlichen Prüfung wird daher auf den Grenzen des Ermessens liegen, das durch Grundrechte, EU-Grundfreiheiten und den Grundsatz der Verhältnismäßigkeit begrenzt wird. Der Grundsatz der Verhältnismäßigkeit besagt, vereinfacht ausgedrückt, dass die Untersagung oder Anordnung einem legitimen Zweck dienen muss, sie geeignet und erforderlich zur Herbeiführung dieses Zwecks ist und sie schließlich auch angemessen im engeren Sinne ist, d. h. eine Abwägung der miteinander in Konflikt tretenden staatlichen und privaten Interessen ordnungsgemäß erfolgt ist (Mausch-Liotta und Sattler, 2020, § 59 AWV Rn. 17).

Da erstinstanzlich das Verwaltungsgericht zuständig ist, so dass (in der Hauptsache) theoretisch zwei weitere Instanzen denkbar sind, kann es für den Kläger mitunter Jahre dauern, bis der gesamte verwaltungsrechtliche Instanzenzug erschöpft ist und Rechtssicherheit hinsichtlich der behördlichen Entscheidung eintritt. Der Gesetz- und Verordnungsgeber hat leider keinen verkürzten Instanzenzug für Entscheidungen in der Investitionskontrolle vorgesehen (Müller und Hempel, 2009, S. 1641). Unabhängig hiervon gibt es in Deutschland bisher kein gerichtliches Verfahren zu dieser Thematik, da es in der bisherigen Geschichte der Investitionskontrolle in Deutschland keine Transaktionsuntersagungen und daher logischerweise bisher keine Gerichtsverfahren gegen entsprechende Entscheidungen gegeben hat (Bonhage, 2017, § 81 Rn. 45).

2.4 Anstehende Entwicklungen, insbes. die EU-Screening-Verordnung

Das Investitionskontrollrecht ist bereits in jüngerer Vergangenheit ein Rechtsgebiet in steter Bewegung gewesen. Die jüngste Änderung des Investitionskontrollrechts erfolgte durch die 15. Novelle der Außenwirtschaftsverordnung, deren Regelungen am 3. Juni 2020 in Kraft getreten sind. Nichtsdestotrotz ist eine 16. Außenwirtschaftsverordnung noch das Jahr 2020 angekündigt. Hintergrund dieser Novelle ist die am 11. Oktober 2020 in den europäischen Mitgliedstaaten in Kraft tretende Verordnung 19/452 zur Kontrolle ausländischer Direktinvestitionen. Angekündigt ist bereits eine Ausweitung der als kritisch erachteten Infrastrukturen mit der erwarteten 16. Novelle. Einzelheiten und ein genaues Datum der Novelle sind allerdings noch nicht bekannt. Sicher ist, dass mit der Aufnahme neuer Katalogerwerbsvorgänge die Eingriffskompetenz des BMWi erweitert wird. Daneben ist mit weiteren Anpassungen der Investitionskontrolle an Vorgaben der sog. EU-Screening Verordnung insbesondere im Hinblick auf den mit dieser Verordnung eingeführten Kooperationsmechanismus zu rechnen. Nachfolgend wird der Blick auf die EU-Screening Verordnung geworfen, denn diese stellt den nächsten großen Entwicklungsschritt für die deutsche Investitionskontrolle dar.

2.4.1 Überblick: Die EU-Screening Verordnung

Wesentliche Neuerung durch die am 11. Oktober 2020 in den europäischen Mitgliedstaaten in Kraft tretende, unmittelbar verbindliche Verordnung zur Überprüfung ausländischer Direktinvestitionen 19/452 ist ein sogenannter Kooperationsmechanismus. Dieser Kooperationsmechanismus soll den Austausch der EU-Mitgliedstaaten untereinander und mit der Europäischen Kommission verbessern, denn nach der neuen Verordnung ist die Beeinträchtigung der öffentlichen Sicherheit oder Ordnung eines EU-Mitgliedstaats ein Kriterium bei der sektorübergreifenden Investitionskontrolle eines anderen. Um die Öffentliche Sicherheit oder Ordnung der anderen Mitgliedstaaten hinreichend berücksichtigen zu können, muss jedoch ein ausreichender Informationsfluss zwischen den verschiedenen Mitgliedstaaten gewährleistet sein. Der Informationsfluss soll künftig durch den vorgenannten Kooperationsmechanismus der Mitgliedstaaten sichergestellt werden. Die Verordnung stellt dagegen ausdrücklich keine Vorgaben zu den nationalen Investitionskontrollverfahren auf. Bezüglich dieser bleiben die einzelnen Mitgliedstaaten alleinverantwortlich für die nationale Ausgestaltung ihrer jeweiligen Verfahren. Das BMWi wird somit auch künftig nach den Regelungen der sektorspezifischen und sektorübergreifenden Kontrolle die Investitionskontrolle betreiben (Schladebach und Becker, 2019, S. 1079 f.). Neben dem EU-Kooperationsmechanismus werden durch die EU-Verordnung im Übrigen weitere Regelbeispiele für die öffentliche Sicherheit oder Ordnung beeinträchtigender Erwerbsvorgänge aufgestellt, deren Umsetzung in die deutsche Außenwirtschaftsverordnung vom BMWi noch für 2020 angekündigt ist.

Anwendbar ist die EU-Verordnung auf ausländische Direktinvestitionen. Ausländisch meint in diesem Zusammenhang unionsfremd. Eine Direktinvestition im Sinne der Verordnung ist eine Investition zur Schaffung und Aufrechterhaltung dauerhafter und direkter Beziehungen zwischen dem Investor und der Zielgesellschaft. Anders als in der deutschen Investitionskontrolle wird in der Verordnung nicht auf das Erreichen einer Stimmrechtsschwelle abgestellt, sodass auch stimmrechtslose Beteiligungsformen von der Verordnung erfasst werden können (Walter, 2019, S. 477).

2.4.2 Bisherige Anpassungen des deutschen Rechts aufgrund der Vorgaben der EU-Screening-Verordnung

Der Gesetzgeber hat bereits mit den Änderungen des AWG vom Juli 2020 die Voraussetzungen für die Einrichtung des EU-Kooperationsmechanismus nach Vorbild der EU-Screening Verordnung geschaffen. Einerseits wird gem. § 13 Abs. 2 lit. e) AWG künftig das BMWi mit der Wahrnehmung der Aufgaben und Befugnisse der Kontaktstelle im Sinne des Art. 11 Abs. 1 der Verordnung EU 2019/525 betraut. Andererseits wurde in das deutsche Investitionskontrollrecht ein neuer Kontrollmaßstab etabliert, der es erlaubt, auch die Effekte und Gefährdungen in anderen Mitgliedstaaten zu berücksichtigen. Dies waren die einzigen gesetzgeberisch zwingend notwendigen Schritte, um der Verordnung Rechnung zu tragen, da die Verordnung selbst unmittelbare Rechtskraft in Deutschland entfaltet und ihre Regelungen einen ausreichenden Detailgrad aufweisen (Bundestag, 2020, S. 19). Das BMWi hat vor diesem Hintergrund angekündigt, dass die einzigen in diesem Jahr noch zu erwartenden Änderungen durch die 16. Außenwirtschaftsverordnung die Erweiterung des Investitionskontrollverfahrens um weitere kritische Infrastrukturen betreffen wird (Bundesministerium für Wirtschaft und Energie, 2020b).

2.4.3 Zukünftige Umsetzung der EU-Screening-Verordnung durch die deutschen Behörden

(a) Kooperationsmechanismus mit mitgliedstaatlicher Investitionskontrolle gem. Art. 6 der Verordnung

Der Kooperationsmechanismus sieht vor, dass die Eröffnung eines Investitionskontrollverfahrens im betroffenen Mitgliedstaat den übrigen Mitgliedstaaten und der Europäischen Kommission mitzuteilen ist. Den derart Hinzugezogenen soll so die Möglichkeit gegeben werden, eine Stellungnahme oder einen Kommentar zu dem nationalen Verfahren abzugeben. Binnen 15 Tagen nach Eingang der Mitteilung müssen der Mitgliedstaat bzw. die Europäische Kommission eine Mitteilung abgeben, ob sie Stellung zum Verfahren beziehen oder den Erwerb kommentieren möchten (vgl. Art. 6 Abs. 6 Verordnung 19/452). Die Stellungnahme bzw. der Kommentar muss dann in einer angemessen Frist, spätestens binnen weiterer 35 Tagen nach Eingang der Mitteilung beim Mitgliedstaat bzw. der Europäischen Kommission abgegeben werden (Art. 6 Abs. 7 Verordnung 19/452).

Den kontrollierenden Mitgliedstaat trifft die Pflicht, die Stellungnahmen und Kommentare der Kommission und/oder der anderen Mitgliedstaaten in angemessener Form im eigenen Verfahren zu berücksichtigen. Wenn Projekte und Programme von Unionsinteresse berührt sind, muss der Stellungnahme der Europäischen Kommission umfassend Rechnung getragen werden (siehe Art. 6 Abs. 9 Verordnung 19/452). Damit geht zwar nicht die Pflicht des Mitgliedstaats einher, eine Entscheidung im Sinne der Kommentare und Stellungnahmen zu treffen; die Stellungsnahmen und Kommentare sind jedoch im Rahmen der Ermessensausübung zu berücksichtigen (Hinderer und Behrendt 2020, S. 133; Schladebach und Becker 2019, S. 1080; Walter 2019, S. 480). Trotz dessen verbleibt die Letztentscheidung bei der entscheidungsbefugten Behörde des Mitgliedstaats, in dem die Transaktion stattfindet.

Abzuwarten bleibt, wie sich der Kooperationsmechanismus auf das deutsche Investitionskontrollverfahren auswirken wird. Je nach Verfahrensart und Verfahrensstufe hat das BMWi unterschiedliche Fristen zu beachten. Ein sektorübergreifendes Prüfungsverfahren ist derzeit binnen zwei Monaten nach Mitteilung des Abschlusses des Erwerbsvertrags zu eröffnen. Nach Eröffnung des Verfahrens hat das BMWi weitere vier Monate Zeit eine Entscheidung herbeizuführen. Eine Unbedenklichkeitsbescheinigung gilt innerhalb von zwei Monaten nach Antrag als erteilt, wenn das BMWi bis dahin untätig geblieben ist. In der Literatur herrscht vor diesem Hintergrund Uneinigkeit darüber, ob sich die Fristenregelungen des neuen EU-Kooperationsmechanismus in das bisherige Fristensystem einfügen lässt oder mit einer Verlängerung der Fristen seitens des deutschen Verordnungsgebers zu rechnen ist. Insbesondere die Frist von zwei Monaten zur Erteilung der Unbedenklichkeitsbescheinigung erscheint einigen Autoren in Ansehung der 35 tägigen Stellungnahmefrist als (zu) kurz (Hinderer und Behrendt 2020, S. 134; Lippert 2019, S. 1542; Walter 2019, S. 475). Ob tatsächlich eine Fristverlängerung erfolgen wird und inwieweit die Kooperation der Mitgliedstaaten und der Organe der Europäischen Union auf der einen Seite mit den nationalen Kontrollbehörden auf der anderen Seite funktioniert, bleibt abzuwarten. Zumindest mit einer Entscheidung über eine Fristverlängerung ist mit der 16. Außenwirtschaftsverordnung in Deutschland zu rechnen; aus Sicht des Verfassers ist eine weitere Verlängerung der Verfahrensfristen mit der 16. AWV Novelle eher unwahrscheinlich, da das BMWi bereits angekündigt hat, den Schwerpunkt der Novelle auf die Aufnahme weiterer kritischer Infrastrukturen zu legen. Dies wäre zu begrüßen, denn die Verfahrensdauer ist ohnehin schon recht lang.

(b) Kooperationsmechanismus ohne mitgliedstaatliche Investitionskontrolle gem. Art. 7 der Verordnung

Daneben besteht nach der EU-Verordnung für die Mitgliedstaaten und die Europäische Kommission das Recht, Kommentare an einen Mitgliedstaat zu übersenden, wenn in diesem Mitgliedstaat eine Transaktion geplant wird oder bereits vollzogen wurde, die in dem betroffenen Mitgliedstaat – aus welchen Grund auch immer – keiner Investitionskontrolle unterfällt. In diesen Kommentaren können die Mitgliedstaaten oder die Europäische Union z. B. äußern, dass ihre öffentliche Sicherheit und Ordnung von der Transaktion beeinträchtigt ist. Um dies beurteilen zu können, ist der Mitgliedstaat, der eine Beeinträchtigung seiner öffentlichen Sicherheit oder Ordnung befürchtet, berechtigt, den Mitgliedstaat in dem die Transaktion geplant ist oder vollzogen wurde, um Informationen über die Transaktion zu ersuchen. Ab Zugang der ersuchten Informationen hat der ersuchende Mitgliedstaat innerhalb einer angemessenen Frist, jedenfalls innerhalb von 35 Tagen, Stellung zu der Transaktion zu beziehen. Soweit die Kommission ihre eigene Stellungnahme auf einen Kommentar eines Mitgliedstaats stützt, stehen ihr hierfür 15 weitere Tage zur Verfügung (vgl. Art. 7 Abs. 6 Verordnung 19/452). Europäische Kommission und Mitgliedstaaten können eine solche Stellungnahme bis zu fünfzehn Monate nach Vollzug der Transaktion abgeben (vgl. Art. 7 Abs. 8 Verordnung 19/452).

Dieser Mechanismus steht in einem deutlichen Spannungsverhältnis zu den Regelungen der deutschen sektorübergreifenden Prüfung. Wie oben beschrieben, ist eine Entscheidung, ob das Prüfverfahren eingeleitet werden soll, binnen zwei Monaten ab Kenntnis über den Erwerb zu treffen. Hat das BMWi nicht binnen fünf Jahren Kenntnis über den Erwerb erlangt, ist die Einleitung eines Prüfungsverfahrens ausgeschlossen. Daher wird in der Praxis ein Erwerb regelmäßig dem BMWi gemeldet werden. Hat das BMWi Kenntnis über den Erwerb und leitet es kein Verfahren ein, wird es zu Spannungen mit dem Kooperationsmechanismus kommen. Denn geht danach eine Stellungnahme eines Europäischen Mitgliedstaats ein, besteht keine ausreichende zeitliche Möglichkeit des BMWi mehr, diese Einwände zu berücksichtigen (Hinderer und Behrendt 2020, S. 134; Lippert 2019, S. 1542). Es bleibt insoweit abzuwarten, ob zukünftige Novellen der Außenwirtschaftsverordnung Änderungen hinsichtlich der Fristen beinhalten wird, um ein mögliches Spannungsverhältnis aufzulösen.

(c) Weitere Regelbeispiele für die öffentliche Sicherheit und Ordnung

Neben dem vorstehend dargestellten Kooperationsmechanismus enthält die Verordnung weitere Regelbeispiele, die bei ihrem Vorliegen dazu führen sollen, dass die öffentliche Sicherheit oder Ordnung eines Mitgliedstaats als beeinträchtigt anzusehen ist. Diese sollen bei der Umsetzung zur 16. Außenwirtschaftsverordnung in deutsches Recht umgesetzt werden. Lediglich der Umfang der geplanten Umsetzung ist derzeit noch unbekannt.

Diese neuen Regelbeispiele sind außerordentlich umfangreich: In Art. 4 Abs. 1 der Verordnung werden kritische Infrastrukturen physischer und virtueller Art, einschließlich Energie, Verkehr, Wasser, Gesundheit, Kommunikation, Medien, Datenverarbeitung oder -speicherung, Luft- und Raumfahrt, Verteidigung, Wahl- oder Finanzinfrastrukturen und sensible Einrichtungen sowie Investitionen in Grundstücke und Immobilien, die für die Nutzung der Infrastrukturen von entscheidender Bedeutung sind, als Regelbeispiele genannt. Außerdem erfasst werden kritische Technologien und Güter mit doppeltem Verwendungszweck (sogenannte „Dual Use Güter"). Hiervon sind insbesondere die Bereiche künstliche Intelligenz, Robotik, Halbleiter, Cybersicherheit, Luft- und Raumfahrt, Verteidigung, Energiespeicherung, Quanten- und Nukleartechnologien, Nanotechnologien und Biotechnologien umfasst. Ferner umfasst wird die Versorgung mit kritischen Ressourcen, einschließlich Energie, Rohstoffen und Nahrungsmitteln und der Zugang zu sensiblen Informationen, einschließlich personenbezogener Daten, oder die Fähigkeit solche Daten zu kontrollieren. Zuletzt erfasst wird die Freiheit und Pluralität der Medien. Hinsichtlich dieser neuen Regelbeispiele hat das BMWi bereits bekannt gegeben, dass die Außenwirtschaftsverordnung um die nicht bereits in der Investitionskontrolle benannten Fälle ergänzt werden wird, sodass die Außenwirtschaftsverordnung und die europäische Verordnung diesbezüglich einheitlich ausgestaltet werden.

3 Auswirkungen der chinesischen und deutschen Investitionskontrolle auf die Praxis und die Prozess- und Vertragsgestaltung

Die bestehenden Investitionskontrollverfahren in China und Deutschland haben erheblichen Einfluss auf Transaktionen chinesischer Investoren in Deutschland und ihre Gestaltung. Es ist ein erheblicher Koordinations- und Informationsaufwand im Zusammenhang mit den verschiedenen prüfenden Behörden erforderlich, was im Prozess unbedingt berücksichtigt werden muss. Zugleich muss auch die Vertragsgestaltung die durch das Investitionskontrollverfahren bedingten Besonderheiten berücksichtigen.

3.1 Auswirkungen auf den Prozess

Zunächst sollten die für die Analyse, Bewertung, Vorbereitung und Durchführung der verschiedenen behördlichen Verfahren benötigten Teams rechtzeitig zusammengestellt werden. Hierbei sollten unbedingt frühzeitig auch technische Berater eingebunden werden, denn die Feststellung, ob ein Unternehmen unter die Kataloge nach § 55 Abs. 1 S. 2 und 3 AWV fällt, ist ohne technischen Sachverstand häufig nicht möglich. Auch (Fach-)Übersetzer sollten sehr frühzeitig engagiert werden, um die verschiedenen Anträge und Einreichungen vorzubereiten. Ferner sollten frühzeitig etwaige, zum Abschluss und Vollzug der Transaktion erforderliche „Formalien", wie z. B. die Mitteilung über den hinter dem Erwerber stehenden wirtschaftlichen Berechtigten nach dem deutschen Geldwäschegesetz an den Notar oder die Beglaubigung und Apostillierung etwaiger Vollmachten sowie die Einholung von Existenz- und Vertretungsnachweisen, angegangen werden, weil deren Einholung erfahrungsgemäß häufig zeitaufwändig ist.

Bei der Zusammenstellung der Teams und bei der Vorbereitung der erforderlichen, beiderseitigen Vertraulichkeitsvereinbarungen sollte auch bedacht werden, dass ggf. sog. „Clean Teams" und „Chinese Walls" erforderlich sein werden. Das gilt insbesondere, wenn ein Vollzugsverbot nach § 15 Abs. 4 AWG und/oder nach § 41 GWB besteht. Im Einzelfall kann es auch notwendig sein, dass bestimmte Informationen nur an die Berater übermittelt werden, damit diese die Informationen berücksichtigen können, ohne diese aber an die jeweils andere Partei weiterzugeben.

Der für diese Besonderheiten im Prozess erforderliche (interne) Koordinations- und Zeitaufwand ist erheblich und wird häufig unterschätzt. Insoweit sollte unbedingt ein professionelles Projektmanagement installiert und ein realistischer Zeitplan aufgesetzt werden, wobei es auch zu berücksichtigen gilt, dass auf bestimmte Schritte bzw. Arbeitsprodukte nicht verzichtet werden kann, weil deren Ergebnisse und/oder die Arbeitsprodukte selbst (z. B. Due Diligence Reporte) für behördliche Genehmigungen benötigt werden.

Selbstverständlich sind alle vorgenannten Punkte auch mit nicht geringen Kosten verbunden; auch diese werden häufig falsch eingeschätzt und daher nicht angemessen budgetiert.

3.2 Auswirkungen auf die Vertragsgestaltung

Auswirkungen auf die Vertragsgestaltung ergeben sich aus den verschiedenen Genehmigungserfordernissen selbstverständlich nur insoweit, als diese bei Abschluss des Vertrages noch nicht vorliegen.

Hinsichtlich der oben vorgestellten chinesischen Investitionskontrolle wird es häufig so sein, dass die entsprechenden Verfahren frühzeitig eingeleitet werden und während des weiteren Prozesses vorangetrieben und häufig auch beendet werden können. In diesen Fällen sind besondere Klauseln im Vertrag entbehrlich. Sollte dies im Einzelfall anders sein und ein Abwarten mit dem Vertragsschluss nicht möglich oder nicht gewünscht sein, so sollte die Erteilung der entsprechenden Genehmigung als Vollzugsbedingung (Closing Condition) vorgesehen werden.

In Bezug auf das deutsche Investitionskontrollrecht ist bei der Frage nach den Auswirkungen auf die konkrete Vertragsgestaltung im Grundsatz zwischen meldepflichtigen und nicht meldepflichtigen Erwerbsvorgängen zu unterscheiden: Bei nicht meldepflichtigen Transaktionen ist der Erwerb rechtswirksam und darf unmittelbar vollzogen werden, so dass zwar einige Sonderklauseln unbedingt anzuraten, diese aber nicht zwingend erforderlich sind. Dagegen sind meldepflichtige Erwerbe bis zur Erteilung der Genehmigung schwebend unwirksam und unterliegen einem Vollzugsverbot, so dass die entsprechende Genehmigung zwingend als Vollzugsbedingung (Closing Condition) ausgestaltet werden muss.

Bei einer meldepflichtigen Transaktion muss das SPA also eine aufschiebende Bedingung enthalten, wonach der Erwerb erst dann vollzogen wird, wenn das Investitionskontrollverfahren ordnungsgemäß durchgeführt wurde, oder die Transaktion freigegeben wurde oder als freigegeben gilt. Außerdem müssen die unterschiedlichen Verhaltenspflichten der Beteiligten in Bezug auf das Investitionskontrollverfahren klar definiert sein. Dem Erwerber sollten entsprechende Antrags- bzw. Meldepflichten vertraglich zugewiesen werden und der Verkäufer sollte sich diesbezüglichen Mitwirkungs- und Informationspflichten unterwerfen, um den Erwerber bei der Antragstellung zu unterstützen (Bonhage, 2017, § 81 Rn. 60). Ferner sollte im Vorwege diskutiert werden, ob eine Freigabe mit begleitenden Anordnungen zum Vollzug akzeptiert werden soll und wie die Risiko- und Kostenverteilung hinsichtlich möglicher Anordnungen auszugestalten ist. Daneben können Anpassungsklauseln, Aufhebungsrechte und Vertragsstrafen zu einem interessengerechten Ausgang führen (Bonhage, 2017, § 81 Rn. 62). Es kann ferner erwogen werden, dem Erwerber das Risiko einer Entscheidung des BMWi dergestalt zuzuweisen, dass er auf seine Kosten nach schriftlicher Mitteilung des Verkäufers die Untersagung oder die Anordnung auf eigene Kosten anzufechten hat, solange ihm dies wirtschaftlich zumutbar ist (Mohamed, 2019, S. 776). Sinnvoll sind ggf. auch Regelungen dazu, ob und wie sich Erwerber, Verkäufer und Zielgesellschaft bis zur Erteilung der Freigabe bzw. bis zu deren Versagung behandeln und gegenseitig informieren. Auch Vorgaben für die Kommunikation des gesamten Prozesses an die Öffentlichkeit und die Mitarbeiter der Zielgesellschaft sind häufig sinnvoll. Entsprechende Regelungen sind zugleich größtenteils aus fusionskontrollrechtlichen Klauseln bekannt.

Ist die Transaktion nicht meldepflichtig, so ist eine entsprechende Vollzugsbedingung nicht zwingend notwendig. Allerdings sollte im SPA Vorsorge dahingehend getroffen werden, was im Falle der etwaigen späteren Untersagung der Transaktion gelten soll. Hierfür bietet es sich an, ein Rücktrittsrecht des Veräußerers für den Fall, dass das Investitionskontrollverfahren zu Lasten des Erwerbers beschieden wird, aufzunehmen und die entsprechende Rückabwicklung im Detail zu regeln. Das Rücktrittsrecht kann und sollte derart formuliert werden, dass Bestandteile des Vertrages weiterhin wirksam bleiben (z. B. für Vertraulichkeitsvereinbarungen).

Entsprechende Rückabwicklungen sind allerdings außerordentlich mühsam und in der Praxis unerwünscht und sollten daher unbedingt vermieden werden. Es bietet sich daher, auch bei nicht meldepflichtigen Erwerben, an, die Investitionskontrolle zum Gegenstand einer Vollzugsbedingung zu machen. Es kann daher die Erteilung einer Unbedenklichkeitsbescheinigung oder ihre Freigabefiktion oder die Freigabe des BMWi zur Bedingung des Vollzugs gemacht werden (vgl. Mohamed, 2019, S. 775; Bonhage, 2017 § 81 Rn. 59); anders als im Fall der zwingenden Vollzugsbedingung bei meldepflichtigen Transaktionen kann hierbei auch über ein Recht des Erwerbers auf Verzicht der entsprechenden Vollzugsbedingung nachgedacht werden. Darüber hinaus sollten dann auch die oben beschriebenen weiteren Klauseln zum Verfahren, zur gegenseitigen Kooperation, zu Kosten und zur Kommunikation Berücksichtigung finden. Alternativ kann es in Einzelfällen möglich sein, die Erteilung einer Unbedenklichkeitsbescheinigung vorzuziehen und den Kaufvertrag erst nach deren Erteilung abzuschließen.

Des Weiteren sollte in jedem Fall bei den Regelungen zur Zahlung und Fälligkeit des Kaufpreises und bzgl. etwaigen weiteren Zahlungen stets geprüft werden, ob diese Zahlungen aus chinesischer Sicht devisenkontrollrechtlich möglich sind und insoweit – rein technisch – in den vorgegebenen Fristen erfolgen können.

Schließlich wird über die üblichen Klauseln in internationalen Kaufverträgen zu verhandeln sein, wie Sprache, anwendbares Recht, Gerichtsstand, Streitbeilegungsmechanismus sowie Sicherstellung der Kaufpreiszahlung, wobei aus Sicht des Verkäufers (und ggf. der Gesellschaft) stets zu beachten ist, dass Ansprüche aus nichtchinesischen Verträgen in China nicht oder zumindest nur unter höchsten Schwierigkeiten rechtlich durchgesetzt werden können.

Bei den vorstehenden Erwägungen handelt es sich um mögliche Vertragsgestaltungen. Da aber keine Transaktion der anderen gleicht, werden sich die entsprechenden Klauseln in jedem Fall individuell unterscheiden.

3.3 Sonstige Auswirkungen?

Eine Antwort auf die Frage, wie chinesische Investoren konkret die Investment Screenings bzw. Investmentkontrolle in Deutschland wahrnehmen, ist bisher schwierig. In der chinesischen Fachliteratur wird die allgemeine Ansicht vertreten, dass „die deutsche Bürokratie", die kulturellen Unterschiede (insbesondere auf der Führungsebene) und die hohen unternehmerischen Betriebskosten in Deutschland die größten Hindernisse für den Erfolg chinesischer Investitionen in Deutschland sind. Die deutsche oder europäische Investitionskontrolle wird insoweit (bislang) nicht genannt. Allerdings wird die öffentliche Diskussion in der deutschen Presse und der Politik über die Notwendigkeit einer strengeren Investitionskontrolle und die häufige Bezugnahme auf chinesische Investoren in diesem Zusammenhang in China sehr aufmerksam verfolgt, so dass nicht auszuschließen ist, dass dieses Thema ein (mentaler) Hemmschuh für chinesisch-deutsche Projekte werden könnte.

4 Prognose

Investitionskontrollverfahren spielen eine immer gewichtigere Rolle in grenzüberschreitenden Transaktionsverfahren. Dieser Trend wird sich auch zukünftig fortsetzen. Zwischen 2017 bis 2019 hat sich die Anzahl der jährlich durchgeführten deutschen Investitionskontrollverfahren nahezu verdoppelt. Die Annahme einer immer größer werdenden Relevanz der Investitionskontrollverfahren teilt auch der Gesetzgeber: In dem im Juli in Kraft getretenen Gesetzesentwurf zum AWG geht der Gesetzgeber laut Gesetzesbegründung davon aus, dass jährlich bis zu 20 zusätzliche Investitionskontrollverfahren auf die Verwaltung zukommen werden. Hinzu tritt ein zu erwartender Mehraufwand durch Meldungen anderer Europäischer Mitgliedstaaten im Rahmen des Kooperationsmechanismus von ca. 130 Fällen pro Jahr (Bundesregierung, 2020, S. 3).

Analog dem gesteigerten Verwaltungsaufwand bedeutet die stetige Verschärfung der Investitionskontrollregeln auch eine gesteigerte Relevanz für die Transaktionspraxis. Die die Transaktion begleitenden Berater sind gut beraten, sich in einem frühen Transaktionsstadium mit der Investitionskontrolle auseinanderzusetzen. Das Gleiche gilt für Erwerber, die die Möglichkeit eines zwingend durchzuführenden Investitionskontrollverfahrens mit in ihre Erwerbspläne einbeziehen sollten.

Den anhaltenden Verschärfungen der Investitionskontrolle zum Trotz sind – erfreulicherweise – bislang keine Tendenzen eines gesteigerten Wirtschaftsprotektionismus, der im Übrigen von dem Verfahren auch nicht bezweckt wird, ersichtlich. Trotz des gesteigerten Kontrollaufkommens ist auch weiterhin davon auszugehen, dass die Untersagung oder Anordnungen zu einer Transaktion auch künftig die begründungsbedürftige Ausnahme bleiben werden. Vergleicht man die erwarteten zukünftigen Investitionskontrollverfahren mit den jährlich in Deutschland durchgeführten Transaktionen, muss man ferner feststellen, dass Transaktionen in denen Investitionskontrollverfahren tatsächlich durchgeführt werden, bislang in der Minderheit sind. Aufgrund der durch die EU-Screening-Verordnung und der drastischen Rechtsfolgen einer nicht getätigten Meldung wird sich der Prüf- und Beratungsaufwand der Erwerber allerdings sicherlich deutlich steigern.

Literaturverzeichnis

Annweiler, M. J. (2019). Die Auswirkungen der AWV-Novelle auf Unternehmenstransaktionen. *Neue Zeitschrift für Gesellschaftsrecht*, 22(14):528.

Bayer, W. und Ohler, C. (2008). Staatsfonds ante portas. *Zeitschrift für Gesetzgebung*, 23(1):12–30.

Beaucamp, G. (2012). Ermessens- und Beurteilungsspielräume im Vergleich. *Juristische Ausbildung*, (3):193.

Becker, F. und Sachs, B. (2017). Die Investitionsprüfung nach Änderung der AWV – offene Fragen aus Perspektive der Transaktionspraxis. *Neue Zeitschrift für Gesellschaftsrecht*, 20(34):1336.

Böhm, C. (2019). Außenwirtschaftsrechtliche Investitionsprüfung – Anwendung der Erwerberkontrolle zum Schutz Kritischer Infrastrukturen im Finanzsektor. *Zeitschrift für Bankrecht und Bankwirtschaft*, 31(2):115–126.

Bonhage, J. D. (2017). Außenwirtschaftsrecht: Investitionskontrollverfahren. In Meyer-Sparenberg, W. und Jäckle, C. (Hrsg.), *Beck'sches M&A-Handbuch*, München. C.H. Beck.

Bundesministerium für Wirtschaft und Energie (2018). *Schlaglichter der Wirtschaftspolitik*. Zugriff am 30.09.2020. Verfügbar unter https://www.BmWi.de/Redaktion/DE/Publikationen/Schlaglichter-der-Wirtschaftspolitik/schlaglichter-der-wirtschaftspolitik-09-2018.html.

Bundesministerium für Wirtschaft und Energie (2019). *FAQ zu Investitionsprüfungen nach der Außenwirtschaftsverordnung (AWV)*. Zugriff am 30.09.2020. Verfügbar unter https://www.BmWi.de/Redaktion/EN/Downloads/F/faq-zur-aussenwirtschaftsrechtlichen-investitionspruefung.pdf?__blob=publicationFile&v=2.

Bundesministerium für Wirtschaft und Energie (2020a). *Referentenentwurf des Bundesministeriums für Wirtschaft und Energie – Fünfzehnte Verordnung zur Änderung der Außenwirtschaftsverordnung*. Zugriff am 30.09.2020. Verfügbar unter https://www.bmwi.de/Redaktion/DE/Downloads/F/fuenfzehnte-verordnung-zur-aenderung-der-aussenwirtschaftsverordnung-referentenentwurf.pdf?__blob=publicationFile&v=4.

Bundesministerium für Wirtschaft und Energie (2020b). *Änderungen im Außenwirtschaftsrecht*. Zugriff am 30.09.2020. Verfügbar unter https://www.bmwi.de/Redaktion/DE/Artikel/Service/Gesetzesvorhaben/erstes-gesetz-aenderung-aussenwirtschaftsgesetz.html.

Bundesministerium für Wirtschaft und Energie (o.J.). *Empfohlene Angaben für die Beantragung einer Unbedenklichkeitsbescheinigung gem. § 58 AWV*. Zugriff am 30.09.2020. Verfügbar unter https://www.bmwi.de/Redaktion/DE/Downloads/U/unbedenklichkeitsbescheinigung.pdf?__blob=publicationFile&v=5.

Bundesrat (2004). *Entwurf eines Elften Gesetzes zur Änderung des Außenwirtschaftsgesetzes und der Außenwirtschaftsverordnung*. Zugriff am 30.09.2020. Verfügbar unter http://dipbt.bundestag.de/dip21/brd/2004/0005-04.pdf.

Bundesrat (2017). *Vorschlag für eine Verordnung des Europäischen Parlaments und des Rates zur Schaffung eines Rahmens für die Überprüfung ausländischer Direktinvestitionen in der Europäischen Union COM (2017) 487 final*. Zugriff am 30.09.2020. Verfügbar unter https://www.bundesrat.de/SharedDocs/drucksachen/2017/0601-0700/655-1-17.pdf?__blob=publicationFile&v=5.

Bundesregierung (2012). *Entwurf des Gesetzes zur Modernisierung des Außenwirtschaftsrechts.* Zugriff am 30.09.2020. Verfügbar unter https://dip21.bundestag.de/dip21/btd/17/111/1711127.pdf.

Bundesregierung (2017). *Neunte Verordnung zur Änderung der Außenwirtschaftsverordnung.* Zugriff am 30.09.2020. Verfügbar unter https://dip21.bundestag.de/dip21/btd/18/134/1813417.pdf.

Bundesregierung (2018). *Antwort auf die Kleine Anfrage der Abgeordneten Kerstin Andreae, Katharina Dröge, Anja Hajduk, weiterer Abgeordneter und der Fraktion BÜNDNIS 90/DIE GRÜNEN – Drucksache 19/737.* Zugriff am 30.09.2020. Verfügbar unter http://dipbt.bundestag.de/doc/btd/19/011/1901103.pdf.

Bundesregierung (2020). *Erstes Gesetz zur Änderung des Außenwirtschaftsgesetzes und anderer Gesetze.* Zugriff am 30.09.2020. Verfügbar unter https://www.bmwi.de/Redaktion/DE/Downloads/E/erstes-gesetz-zur-aenderung-des-aussenwirtschaftsgesetzes-gesetzentwurf.pdf?__blob=publicationFile&v=4.

Bundestag (2020). *Gesetzesentwurf der Fraktionen der CDU/CSU und SPD: Entwurf eines Ersten Gesetzes zur Änderung des Außenwirtschaftsgesetzes und anderer Gesetze.* Zugriff am 30.09.2020. Verfügbar unter https://dipbt.bundestag.de/dip21/btd/19/187/1918700.pdf.

Cicero Magazin für politische Kultur (2018). *Machtspiel: Wie China nach der Welt greift.*

Dammann de Chapto, J. und Brüggemann, N. (2018). Aktuelle Entwicklungen im Investitionskontrollrecht – Der „Fall Leifeld" und die öffentliche Sicherheit. *Neue Zeitschrift für Kartellrecht,* 6(9):412.

Dammann de Chapto, J. und Brüggemann, N. (2020). Investitionskontrolle: AWG-Novelle plant strafbewehrtes Vollzugsverbot. *Neue Zeitschrift für Kartellrecht,* (7):374.

Fehr, M. (2013). *Wie Chinesen Arbeitsplätze in Deutschland sichern.* Zugriff am 30.09.2020. Verfügbar unter https://www.handelsblatt.com/unternehmen/mittelstand/mittelstand-wie-chinesen-arbeitsplaetze-in-deutschland-sichern/8166132.html.

Felbermayr, G., Goldbeck, M. und Sandkamp, A. (2019). Chinas ausländische Direktinvestitionen: Ein Überblick. *Kiel Policy Brief,* (123):3.

Generalsekretariat des Staatsrates (2017). *Mitteilung des Generalsekretariats des Staatsrates über die Weiterleitung der Richtlinie des Handels- und Außenministeriums (Chinesisch).* Zugriff am 30.09.2020. Verfügbar unter http://www.waizi.org.cn/doc/23564.htm.

Germany Trade and Invest (2019). *FDI Reporting 2018.* Zugriff am 30.09.2020. Verfügbar unter https://www.gtai.de/resource/blob/68328/4eed05fe460cceb6b4885635cbbfd85b/special-fdi-reporting-download-data.pdf.

Grädler, T. und Wehlage, K. K. (2019). Anglizismen in der Unternehmenstransaktion. *Juristische Schulung,* 59(2):109.

Hanemann, T., Huotari, M. und Kratz, A. (2019). *Chinese FDI in Europe: 2018 trends and impact of new screening policies. MERICS Papers on China.*

Hensel, C. und Pohl, M. S. (2013). Das novellierte Außenwirtschaftsrecht in internationalen Unternehmenstransaktionen. *Die Aktiengesellschaft,* (23):849.

Herrmann, C. (2020). *Stellungnahme zur öffentlichen Anhörung des Ausschusses für Wirtschaft und Energie zum Gesetzesentwurf der Fraktion CDU/CSU und SPD, Entwurf eines Gesetzes zur Änderung des Außenwirtschaftsgesetzes und anderer Gesetze, BT-Drs. 19/18700, und weiteren diesbezüglichen BT-Drs. 19/18895, 19/18673, 19/18703.* Zugriff am 30.09.2020. Verfügbar unter https://protect-eu.mimecast.com/s/wumvCJZVjUxG6N5uVwfyd.

Hilf, J. (2018). Beschränkungen von Erwerbsgeschäften nach dem Außenwirtschaftsrecht. In Eilers, S., Koffka, N. M., Mackensen, M. und Paul, M. (Hrsg.), *Private Equity. Unternehmenskauf – Finanzierung – Restrukturierung – Exitstrategien,* München. C.H.Beck.

Hindelang, S. und Hagemeyer, T. (2017). Enemy at the Gates? Die aktuellen Änderungen der Investitionsprüfvorschriften in der Außenwirtschaftsverordnung im Lichte des Unionsrechts. *Europäische Zeitschrift für Wirtschaftsrecht*, (22):882.

Hinderer, H. A. und Behrendt, M. (2020). Investitionskontrolle in Deutschland vor dem Hintergrund des europarechtlichen Rahmens und ihre Auswirkung auf M&A Prozesse. *M&A Review*, (5):130.

Institute for Mergers, Acquisitions and Alliances (2020). *M&A Germany – Mergers & Acquisitions Germany*. Zugriff am 30.09.2020. Verfügbar unter https://imaa-institute.org/mergers-acquisitions-germany.

Jäckle, C., Strehle, E. P. und Clauss, A. (2017). Regulierung und rechtliche Rahmenbedingungen. In Meyer-Sparenberg, W. und Jäckle, C. (Hrsg.), *Beck'sches M&A-Handbuch. Planung, Gestaltung, Sonderformen, regulatorische Rahmenbedingungen und Streitbeilegung bei Mergers & Acquisitions*, München. C.H. Beck.

Jungkind, V. und Bormann, C. (2020). Verschärfung des Außenwirtschaftsrechts vor dem Hintergrund der COVID 19 Pandemie. *Neue Zeitschrift für Gesellschaftsrecht*, (16):619.

Kingreen, T. (2016). Art. 36 AEUV. In *EUV/AEUV. Das Verfassungsrecht der Europäischen Union mit Europäischer Grundrechtecharta: Kommentar*, München. C.H. Beck.

Krolop, K. (2008). Schutz vor Staatsfonds und anderen ausländischen Kapitalmarktakteuren unter Ausblendung des Kapitalmarktrechts? *Zeitschrift für Rechtspolitik*, 41(2):40.

Leible, S. und Streinz, T. (2019). Art. 36 AEUV. In *Das Recht der Europäischen Union, 68. EL 2019*, München. Beck.

Leuering, D. und Gröntgen, F. (2020). Die AWG-Novelle: Neuer Rahmen für Unternehmenserwerbe. *Neue Juristische Wochenschrift Spezial*, (11):335.

Liese, J. und Theusinger, I. (2016). Compliance in M&A-Transaktionen. In Hauschka, C. E., Moosmayer, K. und Lösler, T. (Hrsg.), *Corporate Compliance. Handbuch der Haftungsvermeidung im Unternehmen*, 3. Auflage. München: C.H. Beck.

Lippert, A. (2019). Investitionskontrolle reloaded – Auswirkungen der neuen EU-Verordnung zur Überprüfung ausländischer Direktinvestitionen. *Betriebsberater*, (27):1538.

Marquardt, U. und Pluskat, S. (2009). Die Kontrolle von Unternehmenserwerben nach dem novellierten AWG. *Deutsches Steuerrecht*, 47(26):1314.

Mausch-Liotta, M. und Sattler, S. (2020). Kapitel II. Außenwirtschaftsverordnung, Kapitel 6 Abschnitt 2: Prüfung von Unternehmenserwerben, § 55 ff. AWV. In Hocke, E., Sachs, B. und Pelz, C. (Hrsg.), *Außenwirtschaftsrecht*, Heidelberg. C.F. Müller.

MOFCOM (2014). *Maßnahmen zur Verwaltung von Auslandsinvestitionen (Chinesisch)*. Zugriff am 30.09.2020. Verfügbar unter http://www.mofcom.gov.cn/article/b/c/201409/20140900723361.shtml.

Mohamed, J. (2019). Das Außenwirtschaftsrecht im Bereich der Unternehmensübernahmen. *JuristenZeitung*, 74(15–16):766.

Müller, H. und Hempel, R. (2009). Änderungen des Außenwirtschaftsrechts zur Kontrolle ausländischer Investoren. *Neue Juristische Wochenschrift*, (23):1638.

Niestedt, M. und Trennt, M. (2013). Das neue Außenwirtschaftsrecht. *Betriebsberater*, (36):2115.

OECD (2008). *OECD Benchmark Definition of Foreign Direct Investment, fourth edition*. Zugriff am 30.09.2020. Verfügbar unter http://www.oecd.org/daf/inv/investmentstatisticsandanalysis/40193734.pdf.

SAFE (2015). *Hinweis zur staatlichen Devisenverwaltung und weiteren Vereinfachungen und Verbesserungen der Devisenmanagementrichtlinien für Direktinvestitionen (Chinesisch)*. Zugriff am 30.09.2020. Verfügbar unter http://m.safe.gov.cn/safe/2015/0228/5548.html.

Schalast, C. (2009). Staatsfonds: Debatte und Regulierung in Deutschland. *M&A Review*, (3):107.

Schladebach, M. und Becker, F. (2019). Die Verschärfung der Investitionskontrolle im deutschen und europäischen Außenwirtschaftsrecht. *Neue Zeitschrift für Verwaltungsrecht*, (15):1076.

Schönhaar, T. (2014). Verfahrensabläufe bei Unternehmenskaufverträgen im Mittelstand. *Gesellschafts- und Wirtschaftsrecht*, 6(13):273.

Schwenn, K., Akenbrand, H., Pennekamp, J. und Scharrenbroch, C. (2018). *Chinesische Übernahme von westfälischem Maschinenbauer geplatzt*. Zugriff am 30.09.2020. Verfügbar unter https://www.faz.net/aktuell/wirtschaft/unternehmen/chinesische-uebernahme-von-maschinenbauer-leifeld-geplatzt-15716931.html.

Seibt, C. H. und Wollenschläger, B. (2009). Unternehmenstransaktionen mit Auslandsbezug nach der Reform des Außenwirtschaftsrechts. *Zeitschrift für Wirtschaftsrecht*, (18):833.

Slobodenjuk, D. (2019). Verschärfte Investitionskontrolle nach der Außenwirtschaftsverordnung – ein Überblick. *Betriebsberater*, (5):202.

Söhner, M. (2011). Sicherheitenstellungen und Außenwirtschaftsrecht. *Recht der Internationalen Wirtschaft*, (7):454.

Spiegel Online (2012). *Die behandeln uns wie ein rohes Ei, Norbert Scheuch im Interview*. Zugriff am 30.09.2020. Verfügbar unter https://www.spiegel.de/wirtschaft/unternehmen/interview-putzmeister-ist-froh-ueber-investor-aus-china-a-830214.html.

Tamcke, C. und Adolph, D. (2019). Einstieg in die Wirtschaftskanzlei – Wie funktioniert Private M&A? *Juristische Schulung*, 59(Praxiseinstieg):932.

Voland, T. (2009). Freitag, der Dreizehnte – Die Neuregelungen des Außenwirtschaftsrechts zur verschärften Kontrolle ausländischer Investitionen. *Europäische Zeitschrift für Wirtschaftsrecht*, 20(15):519.

Voland, T. (2010). Rechtsschutz gegen Maßnahmen der Investitionskontrolle im Außenwirtschaftsrecht – Fiat iustitia? *Europäische Zeitschrift für Wirtschaftsrecht*, (4):132.

Walter, K. (2017). Die neuen Regelungen zu Unternehmenserwerben. *Recht der Internationalen Wirtschaft*, (10):650.

Walter, K. (2019). Neuerungen bei der Überprüfung von Unternehmenserwerben und Kontrolle ausländischer Direktinvestitionen. *Recht der Internationalen Wirtschaft*, (8):473.

Weitnauer, M. (2019). Die AWV-Investitionsprüfung bei M&A-Transaktionen. *Gesellschafts- und Wirtschaftsrecht*, 11(5):81.

Wirtschaftswoche (2018). *Übernahmen durch chinesische Investoren: „China kann uns überrollen“*. Zugriff am 30.09.2020. Verfügbar unter https://www.wiwo.de/politik/deutschland/uebernahmen-durch-chinesische-investoren-china-kann-uns-ueberrollen/22637028.html.

Zenglein, M. und Holzmann, P. (2019). *Evolving Made in China 2025 – China's industrial policy in the quest for global tech leadership*. Zugriff am 30.09.2020. Verfügbar unter https://merics.org/sites/default/files/2020-06/MPOCMadeinChina2025.pdf.

Teil IV: **Kulturelle Besonderheiten**

Juliane Fuchs

7 Die Bedeutung von Kultur – Grundlagen zur interkulturellen Zusammenarbeit zwischen China und Deutschland

China und Deutschland eint eine intensive Handels- und Investitionstätigkeit. In den wesentlichen Wirtschafts- und Industriezweigen herrscht eine starke Verbindung, z. B. im Maschinenbau und Automobilsektor sowie in der Informations-, Kommunikations- und Elektrotechnik und im Bereich Chemie, Pharma und Gesundheit. Von besonderem Interesse ist die Investitionstätigkeit im Bereich Unternehmensübernahmen und -beteiligung zwischen beiden Ländern. Im Jahr 2017 erreichten chinesische Beteiligungen und Übernahmen in Deutschland ihren bis dato Höchststand von über 12 Mrd. EUR mit 40 Transaktionen (Institut der deutschen Wirtschaft, 2020). Im Jahr 2016 erreichten deutsche Netto-Direktinvestitionen in China ihren bis dato höchsten Wert von über 7,3 Mrd. EUR (Deutsche Bundesbank, 2019).

Die globalen Verflechtungen führen einerseits dazu, dass sich das Verhalten und die Präferenzen der Menschen zunehmend angleichen. Andererseits haben sich in Abhängigkeit der lokalen Gegebenheiten über Jahrhunderte hinweg unterschiedliche Wertesysteme herausgebildet, die auch das Denken und Handeln in Unternehmen prägen. Unter Berücksichtigung regionaler Spezifika in Wirtschaft, Gesellschaft, Politik und Umwelt entstand eine kulturelle Vielfalt. Die kulturistische Perspektive unterstützt die These, dass kulturelle Unterschiede unterschiedliche Vorgehensweisen bedingen und ein differenziertes, lokal-spezifisches Handeln erforderlich ist (Gutting, 2016, S. 15–16). Misserfolge ausländischer Investoren in China liegen häufig darin begründet, dass kulturelle Unterschiede unzureichend oder zu spät beachtet werden (Dix und Zwiener, 2011, S. 494). Während der Verhandlungen oder nach Abschluss des Unternehmenserwerbs können folglich Verzögerungen entstehen oder sogar die Verhandlungen abgebrochen werden. Daher empfehlen Dix und Zwiener (2011, S. 494) bereits während der Due Diligence zu überprüfen, inwieweit der Investor in der Lage ist Kulturunterschiede zu bewältigen. Aus diesem Grund nimmt die (Unternehmens-)Kultur eine nicht zu verachtende Rolle im Rahmen der interkulturellen Zusammenarbeit ein. In diesem Zusammenhang werden nachfolgend Merkmale der chinesischen und deutschen Kultur vergleichend herangezogen, um Rückschlüsse für den erfolgreichen Verlauf von internationalen Unternehmensbeteiligungen zu ziehen.

Der *Kulturbegriff* ist allgegenwärtig – sowohl im Alltag als auch in der Wissenschaft. Jedoch besteht keine vereinheitlichte, allgemein akzeptierte Kulturdefinition. Stattdessen existiert eine umfassende Ansammlung, die je nach wissenschaftlicher Disziplin variiert (Kroeber und Kluckhohn 1952; Eagleton 2009, S. 181; Reckwitz 2004).

https://doi.org/10.1515/9783110668216-007

Diese Pluralität aufzugliedern ist nicht Gegenstand der vorliegenden Ausführung. Vielmehr stehen kulturelle Gemeinsamkeiten und Unterschiede vor dem Hintergrund wirtschaftlicher Transaktionen zwischen China und Deutschland im Fokus. Daher wird in Anlehnung an Thomas (2005, S. 22) folgendes Kulturverständnis zugrunde gelegt: Kultur bezeichnet demnach ein angelerntes Orientierungssystem einer Gruppe oder Gesellschaft, woraus spezifische Wahrnehmungs-, Denk und Verhaltensmuster entstehen, sogenannte mentale Programme (Hofstede et al., 2017, S. 3), die sich von anderen Gruppen unterscheiden. Demnach stiftet Kultur Orientierung und Zugehörigkeit, schafft Normen und Wertvorstellungen, die im Zeitverlauf in einem sozialen Umfeld verinnerlicht werden und einen Maßstab zur Urteilsbildung in richtig und falsch bieten (Hofstede et al., 2017, S. 13–14).

Als Kennzeichen einer Kultur beschreibt Gutting (2016, S. 29) jene Werte, Normen und Grundsätze, die innerhalb einer Gruppe bzw. Mitgliedern einer Kultur geteilt und als verbindlich angesehen werden. Dadurch kann das Verhalten als akzeptabel bzw. üblich oder als inakzeptabel bzw. unüblich innerhalb eines Kulturkreises eingeordnet werden. Kultur beschreibt demnach Sichtweisen und Interaktionen von Menschen eines Kulturkreises. Diese von Mitgliedern einer Kultur verinnerlichten Werte, Normen und Grundsätze werden als *Kulturstandards* bezeichnet (Thomas, 2004, S. 151). Zahlreiche Wissenschaftler haben diese im Rahmen ihrer Forschung zur interkulturellen Zusammenarbeit in verschiedenen Ländern untersucht und miteinander verglichen. Im Folgenden werden die wesentlichen Kulturdimensionen überblicksartig vorgestellt und auf China und Deutschland angewendet.

1 Kulturdimensionen von Gert Hofstede

Hofstedes Studienergebnisse zur vergleichenden Kulturforschung dienen als Grundlage für interkulturelle Kooperationen. Seit den 1970er Jahren führt er empirische Untersuchungen über Wertvorstellungen von Menschen in mehr als 70 Ländern durch (Hofstede, 1999; Hofstede et al., 2010, 2017). Er kam zum Schluss, dass mit zentralen Problembereichen von Nation zu Nation anders umgegangen wird. Hierfür leitete er für jedes Land Indexwerte (von 0 bis 100) in Abhängigkeit der untersuchten Kulturdimension ab. Hofstede unterscheidet hierbei sechs Kulturdimensionen: Machtdistanz (MDI); Individualismus (IDV); Maskulinität (MAS); Unsicherheitsvermeidung (UVI); Langzeitorientierung (LZO) sowie Genuss.

Machtdistanz wird definiert als „das Ausmaß, bis zu welchem die weniger mächtigen Mitglieder von [...] Organisationen eines Landes erwarten und akzeptieren, dass Macht ungleich verteilt ist" (Hofstede et al., 2017, S. 75). Das heißt, dass in Kulturen mit geringer Machtdistanz Entscheidungsfindungsprozesse partizipativ verlaufen. Mitarbeiter und Führungskräfte betrachten sich eher als gleichberechtigt mit wenigen Hierarchiestufen in einer dezentralen Organisationsstruktur. Hingegen wird es in Kulturen mit hoher Machtdistanz akzeptiert, dass Entscheidungsprozesse hierarchisch ver-

Tab. 7.1: Ausprägung der Kulturdimensionen in China und Deutschland nach Hofstede (eigene Darstellung in Anlehnung an Hofstede et al. 2017)

Land	MDI	IDV	MAS	UVI	LZO	Genuss
China	80	20	66	30	87	24
Deutschland	35	67	66	65	83	40

laufen und diesen Entscheidungen gefolgt wird. Gehorsam und Unterordnung sowie ein ausgeprägtes Senioritätsprinzip kennzeichnen eine hohe Machtdistanz. Unterstrichen wird dies mit Statussymbolen und Privilegien der Entscheidungs- bzw. Machtträger (Hofstede et al., 2017, S. 88–90). Gemäß Hofstedes Studienergebnissen (Tabelle 7.1) ist das chinesische Wertesystem von einer hohen Machtdistanz gekennzeichnet (Wert: 80). Ungleichheit wird akzeptiert. Daher würde niemand die Autorität eines Älteren oder einer Führungskraft infrage stellen. Die Hierarchieorientierung in China ist wesentlich stärker ausgeprägt als in westlichen Kulturen. Das ausgeprägte Hierarchie- und Statusdenken drückt sich bspw. im Umgang mit Visitenkarten aus (Rothlauf, 2006, S. 350–351): Diese werden stets stehend mit beiden Händen übergeben. Anschließend werden diese im Detail gelesen, um Respekt zu zollen sowie auf die gesellschaftliche bzw. berufliche Position und den Titel des Geschäftspartners zu schließen. Auch das Gegenüber sollte die Visitenkarte würdigend betrachten, bevor diese verstaut wird. Ebenso sind Schriftbild und Papierqualität von Bedeutung, da dies Aufschluss über die hierarchische Stellung des Inhabers gibt.

Der geringe Wert in Deutschland deutet darauf hin, dass ein großes Machtgefälle eher abgelehnt wird. Gemeinsame Entscheidungsfindung und Mitsprache zeichnen eine geringe Machtdistanz aus. Die deutsche Unternehmenskultur ist geprägt von gesetzlich verankerten Mitbestimmungsrechten, Betriebsräten und Gewerkschaften. Entscheidungen einer Führungskraft können in Frage gestellt und diskutiert werden. Dadurch werden Machtunterschiede reguliert.

Je nach Vorrang der Interessen werden gemäß Hofstedes Untersuchungen Gesellschaften als *individualistisch* oder *kollektivistisch* bezeichnet. Steht das Interesse der Gruppe über dem des Individuums, dann wird dies als kollektivistische Gesellschaft bezeichnet, „in denen der Mensch von Geburt an in starke geschlossene Wir-Gruppen integriert ist, die ihn ein Leben lang schützen und dafür bedingungslose Loyalität verlangen" (Hofstede et al., 2017, S. 110). Laut Hofstedes Studienergebnissen steht in China die Gruppenorientierung an erster Stelle (Wert 20, vgl. Tabelle 7.1), bspw. in der Familie, Politik oder im Geschäftsleben (Hofstede et al., 2017, S. 114–116). Chinesen lassen sich durch eine *interdependente Selbstkonstruktion* beschreiben, das heißt, dass sie sich primär über ihre Zugehörigkeit zu sozialen Gruppen definieren (Markus und Kitayama, 1991). Demzufolge besteht eine hohe Bereitschaft sich ein- bzw. unterzuordnen. Direkte Konfrontationen werden vermieden, um Harmonie zu wahren. Daher ist es nicht verwunderlich, dass das Fehler- und Qualitätsmanagement in Unternehmen einer besonderen Handhabung bedarf. In diesem Zusammenhang wird auch der Begriff „*Face*" verwendet: In kollektivistischen Kulturen wird darauf geachtet, stets das Gesicht zu wahren, indem gesellschaftliche Erwartungen und Verpflichtungen erfüllt werden (Dix und Zwiener 2011, S. 484; Xiaojuan und Becker 2015, S. 9–10). Subtile Formen von Feedback und Kritik werden deshalb ergriffen, um den Gesichtsverlust innerhalb der Gruppe zu vermeiden. Weiterhin erläutert Gutting (2016, S. 37), dass das *persönliche Netzwerk (Guanxi)* „als persönliches Kapital betrachtet [wird], [...] Dies kann bedeuten, dass [bei einem Arbeitgeberwechsel] Kunden zu einem Konkurrenten mitgenommen werden. [...] So erfahren Kunden oder Kollegen derselben Wir-Gruppe eine Vorzugsbehandlung". Mit Hilfe des persönlichen Netzwerks kann scheinbar Unmögliches möglich gemacht werden (Dix und Zwiener, 2011, S. 484). Das Arbeitsverhältnis ähnelt eher einer familiären Beziehung (Waldkirch, 2018, S. 77). Seit einigen Jahren ist jedoch festzustellen, dass der höhere Lebensstandard und Bildungsgrad in China die individualistische Dimension stärkt und die Selbstverwirklichung für die oberen Schichten in der chinesischen Gesellschaft zunimmt (Xiaojuan und Becker, 2015, S. 11). Eine individualistische Gesellschaft ist geprägt durch lockere Beziehungen zwischen den Individuen mit Fokus auf Eigenverantwortung und Sorge für die Kernfamilie (Hofstede et al., 2017, S. 109). In vielen westlichen Ländern, so auch in Deutschland (Wert: 67) und USA, dominiert das Individuum mit seinen einzigartigen Eigenschaften, Fähigkeiten und Einstellungen, die sie unabhängig von Dritten auszeichnen (Hofstede et al., 2017, S. 114–116). Dies wird als *independente Selbstkonstruktion* bezeichnet, da sich Menschen als autonom gegenüber anderen wahrnehmen (Markus und Kitayama, 1991). Im Geschäftsleben werden aufrichtiges Feedback und direkte Kommunikation erwartet und herausfordernde Aufgaben gesucht, um sich zu beweisen. Demnach werden Beförderungen vorrangig an der Leistung bemessen und weniger an Beziehungen.

Maskuline Kulturen zeichnen sich durch das Streben nach Anerkennung und ein möglichst hohes Einkommen, in Form materieller Orientierung, im Rahmen der beruflichen Tätigkeit aus. Männer- und Frauenrollen werden eher getrennt voneinander betrachtet als in femininen Kulturen, die durch Bescheidenheit, ein freundliches Miteinander sowie Wert auf eine hohe Lebensqualität charakterisiert sind (Hofstede et al., 2017, S. 158–159). Die starre Einteilung in Geschlechterrollen wird in femininen Kulturen aufgehoben. Disziplin, Ehrgeiz, Wettbewerbs- und Karriereorientierung sind bestimmende Werte in deutschen Unternehmen. Deutschland und China sind maskuline Gesellschaften (Hofstede et al., 2017, S. 161) und erreichen in den Studienergebnissen den gleichen Punktwert (Wert: 66), womit beide Länder deutlich über dem Weltdurchschnitt (Wert: 50) liegen (vgl. Tabelle 7.1, Spalte MAS). In der Regel wird in maskulinen Kulturen effizient und zügig gearbeitet, was bspw. einen Wettbewerbsvorteil in der Massenproduktion darstellt.

Laut Hofstede lässt sich die Kulturdimension Unsicherheitsvermeidung „als der Grad [definieren], bis zu dem sich Mitglieder einer Kultur durch uneindeutige oder unbekannte Situationen bedroht fühl[en]" (Hofstede et al., 2017, S. 210). Eine Vermeidung von Unsicherheit führt zu einer Reduzierung von Stress und weniger zu einer Risikoreduzierung (Gutting, 2016, S. 41). Unsicherheit ist ein Gefühl, dessen Ausmaß sich im Rahmen der Familie, Schule und im Staatsgebaren begründet und weitergegeben wird. Asiatische Kulturen, wie bspw. China (vgl. Tabelle 7.1), neigen gemäß Hofstede et al. (2017, S. 213–214) zu einer schwachen Unsicherheitsvermeidung (Wert: 30). Unsicherheit wird somit kaum vermieden und daher eher akzeptiert. Grundsätzlich herrscht in China ein eher niedriges Angst- und Unsicherheitsniveau, was der Entwicklung und Akzeptanz von neuen Technologien und Innovationen zugutekommt. Gemäß Waldkirch (2018, S. 96) gilt ein häufiger Arbeitgeberwechsel als normal, da das Sicherheitsbedürfnis der Chinesen weniger stark ausgebildet ist. Allerdings werden Emotionen kaum nach außen getragen, so dass Gefühle eher im Inneren verarbeitet und Auseinandersetzungen nach Möglichkeit vermieden werden. Weiterhin sind Ambiguitäten alltäglich, was sich auch in der chinesischen Sprache mit einer Vielzahl von mehrdeutigen Begriffen niederschlägt. Ferner ist das Bedürfnis nach Gesetzen und Regeln in Ländern mit niedriger Unsicherheitsvermeidung geringer ausgeprägt, als in Ländern mit hoher Unsicherheitsvermeidung. So kommt es, dass in China Entscheidungsprozesse bedeutsamer sind als deren Inhalte (Gutting, 2016, S. 42). Deutschland liegt im Mittelfeld (Wert: 65). Das heißt, dass das Sicherheitsbedürfnis stärker ausgeprägt ist und neuen Technologien und Innovationen oftmals zurückhaltender begegnet wird. Daher existieren in Deutschland zahlreiche Gesetze, formelle Regeln, Vorschriften, Richtlinien und Maßgaben, um ungewisse Situationen besser handhaben zu können. Diese Regelwerke können jedoch dazu führen, dass Unternehmen in ihrem Handeln stark eingeschränkt werden. Weiterhin ist in Deutschland eine sorgfältige Vorbereitung und Planung von hoher Bedeutung. Allerdings entsprechen die Geschäftsplanung oder Unternehmensbewertung in China häufig nicht den deutschen Investorenanforderungen hinsichtlich Detaillierung und Qualität (Dix und Zwiener, 2011, S. 490). Dagegen nimmt in China der Aufbau von Beziehungen zwischen den Geschäftspartnern einen höheren Stellenwert ein. Insgesamt betrachtet lassen die Studienergebnisse darauf rückschließen, dass ungewisse Situationen in der Zukunft weniger bedrohlich in China als in Deutschland wahrgenommen werden.

Anpassungsfähigkeit, Beharrlichkeit und Sparsamkeit zeichnen die *Langzeitorientierung* von Kulturen aus, um zukünftige Erfolge zu erreichen (Hofstede et al., 2017, S. 254–255). Hingegen wird bei der *Kurzzeitorientierung* die Vergangenheit und Gegenwart in den Mittelpunkt gerückt, wobei das Hegen von Traditionen sowie die Einhaltung von Status- und sozialen Pflichten von Bedeutung sind (Hofstede et al., 2017, S. 257). In diesen Werten lassen sich Elemente der konfuzianischen Lehre erkennen (Shuqin, 2018, S. 623). China weißt eine starke Langzeitorientierung auf (Wert: 87, vgl. Tabelle 7.1), wie viele ostasiatische Länder (Hofstede et al., 2017, S. 273). Ebenso ist Deutschland langzeitorientiert (Wert: 83). Dies zeigt sich bspw. daran, dass der langfristige Nutzen über kurzfristigem Gewinnstreben steht, selbst wenn dies nur mit hoher Anstrengung, Hingabe und Ausdauer erreichbar ist.

Die Dimension *Genuss* wurde erst 2010 von Hofstede untersucht und beschreibt, inwieweit Menschen ihre Impulse, Instinkte und Sehnsüchte kontrollieren (Hofstede et al., 2010). Eine Gesellschaft mit einem ausgeprägten Genusssinn wird ihren Impulsen und Antrieben nachgeben und das Leben genießen, Spaß haben sowie gute Freundschaften intensiv pflegen (Hofstede et al., 2017, S. 313). Hingegen werden in einer beherrschten bzw. zurückhaltenden Gesellschaft Impulse stärker kontrolliert: Werte wie Förmlichkeit, Widerstandsfähigkeit und Solidarität wiegen schwerer. Das Leben wird als Pflicht verstanden und es herrscht die Auffassung, dass sich für ein gutes Leben angestrengt werden muss. Die Studienergebnisse stufen China (Wert 24, vgl. Tabelle 7.1) als kontrollierte Kultur ein, die sich durch eine zurückhaltende Gesellschaft auszeichnet. Das Ausleben natürlicher Instinkte, wie bspw. Genuss und Spaß, nimmt einen geringeren Stellenwert ein. Deutschland (Wert: 40) liegt im Mittelfeld (Hofstede et al., 2017, S. 309).

2 Kulturdimensionen von Edward T. Hall

In seinen Beobachtungsstudien beschäftigte sich Edward T. Hall zwischen 1959 und 1993 mit der Kommunikation der Kulturen in Amerika, Asien und Europa. Daraus leitete er vier Kulturdimensionen ab, darunter sind besonders zwei für internationale Unternehmensbeteiligungen relevant: zum einen der Kommunikationskontext sowie zum anderen die Zeitorientierung (Hall, 1989, 1990; Hall und Hall, 2000).

Der Kommunikationskontext sagt aus, inwieweit Informationen präferiert explizit ausgesprochen werden. In asiatischen Kulturen, so auch in China, spricht Edward T. Hall von *High-Context-Kulturen*, da viele Informationen nicht explizit geäußert werden, sondern im Beziehungsgeflecht integriert sind. Daher wird eher indirekt kommuniziert und die Botschaften erschließen sich häufig nur aus dem eingebetteten Kontext. Auch im Hinblick auf das Wahren des Gesichts, werden explizite Äußerungen eher vermieden und auf nonverbale Äußerungen zurückgegriffen, denn die Harmonie innerhalb einer Gruppe bzw. Gemeinschaft soll erhalten bleiben. Hingegen wird Deutschland als *Low-Context-Kultur* bezeichnet, da explizite Aussagen bevorzugt werden, um Botschaften direkt und exakt zu vermitteln. Eine klare und eindeutig formulierte Aussage wird in Deutschland präferiert. Umschweife und indirekte Kommunikation werden eher als zeitraubend in der Geschäftswelt wahrgenommen. Die Rücksichtnahme auf *Face* und soziale Wertschätzung nimmt eine untergeordnete Funktion ein. Folglich ist bei Verhandlungen zwischen chinesischen und deutschen Geschäftspartnern sowohl auf das gesprochene Wort als auch den Kontext zu achten, also „wie" etwas gesagt wird, um korrekte Rückschlüsse auf die tatsächliche Absicht der involvierten Parteien zu ziehen.

Weiterhin untersuchte Hall, wie Menschen mit der ihr zur Verfügung stehenden Zeit umgehen. Die Kulturdimension Zeitorientierung stellt den Unterschied zwischen Monochronismus und Polychronismus dar (Hall, 1990). China und Deutschland lassen sich beide dem *Monochronismus* zuordnen: Pünktlichkeit wird geschätzt und vereinbarte Besprechungstermine in der Regel eingehalten. Unterbrechungen werden eher als störend empfunden. Weiterhin wird Zeit als etwas Kostbares angesehen, dass mit einer materiellen Ansicht einhergeht, denn Zeit kann verschwendet, gespart oder gekauft werden. Eine effiziente Arbeitsweise wird häufig den monochronistischen Kulturen zugeschrieben. Polychronistische Kulturen gehen eher flexibel mit Terminplänen und Pünktlichkeit um (Gutting, 2016, S. 51–52).

3 Wertorientierung von Fons Trompenaars

Der Forscher Fons Trompenaars untersuchte kulturelle Unterschiede von Managern aus über 50 Ländern und analysierte mittels einer empirischen Vergleichsstudie kulturelle Werte (Trompenaars und Hampden-Turner, 2012) und bestätigte zu weiten Teilen die Ergebnisse von Hofstede und Hall.

   Die Studienergebnisse klassifizieren China als eine *partikularistische* und Deutschland als *universalistische* Kultur. Das heißt, dass die Einhaltung allgemeiner Gesetze und Regeln in Deutschland einen weitaus höheren Stellenwert einnimmt als in China. Verpflichtungen gegenüber Familie, Freunden und Arbeitskollegen nehmen in China eine wichtigere Rolle ein. Darüber hinaus bestätigen Trompenaars Studienergebnisse (Trompenaars und Hampden-Turner, 2012, S. 71–72) die gruppenorientierte chinesische Kultur und die stärker ausgeprägte selbstorientierte deutsche Kultur (vgl. Hofstedes Kulturdimension Individualismus). Weiterhin gilt China als *diffuse* High-Context Kultur (vgl. Studienergebnisse von Hall), die sich durch eine stärkere Vermischung des Berufs- und Privatlebens auszeichnet (Trompenaars und Hampden-Turner, 2012, S. 101–103). Geschäftsbeziehungen werden sorgsam aufgebaut und gepflegt wie im privaten Umfeld. Loyalität und zwischenmenschliche Beziehungen stehen im Fokus. Ein Gesichtsverlust soll vermieden werden, so dass Kritik kaum explizit geäußert wird. Dadurch kann eine rigide Leistungsorientierung, bspw. in Bezug auf Beförderung und Vergütung, nur schwer vereinbart werden. Stattdessen herrscht in Deutschland eine *spezifische* Low-Context-Kultur, die durch offenes Feedback-Verhalten und eine striktere Trennung der Lebensbereiche und der jeweiligen beruflichen und privaten Beziehungen gekennzeichnet ist. Weiterhin beschreibt Trompenaar China als eine Gesellschaft mit *Statuszuschreibung* (Askription), aufgrund von Eigenschaften, wie bspw. Geschlecht, Alter, Ausbildung oder Zugehörigkeit zu einer bestimmten Gruppe, Familie oder Klasse. In Verhandlungen kann es daher zur Verstimmtheit beitragen, wenn deutlich jüngere Geschäftspartner mit älteren Geschäftspartnern in China verhandeln sollen, da dadurch ein Statusunterschied entsteht (Senioritätsprinzip). Deutschland wird als Gesellschaft angesehen, in der einerseits Status und Respekt durch persönliche Leistung, Effizienz und Erfolge erreicht werden können (Achievement) sowie andererseits eine gewisse Statuszuschreibung durch vorhandene Eigenschaften anzutreffen ist (Gutting, 2016, S. 59–60).

Abb. 7.1: Gemeinsamkeiten und Unterschiede charakteristischer Merkmalsausprägungen der chinesischen und deutschen Kultur (eigene Darstellung)

Werden die Ausprägungen der Kulturdimensionen für China und Deutschland vergleichend betrachtet (vgl. Abbildung 7.1), lassen sich Gemeinsamkeiten, wie eine maskuline Kultur mit Langzeit- und Zukunfts- sowie monochronistischer Zeitorientierung und neutraler Gefühlswelt, erkennen. Dennoch entsteht durch die kulturellen Unterschiede ein hohes Konfliktpotential: schwammige, indirekte trifft auf konkrete, direkte Kommunikation; Beziehungs- auf Sachorientierung; Harmoniestreben auf offene Feedback-Kultur sowie Status- und Hierarchiedenken auf ein egalitäres Kommunikations- und Verhaltensmuster (Xiaojuan und Becker, 2015, S. 26). Um erfolgreiche deutsch-chinesische Geschäftsbeziehungen aufzubauen, ist eine Sensibilität gegenüber chinesischen Werten unerlässlich. Folgende Handlungsempfehlungen lassen sich für eine erfolgreiche wirtschaftliche Zusammenarbeit zwischen China und Deutschland ableiten:

– In Gesprächen und Verhandlungen ist die Bereitstellung gleichrangiger Partner zu empfehlen, nach Möglichkeit ältere Personen, um Wertschätzung gegenüber chinesischen Werten zu demonstrieren. Ebenso gilt es die Berücksichtigung und Einhaltung der Hierarchie, Rangordnung und Statusposition umzusetzen.

– China stellt eine Beziehungskultur dar (Xiaojuan und Becker, 2015, S. 12), daher ist ein intensiver Aufbau und eine dauerhafte Pflege von Beziehungen von großer Bedeutung. Die Basis für eine gute Zusammenarbeit begründet sich in einer guten persönlichen Beziehung, erst danach folgt die Sachorientierung.

– Die Vermeidung eines Gesichtsverlusts (Face) und der Erhalt von Harmonie durch indirekte Kommunikation (High-Context-Sprache), fördert die Beziehungskultur.

– Geduld ist notwendig, da Verhandlungen oftmals sehr lange andauern. Es wird um finanzielle Vorteile gerungen und diverse Teilnehmer vertreten kollektive Interessen (Dix und Zwiener, 2011, S. 483–484).
– Es ist nicht unüblich, geschlossene Verträge zu ändern oder schwammige Aussagen und wechselhafte Entscheidungen zu treffen. Daher ist Flexibilität erforderlich, denn selbst Verträge und Fristen unterliegen einer flexiblen Interpretation.

Zusammenfassend ist festzuhalten, dass die aufgeführten Kulturstandards relativ zu betrachten sind, so dass ein Vergleich mit der eigenen Kultur herangezogen werden muss. Trotz der starken Kategorisierung und Stereotypisierung, können mithilfe der Kulturdimensionen komplexe kulturelle Zusammenhänge erklärt werden. Dennoch lassen sich damit nicht die chinesische und deutsche Kultur umfassend beschreiben. Es werden lediglich die Sichtweisen der untersuchten Studienteilnehmer dargelegt, die eine Orientierung für eine erfolgreiche interkulturelle Zusammenarbeit schaffen. Die Ausführungen verstehen sich daher nicht als Verallgemeinerung für alle Individuen der chinesischen und deutschen Kultur. Die eigene Persönlichkeit eines ausländischen Geschäftspartners kann durchaus von den hier vorgestellten Klassifizierungen abweichen. Weiterhin ist anzumerken, dass sich kulturelle Werte anpassen und verändern können. So zeigte sich in einer empirischen Studie von Sisi et al. (2018, S. 284), dass nach einer Akkulturation eine *independente Selbstkonstruktion* der chinesischen Studienteilnehmer vorlag, was üblicherweise einer individualistischen Gesellschaft zugeschrieben wird (Triandis, 1989; Hofstede et al., 2017).

Letztlich ist für den wirtschaftlichen Erfolg einer Transaktion entscheidend, die Kultur des Geschäftspartners zu verstehen und Unkenntnis sowie Voreingenommenheit entgegenzuwirken. Gewohnte und alltägliche Geschäftsgebaren im Heimatland sind im Rahmen der interkulturellen Zusammenarbeit zu überdenken und anzupassen. Nicht nur während der Verhandlungen sind kulturelle Werte der Geschäftspartner zu beachten, sondern auch nach dem Unternehmenserwerb, z. B. bei der Besetzung von Managementpositionen, denn die Unternehmenskultur sollte nicht von den vorgesehenen Führungskräften vernachlässigt werden (Dix und Zwiener, 2011, S. 500).

Durch die starke wirtschaftliche Bedeutung Chinas wächst zunehmend das Interesse sich in Deutschland mit der chinesischen Kultur zu beschäftigen. Der staatliche und zivilrechtliche Kulturaustausch sowie das Kulturengagement von Unternehmen wachsen (Zhang, 2019, S. 224–226). Die Berücksichtigung von kulturellen Werten und Diversität sind zentrale Erfolgsfaktoren, um Unternehmensbeteiligungen zwischen chinesischen und deutschen Unternehmen erfolgreich anzubahnen, zu verhandeln und zu gestalten.

Literaturverzeichnis

Deutsche Bundesbank (2019). *Direktinvestitionen lt. Zahlungsbilanzstatistik für den Berichtszeit-raum 2015 bis 2018*. Zugriff am 06.05.2020. Verfügbar unter https://de.statista.com/statistik/daten/studie/209496/umfrage/deutsche-netto-direktinvestitionen-in-china/.

Dix, T. und Zwiener, T. (2011). Transaktionen in den Schwellenländern China und Russland. In Schramm, M. und Hansmeyer, E. (Hrsg.), *Transaktionen erfolgreich managen. Ein M&A-Handbuch für die Praxis*, S. 466–503, München. Franz Vahlen.

Eagleton, T. (2009). *Was ist Kultur? Eine Einführung*, 1634, 1 Auflage. München: Beck. Beck'sche Reihe.

Gutting, D. (2016). *Interkulturelles Management, Diversity und internationale Kooperation*. Herne: Kiehl.

Hall, E. T. (1989). *Beyond culture*. New York, NY: Anchor Books.

Hall, E. T. (1990). *The silent language*. New York: Anchor Books/Doubleday.

Hall, E. T. und Hall, M. R. (2000). *Understanding cultural differences*. Boston, Mass: Intercultural Press.

Hofstede, G. H. (1999). *Masculinity and femininity. The taboo dimension of national cultures*, 3. Thousand Oaks, Calif.: Sage. (Cross-cultural psychology series).

Hofstede, G. H., Hofstede, G. J. und Minkov, M. (2010). *Cultures and organizations*. New York: McGraw-Hill.

Hofstede, G. H., Hofstede, G. J. und Minkov, M. (2017). *Lokales Denken, globales Handeln*. München: Beck.

Institut der deutschen Wirtschaft (2020). *Chinas Kauflaune lässt nach*. Zugriff am 06.05.2020. Verfügbar unter https://www.iwd.de/artikel/chinas-kauflaune-laesst-nach-460626.

Kroeber, A. L. und Kluckhohn, C. (1952). Culture: a critical review of concepts and definitions. *Papers. Peabody Museum of Archaeology & Ethnology, Harvard University*, 47(1).

Markus, H. R. und Kitayama, S. (1991). Culture and the self: Implications for cognition, emotion, and motivation. *Psychological Review*, 98(2):224–253.

Reckwitz, A. (2004). Die Kontingenzperspektive der „Kultur". Kulturbegriffe, Kulturtheorien und das kulturwissenschaftliche Forschungsprogramm. In Jaeger, F. und Rüsen, J. (Hrsg.), *Handbuch der Kulturwissenschaften, Band 3. Themen und Tendenzen*, S. 1–20, Stuttgart. Metzler.

Rothlauf, J. (2006). *Interkulturelles Management. Mit Beispielen aus Vietnam, China, Japan, Russland und den Golfstaaten*. München: Oldenbourg.

Shuqin, X. (2018). Cultivating national identity with traditional culture: China's experiences and paradoxes. *Discourse: Studies in the Cultural Politics of Education*, 39(4):615–628.

Sisi, X., Mamat, M., Luo, C. und Yanhong, W. (2018). Dynamic self-representation of interdependent Chinese: The effect of bicultural experience. *International journal of psychology : Journal international de psychologie*, 53(4):278–286.

Thomas, A. (2004). Kulturverständnis aus Sicht der interkulturellen Psychologie: Kultur als Orientierungssystem und Kulturstandards als Orientierungshilfen. In Lüsebrink, H. J. (Hrsg.), *Konzepte der Interkulturellen Kommunikation. Theorieansätze und Praxisbezüge in interdisziplinärer Perspektive*, S. 145–156, St, Ingbert. Röhrig.

Thomas, A. (2005). Kultur und Kulturstandards. In Thomas, A., Kinast, E. U. und Schroll-Machl, S. (Hrsg.), *Handbuch Interkulturelle Kommunikation und Kooperation, Band 1: Grundlagen und Praxisfelder*, S. 19–31, Göttingen. Vandenhoeck & Ruprecht.

Triandis, H. C. (1989). The self and social behavior in differing cultural contexts. *Psychological Review*, 96(3):506–520.

Trompenaars, F. und Hampden-Turner, C. (2012). *Riding the waves of culture*. London: Brealey.

Waldkirch, K. (2018). *Erfolgreiches Personalmanagement in China*. Wiesbaden: Springer.

Xiaojuan, M. und Becker, F. (2015). *Business-Kultur in China*. Wiesbaden: Springer Gabler.

Zhang, Y. (2019). Kulturaustausch als zivilgesellschaftliche Chance zwischen China und Deutsch-land. In Zhang, Y. (Hrsg.), *China und Deutschland: 5.0/*机会与挑战:中德关系 *5.0*, S. 221–230, Berlin/Boston. De Gruyter.

Jens-Christian Posselt

8 Verhandlung und Verhandlungsführung

„Man kann nicht nicht kommunizieren, denn jede Kommunikation (nicht nur mit Worten) ist Verhalten und genauso wie man sich nicht nicht verhalten kann, kann man nicht nicht kommunizieren."

Dieses von Paul Watzlawick definierte Axiom trifft den Kern der Verhandlungsführung, denn Verhandlungen und Verhandlungsführung sind Kommunikation in Reinkultur.

„Man erblickt nur, was man schon weiß und versteht" (Johann Wolfgang von Goethe). Der vorliegende Beitrag ist daher stark geprägt von den Erfahrungen des Autors als Berater überwiegend chinesischer Mandanten bei Investitionen in Deutschland sowie deutsche Mandanten bei Verhandlungen mit chinesischen Investoren.

Die Mandate sind überwiegend mittelständisch geprägt, doch die Mandanten weisen ein breites Spektrum auf: Bei der Diskussion über chinesische Investitionen in Europa liegt das Augenmerk meist auf den – teils spektakulären – Übernahmen von Unternehmen wie dem Hersteller von Robotern „Kuka" in Deutschland. Eher unbeachtet bleiben die vielen Neugründungen von Unternehmen in Europa, die wirtschaftlich betrachtet zunächst unauffällig und sogar unbedeutend sind. Man sollte jedoch nicht vergessen, dass hinter diesen Neugründungen bisweilen große Unternehmen aller Branchen bis hin zur Rüstungsindustrie stehen, die damit einen Brückenkopf in Europa aufbauen. Gründer als Investoren können Privatpersonen, chinesische KMUs, aber auch große private wie staatliche Unternehmen sein.

Diese Vielfalt der Mandate und Mandanten wirkt sich auch auf Verhandlungen und Verhandlungsführung aus.

1 Investitionen in Deutschland und Europa

„Chinesische Direktinvestitionen in Europa 2019: Sinkende Investitionen, engere Verflechtungen und neue Bedenken." So titelte die Pressemitteilung des Mercator Institute for China Studies (MERICS) in ihrer Pressemitteilung vom 8.4.2020 (MERICS, 2020).

Wie eingangs erwähnt, sollte zwischen Neugründungen und Unternehmenskäufen (Merger and Acquisition – M&A) unterschieden werden.

Die Abbildung 8.1 zeigt, dass es deutlich weniger „Greenfield"-Investitionen, die letztlich Neugründungen sind, gibt als M&A-Transaktionen, aber nicht in gleicher Weise schwanken. Die Verfasser der Studie von Rhodium Group und MERICS rechnen sogar mit einer steigenden Zahl von „Greenfield"-Projekten, da die zunehmenden

https://doi.org/10.1515/9783110668216-008

Chinese FDI in the EU fell further to a 5-year low
Annual value of completed Chinese FDI transactions in the EU-28, EUR billion

■ M&A ■ Greenfield

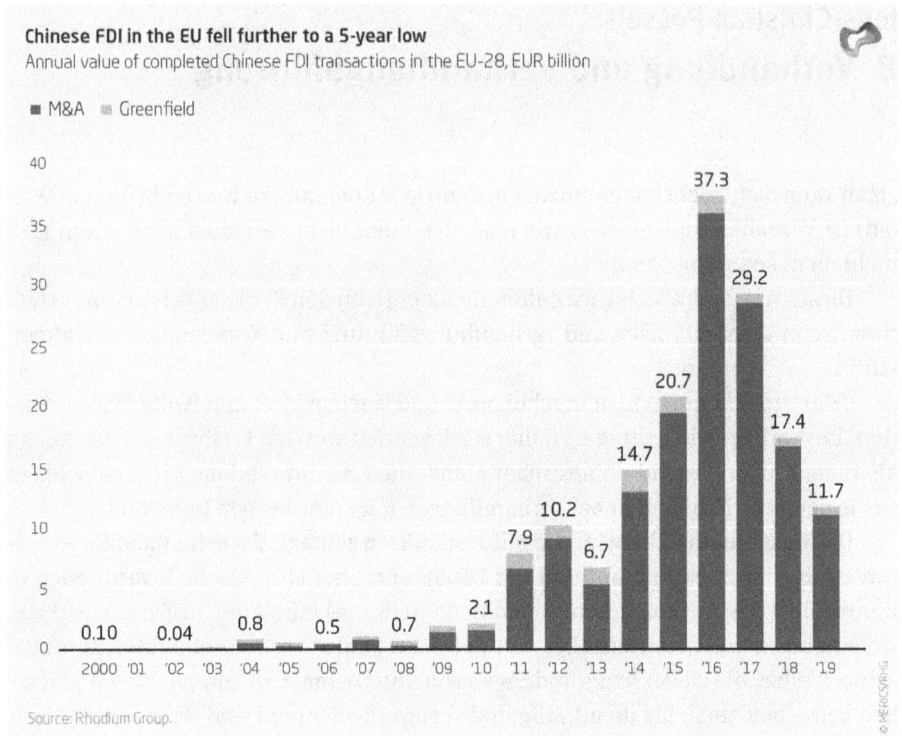

Abb. 8.1: Chinesische Direktinvestitionen in der EU fallen auf ein 5-Jahres-Tief (MERICS, 2020)

regulatorischen Beschränkungen[1] Investitionen in Unternehmen erschweren werden (Kratz et al., 2020). In der Beratungspraxis stellen wir fest, dass Auskünfte im Zusammenhang mit der Liquidation von Unternehmen zunehmen. Ob daraus auch ein Trend zur De-Investition im Falle einer sich zunehmend verschlechternden Wirtschaft in China werden wird, ist nicht absehbar, aber denkbar.

2 Rahmenbedingungen für Verhandlungen

Das beschriebene Umfeld hat auch Auswirkungen auf Verhandlungen und Verhandlungsführung. Verschiedene Faktoren bilden die Rahmenbedingungen für das Führen

---

1 Für die Beschränkungen siehe:Verordnung (EU) 2019/452 des europäischen Parlaments und des Rates vom 19. März 2019 zur Schaffung eines Rahmens für die Überprüfung ausländischer Direktinvestitionen in der Union und in der Folge Erstes Gesetz zur Änderung des Außenwirtschaftsgesetzes und anderer Ge-setze vom 10. Juli 2020.

von Verhandlungen, die unabhängig von den Inhalten der Verhandlungen von Bedeutung für Erfolg oder Misserfolg sind.

2.1 Sprache

Nicht oft genug kann die Bedeutung der Sprache hervorgehoben werden. Treffen deutsche und chinesische Geschäftspartner aufeinander, die jeweils nur ihre Muttergesellschaft sprechen, wird es keine Kommunikation geben.

Die „Weltsprache" Englisch wird zwar in Deutschland gelehrt, aber nur teils und auf sehr unterschiedlichem Niveau gesprochen, was im Vergleich zu den Skandinaviern und Niederländern teils beschämend ist.

In China ist Englisch sehr unterschiedlich verbreitet. Junge Akademiker, die einen Aufenthalt im englischsprachigen Ausland hatten, sprechen oft ein gutes Englisch. Dies gilt erfahrungsgemäß bei chinesischen Anwaltskanzleien, die bisweilen über mehrere Tausend Anwälte verfügen.

Oft werden die Verhandlungen – auf beiden Seiten – mit Hilfe von Übersetzern geführt. Auch deren Qualität schwankt erfahrungsgemäß sehr, denn gerne greifen die Parteien auf z. B. Mitarbeiter zurück, die manchmal nur ansatzweise über Fremdsprachenkenntnisse entweder im Englischen oder der Muttersprache des Gegenübers – also deutsch respektive chinesisch – verfügen. Wer in den Genuss einer bilingualen Erziehung oder intensiven Ausbildung in der anderen Sprache gekommen ist, wird sich naturgemäß am besten in beiden Sprachen bewegen können.

Der Verhandlungsführer, der auf einen Übersetzer angewiesen ist, muss dabei Obacht geben, dass die Verhandlungen nicht komplett in die Hände der Übersetzer fallen, die ggf. auf beiden Seiten tätig sind. Aber selbst, wenn die Verhandlungsparteien über exzellente Übersetzer oder eigene Sprachkenntnisse verfügen, ist immer Vorsicht geboten, denn der Verständnis- und Sprachhorizont ist bei jedem endlich: Verhandlungen über Investitionen werden immer durch die Branche geprägt, aus der der Investor kommt und in die investiert werden soll. Der Leser dieses Beitrages mag sich selbstkritisch fragen, ob er z. B. weiß, was ein „Achsschenkel" ist, wie er funktioniert, aus welchen Einzelteilen er besteht und wie hoch die Produktionskosten sind. Wenn der Investor in ein Unternehmen der Automobilbranche investieren will, welches genau diese Teile herstellt, läuft er Gefahr, dass Verhandlungen von Missverständnissen begleitet werden. Daher sind möglicherweise branchenspezifische Fachübersetzer einzubinden. Bei Unternehmenskäufen ist auch häufig festzustellen, dass die Fachabteilungen beider Parteien untereinander schnell Verständnis füreinander entwickeln. Der Verhandlungsführer muss dann auch auf der Ebene aufpassen, dass sich die Kommunikation sich nicht verselbständigt.

2.2 Recht

Ebenso wie branchenspezifisches Verständnis ist auch das Verständnis für die rechtlichen Zusammenhänge einer Transaktion von zentraler Bedeutung und dominieren
bisweilen Verhandlung und Verhandlungsführung.

Ein offener Einigungsmangel entsteht, wenn eine Partei etwas regeln will, was
die andere Partei nicht kennt bzw. versteht. Verhandlungshemmnisse entstehen z. B.
wenn eine Partei die Genehmigung einer staatlichen Stelle verlangt oder auf deren
Erfordernis hinweist, die andere Partei dies aber nicht nachvollziehen kann, weil in
ihrer Rechtsordnung eine solche Genehmigung nicht bekannt ist. In der Situation bedarf es der eingehenden Diskussion und Erklärung, damit die Gegenseite verstehen
und akzeptieren kann.

Im Vergleich dazu ist der versteckte Einigungsmangel über die Bedeutung eines
Sachverhalts und die sich daraus ergebenden rechtlichen Konsequenzen die wesentlich größere Gefahr. Der Verhandlungsführer sollte sich grundsätzlich darauf einstellen, dass er dem rechtlich nicht beratenen oder erfahrenen Mandanten bzw. Vertrags-
partner alle rechtlichen Zusammenhänge einer Transaktion erörtern muss. Gerade bei
chinesischen Investoren aus dem KMU-Bereich ist zu berücksichtigen, dass diese in
der Regel weder im eigenen Land noch im Ausland über Transaktionserfahrung verfügen. Oft handelt es sich um gewachsene Unternehmensstrukturen inhabergeführ-
ter Unternehmen mit teils erheblicher wirtschaftlicher Kraft, aber ohne die entsprechenden Erfahrungen bei der Gründung oder gar dem Erwerb von Unternehmen oder
der Gründung von Joint Ventures. Der Verhandlungsführer hat dann von der Struktur der Investition (asset deal oder share deal) über Wirksamkeitsvoraussetzungen
(wie vertragliche aufschiebende Bedingungen, Formerfordernisse, staatliche Genehmigungen) bis hin zu einzelnen Begriffen (wie Löschungsbewilligung, Grundpfand-
recht, Erbbaurecht) alles zu erläutern.[2]

2.3 Kultur

Während die vorstehenden Erläuterungen der Rechtskultur zugeordnet werden können, sind die weiteren kulturellen Eigenheiten der Vertragsparteien zu beachten. Unabhängig von Verhandlungsstilen sollten bei dem Führen von Verhandlungen mit chinesischen Vertragspartnern einige Besonderheiten beachtet werden:

Respekt vor dem Alter: chinesische Verhandlungspartner achten mehr auf das Alter ihres Gegenübers als wir es gewohnt sind. Je älter der Verhandlungspartner, desto
mehr Respekt kann er erwarten und bezeugt er zugleich. Das kann insbesondere zu
Irritationen beim Einsatz von dolmetschenden Personen führen, die meist jünger als

---

2 Über „Pitfalls of Cross System Contracts" schreibt instruktiv Stuart G. Bugg, Contracts in English,
4. Aufl. 2020, Kap. 5.3.

die Verhandlungsführer (auf chinesischer Seite) sind und aufgrund ihrer Sprachkompetenz im Fokus der Aufmerksamkeit stehen. Die Dominanz der Sprache darf nicht dazu führen, sein Gegenüber nicht mehr zu beachten.

Hierarchien: Während westliche Kulturen nach einer „flachen Hierarchie" streben, finden sich auf chinesischer Seite oft tief gestaffelte Hierarchien wieder. Dies kann für das Führen von Verhandlungen auf mehreren Ebenen zu Problemen führen:

– Ebenso wie beim Alter sollte der Person auf der höchsten Hierarchiestufe der meiste Respekt erwiesen werden. Das bedeutet nicht, andere Personen nicht zu respektieren, sondern sich bewusst zu sein, wer letztlich die Entscheidungen trifft und wem die Informationen letztlich zugehen, die über die unteren Hierarchiestufen vermittelt werden.

– Für den Außenstehenden ist es schwer bis nicht erkennbar, wer die entscheidende Person auf der chinesischen Seite bei Verhandlungen ist. Äußere Merkmale wie Alter, Sitzordnung und Habitus in Verhandlungsrunden helfen bei Präsenssitzungen, aber bei der Tele-Kommunikation ist dies nicht mehr möglich.

– Sofern insbesondere der Erstkontakt auf der „falschen Hierarchiestufe" beginnt, kann dies dazu führen, dass der Prozess überhaupt nicht in Gang kommt. Die unternehmensinterne Kommunikation ist in China nicht so ausgeprägt wie in Deutschland (Europa).

– Ebenso wichtig ist, dass auf der Seites des nicht-chinesischen Gegenübers darauf geachtet wird, dass eine „Respektsperson", also eine vergleichbare Hierarchieebene vertreten ist.

Politik: Weiterhin nicht unterschätzt werden darf die Bedeutung der Politik bzw. der politischen Repräsentanz in Verhandlungen. Wichtig ist nicht die politische Richtung, sondern die politische Funktion: ein Bürgermeister ist ein Bürgermeister, und zwar unabhängig vom Parteibuch (was bei einem Einparteiensystem nicht verwundert). Wer auf deutscher Seite mit politischer bzw. staatlicher Unterstützung verhandelt, wird eine hohe Akzeptanz haben – auch wenn aus deutscher Sicht diese Unterstützung für ein Vorhaben nicht erforderlich ist. Umgekehrt ist die staatliche bzw. politische Unterstützung auf chinesischer Seite häufig ein ausschlaggebendes Kriterium für den Erfolg eines Vorhabens.

Alltagsfähigkeiten: Wie die Vielzahl der Anbieter interkulturellen Trainings zeigt, gibt es viele Unterschiede im täglichen Leben der beiden Kulturen. Manch einer fragt sich, wie weit „wir Europäer" uns denn an den vermeintlich so starken Verhandlungspartner bei Tischsitten, Kommunikation oder Begrüßungsritualen anpassen müssen. Das mag jeder für sich entscheiden, dabei aber auch auf unsere Reaktion achten, die wir zeigen, wenn Ausländer unsere Sitten und Gebräuche (nicht) annehmen. Und mit Stäbchen zu essen macht auch einfach Spaß.

2.4 Vertrauen

Dieser Punkt gehört eigentlich ganz nach oben in die Reihe der Rahmenbedingungen, denn er ist der wichtigste. Aber Vertrauen ist am Ende der Punkt, der (fast) alle Fehler auffangen kann, die man bei Gesprächen und Verhandlungen auf anderer Ebene gemacht hat. Wer einen schlechten Übersetzer hat, immer der falschen Person die meiste Aufmerksamkeit schenkt und weder gerne Maotai trinkt noch gerne mit Stäbchen isst, kann durch das Vertrauen, das er gewinnt, diese Defizite ausgleichen. Und gerade als Verhandlungsführer muss man Vertrauen gewinnen. Um Vertrauen bei chinesischen Mandanten, Verhandlungspartnern oder Geschäftspartner zu gewinnen, bedarf es meist nur weniger Dinge: man muss offen und ehrlich sein, Respekt zeigen und Geduld haben. Das scheint manchem Europäer schwerer zu fallen als man meinen möchte.

In dem Zusammenhang muss der Verhandlungsführer berücksichtigen, aus welcher Funktion heraus er die Verhandlungen führt: ist der Verhandlungsführer gleichzeitig der Berater, insbesondere der Anwalt, einer Partei, so hat er grundsätzlich nur auf die Wahrung der Interessen seiner Partei zu achten.[3] Sofern sein Mandant am Abschluss eines Vertrages, speziell bei einem Unternehmenskauf, interessiert ist, muss auch die Gegenseite das Vertrauen fassen. Insbesondere wenn man deutsche Mandanten berät, aber gleichzeitig Vertrauen der chinesischen (Gegen-) Seite genießt (manchmal mehr als in deren eigenen Berater) und entsprechend „ins Vertrauen" gezogen wird, muss der Berater sich immer wieder auf seine Rolle besinnen.

Personen mit neutraleren Positionen wie z. B. M&A-Berater können und sollen in beide Richtungen Vertrauen aufbauen, wobei eine Interessenkollision auch hier nicht ausgeschlossen ist. Der M&A-Berater kann daher gut die Rolle des neutralen Verhandlungsführers übernehmen.

3 Typologie der Verhandlung

Bei Verhandlungen über Investitionen im internationalen Umfeld zeigen sich auch Unterschiede in der Art wie Gespräche oder Verhandlungen geführt werden. Man muss nicht davon ausgehen, dass jeder chinesische Mandant oder Verhandlungspartner „Sunzi, Die Kunst des Krieges" gelesen hat und anwendet. In der Praxis bilden sich im Vergleich zu deutschen Verhandlungspartnern einige regelmäßig wiederkehrende Verhaltensmuster heraus:

- Das geschilderte hierarchische Denken setzt sich fort in einem eher unselbständigen Auftreten und damit Verhandeln der unteren Hierarchiestufen.

---

3 In Deutschland droht dem Anwalt, der die widerstreitenden Interessen beider Seiten wahrnimmt, Strafverfolgung wegen Parteiverrats, § 356 StGB.

- Die unternehmensinterne Kommunikation ist bei chinesischen Unternehmen bisweilen schlecht ausgeprägt, so dass man nicht von vorherein davon ausgehen kann, dass alle Beteiligten die erforderlichen Informationen erhalten.
- Der Umstand, dass man von seinem chinesischen Verhandlungspartner plötzlich nichts mehr hört, muss nicht bedeuten, dass die Verhandlungen gescheitert sind. Hier hilft nur Nachfragen.
- Deutsche Unternehmer steuern meist direkt auf das Ziel („kaufen", „verkaufen") zu, getreu dem Motto „Zeit ist Geld". Chinesische Unternehmen nehmen sich mehr Zeit für ein gegenseitiges Kennenlernen, auch persönlich – denn das fördert Vertrauen.
- Der chinesischen (oder generell asiatischen) Kultur(en) wird nachgesagt, dass keiner sein Gesicht verlieren soll; das trifft zu, gehört aber auch in Deutschland (Europa) zum Standardrepertoire erfolgreicher Verhandlungsführung.

Die Liste ließe sich wahrscheinlich, je nach individuellem Erfahrungshorizont, beliebig fortsetzen. Da es bei einem Land der Größe Chinas auch noch regionale Unterschiede gibt, wird man kein abschließendes Bild erhalten.

4 Kommunikation und Verhandlung

Verhandlung bedarf der Kommunikation und dafür stehen heute mehr Möglichkeiten zur Verfügung als in der Vergangenheit. Diese Möglichkeiten werden insbesondere im internationalen Geschäftsverkehr genutzt.

4.1 Textform

Der Begriff der „Textform" wird bewusst in Anlehnung an § 126b BGB gewählt, denn die „Schriftform" im Sinne eines Austausches auf Papier unterschriebener Dokumente findet allenfalls beim Abschluss von Rechtsgeschäften noch Anwendung.

Die Kommunikation mit chinesischen Verhandlungspartnern wird von der in China allgegenwärtigen Social-Media-Anwendung „Wechat" geprägt, auch in Deutschland. Daneben werden Informationen per E-Mail ausgetauscht. Solange Dienste wie Whatsapp in China gesperrt sind, kann darüber nicht kommuniziert werden.[4]

Die Banalität des Austausches von Informationen mit Bezug zu China führt oft dazu, dass die Informationen auf verschiedenen technischen Plattformen geteilt werden, was die Gefahr von Missverständnissen, Datenverlusten oder dem schlichten

---

[4] Sofern die Spannungen zwischen den USA und China auch auf die Nutzung von Wechat außerhalb der USA durchschlagen sollten, würde dies erhebliche Probleme in der laufenden Kommunikation mit China und chinesischen Community außerhalb Chinas hervorrufen.

Übersehen von Informationen in sich birgt. Der Verhandlungsführer ist gefordert, ein „kreuz-und-quer" von Informationen zu verhindern und den Informationsfluss zu kanalisieren und zu strukturieren.

4.2 Fernmündlich

IP-Telefonie, Videokonferenzen und Messenger-Dienste wie Wechat erlauben heute die kostengünstige fernmündliche Kommunikation zwischen Deutschland und China. Was in der Theorie einfach klingt, birgt in der Praxis weitere Schwierigkeiten: Zeitverschiebung, überlastete Internetleitungen, sprachliche Unzulänglichkeiten und komplexe Sachverhalte verlangen eine klare Verhandlungsführung mit dem Ziel, auf allen Seiten für inhaltliche Klarheit zu sorgen. Mediative Techniken wie paraphrasieren und häufiges Nachfragen sollen verhindern, dass Missverständnisse entstehen.

4.3 Mündlich

Das persönliche Gespräch und die direkte Kommunikation von Angesicht-zu-Angesicht ist nicht zu ersetzen. Sie gibt den Parteien Raum und Zeit, um Verständnis für Sachverhalte und rechtliche Implikationen und insbesondere Vertrauen aufzubauen.

Im persönlichen Gespräch ist der Verhandlungsführer (ggf. mit seinem Team einschließlich Übersetzern) am meisten gefordert. Klar strukturierte Verhandlungen, ausführliche Erläuterungen von Sachverhalten und rechtlichen Rahmenbedingungen einer Investition, Offenheit für Alternativvorschläge und nicht zuletzt Geduld sind erforderlich, um Verhandlungsergebnis-se zu erzielen. Wer spätestens hier als Verhandlungsführer nicht das Vertrauen des chinesischen Mandanten, Kunden oder Vertragspartners hat, wird nur schwerlich zum Erfolg kommen.

5 Phasen der Investition

Einleitend haben wir bereits auf die unterschiedlichen Investitionswege der Neugründung („Greenfield") oder dem Unternehmenskauf („M&A") hingewiesen. Jede Investitionsform lässt sich in Phasen einteilen, die unterschiedliche Anforderungen an Verhandlung und Verhandlungsführung stellen.

5.1 Gründung

Der Kontakt mit Unternehmensgründern ist meist davon geprägt, deren Ziele und Wunschvorstellungen zu verstehen und herauszuarbeiten, ob und wie diese in

Deutschland (Europa) umgesetzt werden können. Naturgemäß hat ein Unternehmer, der aus einem fremden Wirtschafts- und Rechtssystem kommt, einen erheblichen Informationsbedarf. Aber auch bei inländischen Unternehmensgründern ohne Berufserfahrung ist der Informationsbedarf nicht geringer.

Als Berater nimmt man bei Neugründungen dann oft auch die Rolle des Verhandlungsführers mit Vermietern, Banken, Notaren oder weiteren Mitgesellschaftern ein. Der Berater muss also nicht nur das Vertrauen des Mandanten erhalten, sondern auch das Vertrauen in den Mandanten bei dessen Vertragspartnern aufbauen. Oft beginnen nicht nur KMUs, sondern größere private oder staatliche Unternehmen ihr Engagement im Ausland mit der Gründung einer Ein-Personen-Gesellschaft, in Deutschland der GmbH. Auch wenn man als Berater die Hintergründe kennt, kann man – im China-Geschäft unerfahrenen – Vertragspartnern oft nur schwer klarmachen, dass der neue Kunde auf einer soliden Basis steht. Umgekehrt müssen dem chinesischen Gründer die Feinheiten z. B. einer Überprüfung des wirtschaftlich Berechtigten nach geldwäscherechtlichen Bestimmungen oder Legitimationsprüfung von Neukunden („KYC" – know your customer) nahegebracht werden. Der Verhandlungsführer ist damit zugleich Mediator. Dies gilt auch für die Zeit nach der Gründung, in der erfahrungsgemäß erhöhter Beratungsbedarf bei Existenzgründern besteht; bei ausländischen Investoren ebenfalls.

5.2 M&A

Das zur Gründung Gesagte gilt zunächst auch für einen M&A-Prozess. Sofern die Neugründung nicht nur die einfache Unternehmensgründung, sondern von Anfang an z. B. den Aufbau einer Produktionsstätte einschließt, wird auch das Greenfield-Projekt wie ein M&A-Projekt strukturiert sein; dies gilt auch für Joint Ventures.

5.2.1 Targeting

Für chinesische Investoren stellt sich zunächst die Frage, in welches Unternehmen investiert werden kann, sofern zwischen Investor und Zielunternehmen bisher keine Beziehung bestand (z. B. bei bestehenden Handelsbeziehungen).

Bei der Ansprache potentieller Targets hat derjenige, der für chinesische Investoren die Gespräche führt, mehrere Hemmschwellen zu überwinden, bevor weiterführende Verhandlungen geführt werden: grundsätzlich das Interesse an einem Verkauf wecken, Vertrauen in die eigene Person gewinnen und Vertrauen in den chinesischen Investor begründen. Oft eilt chinesischen Investoren noch der ungerechtfertigte Ruf eines neo-kapitalistischen Grobians voraus (Emons, 2015; Reisach, 2018). Erst wenn dies gelungen ist, können sachliche Verhandlungen geführt werden.

Umgekehrt ist dem chinesischen Investor vom Verhandlungsführer zu vermitteln, warum ein Target seinen Zielvorstellungen entspricht.

5.2.2 NDA und Letter of Intent

Regelmäßig werden in einem M&A-Prozess Absichtserklärungen und Verschwiegenheitsverpflichtungen geschlossen. (Spätestens) an dieser Stelle im Prozess werden sich Berater und Verhandlungsführer mit Fragen nach dem anwendbaren Recht, Gerichtsstand, der Verbindlichkeit von Vereinbarungen und Folgen von Rechtsverstößen auseinandersetzen müssen. Damit werden bereits die Weichen für die Basis der folgenden Verhandlungen und deren rechtliche Grundlage und das rechtliche Grundverständnis der Parteien gelegt.

5.2.3 Due Diligence

Die Due Diligence kann sich auf unterschiedliche Bereiche wie Finanzen, Steuern, Recht, Umwelt oder Technik beziehen, wobei in den einzelnen Bereichen wiederum Spezialgebiete zu untersuchen sind. Die Ergebnisse der Due Diligence sind dem chinesischen Investor in verständlicher Form zur Kenntnis zu geben und vor allen Dingen die Konsequenzen der Untersuchung auf den Fortgang des M&A-Prozesses zu erläutern. Da die Due Diligence die Grundlage für den später abzuschließenden Vertrag ist, ist die Due Diligence gerade für einen ausländischen Investor von Bedeutung. Sein Berater, der ggf. auch sein Verhandlungsführer ist, muss Risiken erkennen, erläutern und bewerten können. Dieser originär interdisziplinäre Ansatz der Due Diligence verlangt vom Verhandlungsführer, dass er sich entweder in vollem Umfang mit den Ergebnissen der Due Diligence befasst und diese vertritt oder die übergeordnete Gesamtführung übernimmt und die Details den Spezialisten der einzelnen Disziplinen überlässt; hat der Verhandlungsführer selbst Teile der Untersuchung durchgeführt, wird er damit zum „primus inter pares".

Das letztgenannte Modell hat sich in der Praxis bei umfangreicheren und Spezialuntersuchungen bewährt. Der Verhandlungsführer kann aufgrund seiner Rolle als übergeordnete Distanz heraus auch in die eigentlichen Verhandlungen über die Investition (Kauf) übergehen.

5.2.4 Verhandlung

Während die Due Diligence zunächst nur einseitig im Interesse des Investors durchgeführt wird,[5] sind die Verhandlungen nach außen gerichtet. Ist der Investor zu dem Entschluss gekommen, das Target zu erwerben, wird sein Verhandlungsführer bzw. der Verhandlungsführer (siehe oben zu der Rolle von einseitigen und neutralen Verhandlungsführern) die Gespräche aufnehmen und führen, mit dem Ziel, zu einem Abschluss zu kommen. Da das Verhandeln ein wechselseitiger Prozess von Fordern und

---

[5] Das soll nicht darüber hinwegtäuschen, dass bereits während des Prozesses der Due Diligence ein intensiver Informationsaustausch stattfindet, aber mit dem meist einseitigen Ziel der Informationsgewinnung für den Investor.

Geben ist, ist insbesondere der gleichzeitig beratende Verhandlungsführer gefordert, einerseits die Interessen seines Mandanten zu wahren, aber andererseits auch Zugeständnisse im Namen seines Mandanten zu machen, ohne sein Vertrauen zu verlieren.

5.2.5 Post-Merger

Ebenso wie bei einer Gründung haben Investoren nach einer erfolgreichen Transaktion weiteren Unterstützungsbedarf. Der Verhandlungsführer kann daher gefragt sein, weitere Ergebnisse des Transaktionsprozesses zu begleiten und umzusetzen: Personalmaßnahmen, Gespräche mit Banken, Versicherungen, Vertragspartnern, Behörden. Der Verhandlungsführer, der zugleich die Vertrauensperson des Investors ist, wird weiter eingebunden bleiben und auch Ansprechpartner der anderen Parteien bleiben.

6 Ergebnis der Verhandlung

Eine erfolgreiche Verhandlung mündet in einen Vertrag (oder mehrere zusammenhängende Verträge): Kaufverträge, Joint Venture-Verträge, Gesellschaftsverträge etc. Der Verhandlungsführer bleibt bei der Ausgestaltung und Überwachung der Vertragsgestaltung und -formulierung der Ansprechpartner des Investors und soll die Umsetzung der Verträge bis zum „Closing", also dem rechtlichen Abschluss der Transaktion, begleiten. Dazu gehören dann auch die Verhandlungen mit z. B. dem Notar oder Behörden, deren Mitwirkung für die Umsetzung der Transaktion erforderlich ist.

7 Fazit

Verhandlungen im Zusammenhang mit chinesischen Investitionen in Deutschland weisen, insbesondere bedingt durch kulturelle Unterschiede und deutsche bzw. europäische Befindlichkeiten, Besonderheiten auf. Wer verhandelt oder gar Verhandlungen führt, sollte diese Besonderheiten berücksichtigen und Vorkehrungen treffen, damit diese nicht zu Hemmnissen eines Investitionsvorhabens werden. Voraussetzungen für erfolgreiche Verhandlungen sind Sprachkompetenz (eigene oder beigestellte), Kommunikation, Stringenz und vor allen Dingen Vertrauen und Geduld.

Literaturverzeichnis

Emons, O. (2015). Übernahmen: Erfahrungen mit chinesischen Investoren in Deutschland. *WSI-Mitteilungen*, 2:141–144.

Kratz, A., Huotari, M., Hanemann, T. und Arcesati, R. (2020). *Chinese FDI in Europe: 2019 Update. Special Topic: Research Collaborations*. Zugriff am 19.04.2020. Verfügbar unter https://www.merics.org/de/papers-on-china/chinese-fdi-in-europe-2019.

MERICS (2020). *Chinesische Direktinvestitionen in Europa 2019: Sinkende Investitionen, engere Verflechtungen und neue Bedenken. Neue Studie von Rhodium Group und MERICS*. Zugriff am 30.09.2020. Verfügbar unter https://merics.org/de/pressemitteilung/chinesische-direktinvestitionen-europa-2019-sinkende-investitionen-engere.

Reisach, U. (2018). Unternehmensführung nach der Übernahme durch chinesische Investoren : Erfahrungen aus Übernahmen in Deutschland. *ChinaContact*, (1/2):16–18.

Diana Kisro-Warnecke und Raymon Deblitz

9 Die Kultur als Enabler für Chinas technologisches Leadership – Wie der digitale Wandel in China unsere Business Welten in Europa verändert

1 Status Quo

1.1 Die Digitale Seidenstraße

China entwickelt sich von einem Land der ‚verlängerten Werkbank' in den 80er und 90er Jahren des letzten Jahrhunderts zu einem Technologieführer und strebt das Leadership der digitalen und disruptiven Technologien wie zum Beispiel im Feld der Quantentechnologien, künstlichen Intelligenz, Robotik und Genomic, aber auch der neuen Kommunikationstechnologien an.

Ende 2001 wurde China Mitglied der Welthandelsorganisation WTO, auch wenn der Chinesische Heimatmarkt nach wie vor hohes Ausbaupotenzial hat und noch immer entwickelt wird. Dennoch strebt die chinesische Regierung seit Beginn der 2000er Jahre auch das technologische, politische und ökonomische Leadership in der westlichen Welt an. Der chinesische Staat investiert mehr als 900 Mrd. EUR in Infrastrukturprojekte wie die BRI (Belt and Road-Initiative)[1], in Europa auch ‚Neue Seidenstraße' genannt, die im September 2013 durch Xi Jinping verkündet und im Oktober 2013 durch Xi's Verlautbarung der Made-in-China 2025 Strategie konkretisiert wurde – den propagierten Fokus stellt die verkehrstechnische Erschließung Eurasiens über Land und zur See und der schnelle Zugang zu neuen Märkten dar (Pierer, 2018)[2]. Im Zuge dessen wurde ebenfalls die Asean Infrastruktur Investment Bank (AIIB) gegründet, um Kreditvergaben zur Umsetzung der Infrastrukturprojekte an Anrainerstaaten im Sinne der chinesischen Strategieumsetzung zügig zu ermöglichen (AIIB, 2020). Auf diese Weise knüpft China geschickt an glorreiche historische Phasen an, um zu altem Ruhm zurückzukehren und eine modernisierte Globalherrschaft zu forcieren. Die Wiederbelebung und der Ausbau der Neuen Seidenstraße sind ein bedeutender Aspekt auf diesem Weg und werden vom Mercator Instituts for Chinese Studies (MERICS) besonders hilfreich getrackt und aktualisiert in Abbildung 9.1 dargestellt.

---

1 Auch bekannt unter OBOR – One Belt, one road – „Ein Gürtel, eine Straße" oder 一带一路.
2 Damit stellt BRI das Konkurrenzprojekt zur EU-Asien-Konnektivitätsstrategie und dem Verkehrskorridor Europa-Kaukasus-Asien (TRACECA) dar und ist mit BRI und de verbundenen massiven staatlichen Finanzinvestment und nicht demokratischen Strukturen höchst.

https://doi.org/10.1515/9783110668216-009

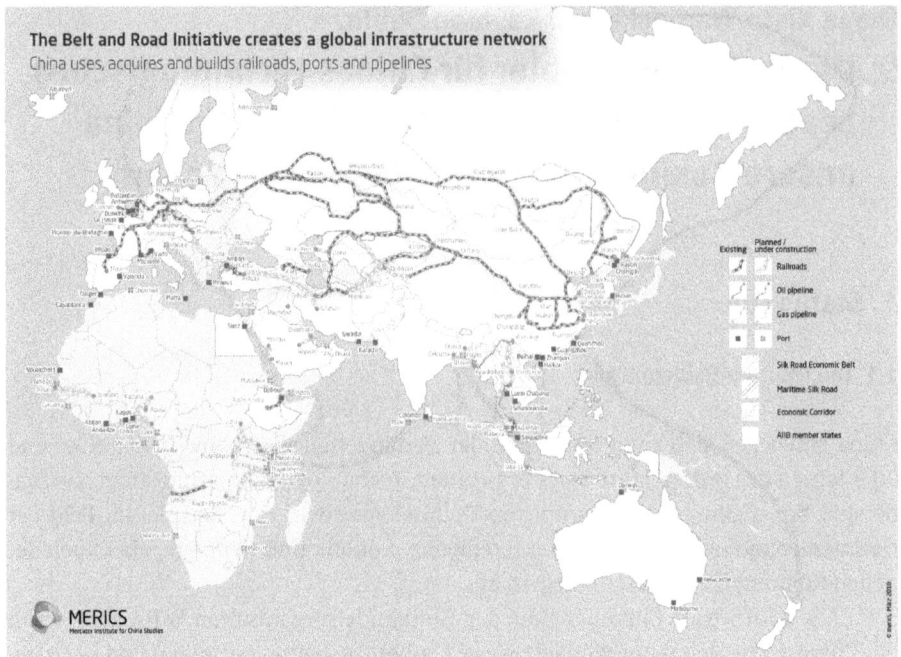

Abb. 9.1: The BRI creates a global infrastructure network (MERICS, 2018)

1.2 Die chinesische Kultur als globaler Technologie- und Digitalisierungstreiber

Die chinesische Regierung hat aber auch erkannt, dass gerade die neuen digitalen Technologien und Services wie zum Beispiel IoT (Internet of Things) in der Automobil-, Energie- und Fertigungsindustrie neue Kommunikationstechnologien erfordern. Daher investierte China frühzeitig und nachhaltig in chinesische Kommunikationsunternehmen, designte und setzte den ‚Chinese Dream' als ‚Alibaba Group' mit seiner Gallionsfigur und späterem Tycoon Jack Ma um (Alibaba, 2020). Ähnlich orchestriert fand Huawei als wachsender Wirtschaftsgigant der Telekommunikation durch politische Flankierung der Chinesischen Partei gegenüber westlichen Unternehmen und Regierungen durch Technologie-Leadership Beachtung und konnte sich frühzeitig als Kooperationspartner für die Themenkomplexe 5G oder Mobilität der Zukunft wie beispielsweise im Hinblick auf Autonomes Fahren und e-Mobilität präsentieren und international empfehlen. Dies umfasst zudem die Möglichkeit für die chinesischen Konglomerate, internationale Standards für zukunftsweisende digitale und technologische Technologien zu setzen und Normierungen vorzunehmen.

Konsequenterweise lassen sich die Aktivitäten der chinesischen Regierung gerade vor dem Hintergrund des Anspruchs des technologischen Leaderships besonders in den westlichen Märkten auf drei wesentliche Kernkompetenzen für eine nachhalti-

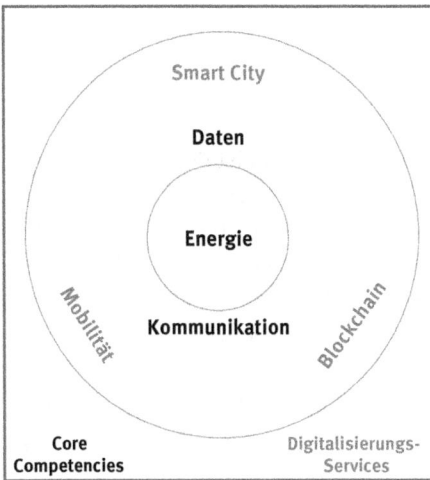

Abb. 9.2: Kompetenzen und Digitalisierungs-services (eigene Darstellung)

ge Marktentwicklung mit Fokus auf anstehende Digitalisierungsservices subsumieren (Abbildung 9.2).

Energie – idealerweise zunehmend auf Basis erneuerbarer Energien

Kommunikation – neben dem Ausbau von Fibernetzen liegt hier der Fokus auf der neuen Mobilfunkarchitektur 5G

Daten – die ‚Währung' der Zukunft und das Fundament für eine schnelle Übernahme und Kontrolle von Märkten, sowohl des heimischen und der Märkte entlang der Seidenstraße, als auch weiterer global existierender Märkte (Abbildung 9.4)

Diese drei Kernkompetenzen bilden das Fundament für alle zukünftigen Digitalisierungs-Services, mit denen sich sämtliche Gesellschaften, Wirtschaftsakteure und Organisationen kurz-, mittel- und langfristig konfrontiert sehen.

Im Sinne eines priorisierten chinesischen Ansatzes werden hier folgende Services fokussiert werden und lassen sich in der Beziehung zueinander wie in Abbildung 9.2 darstellen:

– Smart City/Sustainable City – für große Städte und Metropolregionen
– Mobilitätsservices – Individualverkehr und öffentlicher Nah- und Fernverkehr
– Blockchain-basierte Services – zum Beispiel für Kryptowährungen

Wie China dabei in den westlichen Märkten vorgeht, wird im Nachfolgenden auch anhand von Beispielen dargestellt und erläutert.

2 Der chinesische Clou

2.1 Das chinesische Expansionsmodell

Das wesentliche Fundament für die internationale Expansion ist der große und sehr gut entwickelte chinesische Heimatmarkt. China hat darin durch nachhaltige Investitionen Großunternehmen etabliert hat, welche für die Zukunft relevante Geschäftsfelder und Technologien besetzen und ausgebaut haben wie zum Beispiel im Bereich der Kommunikation, der Informationstechnologie sowie des Energiesektors. Dabei lässt sich die Abfolge der chinesischen Aktivitäten anhand des Expansionskreislaufes darstellen (Abbildung 9.3).

Der chinesische Heimatmarkt ist zudem geprägt durch eine große und weiterhin wachsende Bevölkerung (Wachstumsrate ca. 0,36 %/pa.) bei gleichzeitig knapper werdenden Ressourcen und damit einhergehenden, massiven Umweltbelastungen (Reuters, 2020). China stellt laut der Weltbank, United States Census Bureau, mit 1,393 Mrd. Einwohnern im Jahr 2018 immerhin 20 % der Erdbevölkerung, verfügt jedoch lediglich über ungefähr 10 % der weltweiten Agrarflächen und ist geprägt durch einen exorbitant hohen Energiebedarf. Vor diesem Hintergrund, aber auch vor dem kulturell verankerten Anspruch, die führende Nation beziehungsweise Weltmacht zu sein, hat die chinesische Partei im Jahr 2013 das Projekt ‚Belt and Road Initiative' (BRI) gestartet.

Der Chinesische Clou - Kreislauf zur Globalherrschaft

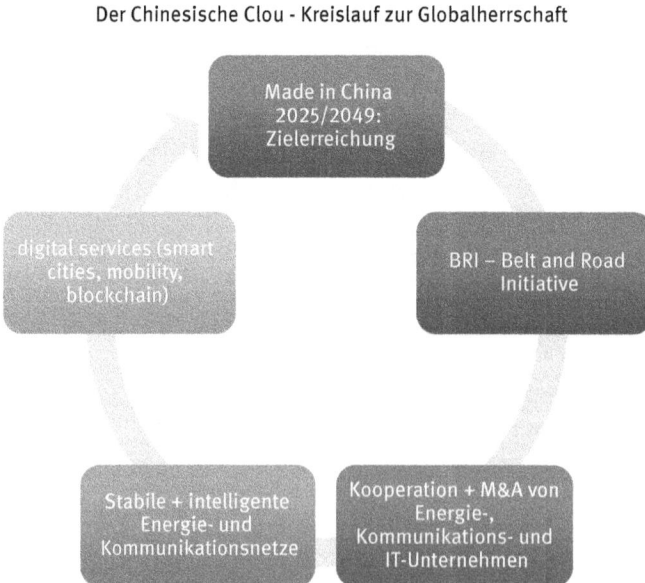

Abb. 9.3: Der Chinesische Clou – Kreislauf der Expansion (eigene Darstellung)

Building the Digital Silk Road
China is setting up a global network

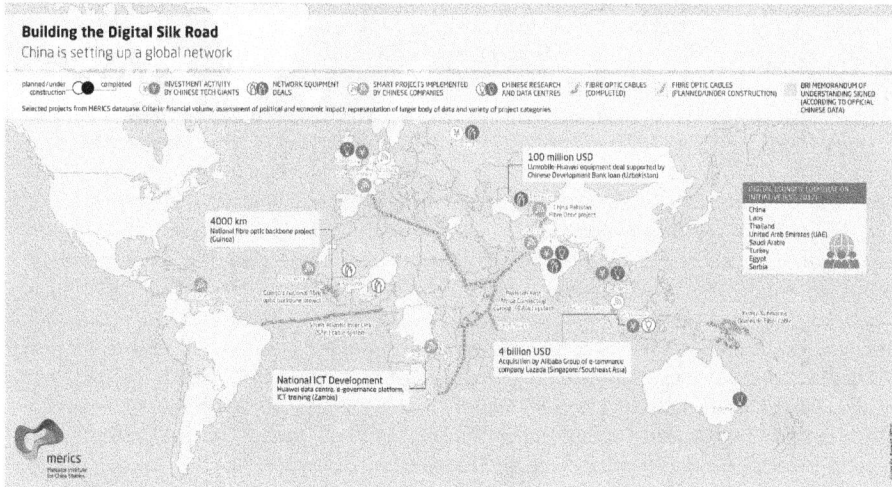

Abb. 9.4: Building the Digital Silk Road (MERICS, 2019a)

Mit dem Projekt BRI (Seidenstraße) strebt China auf Basis seines internationalen, fein orchestrierten Netzwerkes an, die Märkte in der Dritten Welt sowie, auf Basis neuer Schlüsseltechnologien, die westlichen Märkte zu penetrieren und final zu dominieren. Von besonderem Interesse ist beim chinesischen Vorgehensmodell, dass China sehr wohl mit unterschiedlichem Fokus und stufenweise arbeitet. Während im Bereich der Dritten Welt-Märkte der Fokus mehr auf der extensiven Nutzung und Exploitation vorhandener Ressourcen wie Bodenschätzen, Personal aber auch Energie liegt. Der aktuelle Ausbaustand, die globalen Verflechtungen und Tendenzen der weiteren Entwicklung lassen sich anhand Abbildung 9.4 ablesen.

Damit verschiebt sich das Aktionsfeld der Chinesen in der Hemisphäre entwickelter Industrienationen auf die Kooperation und wenn möglich auf die Übernahme westlicher Technologieunternehmen, sowie die Durchdringung von Forschungseinrichtungen, um so intellektuelles Kapital und Patente übernehmen zu können. Auf diese Art soll ein breites Portfolio für die nachhaltige Absicherung des globalen Leaderships Chinas beitragen.

Kulturbox – „Wie chinesische M&A Investoren den Unternehmensalltag bestreiten"
Im Businessalltag wird erstaunt über die ruhige und besonnene, sowie freundlich interessierte Art der übernehmenden chinesischen Investoren in der Einarbeitungsphase nach Beteiligung oder Übernahme eines ausländischen Unternehmens berichtet; vor allem in den zehn Zielsektoren der Made in China 2025-Strategie (vgl. Made in China Zielfelder, Kap. Status Quo).
Dabei sind die auf ein gutes Beziehungsmanagement ausgerichteten Arbeitstreffen ein klassisches Beispiel chinesischer Verhandlungskultur. Über die unterschiedlichen Businessbereiche und Branchen hinweg wird von betroffenen Mitarbeitern in den Übernahmefirmen die Bereitschaft der chinesischen Investoren betont, das nach der M&A-Phase startende oder fortführende operative Busi-

ness mit ausreichenden finanziellen Mitteln für die Restrukturierung oder Fortführung ausgestattet wird und dies auch geschieht. Die dadurch entstehende Ruhe in der Belegschaft sorgt für notwendige Sicherheit zur Fortführung der Business Aktivitäten für ca. zwei Jahre: während dieser Zeit werden chinesische Neu-kollegen zur Einarbeitung und zum fachlichen Training und Kulturstudium in das neu akquirierte Unternehmen entsandt; danach erfolgt i. d. R. der Verkauf von Unternehmensteilen, Know-how und Patente werden final abgeschöpft und die Führungsmannschaft teils durch chinesische Executives im akquirierten Unternehmen ersetzt. Unter ihnen befinden sich Kuka, Krauss-Maffei und Broetje-Automation – sie sind einige von vielen Unternehmensbeispielen, welche die europäische Wirtschaft aufschrecken ließen. Beispiele aus der Logistikbranche in Europa zeigen zudem, dass strategisch eher unscheinbare Flugplätze, Häfen oder Verkehrsinfrastruktur aufgekauft und nur dürftig betrieben werden. Was bei westlichen Investoren als unrentabel, verschwenderisch oder unökonomisch bewertet wird, stellt sich für chinesische Investoren als kleiner Schachzug im globalen Stellungskampf dar: weder Zeit noch ein schnelles Return on Investment haben Priorität. Doch auch beim Aufkauf von Seltene-Erden-Rohstoffquellen war nur wenigen Wirtschafts- und Politik-Akteuren die Bedeutung kleiner, überall auf dem Globus stattfindenden und von langer Hand geplanten Investments zur Steuerung der globalen Produktion u. a. in der High-Tech-Industrie klar: China beherrscht mittlerweile 97 % der weltweiten Produktion. Die Erkenntnis einer globalen Abhängigkeit vom chinesischen Good-will zu chinesischen Marktkonditionen reifte 2010 als der Handelskrieg mit Japan bereits eine gute Vorlage für die aktuelle Situation zwischen China und den USA bietet3. Die weltweite Produktion von Seltenen Erden könnte ganz nach Belieben an den Vereinigten Staaten von Amerika vorbeilaufen. Oder an Japan. Oder an Europa.

(Deutsche Wirtschaftsnachrichten, 2019; Fasse und Höpner, 2019; Glasmacher, 2019; Quest, 2012)

2.2 Die Felder der Chinesischen Core Competencies

2.2.1 Kompetenzfeld Energie

Aus chinesischer Sicht ist die Energieerzeugung die Basis sowohl für nationales Handeln als auch für die internationale Expansion. Gemessen am Bruttoinlandsprodukt ist die Volksrepublik China die zweitgrößte Wirtschaftszone der Welt. Die enorme Entwicklung der letzten Jahre generiert einen exorbitant gestiegenen Energiebedarf, der sich seit den 1960er Jahren mehr als verzehnfacht hat – damit liegt China weltweit an erster Stelle bezüglich des Energieverbrauches (Nötzold, 2011, S. 87). Bereits 2010 löste China damit die USA als weltweit größten Energieverbraucher ab (Michael et al., 2013, S. 3).

Die nachfolgende Grafik zeigt hier eindeutig bereits anhand der zugrunde gelegten aktuellen Daten aus 2018 und 2019, dass China sowohl in Erneuerbare Energien als auch in die Kernenergie investiert. Zwar gab die chinesische Regierung ein starkes Commitment zum Einsatz erneuerbarer Energien und investiert weltweit am meisten in die Entwicklung erneuerbarer Energien, um die Nutzung dieser Ressourcen zu verbessern (Bhattacharya et al., 2016, S. 735); doch es dominiert nach wie vor die Kohlebasierte Energieerzeugung im Land der Mitte (Abbildung 9.5).

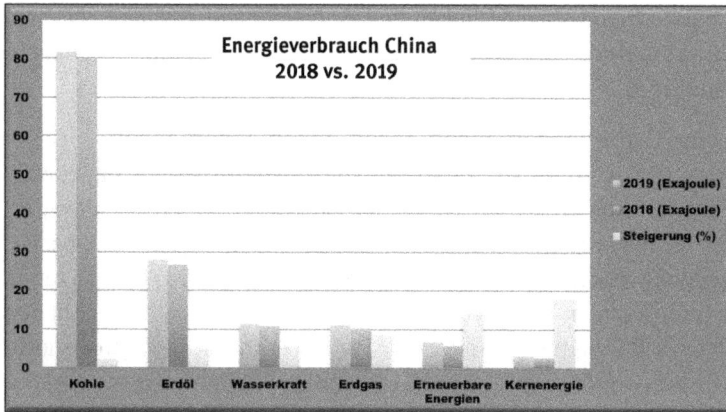

Abb. 9.5: Chinas Energiebedarf und seine Energiearten, 2018–2019 (eigene Darstellung)

Aufgrund der grundlegenden Bedeutung von Energie und ihrer Zufuhr für den Ausbau des Landes, ist es konsequent, dass China im Rahmen der Konzeptionierung seiner ,Made in China 2025'-Strategie das Feld Energie gesplittet und mit zwei Teilzielfeldern aufgenommen hat: Energieeinsparung & Elektromobilität als auch Energieversorgung.[3]

Erstmalig im 13. Fünfjahresplan (2016) erwähnt, soll mit einem Anteil von 20 % an erneuerbarer Energie bis 2030 der Maximalwert des Energiebedarfs im Heimatmarkt entsprochen,[4] dem Begehren der chinesischen Bevölkerung nach mehr Umweltschutz im weitesten Sinne nachgekommen und der Machterhalt der Kommunistischen Partei Chinas (KPCh) unterstrichen werden. Dazu geht China vielfältige Wege:

– Partnerschaften
Partnerschaften werden mit anderen Staaten wie u. a. mit Deutschland etabliert, die auf diesem Gebiet sehr erfahren sind und aussichtsreiche Lösungsansätze für den Heimatmarkt versprechen. Deutschland begann seine „Grüne Laufbahn" mit der Etablierung der Partei „Bündnis 90/Die Grünen" Anfang 1980. Ziel der neugegründeten Partei war eine „grüne Politik", ihr Leitgedanke war ökologische, ökonomische und soziale Nachhaltigkeit.
Die Deutsche Gesellschaft für Internationale Zusammenarbeit GmbH (giz) besiegelte mit China die ,Deutsch-Chinesische Energiepartnerschaft' mit einer Laufzeit von 2007 bis 2022, deren Zielsetzung es ist, die Energiewende beider Länder durch

---

3 Als weitere der insgesamt zehn Zielbranchen sind in der Made in China 2025 Strategie gelistet: IT & Kommunikation, Robotik/Maschinensysteme, Luft- und Raumfahrt, Schiffbau & Meerestechnik, Schienenverkehr, Neue Materialien, Biomedizin & medizinische Geräte, Maschinen für die Landwirtschaft.

4 Zum Vergleich: Deutschland wird bis 2030 seinen Anteil Energiebezug aus erneuerbaren Energien bis 2030 auf 30 % erhöht haben, vgl. Energiepartnerschaft Deutschland-China (2020).

einen steten politischen, wirtschaftlichen, regulatorischen und technologischen Austausch voranzutreiben (Deutsche Gesellschaft für Internationale Zusammenarbeit (GIZ) GmbH, 2019).

– Kooperation oder Merger & Acquisition
Kooperationen mit oder Merger & Acquisitions von internationalen Energieunternehmen werden mit Nachdruck eingeleitet, speziell im Bereich alternativer, erneuerbarer Energien wie der Windenergie; doch insbesondere auch Abfall-basierte Energieerzeugung sind interessante Übernahmekandidaten. Das Unternehmen EEW (Energy from Waste in Helmstedt, Deutschland) wurde 2016 ein viel in den Medien beachtetes Übernahmebeispiel, da EEW unter anderem wegweisend in der Klärschlammverwertung ist. Mit einem Investment der Chinesen von 1,4 Mrd. EUR das größte chinesische Investment in Deutschland, erhalten die Chinesen zudem zeitgleich interne Einblicke in Kommunalstrukturen (Spiegel, 2016). Dass sich diese nicht nur auf bloße Einblicke in die Kommunalpolitik beschränken, sondern in konkrete Handlungsanweisungen gegenüber der Landes- und Bundespolitik münden erfuhren dabei unterschiedliche Akteure (Der Tagesspiegel, 2019). Im Falle EEW verkaufte der schwedische Anteilseigner EQT Infrastructure II an eine außereuropäische Gesellschaft. Erst nach 2016 und weiteren prominenten Aufkäufen wie z. B. Kuka richtete die Bundesregierung Deutschland mögliche vorübergehende Beteiligung des Staates durch einen Beteiligungsfonds ein, um in „begründeten und umgrenzten Fällen" ein Unternehmen vor einer Übernahme zu schützen und Schlüsselunternehmen vor dem Ausverkauf oder das Verlegen ihre Potenziale ins Ausland zu schützen (Bundesministerium für Wirtschaft und Energie, 2019; Neuhaus und Grau, 2019).
Gerade der unter Punkt zwei dargestellte chinesische Ansatz fokussiert dabei nicht nur den nationalen Markt in den Mittelpunkt, sondern viel mehr den chinesischen Anspruch, international führend in den unterschiedlichen Märkten zu sein, sowohl bezüglich der energieintensiven Rohstoffförderung in den unterschiedlichen regionalen Märkten entlang der Seidenstraße, wie beispielsweise ebenfalls Indien und Afrika, als auch in den westlichen Märkten. Die folgende Abbildung 9.6 ‚Powering the Belt and Road Initiative' von MERICS bietet eine sehr gute Übersicht.
Hier werden allerdings Unternehmen bevorzugt akquiriert, die gerade im Kontext erneuerbarer Energien neue Technologien und Konzepte entwickeln (Arcesati, 2020). Akademische Institute werden zunehmend als weitere Ziele für den weiteren akademischen Know-how-Transfer und für Kooperationen als auch bei finanzieller Schieflage als M&A-Organisationen fokussiert. Dabei ist die Existenz und Wirkungsweise von informierten chinesischen Netzwerken seit langem bekannt und ihre gute Kommunikationsfunktionalität legendär (Tatlow, 2019). Die durch die Corona-Pandemie erwarteten Pleiten und Insolvenzen dürften chinesischen Investoren daher weitere und ungeahnte Möglichkeiten zur beschleunigten

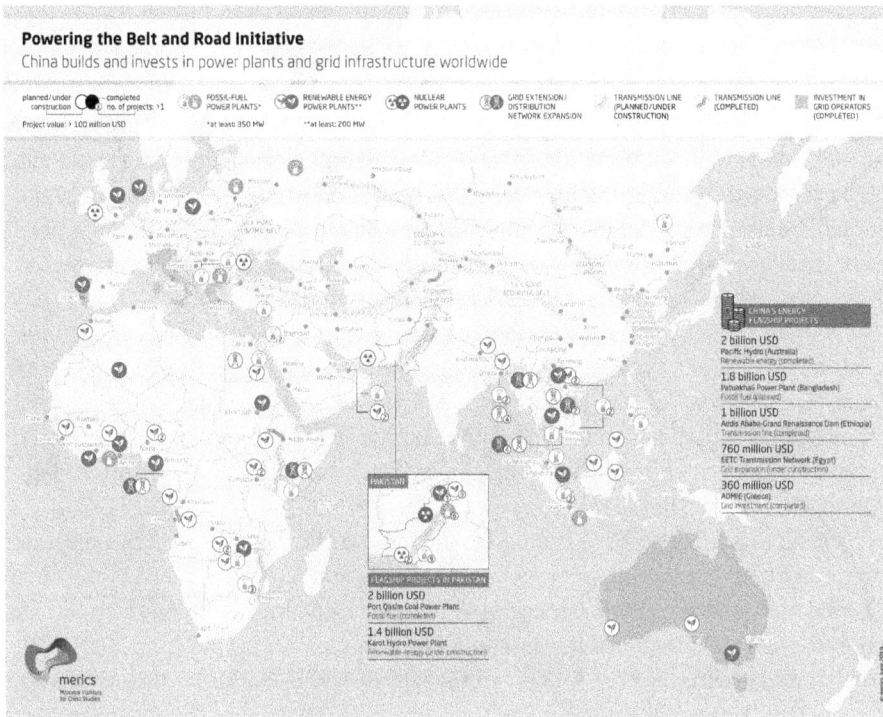

Abb. 9.6: Powering the Belt and Road Initiative (MERICS, 2019b)

Umsetzung der chinesischen Pläne offenbaren und als Rettungsanker einiger in Schieflage geratener Organisationen dienen.

2.2.2 Kompetenzfeld Kommunikation

Das Kompetenzfeld Kommunikation bildet für China das Rückgrat der nationalen Marktdurchdringung als auch für internationales Leadership und Expansionsansätze. Hierbei betrachtet China nicht nur das Endgerätegeschäft wie zum Beispiel 4G und 5G Mobile Devices, sondern priorisiert im Wesentlichen gerade vor dem Hintergrund der internationalen 5G Rollouts das Netzgeschäft (Lee, 2020).

Während im Endgerätegeschäft die chinesischen Unternehmen wie OPPO, VIVO und Xiaomi direkt in ausländische Märkte gehen und somit in den direkten Wettbewerb mit westlichen Unternehmen wie Apple, Google etc. treten, wählen chinesische Unternehmen wie zum Beispiel Huawei im Netzgeschäft den Weg der langjährigen Kooperation, die sukzessive intensiviert wird und gerade im Ausrüstergeschäft der 5G-Basisstationen final zu Technologieabhängigkeit führen kann. Aufgrund zunehmender und hoher nationaler Sicherheitsbedenken wurden ZTE (Zhongxing Telecommunications Equipment) und auch Huawei von Australien, den USA und auch von

Großbritannien vom 5G-Netzausbau ausgeschlossen (Kling, 2018; Pei, 2020). Die seit 15 Jahren zwischen China und Australien bestehende Kooperation im Bereich der Mobilfunktechnologie war für den Reputationsaufbau als vertrauensvoller, verlässlicher und sicherer Geschäftspartner zu gelten, nicht ausreichend; die Kooperation wurde nicht in weitere sensible Technologiefelder der Zukunft ausgedehnt. Eine gute Reputation wird gerade zukünftig an Bedeutung gewinnen und steigenden Einfluss darauf haben, welche Kooperationen oder Partnerschaften eingegangen werden und mit wem eine Zusammenarbeit über gemeinsame und beidseitig genutzte Plattformen erfolgt (Kisro-Warnecke, 2009; Lohse-Friedrich, 2019).

Während sowohl das chinesische Technologie- und Telekommunikationsunternehmen Huawei bereits seit 2007 mit seiner Europazentrale als auch ZTE mit seiner Deutschlandzentrale in Düsseldorf sitzt, erfolgte die Ansiedlung der drei chinesischen Technologie-Konzerne OPPO, VIVO und Xiaomi mit ihren Europazentralen in einem der deutsch-chinesischen Wirtschaftscluster namentlich Düsseldorf im Jahre 2019 (NRW.Invest, 2019).

OPPO: Guangdong OPPO Mobile Telecommunications wurde 2003 in Dongguan gegründet und ist ein führender globaler Anbieter von Mobiltelefonen. Durch europäische Absatzbetreiber wie Orange in Frankreich und Movistar in Spanien hat das Unternehmen in Europa bereits Marktanteile gewonnen. OPPO hat rund 20.000 Mitarbeiter und erwirtschaftete 2018 einen Umsatz von rund 19,7 Mrd. EUR sowie 5.000 Patente (NRW.Invest, 2019).

VIVO: VIVO Communication Technology stammt aus Dongguan in der Provinz Guangdong, wurde 2010 gegründet und betreibt sechs eigene Forschungszentren in China und den USA sowie vier Produktionsstätten in Asien. 2018 betrug der Umsatz ca. 19,7 Mrd. EUR mit 20.000 Mitarbeitern. Der Fokus liegt auf der Produktion von Mobilgeräten sowie auf Software- und Online-Service, darüber hinaus auf der Forschung in den Bereichen 5G-Kommunikationstechnik und Künstliche Intelligenz (NRW.Invest, 2019).

Xiaomi: Xiaomi wurde 2010 in Beijing gegründet und zählt zu den größten Herstellern von Smartphones und Smart Home-Geräten weltweit. Xiaomi wurde dieses Jahr als jüngstes Unternehmen in die Liste der Fortune Global 500 aufgenommen. Die Firma beschäftigt weltweit über 23.000 Mitarbeiter und erzielte 2018 einen Umsatz von rund 22,3 Mrd. EUR (NRW.Invest, 2019).

Huawei: Huawei ist einer der global führenden Anbieter digitaler Informations- und Kommunikationstechnologien mit 28.150 Mitarbeitern weltweit und 2.200 Mitarbeitern nur in Deutschland. Allein in Deutschland bewirkte Huawei eine Bruttowertschöpfung von 2,3 Mrd. € (Huawei, 2020).

Auf Grund seines frühzeitigen Leaderships im Technologieumfeld der 5G Infrastrukturausrüstung ist Huawei strategischer Partner der Deutschen Telekom. Dies führte international zu Interventionen, u. a. durch die Vereinigten Staaten von Amerika (USA), da man befürchtete, dass dem strategischen Partner Huawei direkter Zugang zu wirtschaftlichen und politischen Daten sowie weiterführenden Informationen gelingen könnte.

Tatsächlich kann China über eine Dominanz im Bereich der Kommunikationstechnologien in unterschiedlichen Märkten die Voraussetzungen schaffen, diese Märkte nachhaltig zu penetrieren und abzusichern.

2.2.3 Kompetenzfeld Daten

Ob zu Marketing-Zwecken, zur Untersuchung von Erkrankungen im Gesundheitsbereich oder zur Marktforschung – Daten bilden neben einer stringenten Kommunikationsinfrastruktur die Basis für digitalisierte Services und werden als zukünftige Währung betrachtet. Gerade für die von China getriebenen digitalen Themen wie Smart City/Sustainable City, Mobility und Blockchain-basierter Services ist ein schneller und nicht limitierter Zugang auf Basis einer geeigneten, zielführenden Datenstruktur unabdingbar. China treibt diese Themen nicht nur für den inländischen Markt, sondern auch für die Marktpenetration der ausländischen Märkte (Experten Report, 2020).

Worin liegt die Stärke Chinas bei dem Ansatz?

China hat frühzeitig den Wert aggregierter Daten erkannt – mit Unterstützung von KI-Systemen und Cloud-basierter Speicherung lassen sich die Informationen so aggregieren und analysieren, dass je nach Anwendungsfall Schlüsse gezogen werden können, um zum Beispiel gesellschaftliche Herausforderungen in Smart Cities zu lösen oder entsprechende Verkehrsströme jedweder Art optimieren zu können. Auf dieser Basis wurde 2014 von der chinesischen Regierung für Chinas Einwohner die Einführung in 2020 des ‚Social Credit System‘ als auch für die nationalen und internationalen Wirtschaftsunternehmen das ‚Social Corporate Credit System‘ entwickelt und implementiert. Bereits mit dem Hùkou wurde dies schon weit vor 2020 erprobt und die Rechnerleistung Chinas getestet, damit dem baldigen Smart Data Einsatz durch weltbeste Großrechnerkapazität nichts im Wege stand. Hùkou ist ein weitreichendes Einwohnermeldesystem: hierüber wird bestimmt, wer wo wann welche Zuschüsse bekommt. Sozialleistungen sind an die Meldung geknüpft. Auch das Recht, seine Kinder kostenfrei zur staatlichen Schule zu entsenden, eine kostenlose Gesundheitsvorsorge oder Zuschüsse für die Wohnungssuche am Meldeort zu erhalten wird hierüber koordiniert (Kisro-Warnecke, 2016b).

Ein essentieller Bestandteil der Zusammenarbeit mit chinesischen Unternehmen ist, dass seitens Chinas frühzeitig und nachhaltig Daten des Partnerunternehmens erhoben werden. Ohne diese Datenerhebung erfolgt in der Regel für ausländische Unternehmen kein Zugang zum chinesischen Markt.

Was bedeutet das für China im Kontext der internationalen Expansion?

Technisch und technologisch ist es möglich als alleiniger oder mehrheitlicher Ausrüster der neuen 5G Kommunikationsinfrastruktur, Daten von nationaler, wirtschaftlicher oder privater Relevanz auszulesen. Die heutigen Systeme der Wirknetzkomponenten besitzen einen hohen Komplexitätsgrad und setzen hochkomplexe

Prozessorstrukturen voraus, welche nicht kommuniziert werden müssen. Einen Nachweis zu erbringen, dass Daten ausgelesen wurden oder dies unterlassen wurde, ist daher schwer möglich.

2.3 Die von China priorisierten digitalen Fokusbereiche

Die im Nachfolgenden dargestellten digitalen Services sind von China priorisierte Services. Sie setzen zum einen auf den chinesischen Kompetenzfeldern Energie, Kommunikation und Daten auf; zum anderen stellen sie Digitalisierungsthemen dar, bei denen China getrieben durch das Machtstreben der chinesischen Partei frühzeitig investiert und im internationalen Vergleich die weitreichendsten Erfahrungswerte hat. Auf Basis dieser Erfahrungswerte als auch der starken Position der chinesischen Technologie- und Energieunternehmen wird China versuchen, diese Themen auch international weiter zu besetzen. Gerade im Bereich der Smart City Ansätze weist das Land durchaus einen beeindruckenden und strukturierten Erfahrungshorizont auf.

Wenn die digitalen Services zudem durch Staatsfinanzen finanziert werden, wie der Twitter-Klon WeiBo, dann handelt es sich um einen "Geniestreich der Staatsführung" (Kisro-Warnecke, 2016a, S. 16), denn die Staatsführung erhält nicht nur die Übersicht und Kontrolle aller über den Dienst laufenden physischen Bewegungen und mobilen Daten des Smartphone-Benutzers, sondern auch Transparenz der Finanzflüsse und erreicht damit einen massiven Imagegewinn für die chinesische Parteiführung: Sie handelt innovativ, schnell, ermöglicht das bequeme Leben der chinesischen Nutzer und wird somit erst recht auch ihrem Führungsanspruch des chinesischen Kontinentes und der avisierten globalen Technologie- und Digitalführerschaft gerecht.

2.3.1 Smart City/Sustainable City
– Herausforderungen urbaner Regionen

  Zukünftige Anforderungen an Städte und Kommunen werde stark geprägt sein durch sich verändernde Märkte und der Nutzung nachhaltiger Ressourcen. Die CO_2-Emissionen müssen bis 2050 drastisch gesenkt werden, um die schlimmsten Folgen des Klimawandels abzuwenden. Laut einer neuen Studie der Koalition für Urbanen Wandel (CUT) fällt urbanen Regionen dabei eine Schlüsselrolle zu. Über die Hälfte der 7,5 Mrd. Menschen weltweit leben heute in Städten und sind für ca. 75 % des weltweiten CO_2-Austoßes verantwortlich.

  Die Studie zeigt aber auch, „dass es durchaus möglich ist, mit bewährten Technologien und Praktiken die Emissionen aus städtischen Gebieten bis 2050 um 90 % zu senken, allein mit den Technologien und Praktiken, die wir bereits haben", sagt Sarah Colenbrander, Hauptautorin der CUT-Studie.

  Ein wesentlicher, international getriebener Ansatz ist dabei der von Smart City Projekten oder Sustainable Cities, wie zum Beispiel in Stockholm oder Malmö, bei dem ein Ökosystem implementiert wird, dass unter Anwendung digitaler Technologien (Digitalisierung der Geschäftsprozesse), Big Data, Supercomputing und unter Berücksichtigung unternehmensübergreifender Prozesse sowie Kommunikation (Industrie 4.0) die Effizienz existierender sozialer, ökonomischer und ökologischer Prozesse steigert und negative Auswirkungen minimiert.

Die internationalen Smart City Projekte zeigen sehr gut, welche Ansätze dabei kurzfristig umgesetzt werden können, wobei die Ausprägung der Smart City Ansätze gemäß der jeweiligen lokalen Anforderungen unterschiedlich sind. Grundsätzlich sollten aber mindestens die folgenden vier Parameter berücksichtigt werden:

- Definition geeigneter Energie-Mixe unter Berücksichtigung der Einwohnerakzeptanz, betriebswirtschaftlicher und politischer Aspekte
- Implementierungsmöglichkeiten multimodaler Mobilität auf Basis von Elektro- und Wasserstoff-Antrieben
- Multimediale Kommunikation unter Berücksichtigung zukünftiger Technologien wie 5G/Digitalisierung
- Smarte Integration und Management lokaler Dienstleister (Quartiers-Management) gemäß Industrie 4.0

Die CO_2-Einsparungen auf Basis geeigneter Smart City Ansätze könnten mehr als die Hälfte der weltweit benötigten CO_2-Reduktionen ausmachen.

Das Beispiel Berlin Smart City zeigt die besonderen Herausforderungen dieses Ansatzes. In Berlin wird eine Zunahme der Einwohnerzahl um ca. 250.000 Menschen bis 2030 erwartet. Das heißt, dass ein signifikant wachsender Bedarf an Wohnraum sowie ein dringender Optimierungsbedarf an aktivem und passivem Verkehrsraum bestehen. Daraus resultieren steigende Anforderungen an Mobilität, Infrastrukturanpassungen, verfügbare Ressourcen wie Wasser, Energie, Daten und bebaubare Fläche (Deutsche Welle, 2019).

Aber auch in Entwicklungs- und Schwellenländern wie Indien, Kolumbien und vielen afrikanischen Staaten gibt es viele schnell wachsende urbane Zentren und erste Erfolge:

Kolumbien: Medellín, vor 30 Jahren von Armut geplagte „tödlichste Stadt der Welt" und das Zentrum des kolumbianischen Drogenhandels, bietet inzwischen einen deutlich besseren Lebensstandard. Der Grund: solide kommunale Entwicklungspläne für vernachlässigte Viertel und eine Verbesserung des öffentlichen Nahverkehrs. Ein kleiner, aber guter und nachhaltiger Smart City Ansatz.

Indien: Noch 2016 litten die Bewohner der Megastadt Indore unter hoher Belastung durch giftige Abgase und Exkremente in den Straßen. Bereits 2018 wurde Indore zu Indiens sauberster Stadt – dank ambitioniertem Abfallmanagement.

- Was bedeutet das für China und welche Auswirkungen sind zu erwarten?
Vor dem Hintergrund der Erfahrungen im chinesischen Heimatmarkt, in dem in den Städten und Metropolregionen aufgrund der sehr hohen Bevölkerungsdichte

extreme gesellschafts- und umweltpolitische Anforderungen existieren, hat der chinesische Staat frühzeitig in Smart City/Sustainable City Konzepte investiert, um zum einen mit intelligenten Energie-Effizienz-Konzepten dem steigenden Energiebedarf entgegen wirken zu können bei gleichzeitiger Verbesserung der Luftqualität, zum anderen aber auch auf Basis geeigneter Verkehrskonzepte, um sowohl die sehr knappen aktiven als auch passiven Verkehrsräume optimieren zu können.

Nach Aussagen von Peng Sen, Präsident der China Society of Economic Reform, durchläuft China im großen Maßstab einen schnellen Urbanisierungsprozess; daher hat die chinesische Regierung bereits im 12. Fünf-Jahresplan in 2011 ein festes Commitment zur schnellen Umsetzung von Smart City Projekten gegeben.

In China laufen die Hälfte der weltweit ca. 1.000 Smart City Projekte, wie zum Beispiel in Shanghai, Beijing, Guangzhou, Xi'an, Yinchuan und Hangzhou.

Gerade das Smart City Projekt in Hangzhou ist ein interessanter Pilot im Land der Mitte. Hangzhou stellt eine der bedeutenden chinesischen Wirtschaftsmetropolen und staatlich geförderten Zukunftsstädte im Osten Chinas dar, mit einer Population von ca. 9,47 Mio. Das Pilotprojekt von Alibaba, eines der führenden Technologieunternehmen Chinas, wurde unter dem Namen „City Brain" gestartet und ist seit 2016 im Betrieb. City Brain basiert im Wesentlichen auf KI Systemen, die mit Big Data, Smart Data und Supercomputing Ansätzen den Verkehr monitoren, steuern und optimieren. Bereits jetzt konnte die Anzahl von Verkehrstaus um 15 % gesenkt werden, was zur Nutzenoptimierung des aktiven Verkehrsraums und zur deutlichen Verbesserung der Luftqualität geführt hat.

Wie bereits in der Einleitung dargestellt, sind die Smart City Ansätze an den jeweiligen Herausforderungen ausgerichtet. Das ist zum einen für eine zielgerichtete Umsetzung wichtig ist, zum anderen aber auch zeigt, was grundsätzlich mit der heute verfügbaren Technologie machbar und wie weit China im Vergleich zur restlichen Welt fortgeschritten ist, und somit letztlich auch den chinesischen Führungsanspruch unterstreicht:

HONG KONG – das Zielszenario für Hongkong ist eine völlig KI-regulierte Stadt mit korrespondierender Verkehrsinfrastruktur, in der beispielsweise autonom fahrender ÖPNV (Bus) den Gast direkt zum Hotel fährt und das gebuchte Hotelzimmer auf Basis einer intelligenten Gesichtserkennungssoftware betreten kann. Die politische Situation erschwert der KPCh jedoch zurzeit einen direkten Durchgriff auf die Rahmenbedingungen der Stadt, was derzeit mit dem kontinuierlichen, weiteren Eingrenzen der Befugnisse und freien Meinungsäußerungen der Einwohner geändert wird.

Doch bereits heute wird zunehmend unter Einbindung von KI, Big Data und Supercomputing ein weitgehendes Monitoring nicht nur des Autoverkehrs ermöglicht.

Gerade am Projekt Hong Kong wird deutlich, dass diese komplexen Zielvorgaben neben den politischen Besonderheiten eines Smart City Projekts zudem eine geeignete Kommunikationsinfrastruktur wie zum Beispiel 5G und NB-IoT voraussetzen, sowie einen umfangreichen Big Data und Supercomputing Ansatz benötigen. Mit diesem Konzept ist China im Heimatmarkt in der Lage, das Verhalten der Einwohner sowie nationaler und internationaler Marktteilnehmer (Unternehmen) mit den sogenannten ‚Social Credit Systemen' zu analysieren und im Sinne der gesellschaftspolitischen Herausforderungen der großen Städte und des Wirtschaftssystems via eines Bonus-Malus-System zur Erreichung des Staatsziele zu optimieren.

Durch die dabei frühzeitig gesammelten Erfahrungen ist China in der Lage, dieses Wissen in westlichen Ländern abzubilden und dies zunehmend basierend auf Produkten führender chinesischer Unternehmen wie zum Beispiel Huawei, die in Deutschland eine enge Kooperation mit der Deutschen Telekom eingegangen sind, sowohl im Bereich Daten mit der Open Telekom Cloud als auch im Bereich der Kommunikation mit der 5G Infrastruktur. Gerade im letztgenannten Thema ist Huawei Ausrüster für die neue 5G Netzinfrastruktur der Deutschen Telekom.

Reflektiert man auf der einen Seite, dass China in vielen neuen Technologien führend ist bzw. nach wie vor versucht, bei weiteren Technologiethemen die Führerschaft zu übernehmen, und sieht auf der anderen Seite den großen Erfahrungshorizont im Kontext der Smart oder Sustainable City Ansätze, so ist davon auszugehen, dass China diesen Vorsprung auch im Kontext der RBI-Initiative kapitalisieren und in dem Bereich nachhaltig die Märkte steuern möchte (Keegan, 2020).

2.4 Mobilität

Das zweite wesentliche Digitalisierungsthema Chinas ist das Thema Multimodale Mobilität. Geprägt durch die hohe Einwohnerzahl und -dichte in den Städten und Metropolregionen sowie einem sehr knappen aktiven und passiven Verkehrsraum, aber auch sehr hoher CO_2- und Feinstaubbelastungen sucht die chinesische Regierung fieberhaft nach Lösungen, die die Bevölkerung befrieden und den Machtanspruch der Partei untermauern. Hierbei werden sowohl der Individualverkehr als auch der ÖPNV unter dem Gesichtspunkt der sinnvollen Verknüpfung unterschiedlicher Verkehrsmittel, Antriebstechnologien, sowie autonom fahrenden Fahrzeugen betrachtet. Auch in China spricht man im Wesentlichen von drei Phasen der Mobilität, die gemäß Abbildung 9.7 genauer betrachtet werden (Deblitz, 2019).

2.4.1 Phase 1 Antriebstechnologien

Im Gegensatz zu westlichen Märkten hat sich China bei den Antriebstechnologien frühzeitig auf Elektromobilität sowohl batteriebetrieben als auch wasserstoffbasierend (Brennstoffzellen) und sich gegenüber internationalen etablierten Automobilun-

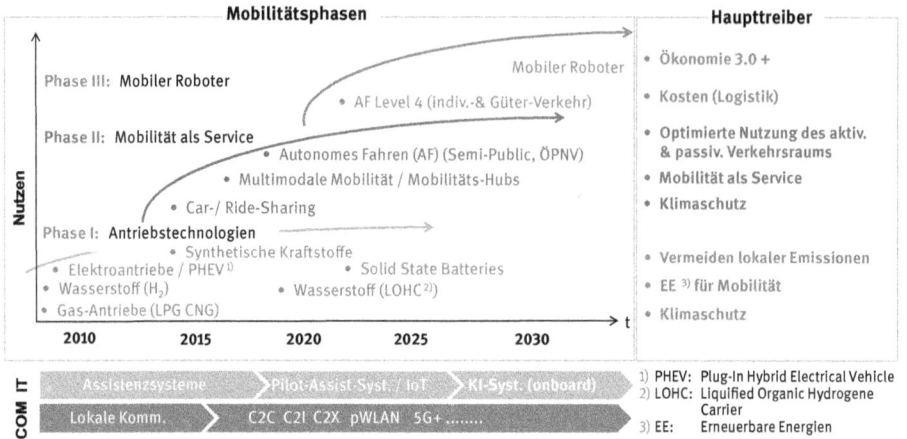

Abb. 9.7: Mobilitätsphasen (Deblitz, 2019)

ternehmen wie Mercedes oder Volvo Wettbewerbsvorteile verschafft. Dies führte letztlich bei Mercedes in 2018 zur Übernahme von 9,7 % der Daimler Aktien und bei Volvo zur vollständigen Übernahme. Betrachtet man die Aktivitäten Geelys in der Automobilindustrie genauer, so hat das chinesische Unternehmen den Fokus auf Übernahmen von westlichen Firmen wie zum Beispiel Lotus oder London Taxi um verbundenes Knowhow und Patente nach China zu holen; aber auch um nachhaltigen Einfluss auf die internationalen Märkte nehmen zu können.

Aktuell befindet sich China im internationalen Wettbewerb und unter hohem Druck, was die neue e-Mobilität und Kreislauf optimierte Antriebe anbelangt. Der hohe Anspruch, die e-Mobilität massiv voranzutreiben und möglichst international eine führende Position einzunehmen, sorgt für ganz eigene Herausforderungen: denn zurzeit stapeln sich ausgediente chinesische Lithium-Ionen-Batterien in den chinesischen Geisterstädten und warten auf ihre finale Verwendung und optimaler Weise Aufbereitung innerhalb eines Wertstoffrecyling-Kreislaufs (Kisro-Warnecke und Gentejohann, 2019).

2.4.2 Phase 2 Mobilität als Service

Im Gegensatz zu Deutschland fokussiert China beim Thema Mobilitätsservice die Bereiche Multimodale Mobilität und Autonomes Fahren, denn in den Ballungsräumen ist der aktive und passive Verkehrsraum bereits extrem knapp, obwohl ganzheitlich betrachtet nur 7 Kfz pro 1.000 Einwohner registriert wurden; bei einer Einwohnerzahl von 83 Mio. in Deutschland sprechen wir hingegen von 500 Kfz/1.000 Einwohner.

Hier zeigt sich sehr deutlich, dass China hohen Handlungszwang verspürte und die Mobilitätsthemen auf technologisch-konzeptioneller Basis frühzeitig adressierte. Durch Unterstützung von führenden Technologieunternehmen wie Huawei konnten

hier early-stage Erfahrungen mit ganzheitlichen Mobilitätshubs als Teil eines überge-
ordneten Smart City Ecosystems gesammelt werden und damit chinesische Unternehmen mit korrespondierenden Projekten in westlichen Märkten als ernstzunehmende
Wettbewerber auftreten. Aufgrund dessen werden chinesische Unternehmen zudem
in die Lage versetzt, de-facto-Standards zu etablieren (Arcesati, 2019). Als Vorzeige-
unternehmen und -plattform gilt hier WeChat (Deubner, 2018). WeChat ist eine Toch-
ter von Tencent, einem der fünf größten Internetkonzerne der Welt, und begann als
Kurzmitteilungsdienst; es wurde innerhalb kurzer Zeit zum Bezahlmedium, Reservie-
rungstool für Kinokarten, Restaurants, e-bikes oder Taxis und hielt bereits auch in
Deutschland Einzug. Als bequeme Mobilitätsplattform, welche unterschiedliche digitale Services bündelt und das Leben seiner Nutzer erleichtert, sorgt es zur Zeit für
dürftige Nachahmer in Europa, allerdings ohne den beeindruckenden Umfang oder
die Kooperationsfähigkeit der chinesischen Plattform zu erlangen.

Das zweite Kernthema im Kontext der Mobilität als Service ist ‚Autonomes Fahren'. Um den aktiven Verkehrsraum in den Ballungszentren optimal und sicher zu
nutzen, muss die menschliche Komponente (Fahrer) durch autonom fahrende Fahrzeuge weitestgehend ersetzt wird. Dies setzt zum einen eine entsprechende Kommunikationsinfrastruktur voraus, sowie entsprechende zentrale KI-basierte Verkehrsrech-
ner. In beiden Bereichen initiierte China bereits lange entsprechende F&E-Aktivitäten.
In der westlichen Welt erhielt der 5G-Ausbau durch die Corona-Pandemie neue Impulse. Während durch die Pandemie die Diskussion befeuert wurde, setzte gleichzeitig eine Ernüchterung des derzeitigen Infrastrukturausbauzustandes des 5G-Netzes in
Deutschland ein, welcher jedoch für die Wiederbelebung des wirtschaftlichen Standorts Europa essentiell ist. China hatte längst Fakten und Standards geschaffen – und
zeigt kontrastierend zu den aktuellen wirtschaftlichen, kulturellen und gesellschaftlichen Entwicklungen die technologischen und werteorientierten Versäumnisse innerhalb Europas auf. Der fehlende flächendeckende 5G-Ausbau in Europa führte in letzter Konsequenz dazu, dass chinesische Technologieunternehmen wie Baidu sich in
der Entwicklung frühzeitig auf Autonomes Fahren Level 4 und 5 konzentrieren konnten, um sich auch in internationalen Märkten gut zu positionieren. Unternehmen wie
BMW, aber auch Volvo Car Corporation in Schweden gingen zwischenzeitlich eine intensive Kooperation mit Baidu ein. Diese Kooperation versetzt beide Unternehmen seit
langem in die Lage mit Level 4 Fahrzeugen auf den Markt zu gehen – dank massiver
chinesischer Unterstützung stellen aufeinander abgestimmte state-of-art Sicherheits-
module in den Fahrzeugen einen nie gekannten Sicherheitsstandard auf den Straßen
dar.

2.4.3 Phase 3 Mobile Roboter

Mobile Roboter werden von den Städten und Straßen in naher Zukunft nicht wegzudenken sein. Zeitersparnis, intelligente Verkehrsführung, optimierte Sicherheit oder
die Belebung des ländlichen Raumes, die auch der demographischen Entwicklung

Rechnung trägt und dies für alle Verkehrsteilnehmer, sind einige der begrüßenswerten Aspekte durch mobile Roboter. Erste Piloten fahren für Volvo Trucks in Schweden in der Logistikbranche und revolutionieren die Branche während beispielsweise in Deutschland die Vorbehalte hoch sind. Die Pandemie-Nachwirkungen sorgen für eine Restrukturierung der Luftfahrt oder des öffentlichen Nahverkehrs – medizinische Sicherheitsbedenken könnten durch den weitestgehend kontaktlosen Transport durch mobile Roboter eine alternative Transportform für mittellange Distanzen vor allem in einem Europa mit guter Straßen- und Schienenverkehrsinfrastruktur darstellen. Doch das Thema Mobile Roboter wird vor 2030 nicht signifikant relevant sein. Grundsätzlich gelten mindestens die technologischen und kommunikationstechnischen Voraussetzungen wie dies beim Themenkomplex des autonomen Fahrens der Fall ist und aktuell einem intensiven Research und Development folgt, die von einem noch zu gestaltenden Rechtsrahmen zu begleiten sind.

2.5 Blockchain-basierte Services

Im Oktober 2019 gab Staatspräsident und Generalsekretär der kommunistischen Partei Chinas, Xi Jinping, seine volle Unterstützung für Blockchain-Technologien und darauf aufbauende Projekte. Das sogenannte ‚Blockchain-based-Service-Network' (BSN) sollte nach Aussage von Xi im April 2020 starten. Die Rede wurde mit hohem Interesse wahrgenommen, da zuvor Kryptowährungen wie Bitcoin in China verboten waren. In erster Näherung scheint das ein später Einstieg Chinas in die Blockchain-Technologie. Doch entsprechend der chinesischen Kultur, Themen strukturiert und nachhaltig anzugehen, umzusetzen und im ersten Schritt im Verborgenen, später mit erfolgversprechenden Pilotprojekten zu arbeiten, gibt es auch hier mindestens drei Gründe, welche Xis reflektierte und deutliche Unterstützung für das Thema Blockchain erklären:

– Etablierung eines internationalen Blockchain Standards
Vor dem Hintergrund des erfolgreichen Ausrollens der Belt and Road Initiative' ist es in mehrfacher Hinsicht wichtig, die dabei zu betrachtenden Handelsdaten und -informationen schnell, sicher und nachhaltig handhaben zu können. Da die BRI-Initiative eine große Anzahl internationaler Märkte, Handelspartner und Akteure durch transaktionsbasierte Prozesse integriert, ist es für China von Vorteil, den eigenen Blockchain-Standard international zu etablieren. Huawei ist dabei ein essentieller Partner der chinesischen Regierung (Carnap, 2019). China geht davon aus, dass durch Nutzung des ‚Blockchain-based-Service-Network' (BSN) die Kosten für Blockchain-basiertes Geschäft um bis zu 80 % gesenkt werden. Die chinesische Landesregierung zeigt hier im Rahmen seiner wirtschaftlichen Expansionspolitik wie eine Absicherung durch das strukturierte Einführen von Leading-Edge-Technologien erfolgt. Bis Ende 2020 sind alleine in China bis zu 200 BSN-Knoten geplant (Dimitris, 2019).

– Der RMB wird zur internationalen Währung

Das ‚Blockchain-based-Service-Network' (BSN) adressiert ein wesentliches Thema der People's Bank of China (PboC): Die fehlende Internationalität und Akzeptanz des RMB als Zahlungsmittel. Die Handelsreserven Chinas (Status 2018) bestehen fast ausschließlich aus westlichen Währungen [61,74 % USD, 20,67 % EUR und nur 1,89 % RMB]. Vor dem Hintergrund der weiteren anstehenden BRI-Aktivitäten und aktuell zu tätigenden Investments zur Binnenmarktabsicherung und -entwicklung produziert diese Finanzstruktur hohe Kosten. Politisch betrachtet dürfte es aus chinesischer Sicht nicht mehr goutiert werden, wenn die Währung des (Handelskriegs-) Gegners (USA) weiterhin vor dem Hintergrund den Zielumsetzungen von Made in China 2025 und des technologischen Leaderships dominiert (Dimitris, 2019).

Mit dem BSN-Projekt pilotiert China auch eine eigene Kryptowährung (Huobi) in der südchinesischen Provinz Hainan, quasi einen digitalen RMB, mit dem die chinesische Währung internationale Akzeptanz erwerben könnte und die Handelskosten gesenkt würden. Die Pilotierung der Kryptowährungen wird im Wesentlichen durch den führenden Technologiekonzern Baidu und damit indirekt zusätzlich staatlich unterstützt (Kharpal, 2019).

– Vorteil im Handelskrieg mit den USA zu erzielen

Es ist nicht absehbar, wie sich der Handelskrieg zwischen China und den USA mittel- oder langfristig entwickelt. Der von den USA getriebene und von China erwiderte Ansatz des Erhebens von Strafzöllen ist jedoch nicht zielführend. Um aus der dadurch für beide Seiten entstehenden wirtschaftlich schädigenden Patt-Situation zu entkommen, nutzt die chinesische Regierung auch hier laufende, komplexe und auf Nachhaltigkeit ausgerichtete Strukturen. China ist bestrebt den Handelskrieg durch die sinnvolle Kombination der BRI-Initiative und des BSN für sich zu entscheiden. Die Kombination der internationalen wirtschaftlichen Expansion mit einer führenden Position in einer der Leading-Edge-Technologien, könnte sich für China zum Game-Changer herauskristallisieren, denn China hält ca. 500 Patente im Blockchain-Kontext (Dimitris, 2019).

3 Fazit – Quo vadis, Europa?

3.1 Leitfragen zur Kultur als Treiber

Die voran gegangenen Impulse zeigen vielfältige Implikationen der umfassenden und fein orchestrierten Strategie zum technologischen Leadership Chinas in der Energie-, der Telekommunikations- und Automobilwirtschaft auf. Zur Beantwortung, welche konkreten, weitreichenden und ausgewählten kulturellen Aspekte dieses Leadership begünstigen, dazu sollen für das folgende Fazit folgende Fragen eine Leitlinie darstellen:

- Welche kulturellen Unterschiede zwischen Europa und China legen die Basis für das technische Leadership der Chinesen?
- Welche Empfehlungen für die Re-Positionierung Europas im globalen Wettbewerb sind zielführend?
- Welche Learning Outcomes resultieren für europäische Unternehmen in der Energie-/Telekommunikations- und Automobilbranche?

3.2 Unterschiede China versus Europa

Das vorliegende Impulspapier kann nicht die 5.000-jährige Historie der Chinesen für heutige Aktivitäten und ihr konsistentes und kontinuierliches Streben nach ihrem als natürlich empfunden Zustand der Weltherrschaft herleiten; doch zeigt es die Fähigkeit Chinas in großen Einheiten und über die Landesgrenzen hinweg Strategien und Entwicklungspläne für weitere Nationen mit einer win-win-Strategie zu entwickeln („Made in China 2025/2049", BRI – Belt and Road Initiative) und stringent in fein orchestrierten Phasen umzusetzen, zum Wohle einer großen Gemeinschaft und mit einer chinesischen Elite an oberster Stelle; dies ist vor allem eine Stärke des aufgezeigten Expansionskreislaufs, welcher auch aus der gelernten Historie herrührt.

Europa hingegen fehlt eine überzeugende Vision, um das einzelstaatliche und gemeinsame europäische Handeln danach auszurichten. In einem Beschluss vom 19.6.2019 der FDP im Bundestag heißt es, dass ein

> souveräner Dialog auf Augenhöhe – Deutschlands und Europas Aufgaben zur Verteidigung westlicher Werte im Systemwettbewerb mit China" angestrebt werde und „Erfolgreiche Gesellschaften brauchen Innovationen. Ohne ausreichende Investitionen in Bildung und Forschung wird Europa auf Dauer nicht wettbewerbsfähig bleiben können. Spitzenreiter in Forschung und Innovation kann Europa jedoch nur sein, wenn wir unsere Kräfte bündeln. (FDP, 2019)

Es wird Zeit zu handeln. Denn noch immer sucht Europa scheinbar nach dem Masterplan für ein sowohl zügiges als auch abgestimmtes gemeinsames Vorgehen, um einen rechtlich unterstützenden Rahmen zu schaffen – der durch den Gemeinsinn getragen wird und darauf ausgerichtet ist für eine Majorität der Bevölkerung nachhaltige und ökonomisch tragbare Lebensumstände zu gestalten. Dabei geht es auch um unsere Fähigkeit in Europa in längeren Zeitabschnitten zu planen und eine flexible, aber stringente und schnelle Umsetzung zu ermöglichen, die das gemeinsame Ziel im Blick und nicht kurzfristige Margen und Legislatur-basierte politische Erfolge im Fokus haben.

Für Europa ist es essentiell wichtig, sowohl politisch als auch technologisch kurzfristig ein Gegengewicht zur chinesischen Expansionsstrategie zu schaffen. Dies könnte auf Basis geschickter internationaler politischer und wirtschaftlicher Allianzen erfolgen.

3.3 Repositionierung Europas im globalen Wettbewerb

Sicher ist, dass es für Europa weder aus politischer noch aus technologischer Sicht einen Alleingang geben wird, sondern im Rahmen von staatlichen, organisationalen sowie unternehmerischen Allianzen und Verbänden (länder- und branchenübergreifend) ein Gegengewicht formiert werden sollte. Voraussetzung für erfolgreiche Allianzen ist, dass die Partner gleichgeartete gesellschaftspolitische Wertesysteme sowie vergleichbares Technologie-Knowhow haben. Mit einer länderübergreifenden konzertierten Forschung & Entwicklung für kritische Technologien, gemeinsamen Produktionen (Beispiel Airbus) und übergreifende internationale Projekte wie Horizon 2020 (Beispiel Smart City in der EU) wäre dies möglich. Das setzt jedoch auch ein frühzeitiges staatliches Funding in relevante neue Technologien voraus, dass nicht durch Bürokratismus und undurchsichtige Förderanforderungen Innovationskräfte im Keim ersticken. Die Einrichtung eines professionellen, schnellen, fachlich versierten Funding-Boards auf Allianzebene, bildet eine weitere essentielle Säule für die effiziente Re-Positionierung und Erlangung des Technologie-Leaderships in Europa, damit im Rahmen der Kooperationen und Allianzen konzertierte Forschung und Entwicklung erfolgreich betrieben werden kann.

Unter den genannten Gesichtspunkten kommen grundsätzlich auch außereuropäische Partner wie Japan und Korea in Frage, da beide Länder zur EU adaptive Wertesysteme aufweisen und gerade im Technologiesektor Leadership zeigen. Vor dem Hintergrund der aktuellen politischen Großwetterlage scheiden die USA als reflektierender Partner aus, da sie in der derzeitigen politischen Situation aus wirtschaftlicher Sicht keine Verlässlichkeit oder politische Weitsicht zeigen, sondern vielmehr vor dem Hintergrund der eigenen Positionierung über kurzfristig wirkende und beiderseitig schädigenden Handelszölle Druck auf die EU ausüben wollen.

Um auch die Vorteile auch der chinesischen Unternehmen nutzen zu können, sollte pro aktiv eine Einbindung in Datenschutzabkommen und einheitliche Standards angestrebt werden, um damit die Möglichkeit zu nutzen Pilotprojekte zu begleiten, Infrastruktur zu gestalten und Think Tanks intensiver zu besetzen.

3.4 Learning Outcomes für Unternehmen und Organisationen

National als auch international agierende Unternehmen und Organisationen mit dem Business Fokus Energie, Telekommunikation und Mobilität können sich des Einflusses wirtschaftlicher Implikationen mit chinesischen Investoren und Geschäftspartnern zukünftig nicht mehr entziehen. Die schnelle Nutzbarmachung von Daten setzt einen Plattform-orientieren Ansatz voraus und sorgt somit für eine fortschreitende Verknüpfung der Wirtschaftsakteure weltweit.

Dies führt zu der Notwendigkeit die strategische Ausrichtung zu optimieren und die taktische Aufstellung zu überprüfen:

Zahllose Beispiele zeigen, dass mit der Zunahme staatlicher Eingriffe aus/in China zu rechnen ist, wenn die Unternehmenskompetenz für die Erfüllung der Made in China 2025 Strategie nützlich erscheint. Systeminhärent ist die Gewinnung von Unternehmensinformationen beim Eingehen einer Kooperation mit chinesischen Partnern. Der fachliche und besonnene Austausch mit strategischen Partnern im Rahmen von Allianzen und Forschungsgemeinschaften auf Basis gemeinsamer sicherer Informationsplattformen kann hier eine sinnvolle und hilfreiche Informationsgewinnung bieten, um eine gute Kenntnis der chinesischen Wettbewerber, dem aktuellen technologischen Stand und ihrer Strategien zu erhalten. Auf diese Weise kann die Entwicklung von Services beschleunigt und Investments reduziert und damit der unternehmerische Mehrwert maximiert werden. Der Austausch und die strategische Allianz können sich dabei korporativ und konfrontativ ergänzen.

Historisch gewachsen und essentiell bedeutsam ist für die chinesische Gesellschaft eine gute Reputation. Die Geschäftspartner sollten daher vor dem Hintergrund einer Reputation, die Verlässlichkeit, Transparenz und Qualität fokussiert, ausgewählt werden. Zur Sicherstellung eines abgestimmten Vorgehens aller Unternehmensbereiche und beteiligten Akteure, der Sicherung von Unternehmensinterna und mit Blickrichtung China ist für eine nachhaltige Partnerschaft ein professionelles Kommunikations- und Krisenmanagement, sowohl auf politischer als auch auf unternehmerischer Ebene unabdingbar. Gerade chinesische Partner gelten als Kommunikationsexperten und die staatliche Führung achtet akribisch auf eine gut abgestimmte Reputation des Staates, die sich auf alle Bereiche des Landes und der Bevölkerung im Einzelnen ausdehnt (u. a. Social Credit System).

Die aufgeführten Handlungshinweise stellen ausgewählte Aspekte dar und haben ausschließlich in einem abgestimmten, gemeinsamen Voranschreiten der Akteure aus Wirtschaft, Wissenschaft und Politik eine einen hohen Wirkungsgrad innerhalb dessen eine ähnlich strukturierte, flexible und visionäre Strategie ihre schnelle Umsetzung erfahren muss, um jenes durch das aktuelle Agieren der USA entstehende Vakuum zu füllen und ein wettbewerbsförderndes Gegengewicht zur avisierten globalen Technologieführerschaft Chinas zu schaffen. Klar ersichtlich dürfte jedoch für alle Beteiligten sein, was bereits das Universalgenie Leibniz äußerte:

> *„Wenn das so weitergeht, fürchte ich, dass wir bald*
> *auf jedem anerkennenswerten Gebiet den Chinesen unterlegen sein*
> *werden. Dies sage ich nicht, weil ich ihnen die neue*
> *Entwicklung neide, da ich sie vielmehr dazu beglückwünsche,*
> *sondern weil es zu wünschen wäre, dass wir auch unsererseits*
> *von ihnen Dinge lernten."*

Gottfried Wilhelm Leibniz (aus Novissima Sinica 1697)

Literaturverzeichnis

AIIB (2020). *Quick facts.* Zugriff am 30.09.2020. Verfügbar unter www.aiib.org.

Alibaba (2020). *Unternehmensportrait.* Zugriff am 30.09.2020. Verfügbar unter www.alibaba.com.

Arcesati, R. (2019). *Chinese tech standards put the screws on European companies.* Zugriff am 30.09.2020. Verfügbar unter https://merics.org/de/analyse/chinese-tech-standards-put-screws-european-companies.

Arcesati, R. (2020). *Europe needs democratic alliances to compete with China on technology.* Zugriff am 30.09.2020. Verfügbar unter https://merics.org/de/analyse/europe-needs-democratic-alliances-compete-china-technology.

Bhattacharya, M., Paramati, S. R., Ozturk, I. und Bhattacharya, S. (2016). The effect of renewable energy consumption on economic growth: Evidence from top 38 countries. *Applied Energy,* 162:733–741. https://doi.org/10.1016/j.apenergy.2015.10.104.

Bundesministerium für Wirtschaft und Energie (2019). *Nationale Industriestrategie 2030. Strategische Leitlinien für eine deutsche und europäische Industriepolitik.* Zugriff am 30.09.2020. Verfügbar unter https://www.bmwi.de/Redaktion/DE/Publikationen/Industrie/nationale-industriestrategie-2030.html.

Carnap, K. (2019). *Worried about Huawei? Then worry about Chinese blockchains, too.*

Deblitz, R. (2019). *Mobilität der Zukunft.*

Der Tagesspiegel (2019). *Wie Peking seinen Einfluss im Westen geltend macht.* Zugriff am 30.09.2020. Verfügbar unter https://www.tagesspiegel.de/politik/chinas-langer-arm-wie-peking-seinen-einfluss-im-westen-geltend-macht/24936364.html.

Deubner, L. (2018). *"Was Deutschland bei der Mobilität von China lernen kann".* Zugriff am 30.09.2020. Verfügbar unter https://www.wiwo.de/futureboard/hier-funktioniert-es-schon-was-deutschland-bei-der-mobilitaet-von-china-lernen-kann/23172800.html.

Deutsche Gesellschaft für Internationale Zusammenarbeit (GIZ) GmbH (2019). *Deutsch-Chinesische Energiepartnerschaft.* Zugriff am 30.09.2020. Verfügbar unter https://www.giz.de/de/weltweit/32698.html.

Deutsche Welle (2019). *Städte spielen zentrale Rolle beim Kampf gegen Klimawandel.* Zugriff am 30.09.2020. Verfügbar unter https://www.dw.com/de/st%C3%A4dte-spielen-zentrale-rolle-beim-kampf-gegen-klimawandel/a-50480509.

Deutsche Wirtschaftsnachrichten (2019). *Seltene Erden: Chinas schärfste Waffe im Handelskrieg.* Zugriff am 30.09.2020. Verfügbar unter https://deutsche-wirtschafts-nachrichten.de/2019/05/28/china-seltene-erden-handelskrieg/.

Dimitris, B. (2019). *Why China's Blockchain Plan Is Winning And The U.S. Should Pay Attention.* Zugriff am 30.09.2020. Verfügbar unter https://www.forbes.com/sites/biserdimitrov/2019/11/25/why-china-blockchain-plan-is-winning-and-the-us-should-pay-attention/#1c262845e7e8.

Energiepartnerschaft Deutschland-China (2020). *The Sino-German Energy Partnership.* Zugriff am 30.09.2020. Verfügbar unter https://www.energypartnership.cn/home/.

Experten Report (2020). *Daten als Währung – Rohstoff der Zukunft?* Zugriff am 30.09.2020. Verfügbar unter https://www.experten.de/2020/05/05/daten-als-waehrung-rohstoff-der-zukunft/.

Fasse, M. und Höpner, A. (2019). *Investoren aus China sind in Deutschland bislang nur bedingt erfolgreich.* Zugriff am 30.09.2020. Verfügbar unter https://www.handelsblatt.com/unternehmen/industrie/beteiligungen-und-uebernahmen-investoren-aus-china-sind-in-deutschland-bislang-nur-bedingt-erfolgreich/25281298.html?ticket=ST-68406-ZrFlpVxxb742dJHgOvXa-ap2.

FDP (2019). *Beschluss der Freien Demokraten im Bundestag - Souveräner Dialog auf Augenhöhe – Deutschlands und Europas Aufgaben zur Verteidigung westlicher Werte im Systemwettbewerb mit China*. Zugriff am 30.09.2020. Verfügbar unter https://www.fdpbt.de/sites/default/files/2019-09/190906_Beschluss_Systemwettbewerb_mit_China.pdf.

Glasmacher, N. (2019). *China wird Hauptimporteur von Seltenen Erden*. Zugriff am 30.09.2020. Verfügbar unter https://www.miningscout.de/blog/2019/03/20/%EF%BB%BFchina-wird-hauptimporteur-von-seltenen-erden/.

Huawei (2020). *Huawei – Facts and Figures*. Zugriff am 30.09.2020. Verfügbar unter https://www.huawei.com/de/deu/huawei-global.

Keegan, M. (2020). *In China, Smart Cities or Surveillance Cities?* Zugriff am 30.09.2020. Verfügbar unter https://www.usnews.com/news/cities/articles/2020-01-31/are-chinas-smart-cities-really-surveillance-cities.

Kharpal, A. (2019). *With Xi's backing, China looks to become a world leader in blockchain as US policy is absent*. Zugriff am 30.09.2020. Verfügbar unter https://www.cnbc.com/2019/12/16/china-looks-to-become-blockchain-world-leader-with-xi-jinping-backing.html.

Kisro-Warnecke, D. (2009). *Die Reputation deutscher Unternehmen in China*. Göttingen: Cuvillier Verlag.

Kisro-Warnecke, D. (2016a). *China Report 2017. Zhong guo fa zhan bao gao/Zhong guo fa zhan bao gao*. Frankfurt: Zukunftsinstitut GmbH.

Kisro-Warnecke, D. (2016b). Imperfect Mobility – China auf dem Weg in ein modernes Zeitalter. In *Econet Monitor „Green Markets and Climate Change"*, Berlin. Bundesministerium für Umwelt, Naturschutz, Bau und Reaktorsicherheit.

Kisro-Warnecke, D. und Gentejohann, R. (2019). *Nachhaltigkeitspionier China?* Zugriff am 30.09.2020. Verfügbar unter https://www.zukunftsinstitut.de/artikel/nachhaltigkeitspionier-china/.

Kling, B. (2018). *5G-Ausbau: Australien verbietet Huawei- und ZTE-Technik*. ZDNet. Zugriff am 30.09.2020. Verfügbar unter https://www.zdnet.de/88340395/5g-ausbau-australien-verbietet-huawei-und-zte-technik/.

Lee, J. (2020). *China Steps up the Long March to 5G*. Zugriff am 30.09.2020. Verfügbar unter https://thediplomat.com/2020/05/china-steps-up-the-long-march-to-5g/.

Lohse-Friedrich, K. (2019). *Chinas Public Diplomacy*. Zugriff am 30.09.2020. Verfügbar unter https://merics.org/de/studie/chinas-public-diplomacy.

MERICS (2018). *Die Vermessung der Belt and Road Initiative: Eine Bestandsaufnahme*. Zugriff am 30.10.2020. Verfügbar unter https://merics.org/de/analyse/die-vermessung-der-belt-and-road-initiative-eine-bestandsaufnahme.

MERICS (2019a). *Networking the „Belt and Road" – The future is digital*. Zugriff am 30.10.2020. Verfügbar unter https://merics.org/de/analyse/networking-belt-and-road-future-digital.

MERICS (2019b). *Powering the Belt and Road*. Zugriff am 30.10.2020. Verfügbar unter https://merics.org/de/analyse/powering-belt-and-road.

Michael, D., Zhou, S., Xinyi, W. und Chen, G. (2013). *China's Energy Future China's Energy Future - Reaching for a Clean World*. Zugriff am 30.09.2020. Verfügbar unter https://www.bcg.com/publications/2013/chinas-energy-future.

Neuhaus, K. und Grau, T. (2019). *Der Staat als weißer Ritter*. Zugriff am 30.09.2020. Verfügbar unter https://www.lto.de/recht/kanzleien-unternehmen/k/nationale-industriestrategie-2030-beteiligungsfonds-staat-firmenuebernahme-ausland-investitionsschutz-aussenwirtschaftsrecht/.

Nötzold, A. (2011). *Die Energiepolitik der EU und der VR China*. Wiesbaden: VS Verlag für Sozialwissenschaften. https://doi.org/10.1007/978-3-531-92669-8.

NRW.Invest (2019). *Stärkung des IT- und Digitalstandortes: Drei chinesische Tech-Konzerne ziehen nach Nordrhein-Westfalen*. Zugriff am 30.09.2020. Verfügbar unter https://www.nrwinvest.

com/de/ueber-uns/pressemitteilungen/detail/news/detail/News/staerkung-des-it-und-digitalstandortes-drei-chinesische-tech-konzerne-ziehen-nach-nordrhein-westfal/.

Pei, M. (2020). *Das Blatt ist ausgereizt*. Zugriff am 30.09.2020. Verfügbar unter https://www.tagesspiegel.de/politik/china-auf-isolationskurs-das-blatt-ist-ausgereizt/26014782.html.

Pierer, H. (2018). *Warum Deutschland beim Megaprojekt Seidenstraße nicht außen vor bleiben darf.* Zugriff am 30.09.2020. Verfügbar unter https://www.focus.de/finanzen/experten/pierer/100-laender-900-milliarden-euro-investitionen-warum-deutschland-beim-megaprojekt-seidenstrasse-nicht-aussen-vor-bleiben-darf_id_8625507.html.

Quest, T. (2012). *Die Rolle von China bei Seltenen Erden*. Zugriff am 30.09.2020. Verfügbar unter https://www.quest-trendmagazin.de/ressourcen/seltene-erden/china.html.

Reuters (2020). *Chinas Zensus*. Zugriff am 27.07.2020. Verfügbar unter www.reuters.de.

Spiegel (2016). *Chinesen starten größte Übernahme in Deutschland*. Zugriff am 30.09.2020. Verfügbar unter https://www.spiegel.de/wirtschaft/unternehmen/eew-chinesen-kaufen-deutschen-abfallkonzern-a-1075662.html.

Tatlow, D. K. (2019). *Das chinesische Streben nach Einfluss: verdeckt und vor aller Augen*. Zugriff am 30.09.2020. Verfügbar unter https://dgap.org/de/forschung/publikationen/das-chinesische-streben-nach-einfluss-verdeckt-und-vor-aller-augen.

Stephan Benz
10 Parteiorganisationen in Unternehmen

Einen einzigartigen Aspekt in der Unternehmenskultur der Volksrepublik China stellen die Parteiorganisationen der Kommunistischen Partei Chinas dar. Aus einer okzidentalen Perspektive scheint es zunächst systemfremd, sich innerhalb eines Unternehmens mit einer Organisation einer Staatspartei konfrontiert zu sehen. Um an dieser Stelle Licht ins Dunkle zu bringen, einen Überblick über das Themenfeld zu geben und die Besonderheiten und die Herausforderungen darzustellen, die sich rund um die Parteiorganisationen stellen, dienen die nachstehenden Ausführungen.

Bei den Parteiorganisationen handelt es sich um Untereinheiten der Kommunistischen Partei Chinas, die sich in sämtlichen Institutionen und Einrichtungen der öffentlichen und privaten Wirtschaftssektoren in der Volksrepublik China bilden können. Abhängig von ihren genauen Aufgaben oder ihrem Einsatzort werden sie teilweise auch als Parteikomitee (党委 – dǎng wěi) oder Parteigruppen (党组 – dǎng zǔ) bezeichnet. Hingegen unabhängig von ihrer Bezeichnung stellen sie letztlich immer eine Repräsentanz der Kommunistischen Partei Chinas dar (Allen et al. 2018, S. 39; Huang und Zhang 2017, S. 6 ff.). Neben zahlreichen anderweitigen Einrichtungen ist die Gründung der Parteiorganisationen auch in Unternehmen gesetzlich möglich und vom Statut der Kommunistischen Partei ausdrücklich erwünscht (§19 Gesellschaftsgesetz[1]; §30, §33 Statut der Kommunistischen Partei Chinas[2]). So sind sie in nahezu jedem staatlichen Betrieb eingerichtet, lassen sich allerdings auch in einem weitüberwiegenden Teil aller privaten Unternehmen wiederfinden.

Um eine Parteiorganisation zu gründen, genügt es nach dem chinesischen Gesellschaftsrecht bereits, wenn sich drei Parteimitglieder innerhalb eines Unternehmens zusammenschließen und die Gründung durch die Kommunistische Partei genehmigen lassen. In Anbetracht der Größe von annähernd 90 Mio. Menschen sind nicht nur die Mitglieder der Kommunistischen Partei, sondern auch die von ihnen betriebenen Parteiorganisationen nahezu ubiquitär in der chinesischen Gesellschaft und Wirtschaft. Das chinesische Gesellschaftsrecht sieht für die Parteiorganisationen, die auf der Grundlage des Statuts der Kommunistischen Partei China eingerichtet worden sind vor, dass ihnen in den Unternehmen alles Notwendige für die Umsetzung ihrer Arbeit zur Verfügung gestellt wird. Je nach Größe und personeller Besetzung können sich diese Einrichtungen für Unternehmen also unter Umständen zu einem markanten Kostenpunkt entwickeln. Ihren Arbeitsschwerpunkt hatten die Parteiorganisatio-

---

[1] 中华人民共和国公司法(2018修正). Company Law of the People's Republic of China (2018 Amendment) (Order No.15 of the President of the People's Republic of China, 26.10.2018).
[2] 中国共产党章程(2017修改). Consitution of the Communist Party of China (2017 Revision) (24.10.2017).

https://doi.org/10.1515/9783110668216-010

nen in Vergangenheit oftmals bei der Organisation sozialer Aufgaben und solcher der Daseinsfürsorge. So wurden ihnen die Kantinen, die Kinderbetreuung, die Schulen, die Verwaltung der Mitarbeiterwohnung und ähnliche Belange betrieben und organisiert. Diese Aufgaben werden in weiten Teilen auch zur jetzigen Zeit noch von ihnen wahrgenommen. Parallel zum Wandel der Parteiausrichtung wurden ihnen jedoch durch zahlreiche Parteiveröffentlichungen und Edikte zusätzliche und weiterreichende Funktionen zugeschrieben. So gehört es nun zum Gegenstand der Parteiorganisationen dafür zu sorgen, ihre Unternehmen in Einklang mit den Vorstellungen der Kommunistischen Partei zu bringen. In Unternehmen mit einer überwiegenden staatlichen Beteiligung sind die Anforderungen an die Parteiorganisationen noch weitreichender. Hier gehört es zusätzlich zu den zuvor genannten Aufgaben, in den Unternehmen eine Führungsrolle zu übernehmen sowie wichtige Entscheidungen entsprechend der Parteiprinzipien und -vorschriften zu treffen. Die Parteiorganisationen sollen zudem die Gesellschafter- respektive Aktionärsversammlung, den Vorstand, den Aufsichtsrat sowie den beziehungsweise die Geschäftsführer dabei unterstützen, ihre Pflichten ordnungsgemäß zu erfüllen und außerdem bei wichtigen Entscheidungen für das Unternehmen mitwirken (§33 Abs. 2, S. 2 Statut der Kommunistischen Partei Chinas; Jiang 2018, S. 57; Wang und Xinling 2017, S. 43). Sie dienen der Kommunistischen Partei also dazu, ihre politischen Interessen in die Unternehmen hineinzutragen und die Unternehmen möglichst nach den zentral getroffenen Linien auszurichten. Darüber hinaus obliegt es ihnen, die Parteikader für wichtige Positionen in den Unternehmen zu ernennen und abzuberufen. Nach Möglichkeit werden dabei die Führungspositionen der Unternehmen durch hohe Parteikader besetzt. Bestenfalls gelingt es zudem, sowohl an der Spitze der Parteiorganisation als auch in Vorstand oder Aufsichtsrat eine personenidentische Besetzung herbeizuführen (Allen et al. 2018, S. 42; Brødsgaard 2017, S. 16). Auf diese Weise lässt sich die unternehmensinterne Partei- als auch die Unternehmensführung personell nach den Vorstellungen der Kommunistischen Partei Chinas ausstatten. Die Strategie der personellen Doppelbesetzung dient dazu, die staatlichen und politischen Interessen in den Unternehmen besonders wirkungsvoll und nachhaltig umsetzen zu können (Liu und Danlin 2017, S. 32; Wang und Xinling 2017, S. 41). Die Kombination aus Unternehmens- und Parteiführung ist in Hinblick auf die Einflussnahmemöglichkeit des Staates und der Partei auf Unternehmen und Institutionen jedweder Couleur eines der Schlüsselkonzepte.

Seitens der Kommunistischen Partei als auch von Regierungsorganen wie dem Staatsrat oder dem Parteikomitee der Kommission zur Kontrolle und Verwaltung von Staatsvermögen kam es in den vergangenen Jahren in Bezug auf die Parteiorganisationen vermehrt zu Veröffentlichungen, welche ihre Rolle in den Unternehmen wiederholt unterstrichen oder die Ausweitung ihrer Kompetenzen vorschlugen. So wurden die Verankerung der Parteiorganisation in die Unternehmenssatzungen und erstmals das sogenannte „ex-ante Verfahren" gefordert, welches zum Inhalt hat, dass wichtige unternehmerische Entscheidungen vorab von der Parteiorganisation diskutiert und genehmigt werden, bevor sie an den Vorstand weitergegeben werden. Wurde Letzteres bisher noch nicht flächendeckend umgesetzt, sollten der Aufforderung, die Partei-organisationen in die Unternehmenssatzung zu übernehmen, alsbald zahlreiche Unternehmen folgen (Allen et al. 2018, S. 41; Brødsgaard 2017, S. 16; Wang und Xinling 2017, S. 44). Insbesondere viele der großen und zentralen Unternehmen des Staates kamen der Aufforderung zügig nach und inkorporierten die Parteiorganisationen in ihre Gesellschaftsverträge.

Im Hinblick auf die Unternehmensführung in chinesischen Unternehmen ist die Stärkung der Position der Parteiorganisationen zwiespältig zu betrachten. Die Parteiorganisationen haben innerhalb der Unternehmen zwar auch zur Aufgabe, auf die Einhaltung der Gesetze und gegenüber den Parteiangehörigen auch auf Konformität mit den parteieigenen Vorschriften zu achten, wodurch hier ein höherer Grad an Übereinstimmung mit geltendem Recht erzeugt werden könnte (§4 Nr. 4, §32 Nr. 7 Statut der Kommunistischen Partei Chinas). Auf der anderen Seite führt die Einbindung eines weiteren Akteurs in die Entscheidungsfindung des Unternehmens ebenfalls zu einem erhöhten Koordinationsbedarf, was wiederum das Potenzial in sich birgt, sich negativ auf die Effizienz der Arbeitsprozesse auszuwirken. Ebenso wie die internen Konsolidierungen und Entscheidungsfindungen der Kommunistischen Partei nicht an die Außenwelt dringen, sind auch die Parteiorganisationen nicht dazu verpflichtet, ihre Protokolle und internen Abläufe zu veröffentlichen. Sie bieten damit eine Quelle an Intransparenz, die es wohl unmöglich machen wird, dass nach der Einführung einer Parteiorganisation in ein Unternehmen, jemals ein Maß erreichen könnte, welches nicht hinter der Transparenz vormaligen Entscheidungsfindung zurückbliebe.

Weiterhin führt die Übertragung eines Mitbestimmungs-, wenn nicht gar eines Vorabentscheidungsrechts zu einer Schwächung der bisherigen Entscheidungsträger, die bei einer Vorwegnahme der Entscheidung eine empfindliche Machtbeschneidung und Aushöhlung der Kompetenzen bedeuten könnte. Es wird den bestehenden Hierarchiestrukturen der Unternehmen mit der weitreichenden Einführung der Parteiorganisationen der Kommunistischen Partei eine weitere staatliche Entscheidungsinstanz aufgesetzt, was zur Folge hat, dass alle wichtigen Entscheidungen der Unternehmen zuvor durch einen Entscheidungsfilter befördert und auf Konformität mit den Vorstellungen der politischen Machthaber überprüft und angepasst werden. Hierdurch wird eine Instanz geschaffen, die es der Kommunistischen Partei Chinas erlaubt, über die Parteiorganisationen Einfluss auf die Unternehmen zu nehmen. Die Umsetzung dieser Neuerungen geht allerdings zulasten der Unternehmenseffizienz, steigert intransparente Entscheidungsprozesse und Personalentscheidungen und wirkt im Hinblick auf die stattgefundenen Entwicklungen der wechselseitigen Kontrolle der Unternehmensführung rückschrittlich.

Das neue Gesetz über ausländische Investitionen der Volksrepublik China[3] rückt die Thematik der Parteiorganisationen und die mit ihr im Zusammenhang stehenden Konsequenzen nun näher an Unternehmen mit ausländischer Beteiligung bzw. Unternehmen in ausländischer Hand. Mit dem Inkrafttreten des Gesetzes am 01. Januar 2020 wurden drei Gesetze, die bisher für ausländische Beteiligungen an Unternehmen beziehungsweise Unternehmen in ausschließlich ausländischer Hand einschlägig waren, ersetzt. Die Regelungen des Gesetzes über ausländische Investitionen treten an die Stelle des Gesetzes über Joint Venture mit ausländischer Beteiligung auf Kapitalbasis[4], des Gesetzes über Joint Venture mit ausländischer Beteiligung auf Vertragsbasis[5] sowie des Gesetzes über Gesellschaften mit ausschließlich ausländischer Beteiligung[6]. Das neue Gesetz hat einen weiten Anwendungsbereich und umfasst sowohl direkte als auch indirekte Investitionen, wobei für Letzteres noch nicht ganz klargestellt wurde, welche Fälle hierunter zu verstehen sind. Jedenfalls vom Gesetz umfasst sind sämtliche Gründungen, Fusionen und Käufe von Unternehmen bzw. Unternehmensanteilen im Zusammenhang mit ausländischen Investitionen (§2 Gesetzes über ausländische Investitionen). Für Unternehmen, die in den bislang gesetzlich vorgesehenen Formen der drei ersetzen Gesetze existieren, sieht das neue Gesetz eine Übergangsfrist von fünf Jahren vor, nach welcher sich die Unternehmen den rechtlichen Vorkehrungen des Gesetzes über ausländische Investitionen und das chinesische Gesellschaftsgesetz anzupassen habe (§42 Gesetzes über ausländische Investitionen). Das heißt, dass zum 01. Januar 2025 alle Unternehmen, die in den weiten Anwendungsbereich des Investitionsgesetzes fallen, den Organisationsformen und Organisationsstrukturen des chinesischen Gesellschaftsgesetzes zu entsprechen haben. Durch die Angleichung der Unternehmen mit ausländischen Investitionen an die gesetzlichen Vorkehrungen des chinesischen Gesellschaftsgesetzes stellt sich somit die Frage, inwieweit auch für sie die Parteiorganisationen bzw. -komitees an Relevanz gewinnen werden. Bereits jetzt festzustellen ist, dass wenn es bei der bei der aktuellen Gesetzeslage bliebe, sich die vorstehenden Überlegungen Parteiorganisationen sodann auch weitestgehend auf ausländische Unternehmen bzw. solcher mit ausländischer Beteiligung erstrecken dürften. Besonders vor dem Hintergrund des durch das Investitionsgesetz betonten Gleichbehandlungsgrundsatzes von ausländischen und

---

3 中华人民共和国外商投资法. Foreign Investment Law of the People's Republic of China (Order No. 26 of the President of the People's Republic of China, 15.03.2019).
4 中华人民共和国中外合资经营企业法(2016修正). Law of the People's Republic of China on Chinese-Foreign Equity Joint Ventures (2016 Amendment) (Order No.51 of the President of the People's Republic of China, 10.01.2016).
5 中华人民共和国中外合作经营企业法(2017修正). Law of the People's Republic of China on Chinese-Foreign Contractual Joint Ventures (2017 Amendment) (04.11.2017).
6 中华人民共和国外资企业法(2016修正). Law of the People's Republic of China on Wholly Foreign-Owned Enterprises (2016Amendmernt) (Order No. 51 of the President of the People's Republic of China, 03.09.2016).

inländischen Unternehmen liegt eine solche Prognose nahe. Einhergehend mit dem allumfassenden Machtanspruch der Staatsautorität scheint es jedenfalls nicht ausgeschlossen, dass sich Parteikomitees zukünftig ebenso leicht in ausländischen Unternehmen gründen lassen, wie es bisher in ihren chinesischen Pendants der Fall war.

Für das unternehmerische Umfeld in der Volksrepublik China stellt das Aufblühen und Erstarken der Parteiorganisationen eine ihrer Eigenständigkeit und Autonomie zuwiderlaufende Neuerung dar, welche nicht nur die Unternehmensstrukturen für politische Strategien durchlässig macht, sondern auch den Entwicklungsbemühungen hinsichtlich des Entstehens einer Marktwirtschaft der letzten Dekaden entgegenläuft. Vor dem Hintergrund der seit einigen Jahren verstärkt betriebenen Machtkonsolidierung bei der Kommunistischen Partei Chinas ist die Verstärkung der Einflussnahmemöglichkeit auf die Landeswirtschaft und die Unternehmen nicht verwunderlich. Die Stärkung der Stellung von Parteiorganisationen mit der einhergehenden steigenden Durchlässigkeit der Unternehmensstrukturen für staatliche Einflüsse stellt vielmehr einen notwendigen Schritt dar, der Partei und ihren Vorsitzenden den absoluten Machtanspruch im Land zu sichern. Es zeigt sich, dass der Ausrichtungswandel der Kommunistischen Partei Chinas, den sie im Laufe der letzten Jahre vollzogen hat, weitreichende Auswirkungen mit sich bringt. Landesweit findet ein Rückzug auf vorherige Machtpositionen und ein fortschreitendes Vereinnahmen der Wirtschaft statt. Wie der Staat sich einen direkten Weg in ein jedes chinesisches Unternehmen eröffnet hat, ist vorstehend beschrieben. Ob durch das neue Gesetz für ausländische Investitionen der Weg bereitet wurde, sich auch in Unternehmen mit ausländischer Beteiligung oder in ausländischer Hand mithilfe der Parteikomitees zu installieren und dort zu walten, bleibt den weiterhin zu beobachten Entwicklungen zu entnehmen.

Mit den Parteiorganisationen hält der chinesische Staat jedenfalls zusätzlich zu staatlichen Handlungsmechanismen, auf die Wirtschaft und ihre Akteure durch den Erlass von Gesetzen und Verordnungen und die Beaufsichtigung durch Behörden Einfluss zu nehmen, noch ein weiteres Mittel bereit: Durch die enge Bindung der Parteikader an Partei und Staat gelingt es, direkt auf das parteiangehörige Personal der Unternehmen einzuwirken und durch diese in die Unternehmen selbst hineinzuwirken. Dabei lässt sich die flächendeckende Funktionsweise der Parteiorganisationen bisweilen nur in den ohnehin regierungstreuen Staatsunternehmen beobachten. Für die Privatwirtschaft scheint das Potenzial bislang noch nicht ganz ausgebreitet zu sein. Die hohen Zahlen von Parteiorganisationen auch in privaten Unternehmen legen jedoch nahe, dass das Konzept aufzugehen scheint und die weiterreichende Erstreckung der staatlichen Einflussnahme bereits vorbereitet sei.

Es werden somit die Entwicklungen der kommenden Jahre zeigen, wie weit der chinesische Staat weiterhin in die eigene Wirtschaft einzugreifen und ob er sich auch verstärkt in die Unternehmen in ausländischer Hand bzw. mit ausländischer Beteiligung einzubringen vermag. Mit den Parteiorganisationen bestünde hierfür ein für

lange Zeit obsoletes und nun wiederentdecktes Vehikel, auch in privaten Unternehmen parteilich forciert fortzuschreiten und in diese hineinzuwirken.

Literaturverzeichnis

Allen, J., Rui, L., Guo, P., Lin, Z., Zhang, Z. und Zhou, C. (2018). *Awakening Governance: The evolution
of corporate governance in China.* 治理在觉醒：中国公司治理进化史 (ACGA China CG Report).
Hong Kong. Zugriff am 20.07.2020. Verfügbar unter https://www.acga-asia.org/advocacy-
detail.php?id=158&sk=&sa=.

Brødsgaard, K. E. (2017). Party Control of State-owned Enterprises. *East Asia Forum Quarterly: Economics, Politics and Public Policy in East Asia and the Pacific*, 9(4):15–16.

Huang, F. und Zhang, J. (2017). Governance of State-owned Companies' Party Organization, Board
Informal Hierarchy and Company's Performance. 国有企业董事会党组织治理、董事会非正式等
级与公司绩效. *Business Management Jorunal (*经济管理*)*, 39(3):6–20.

Jiang, J. (2018). 中国特色国有公司治理模式及其实现. Das Governance-Modell staatseigener
Unternehmen mit chinesischen Merkmalen und deren Umsetzung. *Wirtschaftsrechtssammlung
(*经济法论丛*)*, 31(1):57.

Liu, D. und Danlin, X. (2017). The approaches and implementation mechanism of the Party's partici-
pation in administering the state-owned enterprises under the circumstances of classification
reform. *Journal of Central South University(Social Science)*, 23(5):31–38.

Wang, X. und Xinling, W. (2017). On the legal principles for the Communist organizations to partici-
pate in the governance of state-owned companies. *Journal of Central South University(Social
Science)*, 23(5):39–44.

Johanna Tensi

11 Maßnahmen zur Bindung chinesischer Mitarbeiter in ausländischen Unternehmen

Seit Chinas wirtschaftlicher Öffnung im Jahr 1978 und dem Beitritt zur WTO im Jahr 2001 sind die wirtschaftlichen Kooperationen mit ausländischen Unternehmen immer weiter gewachsen. Im Jahr 2018 sind insgesamt 139 Mrd. USD der globalen Investitionen nach China geflossen (UNCTAD, 2019) und es waren ca. 5.200 deutsche Unternehmen im chinesischen Markt aktiv (Walmbach, 2018). In diesem Zusammenhang ist die Rekrutierung und Bindung von qualifizierten Mitarbeitern ein wichtiger Erfolgsfaktor. Wie in vielen Ländern herrscht jedoch auch in China ein Fachkräftemangel, der sich entsprechend negativ auf die Personalauswahl und -bindung auswirkt und somit hohe Kosten verursacht.

Chinesische Mitarbeiter scheinen zudem besonders schwer an Unternehmen zu binden sein. Nach Studien der AON Hewitt lag die durchschnittliche Fluktuationsrate bei 20,8 % im Jahr 2016 und 19,7 % im Jahr 2017. In einigen Branchen lag die Fluktuationsrate sogar bei über 40 % (AON Hewitt, 2016, 2017). So scheint der Satz zu gelten: „Es ist allgemein schwierig, chinesische Mitarbeiter langfristig zu binden." (Dathe und Helmold, 2018, S. 89).

Manager, Personalabteilungen und Wissenschaftler sind interessiert daran Antworten zu finden, welche Art des HR Managements für chinesische, sowie ausländische Unternehmen in China am besten funktioniert, um gut ausgebildete Fachkräfte auszuwählen und langfristig an das Unternehmen zu binden. Wissenschaftliche Studien belegen, dass es zwei Faktoren gibt, welche die Mitarbeiterfluktuation am stärksten beeinflussen: Organisationales Commitment und Arbeitszufriedenheit. Inwiefern sich diese Faktoren jedoch im chinesischen Kontext ausprägen, wie sie gefördert und erhalten werden können, ist noch nicht ausreichend erforscht (Froese und Xiao, 2012; Hitotsuyanagi-Hansel et al., 2016).

1 Mitarbeiterbindung im Kontext von HR-Management und Kultur

1.1 Kultureller Kontext

Die Kultur eines Landes und seiner Menschen spielt eine wichtige Rolle im Human Resources Bereich. Sobald sich ein Unternehmen in ein anderes Land begibt, müssen kulturelle Unterschiede beachtet werden. Als Kultur wird die „kollektive Programmierung des Denkens, durch das sich die Mitglieder einer Kategorie von Menschen von einer anderen unterscheiden" bezeichnet (Hofstede, 2001). Eine besondere Wichtigkeit

https://doi.org/10.1515/9783110668216-011

kommt dabei der Bedeutung zu, die Menschen eines Kulturkreises bestimmten Verhaltensweisen zuschreiben. Diese Deutungen können sich sehr stark unterscheiden und so zu Missverständnissen führen.

Im Jahr 2011 entwickelten Hofstede und Hofstede G. J. sechs Dimensionen in die sich spezifische Ausprägungen verschiedener Kulturen einordnen lassen: Machtdistanz, Individualismus/Kollektivismus, Maskulinität, Unsicherheitsvermeidung, kurz- und langfristige Orientierung, sowie Nachgiebigkeit/Beherrschung. In einem Literaturüberblick von Festing et al. (2012) konnten wesentliche kulturelle Dimensionen herausgearbeitet werden, die im Kontext von HR-Strategien in der Forschung als besonders einflussreich betrachtet werden. Die für das Personalmanagement relevantesten Merkmale der westlichen und chinesischen Kulturkreise liegen in den Dimensionen Machtdistanz, Kollektivismus, Unsicherheitsvermeidung und Langzeitorientierung. Zusätzlich kommen wichtige Konstrukte wie die Unterscheidung von *low-* und *high-context* Kulturen, sowie die chinesischen Phänomene von *Guanxi* (Beziehungen) und *Mianzi* (Gesicht) hinzu.

Die Dimension der Machtdistanz gibt an, inwiefern es in einer Gesellschaft akzeptiert und auch erwünscht ist, dass Macht unterschiedlich verteilt ist (Hofstede und Hofstede G. J., 2011). In einem Land mit einer hohen Wertung im Bereich Machtdistanz wie China herrscht eine hohe emotionale Distanz zwischen Angestellten und Vorgesetzen. Chinesische Unternehmen sind stark an Hierarchien ausgerichtet. Führungskräfte werden respektiert und ihre Entscheidungen nicht infrage gestellt. In westlichen Ländern, wie Deutschland oder den USA hingegen wird ein zu großes Machtgefälle zwischen Mitarbeitern und Führungskraft als negativ gewertet. Westliche Angestellte sind flachere Hierarchien und einen partizipativen Führungsstil gewöhnt.

Die Dimensionen Individualismus und Kollektivismus werden als das Maß der Fokussierung auf das Wohl der eigenen Person oder des Wohls der Gruppe beschrieben und geben Hinweise darauf, wie stark Personen in Gruppen eingebunden und für diese verantwortlich sind (Hofstede und Hofstede G. J., 2011). Der Kollektivismus in China drückt sich im Arbeitskontext durch eine größere Fokussierung der Führungskraft auf die Teamperformance aus, die vor allem auf einer langfristigen Kooperation mit den Angestellten und auf dem konfuzianischen Prinzip des harmonischen Miteinanders basiert (Henning-Schmidt und Walkowitz, 2015). Der Individualismus in der westlichen Kultur erscheint im Arbeitskontext entsprechend gegensätzlich: Die eigene Leistung und die persönliche Weiterentwicklung werden den Zielen der Gruppenperformance übergeordnet. Man könnte argumentieren, dass dieser individuelle Leistungsgedanke sogar gewünscht und gefördert wird, beispielsweise durch Zielvereinbarungen, sowie Prämien- und Bonuszahlungen. Eine klare Trennung von Privatleben und Arbeitskontext wird als professionelle Arbeitsweise bevorzugt (Hansen, 2016).

Die Dimension Unsicherheitsvermeidung wird bei Hofstede Insights definiert als: „The extent to which the members of a culture feel threatened by ambiguous or unknown situations and have created beliefs and institutions that try to avoid these". In dieser Dimension unterscheiden sich China und Deutschland laut Hofstede Insights deutlich. China hat eine eher geringe Ausprägung dieser Dimension, was bedeutet, dass die Gesellschaft gelassener mit Mehrdeutigkeiten, Unklarheiten und einer unsicheren Zukunft umgehen kann. Ganz im Gegenteil zu Deutschland mit einem hohen Wunsch nach Unsicherheitsvermeidung. Dies wird im deutschen Arbeitskontext besonders deutlich im bevorzugten Durchdenken und sorgfältigem Planen von Projekten, sowie vielfältigen Richtlinien und Regelungen, um Sicherheit zu schaffen.

Ein weiterer kultureller Aspekt ist die Langzeit- bzw. Kurzzeitorientierung. Nach Hofstede und Hofstede G. J. (2011) beschreibt diese Dimension, wie Kulturen mit ihrer Vergangenheit und Zukunft umgehen. Deutschland und China sind beides pragmatische, also eher langzeitorientierte Gesellschaften. Menschen, die dieser Kultur angehören, glauben eher, dass die Wahrheit stark von Situation und Kontext abhängt und sind in der Lage Traditionen an veränderte Umstände anzupassen. Die Langzeitorientierung ist ebenfalls geprägt durch Sparsamkeit und Fokussierung auf das Erreichen von Zielen. Auch wenn die deutsche und chinesische Kultur in dieser Dimension erst einmal keine großen Unterschiede zeigen, gibt es aber doch wichtige kulturelle und gesellschaftliche Einflüsse, in den Definitionen was erstrebenswerte Lebensziele sind oder wie Situation und Kontext interpretiert werden. Insbesondere sollten hier die großen Unterschiede in den Dimensionen Kollektivismus, Machtdistanz und Unsicherheitsvermeidung beachtet werden, welche die inhaltliche Ausrichtung der Langzeitorientierung der beiden Länder deutlich verändern.

Im Bereich der Sprache und Ausdrucksweise ergeben sich zusätzliche Trennungen in der westlichen und chinesischen Kultur. Edward T. Hall (1981) definierte die Unterscheidung von *high-context* und *low-context*-Kulturen als eine potenzielle Quelle von Fehlkommunikation in interkulturellen Situationen. *High-context*-Kulturen werden häufig mit dem Kollektivismus in Verbindung gebracht. Die Personen sprechen demnach eher implizit und ziehen wichtige Informationen aus der Situation und dem Kontext, anstatt aus den tatsächlich gesprochenen Worten. So ist es ihnen möglich eine freundliche und harmonische Atmosphäre zu bewahren und offene Konflikte zu vermeiden. Im Gegensatz dazu ist Deutschland eher eine *low-context*-Kultur, in der sehr explizit der Sachverhalt kommuniziert wird. Auch hier kann eine Verbindung zur Dimension der Unsicherheitsvermeidung gezogen werden.

In der chinesischen Kultur spielen insbesondere auch die Prinzipien des *Mianzi* und der *Guanxi* eine große Rolle. *Guanxi* kommen aus dem konfuzianischen Hintergrund Chinas und beschreiben "a network of personally defined reciprocal bonds" (Hom und Xiao, 2011, S. 188). Diese Beziehungen bestehen sowohl im privaten, als auch im beruflichen Kontext bzw. sie gehen ineinander über und beeinflussen sich gegenseitig. Die aufgebauten Verbindungen gelten ein Leben lang.

Das Gesicht (*mianzi*) ist ein Prinzip ähnlich auch des westlichen Gesichtswahrens, jedoch wiegt es in China deutlich schwerer im Umgang mit anderen. Das Gesicht ergibt sich aus dem sozialen Status, fachlichen Qualifikationen sowie durch bestimmte Handlungen. Durch höfliches Verhalten und dem gebührenden Respekt vor Personen anderer Hierarchiestufen kann man Gesicht geben und bekommen, wohingegen man durch Arroganz oder offene Kritik sein eigenes Gesicht verlieren und auch das Gesicht des Gegenübers nehmen kann (Dathe und Helmold, 2018; Vermeer, 2015).

Die meisten der genannten Prinzipien und kulturell spezifischen Dimensionen spielen sich im sozialen Raum ab. Sie werden besonders gefordert in Begegnungen mit anderen Personen und sind daher vor allem auch in den Personalabteilungen von Unternehmen von höchster Relevanz.

1.2 HR-Management

Das Thema Mitarbeiterbindung und Mitarbeiterfluktuation ist ein viel untersuchtes Fachgebiet im Rahmen der Human Resource Forschung. Insbesondere sind Voraussetzungen für die starke Bindung von Mitarbeitern an das Unternehmen, sowie die Gründe für Mitarbeiterfluktuation von Interesse. Dabei spielen das organisationale Commiment und die Arbeitszufriedenheit eine zentrale Rolle (Griffeth et al., 2000). Wie jedoch Arbeitszufriedenheit und organisationales Commitment gefördert werden können, ist eine Frage der entsprechenden HR-Strategien.

Arthur (1994) beschreibt hierzu zwei gängige Systeme, nämlich das Kontrollsystem und das Commitmentsystem. Ein HR-Kontrollsystem besteht hauptsächlich aus festgelegten Regel- und Prozessbeschreibungen, welche den Arbeitsalltag der Mitarbeiter strukturieren und steuern. Zudem setzt ein HR-Kontrollsystem auf Belohnungssysteme aufgrund messbarer Daten (bspw. Auswertung der produzierten Stückzahl). Ein HR-Commitmentsystem stellt im Gegensatz dazu die Weiterentwicklung und Förderung der Mitarbeiter in den Vordergrund, in dem sie aktiv in den Arbeitsalltag involviert werden (bspw. Einbindung in Entscheidungsfindungen). In einer Studie von Ma et al. (2016) wurde festgestellt, dass in multinationalen Unternehmen vor allem ein HR-Commitmentsystem die Fluktuationsrate beeinflusst, wohingegen in rein chinesischen Unternehmen eher HR-Kontrollsysteme wirken. In weiteren Studien konnten jedoch auch Parallelen zu westlichen Ländern gezogen werden, in denen eine Mischung aus materiellen Benefits, intrinsischen Motivatoren, wie Autonomie, Feedback und Partizipation, sowie positiven, sozialen Interaktionen das affektive Commitment und dadurch die Mitarbeiterbindung stärkt (Mottaz, 1988; Newman und Sheikh, 2012).

Es ist wichtig zu ergänzen, dass HR-Systeme und ihre Wirkung auf organisationales Commitment, Arbeitszufriedenheit und somit letztlich auch auf die Mitarbeiterfluktuation von vielen weiteren Faktoren beeinflusst werden. So wirken die Unternehmensgröße, das Alter des Unternehmens, die Branche, der kulturelle Kontext, der Entwicklungsstand (Industrie-, Schwellen- oder Entwicklungsland) und das Wirtschaftssystem des Ziellandes, sowie daraus entstehende Entwicklungsstände im politischen, rechtlichen und sozialen Bereich, sowie auch das Heimatland des Mutterkonzerns auf die Wahl und Wirkung des adäquaten HR-Systems ein (Farndale et al. 2008; Festing et al. 2012, S. 834; Jackson und Schuler 1995; Su und Wright 2012; Zhang et al. 2016).

2 Lösungsstrategien zur Mitarbeiterbindung in China

Das Problem der Mitarbeiterbindung in China betrifft nicht nur ausländische Unternehmen vor Ort, sondern auch dort heimische Unternehmen, denn sie kämpfen beide auf einem gemeinsamen Arbeitsmarkt und bei anhaltendem Fachkräftemangel, um qualifizierte Mitarbeiter.

Chinesische Unternehmen sind aufgrund des relativ kurzen Zeitraums der wirtschaftlichen Öffnung in einer Phase die Grundlagen für strukturierte HR-Systeme zu legen. Dazu gehören auch Elemente des kontrollbasierten HR-Managements (Su und Wright, 2012). HR-Kontrollsysteme bestehen aus Regeln und Prozessbeschreibungen, der Überwachung des Verhaltens und der Leistung der Mitarbeiter und den entsprechenden Honorierungen bei guten Leistungen (Arthur, 1994). Ma et al. konnten in einer Studie aus dem Jahr 2016 zeigen, dass die kontrollbasierten HR-Systeme die Fluktuationsabsicht für chinesische Mitarbeiter in chinesischen Unternehmen signifikant verringern, da sie die allgemeine Arbeitszufriedenheit und das Commitment erhöhen. Dies erfolge vor allem durch den Faktor Gehalts- und Leistungsmanagement. Die Langzeitorientierung der chinesischen Kultur schlägt sich in entsprechenden monetären Anreizen wieder. Unbefristete, lebenslange Arbeitsverträge werden gepaart mit betrieblichen Renteneinzahlungen, sowie Bonuszahlungen in bestimmten Zeitabständen für erreichte Ziele. Diese HR-Systeme zeigen die Langzeitorientierung eines Unternehmens und machen sie als lebenslangen Arbeitgeber attraktiv, da die Benefits mit Betriebszugehörigkeit steigen (Zimmerman et al., 2009).

Dennoch existieren zahlreiche Studien, welche die Commitment-basierten HR-Systeme als erfolgreich ansehen, um die Mitarbeiterfluktuation zu verringern (Arthur, 1994; Ma et al., 2016). HR-Commitmentsysteme wirken über Beteiligung der Mitarbeiter an Entscheidungsfindungen, Benefit- und Bonussysteme, Personalentwicklung, sowie auch über soziale Aktivitäten. Ma et al. (2016) argumentieren zwar, dass im chinesischen Kontext die Partizipation der Mitarbeiter eine untergeordnete Rolle spielt, aber aufgrund der kulturellen Komponente eine besondere Gewichtung auf die Beziehungsaspekte des Commitmentsystems gelegt wird. So hat die Beziehung zwischen Mitarbeitern und Führungskraft, sowie das Arbeitsklima unter den Mitarbeitern in China einen stärkeren Einfluss auf die Fluktuationsabsicht, da die kollektivistische Orientierung und das System der *Guanxi* untereinander stärkere Verpflichtungsstrukturen schaffen (Hom und Xiao, 2011). Der Aufbau von starken Netzwerken, die sowohl das Berufliche, als auch das Private miteinander verbinden, kann daher zur Bindung von Mitarbeitern beitragen. Zimmerman et al. (2009) gehen davon aus, dass sich chinesische Führungskräfte besser als ausländische Manager die geteilten kulturellen Werte und das System der *Guanxi* zunutze machen können. Hierbei geht es aber nicht nur um die Bindung zur Führungskraft, die in der Regel selber nur angestellt ist, sondern auch um die Bindung an das Team. Durch die kulturelle Komponente des Kollektivismus sind die chinesischen Mitarbeiter am Erfolg des Gruppenziels interessiert, denn die individuellen Ziele werden dem Gruppenerfolg untergeordnet. Die entsprechenden Commitment-Strategien (z. B. Mentoring, Betriebsevents, Interesse an den Familien) fördern stärkere gruppeninterne Verpflichtungen unter chinesischen Mitarbeitern (Hom und Xiao, 2011).

In einer Studie aus dem Jahr 2014 untersuchten Weihui und Deshpande die Zusammenhänge zwischen einem *„Caring Climate"* in der Organisation, der Arbeitszufriedenheit, dem organisationalen Commitment und somit indirekt auch der Mitarbeiterbindung. Sie fanden heraus, dass HR-Strategien auf chinesische Mitarbeiter eine größere Wirkung hatten, wenn die Mitarbeiter das Gefühl hatten, dass das Unternehmen sich um sie sorgt (*Caring Climate*) und sich somit die Arbeitszufriedenheit und das Commitment erhöhten. Wong und Wong (2013) konnten in einer Studie mit chinesischen Joint Venture-Angestellten ähnliche Ergebnisse feststellen. So konnten chinesische Joint Venture-Mitarbeiter insbesondere durch Jobsicherheit und *Guanxi* an das Unternehmen und die direkten Vorgesetzten gebunden werden. Weitere Studien konnten ebenfalls signifikante Zusammenhänge zwischen dem Vertrauen in den Arbeitgeber und organisationalen Commitment (Huang et al., 2016), sowie auch signifikante Zusammenhänge zwischen einem *High-Commitment* HR-System und Mitarbeiterfluktuation feststellen (Xinxin et al., 2016). Dieser Zusammenhang wurde verstärkt mit höherer Arbeitszufriedenheit des Arbeitsteams.

In vielen Unternehmen arbeiten jedoch nicht nur ausschließlich chinesische Mitarbeiter. Häufig werden Schlüsselpositionen von Mitarbeitern aus dem Heimatland des Unternehmens besetzt (Dathe und Helmold, 2018; Zimmerman et al., 2009). Um einen Zusammenhang zwischen der Stellenbesetzung und der Mitarbeiterfluktuation herzustellen, wurde die Besetzung von Stellen mit einheimischen Mitarbeitern, die sogenannte *Localization*, auf ihre Auswirkungen in Bezug auf Arbeitszufriedenheit und Commitment getestet (Hitotsuyanagi-Hansel et al., 2016; Zimmerman et al., 2009). Dabei ging es sowohl um die Besetzung von normalen Angestelltenverhältnissen, als auch um die Besetzung von Führungspositionen. Die Besetzung von Stellen mit einheimischen Mitarbeitern trägt dabei zu mehr Commitment und weniger Fluktuation unter dieser Mitarbeitergruppe bei (Reiche, 2006; Zheng und Lamond, 2010). Die Besetzung von Führungspositionen mit einheimischen Personen kann ein wichtiges Signal an die einheimische Mitarbeitergruppe im Unternehmen senden. Chinesische Mitarbeiter gaben in mehreren Studien fehlende Karriereaussichten als einen Hauptgrund für ihren Arbeitgeberwechsel an (Zimmerman et al., 2009). Chinesische Führungskräfte können insofern als Vorbilder und als Beispiel dienen, dass Karrierewege auch für einheimische Mitarbeiter in diesem Unternehmen möglich sind. Wie bereits besprochen kommt hinzu, dass der gemeinsame kulturelle Hintergrund von Führungskraft und Mitarbeiter ein affektives Commitment hervorrufen kann. Chinesische Führungskräfte sind insofern auch geschickter im Aufbau von *Guanxi* und können dadurch abermals die Mitarbeiterbindung unter chinesischen Angestellten fördern.

Hier gilt es auf der Seite der ausländischen Führungskräfte Aufmerksamkeit zu schaffen für mögliche hinderliche Vorurteile. Eine Studie von Banai (1992) beschreibt einen Teufelskreis, in welchem ethnozentrische Weltbilder ausländischer

Führungskräfte ein Überlegenheitsgefühl hervorrufen, welches die Karrierewege für einheimische Mitarbeiter beschränkt, die Aufstiegschancen für ausländische Mitarbeiter erhöht und so wiederum zu einer Verstärkung der Überlegenheitsgefühle und ethnozentrischen Vorurteilen beiträgt: „Expatriates should be made fully aware of their responsibility to foster and not hinder Chinese managers' career paths" (Zimmerman et al., 2009, S. 2289). Trotzdem ist es wichtig auch ausländische Mitarbeiter zu beschäftigen, da durch diese bspw. die Einhaltung westlicher Standards kontrolliert werden kann (Harzing, 2001). Wichtig ist, dass alle Stellen und Hierarchiestufen mit ausländischen und einheimischen Mitarbeitern besetzt werden. Wong und Law (1999) vertreten in diesem Zusammenhang die Ansicht, dass ein System, welches einheimischen Mitarbeitern den beruflichen Aufstieg im Unternehmen ermöglicht, möglicherweise sogar effektiver wäre, als Verbesserungen des Gehalts- und Benefitssystems.

Werden Trainings im Rahmen des HR-Systems angeboten, um beispielsweise den beruflichen Aufstieg im Unternehmen zu ermöglichen, müssen weitere wichtige Punkte bedacht werden. So korreliert der Bildungsstand eines Mitarbeiters negativ mit seinem affektiven Commitment und seiner Bindung an das Unternehmen (Wang et al., 2015). Je höher der Bildungsgrad, desto attraktiver sind diese Mitarbeiter damit für andere Unternehmen und desto mehr Mobilität besteht für sie auf dem Arbeitsmarkt (Zheng und Lamond, 2010).

3 Die Wahl des HR-Systems

Bei der Einführung eines HR-Systems ist insbesondere der organisationale Kontext zu beachten. Interne und externe Faktoren müssen in die Planung mit einbezogen werden, um das HR-System auf die spezifischen Unternehmensbedingungen anzupassen (Su und Wright, 2012). Zu den externen Faktoren zählen Umstände, wie das rechtliche, soziale, kulturelle und politische Umfeld. Die internen Faktoren umfassen beispielsweise die Technologie, die Unternehmensstruktur, -größe, sowie das -alter. In einer Studie von Zheng und Lamond (2010) konnte festgestellt werden, dass allein organisationale Faktoren, wie die Unternehmensgröße, das Verhältnis von ausländischen und einheimischen Mitarbeitern und die Branche bereits 32 % der Fluktuationsrate erklären konnten. Anhand dieser unternehmensspezifischen Faktoren sollte entsprechend das HR-System ausgewählt werden.

Ebenfalls wichtig in die Überlegungen mit einzubeziehen, ist die Zielgruppe: Chinesische Arbeitnehmer achten verstärkt auf das Image und die Marke eines Unternehmens (Waldkirch, 2018; Yan, 2013). Eine starke Marke mit einer positiven Reputation kann daher ebenfalls zu einer erfolgreichen Mitarbeiterrekrutierung und -bindung führen. Chinesen, welche sich für eine Mitarbeit in ausländischen Unternehmen entscheiden, sind zudem im Vergleich eher risikofreudig und wahrscheinlich mit einem höheren Individualismus-Merkmal versehen (Froese und Xiao, 2012). Hinzu kommt, dass gut ausgebildete Chinesen westliche HR-Stile bevorzugen und somit bereits mit anderen Erwartungen in ein Unternehmen kommen (Ma et al., 2016). Diese angepassten Erwartungen können ausländische Unternehmen zu ihrem Vorteil nutzen. Eine Studie von Zhang et al. (2016) fand heraus, dass Angestellte den Recruitment- und Auswahlprozess, das Weiterbildungsangebot, die Jobsicherheit und die Beziehung zu den Vorgesetzten in asiatischen Unternehmen schlechter bewerteten im Vergleich zu westlichen Unternehmen. Sie begründen dies folgendermaßen: "Chinese employees working in MNEs may be aware that Western culture is more impersonal than Asian cultures " (Zhang et al., 2016, S. 841). So werden also beispielsweise von vorneherein weniger strenge Erwartungen an ausländische Führungskräfte im Bereich der *Guanxi* gesetzt.

Chinesische Unternehmen, die sehr früh bereits westliche HR-Systeme eingeführt haben, konnten daraus einen Wettbewerbsvorteil gegenüber chinesischen Konkurrenzunternehmen ziehen (Zhang, 2012). Westliche Praktiken scheinen also im chinesischen Kontext zu funktionieren und bieten durch die zusätzlich angepasste Erwartungshaltung an ausländische Unternehmen klare Vorteile. Dies bedeutet jedoch nicht, dass chinesische Praktiken gänzlich ignoriert werden können. Hier hat sich ein sogenanntes Hybrid-Model bewährt: Ein System, welches einen angepassten Mix aus westlichen Kontroll- und Commitment-Elementen unter Berücksichtigung der chinesischen Besonderheiten schafft (Ma et al., 2016; Su und Wright, 2012). Froese und Xiao (2012, S. 2158) rufen daher dazu auf, dass Unternehmen ein besseres Verständnis für die Werte der Mitarbeiter entwickeln müssen. Im chinesischen Kontext bedeutet das insbesondere die kulturellen Werte der Hierarchieorientierung, des Kollektivismus und der *Guanxi* in der Ausarbeitung des HR-Systems zu nutzen, sowie die ausländischen Mitarbeiter und Führungskräfte im Umgang mit dem Gebrauch der Sprache (*high-context*), sowie in der Kunst der eigenen und fremden Gesichtswahrung zu schulen.

Auch wenn bereits argumentiert wurde, dass Chinesen, die sich für die Arbeit in ausländischen Unternehmen interessieren, entsprechend andere Erwartungen an den sozialen Umgang haben, sollte trotzdem ein Fokus auf die Entwicklung der *Guanxi* im HR-System gesetzt werden. Hom und Xiao (2011) geben einige wichtige Anregungen, um das Verhältnis zwischen Mitarbeiter und Vorgesetztem, aber auch den Team-Zusammenhalt unter den Mitarbeitern zu stärken. Auf Teamebene können Mentoring-Programme, sowie gemeinsame Freizeitaktivitäten mit Freunden und Familie angeboten werden. Ausländische Führungskräfte sollten über ihren eigenen kulturellen Schatten springen und echtes Interesse für das Privatleben der chinesischen Mitarbeiter zeigen.

An dieser Stelle ist die Wirkung der *Localization* nicht zu unterschätzen. Chinesische Führungskräfte können die Vorteile des gemeinsamen kulturellen Hintergrunds deutlich besser nutzen und einfacher starke *Guanxi* mit dem Team und untereinander aufbauen (Zimmerman et al., 2009). Zugleich fördert die Besetzung von Managementpositionen mit Chinesen, die Sichtbarkeit von Karrierewegen, die allen Mitarbeitern des Unternehmens offen stehen und fördert dadurch wiederum die Mitarbeiterbindung (Wong und Law, 1999). Ebenso wirkt die *Localization* der Bildung von ethnozentrischen Denkweisen im Unternehmen entgegen (Banai, 1992; Reiche, 2006).

Vor allem Zimmerman et al. (2009) gehen in ihrer Studie auf die Wichtigkeit ein, das HR-Systeme in eine langfristige Strategie einzubinden sind. Sinnvollerweise kann hier die Unternehmenskultur einen starken Beitrag leisten, um die Unternehmensziele, die -strategie und somit auch das Verhältnis zu den Mitarbeitern in einen harmonischen, stringenten Gesamtrahmen zu setzen. So kann die *Localization* bzw. die Gleichbehandlung von einheimischen und ausländischen Mitarbeitern verankert in der Unternehmenskultur ein klares Signal nach außen geben und stark auf das Image der Marke wirken. Dieses Prinzip lässt sich auch für alle weiteren Dimensionen eines HR-Systems einsetzen. Nach dem ASA-Modell von Schneider (1987) kann sich daraus ein selbst-verstärkender Kreislauf zwischen der Unternehmenskultur und dem Personal entwickeln. Durch die Außenwirkung der Unternehmenskultur werden bestimmte Bewerber angezogen (*Attraction*), die sich mit den Werten und der Kultur des Unternehmens identifizieren können. Durch ein entsprechendes Auswahlverfahren werden dann vom Unternehmen geeignete Mitarbeiter ausgewählt (*Selection*). Schließlich geht das Modell davon aus, dass dann ein zweiter Auswahlprozess erfolgt, indem Personen, die (doch) nicht zum Unternehmen passen, dieses wieder verlassen (*Attrition*). Die Belegschaft besteht nach und nach also hauptsächlich aus Mitarbeitern, welche die Werte und die Unternehmenskultur teilen und leben. Hierdurch verstärkt sich wiederum die Außenwirkung und die Anziehungskraft für entsprechende Bewerber. Der Prozess beginnt von vorn (Schneider et al., 1995).

Der Prozess der Mitarbeiterbindung kann sich durch eine an den chinesischen Kontext angepasste Unternehmensausrichtung, eine resultierende Identifikation der Mitarbeiter mit dem Unternehmen, also einem erhöhten organisationalen Commitment und einer gesteigerten Arbeitszufriedenheit selbst verstärken.

Literaturverzeichnis

AON Hewitt (2016). *China posts an average salary increase rate of 6.7% and turnover rate of 20.8% in 2016*. Shanghai.

AON Hewitt (2017). *China salary increase rate down in 2017, as involuntary turnover rises*. Shanghai.

Arthur, J. B. (1994). Effects of Human Resource Systems on Manufacturing Performance and Turnover. *Academy of Management Journal*, 37(3):670–687. https://doi.org/10.2307/256705.

Banai, M. (1992). The ethnocentric staffing policy in multinational corporations a self-fulfilling prophecy. *The International Journal of Human Resource Management*, 3(3):451–472. https://doi.org/10.1080/09585199200000159.

Dathe, T. und Helmold, M. (2018). *Erfolgreich im Chinageschäft*. Wiesbaden: Springer Fachmedien Wiesbaden. https://doi.org/10.1007/978-3-658-21019-9.

Farndale, E., Brewster, C. und Poutsma, E. (2008). Coordinated vs. liberal market HRM: the impact of institutionalization on multinational firms. *The International Journal of Human Resource Management*, 19(11):2004–2023. https://doi.org/10.1080/09585190802404247.

Festing, M., Knappert, L., Dowling, P. J. und Engle, A. D. (2012). Global Performance Management in MNEs-Conceptualization and Profiles of Country-Specific Characteristics in China, Germany, and the United States. *Thunderbird International Business Review*, 54(6):825–843. https://doi.org/10.1002/tie.21506.

Froese, F. J. und Xiao, S. (2012). Work values, job satisfaction and organizational commitment in China. *The International Journal of Human Resource Management*, 23(10):2144–2162. https://doi.org/10.1080/09585192.2011.610342.

Griffeth, R. W., Hom, P. W. und Gaertner, S. (2000). A meta-analysis of antecedents and correlates of employee turnover: update, moderator tests, and research implications for the next millennium. *Journal of Management*, 26(3):463–488. https://doi.org/10.1016/S0149-2063(00)00043-X.

Hall, E. T. (1981). *Beyond Culture*. New York: Anchor Books/Doubleday.

Hansen, K. (2016). Umgang mit kultureller Vielfalt als Aufgabe des Diversity Management. In Genkova, P. und Ringeisen, T. (Hrsg.), *Handbuch Diversity Kompetenz. Band 1: Perspektiven und Anwendungsfelder: mit 83 Abbildungen und 24 Tabellen*, S. 119–138, Wiesbaden. Springer. (Springer Reference Psychologie).

Harzing, A. W. (2001). Who's in Charge? An Empirical Study of Executive Staffing Practices in Foreign Subsidiaries. *Human Resource Management*, 40(2):139–158.

Henning-Schmidt, H. und Walkowitz, G. (2015). Negotiations among Chinese and Germans. *Homo Oeconomicus*, 32(3):451–488.

Hitotsuyanagi-Hansel, A., Froese, F. J. und Pak, Y. S. (2016). Lessening the divide in foreign subsidiaries: The influence of localization on the organizational commitment and turnover intention of host country nationals. *International Business Review*, 25(2):569–578. https://doi.org/10.1016/j.ibusrev.2015.09.011.

Hofstede, G. H. (2001). *Culture's consequences: Comparing values, behaviors, institutions and organizations across nations*. Thousand Oaks, California: Sage.

Hofstede Insights (o.D.). *Country Comparison - China, Germany*. Zugriff am 13.01.2020. Verfügbar unter https://www.hofstede-insights.com/country-comparison/china,germany/.

Hofstede und Hofstede G. J. (2011). *Lokales Denken, Globales Handeln*. München: Deutscher Taschenbuch Verlag.

Hom, P. W. und Xiao, Z. (2011). Embedding social networks: How guanxi ties reinforce Chinese employees' retention. *Organizational Behavior and Human Decision Processes*, 116(2):188–202. https://doi.org/10.1016/j.obhdp.2011.06.001.

Huang, W., Yuhui, L., Wang, S. und Weng, J. (2016). Can ,democratic management' improve labour relations in market-driven China? *Asia Pacific Journal of Human Resources*, 54(2):230–257. https://doi.org/10.1111/1744-7941.12100.

Jackson, S. E. und Schuler, R. S. (1995). Understanding human resource management in the context of organizations and their environments. *Annual review of psychology*, 46:237–64. https://doi.org/10.1146/annurev.ps.46.020195.001321.

Ma, S., Silva, M. G., Callan, V. J. und Trigo, V. (2016). Control and commitment HR practices, job satisfaction and turnover intentions: a comparison between local and multinational firms in China. *The International Journal of Human Resource Management*, 27(9):974–990. https://doi.org/10.1080/09585192.2015.1052535.

Mottaz, C. J. (1988). Determinants of Organizational Commitment. *Human Relations*, 41(6):467–482. https://doi.org/10.1177/001872678804100604.

Newman, A. und Sheikh, A. (2012). Organizational rewards and employee commitment: a Chinese Study. *Journal of managerial psychology*, 27(1):71–89.

Reiche, B. S. (2006). The effect of international staffing practices on subsidiary staff retention in multinational corporations. *The International Journal of Human Resource Management*, 18(4):523–536. https://doi.org/10.1080/09585190601178711.

Schneider, B. (1987). The People Make The Place. *Personnel Psychology*, 40(3):437–453. https://doi.org/10.1111/j.1744-6570.1987.tb00609.x.

Schneider, B., Goldstiein, H. W. und Smith, D. B. (1995). The ASA Framework: An Update. *Personnel Psychology*, 48(4):747–773. https://doi.org/10.1111/j.1744-6570.1995.tb01780.x.

Su, Z. X. und Wright, P. M. (2012). The effective human resource management system in transitional China: a hybrid of commitment and control practices. *The International Journal of Human Resource Management*, 23(10):2065–2086. https://doi.org/10.1080/09585192.2011.610335.

UNCTAD (2019). *Special economic zones* (World investment report). New York.

Vermeer, M. (2015). *China.de*. Wiesbaden: Gabler Verlag. https://doi.org/10.1007/978-3-8349-4705-5.

Waldkirch, K. (2018). *Erfolgreiches Personalmanagement in China*. Wiesbaden: Springer.

Walmbach, M. (2018). *Unternehmerische Erwartung trifft ausländische Realität. Bestandsaufnahme, Erfahrungen und Empfehlungen zur Steuerung von Auslandsgesellschaften*, 4 Auflage. Köln: Rödl & Partner. Zugriff am 06.01.2020. Verfügbar unter https://www.roedl.de/de-de/de/medien/publikationen/buecher/international/documents/unternehmerische-erwartung-roedl-partner.pdf.

Wang, S., Caldwell, S. D. und Xiang, Y. (2015). The effects of education and allocentrism on organizational commitment in Chinese companies. *International Journal of Manpower*, 36(5):754–771. https://doi.org/10.1108/IJM-10-2013-0222.

Weihui, F. und Deshpande, S. P. (2014). The Impact of Caring Climate, Job Satisfaction, and Organizational Commitment on Job Performance of Employees in a China's Insurance Company. *Journal of Business Ethics*, 124(2):339–349. https://doi.org/10.1007/s10551-013-1876-y.

Wong, C. S. und Law, K. S. (1999). Managing localization of human resources in the PRC: a practical model. *Journal of World Business*, 34(1):26–40. https://doi.org/10.1016/S1090-9516(99)00005-X.

Wong, Y. T. und Wong, Y. W. (2013). Workplace guanxi and employee commitment to supervisor in Chinese international joint ventures. *Journal of Chinese Human Resources Management*, 4(1):39–57. https://doi.org/10.1108/JCHRM-01-2013-0003.

Xinxin, L., Yidong, T., Yanping, L. und Chiang-Chun, H. (2016). Affective and normative forces between HCHRM and turnover intention in China. *Employee Relations*, 38(5):741–754. https://doi.org/10.1108/ER-09-2015-0181.

Yan, Y. (2013). Antropological Perspective in HR Management: A Case Study of China-based Multinational Corporation. *International Journal of Business Anthropology*, 4(2):28–36.

Zhang, M. (2012). The development of human resource management in China: An overview. *Human Resource Management Review*, 22(3):161–164. https://doi.org/10.1016/j.hrmr.2012.02.002.

Zhang, M., McNeil, N., Bartram, T., Dowling, P., Cavanagh, J., Halteh, P. und Bonias, D. (2016). Examining the ‚black box' of human resource management in MNEs in China: exploring country of origin effects. *The International Journal of Human Resource Management*, 27(8):832–849. https://doi.org/10.1080/09585192.2015.1035305.

Zheng, C. und Lamond, D. (2010). Organisational determinants of employee turnover for multinational companies in Asia. *Asia Pacific Journal of Management*, 27(3):423–443. https://doi.org/10.1007/s10490-009-9159-y.

Zimmerman, A., Liu, X. und Buck, T. (2009). Employee tenure and the nationality of joint ventures in China. *The International Journal of Human Resource Management*, 20(11):2271–2291. https://doi.org/10.1080/09585190903239658.

Teil V: **Quantitativer Überblick und Analyse**

Johanna Tensi
12 Deutsche Investitionen in China

Mit dem Vertrag von Nanking wurden im Jahr 1842 erstmals fünf Hafenstädte für den internationalen Handel an Chinas Küsten geöffnet. Auch wenn zu diesem Zeitpunkt bereits erste Fabriken von Ausländern – illegal – in diesen *Treaty Ports* betrieben worden sind, wurde erst im Jahr 1895 die Gründung von ausländischen Unternehmen in China offiziell erlaubt. Doch die historischen Ereignisse gaben den Investitionsströmen nicht genug Raum und so gab es in China in den 1970er Jahren praktisch keine Unternehmen mehr in ausländischem Besitz. Der eigentliche Wirtschaftsboom begann mit der Öffnung des Landes im Jahr 1979 durch den politischen Führer Deng Xiaoping. Zwischen den Jahren 1981 und 1996 stieg China zum größten Empfänger von ausländischen Direktinvestitionen (ADI) auf. Die ADI waren ein wesentlicher Treiber für Chinas rasantes Wirtschaftswachstum, das in den Jahren von 1979 bis 1996 durchschnittlich fast 10 % pro Jahr betrug. Mit diesem Zustrom an ausländischen Direktinvestitionen kamen auch immer mehr deutsche Investoren in das Land. Zu den ersten deutschen Unternehmen, die ihre Investitionen in China seit Beginn der Öffnungspolitik ausweiteten, gehörten unter anderem Volkswagen, Bayer, BASF und Siemens. Heute befinden sich ca. 5.200 deutsche Unternehmen in China, die etwa 1,1 Mio. Arbeitnehmer beschäftigen (Auswärtiges Amt, 2019). Der Gesamtanteil der deutschen Investitionen am chinesischen ADI-Bestand betrug im Jahr 2018 ca. 81 Mrd. USD.

Die Angaben zu ADI-Beständen sind dabei jedoch mit einer gewissen Vorsicht zu betrachten, da die Zahlen je nach Quelle aufgrund unterschiedlicher, statistischer Erfassungsmechanismen erhebliche Abweichungen aufweisen können.

1 Ausländische Investitionen in China

Deutsche Unternehmen sind im chinesischen Markt bereits seit dem späten 19. Jahrhundert aktiv. Bereits im Jahr 1872 nahm Siemens erste Geschäftsbeziehungen in dem Land auf. Im Jahr 1902 betrugen die deutschen Investitionen in China mit einer Summe von 164,3 Mio. USD bereits fast 21 % der Gesamtinvestitionen (Remer, 1933, S. 76). Noch mehr als Deutschland investierten zu dieser Zeit nur Großbritannien, Japan und Russland. Aufgrund des Ersten und Zweiten Weltkrieges wurden die Investitionsbemühungen deutscher Unternehmen jedoch weltweit unterbrochen und kamen faktisch zum Erliegen. Auch die politischen Turbulenzen und Umbrüche in China trugen zu einem Investitionsstopp bei. Erst mit dem wirtschaftlichen Aufschwung in Deutschland ab dem Jahr 1955 und der Aufnahme von diplomatischen Beziehungen mit der Volksrepublik im Jahr 1972 nahmen die Investitionen wieder zu. Die chinesische Wirtschaft wuchs zwischen den Jahren 1978 und 2014 mit einem jährlichen Durchschnitt

https://doi.org/10.1515/9783110668216-012

von 9,7 % und bot dadurch viele Kooperationspunkte und Wachstumschancen auch für die deutsche Wirtschaft. Die realisierten ADI stiegen von 0,15 Mrd. USD im Jahr 1980 auf 45,46 Mrd. USD im Jahr 1998 (Wei, 2003, S. 181). Die ausländischen Investitionen hatten dabei einen markanten Einfluss auf die industrielle Produktion, das Wirtschaftswachstum und die Entstehung von Arbeitsplätzen und verhalfen China zu einer kontinuierlichen Modernisierung und Verbesserung der Lebensumstände (Sun, 1998, S. 79). Im Vergleich mit anderen Ländern lagen die deutschen Unternehmen – sowohl im Bereich der Projektzahl, als auch in der Gesamtsumme der Investitionen – hinter Hong Kong, Taiwan, den USA und weiteren Akteuren zurück. In den Jahren 1980 und 1989 wurden 50 % der deutschen ADI in das europäische Ausland investiert, 26 % bzw. 31 % nach Nordamerika und 1,2 % bzw. 1,9 % nach Japan. Auf die Gruppe der „*state-trading countries*", zu denen auch China gezählt wurde, entfielen hingegen nur 0,1 % bzw. 0,24 % (Moore, 1993, S. 123). Im Zeitraum zwischen den Jahren 1984 und 1989 kamen 62 % der Investitionen in China aus asiatischen Ländern (Hong Kong, Macao, Taiwan, Singapur und Südkorea), 12 % aus den USA und 13 % aus Japan. Deutschland steuerte nur ca. 1,1 % am Gesamtinvestitionsvolumen bei (Dees, 1998, S. 179). Der ADI-Bestand deutscher Investitionen in China betrug bis zum Jahr 1991 ca. 161,12 Mio. USD.

Doch besonders in den Jahren 1992 und 1993 nahmen die deutschen Investitionen dann deutlich zu. So wurden im Jahr 1992 mehr Projekte begonnen als in den elf Jahren zuvor und im Jahr 1993 wuchs die Anzahl noch einmal um 24 % (Wang, 1996, S. 2). Insgesamt wurden in den Jahren 1983–1995 888 deutsche Joint Venture-Projekte in China verwirklicht (Sun, 1998, S. 24). Da die Gründung von *Wholly Foreign Owned Enterprises* (WFOE) bis zum Jahr 1986 von der chinesischen Regierung verhindert wurde, bildeten zu dieser Zeit Joint Ventures den Hauptanteil der ADI.

Eine Besonderheit der deutschen Investitionen bestand darin, dass sie vorrangig im hoch-technologisierten Bereich stattfanden und somit einen wichtigen Know-How-Transfer ermöglichten (Wang, 1996, S. 15). Deutsche Investmentprojekte fanden dabei primär in der Automobil- und Chemiebranche, sowie im Energiesektor und Maschinenbau statt (Parnell, 2002, S. 354). Den Weltmarktführern Volkswagen, BASF und Siemens folgten dann auch kleine und mittelständische Unternehmen, die die Lücken in den Produktions- und Zuliefererketten füllten und so Qualitätsstandards durch deutsch-chinesische Joint Ventures nicht nur den deutschen Großunternehmen, sondern auch den chinesischen Geschäftspartnern zugänglich machten.

Seit Beginn des 21. Jahrhunderts verstärkten sich die politischen Beziehungen der beiden Länder zunehmend. Im Jahr 2004 wurde eine „strategische Partnerschaft in globaler Verantwortung" beschlossen, welche im Jahr 2014 zu einer „umfassenden strategischen Partnerschaft" ausgeweitet wurde. Im Jahr 2005 wurde ein bilaterales Investitionsabkommen abgeschlossen und seit dem Jahr 2011 finden darüber hinaus regelmäßig Regierungskonsultationen statt (Auswärtiges Amt, 2019). Bis zum Jahr 2008 verdoppelte sich das globale Investitionsvolumen, wobei die Weltwirtschafts- und Finanzkrise diesen Trend jedoch vorübergehend abschwächte. Die deutschen In-

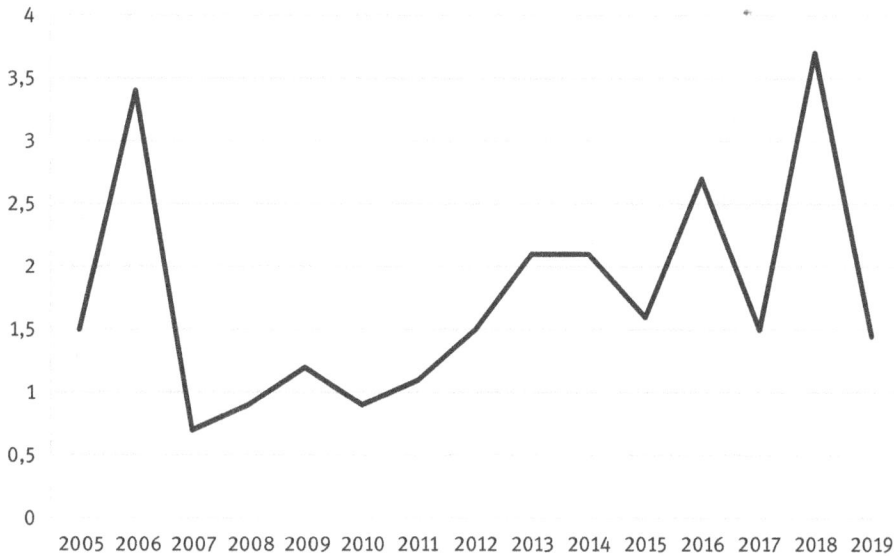

Abb. 12.1: Deutsche Direktinvestitionen in China 2005–2019 (eigene Darstellung mit Daten von UNCTAD und AHK China)

vestitionen in China machten in den Jahren 2001–2010 nur unter 1 % der chinesischen ADI-Zuflüsse aus. Die deutschen Unternehmen fokussierten sich dabei weiterhin auf wenige, große Projekte mit hohen technologischen Standards (Hongyi et al., 2014, S. 121). Zwischen den Jahren 2014 und 2019 unterlagen die deutschen Investitionen starken Schwankungen. Im Jahr 2011 wurden laut Angaben der AHK China (2019a) etwa 1,13 Mrd. USD investiert. Diese Summe stieg bis in das Jahr 2018 auf 3,67 Mrd. USD und damit um mehr als das Dreifache an (Abbildung 12.1).

2 Die deutsch-chinesische M&A-Landschaft

Um die deutsch-chinesischen Transkationen analysieren zu können, wurde als Datenbasis die „Orbis Crossborder Investment"-Datenbank des Bureau van Dijk ausgewählt. Sie erfasst seit dem 01.01.2013 weltweit Investitionen und M&A-Projekte. Anhand der Sortierung von deutschen Investitionen nach China lassen sich 738 Projekte in der Datenbank finden. Zusätzlich kommen 68 M&A-Transaktionen hinzu.

In der Transaktionsdatenbank wird zwischen vier Projekttypen unterschieden: Co-Location, Expansion, New und Re-Location. Im analysierten Zeitraum wurden mit Abstand die meisten Projekte (256 Stück) im Bereich Manufacturing durchgeführt, wobei hier etwas mehr als die Hälfte der Projekte Neugründungen sind. Insgesamt wurden dafür ca. 42 Mrd. USD investiert. Auf dem zweiten Platz liegt mit 115 Projekten der Bereich Retail und auch hier überwiegen die Neugründungen (105 Stück). Auf Platz drei liegen Sales Office-Projekte mit 101 Realisierungen. Die Gesamtsumme dieser Projekte beläuft sich im Betrachtungszeitraum auf ca. 55 Mrd. USD. Die meisten Projekte wurden im Jahr 2019 abgeschlossen (208 Stück). In Tabelle 12.1 sind die Daten aus der Transaktionsdatenbank abgebildet.

Die Sortierung der zweiten Datenbank, die sich auf M&A spezialisiert, unterscheidet zwischen Acquisitions, Joint Venture, Buy Out, sowie Minority Stake unter Angabe der jeweiligen Prozentsätze. Für 38 M&A-Deals existieren keine Angaben zur Investitionssumme. Die meisten Projekte wurden als Joint Venture aufgesetzt. Obwohl in 13 von den insgesamt 31 Projekten Informationen fehlen, machen die Joint Ventures die größte Investitionssumme von 1,16 Mrd. USD aus. Direkt danach folgen die 100 %igen Acquisitions mit 22 Projekten und einer Investitionssumme von 1,64 Mrd. USD. Besonders bemerkenswert ist hierbei, dass bei den Unternehmenskäufen für 15 von 22 Projekten die Investitionssumme nicht angegeben ist. Diese ist tatsächlich also weitaus größer.

3 Die aktuellen Entwicklungen der deutschen ADI

Im Jahr 2018 betrugen die gesamten ADI-Zuflüsse in China 139 Mrd. USD, womit der Gesamtbestand auf 1.628 Mrd. USD anwuchs (Destatis, 2020). China blieb somit der zweitgrößte ADI-Empfänger hinter den USA (AHK China, 2019b; UNCTAD, 2020). Das Jahr 2019 stellte sich als ein Jahr der Gegensätze heraus: Die globalen ADI stiegen um 12 % und das Investment von multinationalen Unternehmen (MNE) stieg sogar um 72 % im Vergleich zum Vorjahr (OECD, 2020; UNCTAD, 2020). Die Direktinvestitionen in China nahmen insgesamt um 2,4 % zu (AHK China, 2019b). Nach dem Anstieg der deutschen ADI in den 2010er Jahren, sanken diese jedoch im Jahr 2019 um mehr als die Hälfte auf 1,44 Mrd. USD. Im Jahr 2019 wurden insgesamt 36.747 Projekte durch das chinesische Handelsministerium (MOFCOM) freigegeben. Trotz der beträchtlichen Zahl, bedeutet dies einen Rückgang in Höhe von 33 % zum Vorjahr. Den Hauptanteil der Projekte bilden WFOE mit einer Gesamtzahl von 27.592 genehmigten Neugründungen. Die tatsächlich genutzten ADI stiegen jedoch im selben Zeitraum um 6 % (MOFCOM, 2019a,b).

Das Jahr 2020 startete aufgrund der Covid-19-Pandemie unstet. Im ersten Quartal 2020 sanken die ADI-Zuflüsse nach China um 13 % auf 31 Mrd. USD (GCCC, 2020; UNCTAD, 2020). Laut Angaben der AHK China (2020) lagen die kumulierten ADI-Zuflüsse im Juli 2020 mit ca. 77 Mrd. USD jedoch schon bei 55 % der Gesamtzuflüsse von 2019 (138 Mrd. USD). Besonders hart traf es dabei den M&A-Sektor: Ankündigungen für Greenfield-Projekte und M&A-Deals sanken im März und April um 50 % im Vergleich zum monatlichen Durchschnitt des Vorjahres. Konkrete Investmentzahlen für Deutschland waren zum Zeitpunkt der Drucklegung noch nicht verfügbar.

Tab. 12.1: Deutsche Investitionen in China 2013–2020 (eigene Darstellung mit Daten der „Orbis Crossborder Investment"-Datenbank)

Branche	New Projektzahl	New Summe (Mio. US-Dollar)	Expansion Projektzahl	Expansion Summe (Mio. US-Dollar)	Co-Location Projektzahl	Co-Location Summe (Mio. US-Dollar)	Relocation Projektzahl	Relocation Summe (Mio. US-Dollar)	Gesamt Projektzahl	Gesamt Summe (Mio. US-Dollar)
Manufacturing	137	16424,3	63	10332,36	47	14872,4	9	393,83	256	42022,89
R&D Centre	39	2410,12	7	206,01	28	1527,02	1	58,12	75	4201,27
Logistics, Distribution & Transportation	30	1369,61	8	287,25	13	471,47	1	45,17	52	2173,5
Education & Training	2	30,96			9	1927,61			11	1958,57
Regional Headquarters	12	809,07	2	49,38	7	328,22	2	76,05	23	1262,72
Testing Centre	6	40,82	3	46,84	17	929,23			26	1016,89
Sales Office	65	352,58	7	14,53	25	109,94	4	16,07	101	493,12
Maintenance & Repair	4	313,36	3	66,44	2	82,65			9	462,45
Retail	105	267,34	1	0	9	25,42			115	292,76
Technical Support	2	28,88	1	13,36	9	153,34	1	6,69	13	202,27
Hotels	9	200,46							9	200,46
Recycling	1	120	1	50,23					2	170,23
Software Development Centre	3	125,13	2	12,5	1	20,87			6	158,5
Business Services	17	132,88			2	6,78			19	139,66
Banking & Finance	6	73,66	1	9,88					7	83,54
Regional Headquarters Sales Office					1	77,15			1	77,15
Customer Contact Centre					3	69,37			3	69,37
Mining	1	8,08							1	8,08
Health	1	4,11							1	4,11
Entertainment	1	2,99							1	2,99
Utilities	1	0							1	0
Commercial Real Estate	6	0							6	0
Gesamtergebnis	**448**	**22714,4**	**99**	**11088,8**	**173**	**20601,5**	**18**	**595,93**	**738**	**55000,53**

4 Besonderheiten deutscher ADI

Foreign Invested Enterprises (FIE) waren maßgebliche Treiber der chinesischen Wirtschaft. Sie trugen zum wachsenden Handel durch Befeuerung des Imports und Exports sowie zu steigendem Investment bei und produzierten in den 80er Jahren ca. 8 % des industriellen Outputs in China (Kaiser et al., 1996). Einen besonderen Beitrag leisteten dabei deutsche Unternehmen aufgrund der Fokussierung auf wenige, aber technisch-hochentwickelte Branchen. Sie brachten nicht nur Gelder, sondern auch Technologie, Wissen über Unternehmensführung und technische Ausbildung in den chinesischen Markt (Kirby und Kaiser, 2005; Hongyi et al., 2014). Und dies trotz der Tatsache, dass laut Berechnungen von Wei (1995) Deutschland zu Beginn nur ca. 22 % des eigentlich möglich gewesenen Investitionsvolumens investierte.

Deutsche Investoren wählten ihre Zielländer insbesondere anhand ihrer Marktgröße und der Lohnkosten aus (Moore, 1993). Auch wenn Lohnkosten in China in den letzten Jahren konstant gestiegen sind und der Titel „Werkbank der Welt" nicht mehr wirklich zutrifft, ist der Zugang zum Binnenmarkt auch weiterhin einer der Haupttreiber für deutsche Unternehmen, in China zu investieren (Kirby und Kaiser, 2005; Parnell, 2002). Wichtig für deutsche Unternehmen ist dabei insbesondere der Schutz geistigen Eigentums. Dies gilt insbesondere für Unternehmen aus der Pharma- und Chemiebranche, die einen Großteil ihrer Investitionen auf F&E konzentrieren (Mansfield, 1995).

Aufgrund der starken Präsenz von auf Handel ausgerichteten Industrien (Automobilbranche, Maschinenbau etc.) siedelten sich deutsche Unternehmen seit jeher verstärkt in Hafenstädten an. Ende der 1990er Jahre ließen sich ca. 40 % der deutschen Unternehmen in der Region um Shanghai nieder, sowie in den Bereichen rund um Guangdong und im Großraum Peking-Tianjin (Parnell, 2002, S. 353). Und auch heute ist Shanghai weiterhin die Region mit den meisten deutschen Ansiedlungen. Fokussierten sich die deutschen Investoren zu Beginn eher auf den Markteinstieg durch Joint Ventures, konzentrieren sie sich nun verstärkt auf den Aufbau von WFOE. In den Jahren 2013–2018 wurden ca. 517 deutsche Greenfield-Investitionen genehmigt, die ca. 124.000 Arbeitsplätze geschaffen haben (China International Investment Promotion Agency and FDI Center, 2019). Man könnte meinen, dass diese WFOE-Projekte eher von Großunternehmen und/oder bereits gut im chinesischen Markt etablierten Unternehmen vorgenommen werden. Kleinen und mittelständischen Unternehmen (KMU) fehlen hingegen häufig finanzielle und personelle Ressourcen, sowie das nötige Wissen um ein umfangreiches Projekt in China erfolgreich zu planen und umzusetzen. Eine Empfehlung für KMU kann daher lauten, sich auf den Aufbau eines Joint Ventures zu konzentrieren, um finanzielle Mittel zu sparen und unternehmerische Risiken mit dem chinesischen Partner gemeinsamen zu tragen (Kirby und Kaiser, 2005). Eine besondere Schwierigkeit stellt dabei die Identifizierung des richtigen chinesischen Partners dar (Parnell, 2002). Dem scheint jedoch in der Praxis nicht so zu sein: Laut einer aktuellen Studie der China International Investment Promotion Agency and FDI Center (2019) sind mehr als 70 % der deutschen Unternehmen als WFOE im Markt tätig; bei dem Großteil handelt es sich dabei um KMU.

5 Ein Blick in die Zukunft

Schon im Business Confidence Survey 2018/19 der German Chamber of Commerce in China (GCCC), der mit Rückmeldungen von rund 2.400 Mitgliedsunternehmen durchgeführt wurde, ist bereits ein schlechteres Geschäftsklima für die Zukunft erwartet worden (GCCC, 2019, S. 5). Auch in Umfragen des Deutschen Industrie- und Handelskammertags (DIHK) in Zusammenarbeit mit der Industrie- und Handelskammer (IHK) vom März 2019 wird ein Rückgang der Geschäftätigkeit in China um 19 % prognostiziert (DIHK & IHK, 2019b). Das gleiche spiegelt sich auch in den neuesten Umfragen der GCCC und KPMG wider, in denen die Geschäftserwartungen den niedrigsten Level seit Jahren erreichten und um 38 % sanken (GCCC & KPMG, 2020). Dementsprechend sinken auch die Investitionsplanungen deutscher Unternehmen in China. Diese Veränderungen begannen im Angesicht des Handelskonflikts zwischen den USA und China, der einen weltweiten Konjunktureinbruch mit sich brachte (Mercer LLC, 2019). 80 % der deutschen Unternehmen gaben an, dass sie von Handelshemmnissen in diesem Zusammenhang betroffen sind (GCCC & KPMG, 2020). Durch das zusätzliche und unerwartete Eintreffen der Covid-19-Pandemie verschlechterte sich die globale Wirtschaftslage noch einmal und es ist mit großen Einbrüchen in Investitionen, Handel, Wirtschaftswachstum, sowie in der Folge mit M&A-Transaktionen zu rechnen. Aktuelle Berichte gehen von einem Rückgang der globalen FDI von 30–45 % aus (UNCTAD, 2020; OECD, 2020): „The COVID-19 crisis has had immediate effects on FDI and will have potentially lasting consequences." (UNCTAD, 2020, S. 3)

Die aktuellen Geschehnisse sind aber nicht die einzigen Hürden, die deutsche Unternehmen in China erwarten. Zwar stehen 45 % den Schritten der chinesischen Regierung zur weiteren Öffnung des Landes positiv gegenüber, aber zahlreiche Probleme bleiben dennoch bestehen. So existieren weiterhin Restriktionen beim Marktzugang für ausländische Unternehmen, insbesondere bestehen Schwierigkeiten Lizenzen, Zertifikate oder Produktzulassungen zu erhalten. Hier ist immer noch eine Ungleichbehandlung ausländischer Unternehmen gegenüber einheimischen, chinesischen Unternehmen vorhanden. Auch Problematiken im HR-Bereich, wie steigende Lohnkosten und Fachkräftemangel verursachen bei deutschen Unternehmen eine getrübte Investitionsfreude. Eine weitere Schwierigkeit im chinesischen Markt bleiben auch die unsicheren, weil wechselhaften rechtlichen Rahmenbedingungen (DIHK & IHK, 2019a; Donaubauer und Dreger, 2016; GCCC & KPMG, 2020; Glatter, 2017).

China bleibt jedoch der wichtigste Investitionsstandort für die deutsche Industrie, denn ca. 40 % der ADI deutscher Industrieunternehmen wurden dort investiert (DIHK & IHK, 2019a). Weiterhin planen 67 % der befragten Unternehmen weitere Investitionen in China, vor allem in den Bereichen Personal und Ausbildung, jedoch werden die Investitionssummen voraussichtlich kleiner ausfallen. Eine Tendenz, sich aus dem Geschäft in China zurückzuziehen, soll aber nicht bestehen. In der Zukunft wollen die Unternehmen vor allem in den Aufbau neuer Produktionsstätten, Büroflächen, sowie Forschung und Entwicklung investieren. (GCCC & KPMG, 2020; GCCC, 2019).

Die chinesische Regierung unternimmt viel, um weiterhin ausländische ADI anzuziehen und Unternehmen im Land zu halten. Die Hürden für einen Einstieg in den chinesischen Markt wurden in den letzten Jahren regelmäßig gesenkt. Nach der letzten Änderung der sogenannten Negativ-Listen im Jahr 2015, gab es jährliche Anpassungen im Juli 2017, 2018, 2019 und 2020. Die Negativ-Listen geben Branchen an, in denen Auslandsinvestitionen verboten bzw. beschränkt sind. Im Juli 2020 wurde die *Special Administrative Measures on Access to Foreign Investment (2020 edition)*[1] von 40 auf 33 verbotene bzw. eingeschränkte Branchen gekürzt. Die *Free Trade Zone Special Administrative Measures on Access to Foreign Investment (2020 edition)*[2] wurde auf 30 Punkte verringert. Zudem existiert einen Katalog für Branchen, in denen Investitionen ausdrücklich erwünscht und gefördert werden. Alle weiteren Regularien, die nicht in den drei Katalogen widergegeben sind, sollten bis Ende des Jahres 2019 abgeschafft werden, sodass im Optimalfall ausländische Unternehmen mit inländischen Unternehmen ab sofort gleichbehandelt werden. Dies soll vor allen Dingen zu einer Beschleunigung bei Genehmigungsprozessen von Investitionen führen. Zudem kündigte die chinesische Regierung an, die Finanzmärkte weiter für ausländische Investoren öffnen zu wollen und mehr Möglichkeiten der Kooperation zu schaffen. Ebenso waren sechs neue Freihandelszonen in Planung. Im Januar 2020 trat das im März 2017 verabschiedete Foreign Investment Law in Kraft, welches ebenfalls weitreichende Veränderungen für ausländische Investoren vorsieht (Kap. 4). Deutsche Unternehmen in China sehen jedoch trotz dieser Bemühungen immer noch eine Bevorteilung einheimischer Unternehmen im Markt (GCCC & KPMG, 2020).

Im aktuellen Bericht zum Stand der Zielerreichung des Fünfjahresprogramms beteuert die chinesische Regierung auch zukünftig weitere Verbesserungen für ausländische Investoren einzuführen: „We will enforce to the letter the Foreign Investment Law as well as the supporting rules and regulations. We will significantly shorten the negative list for foreign investment, and further open up the service, financial, manufacturing, and agricultural sectors." (NDRC, 2020, S. 48).

Im Angesicht der derzeitigen globalen Problematiken werden die nächsten Jahre von Unsicherheit und Zurückhaltung geprägt sein, in denen Prognosen über Geschäftserwartungen und Rentabilität von Investitionen in China schwer zu treffen sind.

---

1 https://www.dezshira.com/library/legal/special-administrative-measures-access-foreign-investment-2020-edition-national-negative-list.html?1593598930, Zugriff am 29.10.2020.
2 https://www.dezshira.com/library/legal/FTZ-free-trade-zone-special-administrative-measures-foreign-investment-2020-national-negative-list.html?1593599181, Zugriff am 29.10.2020.

Literaturverzeichnis

AHK China (2019a). *China Economic Developments 2019 Nov*. Zugriff am 29.01.2020. Verfügbar unter https://china.ahk.de/market-info/economic-data-surveys/economic-data/.

AHK China (2019b). *China Economic Update Q4 2019*. Zugriff am 14.10.2020. Verfügbar unter https://china.ahk.de/fileadmin/AHK_China/Market_Info/Economic_Data/20200225_AHK_economic_data_sheet_Q4_2019.pdf.

AHK China (2020). *China Economic Developments 2020 July*. Zugriff am 14.10.2020. Verfügbar unter https://china.ahk.de/fileadmin/AHK_China/Market_Info/Economic_Data/AHK_economic_charts_2020-07.pdf.

Auswärtiges Amt (2019). *Deutschland und China: bilaterale Beziehungen*. Zugriff am 27.05.2019. Verfügbar unter https://www.auswaertiges-amt.de/de/aussenpolitik/laender/china-node/-/200472#content_3.

Bureau van Dijk (o.J.). *Ordis Crossborder Investment Datenbank*. Zugriff am 26.10.2020. Verfügbar unter https://orbisci.bvdinfo.com.

China International Investment Promotion Agency and FDI Center (2019). *German Investment in China. Changing opportunities and trends*.

Dees, S. (1998). Foreign Direct Investment in China: Determinants and Effects. *Economics of Planning*, 31:175–194.

Destatis (2020). *China*. Zugriff am 19.10.2020. Verfügbar unter https://www.destatis.de/DE/Themen/Laender-Regionen/Internationales/Laenderprofile/china.pdf?__blob=publicationFile&v=9.

DIHK & IHK (2019a). *Auslandsinvestitionen 2019. Sonderauswertung der DIHK-Konjunkturumfrage vom Jahresbeginn 2019*. Berlin. Zugriff am 30.01.2020. Verfügbar unter https://www.karlsruhe.ihk.de/blueprint/servlet/resource/blob/4417814/b08454a0b1b871b79b9abe261fc619ea/dihk-auslandsinvestitionen-2019-final-data.pdf.

DIHK & IHK (2019b). *Going International 2019. Erfahrungen und Perspektiven der deutschen Wirtschaft im Auslandsgeschäft – Ergebnisse der IHK-Unternehmensumfrage* (Going International). Berlin. Zugriff am 30.01.2020. Verfügbar unter https://www.dihk.de/resource/blob/5244/57b33ea3f8bb1c607d14b5d7e8ca555d/going-international-2019-data.pdf.

Donaubauer, J. und Dreger, C. (2016). *The end of cheap labour: Are foreign investors leaving China?* Deutsches Institut für Wirtschaftsforschung. (DIW Discussion Paper 1598). Berlin. Zugriff am 30.01.2020. Verfügbar unter http://hdl.handle.net/10419/144824.

GCCC (2019). *German Business in China*. German Chamber of Commerce in China. Beijing, China.

GCCC (2020). *Economic Data Sheet September 2020 China*. Zugriff am 22.10.2020. Verfügbar unter https://china.ahk.de/fileadmin/AHK_China/Market_Info/Economic_Data/AHK_economic_charts_data_sheet_2020-09.pdf.

GCCC & KPMG (2020). *German Business in China*. Zugriff am 15.10.2020. Verfügbar unter https://china.ahk.de/market-info/economic-data-surveys/business-confidence-survey.

Glatter, J. (2017). *Das rechtliche Umfeld in China bleibt eine Herausforderung* (China Monitor).

Hongyi, B., Gao, J. und Yuan, L. (2014). Influence of German, French, British and Dutch Direct Investemten in China on the Structure of Bilateral Trade. *Theoretical and Empirical Researches in Urban Management*, 9(2):118–132.

Kaiser, S., Kirby, D. A. und Fan, Y. (1996). Foreign Direct Investment in China: An Examination of the Literature. *Asia Pacific Business Review*, 2(3):44–65. https://doi.org/10.1080/13602389600000003.

Kirby, D. A. und Kaiser, S. (2005). SME Foreign Direct Investment: An Examination of the Joint Venture Experiences of German and U.K. Small and Medium Sized Firms in China. *International Entrepreneurship and Management Journal*, 1:83–104.

Mansfield, E. (1995). *Intellectual property protection, direct investment, and technology transfer*, 1012-8069. Washington, D.C: World Bank. (IFC discussion paper, 1012-8069). Retrieved from http://elibrary.worldbank.org/content/book/9780821334423.

Mercer LLC (2019). *Economic Outlook 2020*. Zugriff am 29.01.2020. Verfügbar unter https://www.mercer.com/our-thinking/wealth/economic-outlook-and-beyond-2020.html.

MOFCOM (2019a). *News Release of National Assimilation of FDI from January to November 2019*. Zugriff am 20.10.2020. Verfügbar unter http://fdi.gov.cn/1800000121_49_5013_0_7.html.

MOFCOM (2019b). *Statistics about Utilization of Foreign Investment in China from Jan to Nov 2019*. Zugriff am 14.10.2020. Verfügbar unter http://www.fdi.gov.cn/1800000121_49_5014_0_7.html.

Moore, M. O. (1993). Determinants of german manufacturing direct investment: 1980-1988. *Review of World Economics*, 129:120–138.

NDRC (2020). *Report on the implementation of the 2019 plan for national economic and social development and on the 2020 draft plan for national economic and social development*. Zugriff am 26.10.2020. Verfügbar unter http://www.xinhuanet.com/english/2020-05/30/c_139100954.htm.

OECD (2020). *FDI in Figures*. Zugriff am 26.10.2020. Verfügbar unter http://www.oecd.org/investment/FDI-in-Figures-April-2020.pdf.

Parnell, M. F. (2002). Doing business in China – the modern German experience. *European Business Review*, 14(5):351–363. https://doi.org/10.1108/09555340210444202.

Remer, C. F. (1933). *Foreign Investments in China*. New York: The Macmillan Company. https://doi.org/10.1086/ahr/39.4.737.

Sun, H. (1998). *Foreign investment and economic development in China: 1979–1996*. Queensland, Univ., Diss. Aldershot: Ashgate.

UNCTAD (2020). *World Investment Report 2020. International production beyond the pandemic*. New York, Geneva: United Nations. (United Nations publication, Bd. 2020, 30th anniversary edition).

Wang, Z. (1996). *Deutsche Direktinvestitionen in der Volksrepublik China*. Berlin, Heidelberg, New York: Springer.

Wei, S. J. (1995). Attracting foreign direct investment: Has China reached its potential? *China Economic Review*, 6(2):187–199.

Wei, S. J. (2003). Sizing Up Foreign Direct Investment in China and India. In Hope, N. C., Yang, D. T. und Mu Yang, L. (Hrsg.), *How far across the river? Chinese policy reform at the millennium*, S. 178–203, Stanford, Calif. Stanford Univ. Press.

Cora Jungbluth

13 Chinesische Investitionen in Deutschland

Deutsche Unternehmen investieren bereits seit den 1980er Jahren in China (vgl. Kapitel 12), sodass diese Investitionsrichtung eine Selbstverständlichkeit geworden ist. Die „umgekehrte" Richtung, also chinesische Investitionen in Deutschland, stellt hingegen eine neuere Entwicklung dar, die aus deutscher Sicht ungewohnt ist und seit einigen Jahren für kontroverse Diskussionen sorgt. Im Fokus stehen insbesondere die zunehmenden Firmenbeteiligungen (Mergers and Acquisitions, M&A) chinesischer Unternehmen, während Neuansiedlungen (Greenfield Investments) weniger Beachtung finden.

Diese Diskussion ist nicht auf Deutschland beschränkt, sondern hat auch eine europäische Dimension, die bei der Beschäftigung mit chinesischen Investitionen in Deutschland mitgedacht werden sollte. Kern der Debatte ist die Frage, wie viel Schutz ihrer eigenen nationalen Interessen – zum Beispiel mit Blick auf ausländische Firmenbeteiligungen an Unternehmen, die über Schlüsseltechnologien verfügen – offene Volkswirtschaften brauchen, ohne dabei das grundsätzliche Prinzip der Offenheit auszuhöhlen (Protektion vs. Protektionismus). 2012 erschien die Sachlage sowohl in der EU als auch in Deutschland noch relativ klar: Eine Entschließung des Europäisches Parlament (2012), die die Kommission und die Mitgliedstaaten u. a. aufforderte, „ein Gremium nach dem Muster des Ausschusses für ausländische Investitionen in den USA (Committee on Foreign Investment in the US – CFIUS) einzurichten, das für die Vorabbewertung strategischer Investitionen aus dem Ausland zuständig ist, um konkrete Informationen über die im Hoheitsgebiet der EU tätigen und dort investierenden Unternehmen zu erhalten, und dem Parlament regelmäßig darüber zu berichten" zog keine konkreten Maßnahmen zur Umsetzung eines solchen Gremiums in die Praxis nach sich.

Die öffentliche Wahrnehmung chinesischer Investitionen in Deutschland schwankte zum damaligen Zeitpunkt jedoch bereits zwischen „Optimismus und Misstrauen" (Jungbluth, 2013, S. 16): Einerseits bestanden Bedenken hinsichtlich eines technologischen Ausverkaufs, der Verlagerung von qualifizierten Arbeitsplätzen und des Einflusses der chinesischen Regierung. Andererseits brachten chinesische Investitionen auch Arbeitsplätze, frisches Kapital und die Option auf einen besseren Marktzugang in China mit sich. Führende Manager:innen und Politiker:innen hoben 2012 noch explizit diese Vorzüge für den Wirtschaftsstandort Deutschland hervor. Der damalige China-Sprecher der deutschen Wirtschaft und stellvertretende Vorstandsvorsitzende der BASF, Martin Brudermüller, stellte fest, dass Investitionen aus China „kein Angst-Szenario, sondern eine Win-win Situation für beide Seiten" seien. Bundeswirtschaftsminister Philipp Rösler hieß chinesische Investitionen sogar explizit willkommen (Handelsblatt, 2012, S. 15).

https://doi.org/10.1515/9783110668216-013

Unter seinem Nachfolger Sigmar Gabriel kam es 2016 jedoch zu einer politischen 180-Grad-Wendung. Auslöser hierfür war die Übernahme des deutschen Roboterherstellers Kuka durch den chinesischen Haushaltsgeräteproduzenten Midea. Diese wurde in Verbindung mit der Strategie Made in China 2025 (MIC 2025) gebracht, die die chinesische Regierung im Vorjahr verkündet hatte. MIC 2025 ist Bestandteil einer aktiven Industriepolitik, mit der China in einer Reihe für die vierte industrielle Revolution, also die Digitalisierung der Industrie („Industrie 4.0"), relevanten Technologien weltweit führend werden will. Robotertechnologie, wie sie Kuka liefern kann, ist eine davon. Chinesische Firmenbeteiligungen im Ausland sind zudem als Instrument zur Umsetzung von MIC 2025 vorgesehen und sollen von der Regierung explizit unterstützt werden (Staatsrat der Volksrepublik China, 2015).

Aufgrund der Schlüsselbedeutung von Kuka für die vierte industrielle Revolution und damit auch für den Technologie- und Wirtschaftsstandort Deutschland soll der Bundeswirtschaftsminister daher versucht haben, deutsche und europäische Unternehmen für eine Beteiligung an Kuka zu gewinnen, um die geplante chinesische Investition zu verhindern. Auch auf EU-Ebene war die Übernahme Thema: Der damalige EU-Kommissar für Digitale Wirtschaft und Gesellschaft, Günther Oettinger, machte sich ebenfalls für den Einstieg von EU-Investoren stark, um die Schlüsseltechnologien von Kuka in europäischer Hand zu halten (Jungbluth, 2016). Da sich keine anderen Käufer fanden, konnte Midea die Übernahme dennoch abschließen, unter anderem wegen des hohen Kaufpreises, den die chinesischen Investoren zu zahlen bereit waren.

Vor dem Hintergrund der in MIC 2025 explizit angekündigten Förderung chinesischer Firmenbeteiligungen im Ausland rückte die Frage nach dem staatlichen Einfluss auf diese Investitionen, zum Beispiel bei der Finanzierung, wesentlich stärker in den Fokus. Zusätzlich verschärft wurde die Situation durch die fehlende Reziprozität, also Gegenseitigkeit, in den deutsch-chinesischen Investitionsbeziehungen. Auf den Punkt gebracht: „Ein chinesisches Kuka, wenn es eines gäbe, würde nicht in ausländische Hände fallen" (Jungbluth, 2018, S. 8). Gabriel (2016) nahm das zum Anlass, in einem offenen Brief mit dem Titel „Opfer offener Märkte" stärkere politische Instrumente innerhalb Deutschlands und Europas zu fordern, um sich bei Verdacht auf staatliche Förderung vor Unternehmensübernahmen aus bestimmten Ländern besser schützen zu können.

Gabriels Vorstoß blieb nicht ohne Folgen: 2017 und 2018 verschärfte Deutschland zweimal kurz nacheinander die Außenwirtschaftsverordnung, die das Prüfverfahren für ausländische Firmenbeteiligungen regelt (Jungbluth, 2019b, S. 38). Die erste Änderung, die sich auf die Erfahrungen mit dem Fall Kuka zurückführen lässt, integrierte den Aspekt der kritischen Infrastruktur in das Verfahren. Die zweite Änderung folgte dem Versuch des staatlichen Investors State Grid Corporation of China, sich mit 20 % an 50Hertz, einem Stromnetzbetreiber, zu beteiligen. Das Kriterium kritische Infrastruktur hätte in diesem Fall zwar gegriffen. Jedoch lag die geplante Beteiligung unterhalb der damals geltenden Prüfschwelle von 25 % und damit außerhalb der Kompetenzen des Bundeswirtschaftsministeriums. Der Erwerb kam nur deshalb nicht zustande, weil die belgische Hauptaktionärin Elia auf Anregung der Bundesregierung hin von ihrem Vorkaufsrecht Gebrauch machte (Bischoff und Bürger, 2019). Um derartige Winkelzüge künftig zu vermeiden, wurde die Prüfschwelle für ausländische Firmenbeteiligungen auf 10 % gesenkt.

Auf EU-Ebene trieb Sigmar Gabriels Nachfolgerin, Brigitte Zypries das Thema voran und rief im Februar 2017 zusammen mit ihren französischen und italienischen Kollegen in einem Schreiben an die damalige EU-Handelskommissarin Cecilia Malmström zu einem gemeinsamen europäischen Ansatz auf (Zypries et al., 2017). Im Gegensatz zum Vorstoß des EU-Parlaments von 2012 mündete die deutsch-französisch-italienische Initiative nur zwei Jahre später tatsächlich in einer konkreten politischen Maßnahme: Im April 2019 trat der „EU-Rahmen für die Überprüfung ausländischer Direktinvestitionen" in Kraft (Europäische Kommission, 2019). Dieser schuf erstmals einen Mechanismus zum Austausch von Informationen und zur Kooperation zwischen Mitgliedsstaaten und Kommission in Bezug auf ausländische Firmenbeteiligungen, die nationale oder EU-Interessen betreffen. Nach wie vor liegt das letzte Wort bei dem Mitgliedsstaat, in dem die Investition stattfindet, sofern dieser über ein Prüfverfahren verfügt. Der Weg zu einer Harmonisierung auf EU-Ebene ist damit aber geebnet, sodass weitere Maßnahmen nicht auszuschließen sind. In Zukunft könnte sogar ein mit dem Committee on Foreign Investment in the United States (CFIUS), das über ein konkretes Vetorecht bei ausländischen Firmenbeteiligungen verfügt, vergleichbares Instrument in Erwägung gezogen werden (Jungbluth, 2019b, S. 41).

Zunehmende chinesische Investitionen in Deutschland und der EU haben jedoch nicht nur konkrete Maßnahmen im Bereich Investitionsprüfverfahren nach sich gezogen, sondern weiterreichende Konsequenzen gehabt: Die Industriestrategie 2030 des derzeitigen Bundeswirtschaftsministers Peter Altmaier (Stand: März 2020) und die dadurch angestoßene ebenfalls kontroverse Debatte über die Notwendigkeit einer neuen Industriepolitik sind unter anderem darauf zurück zu führen. Auch hier hat Deutschland gemeinsam mit Frankreich mit dem Deutsch-Französischen Manifest für eine europäische Industriepolitik für das 21. Jahrhundert einen Vorstoß auf EU-Ebene gemacht. Beide Vorschläge enthalten implizit sehr deutliche Bezüge zu chinesischen Investitionen, insbesondere mit Blick auf Wettbewerbsverzerrungen wie staatliche Subventionen, die Schaffung eines internationalen „Level Playing Field" und den Schutz von Schlüsseltechnologien (Bundesministerium für Wirtschaft und Energie, 2019a,b).

Die Coronakrise hat die gesamte Debatte und die Angst vor einem Ausverkauf deutscher und europäischer Firmen, insbesondere durch chinesische Investoren, nochmals verschärft – sowohl in Deutschland als auch in der EU: In Deutschland beschloss das Bundeskabinett am 8. April 2020 erneut eine Novelle des Außenwirtschaftsgesetzes, um kritische Infrastruktur, insbesondere im Gesundheitsbereich, besser schützen zu können (Bundesministerium für Wirtschaft und Energie, 2020). Die EU rief ihre Mitgliedsstaaten auf wachsam gegenüber ausländischen Investitionen zu sein und „alle auf nationaler und EU-Ebene verfügbaren Instrumente aus zu nutzen, um zu vermeiden, dass die derzeitige Krise zum Verlust kritischer Vermögenswerte und Technologien führt" (Europäische Kommission, 2020).

Diese Entwicklungen zeigen, dass sich die Wahrnehmung chinesischer Investitionen und die politischen Reaktionen auf sie in den vergangenen acht Jahren gewandelt haben: Von einer stärkeren Betonung der Vorteile für den Wirtschaftsstandort Deutschland hin zu einem stärkeren Fokus auf Schutzmaßnahmen gegen unfairen Wettbewerb. Vor diesem Hintergrund gibt dieses Kapitel zunächst einen Überblick über die politischen und ökonomischen Hintergründe sowie die quantitative Entwicklung chinesischer Investitionen allgemein und insbesondere in Deutschland. Danach folgen eine Analyse der ökonomischen und davon abgeleitet auch der politischen Implikationen dieser Investitionen sowie Vorschläge zum künftigen Umgang mit ihnen.

1 Hintergründe und Entwicklung chinesischer Investitionen im Ausland

Bis Ende der 1990er Jahre lag der Schwerpunkt der chinesischen Reform- und Öffnungspolitik darauf, ausländische Direktinvestitionen (ADI) in China zu fördern. Auf diese Weise sollten dringend benötigtes Kapital und Know-how ins Land gelangen und die Entwicklung der einheimischen Wirtschaft gefördert werden. ADI chinesischer Unternehmen hingegen waren insbesondere aufgrund des unerwünschten Devisenabflusses stark reglementiert und wurden durch ein komplexes Genehmigungsverfahren erschwert (Jungbluth, 2014, S. 77–85; S. 136–161). Daher verharrten chinesische ADI bis zur Jahrtausendwende auf relativ niedrigem Niveau: Zwischen 1990 und 2000 investierte China (ohne Hongkong) im Jahr durchschnittlich lediglich 2,2 Mrd. USD im Ausland – gerade einmal 0,5 % der weltweiten ADI (UNCTAD, 2019a).[1]

Erst seit den 2000er Jahren nehmen die Auslandsinvestitionen chinesischer Unternehmen deutlich zu (Abbildung 13.1). Dieser Entwicklung liegen sowohl volks- und betriebswirtschaftliche als auch politische Faktoren zugrunde: Zum einen verfolgen immer mehr chinesische Unternehmen eine Internationalisierungsstrategie. Genau wie Firmen aus anderen Ländern suchen sie Zugang zu Auslandsmärkten sowie zu Technologie und Know-how. Sie wollen internationale Marken aufbauen und ihre Produktion effizienter gestalten. Da chinesische Unternehmen in vielen Bereichen als bloße Zulieferer für westliche Firmen fungierten, war und ist auch der Aufstieg in den globalen Wertschöpfungsketten ein wichtiges Ziel ihrer internationalen Expansion. Hinzu kommen die Sättigung des Binnenmarktes in manchen Branchen sowie das schwächere Wachstum der chinesischen Volkswirtschaft in den vergangenen Jah-

[1] Eine ausführliche Erläuterung zu nationalen ADI-Daten und deren Grenzen liefert zum Beispiel Jungbluth, (2016, S. 37–40).

Weltweite ADI-Ströme: USA, China und Deutschland, 2000-2018 (Mio. USD)

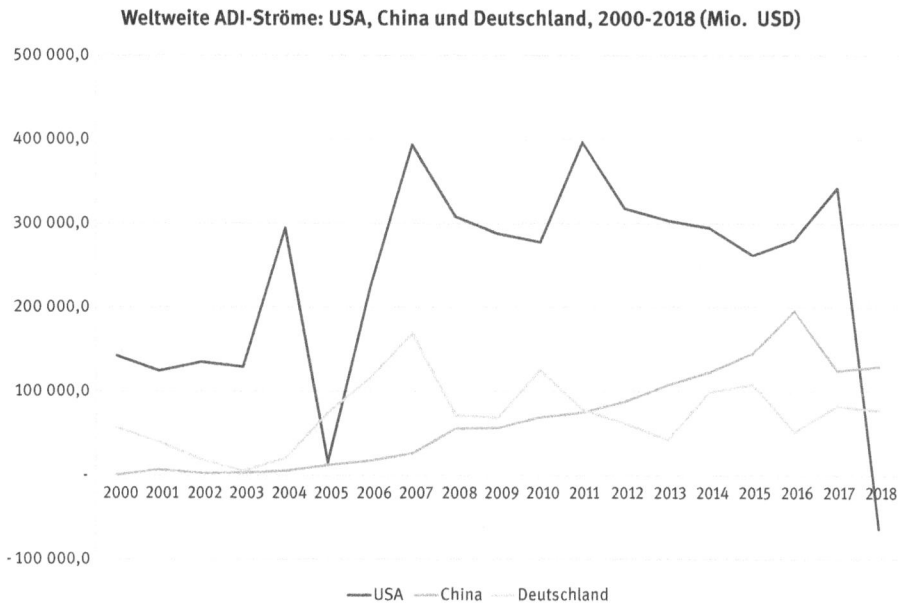

Abb. 13.1: Weltweite ADI-Ströme: USA, China und Deutschland, 2000–2018, in Mio. USD (UNCTAD, 2019a).

ren. Investitionen im Ausland bieten für chinesische Unternehmen daher neue Wachstumschancen (Jungbluth, 2016, S. 13–15).

Zum anderen erklärte die chinesische Regierung mit der Verkündung der Going-Global Strategie (zouchuqu zhanlüe) im Jahr 2000 ADI chinesischer Unternehmen zu einem integralen Bestandteil der Reform- und Öffnungspolitik:

> Kernziele der Going-Global-Strategie umfassen den Aufbau eigener transnationaler Unternehmen, also chinesischer „Global Players", die Sicherung von Rohstoff und Energiequellen, die Förderung eigenständiger Innovation durch Forschung und Entwicklung im Ausland sowie den Zukauf von Spitzentechnologie. Im 21. Jahrhundert soll China nicht länger die „Fabrik der Welt" sein, sondern zum „Forschungslabor der Welt" werden. Die chinesische Regierung sieht ADI in entwickelten Ländern (Anm. der Verfasserin: wie zum Beispiel Deutschland) als wichtige Voraussetzung. (Jungbluth, 2016)

Die Fokussierung auf Hightech und Schlüsseltechnologien wurde durch die industriepolitische Strategie Made in China (MIC) 2025, die die chinesische Regierung im Mai 2015 verkündete, verstärkt. MIC 2025 soll einen maßgeblichen Beitrag zur Restrukturierung der chinesischen Wirtschaftsstruktur und Chinas Aufstieg in den globalen Wertschöpfungsketten leisten. Die Strategie definiert zehn Schlüsselbranchen, in denen China künftig die weltweite Technologieführerschaft übernehmen, eigenständige Innovationen hervorbringen und über eigene Produktionskapazitäten verfügen soll (Staatsrat der Volksrepublik China, 2015). Zu den von MIC 2025 aufgeführten

Branchen zählen unter anderen neue Informationstechnologien, rechnergestützte nu-
merisch gesteuerte Werkzeugmaschinen im Premiumsegment und Industrieroboter,
energiesparende Autos und Autos mit alternativer Antriebstechnik sowie Biomedizin
und Medizingeräte im Premiumsegment. Die chinesische Regierung bestärkt chinesische Unternehmen generell darin, in diesen zehn Schlüsselbranchen zu investieren.
Auch ausländische Firmenbeteiligungen sind explizit zur Umsetzung von MIC 2025
vorgesehen (Staatsrat der Volksrepublik China, 2015). Bei M&A-Transaktionen chinesischer Unternehmen rücken Hightechfirmen in Industrieländern also nochmals stärker in den Fokus als zuvor.

Die oben geschilderten Entwicklungen haben dazu beigetragen, „dass China
als Auslandsinvestor in den letzten Jahren einen kometenhaften Aufstieg hingelegt
hat" (Jungbluth, 2018, S. 10). Das zeigen die Daten der United Nations Conference on
Trade and Development (UNCTAD, 2019a): Im Jahr 2000 lag China (ohne Hongkong)
mit 916 Mio. USD bei den weltweiten ADI-Ströme lediglich auf Rang 32. 2016 erreichten
chinesische ADI mit 196 Mrd. USD einen vorläufigen Höhepunkt und gingen bis 2018
auf rund 130 Mrd. USD zurück. Dennoch lag China in diesem Jahr bei den weltweiten
ADI-Strömen auf dem 2. Platz direkt hinter Japan und vor anderen großen Auslandsinvestoren wie den USA oder Deutschland. Damit gingen 2018 bereits 13 % der globalen
ADI auf chinesische Unternehmen zurück. Im Zeitraum von 2000 bis 2018 hat das
absolute Volumen der chinesischen ADI-Ströme in etwa um den Faktor 142 zugenommen. Unter den Entwicklungs- und Schwellenländern ist China unangefochten die

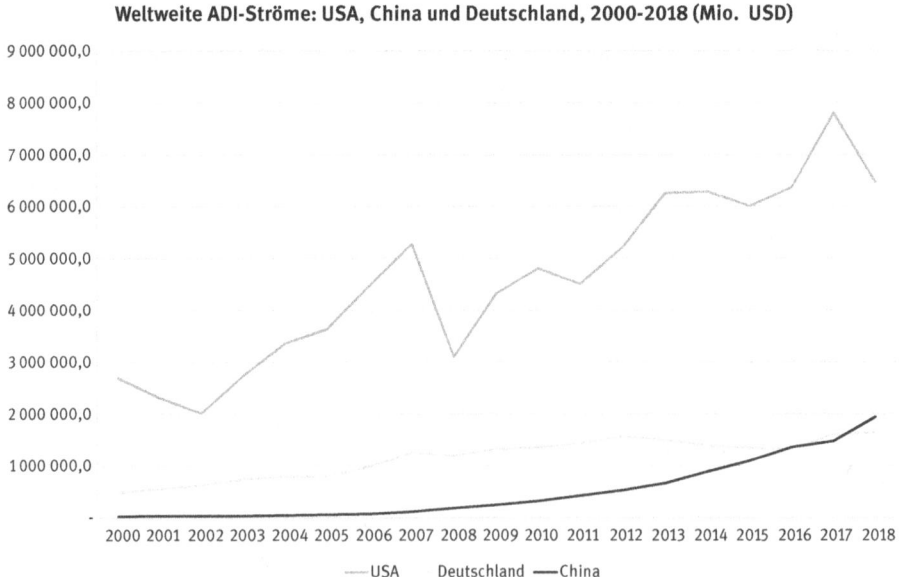

Abb. 13.2: Weltweite ADI-Bestände: USA, China und Deutschland, 2000–2018, in Mio. USD (UNCTAD, 2019b)

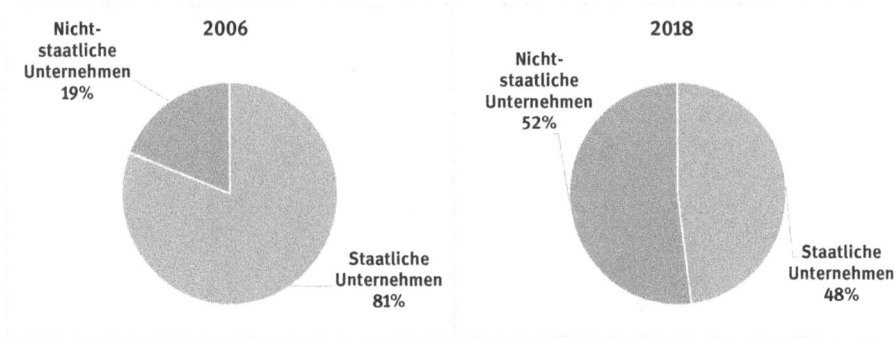

Abb. 13.3: Verteilung der chinesischen ADI-Bestände nach Eigentumsform, 2018, in % (MOFCOM, 2019)

Nummer eins und stand 2018 den Daten der UNCTAD zufolge allein bereits für 28 % aller ADI aus diesen Ländern.

Auch bei den weltweiten ADI-Beständen, also den kumulierten Direktinvestitionen im Ausland, hat China kräftig aufgeholt: Im Jahr 2000 gingen mit 28 Mrd. USD lediglich 0,4 % der Bestände auf chinesische Unternehmen zurück. 2018 waren es mit 1,9 Billionen USD bereits 6,3 % (Abbildung 13.2). Damit lag China weltweit auf Rang drei. Ein etwas anderes Bild zeigt sich, wenn man die ADI-Bestände in Relation zum Bruttoinlandsprodukt setzt: Hier wird deutlich, dass China als zweitgrößte Volkswirtschaft der Welt noch erhebliches Aufholpotential hat – gerade im Vergleich zu wichtigen Auslandsinvestoren wie den USA oder Deutschland. Chinas ADI-Bestände beliefen sich 2018 auf lediglich 15 % seiner Wirtschaftsleistung. Zum Vergleich: Für die USA liegt dieser Wert bei 32 %, für Deutschland sogar bei 41 % (UNCTAD, 2019c,d,e). Chinesische ADI dürften in den kommenden Jahren daher weiter zunehmen. Einer Projektion der Prognose AG im Auftrag der Bertelsmann Stiftung zufolge könnte China im Jahr 2025 bereits 288 Mrd. USD im Ausland investieren (Jungbluth, 2018, S. 10).

Diese Entwicklungen gehen längst nicht mehr nur auf chinesische Staatsunternehmen (SU) zurück. Mittlerweile investieren chinesische Unternehmen jeglicher Eigentumsform im Ausland: Während SU 2006 noch 80 % der weltweiten chinesischen ADI-Bestände hielten, waren es 2018 mit 48 % nicht einmal mehr die Hälfte (Abbildung 13.3). An dieser Stelle ist jedoch anzumerken, dass die formale Eigentumsform chinesischer Unternehmen nicht unbedingt die Realität der komplexen Beziehungen zwischen Staat und Wirtschaft in China abbildet. Es existieren zahlreiche informelle Verflechtungen, zum Beispiel in Form der Parteimitgliedschaft oder Parteiämter hochrangiger Manager, die es schwierig machen, den tatsächlichen Einfluss der Regierung auf Unternehmen unabhängig von deren Eigentumsform nachzuvollziehen (Jungbluth, 2016, S. 21). Es lässt sich also nicht ohne Weiteres davon ausgehen, dass SU ausschließlich politische Motive und nicht-staatliche Unternehmen ausschließlich betriebswirtschaftliche Motive verfolgen.

Regionale Verteilung chinesischer ADI-Bestände, 2018 (in Prozent)

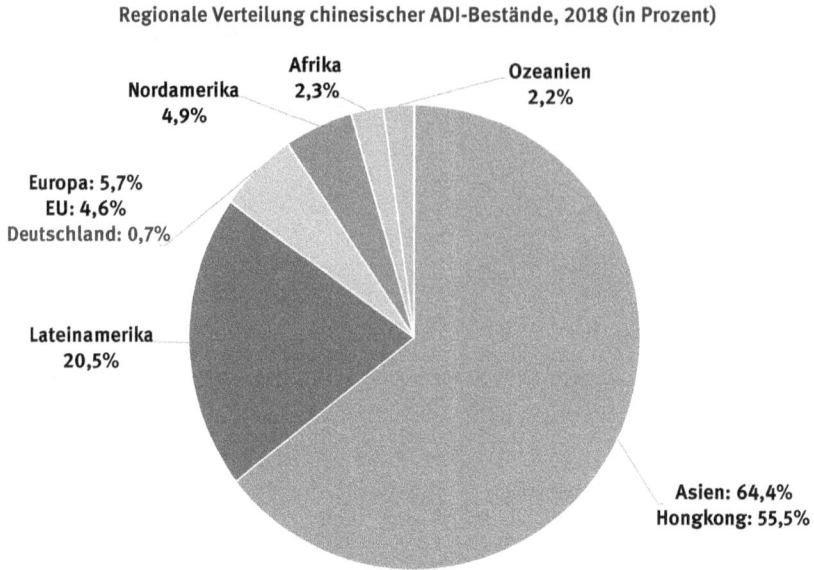

Abb. 13.4: Regionale Verteilung der chinesischen ADI-Bestände, 2018, in % (MOFCOM, 2019).

Die regionale Verteilung der chinesischen Direktinvestitionen im Ausland zeigt ganz deutlich, dass Asien hierbei immer noch die Hauptrolle spielt: Nach wie vor entfallen knapp Zweidrittel der chinesischen ADI-Bestände auf die Nachbarregion (Abbildung 13.4.). Auf Deutschland hingegen entfallen nicht einmal 1% der Bestände. Dieser Anteil hat sich, seitdem das chinesische Handelsministerium ADI-Daten systematisch erhebt und veröffentlicht (2004), im Wesentlichen nicht geändert. Auch bei den jährlichen ADI-Strömen ist Deutschland bislang kaum über 1% hinaus gekommen (MOFCOM, verschiedene Jahre). Jedoch ist bei der regionalen Verteilung chinesischer ADI der sogenannte „Hongkong-Faktor" zu berücksichtigen (Jungbluth, 2016, S. 40): Chinesische Unternehmen gehen zum Teil über Tochterunternehmen in Hongkong mit ihren Investitionen ins Ausland. Der Anteil an chinesischen Investitionen mit finalem Ziel Deutschland dürfte demnach höher liegen als in den offiziellen chinesischen Statistiken ausgewiesen.

Innerhalb von Europa ist Deutschland eines der Hauptziele für chinesische Direktinvestitionen und rangiert regelmäßig unter den ersten drei Plätzen. Der Zugang zum deutschen und europäischen Markt und deren Vertriebsstrukturen sowie der Erwerb von Hightech, Know-how und Markennamen sind die Hauptmotive für chinesische Investitionen in Deutschland (Jungbluth, 2018, S. 15). Diese Aspekte gewinnen für die internationale Expansion chinesischer Unternehmen zudem an Bedeutung. Absolut betrachtet sind chinesische Investitionen in Deutschland in den vergangenen Jahren daher auch deutlich gestiegen: Beliefen sie sich 2004 noch auf lediglich 28 Mio.

ADI-Ströme zwischen China und Deutschland, 2004-2018 (in Mio. US-Dollar)

Abb. 13.5: ADI-Ströme zwischen China und Deutschland, 2004–2018, in Mio. USD (MOFCOM, verschiedene Jahre; Statistical Yearbook of China, verschiedene Jahre).

USD, waren es 2010 schon 412 Mio. USD und 2018 1,5 Mrd. USD – eine Zunahme um den Faktor 53 innerhalb von 15 Jahren.

Trotz dieser rasanten Entwicklung besteht in den deutsch-chinesischen Investitionsbeziehungen noch immer eine Asymmetrie (Abbildung 13.5.): Deutsche Unternehmen investieren deutlich mehr in China als chinesische Unternehmen in Deutschland. Das Jahr 2017, in dem dies erstmals umgekehrt war, ist bislang eine Ausnahme, nach der die Kluft im Folgejahr umso größer wurde.

Aus deutscher Sicht bestätigten sich die drei Beobachtungen aus den chinesischen Daten:
- die zentrale Rolle der unmittelbaren Nachbarregion;
- die relativ betrachtet noch immer geringe Quantität chinesischer Direktinvestitionen bei gleichzeitig schneller absoluter Zunahme;
- die Asymmetrie in den gegenseitigen Investitionsbeziehungen.

Den Daten der Bundesbank (2020) zufolge gingen analog zur Rolle Asiens für China 2018 fast 70 % der ADI-Bestände in Deutschland auf EU-Investoren zurück. Chinesische Unternehmen hielten mit 3,2 Mrd. EUR hingegen nur 0,6 % der Bestände (Abbildung 13.6). Selbst wenn man eingedenk des „Hongkong-Faktors" die gesamten Hongkonger ADI-Bestände in Deutschland (2,1 Mrd. Euro) dazu rechnen würde, läge der chinesische Anteil immer noch bei nur knapp einem Prozent. Absolut betrachtet haben die die chinesischen ADI-Bestände in Deutschland seit 2004 um den Faktor 17 zugelegt. In diesem Jahr lagen sie mit 191 Mio. EUR bei 0,05 % der ADI-Bestände in Deutschland. Damit zeigt sich bei der relativen Entwicklung im Vergleich zum deut-

ADI-Bestände in Deutschland nach Region, 2018 (in Prozent)

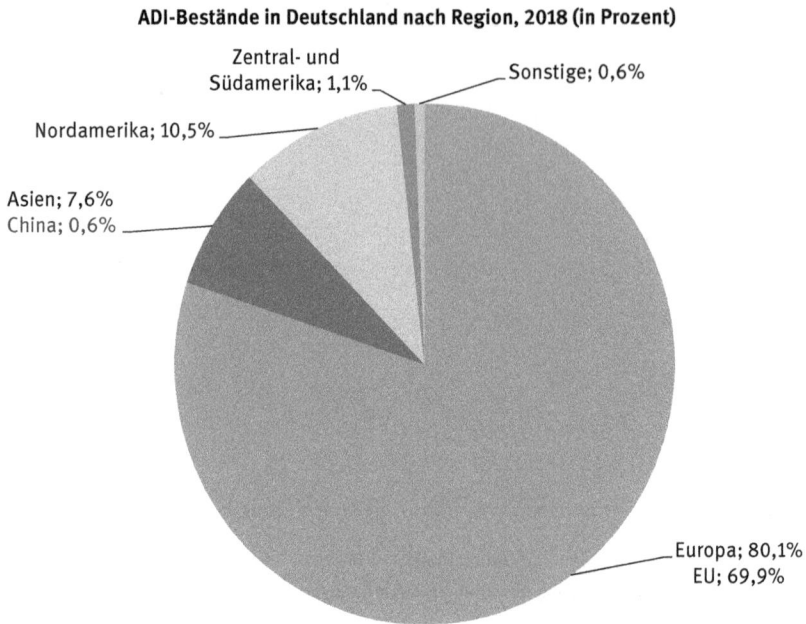

Abb. 13.6: ADI-Bestände in Deutschland nach Region, 2018, in % (Bundesbank 2020).

schen Anteil an den chinesischen ADI-Beständen im Ausland ein deutlicher Unterschied: Während dieser stagniert, hat China als ADI-Herkunftsland für Deutschland an Bedeutung gewonnen, wenn auch ausgehend von einem sehr niedrigen Niveau.

Umgekehrt spielt China als Zielland für ADI deutscher Unternehmen aufgrund der internationalen Arbeitsteilung schon sehr viel länger eine wichtige Rolle (Abbildung 13.7): Die deutschen ADI-Bestände in China belaufen sich mittlerweile auf etwa 86 Mrd. EUR. Das entspricht rund 7 % der globalen deutschen ADI-Bestände im Jahr 2018 und ist das 27-fache dessen, was chinesische Unternehmen bislang in Deutschland investiert haben. Trotz der schnellen Zunahme chinesischer ADI in Deutschland hat sich an dieser grundlegenden Asymmetrie in den gegenseitigen Investitionsbeziehungen bislang nichts geändert.

Die reine Quantität lässt sich also kaum als Erklärung für die eingangs geschilderte kontroverse Debatte über chinesische Investitionen in Deutschland hinzuziehen. Daher lohnt vielmehr der Blick auf die Qualität dieser Investitionen, d. h. – sofern es die Datenlage ermöglicht – ihre Aufschlüsselung nach Branchen, Art der Investition und Eigentumsform der investierenden Unternehmen. Für die Analyse dieser weiteren Charakteristika chinesischer Investitionen in Deutschland ist eine Kombination verschiedener Datensätze erforderlich, da hierzu systematisch Erhebungen (noch) fehlen. Eine direkte Vergleichbarkeit ist daher zwar nicht gegeben, jedoch lassen sich bestimmte Tendenzen sowie gegebenenfalls Gemeinsamkeiten und Unterschiede aus den jeweiligen Datensätzen herausarbeiten.

Deutsche ADI-Bestände in China vs. chinesische ADI-Bestände in Deutschland, 2004-2018 (Mio. Euro)

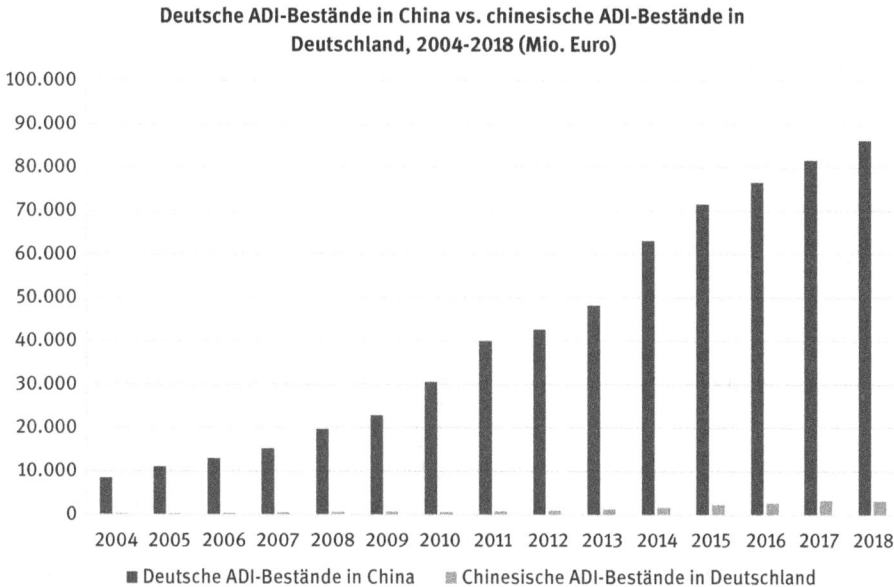

Abb. 13.7: Deutsche ADI-Bestände in China vs. chinesische ADI-Bestände in Deutschland, 2004–2018, in Mio. EUR (Bundesbank, verschiedene Jahre).

Den Erhebungen der Bundesbank (2020) zufolge machten chinesische Unternehmen 2018 etwa 1 % (155) der berücksichtigten ausländischen Unternehmen in Deutschland (Bilanzsumme > 3 Mio. Euro) aus. Sie beschäftigten 0,6 % der in ausländischen Unternehmen angestellten Mitarbeiterinnen (20.000) und erwirtschafteten 0,4 % des Umsatzes (6,7 Mrd. Euro) ausländischer Unternehmen in Deutschland. Ihre Produktivität gemessen am Umsatz je Mitarbeiterin fiel diesen Angaben zufolge unterdurchschnittlich aus.

Die Bundesbankdaten zeigen auch, dass chinesische Investoren einen deutlich stärkeren Fokus auf dem Verarbeitenden Gewerbe haben als der Durchschnitt aller ausländischen Investoren in Deutschland (Abbildung 13.8). Das deckt sich mit den offiziellen Daten des chinesischen Handelsministeriums, nach dessen Angaben das Verarbeitende Gewerbe (*zhizaoye*) für chinesische Investoren in Deutschland die Hauptzielbranche ist (MOFCOM, 2019, S. 37). Beide Datensätze beinhalten sowohl Firmenbeteiligungen als auch Neuansiedlungen. Eine weitere Aufschlüsselung zum Beispiel dahingehend, welche Investitionsform bei chinesischen Investitionen in Deutschland überwiegt, oder ob sich die beiden Investitionsformen hinsichtlich der Zielbranchen unterscheiden, erfolgt nicht. Hierfür müssen andere Datensets hinzugezogen werden, die zum Teil auch unterschiedliche Zeiträume und Branchenbezeichnungen aufweisen.

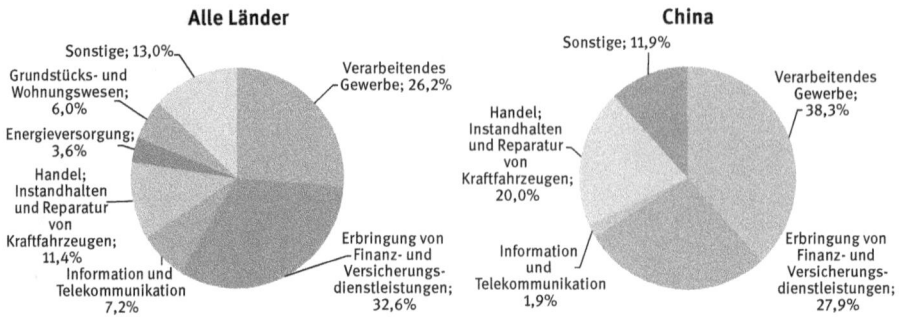

Abb. 13.8: ADI-Bestände in Deutschland nach Wirtschaftszweigen: Alle Länder vs. China, 2018, in %
(Bundesbank 2020).[2]

Die Kombination von Daten aus verschiedenen einschlägigen Datenbanken zeigt, dass chinesische Investoren für ihren Markteintritt in Deutschland Neuansiedlungen gegenüber Firmenbeteiligungen eindeutig bevorzugen. Zwischen 2003 und 2017 machten erstere etwa Dreiviertel der chinesischen Investitionsprojekte in Deutschland aus (Abbildung 13.9). Der deutschen Investitions- und Standortagentur Germany Trade and Invest zufolge ist Deutschland mittlerweile sogar „der weltweit wichtigste Standort für Neuansiedlungen aus China" (GTAI, o.J.). Damit unterscheiden sich chinesische Investoren von anderen ausländischen Investoren in Deutschland: Bei der Gesamtzahl der Investitionsprojekte halten sich Neuansiedlungen und Firmenbeteiligungen in etwa die Waage (Abbildung 13.9).

Bei den Transaktionsvolumina sieht es naturgemäß anders aus: Der Studie des Mercator Institute for China Studies und der Rhodium Group zu chinesischen Investitionen in der EU und Deutschland zufolge machten M&A zwischen 2000 und 2014 – aktuellere Zahlen für Deutschland liegen nicht vor – mehr als 80 % des chinesischen Investitionsvolumens in Deutschland aus (Hanemann und Huotari, 2015, S. 21). Eine aktuelle Analyse der beiden Forschungsinstitute zu chinesischen Investitionen in der EU, in denen allerdings keine eigenen Werte für Deutschland ausgewiesen werden, bestätigen diesen Trend und gehen sogar davon aus, dass bis zu 95 % auf M&A-Transaktionen entfallen (Kratz et al., 2020). Das ist darauf zurückzuführen, dass M&A auf bereits vorhandene materielle wie immaterielle Vermögenswerte wie Technologie, Know-how, Patente etc. abzielen. Deren Erwerb erfordert in der Regel ein sehr viel höheres Kapitalvolumen als eine Neuansiedlung, die erst einmal neue Werte schaffen muss und im ersten Schritt möglicherweise kleiner aufgezogen wird, zum Beispiel in Form eines Vertriebsbüros.

---

2 Die Angaben beziehen sich auf die ADI-Bestände nach einzelnen Sitzländern der Konzernspitzen. Andere Daten sind für China nicht verfügbar.

Alle Investoren: M&A vs. Ansiedlungsprojekte in
Deutschland, 2003-2017

China: M&A vs. Ansiedlungsprojekte in
Deutschland, 2003-2017

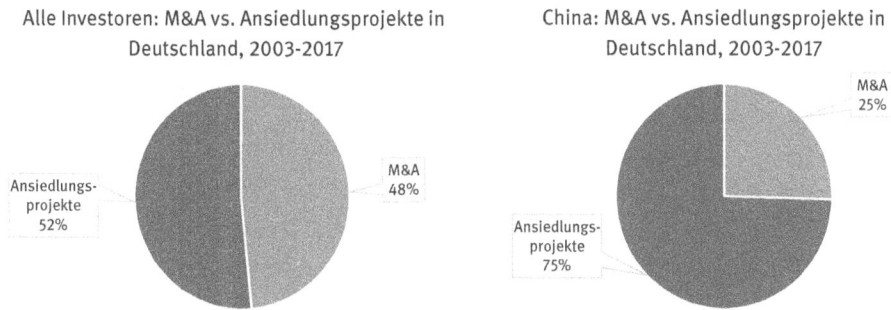

Ansiedlungs-
projekte
52%

M&A
48%

M&A
25%

Ansiedlungs-
projekte
75%

Abb. 13.9: M&A und Ansiedlungsprojekte in Deutschland: Alle Investoren vs. China, 2017, in %
(Jungbluth 2019a basierend auf Copenhagen Economics, fDiMarkets, BvD Zephyr, BvD Orbis).

Die regionale Verteilung chinesischer Investitionen in Deutschland nach Bundesländern spiegelt im Wesentlichen die Gesamtverteilung aller ADI-Projekte in Deutschland wider: Etwa Zweidrittel der ausländischen Investoren siedeln sich in vier der
wirtschaftsstärksten und bevölkerungsreichsten Bundesländern an: Nordrhein-Westfalen, Bayern, Baden-Württemberg und Hessen. Das gilt für Ansiedlungsprojekte
ebenso wie für Firmenbeteiligungen (Bertelsmann Stiftung, 2020, S. 35). Chinesische
Neuansiedlungen konzentrieren sich vor allem auf Nordrhein-Westfalen, Hessen und
Bayern, bei den Firmenbeteiligungen sind es Baden-Württemberg, Nordrhein-Westfalen und Bayern (GTAI, 2019; Jungbluth, 2018, S. 20). Damit finden chinesische M&A-
Transaktionen auch hauptsächlich in den drei Bundesländern statt, in denen im bun-
desweiten Vergleich die meisten Patente angemeldet werden (Jungbluth, 2018, S. 21).
Das zeigt, dass Standorte mit ausgeprägten Forschungs- und Entwicklungsaktivitäten
für chinesische Investoren eine hervorgehobene Rolle spielen.

Eine weitere Aufschlüsselung nach Branche des Investitionsprojekts und Eigen-
tumsstruktur des chinesischen Investors ist auf Basis eines für eine Studie der Bertelsmann Stiftung selbst erstellten Datensatzes nur für chinesische Firmenbeteiligungen,
nicht aber für Ansiedlungsprojekte möglich. Das liegt daran, dass erstere für die öffentliche Debatte von besonderem Interesse sind. Die für die Jahre 2014 bis 2017 vorliegenden Daten weisen drei für die folgende Analyse interessante Charakteristika chinesischer Firmenbeteiligungen in Deutschland auf (Jungbluth, 2018, S. 17, S. 19, S. 36):
- Eine deutliche Konzentration auf vier deutsche Vorzeigebranchen: Über 70 % der
  Beteiligungen entfallen auf den Maschinenbau, den Automobil- und Fahrzeug-
  bau, die Energie- und Umwelttechnik sowie die Pharma- und Gesundheitsbran-
  che. In diesen Branchen konzentriert sich in Deutschland besonders viel High-
  tech und Spezialwissen. Das zeigen unter anderem der hohe Exportanteil und die
  hohe Dichte sogenannter „Hidden Champions", also heimlicher, in der Regel mit-
  telständischer Weltmarktführer.
- Eine hohe Passgenauigkeit zu Chinas industriepolitischer Strategie Made in China
  2025: Zwei Drittel der insgesamt 175 analysierten chinesischen Firmenbeteiligun-

gen lassen sich einer der zehn Schlüsselbranchen zuordnen, die MIC 2025 auf-
listet. Chinesische Unternehmen kaufen in Deutschland also genau in den Branchen Firmen auf, in denen China mittelfristig die weltweite Technologieführerschaft übernehmen will und sich damit zu einer immer stärkeren Konkurrentin
für Deutschland entwickeln könnte.

– Eine deutliche Mehrheit von privaten Investoren: Zwei Drittel der chinesischen
Unternehmen, die M&A-Transaktionen in Deutschland durchführen befindet sich
mehrheitlich in Privatbesitz. Eindeutig staatliche Käufer sind also in der Minderheit. Betrachtet man nur die M&A-Transaktionen, die zu MIC 2025 passen, ist
ihr Anteil jedoch etwa höher. Staatliche Investitionen aus China fokussieren also noch stärker auf den dort aufgeführten Hightech-Sektoren. Hinzu kommt, wie
oben erwähnt, die Frage nach der Eindeutigkeit von Eigentumsformen im chinesischen Kontext.

Der Blick auf verfügbare Daten zu chinesischen Investitionen in Deutschland hat gezeigt, dass deren Quantität im Vergleich zu anderen ausländischen Investoren noch
relativ gering ist. Ihre qualitativen Merkmale, also die Verteilung nach Branchen, Regionen und Eigentumsform der Investoren, weisen – sofern Vergleiche möglich sind –
sowohl Gemeinsamkeiten als auch Unterschiede auf: Während die regionale Verteilung dem Gesamtbild entspricht, steht für chinesische Investoren das Verarbeitende
Gewerbe stärker im Fokus als für Investoren aus anderen Ländern. Zudem überwiegen
bei ihnen Ansiedlungsprojekte bei der Form des Markteintritts nach Deutschland.

Chinesische M&A-Transaktionen, die im Zentrum der eingangs skizzierten Debatte stehen, machen einerseits also nur einen kleinen Anteil der chinesischen Investitionsprojekte in Deutschland aus. Andererseits fließt in sie das Gros des Investitionsvolumens und sie haben einen klaren Fokus auf Hightech-Sektoren und insbesondere
in den zehn MIC-2025-Schlüsselbranchen spielen staatliche Investoren eine wichtige
Rolle. Insofern entbehren die in der Debatte angeführten Bedenken nicht jeglicher
empirischer Grundlage.

Im nächsten Abschnitt erfolgt daher eine weitergehende Analyse der ökonomischen und politischen Implikationen chinesischer Investitionen in Deutschland mit
einem Fokus auf Firmenbeteiligungen als „Stein des Anstoßes".

2 Ökonomische und politische Implikationen chinesischer Investitionen in Deutschland

Bei der Analyse der ökonomischen Implikationen chinesischer Investitionen in
Deutschland sollte sowohl die volkswirtschaftliche als auch die betriebswirtschaftli-
che Ebene mit ihren jeweiligen Chancen und Herausforderungen Beachtung finden.
Denn diese können für den Wirtschaftsstandort Deutschland insgesamt anders zu be-

werten sein als für einzelne Unternehmen, zum Beispiel im Fall einer Firmenübernahme. Aus den ökonomischen Implikationen lassen sich im Anschluss die politischen Implikationen ableiten.

Aufgrund der noch relativ niedrigen Volumina chinesischer Investitionen hierzulande ist zunächst davon auszugehen, dass ihre volkswirtschaftliche Bedeutung für Deutschland zahlenmäßig ebenfalls eher gering ausfällt. Hier lohnt wieder der Blick auf die Qualität dieser Investitionen (Jungbluth 2014, S. 246–248, 2016, S. 33): Da China Deutschlands wichtigster Wirtschaftspartner in Asien ist, tragen chinesische Investitionen in Deutschland zu einer Intensivierung der Beziehungen nicht nur in wirtschaftlicher, sondern auch in politischer und kultureller Hinsicht bei. Das verbessert die Integration der beiden Märkte in der Tiefe. Aus betriebswirtschaftlicher Sicht können sich dadurch wichtige Spillover-Effekte ergeben: Wenn mehr chinesische Unternehmen im von der sozialen Marktwirtschaft geprägten deutschen Geschäftsumfeld tätig sind, könnten sie davon langfristig auch für ihre Geschäftstätigkeiten in China lernen. Ein Beispiel dafür könnten die Vor- und Nachteile der betrieblichen Mitbestimmung sein. Umgekehrt entwickeln deutsche Mitarbeiter in chinesischen Unternehmen ein besseres interkulturelles Verständnis von chinesischen Managementansätzen. Im Fall von Firmenbeteiligungen können deutsche Unternehmen möglicherweise von den lokalen und regionalen Vertriebsstrukturen und Netzwerken des chinesischen Investors profitieren und erhalten so ein „Tor nach Asien". Das kann vor allem für kleinere Unternehmen von Vorteil sein, für die der Zugang zum komplexen chinesischen Markt aufgrund ihrer beschränkten personellen und finanziellen Ressourcen ohnehin eine große Herausforderung darstellt.

Mit Blick auf die Arbeitsmarkteffekte ist aufgrund des Schwerpunkts chinesischer Investoren auf technologie- und innovationsintensive Branchen wie dem Maschinenbau oder dem IT-Sektor davon auszugehen, dass sie tendenziell hochwertige und langfristige Arbeitsplätze schaffen oder – im Fall von M&A – erhalten. Deutlich wird das zum Beispiel daran, dass einige chinesische Unternehmen, wie der Telekommunikationsausrüster Huawei, in Deutschland Forschungs- und Entwicklungszentren auf- und ausbauen. In einzelnen Fällen haben chinesische Investoren in der Vergangenheit bei der Erhaltung von Hightech-Arbeitsplätzen in strukturschwachen Regionen eine entscheidende Rolle gespielt, indem sie die deutsche Firma aus der Insolvenz übernahmen und den Standort so erhielten.

Im Vergleich zu Investoren aus anderen Ländern weisen chinesische Unternehmen außerdem ein eher langfristig angelegtes strategisches Interesse auf. Das ist aus volkswirtschaftlicher wie betriebswirtschaftlicher Sicht positiv zu werten: Von langfristig orientierten Investitionen sind sowohl für den Wirtschaftsstandort Deutschland als auch – im Fall von Firmenbeteiligungen – für die betroffenen Unternehmen größere Stabilität und Verlässlichkeit zu erwarten, als dies bei auf kurzfristige Gewinne ausgerichteten Investitionen der Fall ist.

Die langfristige Entwicklung stellt gleichzeitig aber auch eine große Herausforderung dar: Betriebswirtschaftlich gesehen stellt sich gerade im Fall von Firmenbeteiligungen die Frage, wie lange chinesische Unternehmen ihren Standort in Deutschland in seiner ursprünglichen Form tatsächlich erhalten, falls sie Technologie und Know-how internalisieren und zumindest teilweise nach China verlagern sollten. Geschieht dies in größerem Maßstab, könnte es gesamtwirtschaftlich betrachtet tatsächlich zu einem qualitativen „Ausverkauf" kommen, wenn hochwertige spezialisierte Segmente der Wertschöpfungsketten in Hightech-Sektoren aus Deutschland abgezogen werden. Da es sich hierbei zum Teil um Schlüsselindustrien handelt (z. B. Medizintechnik), gibt es eine – zuletzt durch die Coronakrise befeuerte – Diskussion, ob und wie Technologie und Produktion in diesen Bereichen in Deutschland oder zumindest innerhalb der EU gehalten werden könnte.

Hinzu kommt, dass die chinesische Regierung im Zuge der Umsetzung von MIC 2025 China in genau diesen Industrien zum weltweit führenden Produktionsstandort machen will, und dass politische und unternehmerische Interessen hierbei Hand in Hand gehen könnten. So hat die Analyse oben zum Beispiel für chinesische Firmenbeteiligungen gezeigt, dass die Zielsetzung der investierenden Unternehmen unabhängig von ihrer Eigentumsform oftmals kongruent mit der Industriepolitik der chinesischen Regierung ist. Aufgrund der Komplexität und Undurchschaubarkeit der Netzwerkstrukturen zwischen chinesischen Unternehmen und politischen Akteuren ist es kaum möglich, den staatlichen Einfluss auf chinesische Auslandsinvestitionen realistisch einzuschätzen, oder die Frage, wie privat chinesische Privatunternehmen tatsächlichen sind, annährend zu beantworten.

Diese Verflechtungen zwischen Staat und Wirtschaft, die über das in westlichen Marktwirtschaften vorhandene Ausmaß deutlich hinausgehen (Huotari, 2016, S. 220–222), sind eine weitere große Herausforderung. Denn daraus kann unfairer Wettbewerb zwischen der deutschen und der chinesischen Volkswirtschaft und deren Unternehmen entstehen. So sind die Rahmenbedingungen für ausländische Investitionen in China deutlich restriktiver als in Deutschland (OECD, 2020). Während chinesische Unternehmen in Deutschland weitgehend gleichberechtigten Marktzugang haben, stoßen deutsche Firmen in China noch immer auf zahlreiche formale und informelle Hürden. Bei chinesischen M&A-Transaktionen im Ausland könnten hingegen andere Bieter Wettbewerbsnachteile haben, wenn chinesische Investoren aufgrund staatlicher Unterstützung in der Lage sein sollten, höhere, da politisch subventionierte, Preise für das Kaufobjekt zu zahlen (Jungbluth, 2016, 2018).

Weitere Herausforderungen sind die interkulturellen Unterschiede, die in den gegenseitigen Wirtschafts- und Unternehmensbeziehungen eine nicht zu unterschätzende Rolle spiele. Da die kulturelle Distanz zwischen Deutschland und China vergleichsweise groß ist, kann es hier zum Beispiel bei der Post-Merger-Integration nach Firmenübernahmen zu Problemen und Missverständnissen kommen, die zum Scheitern der Transaktion beitragen können. Interkulturelle Differenzen können auch die Verständigung und Kommunikation in den gesamtwirtschaftlichen Beziehungen zwischen den beiden Ländern beeinträchtigen und den gegenseitigen Austausch erschweren.

Generell ist festzuhalten, dass chinesische Investitionen kurz- und mittelfristig sowohl aus volkswirtschaftlicher als auch aus betriebswirtschaftlicher Sicht für den Standort Deutschland mehr Chancen als Herausforderungen mitbringen. Jedoch besteht auch Grund zur Annahme, dass in der langen Frist (> 10 Jahre) die Herausforderungen überwiegen könnten.

Das ist eine wichtige Grundlage für die Analyse der politischen Implikationen. Die politischen und Wirtschaftssysteme Chinas und Deutschlands unterscheiden sich grundlegend. Das bedeutet auch, dass chinesische Unternehmen in einem völlig anderen Umfeld sozialisiert worden sind als deutsche Unternehmen und davon beeinflusst werden, wenn sie im Ausland investieren. Gerade weil China für Deutschland ein so wichtiger Wirtschaftspartner ist, lässt sich dieser Faktor aus den gegenseitigen Beziehungen nicht weg deklinieren. Aus deutscher Sicht kommen den oben aufgeführten ökonomischen Herausforderungen, wie die Unsicherheit über politischen Einfluss auf Investitionen oder Subventionen bei deren Finanzierung (v. a. Firmenbeteiligungen), daher eine große politische Bedeutung zu. Gleichzeitig sind sie ein kaum aufzulösendes Dilemma: Als große Exportnation befürwortet Deutschland wie kaum ein anderes Land offene Märkte und heißt ausländische Investoren grundsätzlich willkommen. Der Umgang mit den unfairen Wettbewerbsbedingungen, die chinesische Investoren aus deutscher Sicht verursachen, hat in der Vergangenheit aber bereits zu Maßnahmen, wie der Verschärfung des Außenwirtschaftsgesetzes geführt, die von chinesischer Seite als protektionistisch und damit als Widerspruch zum deutschen Credo offener Märkte interpretiert werden könnten.

Die größte politische Herausforderung für Deutschland ist daher der Umgang mit der – fast schon eine Binsenweisheit konstituierenden – fehlenden Reziprozität zwischen China und Deutschland beziehungsweise China und der EU. Seit Chinas Beitritt zur Welthandelsorganisation (WTO), aus deren Regularien der Begriff stammt, sind mittlerweile mehr als 19 Jahre vergangen. Das aus deutscher und westlicher Sicht erhoffte „Level Playing Field", also gleichen Wettbewerbsbedingungen, hat sich in den Wirtschaftsbeziehungen zu China jedoch noch immer nicht eingestellt. Reziprozität ist also nicht erreicht. Da China einer der wichtigsten globalen Wirtschaftsakteure ist, bedarf es hier grundsätzlicher Lösungen auf unterschiedlichen Ebenen. Diese müssen sich auf dem schmalen Grat zwischen berechtigter Protektion nationaler Interessen, zum Beispiel mit Blick auf Schlüsseltechnologien, und ökonomisch schädlichem Protektionismus, zum Beispiel die bewusste Diskriminierung von Investoren aus bestimmten Ländern, bewegen.

3 Ausblick

Chinesische Investitionen in Deutschland haben sich in den letzten Jahren ausgehend von einem niedrigen Niveau dynamisch entwickelt und sind aufgrund der oben dargelegten Faktoren Gegenstand kontroverser Diskussionen. Es ist davon auszugehen, dass diese Investitionen in den nächsten Jahren weiter zunehmen werden. Denn gemessen an der Größe seiner Volkswirtschaft liegt China mit seinen ADI immer noch deutlich hinter anderen großen Auslandsinvestoren wie den USA oder Deutschland.

Für Deutschland als Wirtschaftsstandort wiederum könnten ausländische Direktinvestitionen zunächst einmal unabhängig vom Herkunftsland in der Zukunft an Bedeutung gewinnen, da sie zum Umgang mit den beiden Megatrends Digitalisierung und demographischer Wandel einen wichtigen Beitrag leisten könnten: Sollten additive Produktionstechniken (3D-Druck) tatsächlich zum Standard werden, wird künftig wieder vermehrt in Konsumentennähe produziert werden. Das erfordert den Aufbau lokaler Produktionskapazitäten, d. h. Investitionen ausländischer Unternehmen (Petersen, 2019). ADI könnten möglicherweise auch den demografischen Wandel abzumildern (Esche et al., 2019): Da aufgrund dieses Trends die inländischen Investitionen in Zukunft zurückgehen könnten, könnten Investitionen ausländischer Unternehmen diese Lücke teilweise schließen und langfristig das BIP und die Kapitalausstattung in einer alternden Gesellschaft erhöhen.

Für Deutschland ist es also wichtig, als Standort für ADI attraktiv zu bleiben und gute Rahmenbedingungen für ausländische Investoren sicherstellen. Dabei sollte das Prinzip der Nichtdiskriminierung gelten und ein „Lex Sinica", also eine Sonderbehandlung chinesischer Investitionen, vermieden werden. Gleichzeitig ist ein Schutz vor unfairem Wettbewerb notwendig. Hierzu bedarf es einer regelmäßige Überprüfung und ggf. Anpassung bereits existierender Instrumente oder je nach Anlass der Einführung neuer Instrumente auf nationaler und EU-Ebene.

Eine weitere Zunahme chinesischer Investitionen in Deutschland könnte zudem die quantitative Asymmetrie in den gegenseitigen Investitionsbeziehungen weiter reduzieren werden und dadurch mittelfristig eine positiven Hebelwirkung erzeugen: Wenn mehr chinesische Unternehmen hierzulande investieren und nach dem Prinzip der Nichtdiskriminierung behandelt werden, verleiht dies auch der Forderung nach Reziprozität mehr Gewicht. Das gilt für Deutschland genauso wie für die EU.

Um die Umsetzung von Reziprozität auch in der Praxis voranzutreiben, müssen auf beiden Seiten einige zentrale Themen geklärt werden. Dazu zählen klare Regeln beim gegenseitigen Marktzugang, Transparenz in der Investitionsgesetzgebung (insbesondere bei der Einführung neuer Regularien) sowie bessere Information und Kommunikation in Bezug auf die Finanzierung von Transaktionen und die Eigentumsstrukturen von Investoren (insbesondere auf chinesischer Seite). Durch das Ende 2020 abgeschlossene Investitionsabkommen zwischen der EU und China sind hier mittel- bis langfristig deutliche Fortschritte zu erwarten.

In der kurzen Frist stehen hauptsächlich nationale Instrumente wie das Außenwirtschaftsgesetz und entsprechende Regelungen auf EU-Ebene zur Verfügung. Das Thema Reziprozität wird in den politischen und wirtschaftlichen Beziehungen zwischen China und Deutschland bzw. der EU aber weiterhin eine zentrale Rolle spielen und immer wieder für Spannungen sorgen.

Ebenfalls langfristig gedacht könnte es für beide Seiten außerdem sinnvoll sein, parallel zur nationalen und EU-Ebene, auf einen multilateralen Ansatz für grenzüberschreitende Investitionen hinarbeiten – selbst wenn das vor dem Hintergrund der derzeitigen Krise der Welthandelsorganisation (WTO) und damit des Multilateralismus per se ehrgeizig erscheinen mag (Brown et al., 2020, S. 58 f.). Denn gegenwärtig ist es eher schwierig, investitionsbezogenen Fragen auf internationaler Ebene anzugehen: Bislang legen vor allem bilaterale Investitionsabkommen oder Investitionskapitel in Handelsabkommen die Rahmenbedingungen für gegenseitige Investitionen fest. Deutschland bzw. die EU und China könnten im Rahmen der WTO und der G20, die dieses Anliegen bereits auf der Agenda haben, daran arbeiten, eine stärker multilateral ausgerichtete Herangehensweise für Auslandsinvestitionen zu erreichen.

Literaturverzeichnis

Bertelsmann Stiftung (2020). *The impact of foreign-owned firms in the EU and Germany.* Zugriff am 30.09.2020. Verfügbar unter https://www.bertelsmann-stiftung.de/de/publikationen/publikation/did/the-impact-of-foreign-owned-firms-in-the-eu-and-germany/.

Bischoff, J. P. und Bürger, C. (2019). *Verschärfung der Investitionsprüfung durch Änderung der Außenwirtschaftsverordnung.* Zugriff am 03.03.2020. Verfügbar unter https://www.goerg.de/de/aktuelles/veroeffentlichungen/17-01-2019/verschaerfung-der-investitionspruefung-durch-aenderung-der-aussenwirtschaftsverordnung.

Brown, J., Hansen, M. M., Jungbluth, C. und Sunesen, E. R. (2020). Ökonomische Effekte ausländischer Unternehmen in Deutschland. *Wirtschaftsdienst*, 100(1):55–59.

Bundesbank (verschiedene Jahre). *Bestandserhebung über Direktinvestitionen. Statistische Sonderveröffentlichung. 10.* Zugriff am 04.05.2020. Verfügbar unter https://www.bundesbank.de/de/publikationen/statistiken/statistische-sonderveroeffentlichungen/statistische-sonderveroeffentlichung-10-649552.

Bundesministerium für Wirtschaft und Energie (2019a). *A Franco-German Manifesto for a European Industrial Policy Fit for the 21st Century.* Zugriff am 12.03.2020. Verfügbar unter https://www.bmwi.de/Redaktion/DE/Downloads/F/franco-german-manifesto-for-a-european-industrial-policy.pdf?__blob=publicationFile&v=2.

Bundesministerium für Wirtschaft und Energie (2019b). *Industriestrategie 2030. Leitlinien für eine deutsche und europäische Industriepolitik.* Zugriff am 12.03.2020. Verfügbar unter https://www.bmwi.de/Redaktion/DE/Publikationen/Industrie/industriestrategie-2030.pdf?__blob=publicationFile&v=10.

Bundesministerium für Wirtschaft und Energie (2020). *Pressestatement: Peter Altmaier zur Reform des Außenwirtschaftsgesetzes (AWG).* Verfügbar unter https://www.youtube.com/watch?v=V5nmmncKbgA.

Esche, A., López, M. L. und Petersen, T. (2019). *Fostering Prosperity – Investment and Demographic Transition.* Zugriff am 04.05.2020. Verfügbar unter https://t20japan.org/wp-content/uploads/2019/04/t20-japan-tf10-2-fostering-prosperity-investment-demographic-transition.pdf.

Europäische Kommission (2019). *Screening for Foreign Direct Investment – an EU Framework.* Zugriff am 03.03.2020. Verfügbar unter http://trade.ec.europa.eu/doclib/docs/2019/february/tradoc_157683.pdf.

Europäische Kommission (2020). *Communication from the Commission. Guidance to the Member States concerning foreign direct investment and free movement of capital from third countries, and the protection of Europe's strategic assets, ahead of the application of Regulation (EU) 2019/452 (FDI Screening Regulation)*. Zugriff am 27.04.2020. Verfügbar unter https://trade.ec.europa.eu/doclib/docs/2020/march/tradoc_158676.pdf.

Europäisches Parlament (2012). *Die Europäische Union und China: ein Handelsungleichgewicht?* Verfügbar unter https://www.europarl.europa.eu/sides/getDoc.do?pubRef=-//EP//TEXT+TA+P7-TA-2012-0218+0+DOC+XML+V0//DE.

Gabriel, S. (2016). *Opfer offener Märkte*. Zugriff am 26.02.2020. Verfügbar unter https://www.bmwi.de/Redaktion/DE/Namensartikel/2016/20160610-gabriel-opfer-offener-maerkte.html.

GTAI (2019). *Wirtschaftsstandort China: Zunehmend schwieriger Markt*. Zugriff am 19.04.2020. Verfügbar unter https://www.gtai.de/resource/blob/152120/60ae421739df90c7c5f97733f0a4364a/pub201908298000-21133-wirtschaftsstandort-china-zunehmend-schwieriger-markt-data.pdf.

GTAI (o.J.). *Zahlen - Daten - Fakten*. Zugriff am 09.07.2020. Verfügbar unter https://www.gtai.de/gtai-de/invest/business-location-germany/fdi/zahlen-daten-fakten-78494.

Handelsblatt (2012). *Politik und Wirtschaft werben um China als neuen Großinvestor.*

Hanemann, T. und Huotari, M. (2015). *Chinesische Direktinvestitionen in Deutschland und Europa. Eine neue Ära chinesischen Kapitals*. Zugriff am 09.07.2020. Verfügbar unter https://docplayer.org/7911376-Chinesische-direktinvestitionen-in-deutschland-und-europa-eine-neue-aera-chinesischen-kapitals-thilo-hanemann-und-mikko-huotari.html.

Huotari, M. (2016). Staat und Wirtschaft. In Heilmann, S. (Hrsg.), *Das politische System der Volksrepublik China*, S. 183–234, Wiesbaden. Springer Fachmedien Wiesbaden.

Jungbluth, C. (2013). *Aufbruch nach Westen. Chinesische Direktinvestitionen in Deutschland*. Zugriff am 26.02.2020. Verfügbar unter https://www.bertelsmann-stiftung.de/fileadmin/files/user_upload/Aufbruch_nach_Westen.pdf.

Jungbluth, C. (2014). *Going Global. Die internationale Expansion chinesischer Unternehmen*. Baden-Baden: Nomos.

Jungbluth, C. (2016). *Chance und Herausforderung. Chinesische Direktinvestitionen in Deutschland*. Zugriff am 26.02.2020. Verfügbar unter https://www.bertelsmann-stiftung.de/fileadmin/files/BSt/Publikationen/GrauePublikationen/NW_Chinesische_Direktinvestitionen.pdf.

Jungbluth, C. (2018). *Kauft China systematisch Schlüsseltechnologien auf? Chinesische Firmenbeteiligungen im Kontext von „Made in China 2025"*. Zugriff am 29.03.2020. Verfügbar unter https://www.bertelsmann-stiftung.de/fileadmin/files/BSt/Publikationen/GrauePublikationen/MT_Made_in_China_2025.pdf.

Jungbluth, C. (2019a). *Chinesische Investitionen in Deutschland – Wie unterscheiden sie sich zu anderen internationalen Investoren?* 4. Jahrestagung, Hamburg.

Jungbluth, C. (2019b). Standortattraktivität vs. Interessenwahrung Deutschlands Dilemma im Umgang mit ausländischen Direktinvestitionen (ADI). *Zeitschrift für Wirtschaftspolitik*, 68(1):36–44.

Kratz, A., Huotari, M., Hanemann, T. und Arcesati, R. (2020). *Chinese FDI in Europe: 2019 Update. Special Topic: Research Collaborations*. Zugriff am 19.04.2020. Verfügbar unter https://www.merics.org/de/papers-on-china/chinese-fdi-in-europe-2019.

MOFCOM (2019). *2018 Statistical Bulletin of China's Outward Foreign Direct Investment*. Zugriff am 29.03.2020. Verfügbar unter http://images.mofcom.gov.cn/fec/201910/20191030110615743.zip.

MOFCOM (verschiedene Jahre). *Statistical Bulletin of China's Outward Foreign Direct Investment*. Zugriff am 29.03.2020. Verfügbar unter http://fec.mofcom.gov.cn/article/tjsj/tjgb/.

OECD (2020). *Foreign Direct Investment Regulatory Restrictiveness Index*. Zugriff am 19.05.2020. Verfügbar unter https://goingdigital.oecd.org/en/indicator/74/.

Petersen, T. (2019). *How 3D Printing Technology Could Change World Trade: Five Predictions on the Future of Global Trade*. Zugriff am 04.05.2020. Verfügbar unter https://ged-project.de/ allgemein-en/how-3d-printing-technology-could-change-world-trade/.

Staatsrat der Volksrepublik China (2015). 国务院关于印发《中国制造2025》的通知. *Mitteilung des Staatsrats über die Verbreitung [des Dokuments zu] „Made in China 2025" (auf Chinesisch)*. Zugriff am 26.02.2019. Verfügbar unter www.gov.cn/zhengce/content/2015-05/19/content_ 9784.htm.

Statistical Yearbook of China (verschiedene Jahre). *Foreign Trade and Economic Cooperation – Foreign Investment Actually Utilized by Countries or Regions*. Zugriff am 24.04.2019. Verfügbar unter www.stats.gov.cn/english/statisticaldata/AnnualData/.

UNCTAD (2019a). *World Investment Report. Annex Table 02: FDI Outflows, by Region and Economy, 1990-2018*. Zugriff am 16.03.2020. Verfügbar unter http://unctad.org/Sections/dite_dir/docs/ WIR2019/WIR19_tab02.xlsx.

UNCTAD (2019b). *World Investment Report. Annex Table 04: FDI Outward Stock, by Region and Economy, 1990-2018*. Zugriff am 16.03.2020. Verfügbar unter https://unctad.org/Sections/dite_dir/ docs/WIR2019/WIR19_tab04.xlsx.

UNCTAD (2019c). *World Investment Report. Fact Sheet China*. Accessed 16.03.2020. Retrieved from https://unctad.org/sections/dite_dir/docs/wir2019/wir19_fs_cn_en.pdf.

UNCTAD (2019d). *World Investment Report. Fact Sheet Germany*. Zugriff am 16.03.2020. Verfügbar unter http://unctad.org/Sections/dite_dir/docs/WIR2019/wir19_fs_ger_en.pdf.

UNCTAD (2019e). *World Investment Report. Fact Sheet USA*. Zugriff am 16.03.2020. Verfügbar unter http://unctad.org/Sections/dite_dir/docs/WIR2019/wir19_fs_us_en.pdf.

Zypries, B., Sapin, M. und Calenda, C. (2017). *Schreiben an EU-Handelskommissarin Cecilia Malmström*. Zugriff am 03.03.2020. Verfügbar unter https://www.bmwi.de/Redaktion/DE/ Downloads/S-T/schreiben-de-fr-it-an-malmstroem.pdf?__blob=publicationFile&v=5.

Teil VI: **USA und China**

Sean Randolph

14 Das sich verändernde Umfeld für US-China-Investitionen

Im Jahr 2019 begehen die Vereinigten Staaten und China den 40. Jahrestag der Aufnahme diplomatischer Beziehungen. Seit dieser Zeit haben die Beziehungen eine wachsende wirtschaftliche Integration erfahren, die durch Reformen in China verankert wurde, die wiederum große Elemente des Marktkapitalismus in die chinesische Wirtschaft einführten. Die Aufnahme Chinas in die Welthandelsorganisation im Jahr 2001 war ein kritischer Wendepunkt, da sie die globalen Märkte für chinesische Waren öffnete und die Voraussetzungen für einen erheblich beschleunigten Fluss sowohl des eingehenden Handels als auch der ausländischen Investitionen schuf.

Als Teil dieses Prozesses wurden immer mehr chinesische Studenten an Universitäten in den Vereinigten Staaten geschickt, insbesondere für Studiengänge in Bereichen wie Informatik und Ingenieurwesen. Als Chinas Wirtschaft und mit ihr die Mittelschicht wuchs, begannen auch chinesische Touristen ins Ausland zu reisen, nach Asien, Europa und in die Vereinigten Staaten. In jüngster Zeit hat dieses Engagement die Form großer Ströme chinesischer Investitionen ins Ausland angenommen, da Chinas Kapitalreserven wuchsen und Unternehmen wie Tencent, Baidu, Huawei und Alibaba expandierten. China wurde zu einem bedeutenden Kapitalexporteur, der weltweit Unternehmen erwarb und in Immobilien und Technologie investierte. Die drei wichtigsten Ziele für diese Investitionen in den Vereinigten Staaten waren New York, Los Angeles und die San Francisco/Silicon Valley Bay Area. Heute beherbergt die Bay Area eine breite Palette von chinesisch finanzierten Entwicklungsprojekten, Unternehmen und Investitionsfonds.

Trotz dieses Geflechts von Verbindungen, das die beiden Volkswirtschaften verbindet, stehen die Beziehungen zwischen den USA und China heute an einem Scheideweg, an dem eine weitere Vertiefung der Wirtschaftsbeziehungen nicht vorausgesetzt werden kann und rückgängig gemacht werden könnte. Die Gründe dafür liegen sowohl in der Politik als auch in der Wirtschaft, da frühere Annahmen über Chinas politische und wirtschaftliche Richtung in Frage gestellt werden und langjährige politische Fragen in den Beziehungen auf eine Weise an die Oberfläche getreten sind, die die Prioritäten der beiden Regierungen in einen immer offeneren Konflikt gebracht hat.

Übersetzt aus dem Englischen.

https://doi.org/10.1515/9783110668216-014

1 Grundlegende Veränderungen in den Beziehungen zwischen den USA und China

Während die ersten 40 Jahre der Beziehung weitgehend von Wachstum und Optimismus geprägt waren, hat die Beziehung heute weitgehend Neuland betreten. Viele der diskutierten Themen sind nicht neu, aber sie haben an Intensität gewonnen und sind zunehmend miteinander verknüpft, was ihre Lösung schwieriger macht. Mehrere Faktoren haben die USA und China an diesen Punkt gebracht.

Die eine ist die nationalistischere politische Führung in beiden Ländern. In den Vereinigten Staaten hat sich Präsident Donald Trump seit seinem Amtsantritt im Jahr 2017 mit einer Reihe globaler Partner aggressiv für die Reziprozität im Handel und den Defizitabbau eingesetzt. China ist nicht das einzige Ziel, denn die Regierung hat auch Druck auf US-Partner wie Mexiko, Kanada, Europa und Südkorea ausgeübt. Aber China ist aufgrund seiner Größe, des Ausmaßes des US-Defizits und der starken Rolle, die Chinas Regierung bei der Gestaltung seiner Wirtschaft spielt, einzigartig. Strategien der Trump-Administration („America First") haben im Allgemeinen den Wert multinationaler Normen und Mechanismen zur Förderung der US-Interessen zugunsten unilateraler Strategien außer Acht gelassen.

In China hat Präsident Xi die politische Macht zentralisiert und die führende Rolle der Kommunistischen Partei in Wirtschaft und Gesellschaft bekräftigt, und außerhalb Chinas verfolgt das Land eine Politik, die die chinesische Macht und den chinesischen Einfluss unübersehbar geltend macht. Für viele geht es dabei weniger um die wachsende globale Rolle Chinas als vielmehr um die dahinterstehenden Absichten. Unter Deng Xiaoping, der Chinas Reformen einleitete, und unter den nachfolgenden chinesischen Führern baute China seine Wirtschaft auf, tat dies jedoch in aller Stille, wobei die Ideologie in den Hintergrund gedrängt wurde. Unter Xi wurde diese diskrete Strategie durch eine Strategie ersetzt, die, da sie sowohl ideologisch als auch sichtbarer und multidimensionaler war, für US-Politiker schwerer zu ignorieren ist.

Diese sich abzeichnende Trennlinie erstreckt sich vom politischen Bereich bis zur Wirtschaft. Trotz der Zusicherung, dass die chinesische Wirtschaft zunehmend marktgesteuert sein würde, hat die chinesische Regierung in den letzten Jahren ihre politische Reichweite auf den Unternehmenssektor ausgeweitet und gleichzeitig ihre Unterstützung für staatseigene Unternehmen (SOEs) verstärkt. Obwohl China heute nach den Vereinigten Staaten die zweitgrößte Anzahl von Fortune-500-Unternehmen aufweist, sind fast alle Unternehmen staatliche Unternehmen. Diese erweiterte Unterstützung für staatliche Unternehmen als nationale Champions stellt eine Umkehrung früherer Politiken dar, die versprochen hatten, sie zu reformieren und ihre Rolle zu reduzieren, als die Marktwirtschaft Einzug hielt. Mit dieser Verschiebung werden staatliche Unternehmen nun als eine kritische Quelle der Unterstützung für die Herrschaft der Kommunistischen Partei angesehen. Mit diesem Status sind Subventionen und ein bevorzugter Zugang zu Darlehen und Krediten verbunden, die dem Privatsektor nicht zur Verfügung stehen. Die Besorgnis unter ausländischen Unternehmen und Regierungen ist, dass diese Unternehmen mit dieser Unterstützung in unfairem Wettbewerb mit privaten Firmen stehen. Dies wirft die tiefere Frage auf, ob sich Chinas Wirtschaft tatsächlich zu einer marktgesteuerten Wirtschaft entwickelt, in der alle Unternehmen, chinesische wie ausländische, gleichberechtigt konkurrieren können.

Das Vierte Plenum der Kommunistischen Partei,[1] das im Oktober 2019 stattfand, war hinsichtlich der künftigen Rolle der Märkte und der Wirtschaftsreformen unklar. In ihrem Kommuniqué hieß es China wird es dem Markt ermöglichen, „seine entscheidende Rolle bei der Zuteilung von Ressourcen in vollem Umfang auszuüben", betonte aber auch die „dominierende Rolle des öffentlichen Sektors", was darauf hindeutet, dass die Rolle der staatlichen Unternehmen wachsen und eine starke Regierungsführung fortbestehen wird (Koty, 2019).

Eine Reihe von Gesetzen und Richtlinien, die in den letzten Jahren erlassen wurden, verstärken diese Bedenken. Zum Beispiel erlauben das 2014 verabschiedete Gesetz zur Spionageabwehr und ein 2017 verabschiedetes nationales Nachrichtendienstgesetz der Kommunistischen Partei, chinesische Unternehmen zur Herausgabe von Informationen und zur Öffnung ihrer Systeme für die Nachrichten- und Sicherheitsbehörden des Landes zu zwingen, wodurch die Grenze zwischen privaten Geschäftsaktivitäten und der Regierung verwischt wird. Chinesische Studenten und Wissenschaftler unterliegen ähnlichen Anforderungen an die Zusammenarbeit mit den nationalen Geheimdiensten.

Während der Aufbau der Wirtschaft ein Ziel vieler chinesischer Verwaltungen war und geistiges Eigentum und der Technologietransfer von westlichen Unternehmen seit langem ein Thema sind, wurde in den letzten Jahren das Ziel Chinas, eine führende Position in einer Reihe von Schlüsseltechnologien zu erlangen, explizit, wie in der Strategie „Made in China 2025" und in jüngster Zeit in der Politik „China Standards 2035" deutlich, die darauf abzielt, Chinas Stempel auf globale Standards zu setzen. Für die Vereinigten Staaten haben sich die wirtschaftlichen Bedenken, die diese Fragen aufwerfen, mit den nationalen Sicherheitsbedenken, die in erster Linie die Technologie betreffen, angenähert.

2 Gesetze und Politiken mit Auswirkungen auf chinesische Investitionen

Da diese Anliegen in den Vordergrund gerückt sind, ist der vielleicht am stärksten betroffene Bereich die Investitionstätigkeit, die in direktem Zusammenhang mit Handel

---

1 Das Plenum ist die wichtigste interne Sitzung der Partei nach dem alle fünf Jahre stattfindenden Parteitag.

und Technologie steht. Dies spiegelt sich in einer Reihe von Gesetzen und Richtlinien wider, die seit 2018 erlassen und umgesetzt wurden.

Im August 2018 verabschiedete der Kongress auf parteiübergreifender Basis den Foreign Investment Risk Review Modernization Act (FIRRMA), der dem Ausschuss für Auslandsinvestitionen in den Vereinigten Staaten (CFIUS) – einem vom Finanzministerium geleiteten Regierungsgremium, das sich aus Vertretern des Außen-, Verteidigungs-, Justiz-, Handels-, Energie- und Heimatschutzministeriums sowie des Amtes des US-Handelsbeauftragten und des Amtes für Wissenschaft und Technologiepolitik zusammensetzt – erweiterte Befugnisse einräumt und eingehende Auslandsinvestitionen auf Belange der nationalen Sicherheit überprüft.

Bis vor kurzem hatte das CFIUS nur Investitionen untersucht, bei denen der Versuch eines ausländischen Staates, ein amerikanisches Unternehmen *zu erwerben* oder mit einem amerikanischen Unternehmen *zu fusionieren*, ein potenzielles nationales Sicherheitsrisiko darstellte. Es konzentrierte sich vor allem auf große Transaktionen, bei denen es um den Erwerb einer Kontrollbeteiligung ging. Unter seiner erweiterten Befugnis kann das CFIUS nun Transaktionen prüfen und blockieren, die den Erwerb von nicht-kontrollierenden, nicht-passiven Minderheitsbeteiligungen an US-Unternehmen, einschließlich kleiner Unternehmen, beinhalten, die dem Erwerber Zugang zu der Technologie dieses Unternehmens verschaffen könnten. Die FIRRMA dehnt den Geltungsbereich des CFIUS auch auf den Erwerb von Immobilien in der Nähe sensibler Regierungseinrichtungen aus.

Ab dem Datum des Inkrafttretens des FIRRMA-Gesetzes (13. August 2018) wurde die vollständige Umsetzung um 18 Monate verschoben, um die Ausarbeitung von Durchführungsbestimmungen zu ermöglichen. Interimsverordnungen, die im Oktober 2018 erlassen wurden, legten ein Pilotprogramm fest, das so lange in Kraft blieb, bis die endgültigen Verordnungen umgesetzt wurden.[2] Das Pilotprogramm verlangt die Deklaration bestimmter Transaktionen, die Investitionen in US-Unternehmen beinhalten, die kritische Technologien entwerfen, testen, herstellen, fabrizieren oder entwickeln. Investitionen in 27 strategische Industrien müssen dem CFIUS gemeldet werden, wenn die Transaktion dem Erwerber Zugang zu nicht-öffentlichen technischen Informationen verschaffen oder die Nominierung eines Vorstandsmitglieds oder eine andere Beteiligung an wesentlichen Entscheidungen innerhalb des Unternehmens ermöglichen würde.[3] Diese Entscheidungsfindung kann sich auf einen der folgenden Punkte beziehen: Lizenzierung, Liefervereinbarungen, Unternehmens-

---

2 Für die Durchführungsbestimmungen siehe U.S. Department of the Treasury (o. J.).

3 Es wurde eine Ausnahme von der Meldepflicht für indirekte ausländische Investitionen gemacht, wenn der Investor ein begrenzt haftender Teilhaber oder ein Beiratsmitglied einer Investmentgesellschaft ist, bei der der Fonds von einem nicht ausländischen General Partner verwaltet wird, und die ausländische Person oder das Beiratsmitglied nicht die Möglichkeit hat, Investitionsentscheidungen des Fonds oder der Unternehmen, in die er investiert, zu genehmigen, abzulehnen oder anderweitig zu kontrollieren.

strategie, F&E, Produktionsstandorte, Lagerung oder Schutz der Technologie, die Ernennung oder Entlassung von Personal mit operativer Aufsicht oder strategische Partnerschaften (U.S. Department of the Treasury, 2018).

Die abgedeckten Sektoren umfassen ein breites Spektrum von Technologien, einschließlich Flugzeugbau, Herstellung von Computerspeichergeräten, Herstellung von elektronischen Computern, Herstellung von Linsen für optische Instrumente, Herstellung von Energie und Verteilung, Herstellung von Primärbatterien, Telekommunikation, Forschung und Entwicklung im Bereich Nanotechnologie, Forschung und Entwicklung im Bereich Biotechnologie, Herstellung von Halbleitermaschinen und Herstellung von Speicherbatterien.[4]

> Under the pilot program, the mandatory declaration requirement extends to investments by foreign persons that do not constitute an acquisition of "control" of a US business but which merely permit the foreign investor to receive one of the following:
> - Access to any material, non-public technical information in the U.S. business's possession;
> - Membership or observer rights on the board of directors or equivalent governing body of the U.S. business, or the right to nominate an individual to a position on such body; or
> - Any involvement, other than through voting of shares, in substantive decision-making of the U.S. business regarding the use, development, acquisition, or release of "critical technology." (Dorsey & Whitney LLP, 2018)

Das CFIUS erstreckt sich auf alle Länder, aber der Schwerpunkt liegt auf China. Historisch gesehen waren an den meisten Fällen, die vom CFIUS geprüft wurden, chinesische Käufer beteiligt (etwa 50 % mehr als in den nächstgelegenen Ländern, Kanada und den Großbritannien), aber bis Mitte 2018 waren an 100 % der von CFIUS seit seiner Gründung im Jahr 1975 *blockierten* Übernahmen potenzielle chinesische Käufer beteiligt (Blumenthal et al., 2018).

Im Jahr 2020 wurde der im Rahmen des Pilotprogramms entwickelte Regulierungsrahmen dauerhaft eingeführt.

Die Überprüfung des CFIUS läuft parallel zu den vom Bureau of International Security (BIS) des Handelsministeriums verwalteten US-Exportkontrollen, die sich auf Munition und Technologien mit doppeltem Verwendungszweck (militärisch/zivil) beziehen. Das Exportkontrollreformgesetz von 2018 (ECRA), das gleichzeitig mit der FIRRMA in Kraft trat, weist auf die Notwendigkeit hin, „critical technologies" zu schützen, darunter Verteidigungsartikel auf der US-Munitions List (USML, Teil 121 der International Traffic in Arms Regulations) und Güter mit doppeltem Verwen-

---

4 Eine detailliertere Liste von Technologien, die vom Bureau of Industry and Security (BIS) des Handelsministeriums zur Verfügung gestellt wird, umfasst: Nanotechnologie, synthetische Biologie, Genom- und Gentechnologie, Neurotechnologie, KI und maschinelle Lerntechnologie, Positions-, Navigations- und Zeitmesstechnologie (PNT), Mikroprozessortechnologie, fortgeschrittene Computertechnologie, Quanteninformations- und Sensortechnologie, Logistiktechnologie, additive Fertigung, Robotik, Gehirn-Computer-Schnittstellen, Hyperschall, fortgeschrittene Materialien und fortgeschrittene Überwachungstechnologien. Vgl. Dickinson (2019).

dungszweck auf der Commerce Control List (CCL, Supplement Nr. 1 zu Teil 774 der Export Administration Regulations). Vielleicht noch wichtiger ist, dass sie neue Ausfuhrkontrollmaßnahmen zum Schutz der „emerging and foundational technologies" erfordert, die „für die nationale Sicherheit von wesentlicher Bedeutung" sind und nicht von anderen Ausfuhrkontrollbestimmungen erfasst werden.

Im November 2018 forderte die BIZ die Industrie auf, zu den Kriterien für die Identifizierung und Definition von „emerging technologies" Stellung zu nehmen. Zu den Technologien, die in der Advanced Notice of Proposed Rulemaking (ANPRM) behandelt werden, gehören viele mit zivilen Anwendungen wie Nanobiologie und synthetische Biologie, Genomik und Gentechnik, KI und maschinelles Lernen, Mikroprozessortechnologie und additive Fertigung (Federal Register, 2018). „Foundational technologies", die jeder militärischen Anwendung vorgelagert sind, werden nicht über ihre Wesentlichkeit für die Sicherheit der USA hinaus definiert. Dazu muss das Handelsministerium zusätzliche Regeln entwickeln. Es ist wichtig, darauf hinzuweisen, dass sich die grundlegenden Technologien, die Gegenstand der Überprüfung sein werden, von den an Universitäten durchgeführten veröffentlichten Forschungsarbeiten unterscheiden, die nicht unter die von der BIZ verwalteten Exportkontrollen fallen.

Die Ausweitung der Exportkontrollen auf eine breitere Palette von Technologien könnte sich auf künftige Patentanmeldungen auswirken und möglicherweise Exportlizenzen für die laufende technologische Zusammenarbeit mit China. Sie kann sich auch auf so genannte „deemed exports" chinesischer Staatsangehöriger auswirken, die in den Vereinigten Staaten in der Forschung tätig sind, wo Technologien, denen sie ausgesetzt sind, als exportiert angesehen werden („deemed"). Vorgesehene Ausfuhrlizenzen sind weit verbreitet, wenn chinesische Wissenschaftler eingestellt werden. Im Jahr 2017 wurden 758 „deemed export licences" für chinesische Staatsangehörige von weltweit 1.456 erteilten Lizenzen ausgestellt. In Zukunft müssen Manager, die chinesische Staatsangehörige einstellen, möglicherweise Lizenzen für vorgesehene Ausfuhren beantragen oder diese Mitarbeiter in nicht kontrollierte Gebiete versetzen.[5]

3 Investitionsentwicklung

Die Auswirkungen des Konflikts zwischen den USA und China zeigen sich auch in den bilateralen Investitionsströmen. In der ersten Hälfte des Jahres 2019 sank der Wert der in beide Richtungen fließenden ausländischen Direktinvestitionen und Risikokapitalströme zwischen den beiden Ländern auf 13 Mrd. USD, was einem Rückgang von 18 % im Vergleich zum vorangegangenen Halbjahr entspricht (Hanemann et al., 2019a). Siehe dazu auch Abbildung 14.1 und Abbildung 14.2.

---

5 Für weitere Diskussionen, siehe Cohen (2019).

Completed Two-Way Direct and Venture Capital Investment Between the US and China, 2010–1H2019, US $ billions

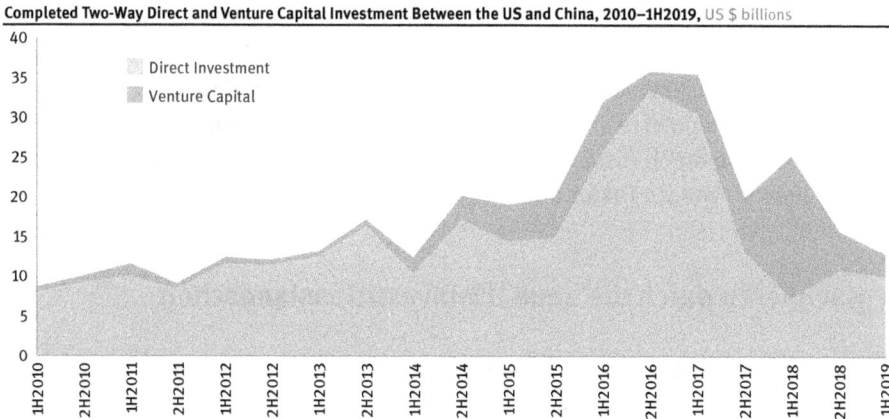

Abb. 14.1: Die Auswirkungen des Konflikts zwischen den USA und China zeigen sich auch in den bilateralen Investitionsströmen (Hanemann et al., 2019a).[6]

Chinese Greenfield Investment in California, 2014–2018
US $ millions

Chinese Acquisition Investment in California, 2014–2018
US $ billions

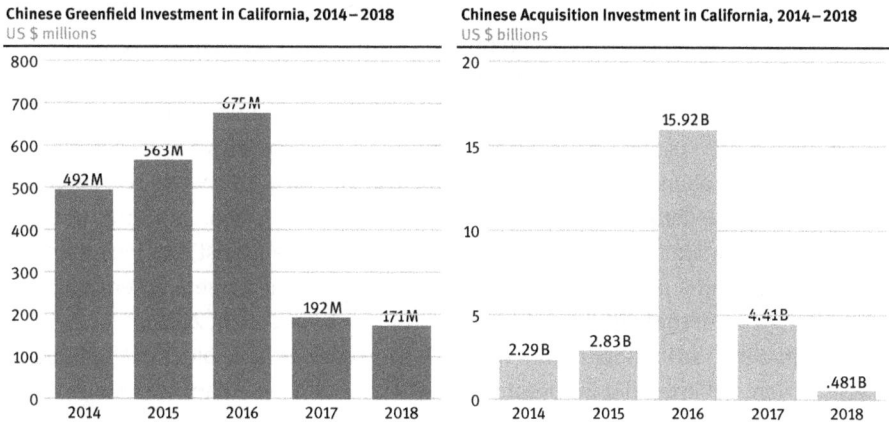

Abb. 14.2: Chinesische Investitionen in allen Industriesektoren in Kalifornien nach einem Höchststand im Jahr 2016 deutlich zurückgegangen (eigene Darstellung nach Hanemann et al., 2019).

Ein Großteil dieses Rückgangs ist auf die Bemühungen der chinesischen Regierung zurückzuführen, hoch verschuldete chinesische Unternehmen zu zwingen, ihre Bilanzen zu bereinigen, indem sie Geschäfte abwickelte und risikoreiche Investitionen

---

6 Die FDI-Daten repräsentieren den Gesamtwert der Direktinvestitionstransaktionen von Unternehmen des chinesischen Festlands in den USA, einschließlich Projekten auf der grünen Wiese und Übernahmen, die zu einer erheblichen Eigentumskontrolle führen (> 10 % des Eigenkapitals). VC-Daten repräsentieren den anteiligen Wert der Investitionen von Investoren, die von Festlandchinesen oder USA persönlich haftende Gesellschafter oder Unternehmen. 1H 2019 Daten sind nur vorläufig.

im Ausland einschränkte,[7] und den hohen Abruf der Devisenreserven des Landes im Zuge des Abflusses von Investitionen einzudämmen. Diese Maßnahmen, die insbesondere große Immobilieninvestitionen und Übernahmen außerhalb des Technologiebereichs betrafen, standen nicht im Zusammenhang mit dem US-Handelsstreit. Aber die Unsicherheit, die durch die neue Prüfung der chinesischen Investitionen durch das CFIUS entstand, war ein Faktor und wird in Zukunft ein wachsender Faktor sein.

4 Navigieren durch die neue US-Investitionslandschaft

Das CFIUS behält sich die Möglichkeit vor, in jede Transaktion einzugreifen, die nicht ausdrücklich freigegeben wurde, auch wenn diese Transaktion in der Vergangenheit stattgefunden hat. Dies wurde in einer Entscheidung aus dem Jahr 2019 deutlich gemacht, in der die Kunlun-Gruppe aufgefordert wurde, ihr Eigentum an der Online-Dating-Anwendung Grindr zu veräußern, deren Kauf im Januar 2018 abgeschlossen worden war. Infolgedessen werden chinesische Investoren sorgfältig überlegen müssen, ob sie eine geplante Transaktion melden sollen, auch wenn die CFIUS-Kriterien nicht im Spiel zu sein scheinen. Es ist auch klar, dass Transaktionen, die einem chinesischen Unternehmen Zugang zu persönlich identifizierbaren Informationen (PII) verschaffen, einer besonderen Prüfung unterzogen werden. Dies zeigte sich sowohl im Fall Grindr als auch in einer zweiten Intervention im Jahr 2019, wo CFIUS aufgrund von Datenschutzbedenken das chinesische Unternehmen iCarbonX aufforderte, seine Beteiligung an PatientsLikeMe zu veräußern, einem Online-Dienst, der Personen mit ähnlichen Gesundheitsproblemen in dem Bemühen um eine bessere Erkennung und Behandlung von Krankheiten miteinander verbindet (Clark et al., 2019).

Zu früheren Transaktionen, die von CFIUS entweder de facto blockiert oder modifiziert wurden, gehörten der im Dezember 2017 vorgeschlagene Kauf von MoneyGram International durch Ant Financial und der Kauf von Genworth Financial durch China Oceanwide im Jahr 2018, die beide den Zugang zu PII beinhalteten. Im Fall China Oceanwide-Genworth war Genworth verpflichtet, diesen Zugang durch die Nutzung eines Drittanbieters für die Verwaltung und den Schutz der persönlichen Daten der US-Versicherungsnehmer von Genworth abzuschwächen (Clark et al., 2019).

Im September 2019 gab das Finanzministerium eine Vorschau auf die permanenten CFIUS-Bestimmungen, die 2020 in Kraft treten sollen, beginnend mit den Arten sensibler Daten, die eine Überprüfung der nationalen Sicherheit auslösen könnten. Der Umfang der Überprüfung in den vorgeschlagenen Regeln wird sich auf Investitionen in Unternehmen mit Daten über mehr als eine Million Menschen oder über Bevölkerungsgruppen, zu denen US-Militärangehörige gehören, beschränken. Zu den sen-

---

7 Einige große Unternehmen wie HNA, Anbang und Wanda wurden sogar gezwungen, zuvor erworbene Vermögenswerte zu veräußern.

siblen Daten, die eine Überprüfung auslösen könnten, gehören Bankkontoauszüge, Daten zur psychischen Gesundheit, Details, die üblicherweise für Hypothekenanträge benötigt werden, Informationen zum geostationären Standort und Finanzdaten, die darauf hinweisen würden, dass sich jemand in einer finanziellen Notlage befindet. Die Reichweite der vorgeschlagenen Verordnung reicht nicht aus, um Einzelhändler oder andere Unternehmen einzubeziehen, die Kreditkarteninformationen von Verbrauchern sammeln (Ferek, 2019).

Zu den Sektoren im Silicon Valley, die von den neuen Beschränkungen betroffen sein könnten, gehören Selbstfahrer und Elektrofahrzeuge, in denen Sino-US-Unternehmen durch Investitionen und F&E sowohl im Silicon Valley als auch in China verbunden sind. Ein Beispiel dafür ist Plus.ai, ein Entwickler selbstfahrender Software, der mit dem chinesischen Lkw-Hersteller FAW Group zusammenarbeitet. Mit Aktivitäten in Peking und Suzhou sowie San Francisco würde ihr Geschäftsmodell direkt von den Kontrollen des Exports von in den USA entwickelter KI-Technologie betroffen sein. Wie der Gründer und CEO David Liu beschrieb: „Our company would be split in half" (Moss, 2019).

Die Rhodium-Gruppe schätzt, dass chinesische Investoren im Jahr 2018 Geschäfte im Wert von mehr als 2,5 Mrd. USD aufgrund ungelöster CFIUS-Bedenken abgebrochen haben (Hanemann et al., 2019b). Für das Jahr 2019 schätzt Rhodium, dass die chinesischen FDI in den USA auf 5 Mrd. USD gesunken sind, ein Niveau, das seit der globalen Finanzkrise 2009 nicht mehr erreicht wurde. Die Faktoren waren chinesische Kapitalkontrollen, verstärkte regulatorische Kontrolle und politische Unsicherheit, die auf den Handelskrieg zwischen den USA und China zurückzuführen sind. Der Rückgang betraf sowohl Neuansiedlungen (Greenfield-Investments) als auch Übernahmen und war branchenübergreifend breit gefächert. Sektoren mit geringem politischen oder regulatorischen Risiko wie Konsumgüter oder Automobile waren am widerstandsfähigsten.

Auch die Ströme von Risikokapital werden beeinflusst. Im Jahr 2018 beliefen sich die zweiseitigen Risikokapitalströme zwischen den USA und China auf insgesamt 22 Mrd. USD und übertrafen damit zum ersten Mal die ausländischen Direktinvestitionen. US-Risikokapitalgeber investierten einen Rekord von 19,6 Mrd. USD in chinesische Start-ups – das ist fast doppelt so viel wie der bisherige Rekord von 9,4 Mrd. USD im Jahr 2017 und fünfmal so viel wie der Fluss chinesischer Risikokapitalinvestitionen in die USA. Einige amerikanische Investoren in chinesische Unternehmen gingen Minderheitsbeteiligungen ein, um sich in Sektoren zu engagieren, in denen FDI beschränkt sind (Hanemann et al., 2019b). Auf einem viel niedrigeren Niveau erreichten chinesische Venture-Investitionen in den USA in der ersten Hälfte des Jahres 2018 ihren Höhepunkt, wobei chinesische Investoren schätzungsweise 2,2 Mrd. USD in mehr als 170 Transaktionen beisteuerten, um dann in der zweiten Jahreshälfte bei einer jährlichen Gesamtinvestition von 4,7 Mrd. USD etwas zurückzufallen.

Im Jahr 2019 fielen chinesische Venture-Investitionen in den USA drastisch auf 2,6 Mrd. USD, was auf eine Kombination aus schwierigen Marktbedingungen in China, einer Abkühlung bei der Finanzierung von US „mega-unicorns" (in die chinesische Firmen häufig investierten), politischen Spannungen zwischen den USA und China und dem Inkrafttreten von FIRRMA und ECRA zurückzuführen ist. Im selben Jahr investierten US-Venture-Firmen schätzungsweise 5 Mrd. USD in chinesische Start-ups, ein dramatischer Rückgang gegenüber dem Vorjahresniveau, der weitgehend auf eine Verlangsamung des chinesischen Venture-Marktes und die Sorge vor einer Überhitzung zurückzuführen ist (Hanemann et al., 2019a, 2020).

Es ist zu erwarten, dass im Jahr 2020 und darüber hinaus die Stärkung der CFIUS-Prüfungen im Rahmen der verabschiedeten endgültigen Verordnungen die Venture-Ströme weiter einschränken wird. Eine verstärkte Konzentration auf die Sicherheit könnte ebenfalls Auswirkungen haben. In einem Bericht 2018 für das im Silicon Valley ansässige Innovationsbüro des Verteidigungsministeriums, die Defense Innovation Unit (DIU), wurden chinesische Venture-Firmen ausdrücklich als Quelle der Besorgnis genannt (Brown und Singh, 2018), und das FBI hat ein Team von Analysten und Agenten nach San Francisco entsandt, um mit Unternehmen an Sicherheitsrisiken zu arbeiten (Winkler, 2019).

Da sich das Umfeld verändert, ist die Mittelbeschaffung durch Venture Capital aus dem Silicon Valley, an der chinesische Investoren beteiligt sind, komplexer geworden. Auf der Empfängerseite sind einige Start-Ups zögerlich geworden, chinesische Finanzierung zu akzeptieren, weil sie befürchten, dass chinesisches Eigenkapital ihre Fähigkeit beeinträchtigen könnte, in Zukunft Geschäfte mit der US-Regierung zu tätigen. Symptomatisch für diese Verschiebung ist, dass Sinovation Ventures, die von dem ehemaligen Google-Manager und KI-Experten Kai-Fu Lee gegründete Investmentfirma, ihr Büro in Palo Alto geschlossen hat und nicht mehr in den USA investiert; Sinovation hatte zuvor 46 USA Investitionen. Der Venture-Arm von Alibaba, ebenfalls einst im Silicon Valley tätig, hat den Schwerpunkt seiner Investitionen von den USA weg verlagert. Der chinesische Mischkonzern Fosun International vermeidet Investitionen in potenziell sensible Branchen, während andere chinesische Investoren die Struktur ihrer US-Deals ändern, um eine Überprüfung durch das CFIUS zu vermeiden (Winkler, 2019).

Dieses neue Umfeld wird auch die Entscheidungen der VC-Fonds der Bay Area beeinflussen, da sie die Beziehungen zu chinesischen Partnern überprüfen und überlegen, wie die Möglichkeiten für Portfoliounternehmen in China können betroffen sein. Ashu Garg, General Partner bei Foundation Capital, kommentiert:

> With many of our artificial intelligence companies, we're making the assumption that China may never be a market because of the regulatory constraints around, in China. Frankly, given the way the Chinese government thinks about personal data, I think we would be hesitant to collect the kind of data that we might like to in the US, just given the risks to our overall business. (Schubarth, 2019)

Bestehende chinesische Investitionen werden auch durch politischen und regulatorischen Druck beeinflusst. Viele chinesische Unternehmen, die im Silicon Valley tätig sind, haben erfahrene US-Fachkräfte in leitenden Positionen eingestellt. Diese Rolle wird für viele unhaltbar, da chinesische Unternehmen in chinesischem Besitz zunehmend unter die Beobachtung der Öffentlichkeit geraten. Im August 2020 trat der amerikanische Präsident der beliebten chinesischen App TikTok aufgrund von Spannungen zurück, die sich aus dem Verbot von TikTok in den USA und seinem Zwangsverkauf aufgrund von Sicherheitsbedenken der US-Regierung ergaben.

Trotz der neuen Hürden, die von CFIUS und FIRRMA aufgestellt wurden, ist die Tür zu Investitionen nicht verschlossen, und die Investoren finden Wege, um unter den sich abzeichnenden Regeln voranzukommen.

Belange der nationalen Sicherheit der USA sind mit chinesischen Übernahmen nicht kategorisch unvereinbar. Bis 2018 befand sich mehr als die Hälfte der vom CFIUS geprüften US-China-Deals noch in der Genehmigungsphase, insbesondere bei sorgfältiger Vorlage. Während der Obama-Administration wurden mehr als 90 % der Geschäfte zwischen den USA und China von CFIUS freigegeben; Ende 2018 waren 60 % unter der Trump-Administration genehmigt worden (Shoesmith, 2018).

US-amerikanische und chinesische Parteien einer Transaktion werden bestimmen müssen, ob eine Anmeldung bei CIFIUS im Rahmen des Pilotprogramms der FIRRMA vom Oktober 2018, das Investitionen in ein Geschäft mit „kritischer Technologie" abdeckt, obligatorisch ist oder nicht – wobei sie anerkennen müssen, dass CIFIUS sich das Recht vorbehält, ohne spezifische Genehmigung einzugreifen. Dies ist natürlich immer noch mit Risiken und Anstrengungen auf Seiten des Investors verbunden, und das Verfahren an sich kann eine Investition abschrecken, bevor der Fall überhaupt formell an das CFIUS herangetragen wird. Aber wenn Investoren bereit sind, ihre Fälle sorgfältig vorzubereiten, und wenn die Bedenken, für die das CFIUS geschaffen wurde, nicht ausgelöst werden, können Transaktionen durchgeführt werden.

Das CFIUS räumt weiterhin selbst große Deals ab, bei denen Vereinbarungen getroffen werden, „to segregate sensitive data and agree to protections against leakage" oder andere Formen der „third party mitigation" anzuwenden, die eine Distanz zwischen dem ausländischen Investor und sensiblen Technologien schaffen (Shoesmith, 2018). Baidu Ventures zum Beispiel änderte die Struktur einiger seiner Investitionen, um einer Prüfung durch das CFIUS zu entgehen. Wenn Baidu eine Übernahme in Erwägung zieht, kann es nun einen anderen Investor anwerben, der das Geschäft leitet und ihm die Stimmrechte überträgt, ohne einen Sitz im Vorstand einzunehmen oder um Einsicht in Unternehmensinformationen zu bitten (Winkler, 2019). Chinesisches Investitionskapital kann auch durch von den USA kontrollierte Fonds eingesetzt werden.

Schließlich gilt das CFIUS nicht für Greenfield-Investitionen (Investitionen in den Vereinigten Staaten, die nicht mit dem Erwerb einer Beteiligung an einem US-Unternehmen verbunden sind). Das bedeutet, dass ein Investor keine CFIUS-Genehmigung benötigt, um eine US-Tochtergesellschaft zu gründen, Technologie zu lizenzieren oder ein Unternehmen aufzubauen. Das CFIUS gilt auch nicht für Joint Ventures außerhalb der USA, und die Ausweitung seiner Rechtsprechung geht nicht über die nationale Sicherheit hinaus und schließt weitergehende wirtschaftliche Fragen ein (Shoesmith, 2018). Dies deutet darauf hin, dass sich chinesische Investitionen in verschiedenen Sektoren der US-Wirtschaft unterschiedlich auswirken werden. In China können sich die Bedenken der US-Regierung über Technologielecks auf US-Investitionen in Technologiesektoren wie ICT auswirken. Die jüngsten Marktöffnungen im Finanzdienstleistungs- und Automobilsektor könnten jedoch neue US-Investoren anziehen (Hanemann et al., 2019a).

Insgesamt ist ein klarer Trend erkennbar, wo die historischen Höchststände der beiderseitigen US-China-Investitionen von vor einigen Jahren und insbesondere Chinas Investitionen in den USA (die Anfang 2018 ihren Höhepunkt erreichten) im Rückzug begriffen sind. Politische Spannungen und eine verstärkte Überprüfung der Rechtsvorschriften werden, auch wenn sie die Tür nicht verschließen, zu beispiellosen Herausforderungen führen, die die Investitionsströme weiter verlangsamen.

Literaturverzeichnis

Blumenthal, D., Croley, S. und Hui, X. (2018). *CFIUS and Chinese Investments in the United States – A Closed Door?* (Latham & Watkins Article Reprint 2352). Zugriff am 30.09.2020. Verfügbar unter https://www.lw.com/thoughtLeadership/CFIUS-chinese-investments-united-states-reprint.

Brown, M. und Singh, P. (2018). *China's Technology Transfer Strategy: How Chinese Investments in Emerging Technology Enable A Strategic Competitor to Access the Crown Jewels of U.S. Innovation.* Defense Innovation Unit Experimental. Zugriff am 30.09.2020. Verfügbar unter https://admin.govexec.com/media/diux_chinatechnologytransferstudy_jan_2018_(1).pdf.

Clark, H., Louie, B. L., Zhang, J. und Wang, X. (2019). *Grindr and PatientsLikeMe Outcomes Show Non-Cleared Transactions' Exposure to CFIUS Scrutiny, Especially When PII Is Involved.* Orrick International Trade & Compliance Alert. Zugriff am 30.09.2020. Verfügbar unter https://www.orrick.com/ru-RU/Insights/2019/04/Grindr-and-PatientsLikeMe-Outcomes-Show-Non-Cleared-Transactions-Exposure-to-CFIUS-Scrutiny.

Cohen, M. (2019). Licensing intellectual property in a changing trade environment. *IAM Market Focus*, Herbst:102–106. Zugriff am 30.09.2020. Verfügbar unter https://chinaipr2.files.wordpress.com/2019/11/iam97_cfius-and-ip.pdf.

Dickinson, S. (2019). *New CFIUS Rules Shut Down Chinese Investment in U.S. Technology.* Zugriff am 30.09.2020. Verfügbar unter https://www.chinalawblog.com/2019/01/new-cfius-rules-shut-down-chinese-investment-in-u-s-technology.html.

Dorsey & Whitney LLP (2018). *CFIUS Announces Pilot Program: Mandatory Declaration Filings in Connection with Certain Transactions.* Zugriff am 30.09.2020. Verfügbar unter https://www.dorsey.com/newsresources/publications/client-alerts/2018/10/cfius-announces-pilot-program.

Federal Register (2018). *Review of Controls for Certain Emerging Technologies.* Zugriff am 30.09.2020. Verfügbar unter https://www.federalregister.gov/documents/2018/11/19/2018-25221/review-of-controls-for-certain-emerging-technologies.

Ferek, K. S. (2019). U.S. Seeks to Heighten Scrutiny of Foreign Investment in Tech, Infrastructure, Data. *Wall Street Journal.* Zugriff am 30.09.2020. Verfügbar unter https://www.wsj.com/articles/u-s-seeks-to-heighten-scrutiny-of-foreign-investment-in-technology-infrastructure-data-11568750471.

Hanemann, T., Gao, C., Lysenko, A. und Rosen, D. H. (2019a). *Sidelined: US-China Investment in 1H 2019*. Rhodium Group and National Committee on U.S.-China Relations. Zugriff am 30.09.2020. Verfügbar unter https://www.ncuscr.org/sites/default/files/page_attachments/Two-Way-Street-2019-1H-Update_Report.pdf.

Hanemann, T., Rosen, D. H., Gao, C. und Lysenko, A. (2019b). *Two-Way Street: 2019 Update: US-China Investment Trends*. Rhodium Group and National Committee on U.S.-China Relations. Zugriff am 30.09.2020. Verfügbar unter https://rhg.com/wp-content/uploads/2019/05/RHG_TWS-2019_Full-Report_8May2019.pdf.

Hanemann, T., Rosen, D. H., Gao, C. und Lysenko, A. (2020). *Two-Way Street – US-China Investment Trends – 2020 Update*. Rhodium Group. Zugriff am 30.09.2020. Verfügbar unter https://rhg.com/research/two-way-street-us-china-investment-trends-2020-update/.

Koty, A. C. (2019). *China's Fourth Plenum: Implications for Economic Reform*. Zugriff am 30.09.2020. Verfügbar unter https://www.china-briefing.com/news/chinas-fourth-plenum-implications-economic-reform.

Moss, T. (2019). U.S.-China Trade Tensions Jeopardize Rollout of Self-Driving Vehicles. *Wall Street Journal*. Zugriff am 30.09.2020. Verfügbar unter https://www.wsj.com/articles/u-s-china-trade-tensions-risk-rollout-of-self-driving-vehicles-11569326403.

Schubarth, C. (2019). Foundation Capital VC on the 'new Cold War,' AI and fintech. *Silicon Valley Business Journal*. Zugriff am 30.09.2020. Verfügbar unter https://www.bizjournals.com/sanjose/news/2019/09/16/foundation-capital-vc-on-the-new-cold-war-ai-and.html.

Shoesmith, T. M. (2018). *CFIUS: China Deals That Can Still Be Done*. Verfügbar unter https://www.jdsupra.com/legalnews/cfius-china-deals-that-can-still-be-done-16618/.

U.S. Department of the Treasury (2018). *Fact Sheet:InterimRegulations for FIRRMAPilot Program*. Zugriff am 30.09.2020. Verfügbar unter https://home.treasury.gov/system/files/206/Fact-Sheet-FIRRMA-Pilot-Program.pdf.

U.S. Department of the Treasury (o. J.). *For small businesses seeking direct relief from COVID-19*. Zugriff am 30.09.2020. Verfügbar unter https://home.treasury.gov/policy-issues/international/the-committee-on-foreign-investment-in-the-united-states-cfius.

Winkler, R. (2019). Chinese Cash That Powered Silicon Valley Is Suddenly Toxic. *Wall Street Journal*. Zugriff am 30.09.2020. Verfügbar unter https://www.wsj.com/articles/chinese-cash-is-suddenly-toxic-in-silicon-valley-following-u-s-pressure-campaign-11560263302.

Daniel Graewe und Nita Sophia Karkheck

15 Investitionspolitische Strategien im Vergleich: Deutschland und die USA im Verhältnis zu China

„Das Verhältnis zwischen den Vereinigten Staaten und der Volksrepublik China gilt heute zu Recht als die wichtigste bilaterale Staatenbeziehung in der internationalen Politik" (Groitl, 2019, S. 125). In den letzten Jahrzehnten hat sich das globale Mächteverhältnis grundlegend geändert – und damit auch die Ausgestaltung politischer Strategien. Die Anzahl an Ländern, gehandelten Waren oder erbrachten Dienstleistungen sowie an Strömen ausländischer Direktinvestitionen (ADI) sind wichtige Indikatoren der internationalen Komplexität (Guillén, 2015, S. 20). Deutschland belegte im vergangenen Jahr hinter China und den USA den dritten Platz der größten Exportnationen und befand sich im Jahr 2018 innerhalb der Gruppe der Industriestaaten unter den vier stärksten Volkswirtschaften bezogen auf ADI (UNCTAD, 2020, S. 61). Wie positioniert sich die Bundesrepublik vor diesem Hintergrund im zunehmenden Spannungsfeld der Großmächte; welche investitionspolitischen Strategien verbindet sie mit dem transatlantischen Partner USA?

Das autokratische Ein-Parteien-System der Volksrepublik ist nur schwerlich mit den Grundpfeilern unserer demokratischen Werte in Einklang zu bringen. Zudem zielt die industriepolitische Strategie „Made in China 2025" unter Ausnutzung wettbewerbsverzerrender staatlicher Maßnahmen auf die Aneignung ausländischer Schlüsseltechnologien ab. Aufgrund dessen novellierten sowohl Deutschland als auch die Vereinigten Staaten in den vergangenen Jahren ihre ADI-Regulierungen. Damit folgen sie einem Trend zur Einführung restriktiver industriepolitischer Maßnahmen, der vor allem auch in anderen Industrienationen zu beobachten ist (UNCTAD, 2020, S. xi). So wurden im Jahr 2019 mindestens elf große grenzüberschreitende M&A-Transaktionen aus regulatorischen oder politischen Gründen zurückgezogen oder blockiert (UNCTAD, 2020). Diese Markteingriffe wurden mit dem Schutz der nationalen Sicherheit gerechtfertigt. Doch welche (macht-)politischen Erwägungen spielen zusätzlich eine Rolle und inwieweit unterscheiden sich die Motive der Vereinigten Staaten und Deutschlands bezüglich der Regulierung ausländischer Direktinvestitionen?

Der Anstieg bilateraler Maßnahmen manifestiert die Abkehr von multilateralen Kooperationen; unilaterale Instrumente bringen einen verstärkten Nationalismus zum Ausdruck. Intervention und Protektionismus führen zur Abnahme der ADI-Ströme, wie es in den vergangenen Jahren zwischen den USA beziehungsweise der EU und China zu beobachten war. Deutschland spielt als Handels- und Investitionspartner Chinas eine Sonderrolle in der EU und sieht in Form des geplanten Investitionsabkommens einer europaweiten Regelung entgegen. Dadurch würde die EU die gemeinschaftlichen Werte nach außen stärker vertreten können und der Volksre-

https://doi.org/10.1515/9783110668216-015

publik einen strategischen Markteintritt anhand der „divide-and-conquer"-Strategie erschweren (Huang, 2017, S. 147). Die WTO bildet das wirtschaftliche Dach einer multilateralen Weltordnung. Auf die kontroverse Rolle Chinas innerhalb dieser wird im folgenden Abschnitt Bezug genommen.

1 Die Rahmenbedingungen ausländischer Direktinvestitionen im Überblick

1.1 China innerhalb der WTO

Nachdem China seine Beschwerde vor dem Schiedsgericht der World Trade Organization (WTO) im Jahr 2019 zurückgezogen hatte, stand fest, dass die Volksrepublik innerhalb dieser Gemeinschaft weiterhin nicht als Marktwirtschaft anerkannt wird (Handelsblatt, 2019). Damit verfehlte China eines seiner zentralen außenpolitischen Ziele und behält den seit Beginn der WTO-Mitgliedschaft zugeschriebenen Sonderstatus „Land ohne Marktwirtschaft" (Non-Market Economy, NME) inne. Kann die Volksrepublik nicht nachweisen, dass dort Unternehmen unter marktwirtschaftlichen Bedingungen tätig sind, führen alternativ angewandte Methoden zur Berechnung des Normalwertes chinesischer Waren gegebenenfalls zu einer Anwendbarkeit von Antidumpingzöllen (Puccio, 2015). „Mehrere WTO-Mitglieder haben aus verschiedenen politischen Gründen, einschließlich des Abschlusses von Handels-, Investitions- oder Kreditverträgen mit China, zugestimmt, China frühzeitig den MES [Market Economy Status] zuzuerkennen" (Puccio, 2015, S. 4), wobei sowohl die USA als auch die EU wichtige Ausnahmen bilden.

Als Beschwerdeführer verzeichnet die US-Regierung bis heute 124 Streitfälle vor dem Schiedsgericht der WTO, dessen Streitschlichtung sie selbst unlängst blockierte. Dies bringt nicht nur die Unzufriedenheit der Vereinigten Staaten bezüglich eines vermeintlichen Parteiergreifens der WTO zum Vorteile Chinas zum Ausdruck, sondern vielmehr die Sorge vor einem unfairen Wettbewerb seitens der Volksrepublik. „In der Tat teilt auch die EU die Auffassung, dass zum Beispiel [...] bestehende multilaterale Regeln für Subventionen oder auch den Schutz von geistigem Eigentum sowie zu Staatsunternehmen nicht weit genug gehen" (BDI, 2020).

Die Nichteinhaltung der durch die WTO festgelegten Handelsprinzipien durch China deklarieren die Vereinigten Staaten als ursächlich für die neuerlichen Handelsstreitigkeiten; stellvertretend hierfür äußerte sich der amtierende Botschafter der WTO, Dennis Shea, im Juli 2018 bezüglich Chinas handelsverzerrenden Wirtschaftsmodells zusammengefasst folgendermaßen (Kwan 2020, S. 56; Shea 2018):

- Trotz Chinas wiederholter Selbstdarstellung als entschiedener Verfechter des Freihandels und des globalen Handelssystems ist die Volksrepublik in Wirklichkeit die protektionistischste, merkantilistischste Wirtschaft der Welt.

– Die chinesische Regierung und die Kommunistische Partei (KPCh) üben weiterhin direkt und indirekt die Kontrolle über die Zuteilung von Ressourcen aus, und
  zwar durch Instrumente wie Regierungseigentum und Kontrolle der wichtigsten
  Wirtschaftsakteure.
– Staatliche Unternehmen spielen eine überdimensionale Rolle.
– Als Reaktion auf die Präsenz der KPCh in den chinesischen Wirtschaftsorganisationen hat die Delegation der deutschen Wirtschaft im November 2017 eine Erklärung veröffentlicht, in der sie sich gegen Versuche der KPCh zur Wehr setzt, ihren
  Einfluss auf vollständig im ausländischen Besitz befindliche deutsche Unterneh-
  men in China zu stärken.
– Das chinesische System behandelt das Recht als ein Instrument des Staates, das
  dazu dient, die Erreichung industriepolitischer Ziele der Regierung zu erleichtern
  und wirtschaftliche Ergebnisse zu sichern.
– China bemüht sich um die globale Führung in einem weiten Feld fortschrittlicher
  Technologien, indem eine Vielzahl industriepolitischer Maßnahmen – darunter
  zum Beispiel der Industrieplan „Made in China 2025" – ergriffen werden.
– China hat eine Vielzahl unangemessener Maßnahmen verfolgt, die den geistigen Eigentumsrechten, der Innovation und der Technologieentwicklung der USA
  schaden.

Trotz der eindeutigen Rhetorik erachten sowohl die USA als auch die EU das Regel-
system der WTO in Bezug auf den Umgang mit Chinas Neomerkantilismus nach wie
vor als unzureichend und reformierungsbedürftig. Die USA setzen an den Regelungen der Organisation vorbei daher verstärkt auf unilaterale Maßnahmen und zeigen
„wenig Bereitschaft, sich an der Diskussion um die Weiterentwicklung der WTO zu beteiligen" (Falke, 2019, S. 205), wohingegen der EU am Festhalten an den multilateralen
Prämissen gelegen ist.

Unter dem Dach der WTO konnte sich auf drei wesentliche Abkommen geeinigt
werden. Das „General Agreement on Trade and Tariffs" (GATT) stellt ein allgemeines
Zoll- und Handelsabkommen dar und bietet einen Regelkodex über Nichtdiskriminierung und unfaire Handelspraktiken. Direkt mit ADI befasst sich das umfassende
„Agreement on Trade Related Investment Measures" (TRIMS), welches darauf abzielt,
die Liberalisierung und Ausweitung der Handelsströme zu fördern und grenzüberschreitende Investitionen zu erleichtern. TRIMS dient unter anderem als Grundlage
für die bilateralen Investitionsabkommen der USA. Das dritte Abkommen „General
Agreement on Trade in Services" (GATS) beinhaltet rechtsverbindliche und durchsetz-
bare Regelungen für Investitionen und bildet die wichtigsten investitionspolitischen
Vorgaben für die WTO-Mitglieder ab (Hild, 2019, S. 150–155).

Obwohl der multilaterale Verhandlungsraum der WTO einen Interessenausgleich
der Mitgliedsstaaten herbeiführen sollte, spielen bilaterale Abkommen oder „unilaterale Strafmaßnahmen außerhalb des WTO-Systems" (Groitl, 2019, S. 134) eine zunehmend große Rolle auf der Bühne der internationalen Investitionspolitik, welche

China erst in diesem Jahrhundert gänzlich betreten hat. „Consequently, international investment law is primarily predicated on more than 2.500 bilateral investment treaties" (Hild, 2019, S. 159). Die USA stellen einen Hauptakteur auf diesem Gebiet dar und Deutschland beruft sich innerhalb der EU mit 129 Investitionsförderungs- und -schutzverträgen auf das umfassendste Netzwerk im Rahmen bilateraler Investitionsverträge (Hild, 2019, S. 161 ff.). Insbesondere in Hinblick auf das intransparente chinesische Rechtssystem, dessen inkonsistente Durchsetzung oder die Rolle staatlicher Unternehmen (State-Owned Enterprises, SOE) sind die Absprachen bezüglich Marktzugang, Gleichbehandlung und Schutz der Rechte des geistigen Eigentums von Bedeutung (Huang, 2017, S. 157). Da das Schutzniveau der Investoren vom Inhalt des jeweiligen Vertrags abhängt und die Möglichkeit besteht, ein Schiedsverfahren einzuleiten, ist die rechtliche Ausgestaltung hierbei von hoher Relevanz (Dünnwald, 2015, S. 24).

1.2 Gesetzliche Regelungen auf nationaler Ebene

Während sich die USA traditionell auf einen freien und offenen Charakter ausländischer Investitionen berufen, verpflichtet sich die EU gemäß Artikel 63 und 64 des Vertrages über die Arbeitsweise der Europäisches Union (AEUV) ebenfalls zu freiem Kapitalverkehr und zur Offenheit für Investitionen (Hild, 2019, S. 166). Das Konzept der ausländischen Investitionen umfasst die Gesamtheit der materiellen oder immateriellen Vermögenswerte, welche ihr Eigentümer in ein anderes Land transferiert, um Vermögen zu schaffen. Unter den Anwendungsbereich fallen Vermögenswerte wie Unternehmen, Unternehmensbeteiligungen oder Immobilien (Dünnwald, 2015, S. 20).

In Deutschland und in den USA trifft das offene Investitionsklima auf ähnlich umschriebene Einschränkungen. Gemäß § 55 der Außenwirtschaftsverordnung (AWV) bildet die Gefährdung der *öffentlichen Ordnung oder Sicherheit* der Bundesrepublik Deutschland den materiellen Prüfmaßstab für das Verbot oder die Auferlegung von Auflagen im Rahmen von M&A-Transaktionen; für die Vereinigten Staaten ist die *nationale Sicherheit* bezüglich der Prüfung ausländischer Investitionen maßgeblich. Der Begriff der nationalen Sicherheit wird innerhalb der einschlägigen Gesetze der USA nicht näher definiert und die Gesetzgebung stützt sich auf eine weite Auslegung, sodass der Prüfung, ob eine Unternehmensübernahme die nationale Sicherheit gefährdet, großer Spielraum geboten wird. Obwohl das deutsche Investitionsrecht ebenfalls keine Definition der öffentlichen Ordnung oder Sicherheit bietet, hat der Gesetzgeber im Jahr 2017 eine nicht abschließende Liste sicherheitsrelevanter Branchen erstellt (Hild, 2019, S. 301–303). „Accordingly, the definition includes companies in the field of energy, information technology and telecommunication, transport and traffic, health, water, nutrition as well as financial institutions and insurance, as long as they are of high importance for the functioning of the community" (Hild, 2019, S. 303).

Seit dem Jahr 1975 bildet das behördenübergreifende Gremium „Committee on Foreign Investments in the United States" – CFIUS – den Kern der US-amerikanischen Regulierung von Auslandsinvestitionen. Der Überprüfungsprozess des CFIUS ist in den letzten Jahren nicht nur strenger geworden, sondern er hat sich auch inhaltlich von wirtschaftlichen Kriterien vermehrt hin zu sicherheitsbezogenen Maßstäben verschoben. Von Beginn an untersteht das Komitee der Leitung des Finanzministers, wobei die weiteren Mitglieder unter anderem durch den Handelsminister, den Verteidigungsminister, den Außenminister, den Generalstaatsanwalt, den Direktor des FBI und seit dem Jahr 2003 durch den Minister für Heimatschutz gestellt werden. Die Zusammenstellung ermöglicht den Zugang auch zu nachrichtendienstlichen Erkenntnissen (Hild, 2019, S. 245 ff., 315 ff.). Die zunehmenden Bedenken bezüglich der nationalen Sicherheit nicht nur unter der Präsidentschaft Trumps führten anhand des „Foreign Investment Risk Review Modernization Act of 2018" (FIRRMA) zu einer Erweiterung der Zuständigkeiten des CFIUS.

Die Bundesrepublik zeichnet sich im Vergleich zum OECD-Durchschnitt hingegen durch deutlich geringere gesetzliche Beschränkungen für ADI aus, von denen der heimische Markt stark profitiert. Den Kern der deutschen gesetzlichen Regelungen bezüglich ADI bilden seit dem Jahr 1961 das Außenwirtschaftsgesetz (AWG) sowie die auf dessen Grundlage erlassene AWV (Hild, 2019, S. 275 ff.). Das deutsche Außenwirtschaftsrecht zeichnete sich im Vergleich zum US-amerikanischen durch Kontinuität aus, wobei es in den letzten Jahrzehnten zu Änderungen gekommen ist.

> This becomes particular obvious in the open foreign investment regime of Germany for many years that has only become aligned in 2009 on the much stricter regime of the United States following an intense public and political debate on the risks and benefits of specific SWF investments. In 2017, the German legislator once again tightened the foreign investment regime following a number of strategic takeover attempts by Chinese state and non-state actors. (Hild, 2019, S. 276)

Unter anderem anhand der nationalen gesetzlichen Beschränkungen erfasst der OECD-Index der ADI-Regulierung „den Restriktionsgrad der Bestimmungen, die in einem Land für ausländische Direktinvestitionen gelten" (OECD, 2016, S. 80). Auf einer Skala von 0 (offen) bis 1 (geschlossen) liegen die USA mit einem Wert von 0,09 im Jahr 2019 zwar über dem Durchschnitt, aber deutlich hinter dem Wert Chinas von 0,24. Deutschland befindet sich demnach mit 0,02 unter den überdurchschnittlich offenen Ländern. Im Vergleich zum Jahr 2014 zeichnet sich hinsichtlich der Volksrepublik ein deutlicher Trend ab. Während sie damals mit einem Wert von über 0,4 das restriktivste Land darstellte, befand sich ihr Wert im vergangenen Jahr im unteren Viertel (OECD, 2019).

Während China ausgehend von einem sehr hohen restriktiven Niveau offenere Maßnahmen etabliert, folgten Europa, die Vereinigten Staaten und weitere Industrieländer im Jahr 2019 dem durch Bedürfnisse der nationalen Sicherheit befeuerten restriktionspolitischen Trend. Infolge der Corona-Pandemie und der damit einherge-

**Europa,
Nordamerika &
weitere Industrienationen
(15 Maßnahmen)**

**Entwicklungsländer Asiens
(50 Maßnahmen)**

8%

20%

26.7%

6.7%

66.7% 72%

*restriktive/
regulierende
Maßnahmen*

*neutrale/
unbestimmte
Maßnahmen*

*liberalisierende/
fördernde
Maßnahmen*

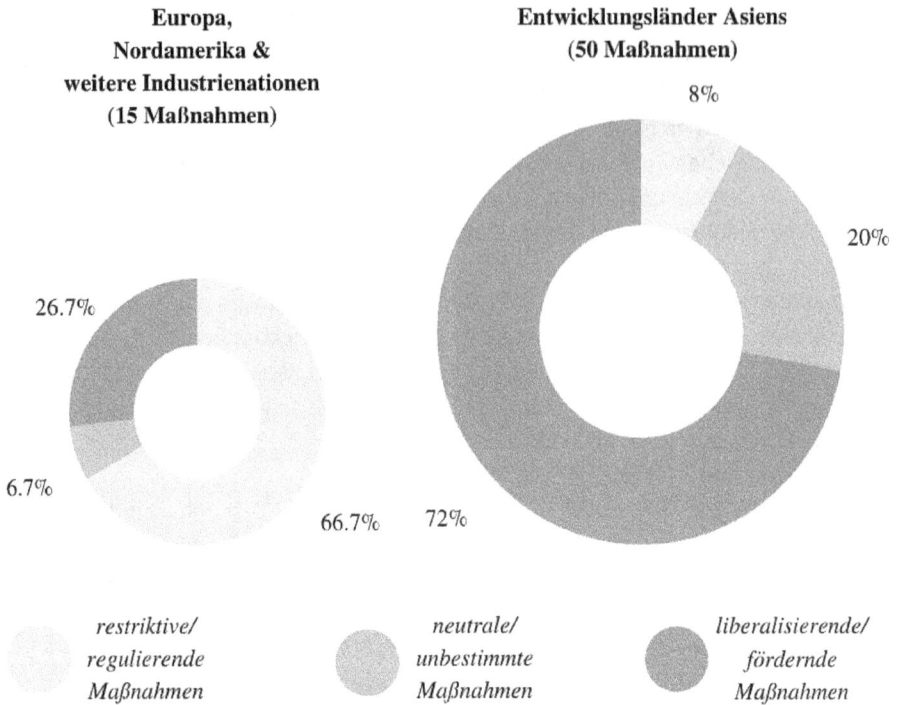

Abb. 15.1: Vergleich der nationalen investitionspolitischen Maßnahmen nach Regionen 2019 (eigene Darstellung nach UNCTAD, 2020, S. 116)

henden Sorge, die heimischen Industrien könnten ausländischen Übernahmen zum Opfer fallen, kann auch von einem weiteren Anstieg der regulierenden politischen Maßnahmen ausgegangen werden (UNCTAD, 2020, S. 97).

In Abbildung 15.1 werden die investitionspolitischen Maßnahmen Europas, Nordamerikas und anderer Industrienationen im vergangenen Jahr denen der sich entwickelnden Länder Asiens inklusive China und Hongkong gegenübergestellt. Während die Größe der Ringe die unterschiedliche Gesamtanzahl veranschaulicht, findet die divergierende inhaltliche Ausrichtung der Maßnahmen prozentual ihren Ausdruck innerhalb der jeweiligen Ringe. Der Umfang der Regelungen der Industriestaaten macht gerade einmal knapp ein Drittel derjenigen in den Entwicklungsländern Asiens aus. Letztere verzeichneten über 70 % liberalisierende Maßnahmen, wohingegen die Maßnahmen Europas, der Vereinigten Staaten und weiterer Industrienationen bezüglich ausländischer Investitionen zu weit über 50 % restriktiver Natur waren.

2 Chinas globale Vernetzung im Kontext machtpolitischer Verschiebung

2.1 Ausländische Investitionsbestände im Zeitverlauf

Die bilateralen Spannungen und die wirtschaftlichen Auswirkungen der Pandemie führten laut einem Bericht der Rhodium Group in der ersten Hälfte des Jahres 2020 zur Abnahme der Kapitalströme zwischen den USA und China auf den niedrigsten Stand seit fast einem Jahrzehnt. Die unter Präsident Trump von den US-Regulierungsbehörden anvisierten Veräußerungen – wie jüngst das Beispiel TikTok zeigt – sind Ausdruck verstärkter Durchsetzung der FIRRMA-Regeln sowie der systemischen Bedenken hinsichtlich kritischer Infrastrukturen (Gao et al., 2020). Seit der Reform- und Öffnungspolitik ab dem Jahr 1979 und im Zuge des darauffolgenden rasanten wirtschaftlichen Wachstums verzeichnete China vorerst einen bescheidenen, ab dem Jahr 2005 dann einen rapiden Anstieg von ADI, wobei es im Jahr 2002 die Vereinigten Staaten als weltweit größten Empfänger ausländischer Direktinvestitionen sogar übertraf (Kirkegaard, 2019; Zhang und Corrie, 2018, S. 3). Seitdem verlief die Entwicklung volatil. Im Jahr 2019 bildeten die USA die Spitze der Empfängerländer mit ADI-Zuflüssen im Wert von 246 Mrd. USD, gefolgt von China in einem Abstand von über 100 Mrd. USD (UNCTAD, 2020, S. 12).

Die beiderseitigen ADI-Ströme der größten Volkswirtschaften der Welt gingen im Jahr 2019 jedoch stark zurück. Die Investoren zeigten sich aufgrund der verstärkten US-amerikanischen Regulierungen und der Unsicherheiten hinsichtlich der Beziehungen weniger risikobereit. Chinesische Direktinvestitionen in den USA sanken mit einem Wert von 5 Mrd. USD auf den tiefsten Stand seit der Finanzkrise, während die US-amerikanischen Investitionen im Vergleich zum Vorjahr leicht auf 14 Mrd. USD anstiegen (Abbildung 15.2). Die darauffolgende Abnahme der amerikanischen Direktinvestitionen in China setzte sich seit Beginn der Corona-Pandemie konstant fort (Hanemann et al., 2020).

Nachdem die chinesischen ADI-Abflüsse im Jahr 2016 mit einem Wert von über 200 Mrd. USD ihren Höhepunkt erreichten, fiel der Wert bereits zwei Jahre später um über 50 % auf unter 100 Mrd. USD. Dieser Trend manifestierte sich auch in den Zuflüssen chinesischer Direktinvestitionen nach Europa oder Nordamerika (Abbildung 15.3). Grund hierfür war weniger eine verstärkte Kontrolle bezüglich chinesischer Direktinvestitionen seitens der Vereinigten Staaten oder der Europäischen Union, sondern vielmehr das Durchgreifen der chinesischen Regierung aus Sorge vor „irrationalen" Kapitalabflüssen (Kirkegaard, 2019, S. 2).

Bis zu dem Peak nahmen die chinesischen Direktinvestitionen in Europa und den Vereinigten Staaten einen ähnlichen Verlauf. Einen drastischen Einschnitt markiert der Unterschied im Jahr 2018, in dem chinesische ADI in den USA auf einen Wert von unter 5 Mrd. USD fielen, während noch über das Vierfache in die EU investiert wurde. Kirkegaard (2019) sieht dies vor allem in den Zielsektoren chinesischer M&As begrün-

US-amerikanische ADI in China

Abb. 15.2: US-amerikanische Direktinvestitionen in China (eigene Darstellung nach The US-China Investment Hub, o. J.)

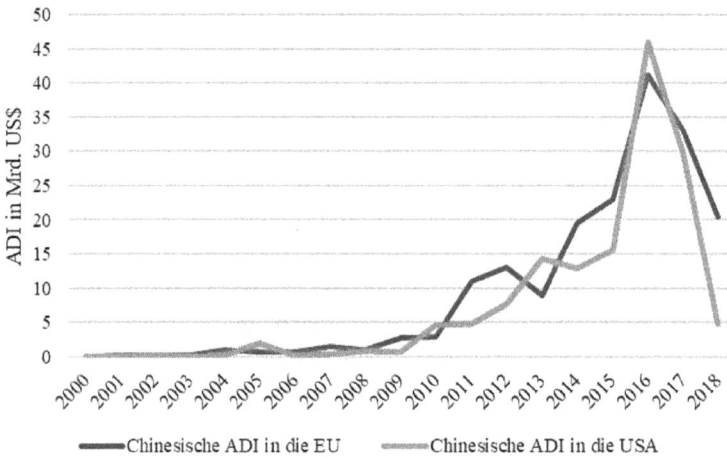

●━━Chinesische ADI in die EU   ●━━Chinesische ADI in die USA

Abb. 15.3: Vergleich chinesischer ADI in die EU und die USA (eigene Darstellung nach Kirkegaard, 2019)

det. Die chinesischen M&A folgen dem staatlichen Bestreben, in den hochentwickelten Volkswirtschaften neue Technologien, Firmenfähigkeiten und Marktzugang zu erwerben. Die von China in Betracht gezogenen Unternehmen in der EU und den USA unterscheiden sich vor allem hinsichtlich der Branchenzugehörigkeit.

> Chinese firms have invested far more in industrial machinery, automotive, information and communication technology (ICT), and transportation and infrastructure sectors in the European Union than in the United States [...], while US real estate and hospitality sector assets have been far more attractive than those of the European Union [...]. (Kirkegaard, 2019, S. 3)

Die verstärkten Einbrüche bezüglich der chinesischen ADI in den USA gehen daher unter anderem auf die Einschränkungen des Staatsrates hinsichtlich Investitionen in die Immobilien-, Hotel- und Unterhaltungssektoren zurück (Kirkegaard, 2019, S. 4).

Dennoch werden auch die stärkeren politischen Spannungen zwischen den beiden Nationen und die restriktiven US-amerikanischen Prüfmechanismen den Rückgang maßgeblich beeinflusst haben.

Deutschland spielt innerhalb der Europäischen Union unter dem Gesichtspunkt chinesischer ADI-Zuflüsse eine zentrale Rolle. Mit 22 Mrd. EUR fällt für den Zeitraum 2000 bis 2019 der zweithöchste kumulierte Wert chinesischer Direktinvestitionen innerhalb der EU auf die Bundesrepublik (Kratz et al., 2020, S. 11). Im Jahr 2016 – in dieses fällt auch die Übernahme von KUKA durch Midea – übertrafen die ADI der Volksrepublik nach Deutschland jene in die entgegengesetzte Richtung. Nicht zuletzt dieser Wandel löste verstärkte politische Debatten bezüglich der chinesischen Direktinvestitionen aus (Yang et al., 2019, S. 7).

2.2 „Made in China 2025" und der Handelskonflikt

Handel und Investitionen sind nicht nur unter dem Dach der WTO anhand von Abkommen wie insbesondere TRIPS verbunden. Den zentralen Verknüpfungspunkt scheint in den vergangenen Jahren der Aspekt der nationalen Sicherheit gebildet zu haben.

> Foreign direct investment (FDI) screening and export control may be considered as two sides of the same coin, as screening checks investments into a country against national or economic security standards, while export control does the same for exports that leave a country (Dekker und Okano-Heijmans, 2019, S. 2)

Die US-Regierung stärkte unter diesem Gesichtspunkt zum einen ihr Prüfsystem für Direktinvestitionen ausländischer Unternehmen und führte zum anderen im Jahr 2018 den „Export Control Reform Act" – ECRA – ein (Dekker und Okano-Heijmans, 2019, S. 1). Durch ECRA wird das Handelsministerium ermächtigt, adäquate Kontrollen für den Export von neu entstehenden und grundlegenden Technologien einzuführen (Kwan, 2020, S. 65). Zu den laut Handelsministerium insgesamt 14 für die nationale Sicherheit der Vereinigten Staaten kritischen Technologien zählen unter anderem: Biotechnologie, Künstliche Intelligenz, Positions-, Navigations- und Zeitmessungstechnologie, Mikroprozessortechnologie, Datenanalysetechnologie, Logistiktechnologie und Robotertechnik (Federal Register, 2018, S. 58201). Da die Verabschiedung des Gesetzes mit der wachsenden Besorgnis über Chinas Zugang zu kritischen Technologien zusammenfällt, kann dieses als direkte Reaktion betrachtet werden (Lazarou und Lokker, 2019, S. 1). „Not surprisingly, this list to a large extend overlaps that of the 10 priority sectors of ‚Made in China 2025'." (Kwan, 2020, S. 65)

Mit dem offen kommunizierten, ambitionierten Industrie-Entwicklungsprogramm „Made in China 2025" strebt die Volksrepublik die Marktführerschaft in technologisch fortgeschrittenen Sektoren an. Teil der Strategie sind staatlich beherrschte Unternehmen (SOEs), denen durch Investitionsbarrieren Schutz vor ausländischer Konkurrenz zuteil wird, sowie staatliche Banken, deren Kreditvergabe politischen Kriterien folgt und zu 80 % SOEs favorisiert (Falke, 2019, S. 197). Durch ihren bevorzugten Zugang zu Kapital und den Technologieimport soll chinesischen Unternehmen ein komparativer Vorteil innerhalb des Industriesektors verschafft werden – ein Anhaltspunkt für Donald Trumps Vorwürfe bezüglich unfairer Wettbewerbsbedingungen (Kwan, 2020, S. 57). Die Besorgnis über den Einfluss Chinas auf US-amerikanische Unternehmen resultierte demnach auch aus dem industriestrategischen Ziel der Volksrepublik, ausländische Investitionen in Hochtechnologieunternehmen zu tätigen, um die heimische Industrie anhand von Technologie- und Knowhow-Transfers zu entwickeln (Hild, 2019, S. 271).

Da die potenzielle Gefahr durch Überkapazitäten oder Marktineffizienzen die globale Wettbewerbsdynamik betrifft, zog die Verabschiedung von ECRA im Dezember 2018 Diskussionen auf EU-Ebene nach sich. Seitens einer mit der Thematik betrauten Kommission wurde eine transatlantische Zusammenarbeit unter Einbezug Japans bezüglich des Themas angestrebt, um effektive Kontrollen im Technologiehandel zum Schutze der nationalen Sicherheit zu gewährleisten (Lazarou und Lokker, 2019, S. 4). Auch wenn ECRA direkt Bezug nimmt auf die von der „Made in China 2025"-Strategie angestrebten Fertigungssektoren und die USA auf den Rückhalt ihrer Verbündeten vertrauen, kann das Export-Kontrollgesetz ebenso europäische Unternehmen einschränken.

> While European countries, including the Netherlands, share the United States' concerns regarding the application of certain emerging technologies by the Chinese government and the proliferation of Chinese norms and standards through the (re-)export of these technologies, they do not support US attempts to contain China's technological rise in this absolute way. The proposed measures have the potential to restrict significantly operations of companies working in and with the US and, as an extension, to fragment global value-chains and research and innovation networks. (Dekker und Okano-Heijmans, 2019, S. 3)

Während seitens der EU auf die Einhaltung von Wettbewerbsbedingungen und Werten abgestellt wird, kontern die USA den Aufstieg Chinas zusätzlich aufgrund ihrer dadurch vermeintlich in Frage gestellten Hegemonialmacht. Der vor allem im „tit-for-tat"-Austausch von Zöllen zutage tretende Handelskonflikt zwischen den beiden Großmächten manifestiert den US-amerikanischen Kurswechsel von gegenseitiger Annäherung hin zu politischer Konfrontation (Kwan, 2020, S. 55). Dass die Schauplätze nicht allein wirtschaftlicher Natur sind, demonstrieren eine militante Rhetorik sowie Aufrüstungsbestrebungen. Innerhalb der National Security Strategy 2017 (NSS) wird China als Konkurrent charakterisiert, der die Macht, den Einfluss und die Interessen der USA herausfordert und versucht, die amerikanische Sicherheit und den amerikanischen Wohlstand zu untergraben (Trump, 2017, S. 2). Im Mai dieses Jahres betonte das Weiße Haus: „The United States recognizes the long-term strategic competition between our two systems." (The White House, 2020).

3 Investitionspartner China: strategische Motive Deutschlands und der USA

3.1 Neudefinition weltweiter Wirtschaftsbeziehungen

Im letzten Jahrzehnt vor der Jahrtausendwende waren die Gründung der WTO 1995 oder ein „Zyklus von UN-Konferenzen" Ausdruck „einer multilateralen Kooperation in einer Global-Governance-Architektur" (Görg und Wissen, 2003, S. 625). Sowohl auf politischer als auch auf wirtschaftlicher Ebene entstanden stärkere Verflechtungen; „der Realismus in den Internationalen Beziehungen, der den nationalen Interessen und der nationalen Sicherheit eine überwältigende Bedeutung zusprach, wurde durch die neueren Entwicklungen herausgefordert" (Görg und Wissen, 2003, S. 627). Anfang des jungen Jahrtausends, zwei Jahre nach Chinas WTO-Beitritt, stellte die Organisation in Europa und in den USA einen Trend hin zu bilateralen Handelsabkommen fest (WTO, 2003, S. 27). Der zunehmend komplexen Weltordnung und dem globalen Handelssystem wurde innerhalb des multilateralen Regelungsrahmens mit bilateralen Abkommen begegnet. Ebenfalls scheinen die kooperativen Problemlösungen der Realität von Macht- und Herrschaftsverhältnissen nicht genügend Rechnung zu tragen (Görg und Wissen, 2003, S. 629). Trotz der stärkeren Vernetzung und neuer Akteure auf dem Terrain des internationalen Kapitalmarktes steht die politische und ökonomische Dominanz der USA zu diesem Zeitpunkt außer Frage.

Die hohe Netzwerk-Komplexität innerhalb der globalen Finanz- und Handelsgemeinschaften findet Ausdruck in der großen Mitgliederzahl der WTO und des Internationalen Währungsfonds (Guillén, 2015, S. 20). Beispielsweise wurde das Allgemeine Zoll- und Handelsabkommen GATT – aus dem die heute von 164 Mitgliedern gebildete WTO hervorging – im Jahre 1948 zwischen lediglich 18 Staaten beschlossen (Guillén, 2015, S. 21).

Aufgrund ihrer zumeist positiven Implikationen für die Volkswirtschaften werden ADI im Allgemeinen weltweit als willkommene Investitionsform begrüßt (Guillén, 2015, S. 26). Abbildung 15.4 vergleicht die internationalen Ströme ausländischer Direktinvestitionen der Jahre 1967 und 2012. Auf dem europäischen Kontinent agierten mehr als 20 Jahre nach Ende des Zweiten Weltkriegs die Bundesrepublik Deutschland, Frankreich und Großbritannien noch jeweils separat – die Länder standen jedoch im Schatten der weltweit dominierenden USA. Innerhalb Ostasiens verzeichnete allein Japan nennenswerte ADI. Im Jahre 2012 nehmen die EU, China und Japan gleichberechtigte Plätze neben den Vereinigten Staaten ein (Guillén, 2015, S. 28). „The world is multipolar, one in which the U.S., Europe, China and Japan share the global economic and financial stage" (Guillén, 2015, S. 107).

Die Volksrepublik stellt den Status quo in Frage und wird von den Vereinigten Staaten als „ordnungspolitischer Rivale" betrachtet (Groitl, 2019, S. 125). Präsident Trump warf China unfaire Handelspraktiken vor, von Seiten der EU bestanden Erwartungen an einen sich wirtschaftlichen und gesellschaftlichen Werten anpassen-

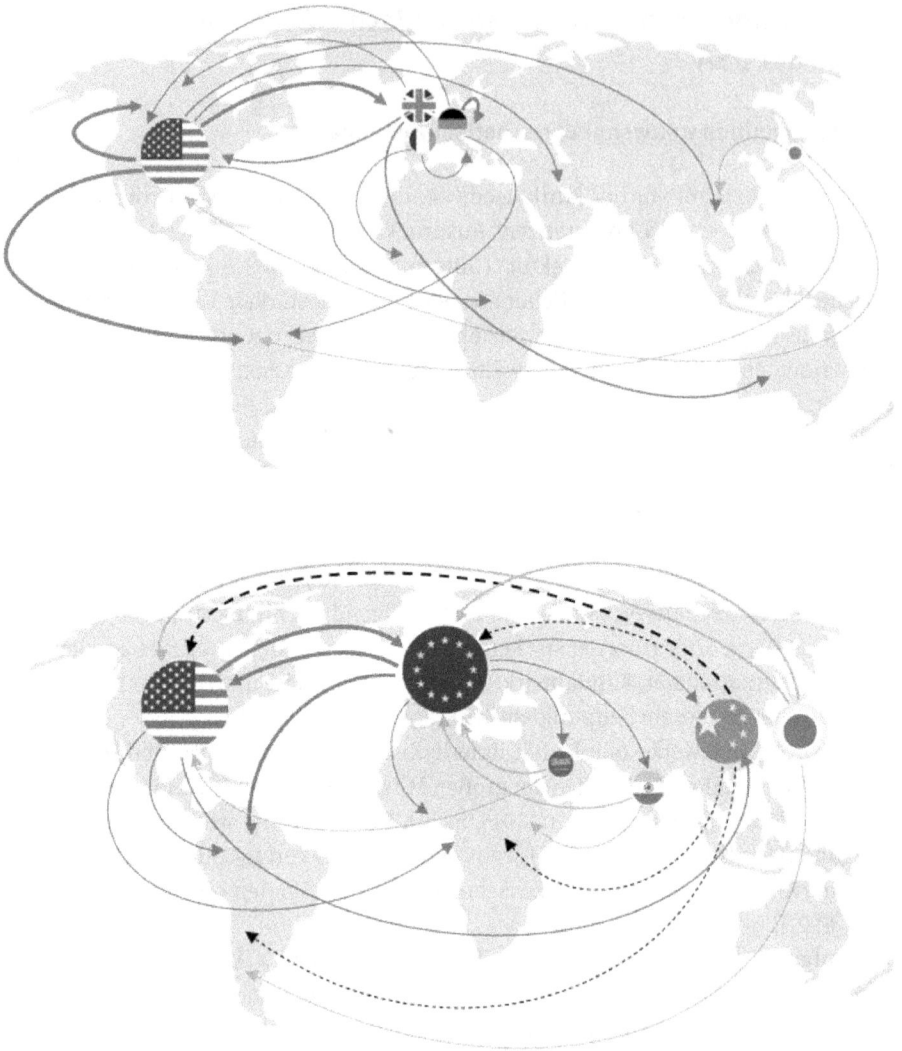

Abb. 15.4: Herkunfts- und Zielländer von ausländischen Direktinvestitionsbeständen 1967 und 2012 (Guillén, 2015, S. 27)

den Handelspartner – „doch weder entwickelte sich China zu einer freien Marktwirtschaft, noch kam es zu einer Demokratisierung, noch blieb das Land außenpolitisch passiv." (Groitl, 2019, S. 130). Sowohl die Vereinigten Staaten als auch Deutschland reagierten in den letzten Jahren mit restriktiven Maßnahmen hinsichtlich der ADI, um den Technologieimport Chinas durch die Übernahme von oder die Beteiligung an ausländischen Unternehmen zu verhindern. Dabei sind die ADI-Ströme zwischen Europa und China anteilig wesentlich höher als die zwischen den USA und der Volksrepublik.

Dies lässt sich nicht zuletzt auf die verschiedenartige Ausgestaltung der Außenhandelsbeziehungen zurückführen (Huang, 2017, S. 140 ff.).

3.2 Protektion und Protektionismus

China ist, laut Auswertungen des Statistikportals Statista, mit Ausfuhren im Wert von fast 2,5 Mrd. USD im Jahr 2019 Exportweltmeister. Während die Bundesrepublik einen für sie charakteristischen Exportüberschuss verzeichnet, wächst das Außenhandelsdefizit der Vereinigten Staaten kontinuierlich. Die Hauptexporte der EU nach China bestehen in Maschinen und Transportmitteln, wobei im Vergleich dazu die drei wichtigsten Kategorien der US-Exporte nach China Ölsaaten, Getreide, gefolgt von Luft- und Raumfahrtprodukten waren (Huang, 2017, S. 142). Die europäischen Exporte, an denen Deutschland zum großen Maße beteiligt ist, ziehen aufgrund der Güterkategorien insbesondere ADI zur Verbesserung der Marktdurchdringung oder zum Aufbau lokaler Produktionskapazitäten nach sich. Dahingegen konnten die amerikanischen Exportkategorien keine Erhöhung der ADI auslösen (Huang, 2017, S. 142). Die sich besser ergänzenden Handelssektoren stellen damit einen Grund für die offenere Haltung der EU gegenüber chinesischen Direktinvestitionen dar (Huang, 2017, S. 146).

Innerhalb der politischen Rhetorik der USA wird bezüglich aktueller wirtschaftlicher Probleme und insbesondere des Handelsdefizits auf China abgestellt. Das Wachstum und die mangelnde Reziprozität der Volksrepublik haben die Handelsbilanz negativ beeinflusst, doch sind zugleich auch generische makroökonomische Faktoren und insbesondere der Wechselkurs von Bedeutung (Melchior, 2018, S. 118). Indem Trumps Handelspolitik jedoch nicht immer nur die üblichen Gegenspieler auf der internationalen Handelsbühne, sondern auch – wie beispielsweise im Jahr 2018 die Stahl- und Aluminiumzölle in der EU – vermeintliche Verbündete trifft, verlieren die Begründungen derartiger Maßnahmen an Substanz. Es werden teilweise „jene Prinzipien, Regeln, Institutionen und Partnerschaften, die das Rückgrat der liberalen Weltordnung ausmachen [...]" (Groitl, 2019, S. 125) infrage gestellt, zugleich wird Protektionismus forciert.

4 Fazit

In ihrer Rede zur Lage der Union am 16. September 2020 plädierte die Präsidentin der Europäischen Kommission, Ursula von der Leyen, für die verstärkte Zusammenarbeit in internationalen Gremien – namentlich in den UN, der WHO und der WTO – und für die Dringlichkeit, „unserem multilateralen System neues Leben einzuhauchen und es zu reformieren" (Leyen, 2020). So betont von der Leyen nicht nur die Rolle einer erneuerten WTO als Garant für fairen Wettbewerb, sondern sie adressiert mit ihrem Reformanliegen auch direkt die Großmächte, welche sich „aus den gemeinsamen Einrichtungen zurück[ziehen], oder [...] sie für ihre eigene Agenda [missbrauchen]" (Leyen, 2020). Hiermit stellt sie implizit auf die USA respektive auf die Volksrepublik China ab. Das „Land ohne Marktwirtschaft" agiert an den Handelsprinzipien vorbei und die Vereinigten Staaten blockierten organisationale Organe.

Deutschland hat in den vergangenen Jahren – ähnlich wie auch die USA – restriktive Maßnahmen als Reaktion auf Chinas strategische Investitionsbestrebungen im Zusammenhang mit „Made in China 2025" angestrengt. Auf EU-Ebene hingegen gab es noch keine „erhebliche[n] Fortschritte in den Verhandlungen über das umfassende Investitionsabkommen" (Europäische Kommission, 2020). Im Rahmen des EU-China-Gipfels im September 2020 standen diesbezüglich kritische Themen wie Staatsunternehmen, erzwungene Technologietransfers oder gleichberechtigter Marktzugang auf der Agenda (Europäische Kommission, 2020). Auf eine Kleine Anfrage hin bezog die Bundesregierung eindeutig Position bezüglich eines modernen Investitionsschutzes auf europäischer Ebene:

> Die Bundesregierung befürwortet den Vorschlag der Europäischen Union, dass die bilateralen Investitionsschutzverträge, die derzeit zwischen den einzelnen Mitgliedstaaten der Europäischen Union und der Volksrepublik China gelten, durch das Investitionsschutzkapitel eines Investitionsabkommens ersetzt werden, ohne dass es dazu einzelner bilateraler Kündigungen bedarf. (Bundesministerium für Wirtschaft und Energie, 2020)

Solange kein europaweites Abkommen besteht, wird die Bundesrepublik auf bilaterale Abkommen und die eigenen gesetzlichen Regelungen nicht zuletzt zum Schutze der nationalen Sicherheit zurückgreifen. Die Vereinigten Staaten legen diesen Begriff im Vergleich zu deutschem Recht nicht nur weiter aus, sondern können zur Wahrung ihrer investitionspolitischen Interessen auch den Geheimdienst heranziehen. Dies gewährleistet zum einen effektiven Schutz; zum anderen ist es Ausdruck höchster Priorität. Deutschland verfügt über einen Außenhandelsüberschuss und profitiert von dem Handel mit China und – auch in diesem Zusammenhang – von den ADI-Strömen. Aus Perspektive der USA steht weit mehr auf dem Spiel. China beeinflusst das US-amerikanische Außenhandelsdefizit negativ; doch vor allem stellt es den Hegemonialstaat infrage.

Die Vereinigten Staaten sehen China als ordnungspolitischen Rivalen, setzen auf Protektionismus und entfernen sich von den Strukturen eines internationalen Liberalismus. Die restriktive Haltung hinsichtlich ausländischer Direktinvestitionen ist Teil einer Handelsstrategie, die auch bewährte Allianzen schädigt. Die Präsidentin der Europäischen Kommission findet ebenfalls deutliche Worte, indem sie offen kommuniziert, dass China aus europäischer Sicht „ein Verhandlungspartner, wirtschaftlicher Konkurrent und ein systemischer Rivale ist" (Leyen, 2020). Hierbei liegt die Betonung aber auf einer Bereitschaft zur wirtschaftlichen Kooperation und auf der Protektion von Werten wie Demokratie und Rechtsstaatlichkeit sowie freier und offener Märkte. In Bezug auf die USA spricht sie von dem Ansinnen auf „Neubelebung unserer beständigsten Allianzen" sowie von der Bereitschaft, *„gemeinsam* [sic] die Reform des internationalen Systems anzugehen" (Leyen, 2020).

Literaturverzeichnis

BDI (2020). *USA in der Welthandelsorganisation.* Zugriff am 30.10.2020. Verfügbar unter https://bdi.eu/artikel/news/usa-in-der-welthandelsorganisation/.

Bundesministerium für Wirtschaft und Energie (2020). *Kleine Anfrage der Abgeordneten Klaus Ernst, Jörg Cezanne, Fabio De Masi, weiterer Abgeordneter und der Fraktion DIE LINKE. Betr.: EU-China Investitionsabkommen.*

Dekker, B. und Okano-Heijmans, M. (2019). *The US–China trade–tech stand-off and the need for EU action on export control.* Den Haag: Clingendael. Zugriff am 29.10.2020.

Dünnwald, S. (2015). *Bilateral and Multilateral Investment Treaties and Their Relationship with Environmental Norms and Measures.* Berlin: Duncker & Humblot. (Schriften zum Internationalen Recht, v.202).

Europäische Kommission (2020). *Gemeinsame Presseerklärung von ER-Präsident Michel, Kommissionspräsidentin von der Leyen und Bundeskanzlerin Merkel.* Zugriff am 30.10.2020. Verfügbar unter https://ec.europa.eu/commission/presscorner/detail/de/ip_20_1648.

Falke, A. (2019). Trade Realism oder Handelskrieg an allen Fronten?; Die Trump'sche Handelspolitik im zweiten Amtsjahr. In Herr, L. D., Müller, M. und Opitz, A. (Hrsg.), *Weltmacht im Abseits. Amerikanische Außenpolitik in der Ära Donald Trump,* S. 187–213. (Tutzinger Studien zur Politik).

Federal Register (2018). *Review of Controls for Certain Emerging Technologies.* Zugriff am 30.09.2020. Verfügbar unter https://www.federalregister.gov/documents/2018/11/19/2018-25221/review-of-controls-for-certain-emerging-technologies.

Gao, C., Lysenko, A., Witzke, M., Hanemann, T. und Rosen, D. H. (2020). *Two Way Street - US-China Investment Trends - 1H 2020 Update | Rhodium Group.* Rhodium Group. Zugriff am 30.10.2020. Verfügbar unter https://rhg.com/research/twowaystreet-1h2020/.

Görg, C. und Wissen, M. (2003). National dominierte globale Herrschaft. *PROKLA. Zeitschrift für kritische Sozialwissenschaft,* 33(133):625–644. https://doi.org/10.32387/prokla.v33i133.654.

Groitl, G. (2019). Selbstschwächung versus Konfrontation: Die Außenpolitik der USA gegenüber der Volksrepublik China in der Ära Trump. In Herr, L. D., Müller, M. und Opitz, A. (Hrsg.), *Weltmacht im Abseits. Amerikanische Außenpolitik in der Ära Donald Trump,* S. 125–152. (Tutzinger Studien zur Politik).

Guillén, M. F. (2015). *The architecture of collapse.* Oxford: Oxford Univ. Press. (Clarendon lectures in management studies, 1. ed.).

Handelsblatt (2019). *WTO: China zieht Verfahren wegen Anti-Dumping-Politik zurück.* Zugriff am 30.10.2020. Verfügbar unter https://www.handelsblatt.com/politik/international/welthandelsorganisation-china-zieht-verfahren-bei-wto-wegen-anti-dumping-politik-der-eu-zurueck/24464674.html?ticket=ST-3200768-gGf5k3koAGcwC9dK7oJs-ap1.

Hanemann, T., Rosen, D. H., Gao, C. und Lysenko, A. (2020). *Two-Way Street – US-China Investment Trends – 2020 Update.* Rhodium Group. Zugriff am 30.09.2020. Verfügbar unter https://rhg.com/research/two-way-street-us-china-investment-trends-2020-update/.

Hild, M. (2019). *Sovereign Wealth Funds,* 37, 1 Auflage. Hamburg: Bucerius Law School Press. (Schriften der Bucerius Law School: II).

Huang, Y. (2017). *Cracking the China conundrum.* New York, NY: Oxford University Press.

Kirkegaard, J. F. (2019). *Chinese Investments in the US and EU Are Declining—for Similar Reasons* (Policy Brief 19-12). Zugriff am 30.10.2020. Verfügbar unter https://www.piie.com/publications/policy-briefs/chinese-investments-us-and-eu-are-declining-similar-reasons.

Kratz, A., Huotari, M., Hanemann, T. und Arcesati, R. (2020). *Chinese FDI in Europe: 2019 Update*. Zugriff am 19.04.2020. Verfügbar unter https://www.merics.org/de/papers-on-china/chinese-fdi-in-europe-2019.

Kwan, C. H. (2020). The China–US Trade War: Deep-Rooted Causes, Shifting Focus and Uncertain Prospects. *Asian Economic Policy Review*, 15(1):55–72. https://doi.org/10.1111/aepr.12284.

Lazarou, E. und Lokker, N. (2019). *United States: Export Control Reform Act (ECRA)"*. In: *European Parliament Think Tank*. Zugriff am 30.10.2020. Verfügbar unter https://www.europarl.europa.eu/RegData/etudes/BRIE/2019/644187/EPRS_BRI(2019)644187_EN.pdf.

Leyen, U. (2020). *Präsidentin von der Leyens Rede zur Lage der Union bei der Plenartagung des Europäischen Parlaments*. Europäische Kommission. Zugriff am 30.10.2020. Verfügbar unter https://ec.europa.eu/commission/presscorner/detail/de/SPEECH_20_1655.

Melchior, A. (2018). *Free Trade Agreements and Globalisation*. Cham: Springer International Publishing. https://doi.org/10.1007/978-3-319-92834-0.

OECD (2016). *Die OECD in Zahlen und Fakten 2015–2016. Wirtschaft, Umwelt, Gesellschaft.* (1. Aufl.), Paris. https://doi.org/10.1787/23073764.

OECD (2019). *FDI restrictiveness*. Zugriff am 30.10.2020. Verfügbar unter https://data.oecd.org/fdi/fdi-restrictiveness.htm.

Puccio, L. (2015). *Die Zuerkennung des Marktwirtschaftsstatus an China Eine Analyse der WTO-Vorschriften und der Politik ausgewählter WTO-Mitglieder*. Europäisches Parlament. Zugriff am 30.10.2020. Verfügbar unter https://www.europarl.europa.eu/RegData/etudes/IDAN/2015/571325/EPRS_IDA(2015)571325_DE.pdf https://doi.org/10.2861/61981.

Shea, D. (2018). *Ambassador Shea: China's Trade-Disruptive Economic Model and Implications for the WTO | U.S. Mission to International Organizations in Geneva*. Zugriff am 01.11.2020. Verfügbar unter https://geneva.usmission.gov/2018/07/27/55299/.

The US-China Investment Hub. (o. J.). *US FDI in All Chinese Industries from 1990- June 2020: $258bn*. Zugriff am 01.11.2020. Verfügbar unter https://www.us-china-investment.org/fdi-data.

The White House (2020). *United States Strategic Approach to the People's Republic of China | The White House*. Zugriff am 01.11.2020. Verfügbar unter https://www.whitehouse.gov/articles/united-states-strategic-approach-to-the-peoples-republic-of-china/.

Trump, D. (2017). *National Security Strategy of the United States of America*. Zugriff am 30.10.2020. Verfügbar unter https://www.whitehouse.gov/wp-content/uploads/2017/12/NSS-Final-12-18-2017-0905.pdf.

UNCTAD (2020). *World Investment Report*. New York: United Nations publication. International Production Beyond The Pandemic.

WTO (2003). *Annual Report 2003*. Geneva.

Yang, J. Y., Chen, L. und Tang, Z. (2019). *Chinese M&As in Germany. An Integration Oriented and Value Enhancing Story*. Cham: Springer International Publishing. (Management for Professionals) https://doi.org/10.1007/978-3-319-99405-5.

Zhang, X. und Corrie, B. P. (2018). *Investing in China and Chinese investment abroad*. Singapore: Springer.

Teil VII: **Luftfahrtindustrie in China**

Yihan Wang und Ekaterina Turkina

16 Entwicklung, aktueller Stand und Prognose für den chinesischen Markt

1 Entwicklung der chinesischen Luft- und Raumfahrtindustrie

Charakterisiert durch ein weltweit führendes Wirtschaftswachstum, eine wachsende Mittelschicht mit steigendem Einkommen, eine zunehmende Marktöffnung für ausländische Direktinvestitionen und eine starke politische Unterstützung durch die Regierung, treibt China globale Investoren mit großem Marktvolumen und schnell wachsendem Potenzial im Luft- und Raumfahrtsektor an. Als zweitgrößter Zivilluftfahrtmarkt der Welt verzeichnet China langfristig ein überdurchschnittliches Wachstum in der Luft- und Raumfahrtindustrie. Nach den Statistiken der International Air Transport Association (IATA)[1] befördert der Luftverkehr im Jahr 2017 mehr als 556,6 Mio. Passagiere und trägt mit 104,3 Mrd. USD zum BIP bei. Die zunehmende Flugfrequenz in China beschleunigt die Einrichtung neuer Flugrouten, die Lieferung neuer Flugzeuge und den Bau neuer Flughäfen. Es wird geschätzt, dass der derzeitige Wert des chinesischen Zivilluftfahrtmarktes 950 Mrd. USD beträgt und die Gesamtzahl der Flugzeugflotte im Jahr 2034 7.210 erreichen wird, was einer Verdreifachung dieser Zahl im Jahr 2014 entspricht (siehe Tabelle 16.1).

Das Aufkommen der chinesischen Luft- und Raumfahrtindustrie spiegelt deutlich die neuen Möglichkeiten wider, die sich aus der Dynamik in der Luft- und Raumfahrtindustrie ergeben. Die Zunahme des individuellen Einkommensniveaus und der Reisefrequenz der Mittelschicht trägt zu einer steigenden Marktnachfrage bei, was als Ergebnis neue Marktnischen für Flugzeug-Originalausrüstungshersteller (*aircraft original equipment manufacturer* – OEM) schafft. Technologische Innovation, ein niedrigerer Ölpreis und Deregulierung senken die Markteintrittsschwellen mit beträchtlichen Gewinnmargen und beschleunigen den Austauschzyklus von Luftfahrzeugen und zugehöriger Ausrüstung. Diese nachfragegesteuerten Faktoren schaffen und verstärken nicht nur das Marktpotenzial, sondern intensivieren auch den globalen Wettbewerb zwischen Fluggesellschaften, OEM und mehrstufigen Zulieferern. Mit der De-

---

[1] Siehe dazu: International Air Transport Association (IATA): The Importance of Air Transport to the People's Republic of China (2019).

Dieses Kapitel ist integriert in Dr. Yihan Wangs Dissertation „Three essays on Network Embeddedness and International Business: Analysis of China's Aerospace Industry" (2019) an der HEC Montréal, Kanada unter der Leitung von Dr. Ekaterina Turkina (ekaterina.turkina@hec.ca) und Prof. Ari Van Assche (ari.van-assche@hec.ca). Wir danken allen Beteiligten für ihre Beiträge.

Übersetzt aus dem Englischen.

https://doi.org/10.1515/9783110668216-016

regulierung des Marktzugangs und der Verbesserung der Rechte an geistigem Eigentum strömt in verschiedenen Formen der Verknüpfung von Geschäftsnetzwerken immer mehr privates und ausländisches Kapital in den Markt. Mit starker Unterstützung der Regierung streben die einheimischen Luft- und Raumfahrtfirmen danach, mit Konkurrenten aus fortgeschrittenen Volkswirtschaften „gleichzuziehen". Von der chinesischen Regierung als eine der „strategischen aufstrebenden Industrien" anerkannt, dient die Luft- und Raumfahrtindustrie als nationaler wirtschaftlicher Pfeiler und Vorläufer des Wirtschaftswachstums des Landes. Die chinesische Zentralregierung stellt spezielle Mittel bereit und erlässt bevorzugte Richtlinien für einheimische Firmen, die sich auf die Luft- und Raumfahrtindustrie spezialisiert haben. Die Gründung einer wachsenden Zahl neuer Fluggesellschaften, der Bau neuer internationaler Flughäfen sowie die Renovierung und Erweiterung bestehender Flughäfen bieten sowohl einheimischen als auch internationalen Akteuren eine aufstrebende Marktnische, in die sie einsteigen können. Obwohl führende westliche OEM von Flugzeugen und Flugzeugtriebwerken nach wie vor den Weltluftfahrtmarkt dominieren, gelang es China, umfassende und unabhängige Systeme der Luft- und Raumfahrtindustrie aufzubauen und sich im globalen Wettbewerb zu etablieren. Im Jahr 2008 signalisierten die Fusion von AVIC I und AVIC II zur neuen Aviation Industry Corporation of China (AVIC) sowie die Gründung der Commercial Aircraft Corporation of China (COMAC) den Ehrgeiz des Landes, die nationale Macht zu nutzen, um die bestehende Ordnung des globalen Luft- und Raumfahrtmarktes in Frage zu stellen. Die erfolgreichen Testflüge seines Flaggschiffs, des Großraum-Passagierflugzeugs C919, im Jahr 2017 zeigten den Ehrgeiz des Landes, mit globalen Giganten wie Airbus und Boeing zu konkurrieren.

In der Zwischenzeit reformiert die chinesische Regierung schrittweise die Institutionen und beseitigt die Markteintrittsbarrieren für ausländische multinationale Unternehmen (MNU), um das seit langem bestehende Problem der Ineffizienz und der geringen Kompetenz zu lösen. Obwohl die Entwicklung von C919 weitgehend von der Unterstützung des staatlichen Luft- und Raumfahrtkonzerns AVIC abhängt, hat die COMAC internationale Partnerschaftsprojekte mit führenden, globalen Akteuren wie Airbus (EU), Boeing (USA), Bombardier (Kanada) und United Aircraft Corporation (UAC) (Russland) auf den Weg gebracht. Zahlreiche weltweit führende Hersteller von Flugzeugtriebwerken (z. B. GE Aviation, Honeywell, Rolls Royce) und Luftfahrtsystemen (z. B. SAFRAN, UTC-Goodrich, Liebherr, Thales) gehören ebenfalls zur Liste der Lieferanten der COMAC[2]. Ermutigt durch die präferenzielle Industriepolitik drängen in den letzten Jahren immer mehr ausländische MNU auf den chinesischen Luft- und Raumfahrtmarkt und betten sich durch die Bildung vielfältiger Geschäftsbeziehungen lokaler Partner in die lokalen Netzwerke ein. Bei der Entwicklung des ersten zweistrahligen Schmalrumpfflugzeuges Chinas – Modell C919 – war beispielsweise

---

2 Liste der Lieferanten der COMAC unter: http://english.comac.cc/suppliers/ [15.06.2020].

Tab. 16.1: Chinesische Zivilluftfahrtstatistik, 2006–2014 (Daten aus Nationalem Statistikamt Chinas)

	2006	2008	2010	2012	2014
Anzahl der von der Zivilluftfahrt abgefertigten Passagiere (Mio. Passagiere)	159,678	192,511	267,691	319,361	391,949
Inlandsrouten	145,530	177,320	248,377	296,002	360,399
Internationale Routen	14,150	15,190	19,314	23,358	31,550
Regionale Routen (HMT)	5,360	5,000	6,724	8,337	10,052
Passagier-Entfernung in der Zivilluftfahrt (Mrd. Passagierkilometer)	237,066	288,280	403,900	502,574	633,419
Inlandsrouten	184,675	230,553	328,006	403,376	501,739
Internationale Routen	52,391	57,727	75,893	99,198	131,680
Regionale Routen (HMT)	7,581	7,182	9,818	12,388	14,966
Anzahl der Zivilluftfahrt-Routen (Linie)	1336	1532	1880	2457	3142
Inlandsrouten	1068	1235	1578	2076	2652
Internationale Routen	268	297	302	381	490
Regionale Routen (HMT)	43	49	85	99	114
Anzahl der Zivilflughäfen (Einheit)	142	152	175	180	200
Zahl der Zivilflugzeuge (Einheit)	1614	1961	2405	3589	4168

*HMT: Hongkong, Macao, Taiwan

eine enge technologische Zusammenarbeit zwischen der COMAC und globalen Giganten wie SAFRAN, GE Aviation, UTC Aerospace Systems und Bombardier erforderlich. Im Jahr 2017 wurde die erste Flugerprobung des C919-Flugzeugs erfolgreich gestartet und zog bald das Interesse der Käufer auf sich (bis Ende 2018 hat die COMAC insgesamt 815 Bestellungen von 28 Kunden erhalten). Die globale Ausweitung der Produktionsnetzwerke der chinesischen Luft- und Raumfahrtindustrie unterstreicht die Dynamik, mit der sich die Landschaft des globalen Wettbewerbs verändert.

Der Aufstieg der chinesischen Luft- und Raumfahrtindustrie eröffnet neue Perspektiven für das Verständnis der Netzwerkentwicklung im internationalen Geschäft. Sie ist gekennzeichnet durch die anhaltende wirtschaftliche Befreiung und institutionelle Reformen, das immense Marktpotenzial und die lokale Intelligenz, die noch nicht vollständig in den globalen Markt integriert sind (Hoskisson et al., 2000) diesem Prozess übertragen global präsente MNU „capital, knowledge, ideas and value systems across borders" (Meyer, 2004) die aufstrebende Volkswirtschaften in den globalen Markt einbeziehen und die Wettbewerbsfähigkeit lokaler Firmen durch Netzwerkverbindungen verbessern (Wright et al., 2005). Auf der anderen Seite erfordern institutionelle Lücken und die daraus resultierende *Liability of Foreignness* eine vorsichtige Planung der Internationalisierungsstrategie beim Eintritt in Schwellenländer (Khanna und Palepu, 1997; Zaheer, 1995). Interessenkonflikte zwischen ausländischen MNU und lokalen Parteien führen häufig zu hohen Transaktionskosten und diskriminierenden Marktbarrieren für ausländische MNU beim Fortschritt ihres Markteintritts (Hoskisson et al., 2000; Nachum, 2010). Die Besonderheiten von lokalkontextspezifischem Beziehungswissen erfordert eine hohe Absorptionsfähigkeit (Cohen und Levinthal, 1990) und häufige Interaktionen mit lokalen Partnern auf der Grundlage von Vertrauen und langfristigem Engagement (Reagans und McEvily, 2003). All diese Chancen und Herausforderungen beim Einstieg in die chinesische Luft- und Raumfahrtindustrie bringen die hohe Relevanz von netzwerkbasierten internationalen Strategien in den Schwellenländern mit sich, die in der Forschung und Praxis in den fortgeschrittenen Volkswirtschaften nicht ausreichend berücksichtigt werden (Cuervo-Cazurra, 2012; Meyer und Peng, 2016; Wright et al., 2005).

2 Regionalisierung der chinesischen Wertschöpfungsketten in der Luft- und Raumfahrt

In der heutigen globalisierten Produktion finden an allen Ecken der Welt wertschöpfende Produktionsaktivitäten statt, die mit grenzüberschreitender Wissensdiffusion einhergehen. Auf der Mikroebene umfasst der Wertschöpfungsprozess von Gütern weitreichende horizontale und vertikale Beziehungen, die mit einem Transfer von technischem und relationalem Wissen zwischen Rohstofflieferanten, Herstellern, Subunternehmern, Großhändlern, Einzelhändlern, internationalen Joint-Venture-Partnern usw. einhergehen (Dhanaraj et al., 2004; Gereffi und Korzeniewicz, 1994; Mesquita et al., 2008; Sturgeon, 2001; Teece, 1981). Auf der Makroebene spiegelt sich die wirtschaftliche Entwicklung einer Region in der Komplexität vernetzter produktiver Aktivitäten wider, die im „Produktraum" stattfinden und mit dem Austausch von anspruchsvollem Wissen in Netzwerkkonfigurationen einhergehen (Bahar et al., 2014; Hausmann und Hidalgo, 2011; Hidalgo et al., 2007).

Die globale Produktion und die regionale Spezialisierung der Luft- und Raumfahrtindustrie bringen die hierarchische Steuerung eines breit gefächerten Wissensflusses in wertschöpfenden Aktivitäten, spezialisierte Firmen mit unterschiedlichen Fähigkeitsniveaus und vielfältige Verknüpfungen über geographische Grenzen hinweg mit sich (Niosi und Zhegu, 2005). Der Herstellungsprozess von Luftfahrtprodukten spiegelt die hierarchische Integration eines breiten Spektrums miteinander verbundener Wertschöpfungssektoren und Wissensaustauschaktivitäten wider, die über die ganze Welt verteilt sind. Die Komplexität der Produkte, Herstellungsprozesse und Beziehungen zwischen den verschiedenen Geschäftsbereichen in der Luft- und Raumfahrtindustrie haben einen starken Einfluss auf die Interaktion zwischen der Bildung von Unternehmensnetzwerken und dem Muster der globalen Wertschöpfungskette. Wichtige Kategorien luftfahrttechnischer Produkte, darunter Passagierflugzeuge, Flugzeugträger und -triebwerke, Hubschrauber, Avionikgeräte, Flugsimulatoren usw., gehören zu den teuren, komplexen Produkten und Systemen (CoPS). Diese Produkte bestehen aus einer großen Anzahl maßgeschneiderter und technikintensiver Komponenten, Geräte und Subsysteme, die ein hohes Maß an neuen Kenntnissen und Technologien erfordern. Sie werden in der Regel in Form von Einzelprojekten oder kleinen Patches mit besonderem Schwerpunkt auf Design, Projektmanagement, Systemtechnik und Systemintegration hergestellt. Insgesamt prägen die Komplexität und Kostenstruktur eines Produktes den Innovationsprozess, die Organisationsformen und die industrielle Koordination (Hobday, 1998). Auch der komplexe Herstellungsprozess von Luftfahrtprodukten ist auf eine intensive und diversifizierte F&E angewiesen und erfordert weltweite Koordination und Kooperation, die stark von staatlicher Unterstützung beeinflusst werden (Niosi und Zhegu, 2005). In diesem Sinne erfordert die Komplexität der Produktion ein breites Spektrum von Organisationen, darunter OEM, mehrstufige Zulieferer, Anbieter von Unterstützungsdiensten, Fluggesellschaften, Forschungsinstitute und Universitäten, die gleichzeitig miteinander kooperieren. Infolgedessen wird ein komplexes Netzwerk der Luft- und Raumfahrtindustrie aufgebaut, das aus mehreren Arten von Akteuren und differenzierten inner- und grenzüberschreitenden Beziehungen besteht.

Die weltweite Ausdehnung der globalen Wertschöpfungsketten kennzeichnet die geographische Reichweite grenzüberschreitender Geschäftsaktivitäten. Neben den generischen Inflow-Output-Stufen betont das Modell der globalen Wertschöpfungsketten auch die geographische Aufteilung auf spezialisierte Regionen mit unterschiedlichem wirtschaftlichen Entwicklungsstand (Gereffi und Fernandez-Stark, 2016). Die Modularisierung der globalen Wertschöpfungskette verdeutlicht die Tendenz der räumlichen Agglomeration von spezialisierten Produktionspositionen industrieller Cluster, nämlich die „geographic concentration of interconnected companies" (Porter, 2000). Als Ausgangspunkt treibt die Heterogenität der Ressourcenausstattung, der Infrastruktureinrichtungen und der Industriepolitik Unternehmen mit unterschiedlichen Spezialisierungen und Fähigkeiten dazu an, ihre Niederlassungen und Aktivitäten an Standorten anzusiedeln, an denen sie Wettbewerbsvorteile erzielen können und sich anschließend zu industriellen Clustern zusammenschließen (Barney, 1991; Markusen, 1996; Porter, 1998). Innerhalb von Industrieclustern teilen sich ko-lokalisierte Unternehmen öffentliche Güter, um Produktionskosten zu senken, lokales kontextspezifisches implizites Wissen durch häufige persönliche Kommunikation zwischen Entscheidungsträgern zu generieren und von der positiven Externalität des Wissens-Spillover-Effekts zu profitieren (Asheim und Isaksen, 2002; Cantwell und Santangelo, 1999; Maskell und Malmberg, 1999; Mudambi und Swift, 2011; Nonaka und Takeuchi, 1995). Die räumliche Nähe zwischen diesen ko-lokalisierten Unternehmen trägt zu einer positiven Externalität von Wissens-Spillovers bei, die wiederum allen Akteuren desselben Milieus zugutekommt und zu einer regionalen Spezialisierung in den industriellen Clustern führt (Giuliani und Bell, 2005; Jaffe et al., 1993; Malmberg und Maskell, 1997; Porter, 2000).

Die chinesische Luft- und Raumfahrtindustrie weist ebenfalls eine hohe Tendenz zur Regionalisierung auf, obwohl die Bildung von Clustern der Luft- und Raumfahrtindustrie nicht nur auf wirtschaftlichen Vorteilen beruht. Aus historischen Gründen befindet sich eine große Anzahl großer staatlicher Luft- und Raumfahrtunternehmen (SOEs), die dem AVIC angeschlossen sind, in wirtschaftlich weniger entwickelten Regionen in den zentralen und westlichen Provinzen (z. B. Shaanxi, Guizhou, Jiangxi, Sichuan, Heilongjiang). Diese großen SOEs der Luft- und Raumfahrtindustrie werden zu den Ankerunternehmen der Regionen und bilden Cluster der Luft- und Raumfahrtindustrie, die die Bildung lokaler KMU als ihre Zulieferer und Dienstleister beschleunigen und spezialisierte Beschäftigungsmöglichkeiten schaffen. Nichtsdestotrotz stoßen diese Cluster auf das Problem der wirtschaftlichen Ineffizienz in Bezug auf die Wirtschaftsleistung pro Kopf (Chu et al., 2010). Für viele ausländische Investoren sind wirtschaftlich entwickelte Ostprovinzen mit gut entwickelter Infrastruktur, hoch qualifiziertem Humankapital, bequemem Zugang zu globalem Kapital und einem transparenten regulatorischen Umfeld nach wie vor die erste Wahl, um FDI-Aktivitäten zu starten und lokale Partnerschaften zu suchen (Boermans et al., 2011). Gleichzeitig befindet sich Chinas Luft- und Raumfahrtindustrie in einem wirtschaftlichen Befreiungs- und Reformprozess. Die sinkenden regulatorischen Barrieren ermöglichen in den letzten zehn Jahren einen zunehmenden Markteintritt von einheimischem Privatkapital und ausländischen Akteuren (Xiaowen et al., 2012). Währenddessen bedeuten Herausforderungen in Bezug auf institutionelle Lücken und geistige Eigentumsrechte nach wie vor Marktunsicherheiten und Risiken für diese Neuankömmlinge, die das Wissen von Insidern suchen, um ihre Einbettung in die lokalen Netzwerke zu verbessern (Johanson und Vahlne, 2009; Khanna und Palepu, 1997).

Um die Tendenz der regionalen Agglomeration zu messen und das Vorhandensein von industriellen Clustern zu erkennen, führen wir die Messung des Standortquotienten ein (Miller et al., 1991), der den Prozentsatz der spezialisierten Beschäftigung der bezeichneten subnationalen Region über die nationale Ebene in einem bestimmten Wirtschaftssektor berechnet. Der LQ stellt den Anteil der Beschäftigung der subnationalen Region gegenüber dem nationalen Durchschnitt dar (Delgado et al., 2010). Diese Messung der regionalen Agglomerationserkennung wird in internationalen Geschäfts- und Regionalstudien weitgehend angewandt, um die Existenz von industriellen Clustern zu ermitteln (Delgado et al., 2010; Resbeut und Gugler, 2016; Turkina und van Assche, 2018). Die starke Präsenz von industriellen Clustern steigert nicht nur die Innovationsleistung und das Beschäftigungswachstum einer Region, sondern erleichtert es den lokalen Unternehmen auch, bei der industriellen Aufrüstung, insbesondere im Kontext von Schwellenländern, globale Verbindungen herzustellen (Delgado et al., 2014; Guo und Guo, 2011; Lorenzen und Mudambi, 2013).

Zur Identifizierung der chinesischen Luft- und Raumfahrtindustrie-Cluster bezogen wir uns auf die Beschäftigungsdaten in den Provinzen mit starker Präsenz der Luft- und Raumfahrtindustrie, die im *Civil Aviation Industrial Yearbook* über einen Zeitraum von fünf Jahren zwischen 2014 und 2018 aufgeführt sind. Tabelle 16.2 zeigt die analyti-

Tab. 16.2: Ausgewählter provinzieller Standortquotient der Luft- und Raumfahrtindustrie in China (eigene Darstellung)[3]

Provinz	2014	2018
Peking	0,831	0,878
Tianjin	0,612	**2,418**
Hebei	0,703	0,310
Liaoning	**3,002**	**3,872**
Jilin	0,343	0,282
Heilongjiang	**1,315**	**3,529**
Shanghai	0,980	**1,117**
Jiangsu	0,747	0,252
Zhejiang	0,023	0,076
Anhui	0,593	0,186
Jiangxi	**2,013**	**1,818**
Shandong	0,136	0,148
Henan	0,677	0,916
Hubei	**1,160**	0,522
Hunan	**1,545**	**2,394**
Guangdong	0,183	0,465
Sichuan	**1,898**	**4,708**
Guizhou	**3,778**	**3,398**
Shaanxi	**9,631**	**14,997**
Gansu	0,304	0,282

schen Ergebnisse der Analyse des Standortquotienten, und wir kommen zu folgender Beobachtung:

– Viele Provinzen im Landesinneren mit einer langen Präsenz großer staatlicher Unternehmen der Luft- und Raumfahrtindustrie weisen einen hohen Grad an industrieller Agglomeration der Luft- und Raumfahrtindustrie mit einem LQ von mehr als 1 auf. Darüber hinaus bleiben diese LQ-Werte entweder relativ stabil (z. B. Liaoning, Guizhou, Hunan) oder verzeichnen sogar einen drastischen Anstieg (z. B. Sichuan, Shaanxi). Dieses Ergebnis zeigt die Tendenz zur Konzentration von spezialisierten Arbeitskräften in der Luft- und Raumfahrtindustrie, die als Wachstumsmotor der regionalen Wirtschaft dient.

– Viele Küsten-Hotspots von FDI-Zuflüssen weisen nicht notwendigerweise einen hohen Grad an LQ in der Luft- und Raumfahrtindustrie auf (z. B. Jiangsu, Zhejiang, Shandong, Guangzhou). Dieses Ergebnis kann auf das hohe Maß an lokaler wirtschaftlicher Vielfalt und Komplexität zurückzuführen sein. Inzwischen steigt dieser Wert in einigen Städten (z. B. Tianjin und Shanghai) im Laufe der Jahre an, was zum Teil auf den Beitrag der Entwicklung von Werken und F&E-Zentren der Luft- und Raumfahrt-OEM und ihrer First-Tier-Zulieferer (z. B. Airbus (Tianjin),

---

3 Wenn der Location Quotient größer als 1,0 ist, wird der Indikator fett hervorgehoben.

Goodrich Aerostructure Service (Tianjin), COMAC (Shanghai), Boeing (Shanghai))
zurückgeführt werden kann.

– In einigen wenigen Provinzen, die historisch gesehen eine starke Präsenz von
   Luft- und Raumfahrt-Clustern und großen staatlichen Unternehmen aufweisen,
   ist ein Rückgang des LQ der Luft- und Raumfahrtindustrie zu verzeichnen (z. B.
   Hubei, Jiangxi, Anhui, Hebei). Angesichts der strategischen Bedeutung der Luft-
   und Raumfahrtindustrie auf nationaler Ebene kann man davon ausgehen, dass
   solche Ergebnisse auch die Ergebnisse der industriellen Reorganisation sind, die
   die Ressourcen und Produktionsfähigkeit der Luft- und Raumfahrtindustrie in einigen weniger entwickelten Regionen optimieren.

– Obwohl es in der Luft- und Raumfahrtindustrie eine große Anzahl staatlicher Unternehmen gibt, haben diese ihren Hauptsitz in Peking. Dennoch ist der „Head-
   quarter-Effekt" nicht offensichtlich. Dies mag auf den hohen Grad der wirtschaftlichen Diversifizierung der Hauptstadt zurückzuführen sein, aber auch auf die
   Tatsache, dass sich die Funktionen der in Peking ansässigen Luft- und Raumfahrtunternehmen zumeist auf die Bereiche Verwaltung und Forschung und Entwicklung konzentrieren, die nicht auf arbeitsintensive Produktionsphasen ausgerichtet sind.

3 Die Unternehmensnetzwerke der chinesischen Luft- und Raumfahrtindustrie

Die Governance-Mechanismen der globalen Wertschöpfungsketten bieten einen heuristischen Rahmen, um zu verstehen, wie Produktionsnetzwerke aufgebaut und
koordiniert werden. Indem es die Input-Output-Ströme wertschöpfender Geschäftsaktivitäten auf globaler Ebene integriert, unterstreicht das Modell der globalen Wertschöpfungsketten die interorganisatorischen Koordinationsmechanismen, die modu-
larisierte Produktionsaktivitäten von Unternehmen an verteilten Standorten miteinander verbinden (Gereffi et al., 2005; Humphrey und Schmitz, 2000; Mudambi, 2008;
Porter, 1985; Sturgeon et al., 2008; Turkina et al., 2016). In der Folge konstruiert die gesamte Nexus-Infrastruktur, die formale inter-organisatorische Beziehungen umfasst,
zusammen mit allen wirtschaftlichen Einheiten, die diese Beziehungen verbinden,
die Produktionsnetzwerke (Coe et al., 2004; Ernst und Kim, 2002; Yeung, 2009).

Um die Governance-Mechanismen der Wertschöpfungsketten der chinesischen
Luft- und Raumfahrtindustrie zu veranschaulichen, bauen wir zwei interorganisatorische Netzwerke auf, die die einflussreichsten Wirtschaftssubjekte (Firmen, Universitäten, F&E-Zentren, Berufsschulen, staatliche Institute) umfassen, die aktiv Geschäftsaktivitäten in der chinesischen Luft- und Raumfahrtindustrie betreiben. Der Aufbau
der Geschäftsnetzwerke der chinesischen Luft- und Raumfahrtindustrie erfolgt in folgenden Schritten.

3.1 Schritt 1: Identifizierung der wirtschaftlichen Einheiten und Attribute

Wir verweisen zunächst auf die Liste der 140 größten Unternehmen der zivilen Luftfahrt, die im *Civil Aviation Industrial Yearbook 2014* als die wichtigsten lokalen Leitfirmen aufgeführt sind. Wir gehen davon aus, dass ein Unternehmen, wenn es aktiv in der Branche tätig ist, mindestens eine direkte Verbindung zu ihnen aufbauen sollte, entweder in Form einer Kooperationsbeziehung oder einer Lieferkettenbeziehung. Um das Gesamtbild der Branche zu erfassen, beziehen wir neben den Firmen auch F&E-Zentren, Universitäten, Berufsschulen und Regierungsbehörden als eingebettete Wirtschaftseinheiten in die Netzwerke ein. Nach der ersten Runde der Identifizierung von Wirtschaftseinheiten nehmen wir 920 Organisationen in das Netzwerk auf, darunter 730 Firmen. Gleichzeitig sammeln wir korporative und geographische Informationen von ihnen. Wir definieren Wirtschaftseinheiten, die sich in den 31 Provinzverwaltungsregionen auf dem chinesischen Festland befinden, als Organisationen mit Sitz vor Ort, während diejenigen mit Sitz im Ausland als Organisationen mit Sitz im Ausland definiert werden. Bei Organisationen mit Sitz vor Ort beziehen wir uns auf ihre Registrierungsinformationen im National Enterprise Credit Information Disclosure System (NECIDS), das bis Ende 2015 aktualisiert wurde, einschließlich ihres offiziellen Namens in chinesischer Sprache, der Adresse der Registrierung, der Art der Gründung und des Eigentums, des Gründungsjahrs und der Registrierung, der primären Geschäftsspezialisierung und des eingetragenen Kapitals. Wenn die Firma einen bedeutenden Umstrukturierungsprozess durchlaufen hat, werden die Unternehmensinformationen mit selbst erstellten Informationen über Finanzberichte und Börseninformationen auf ihren Websites kombiniert. Bei Organisationen mit Sitz im Ausland erhalten wir diese Daten hauptsächlich auf der Grundlage der Offenlegung von Informationen auf ihren Webportalen und öffentlich zugänglichen Finanzberichten. Infolgedessen werden insgesamt 2.549 Paare dyadischer Beziehungen zwischen Organisationen identifiziert.

3.2 Schritt 2: Kategorisierung von Geschäftsbeziehungen als Verknüpfungen

Nach dem Sammeln von Informationen über organisatorische Merkmale aller eingebetteten Wirtschaftssubjekte erweitern wir die Suche nach Verknüpfungen über die Ego-Netzwerke von 140 lokal ansässigen Leitfirmen hinaus, die auf der Ankündigung von Vertragsgeschäften basieren, die auf öffentlich zugänglichen Quellen erschienen sind (z. B. offizielle Website der Firmen, Offenlegung von Informationen in den Jahresabschlüssen, Ankündigungen der Regierung, Nachrichtenberichte der Medien und Beratungsberichte in der Luft- und Raumfahrtindustrie). Dann kategorisieren wir gemäß unseren zuvor definierten dichotomisierten Kategorien von Verknüpfungen alle aufgeführten Verknüpfungen in horizontale und vertikale Verknüpfungen. Falls keine genauen Angaben zum Beziehungstyp gemacht werden, vergleichen wir die Wertschöpfungsstufen, die den dyadischen Partnern zugeordnet sind, um die horizontale/vertikale Aufteilung zu bestimmen (Bathelt und Peng-Fei, 2014).

Die Netzwerkkonstruktion auf die vertraglichen Beziehungen in den Produktionsprozessen und den Wissensaustausch. In diesem Prozess haben wir alle formalen Vertragsbeziehungen in folgende Formen kategorisiert:

3.2.1 Kooperative Beziehung in Form einer „horizontalen Verbindung"

Diese Art von Geschäftsbeziehungen verbindet Firmen mit ähnlicher industrieller Expertise und Wissenskapazität. Zu den repräsentativen Arten von Kooperationsbeziehungen gehören Joint Venture, gemeinsame Forschung und Entwicklung, Koproduktion, Co-Management, Franchising, Lizenzierung und andere strategische Allianzen. Erleichtert durch gegenseitiges Vertrauen und langfristiges Engagement können Firmen mit ähnlichen Profilen und Kompetenzen komplementäres Wissen auf einer gemeinsamen Wissensbasis miteinander teilen (Dussauge et al., 2000; Foss et al., 2010; Powell et al., 1996; Schilling und Phelps, 2007; Spencer, 2008; Uzzi, 1997). Dieser Prozess wird durch gegenseitiges Vertrauen und langfristiges Engagement erleichtert (Nohria und Garcia-Pont, 1991; Uzzi, 1997). Das gegenseitige Vertrauen zwischen den Kooperationspartnern erleichtert den Technologietransfer, gleicht Interessenkonflikte aus und verringert das Risiko der Verbreitung von Kern-Know-how (Cullen et al., 2000). Das langfristige Engagement erhöht die Persistenz der Kommunikationskanäle und die Nachhaltigkeit der multilateralen Zusammenarbeit im Laufe der Zeit (Holm et al., 1999). Darüber hinaus können die effektiven Überweisungsmechanismen unter eng verbundenen Gemeindemitgliedern Gruppendruck unter Trittbrettfahrern auf Kosten der Sanktionierung ihres opportunistischen Verhaltens ausüben (Foss und Koch, 1996).

3.2.2 Lieferkettenbeziehung in Form einer „vertikalen Verknüpfung"

Diese Art von Geschäftsbeziehungen verbindet Unternehmen mit unterschiedlicher Wissensbasis auf vor- oder nachgelagerten Stufen der Lieferkette. Zu den Formen der Lieferkettenbeziehung gehören Exportvermittlungsdienste, Fertigungs- und Dienstleistungs-Outsourcing-Subverträge und andere Lieferkettenvereinbarungen. Auf der Grundlage der Wissenskapazität und der Marktkenntnis tauschen Fremdlieferanten und Käufer ergänzendes Wissen in den Input-Output-Strömen aus (Hult et al., 2004; Malhotra et al., 2005; Myers und Cheung, 2008; Perri et al., 2013). Durch den Aufbau von Supply-Chain-Beziehungen tendieren Unternehmen dazu, über vertikale Verbindungen mit Lieferanten und Käufern auf andere Netzwerke mit anderer Wissensbasis zuzugreifen (Gereffi et al., 2005; Hult et al., 2004; Perri et al., 2013; Turkina et al., 2016).

3.3 Schritt 3: Inter-organisatorischer Netzwerkaufbau

Als letzten Schritt nehmen wir alle dyadischen Verknüpfungen zwischen eingebetteten 920 Wirtschaftseinheiten in die horizontalen und vertikalen Netzwerke auf der Grundlage der Verknüpfungsarten auf (Tabelle 16.3). Die Netzwerkkonfiguration und Visualisierungsprozesse werden mit dem R iGraph-Paket (Version 3.1.2) und der UCINET 6 Software durchgeführt.

Abbildung 16.1 zeigt das Layout der beiden Netzwerke. Intuitiv können wir beobachten, dass beide Netzwerke unterschiedliche Layouts der Kern-Peripherie-Struktur und der „Small World"-Eigenschaften aufweisen (Milgram, 1967; Watts und Strogatz, 1998). Nichtsdestotrotz gibt es auch identische Divergenzen in Bezug auf die strukturellen Merkmale dieser beiden Netzwerke. Im Vergleich zum vertikalen Netzwerk hat das horizontale Netzwerk mehr Knoten, aber weniger Verbindungen, so dass sein Dichtegrad geringer ist. Bemerkenswerterweise verdreifacht sich der Grad der Transitivität des horizontalen Netzwerks gegenüber dem vertikalen Netzwerk, was auf einen höheren Grad der triadischen Schließung hinweist, der die „strukturellen Löcher" zwischen den Geschäftseinheiten füllt (Burt, 1992). Das vertikale Netzwerk weist einen höheren Konzentrationsgrad in Bezug auf den Grad und die Verflechtung der Geschäftseinheiten auf, was die zwingende Macht der wichtigsten Makler charakterisiert, die Verbindung des Netzwerks aufrechtzuerhalten und die Netzwerkressourcen gegenüber anderen Veränderungen zu dominieren. Im Gegensatz dazu ist die Partnerschaft effizienter bei der Überbrückung der Ressourcen- und Informationsflüsse durch

Tab. 16.3: Zusammenfassung der deskriptiven Statistik der Unternehmensnetzwerke (eigene Darstellung)

Punkt	Horizontales Netzwerk	Vertikales Netzwerk
Anzahl der Einheiten	662	592
Aktivität der Wertschöpfungskette		
Primäre Aktivität	427	490
Unterstützende Aktivität	235	102
Standort		
Lokale Einheiten	414	315
Ausländische Einheiten	248	277
Netzwerk-Statistik		
Anzahl der Verknüpfungen	1103	1577
Dichte	0,504 %	0,901 %
Transitivität	10,658 %	3,610 %
Grad der Zentralisierung	13,758 %	33,900 %

Horizontales Netzwerk   Vertikales Netzwerk

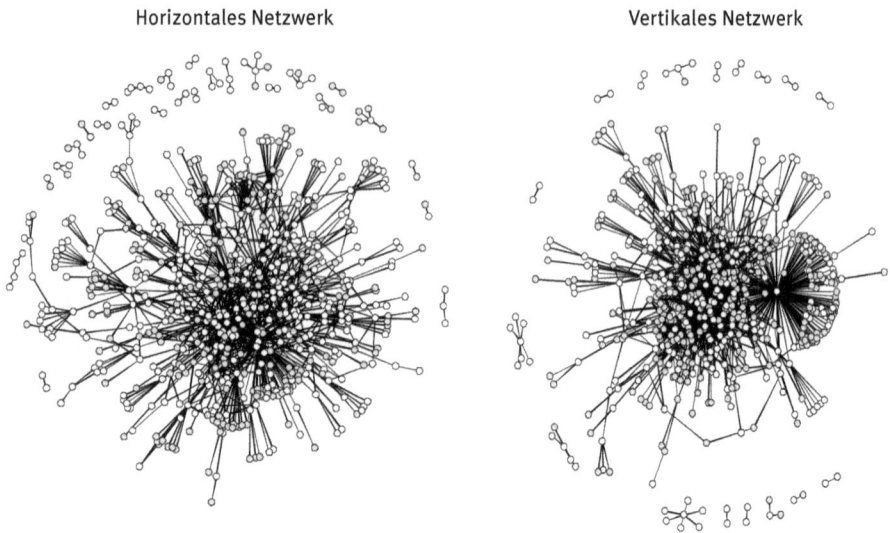

Abb. 16.1: Unternehmensnetzwerke von Chinas Luft- und Raumfahrtunternehmensnetzwerken (eigene Darstellung)

das Netzwerk, indem redundante Kontakte und Verbindungen reduziert und die dominierenden Kräfte der wichtigsten Makler zerstreut werden.

Aus der Darstellung und deskriptiven Statistik von Partnerschafts- und vertikalen Netzwerken konnten wir feststellen, dass beide Netzwerke ein ausgeprägtes Layout von Kern-Peripherie-Struktur und „Small World"-Eigentum mit hoher Cliquenhaftigkeit und kurzer Weglänge aufweisen (Milgram, 1967; Watts und Strogatz, 1998). Es handelt sich bei beiden um spärlich verteilte Netzwerke mit einer Dichte von weniger als 1 %, während beide überaus konzentriert auf eine Hauptkomponente mit nur wenigen isolierten Ausreißern sind. Innerhalb der Hauptkomponente sind die Knoten im Kern dicht miteinander verbunden, während die Knoten an der Peripherie auf kurzen geodätischen Wegen zum Zentrum des Kerns hin überbrückt sind. In beiden Netzwerken sind die Rollen der Vermittler äußerst entscheidend für die Aufrechterhaltung der Verbindungen des gesamten Netzwerks, und sie üben einen überwältigenden Einfluss und Kontrollmacht über andere, weniger gut miteinander verbundene Knoten aus. Die Rolle der Knotenpunkte ist äußerst entscheidend für die Aufrechterhaltung der Verbindung des gesamten Netzwerks, und sie üben einen überwältigenden Einfluss und Kontrollmacht über andere, weniger gut verbundene Knotenpunkte aus. Was die Diversität der Netzwerke betrifft, so weisen beide Netzwerke ein hohes Maß an Heterogenität in Bezug auf die geographische Lage und die Geschäftstätigkeit der Geschäftseinheiten auf, die zur allgemeinen Wettbewerbsfähigkeit der Unternehmen beitragen (Ghoshal und Bartlett, 1990; Goerzen und Beamish, 2005).

4 Rollen ausländischer multinationaler Unternehmen in den chinesischen Luft- und Raumfahrtnetzwerken

Im Prozess der Bildung von Unternehmensnetzwerken in der chinesischen Luft- und Raumfahrtindustrie fungieren ausländische multinationale Unternehmen als Brücken zwischen lokalisierten Geschäftsaktivitäten und globalisierten Produktionsnetzwerken durch ein dezentralisiertes Governance-Muster, das Interaktionen zwischen dem Hauptsitz, lokalen Tochtergesellschaften und anderen externen Partnern ermöglicht (Andersson et al., 2007; Birkinshaw und Hood, 1998; Cantwell und Mudambi, 2005; Meyer et al., 2011; Roth und Morrison, 1992; Rugman und Verbeke, 2001), und koordinieren den Wissenstransfer über organisatorische und geografische Grenzen hinweg, der von verschiedenen Geschäftsaktivitäten begleitet wird, darunter FDI, internationale F&E-Projekte und die Bildung strategischer Allianzen (Dunning, 1995; Gereffi et al., 2005).

Die Integration ausländischer multinationaler Unternehmen in die lokalen Unternehmensnetzwerke in China ist in der Regel das Ergebnis der folgenden Push-and-Pull-Kräfte. Einerseits sind aufgrund ökologischer Unsicherheiten, institutioneller Einschränkungen und hoher Transaktionskosten (Chung und Beamish, 2005; Luo, 2001; Meyer et al., 2009; Wright et al., 2005) müssen ausländische multinationale Unternehmen ihre sozialen Bindungen durch Learning-by-doing im lokalen Produktionsnetzwerk und die Pflege guter Beziehungen (z. B. „Guanxi" in China) zu Partnerfirmen, Regierungsbehörden, Nichtregierungsorganisationen (NGOs) und lokalen Gemeinschaften im Gastland nutzen (Bruton et al., 2007; Liu et al., 2010; Meyer et al., 2009; Peng et al., 2008). Auf der anderen Seite sind ausländische multinationale Unternehmen gut, „[to] transmit capital, knowledge, ideas and value systems across borders" (Meyer, 2004), die die Wettbewerbsfähigkeit lokaler Unternehmen und regionaler Innovationssysteme durch Wissens-Spillovers in Netzwerken verbessern und aufstrebende Volkswirtschaften schrittweise in den globalen Markt integrieren (Meyer, 2004; Scalera et al., 2015; Wright et al., 2005). Als „Dealmaker" koordinieren ausländische multinationale Unternehmen global verteilte Input-Output-Ströme und fördern die Verflechtung und Interdependenz zwischen nationalen Märkten (Coe et al., 2008; Ernst und Kim, 2002; Feldman und Zoller, 2012; Hagedoorn, 2006). Hochkompetente ausländische multinationale Unternehmen mit außerordentlichen Fähigkeiten beim Aufbau sozialer Bindungen und bei der Aneignung lokalen Wissens fungieren häufig als „Flaggschiff"-Leitfirmen in Schwellenländern. Sie führen zielgerichtetes Handeln durch und erwirtschaften Mehrwert im Netzwerk, koordinieren danach als „Hub Firms" die Wissensströme in den lokalen Netzwerken (Dhanaraj und Parkhe, 2006) und erlangen Prominenz und Macht durch intrinsische Kapazität und extrinsische zentrale Position in Netzwerken. Insgesamt stellt die Synergie aus Push-and-Pull-Kräften der Außenseitigkeit des regionalen Kontexts und der Innenseitigkeit des industriellen Know-hows die „physische Anziehungskraft" dominanter multinationaler Unternehmen in den regionalen Produktionsnetzwerken dar, „[that] generates a relational advantage for the relevant insiders but a relational disadvantage for outsiders" (Cantwell und Mudambi, 2011).

Wir argumentieren, dass ausländische multinationale Unternehmen in der chinesischen Luft- und Raumfahrtindustrie folgende Rollen spielen:

4.1 Hub-Koordinatoren innerhalb lokaler Netzwerkgemeinschaften

Die häufigen Interaktionen zwischen den Unternehmen tragen zur Bildung dicht miteinander verbundener Geschäftsgemeinschaften bei, in denen die Unternehmen Zugang zu Netzwerkressourcen und Insiderwissen haben. Begünstigt durch die verschiedenen Ströme des Wissensflusses haben Unternehmen, die innerhalb und außerhalb der Grenzen eines Gastlandes angesiedelt sind, unterschiedliche Muster für den Aufbau von Geschäftsbeziehungen untereinander. Definiert als „the dense and nonoverlapping structural groups of actors within a network" (Sytch und Tatarynowicz, 2014), repräsentieren Netzwerkgemeinschaften die relationale Nähe des Ego-Netzwerks einer Firma und charakterisieren die Fragmentierung der gesamten Netzwerkhierarchie (Gulati und Gargiulo, 1999). Die Bildung von Netzwerkgemeinschaften, die komplexe Prozesse der Wissensgenerierung und des Wissenstransfers umfassen, treibt die strategischen Entscheidungen von Unternehmen in Bezug auf Beziehungen und den Erwerb von Insiderwissen voran. Mitglieder innerhalb derselben Netzwerkgemeinschaft sind enger miteinander verbunden als mit den Außenseitern der Gemeinschaft (Sytch und Tatarynowicz, 2014).

Bei der Bildung lokaler Netzwerkgemeinschaften fungieren ausländische multinationale Unternehmen als „Hub-Koordinatoren" mit einem hohen Grad an physischer Anziehungskraft, die die sie umgebenden lokalen Partner in den Netzwerkgemeinschaften magnetisieren. Durch die Verwischung der geographischen Grenze haben ausländische multinationale Unternehmen einen Wettbewerbsvorteil gegenüber den lokalen Partnern in Bezug auf die interorganisatorische Lernfähigkeit und die Erfahrung mit der Aufnahme heterogenen Wissens an verschiedenen geographischen Standorten. Das Vermächtnis ausländischer multinationaler Unternehmen in Schwellenländern spiegelt sich als „pod to access, transfer, integrate and leverage localized cluster knowledge" wider (Mudambi und Swift, 2011). In ihrer regionalen Strategie fördert die Kollokation mit agglomerierten lokalen Firmen in industriellen Clustern nicht nur den lokalen Wissenserwerb ausländischer multinationaler Unternehmen, sondern stimuliert auch die Bildung strategischer Allianzen mit kompetenten lokalen Partnern, die von den Vorreitern lernen wollen (Hitt et al., 2005). Mit anderen Worten: Ausländische multinationale Unternehmen übernehmen die führende Rolle bei der Schaffung einer „common resource and knowledge base as well as shared relationships and routines", bei der Umverteilung von Produktionsfaktoren zwischen lokalen Wirtschaftssektoren und beim weltweiten Import modernster Praktiken (Rugman und Verbeke, 2003). Insgesamt üben ausländische multinationale Unternehmen eine starke zentripetale Kraft als „Knotenpunkte" im Kern einer Netzwerkgemeinschaft aus, die lokale Partner anzieht, und fungieren als Wissensgeneratoren, die die lokale Wissensentwicklung fördern.

4.2 Grenzübergänge zwischen lokalen Netzwerkgemeinschaften

In Netzwerkgemeinschaften werden die Grenzen der Netzwerkgemeinschaften gemäß der Modularität definiert, die sich auf die hierarchische Struktur der Akteure und die Agglomeration der Verbindungen bezieht (Clauset et al., 2008, 2004). Die Bildung von Netzwerkgemeinschaften ist das Ergebnis einer intensiven Agglomeration von Verbindungen zwischen wirtschaftlichen Akteuren, die in hohem Maße mit der Synergie von geografischen Standorten, organisatorischer Konfiguration und industrieller Aufteilung zusammenhängt, sich aber nicht vollständig mit dem physischen Bereich dieser Einheiten überschneidet. Während zwischen den Netzwerkgemeinschaften sind die Verbindungen zwischen den Clustern oder „Pipelines" nur spärlich verteilt. Diejenigen Wirtschaftsakteure, die in der Lage sind, Wissensströme über „Pipelines" zu kanalisieren, werden als „Grenzschrauber" bezeichnet (Aldrich und Herker, 1977; Luo, 2000; Tushman, 1977).

Anders als lokale „Gatekeeping"-Firmen, die den Wissenszufluss in den Cluster filtern, treten ausländische multinationale Unternehmen als „externe Stars" in das regionale Produktionsnetzwerk ein, die die Tiefe der lokalen Wissensausstattung erweitern und die Effizienz der lokalen Wissensverbreitung durch Pipelines optimieren (Lorenzen und Mudambi, 2013; Morrison et al., 2013; Rychen und Zimmermann, 2008). Auf Unternehmensebene dienen die Grenzen, die ausländische multinationale Unternehmen überspannen, als Kanäle für den Wissenszufluss und heben verstreute Wissensressourcen in lokalen Produktionsnetzwerken hervor, was die Gesamtleistung der verbundenen lokalen Unternehmen erheblich steigert (Morrison et al., 2013; Mudambi, 2002; Mudambi und Santangelo, 2014; Mudambi und Swift, 2012). Auf Clusterebene bringen die ausländischen multinationalen Unternehmen durch die „Pipelines" in die späten Cluster einer aufstrebenden Volkswirtschaft, die oft in ihrer Innovationsfähigkeit und externen Anbindung an den globalen Markt eingeschränkt sind, die besten Erfahrungen und Praktiken aus den Heimatländern ein (Luo, 2000; Morrison et al., 2013). Hieraus schließen wir, dass ausländische multinationale Unternehmen die Grenzüberwinder sind, die Pipelines zwischen verschiedenen Netzwerkgemeinschaften aufbauen.

4.3 Aufrechterhaltung der „Small World"-Netzwerk-Konnektivität

Nach pfadabhängigen sozialen Regeln wie Homophilie, Assortativität und Reziprozität gestalten ausländische multinationale Unternehmen bewusst ihre Beziehungen zu ihren lokalen Tochtergesellschaften und externen Partnern. Aufgrund ihres Beitrags zu den Teilmerkmalen in der regionalen Produktion verändern ausländische MNUs auch die Gesamtgestalt regionaler Produktionsnetzwerke. Sie koordinieren die produktiven Aktivitäten und den Wissenstransfer durch ihre „physische Attraktivität" und erweitern die spärlich verteilten „Pipelines" über Netzwerkgemeinschaften in einem dezentralisierten Produktionsnetzwerk. Als Knotenpunktkoordinatoren und Grenzüberbrücker verkürzen ausländische MNUs die durchschnittliche geodätische Weglänge und erhöhen die Transitivität über triadische „strukturelle Löcher" hinweg, wodurch sich die allgemeine Konnektivität und Effizienz des gesamten Netzwerks verbessert. Ein solcher Mechanismus wird als maßstabsfreies „Small-World"-Netzwerk definiert. Er zeichnet sich aus durch hohe Kohäsion in dicht verbundenen Clustern, kurze durchschnittliche Pfadlänge bei spärlich verbundener Netzwerkkommunikation und Verbindung durch einen kleinen Bruchteil von Koordinatoren in dezentralisierten großen Netzwerken (Baum et al., 2003; Gulati und Gargiulo, 1999; Kossinets und Watts, 2009; Uzzi und Spiro, 2005; Watts und Strogatz, 1998).

Die Produktionsnetzstruktur der „Small World" hat bemerkenswerte strategische Auswirkungen auf ausländische multinationale Unternehmen. Einerseits sind Firmen, die eine zentrale Position in „Small World"-Netzwerken einnehmen und „Strukturlöcher" überbrücken, besser in der Lage, im Laufe der Zeit neues Wissen zu erschließen und Wettbewerbsvorteile zu erzielen (Sullivan et al., 2014). Andererseits fungieren jene wenigen „Schlüsselakteure", die die Kontrolle über zentrale Positionen übernehmen, durch die der geodätische Weg anderer Akteurspaare verläuft, als „Schnittpunkte" und sind für die allgemeine Konnektivität und Effizienz des gesamten Netzwerks verantwortlich (Borgatti, 2006; Granovetter, 1973; Watts, 1999). Wie Baum et al. (2003) abschließend feststellten, „ergibt sich die Bedeutung des Verständnisses von Kleinweltstrukturen aus ihrer großen Effizienz beim Transport von Informationen, Innovationen, Routinen, Erfahrungen und anderen Ressourcen, die organisatorisches Lernen, Anpassung und Wettbewerbsvorteile ermöglichen".

Zur Schätzung der Beiträge ausländischer multinationaler Unternehmen zum „Small World"-Besitz gibt es mehrere Messgrößen. Im Hinblick auf die Konnektivität können wir die Robustheit des Netzwerks berechnen, die die Nachhaltigkeit und den Zusammenhalt des Netzwerks nach der Entfernung bestimmter Knoten misst (Albert et al., 2000; Callaway et al., 2000; Moody und White, 2003). Wenn wir den Knotenpunkt ausländische MNUs entfernen, die gegenüber der Geodäsie von konfessionsübergreifenden Verbindungen eine unübertroffene Position einnehmen, werden die Abkürzungen zwischen großen Anteilen lokaler Firmen abnehmen oder sich verlängern und die allgemeine Robustheit des Netzes wird beeinträchtigt. Die Folgen sind eine geringere Anzahl von Verbindungen, eine Zunahme isolierter Knotenpunkte und

Blöcke sowie ein hoher Grad an durchschnittlicher Weglänge zwischen einzelnen Firmen. Daher argumentieren wir, dass ausländische multinationale Unternehmen die Aufrechterhaltung eines „Small-World"-Produktionsnetzwerks betreiben. Die Entfernung von ausländischen MNUs mit Knotenpunkten wird die Robustheit des Netzwerks weitgehend verringern und die Gesamtstruktur des Netzwerks verändern.

5 Empirische Analyse der Rolle ausländischer multinationaler Unternehmen in der chinesischen Luft- und Raumfahrtindustrie

Um unsere Vorschläge zur Rolle ausländischer multinationaler Unternehmen in der chinesischen Luft- und Raumfahrtindustrie zu testen, überlappen wir sowohl horizontale als auch vertikale Netzwerke, indem wir ein Multiplex-Produktionsnetzwerk aufbauen. Unter Anwendung von Modularitäts-Clusterisierungsalgorithmen (Clauset et al., 2004) beschreiben wir die nicht überlappende Gemeinschaftsstruktur des Multiplexnetzes. Als Ausgangspunkt, um die Rolle des Hub-Koordinators und des Grenzschlüssels zu bestimmen, berechnen wir Hub- und Autoritätsindizes für alle Knoten in der Multiplex-Produktion, indem wir den Wilconxon Signed-Rank-Test durchführen, einen nichtparametrischen statistischen Hypothesentest, der beim Vergleich zweier verwandter Stichproben auf einer einzigen Stichprobe verwendet wird, um zu beurteilen, ob sich ihre Populationsmittelwerte unterscheiden (Wilcoxon, 1945). Wir vergleichen und ordnen die Hub- und Authority-Scores von lokalen Firmen und ausländischen MNUs (Kleinberg, 1999), die ihre Verbundenheit innerhalb ihres jeweiligen Clusters und mit Knoten, die anderen Clustern angegliedert sind, sowie ihre Zentralität zwischen den Clustern (Freeman, 1977), die die Fälle misst, in denen Knoten auf die geodätischen Pfade zwischen anderen Akteurspaaren im Netzwerk fallen, einander zu.

Die Ergebnisse von Tabelle 16.4 deuten darauf hin, dass ausländische MNUs signifikant höhere Werte bei der Hub-Koordination (Messung der Intra-Cluster-Verbundenheit; Test-p-Wert = 0,002), der Netzwerkbehörde (Messung der Inter-Cluster-Verbundenheit, Test-p-Wert = 0,001) und der Zentralität zwischen den Clustern (Messung der Durchgangsgeodäsie, Test-p-Wert = 0,000) aufweisen, und wir kommen zu dem

Tab. 16.4: Wilconxon Signed-Rank-Test für Hubs und Behördenindizes für ausländische MNUs (eigene Darstellung)

Stichwortverzeichnis	Messung	p-Wert
Hub-Koordination	Intra-Cluster-Verbindungen	0,002**
Netzwerkbehörde	Inter-Cluster-Verbindungen	0,001**
Zwischenstaatliche Zentralität	Durchgangs-Geodäsie	0,000***

Hinweis: † wenn $p < 0,10$, * wenn $p < 0,05$; ** wenn $p < 0,01$; *** wenn $p < 0,001$.

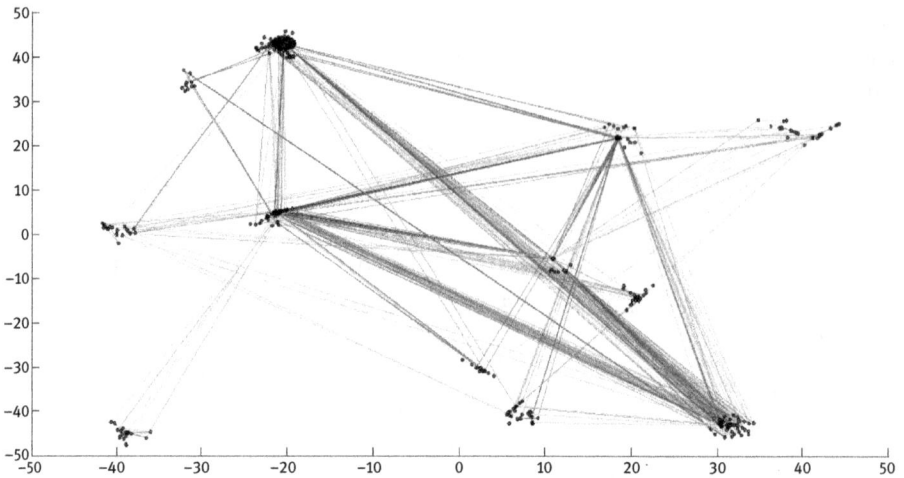

Abb. 16.2: Rotiertes Multiplex-Produktionsnetzwerk (eigene Darstellung)

Schluss, dass ausländische MNUs sowohl bei der Hub-Koordination in der Intra-Cluster-Verbindung als auch bei der Netzwerkbehörde in der Inter-Cluster-Verbindung besser abschneiden als lokale Firmen.

Wir veranschaulichen die Intra- und Inter-Cluster-Verknüpfungen im Multiplex-Netz weiter mit der von Traud et al. (2009) eingeführten Netzrotationsmethode, die das gesamte Netz in mehrere einfachere Untergruppen aufteilt, die durch frühere Algorithmen zur Optimierung der Modularität definiert sind. Darüber hinaus platzieren wir die „Ankerfirmen" als Knotenpunkte jeder Untergruppe nach der von Kamada und Kawai erzwungenen gerichteten Layout-Methode (Kamada und Kawai, 1989), die die Knoten mit ähnlichem Grad um die Anker herum mit möglichst wenigen sich kreuzenden Kanten agglomeriert. Der Algorithmus ordnet die Kräfte zwischen den Gruppen von Verbindungen und Knoten auf der Grundlage ihrer relativen Position zu. Dann verwendet er diese Kräfte, um ihre Energie zu minimieren. Das Hooke'sche Elastizitätsgesetz wird angewandt, um Paare von Endpunkten der Kanten des Graphen zueinander anzuziehen, während gleichzeitig abstoßende Kräfte wie die von elektrisch geladenen Teilchen auf der Grundlage des Coulomb'schen Gesetzes verwendet werden, um alle Knotenpaare zu trennen.

Im Diagramm des rotierenden Multiplex-Produktionsnetzwerks in Abbildung 16.2 ist zu beobachten, dass innerhalb der Cluster horizontale Partnerschaftsverbindungen hauptsächlich von ausländischen MNUs mit Knotenpunkten orchestriert werden, während Lieferkettenverbindungen zu ziemlich weit entfernten Gemeinschaften führen und als Grenzschlüssel fungieren, die sich auch an ausländische MNUs mit Knotenpunkten richten.

Wir wählen ein dicht verbundenes Cluster ganz oben aus, das bei der Hubfirma Boeing verankert sein soll (Abbildung 16.3). In diesem Diagramm stellen wir fest, dass

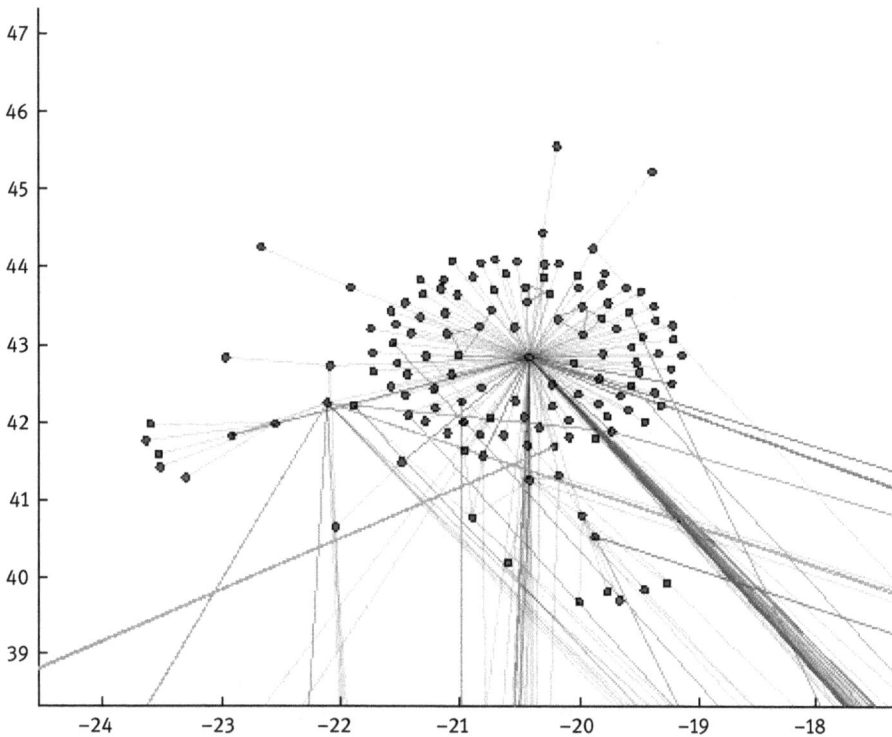

Abb. 16.3: Bei Boeing verankerter Hub im rotierenden Netzwerk (eigene Darstellung)

die Ankerfirma weitgehend die Verbindungen zwischen den Clustern zu anderen Hubs führt, die durch ausländische MNUs verankert sind. Im Fall von Boeing verwaltet es 13 Mal mehr Verbindungen zu anderen Hubs als ein anderes Unternehmen in seinem jeweiligen Cluster; es verwaltet auch 9 Mal mehr Partnerschaftsverbindungen zu anderen Hubs. Wenn wir die andere Seite, die mit den lokalen Unternehmen verbunden ist, in Betracht ziehen, werden wir sehen, dass es sich wiederum um ausländische multinationale Unternehmen handelt, die die lokalen Unternehmen im Boeing-Drehkreuz erreichen. Alles in allem kommen wir zu dem Schluss, dass ausländische multinationale Unternehmen es vorziehen, über „Pipelines" vielfältige und weit entfernte Umfragen über heterogenes Wissen für ihre Lieferanten und Käufer anzuzapfen, während sie gleichzeitig auch versuchen, Partnerschaften mit stärker vernetzten lokalen Clusterakteuren einzugehen, die in „Buzz" eingebettet sind.

Um zu entscheiden, welche Rolle ausländische multinationale Unternehmen bei der Aufrechterhaltung des Kleingrundbesitzes spielen sollen, teilten wir das Multiplex-Produktionsnetz auf zwei 8-Jahres-Perioden auf, nämlich 2000–2007 und 2008–2015. Die Wahl des Jahres 2008 als Lückenjahr ist dem Taktgefühl geschuldet, dass Chinas Luft- und Raumfahrtindustrie in jenem Jahr rudimentäre Veränderungen er-

Tab. 16.5: „Small World" von Chinas Luft- und Raumfahrtproduktionsnetzwerk (eigene Darstellung)

	Multiplex-Produktionsnetzwerk		Zufälliges Netzwerk (100× Monte-Carlo-Simulation)	
	Durchschnitt Geodätische Länge	Globale Clusterbildung Koeffizient	Durchschnitt Geodätische Länge	Globale Clusterbildung Koeffizient
2000–2007	4,946	0,291	8,107	0,082
2008–2015	3,087	0,511	7,856	0,123

fahren hat, darunter die Gründung der COMAC, des führenden einheimischen Flugzeug-OEM; den erneuten Zusammenschluss der gigantischen staatlichen Luft- und Raumfahrtgeschäftsgruppen AVIC I und AVIC II zur Aviation Industry Corporation of China (AVIC); und die Ratifizierung einer systematischen Wirtschaftsreform durch den Staatsrat, die eine größere Beteiligung ausländischer und privater Kapitalinvestitionen in der Luft- und Raumfahrtindustrie ermöglicht.

Was die Gesamtstruktur des Netzwerks betrifft, so zeigt das Multiplex-Produktionsnetzwerk der Periode 1 eine klare Kern-Peripherie-Eigenschaft mit einer riesigen Kernkomponente im Zentrum, die von einigen wenigen isolierten Unter-Clustern umgeben ist. In Periode 2 wird das Multiplex-Produktionsnetzwerk jedoch dicht verbunden, wobei jeder Knoten über einen Pfad Zugang zu allen anderen Knoten im Netzwerk hat.

Um festzustellen, ob es im Multiplexnetz im Laufe der Zeit ein „Small World"-Phänomen gibt, berechnen wir die durchschnittliche geodätische Länge (Anzahl der Schritte des kürzesten Weges zwischen zwei verbundenen Knoten) und die globalen Clustering-Koeffizienten (Anteil der geschlossenen Tripletts an der Gesamtzahl der offenen und geschlossenen Tripletts im Netz) von Multiplexnetzen (Abbildung 16.4) über zwei Perioden. Ersterer repräsentiert die Effizienz der Kommunikation im Netzwerk, und letzterer stellt den Grad der Konzentration der Verbindungen dar (Watts und Strogatz, 1998). Dann vergleichen wir die gleichen Indizes von Zufallsnetzwerken auf der Grundlage einer 100 Mal wiederholten Monte-Carlo-Simulation der zufälligen Bindungsbildung mit der gleichen Anzahl von Knoten und Verknüpfungen der Empfehlungsmultiplex-Produktionsnetzwerke.

Aus den Statistiken in Tabelle 16.5 geht hervor, dass in jeder Periode die durchschnittliche geodätische Länge des Multiplex-Produktionsnetzes etwa die Hälfte des äquivalenten Zufallsnetzes ausmacht, während der globale Clustering-Koeffizient des ersteren weitgehend höher ist als der des letzteren. Darüber hinaus konnten wir auch herausfinden, dass in Periode 2 sowohl die Netzwerkeffizienz als auch die Konzentration im Vergleich zu Periode 1 zunehmen, so dass das Multiplexnetz der letzteren Periode die Eigenschaften des Kleinweltnetzes besser annähert, wobei die durchschnittliche Pfadlänge kleiner und der Clustering-Koeffizient höher ist. In diesem Sinne zeigen beide Netzwerke ein ausgeprägtes Layout der Kern-Peripherie-Struktur mit einer gro-

Zeitraum 1: 2000–2007   Zeitraum 2: 2008–20015

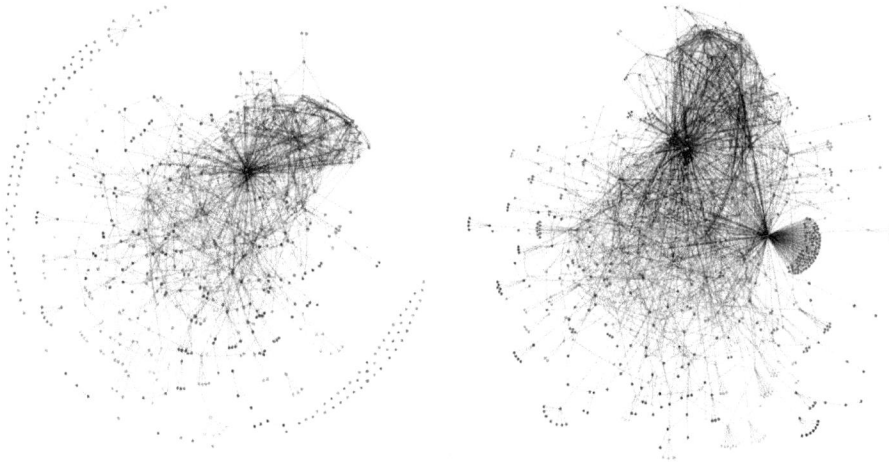

Abb. 16.4: Zwei-Perioden-Multiplex-Produktionsnetzwerk der chinesischen Luft- und Raumfahrt (eigene Darstellung)

Tab. 16.6: Netzwerk-Robustheitstest von ausländischen MNUs: Prozentualer Anteil der verbundenen Verbindungen aller dyadischen Paare (eigene Darstellung)

	2000–2007	2008–2015
Mit ausländischen multinationalen Unternehmen	26 %	43 %
Ohne ausländische MNUs	4 %	10 %

Tab. 16.7: Netzwerk-Robustheitstest von ausländischen MNUs: Prozentualer Anteil der an die Hauptkomponente angeschlossenen Knoten (eigene Darstellung)

	2000–2007	2008–2015
Mit ausländischen multinationalen Unternehmen	69,47 %	99,99 %
Ohne ausländische MNUs	6,38 %	28,42 %

ßen Kernmasse verbundener Knoten, die von Isolaten umgeben sind, und der „Small-World"-Eigenschaft mit hoher Cliquishness und kurzer Pfadlänge

Um den Beitrag ausländischer MNUs zur nicht-redundanten Konnektivität des Netzwerks zu testen, messen wir die Robustheit des Netzwerks, d. h. den Prozentsatz der verbundenen Verbindungen über alle dyadischen Kombinationen nach Entfernung bestimmter Knoten, nämlich der ausländischen MNUs in unserer Studie. (Callaway et al., 2000). Darüber hinaus berücksichtigen wir auch die Größe der größten Komponente des Multiplex-Produktionsnetzes über einen Zeitraum. Nach den Molloy-Reed-Kriterien wirkt sich in einem maßstabsfreien Kleinwortnetz die Größe der riesigen Komponenten positiv auf die Robustheit des Netzes aus (Barabási, 2009; Erdös und Rényi, 1959; Molloy und Reed, 1995). Die Ergebnisse von Tabellen 16.6 und 16.7 zeigen, dass die Robustheitseigenschaften des Netzes in der zweiten Zeitperiode erheblich zugenommen haben, sowohl in Bezug auf die verbundenen Verbindungen als auch auf die Knoten, die an die Hauptkomponente angeschlossen sind. Während die Netzdichte und die Anzahl der Knoten, die an die Hauptkomponenten angeschlossen sind, in beiden Zeiträumen aufgrund des Vorhandenseins ausländischer MNUs drastisch zugenommen haben, haben die Robustheitseigenschaften des Netzes in beiden Zeiträumen zugenommen. Diese Ergebnisse sprechen für die Persistenz der Netzwerkrobustheit.

6 Schlussfolgerung

In diesem Buchkapitel geben wir einen umfassenden Überblick über die Entwicklung, den Status und die Vorhersagen der chinesischen Luft- und Raumfahrtindustrie. In erster Linie ist die Entwicklung der chinesischen Luft- und Raumfahrtindustrie das Ergebnis der Synergie von Nachfrageschub und den Zugkräften der Industrie. In diesem Prozess hat die von technologischer Innovation getriebene Globalisierung den Prozess der industriellen Aufrüstung und globalen Integration der chinesischen Luft- und Raumfahrtindustrie beschleunigt. Die absolute geographische Entfernung nimmt als bestimmende Marktzutrittsschranken für ausländische multinationale Unternehmen ab, während die Vernetzung in Multiplex-Geschäftsnetzwerken, die strategische Allianzen, mehrschichtige Lieferketten, Joint-Venture- und F&E-Projekte und andere Formen der Zusammenarbeit umfassen, immer wichtiger geworden ist, um die Macht und den Einfluss ausländischer multinationaler Unternehmen auf ihre lokalen Konkurrenten und Partner zu bestimmen.

Die Entwicklung der chinesischen Luft- und Raumfahrtindustrie geht einher mit der Konfiguration und Entwicklung der globalen Wertschöpfungsketten der Luft- und Raumfahrtindustrie. Die Konzeptualisierung der globalen Wertschöpfungsketten (Gereffi et al., 2005; Humphrey und Schmitz, 2000; Porter, 1985) bietet einen heuristischen Rahmen, der sowohl organisatorische als auch geographische Dimensionen als Erklärungsfaktoren einbezieht (Coe et al., 2004; Sturgeon, 2001). Aus organisatorischer Sicht koordinieren führende Unternehmen mit hoher organisatorischer Leistungsfähigkeit und globaler Marktreichweite Produktionsaktivitäten, die auf weltweit verteilte Standorte verteilt sind (Humphrey und Schmitz, 2001). Aus geographischer Perspektive spiegelt die Agglomeration von spezialisierten Firmen und Arbeitskräften in lokalen kapazitätsbasierten industriellen Clustern die Regionalisierungstendenz der modularisierten Produktion in den globalen Wertschöpfungsketten wider (Mudambi, 2008). Insbesondere betonen wir die Rolle der OEM bei der Kontrolle und Koordination der Wertschöpfungsketten-Governance. Die Verschiebungen in der betrieblichen Kostenstruktur und der technologische Fortschritt erzwingen eine drastische Auslagerung von Wertschöpfungsaktivitäten an Dritte und dezentralisieren deren Kontrollmacht (Bales et al., 2004; Williams et al., 2002). Danach fungieren sie als der zentrale Orchestrator, der die Interkonnektivität zwischen mehrstufigen Zulieferern und Dienstleistern auf den Produktionsstufen koordiniert, da sie dazu neigen, direktere Verbindungen und näher am Netzwerkkern über vor- und nachgelagerte Zulieferer sowie die Dienstleister zu haben. Unterdessen konkurrieren führende in- und ausländische OEM bei Flugzeugen und Triebwerken nach wie vor miteinander und dominieren die Beziehungen in der Wertschöpfungskette. Der monopolistische Wettbewerb unter den OEM sowie ihre Verhandlungsmacht über ihre Endabnehmer ist ein noch immer relevantes Thema für weitere Untersuchungen, insbesondere im chinesischen Kontext, wo die „Koopetition" zwischen lokalen und ausländischen OEM zur „neuen Norm" auf dem Markt wird (Brandt und Thun, 2010; Emiliani, 2004; Irwin und Pavcnik, 2004).

Diese Arbeit befasst sich mit den Beiträgen zum komplexen Wissenserwerb und zur Etablierung von gesellschaftlichem Einfluss und spezifiziert die verschiedenen Bereiche der Einbettung eines Unternehmens in verschiedene Geschäftsnetzwerke, die entscheidende Wettbewerbsvorteile bieten. Basierend auf den von Hand gesammelten Netzwerkdaten diverser Geschäftsbeziehungen zwischen 920 Wirtschaftseinheiten (Firmen, Universitäten, F&E-Zentren, Regierungsbehörden), die aktiv an der Entwicklung der chinesischen Luft- und Raumfahrtindustrie beteiligt sind, stellt diese Arbeit Konfigurationen der drei Produktionsnetzwerke vor – das nationale Multiplex-Produktionsnetzwerk, das horizontale Teilnetzwerk für Zusammenarbeit und das vertikale Teilnetzwerk für Lieferketten.

Im Prozess der Entwicklung der chinesischen Luft- und Raumfahrtindustrie spielen ausländische multinationale Unternehmen die entscheidende Rolle als Knotenpunktkoordinatoren und Grenzübergänge, die die allgemeine Konnektivität in den Netzwerken der „kleinen Welt" aufrechterhalten. Mit anderen Worten, die Beiträge ausländischer multinationaler Unternehmen zu den komplexen Produktionsnetzwerken spiegeln sich nicht unbedingt in Zahlen wider, sondern eher in der entscheidenden Rolle, die sie bei der Aufrechterhaltung der Verbindung der gesamten Netzwerke und bei der Koordinierung der Intra- und Inter-Cluster-Verbindungen spielen. Sie kooperieren durch horizontale und vertikale Integration sowie durch die Kanalisierung von Ressourcen und Informationsflüssen zwischen geographisch verstreuten Clustern. Ohne ausländische MNUs nimmt die Netzwerkrobustheit von regionalen Multiplex-Produktionsnetzwerken stark ab, und die gesamten Netzwerke werden mit einem geringen Prozentsatz verbundener Dyaden fragmentiert. Orchestriert durch die grenzüberschreitenden Geschäftsaktivitäten führender MNUs integriert die globale Vernetzung spezialisierter Regionen die Input-Output-Ströme der globalen Wertschöpfungsketten und unterstreicht die interorganisatorischen Koordinationsmechanismen in den globalen Produktionsnetzwerken (Bathelt und Peng-Fei, 2014; Turkina et al., 2016; Yeung, 2009). Für ausländische Investoren kann die Ansiedlung von Produktionsstätten oder die Auslagerung von Produktionsaktivitäten an Subunternehmer in lokalen industriellen Clustern immer noch eine optimale Strategie sein, um die strukturelle Einbettung in arbeitsintensive Sektoren zu verbessern und ressourcenbasierte Wettbewerbsvorteile in der vertikalen Integration zu suchen. Wenn sie jedoch eine Markterweiterung durch den Erwerb von Marktwissen von Partnern in der horizontalen Integration anstreben, ist die Bedeutung regionaler Agglomeration auf der Grundlage der Arbeitsintensität kein primärer Indikator, insbesondere in wissensintensiven Sektoren (Turkina und van Assche, 2018).

Wir sind uns der Tatsache bewusst, dass es in Bezug auf die Verallgemeinerbarkeit begrenzt ist, sich nur auf eine einzige Branche in einem einzigen Land zu konzentrieren, dennoch bietet es eine präzisere kontextspezifische Analyse, die fremde Variationen kontrolliert (Dyer, 1996). Wir erkennen die Einschränkung der Verallgemeinerbarkeit der Schlussfolgerung an, dass dieses Modell eines einzigen Marktes und einer einzigen Industrie das Problem der industriellen und institutionellen Heterogenität beseitigt, mit dem viele Netzwerkstudien konfrontiert sind. In dieser Forschung passen wir die dichotomisierte Kategorisierung aller Akteure (ausländische multinationale Unternehmen gegenüber lokalen Unternehmen) und Verbindungen (horizontale Verbindungen und vertikale Verbindungen) in den Netzwerken an, doch angesichts der großen Unterschiede in der wirtschaftlichen Entwicklung, der industriellen Spezialisierung, des Grades der Integration in die Weltwirtschaft sowie der institutionellen Divergenz schlagen wir vor, die Forschung unter Berücksichtigung der Aufteilung in industrielle Spezialisierung und geographische Agglomeration fortzusetzen. Auf der Ebene der Mikrounternehmen müssen wir die Auswirkungen der Eigentums- und Führungsstruktur ausländischer multinationaler Unternehmen und den Mehrwert ihrer spezialisierten Geschäftssektoren in der globalen Wertschöpfungskette auf die Position der einzelnen Unternehmen in den Produktionsnetzwerken berücksichtigen. Auf makroregionaler Ebene ist es für das Verständnis der Verflechtung von Firmen, die sich im geographischen Raum widerspiegeln, auch von Vorteil, zu untersuchen, wie sich intra- und interregionale Verbindungen von Firmen auf die Bildung und Leistung von industriellen Clustern auswirken und wie Ankerfirmen die regionale Agglomeration auslösen und interorganisatorische Beziehungen orchestrieren.

Literaturverzeichnis

Albert, R., Jeong, H. und Barabási, A. L. (2000). Error and attack tolerance of complex networks. *Nature*, 406(6794):378–382.

Aldrich, H. und Herker, D. (1977). Boundary Spanning Roles and Organization Structure. *The Academy of Management Review*, 2(2):217–230.

Andersson, U., Forsgren, M. und Holm, U. (2007). Balancing subsidiary influence in the federative MNC: a business network view. *Journal of International Business Studies*, 38(5):802–818.

Asheim, B. T. und Isaksen, A. (2002). Regional Innovation Systems: The Integration of Local 'Sticky' and Global 'Ubiquitous' Knowledge. *The Journal of Technology Transfer*, 27(1):77–86.

Bahar, D., Hausmann, R. und Hidalgo, C. A. (2014). Neighbors and the evolution of the comparative advantage of nations: Evidence of international knowledge diffusion? *Journal of International Economics*, 92(1):111–123.

Bales, R. R., Maull, R. und Radnor, Z. (2004). The development of supply chain management within the aerospace manufacturing sector. *Supply Chain Management: An International Journal*, 9(3):250–255.

Barabási, A. L. (2009). Scale-free networks: a decade and beyond. *Science (New York, N.Y.)*, 325(5939):412–3.

Barney, J. (1991). Firm Resources and Sustained Competitive Advantage. *Journal of Management*, 17(1):99–120.

Bathelt, H. und Peng-Fei, L. (2014). Global cluster networks—foreign direct investment flows from Canada to China. *Journal of Economic Geography*, 14(1):45–71.

Baum, J. A. C., Shipilov, A. V. und Rowley, T. J. (2003). Where do small worlds come from? *Industrial and Corporate Change*, 12(4):697–725.

Birkinshaw, J. und Hood, N. (1998). Multinational Subsidiary Evolution: Capability and Charter Change in Foreign-Owned Subsidiary Companies. *The Academy of Management Review*, 23(4):773–795.

Boermans, M. A., Roelfsema, H. und Zhang, Y. (2011). Regional determinants of FDI in China: a factor-based approach. *Journal of Chinese Economic and Business Studies*, 9(1):23–42.

Borgatti, S. P. (2006). Identifying sets of key players in a social network. *Computational and Mathematical Organization Theory*, 12(1):21–34.

Brandt, L. und Thun, E. (2010). The Fight for the Middle: Upgrading, Competition, and Industrial Development in China. *World Development*, 38(11):1555–1574.

Bruton, G. D., Dess, G. G. und Janney, J. J. (2007). Knowledge management in technology-focused firms in emerging economies: Caveats on capabilities, networks, and real options. *Asia Pacific Journal of Management*, 24(2):115–130.

Burt, R. S. (1992). *Structural holes*. Cambridge, Mass.: Harvard Univ. Press.

Callaway, D. S., Newman, M. E., Strogatz, S. H. und Watts, D. J. (2000). Network robustness and fragility: percolation on random graphs. *Physical review letters*, 85(25):5468–71.

Cantwell, J. A. und Mudambi, R. (2005). MNE competence-creating subsidiary mandates. *Strategic Management Journal*, 26(12):1109–1128.

Cantwell, J. A. und Mudambi, R. (2011). Physical attraction and the geography of knowledge sourcing in multinational enterprises. *Global Strategy Journal*, 1(3–4):206–232.

Cantwell, J. A. und Santangelo, G. D. (1999). The frontier of international technology networks: sourcing abroad the most highly tacit capabilities. *Information Economics and Policy*, 11(1):101–123.

Chu, B., Zhang, H. und Jin, F. (2010). Identification and comparison of aircraft industry clusters in China and United States. *Chinese Geographical Science*, 20(5):471–480.

Chung, C. C. und Beamish, P. W. (2005). The Impact of Institutional Reforms on Characteristics and Survival of Foreign Subsidiaries in Emerging Economies*. *Journal of Management Studies*, 42(1):35–62.

Clauset, A., Moore, C. und Newman, M. E. (2008). Hierarchical structure and the prediction of missing links in networks. *Nature*, 453(7191):98–101.

Clauset, A., Newman, M. E. und Moore, C. (2004). Finding community structure in very large networks. *Physical review. E*, 70(6 Pt 2):66111.

Coe, N. M., Dicken, P. und Hess, M. (2008). Global production networks: realizing the potential. *Journal of Economic Geography*, 8(3):271–295.

Coe, N. M., Hess, M., Yeung, H. W., Dicken, P. und Henderson, J. (2004). 'Globalizing' Regional Development: A Global Production Networks Perspective. *Transactions of the Institute of British Geographers*, 29(4):468–484.

Cohen, W. M. und Levinthal, D. A. (1990). Absorptive Capacity: A New Perspective on Learning and Innovation. *Administrative Science Quarterly*, 35(1):128–152.

Cuervo-Cazurra, A. (2012). Extending theory by analyzing developing country multinational companies: Solving the Goldilocks debate. *Global Strategy Journal*, 2(3):153–167.

Cullen, J. B., Johnson, J. L. und Sakano, T. (2000). Success through commitment and trust: the soft side of strategic alliance management. *Journal of World Business*, 35(3):223–240.

Delgado, M., Porter, M. E. und Stern, S. (2010). Clusters and entrepreneurship. *Journal of Economic Geography*, 10(4):495–518.

Delgado, M., Porter, M. E. und Stern, S. (2014). Clusters, Convergence, and Economic Performance. *Research Policy*, 43(10):1785–1799.

Dhanaraj, C., Lyles, M. A., Steensma, H. K. und Tihanyi, L. (2004). Managing tacit and explicit knowledge transfer in IJVs: the role of relational embeddedness and the impact on performance. *Journal of International Business Studies*, 35(5):428–442.

Dhanaraj, C. und Parkhe, A. (2006). Orchestrating Innovation Networks. *The Academy of Management Review*, 31(3):659–669.

Dunning, J. H. (1995). Reappraising the Eclectic Paradigm in an Age of Alliance Capitalism. *Journal of International Business Studies*, 26(3):461–491.

Dussauge, P., Garrette, B. und Mitchell, W. (2000). Learning from competing partners: outcomes and durations of scale and link alliances in Europe, North America and Asia. *Strategic Management Journal*, 21(2):99–126.

Dyer, J. H. (1996). Specialized Supplier Networks as a Source of Competitive Advantage: Evidence from the Auto Industry. *Strategic Management Journal*, 17(4):271–291.

Emiliani, M. L. (2004). Sourcing in the global aerospace supply chain using online reverse auctions. *Industrial Marketing Management*, 33(1):65–72.

Erdös, P. und Rényi, A. (1959). On Random Graphs, I. *Publicationes Mathematicae (Debrecen)*, 6:290–297.

Ernst, D. und Kim, L. (2002). Global production networks, knowledge diffusion, and local capability formation. *Research Policy*, 31(8–9):1417–1429.

Feldman, M. und Zoller, T. D. (2012). Dealmakers in Place: Social Capital Connections in Regional Entrepreneurial Economies. *Regional Studies*, 46(1):23–37.

Foss, N. J., Husted, K. und Michailova, S. (2010). Governing Knowledge Sharing in Organizations: Levels of Analysis, Governance Mechanisms, and Research Directions. *Journal of Management Studies*, 47(3):455–482.

Foss, N. J. und Koch, C. A. (1996). Opportunism, organizational economics and the network approach. *Scandinavian Journal of Management*, 12(2):189–205.

Freeman, L. C. (1977). A Set of Measures of Centrality Based on Betweenness. *Sociometry*, 40(1):35.

Gereffi, G. und Fernandez-Stark, K. (2016). *Global Value Chain Analysis: A Primer, 2nd Edition*. Duke University. Center on Globalization, Governance & Competitiveness at the Social Science Research Insitute. Zugriff am 21.07.2020. Verfügbar unter https://gvcc.duke.edu/cggclisting/global-value-chain-analysis-a-primer-2nd-edition/.

Gereffi, G., Humphrey, J. und Sturgeon, T. (2005). The governance of global value chains. *Review of International Political Economy*, 12(1):78–104.

Gereffi, G. und Korzeniewicz, M. (1994). *Commodity chains and global capitalism*, No. 149. Westport, Conn: Praeger. (Contributions in Economics & Economic History).

Ghoshal, S. und Bartlett, C. A. (1990). The Multinational Corporation as an Interorganizational Network. *The Academy of Management Review*, 15(4):603–625.

Giuliani, E. und Bell, M. (2005). The micro-determinants of meso-level learning and innovation: evidence from a Chilean wine cluster. *Research Policy*, 34(1):47–68.

Goerzen, A. und Beamish, P. W. (2005). The effect of alliance network diversity on multinational enterprise performance. *Strategic Management Journal*, 26(4):333–354.

Granovetter, M. S. (1973). The Strength of Weak Ties. *American Journal of Sociology*, 78(6):1360–1380.

Gulati, R. und Gargiulo, M. (1999). Where Do Interorganizational Networks Come From? *American Journal of Sociology*, 104(5):1439–1493.

Guo, B. und Guo, J. J. (2011). Patterns of technological learning within the knowledge systems of industrial clusters in emerging economies: Evidence from China. *Technovation*, 31(2–3):87–104.

Hagedoorn, J. (2006). Understanding the Cross-Level Embeddedness of Interfirm Partnership Formation. *The Academy of Management Review*, 31(3):670–680.

Hausmann, R. und Hidalgo, C. A. (2011). The network structure of economic output. *Journal of Economic Growth*, 16(4):309–342.

Hidalgo, C. A., Klinger, B., Barabási, A. L. und Hausmann, R. (2007). The product space conditions the development of nations. *Science (New York, N.Y.)*, 317(5837):482–7.

Hitt, M. A., Haiyang, L. und Worthington, W. J. (2005). Emerging Markets as Learning Laboratories: Learning Behaviors of Local Firms and Foreign Entrants in Different Institutional Contexts. *Management and Organization Review*, 1(3):353–380.

Hobday, M. (1998). Product complexity, innovation and industrial organisation. *Research Policy*, 26(6):689–710.

Holm, D. B., Eriksson, K. und Johnson, J. L. (1999). Creating value through mutual commitment to business network relationships. *Strategic Management Journal*, 20(5):467–486.

Hoskisson, R. E., Eden, L., Lau, C. M. und Wright, M. (2000). Strategy in emerging economies. *Academy of Management Journal*, 43(3):249–267.

Hult, G. T. M., Ketchen, D. J. und Slater, S. F. (2004). Information Processing, Knowledge Development, and Strategic Supply Chain Performance. *Academy of Management Journal*, 47(2):241–253.

Humphrey, J. und Schmitz, H. (2000). *Governance and upgrading: linking industrial cluster and global value chain research*. IDS. (IDS Working Paper 120). Brighton.

Humphrey, J. und Schmitz, H. (2001). Governance in Global Value Chains. *IDS Bulletin*, 32(3):19–29.

Irwin, D. A. und Pavcnik, N. (2004). Airbus versus Boeing revisited: international competition in the aircraft market. *Journal of International Economics*, 64(2):223–245.

Jaffe, A. B., Trajtenberg, M. und Henderson, R. (1993). Geographic Localization of Knowledge Spillovers as Evidenced by Patent Citations. *The Quarterly Journal of Economics*, 108(3):577–598.

Johanson, J. L. und Vahlne, J. E. (2009). The Uppsala internationalization process model revisited: From liability of foreignness to liability of outsidership. *Journal of International Business Studies*, 40(9):1411–1431.

Kamada, T. und Kawai, S. (1989). An algorithm for drawing general undirected graphs. *Information Processing Letters*, 31(1):7–15.

Khanna, T. und Palepu, K. G. (1997). Why Focused Strategies May Be Wrong for Emerging Markets. *Harvard Business Review*, 75(4):41–51.

Kleinberg, J. M. (1999). Hubs, authorities, and communities. *ACM Computing Surveys (CSUR)*, 31(4es):5.

Kossinets, G. und Watts, D. J. (2009). Origins of Homophily in an Evolving Social Network. *American Journal of Sociology*, 115(2):405–450.

Liu, X., Jiangyong, L., Filatotchev, I., Buck, T. und Wright, M. (2010). Returnee entrepreneurs, knowledge spillovers and innovation in high-tech firms in emerging economies. *Journal of International Business Studies*, 41(7):1183–1197.

Lorenzen, M. und Mudambi, R. (2013). Clusters, Connectivity and Catch-up: Bollywood and Bangalore in the Global Economy. *Journal of Economic Geography*, 13(3):501–534.

Luo, Y. (2000). Dynamic capabilities in international expansion. *Journal of World Business*, 35(4):355–378.

Luo, Y. (2001). Determinants of Entry in an Emerging Economy: A Multilevel Approach. *Journal of Management Studies*, 38(3):443–472.

Malhotra, A., Gosain, S. und Sawy, O. A. E. (2005). Absorptive Capacity Configurations in Supply Chains: Gearing for Partner-Enabled Market Knowledge Creation. *MIS Quarterly*, 29(1):145–187.

Malmberg, A. und Maskell, P. (1997). Towards an explanation of regional specialization and industry agglomeration. *European Planning Studies*, 5(1):25–41.

Markusen, A. (1996). Interaction between Regional and Industrial Policies: Evidence from Four Countries. *International Regional Science Review*, 19(1–2):49–77.

Maskell, P. und Malmberg, A. (1999). Localised learning and industrial competitiveness. *Cambridge Journal of Economics*, 23(2):167–185.

Mesquita, L. F., Anand, J. und Brush, T. H. (2008). Comparing the resource-based and relational views: knowledge transfer and spillover in vertical alliances. *Strategic Management Journal*, 29(9):913–941.

Meyer, K. E. (2004). Perspectives on multinational enterprises in emerging economies. *Journal of International Business Studies*, 35(4):259–276.

Meyer, K. E., Estrin, S., Bhaumik, S. K. und Peng, M. W. (2009). Institutions, resources, and entry strategies in emerging economies. *Strategic Management Journal*, 30(1):61–80.

Meyer, K. E., Mudambi, R. und Narula, R. (2011). Multinational Enterprises and Local Contexts: The Opportunities and Challenges of Multiple Embeddedness. *Journal of Management Studies*, 48(2):235–252.

Meyer, K. E. und Peng, M. W. (2016). Theoretical foundations of emerging economy business research. *Journal of International Business Studies*, 47(1):3–22.

Milgram, S. (1967). The Small-World Problem. *Psychology today*, 1(1):61–67.

Miller, M. M., Gibson, L. J. und Wright, N. G. (1991). Location quotient: a basic tool for economic development analysis. *Economic development review*, 9(2):65–68.

Molloy, M. und Reed, B. (1995). A critical point for random graphs with a given degree sequence. *Random Structures & Algorithms*, 6(2–3):161–180.

Moody, J. und White, D. R. (2003). Structural Cohesion and Embeddedness: A Hierarchical Concept of Social Groups. *American Sociological Review*, 68(1):103–127.

Morrison, A., Rabellotti, R. und Zirulia, L. (2013). When Do Global Pipelines Enhance the Diffusion of Knowledge in Clusters? *Economic Geography*, 89(1):77–96.

Mudambi, R. (2002). Knowledge management in multinational firms. *Journal of International Management*, 8(1):1–9.

Mudambi, R. (2008). Location, control and innovation in knowledge-intensive industries. *Journal of Economic Geography*, 8(5):699–725.

Mudambi, R. und Santangelo, G. D. (2014). From Shallow Resource Pools to Emerging Clusters: The Role of Multinational Enterprise Subsidiaries in Peripheral Areas. *Regional Studies*, 50(12):1965–1979.

Mudambi, R. und Swift, T. (2011). Leveraging knowledge and competencies across space: The next frontier in international business. *Journal of International Management*, 17(3):186–189.

Mudambi, R. und Swift, T. (2012). Multinational Enterprises and the Geographical Clustering of Innovation. *Industry & Innovation*, 19(1):1–21.

Myers, M. B. und Cheung, M. S. (2008). Sharing Global Supply Chain Knowledge. *MIT Sloan Management Review*, 49(4):687–73.

Nachum, L. (2010). When Is Foreignness an Asset or a Liability? Explaining the Performance Differential Between Foreign and Local Firms. *Journal of Management*, 36(3):714–739.

Niosi, J. und Zhegu, M. (2005). Aerospace Clusters: Local or Global Knowledge Spillovers? *Industry & Innovation*, 12(1):5–29.

Nohria, N. und Garcia-Pont, C. (1991). Global Strategic Linkages and Industry Structure. *Strategic Management Journal*, 12:105–124.

Nonaka, I. und Takeuchi, H. (1995). *The knowledge creating company*. New York: Oxford Univ. Press.

Peng, M. W., Wang, D. Y. L. und Jiang, Y. (2008). An institution-based view of international business strategy: a focus on emerging economies. *Journal of International Business Studies*, 39(5):920–936.

Perri, A., Andersson, U., Nell, P. C. und Santangelo, G. D. (2013). Balancing the trade-off between learning prospects and spillover risks: MNC subsidiaries' vertical linkage patterns in developed countries. *Journal of World Business*, 48(4):503–514.

Porter, M. E. (1985). *Competitive advantage*. New York: Free Press.

Porter, M. E. (1998). Clusters and the new economics of competition. *Harvard Business Review*, 76:77–90.

Porter, M. E. (2000). Location, Competition, and Economic Development: Local Clusters in a Global Economy. *Economic Development Quarterly*, 14:15–34.

Powell, W. W., Koput, K. W. und Smith-Doerr, L. (1996). Interorganizational Collaboration and the Locus of Innovation: Networks of Learning in Biotechnology. *Administrative Science Quarterly*, 41(1):116–145.

Reagans, R. und McEvily, B. (2003). Network Structure and Knowledge Transfer: The Effects of Cohesion and Range. *Administrative Science Quarterly*, 48(2):240–267.

Resbeut, M. und Gugler, P. (2016). Impact of clusters on regional economic performance: A methodological investigation and application in the case of the precision goods sector in Switzerland. *Competitiveness Review*, 26(2):188–209.

Roth, K. und Morrison, A. J. (1992). Implementing Global Strategy: Characteristics of Global Subsidiary Mandates. *Journal of International Business Studies*, 23(4):715–735.

Rugman, A. M. und Verbeke, A. (2001). Subsidiary-Specific Advantages in Multinational Enterprises. *Strategic Management Journal*, 22(3):237–250.

Rugman, A. M. und Verbeke, A. (2003). Multinational Enterprises and Clusters: An Organizing Framework. *MIR: Management International Review*, 43(3):151–169.

Rychen, F. und Zimmermann, J. B. (2008). Clusters in the Global Knowledge-based Economy: Knowledge Gatekeepers and Temporary Proximity. *Regional Studies*, 42(6):767–776.

Scalera, V. G., Perri, A. und Mudambi, R. (2015). Managing innovation in emerging economies: organizational arrangements and resources of foreign MNEs in the Chinese pharmaceutical industry. In Tihanyi, L., Banalieva, E., Devinney, T. M. und Pedersen, T. (Hrsg.), *Emerging economies and multinational enterprises*, S. 201–234, Bingley, UK. Emerald Group Publishing Limited.

Schilling, M. A. und Phelps, C. C. (2007). Interfirm Collaboration Networks: The Impact of Large-Scale Network Structure on Firm Innovation. *Management Science*, 53(7):1113–1126.

Spencer, J. W. (2008). The Impact of Multinational Enterprise Strategy on Indigenous Enterprises: Horizontal Spillovers and Crowding out in Developing Countries. *The Academy of Management Review*, 33(2):341–361.

Sturgeon, T. (2001). How Do We Define Value Chains and Production Networks?*. *IDS Bulletin*, 32(3):9–18.

Sturgeon, T., van Biesebroeck, J. und Gereffi, G. (2008). Value chains, networks and clusters: reframing the global automotive industry. *Journal of Economic Geography*, 8(3):297–321.

Sullivan, B. N., Tang, Y. und Marquis, C. (2014). Persistently learning: How small-world network imprints affect subsequent firm learning. *Strategic Organization*, 12(3):180–199.

Sytch, M. und Tatarynowicz, A. (2014). Friends and Foes: The Dynamics of Dual Social Structures. *Academy of Management Journal*, 57(2):585–613.

Teece, D. J. (1981). The Market for Know-How and the Efficient International Transfer of Technology. *The Annals of the American Academy of Political and Social Science*, 458(1):81–96.

Traud, A. L., Frost, C., Mucha, P. J. und Porter, M. A. (2009). Visualization of communities in networks. *Chaos (Woodbury, N.Y.)*, 19(4):041104.

Turkina, E. und van Assche, A. (2018). Global connectedness and local innovation in industrial clusters. *Journal of International Business Studies*, 49(6):706–728.

Turkina, E., van Assche, A. und Kali, R. (2016). Structure and evolution of global cluster networks: evidence from the aerospace industry. *Journal of Economic Geography*, 16(6):1211–1234.

Tushman, M. L. (1977). Special Boundary Roles in the Innovation Process. *Administrative Science Quarterly*, 22(4):587–605.

Uzzi, B. (1997). Social Structure and Competition in Interfirm Networks: The Paradox of Embeddedness. *Administrative Science Quarterly*, 42(1):35–67.

Uzzi, B. und Spiro, J. (2005). Collaboration and Creativity: The Small World Problem. *American Journal of Sociology*, 111(2):447–504.

Watts, D. J. (1999). *Small worlds*. Princeton, NJ: Princeton Univ. Press.

Watts, D. J. und Strogatz, S. H. (1998). Collective dynamics of 'small-world' networks. *Nature*, 393(6684):440–2.

Wilcoxon, F. (1945). Individual Comparisons by Ranking Methods. *Biometrics Bulletin*, 1(6):80–83.

Williams, T., Maull, R. und Ellis, B. (2002). Demand chain management theory: constraints and development from global aerospace supply webs. *Journal of Operations Management*, 20(6):691–706.

Wright, M., Filatotchev, I., Hoskisson, R. E. und Peng, M. W. (2005). Strategy Research in Emerging Economies: Challenging the Conventional Wisdom*. *Journal of Management Studies*, 42(1):1–33.

Xiaowen, F., Zhang, A. und Lei, Z. (2012). Will China's airline industry survive the entry of high-speed rail? *Research in Transportation Economics*, 35(1):13–25.

Yeung, H. W. (2009). Regional Development and the Competitive Dynamics of Global Production Networks: An East Asian Perspective. *Regional Studies*, 43(3):325–351.

Zaheer, S. (1995). Oversoming the liability of foreigness. *Academy of Management Journal*, 38(2):341–363.

Abbildungsverzeichnis

https://doi.org/10.1515/9783110668216-017

Tabellenverzeichnis

https://doi.org/10.1515/9783110668216-018

Über die Autorinnen und Autoren

Stephan Benz, LL.M., ist derzeit Doktorand an der Universität Osnabrück und Referendar im Bezirk des Oberlandesgerichts Braunschweig. Nach dem Ersten Staatsexamen an der Universität Göttingen absolvierte er ein Masterstudium an den Universitäten Göttingen und Nanjing. Während des Masterstudiengangs und der Promotion war er als wissenschaftlicher Mitarbeiter am Deutsch-Chinesischen Institut für Rechtswissenschaft der Universität Göttingen tätig. Im Zuge seiner Dissertation zu einem Thema im chinesischen Wirtschaftsrecht, verbrachte er zudem einen Forschungsaufenthalt an der China University of Political Science and Law in Peking.

Dr. Fabian L. Christoph berät internationale, insbesondere auch chinesische Unternehmen, Konzerne und Investoren bei M&A-Transaktionen, Joint Ventures, Restrukturierungen und im Gesellschaftsrecht. Er hat Erfahrung im Chemie-, LifeScience/HealthCare-, Maschinenbau-, Energie- und Energieinfrastruktur-Sektor, sowie bei Unternehmensinsolvenzen und Restrukturierungen. Er berät auch regelmäßig bei Streitigkeiten und Gerichtsverfahren in diesen Bereichen, sowie bei Finanzierungen und kapitalmarktrechtlichen Sachverhalten. Nach Abschluss seines Studiums und einer Promotion an der Georg-August-Universität Göttingen wurde er im Jahr 2007 Rechtsanwalt bei Allen & Overy LLP. Seit 2015 ist er Partner im Hamburger Büro von Osborne Clarke und ferner Mitglied des OC China Desk. Schon in der JUVE azur 2016 wurde er als „erfahrener Corporate-Spezialist" bezeichnet. Seit der 2016/2017-Ausgabe des kanzleimonitor.de wird er dort als empfohlener Anwalt im Gesellschaftsrecht angesehen und 2018/2019 auch im Bereich M&A. Er gehört laut Handelsblatt zu den „Besten Anwälten 2020" im Bereich Gesellschaftsrecht. Er veröffentlicht regelmäßig Fachartikel.

https://doi.org/10.1515/9783110668216-019

Raymon Deblitz kombiniert seit 1983 als ausgebildeter Diplom-Ingenieur nach internationalen Executive-Rollen bei IBM, E.ON und Deutsche Telekom seine heutigen Schwerpunktthemen IT, Energie und Telekommunikation mit Fokus auf den 5G-Netzausbau und NB-IoT, sowie darauf aufbauenden Themen Smart City, Smart Grid, Elektromobilität und Digitalisierungsservices (IoT, Blockchain). Dies macht ihn zum gefragten Berater und Keynotespeaker. Als Mitglied des Digitalisierungsbeirats des BFW in Berlin stellt er zudem sein profundes und spektrumreiches Know-how zur Verfügung. In seiner Rolle als T-Systems Vice President Energy Consulting berät er neben den Technologiegetriebenen Themen des Business und IT Strategie Consulting entsprechend seines Mottos: „Die neuen Technologien werden unsere Umwelt, unsere Gesellschaft und unser Wirtschaftssystem nachhaltig verändern".

Prof. Dr. Juliane Fuchs studierte Betriebswirtschaftslehre an der Katholischen Universität Eichstätt-Ingolstadt sowie Internationale Beziehungen an der Sogang University in Südkorea. Nach mehrjähriger Tätigkeit als Beraterin für internationale Restrukturierungsprojekte in der Telekommunikationsindustrie in der Schweiz, in USA und Deutschland promovierte sie am Lehrstuhl für Organisation und Personalwesen zum Thema Talent Management an der Katholischen Universität Eichstätt-Ingolstadt. Anschließend leitete sie den Bereich Business Development für einen Technologieentwicklungsdienstleister in der Automobilindustrie in Ingolstadt. Seit Herbst 2017 ist sie an der Berufsakademie Sachsen als Leiterin des dualen Studienganges „Handel und Internationales Management" tätig. Ihre Lehr- und Forschungsschwerpunkte fokussieren sich auf das Internationale Management sowie die Digitalisierung in KMU. Darüber hinaus setzt sich sie sich maßgeblich für den Ausbau internationaler Beziehungen in Wirtschaft und Wissenschaft in Südwestsachsen ein.

Prof. Dr. Daniel Graewe, LL.M., ist Rechtsanwalt, lehrt, forscht und berät auf den Gebieten Compliance, Corporate Governance und Mergers & Acquisitions. Nach dem Studium der Rechts- und Politikwissenschaft in Deutschland, der Schweiz, den USA und Japan promovierte er an der Universität zu Köln im Bereich Corporate Governance. Anschließend war er fast zehn Jahre als Rechtsanwalt in zwei internationalen Großkanzleien in Hamburg, London und München tätig. Im Jahr 2016 erhielt er einen Ruf die Professur für Wirtschaftsrecht an der arbeitgebernahen NORDAKADEMIE Hochschule der Wirtschaft in Hamburg. Dort ist er auch Direktor des Instituts für angewandtes Wirtschaftsrecht sowie Faculty Member des Institute of Mergers, Acquisitions and Alliances in Wien. Im Jahr 2019 war er Senior Visiting Scholar an der University of California, Berkeley. Das Handelsblatt führt ihn als einen der besten Wirtschaftsanwälte Deutschlands.

Dr. Cora Jungbluth ist Senior Expert für internationalen Handel und Investitionen im Programm Megatrends der Bertelsmann Stiftung, Gütersloh. Vor ihrem Eintritt in die Bertelsmann Stiftung war Cora Jungbluth wissenschaftliche Mitarbeiterin am Institut für Sinologie der Universität Freiburg. Als freiberufliche Beraterin war sie unter anderem für Roland Berger Strategy Consultants und die Deutsche Gesellschaft für Internationale Zusammenarbeit (GIZ) in asienbezogenen Projekten tätig. Sie studierte Sinologie und Volkswirtschaftslehre an der Universität Heidelberg, der Shanghai International Studies University und der Tsinghua University, Peking. 2011 promovierte sie an der Universität Heidelberg mit einer Arbeit zum Internationalisierungsprozess chinesischer Unternehmen, die 2015 im Nomos Verlag erschienen ist.

Nita Sophia Karkheck absolvierte den Studiengang „Wirtschaft und Kultur Chinas" an der Universität Hamburg. Während ihres Studiums unterstützte sie ein Forschungsprojekt der Professur für Organisation und Unternehmensführung in Kooperation mit der Behörde für Inneres und Sport Hamburg. Die dabei erhaltenen Erkenntnisse im Gebiet des Change Managements und der Strategieforschung bildeten den wesentlichen Bestandteil ihrer Abschlussarbeit. Nach einer Tätigkeit in einer Kanzlei für Insolvenzrecht ist sie nun als wissenschaftliche Mitarbeiterin Teil des Teams am Institut für angewandtes Wirtschaftsrecht der Nordakademie.

Dr. Diana Kisro-Warnecke ist passionierte Technologie- und Strategieberaterin mit dem Schwerpunkt Digitalisierung. Ihren Fokus legt sie dabei auf Telekommunikationsnetze wie den 5-G, Smart City, Quartierstromkonzepte und multimodale Mobilitätsplattformen. Hier berät sie die Energie-, Telekommunikations- und Automobilwirtschaft. Seit über 20 Jahren gilt die gelernte Bankkauffrau als Expertin für wirtschaftliche, wissenschaftliche und politische Verflechtungen weltweit, vor allem mit Schwerpunkt China. Als promovierte Ökonomin mit IT MBA der University Liverpool, ist sie zudem Keynotesprecherin und Lehrbeauftragte für International Strategic Management, Change Management und Chinese Economy. Aktuelle Entwicklungen analysiert die Expertin des Zukunftsinstitut GmbH, Frankfurt/Wien, ebenfalls, indem sie Part einiger der einflussreichsten Think-Tanks in Europa ist. Kisro-Warnecke ist zertifizierte Aufsichtsrätin durch die Deutsche Börse AG und war von 2013–2015 Bundesvorsitzende von FIM e. V.

Dr. Benjamin Kroymann, E.M.L.E. (Universidad Complutense de Madrid), ist Rechtsanwalt und Partner einer internationalen Sozietät in Berlin. Er verfügt über mehr als 17 Jahre China-Erfahrung, war sechs Jahre in Shanghai tätig und leitet den China Desk seiner Kanzlei in Deutschland. Zu seinen Tätigkeitsschwerpunkten zählt die Beratung deutscher und chinesischer Unternehmen in den Bereichen Mergers & Acquisitions und Kapitalmarktrecht bei Projekten in China und Deutschland. Laut dem Handelsblatt (Best Lawyers in Germany 2019 und 2020) zählt Benjamin Kroymann zu den besten deutschen Anwälten für Mergers & Acquisitions, und der Branchendienst Chambers & Partners empfiehlt ihn bereits seit 2013 alljährlich als führenden Anwalt für deutsch-chinesische Transaktionen. Er ist Autor/Mitautor mehrerer Bücher zum chinesischen Recht und stellvertretender Vorsitzender der Deutsch-Chinesischen Wirtschaftsvereinigung (DCW) für die Region Berlin-Brandenburg. Er studierte unter anderem in Berlin, Madrid, New York und Shanghai.

Marianne Männlein ist Forschungsspezialistin für die Abteilung für internationale Entwicklungszusammenarbeit des Instituts für Neue Strukturökonomie an der Universität Peking, wo sie Wirtschaftsanalysen und industriepolitische Beratungen für Entwicklungsländer durchführt. Seit Ende 2018 leitet sie ein internationales Forschungsprojekt über die Überwachung und Evaluation von Sonderwirtschaftszonen. Sie arbeitet eng mit staatlichen Stellen in afrikanischen Partnerländern zusammen, um einen M&E-Rahmen zu schaffen, und war zuvor Mitverfasserin einer vergleichenden Studie über Wirtschaftszonen in Bangladesch und Südasien für das UNDP und den UNOSSC. Sie hat einen M.Sc. in Entwicklungsstudien von der London School of Economics und einen BA in Politik- und Wirtschaftswissenschaften von der Ludwig-Maximilians-Universität München. Darüber hinaus studierte sie mit einem Stipendium der chinesischen Regierung an der Tsinghua-Universität in China.

Dr. Jens-Christian Posselt ist seit 1994 als Rechtsanwalt wirtschaftsberatend tätig. Nach einigen Jahren in Dresden ist er zurück nach Hamburg gegangen und arbeitet dort in eigener Kanzlei und zusammen mit Steuerberatern und Wirtschaftsprüfern. Seit 2004 berät er deutsche und insbesondere chinesische Unternehmer schwerpunktmäßig in den Bereichen Unternehmensgründung, Unternehmenskauf, Joint Ventures und in Gerichtsverfahren. Er pflegt besonders enge persönliche und berufliche Kontakte zur Stadt Qingdao.

Sean Randolph ist Senior Director des Bay Area Council Economic Institute das sich für die Förderung einer wettbewerbsfähigen Wirtschaft in Kalifornien und der Bay Area San Francisco/Silicon Valley ein-setzt. Er war zuvor als Direktor für internationalen Handel für den Bundesstaat Kalifornien, als internationaler Generaldirektor des Pazifikbecken-Wirtschaftsrats, sowie in der amerikanischen Regierung im Stab des Kongresses, im Stab des Weißen Hauses, im Außenministerium, als Sonderberater für Politik im Büro für ostasiatische und pazifische Angelegenheiten und als Botschafter für Angelegenheiten des Pazifikbeckens und im Energieministerium als stellvertretender beigeordneter Sekretär für internationale Angelegenheiten tätig. Randolph ist Autor und Redner zu wirtschaftspolitischen Fragen. Er hat einen JD vom Rechtszentrum der Georgetown University, einen Doktortitel von der Fletcher School of Law and Diplomacy und einen B.S.F.S. von der School of Foreign Service der Georgetown University und studierte an der London School of Economics.

Dr. Jörg-Michael Scheil ist als Managing Partner Asia bei der Rechtsanwaltssozietät SNB Law für die Standorte in Shanghai und Ho Chi Minh City verantwortlich. Mit seinen Teams in beiden Ländern berät er regelmäßig deutsche und internationale Mandanten bei Investitionen und im Gesellschaftsrecht, bei Handelsgeschäften und Fragen des Patentschutzes in China und Vietnam. Dr. Scheil studierte Jura und Sinologie an der Universität Göttingen und an der East China University of Politics and Law in Shanghai. Er veröffentlicht regelmäßig zum chinesischen Recht.

Johanna Tensi arbeitet als wissenschaftliche Mitarbeiterin im China Investment Project an der NORDAKADEMIE Hochschule der Wirtschaft in Elmshorn. Sie studierte Wirtschaft und Kultur Chinas im Bachelor an der Uni Hamburg. Während ihres Erststudiums verbrachte sie ein Jahr in Shanghai, China. Im Jahr 2020 schloss sie ihren Master of Science in Wirtschaftspsychologie in Hamburg ab. Der Schwerpunkt ihrer Abschlussarbeit lag in der erfolgreichen Zusammenarbeit von interkulturellen Teams. Vor ihrer Tätigkeit als wissenschaftliche Mitarbeiterin arbeitete sie als Personalreferentin bei einem Träger von Kindertagesstätten.

Dr. Ekaterina Turkina hat an der Universität von Pittsburgh, in öffentlichen und internationalen Angelegenheiten promoviert. Sie ist assoziierte Professorin an der HEC Montréal und hat einen Forschungslehrstuhl für globale Innovationsnetzwerke inne. Ekaterina Turkina ist außerdem Mitherausgeberin des Journal of Small Business and Entrepreneurship sowie Mitglied des internationalen Beirats des International Journal of Productivity Management and Assessment Technologies. Ihre Hauptforschungsgebiete sind soziale Netzwerkanalyse, globale Innovationsnetzwerke, industrielle Clusterbildung, internationales Business und internationales Unternehmertum. Sie hat in Top-Journalen wie dem Journal of Business Venturing, Economic Geography Journal, Physica A: Statistical Mechanics and its Applications, International Journal of Information Management veröffentlicht. Sie hat vier Bücher geschrieben und mehrere Auszeichnungen erhalten, darunter den Highly Commended Paper Award des Journal of Enterprising Communities, Best Paper von der European Community Studies Association und andere.

Dr. Yihan Wang ist Assistenzprofessor für Strategie und Unternehmertum an der EM Normandie Business School und Métis Lab, Frankreich. Er besitzt einen von der HEC Montréal, Kanada, verliehenen Doktortitel in Betriebswirtschaft (Spezialisierung: International Business). Seine Forschungsinteressen sind internationale Strategie, Innovationsnetzwerke und regionale Entwicklung. Er analysierte die industrielle Modernisierung von KMUs in den regionalen Produktraumnetzwerken in Québec und arbeitete als wissenschaftlicher Mitarbeiter für mehrere Regierungsbehörden in Kanada. Er hat seine Arbeiten auf Konferenzen und Workshops präsentiert, die von der Academy of International Business (AIB), der Academy of Management (AOM), der European International Business Association (EIBA) und der Regional Study Association (RSA) veranstaltet wurden. Seine Veröffentlichungen erscheinen im R&D Management, im Canadian Journal of Administrative Sciences und im Journal of Small Business & Entrepreneurship. Er stammt ursprünglich aus China und spricht fließend Mandarin, Englisch, Französisch und Deutsch.

Dr. Jia Yu ist Senior Operations Officer und Direktorin für Internationale Entwicklungszusammenarbeit am Institut für Neue Strukturökonomie der Universität Peking. Ihre Forschungsgebiete konzentrieren sich auf chinesische empirische „Go Global"-Studien, die Diagnose von Industrieparks und Sonderwirtschaftszonen, Chinas Auslandsinvestitionen und die Interaktion des Fertigungs-, Energie- und Bergbausektors sowie deren Rolle im Industrialisierungsprozess der Belt & Road-Länder. Zuvor war sie 8 Jahre für den staatlichen Stromversorger SPIC als Direktorin der Abteilung für Unternehmensentwicklung und Öffentlichkeitsarbeit tätig. Jia Yu erhielt ihren Doktortitel in Entwicklungsökonomie vom CERDI-CNRS in Frankreich und ihre beiden Bachelor-Abschlüsse in Französischer Sprache, Literatur und Wirtschaft von der Universität Peking. Sie ist Beraterin der Asian Development Bank. Sie ist Mitglied des Weltvorstands von „Future Energy Leader" und wichtiges Mitglied des Entwicklungsausschusses (2015–2017).

Hui Zhao ist Partner im Frankfurter Corporate Department von King & Wood Mallesons und berät seine Mandanten vor allem bei deutsch-chinesischen M&A Transaktionen und gesellschaftsrechtlichen Fragestellungen. Er hat seit 2001 zahlreiche Investitionen der Mandanten in China und Deutschland begleitet. Als chinesischer Muttersprachler hat er sich neben der Durchführung von chinesischen M&A Transaktionen mit Investitionsschwerpunkt in Deutschland auf die Beratung bei ausländischen Investitionen in China spezialisiert. Bevor er zu KWM kam, hat er für international tätige Anwaltskanzleien in Brüssel, Shanghai und Frankfurt am Main gearbeitet. Zuletzt hat er von 2007 bis 2017 den China-Desk einer europäisch führenden Anwaltskanzlei etabliert. Er ist Mitglied der Frankfurter Rechtsanwaltskammer und Mitglied der Deutsch-Chinesischen Juristenvereinigung. Er ist zudem Gründungsmitglied und Vereinsvorstand des Vereins der Chinesischen Anwälte in Europa sowie Mitglied des Aufsichtsrats der Vivanco AG.